修订珍藏版

遥远的桥

1944
市场-花园行动

[美] 科尼利厄斯·瑞恩—著
王义国—译
董旻杰—校译

Cornelius Ryan
A BRIDGE TOO FAR
The Classic History of the
Greatest Battle of World War II

中信出版集团 · 北京

图书在版编目（CIP）数据

遥远的桥：1944 市场-花园行动 /（美）科尼利厄斯·瑞恩著；王义国译 . -- 2 版 . -- 北京：中信出版社，2018.5（2024.10重印）
（二战史诗三部曲·修订珍藏版）
书名原文：A Bridge Too Far: The Classic History of the Greatest Battle of World War II
ISBN 978–7–5086–8463–5

Ⅰ. ①遥… Ⅱ. ①科… ②王… Ⅲ. ①第二次世界大战战役 – 通俗读物 Ⅳ . ① E195.2–49

中国版本图书馆 CIP 数据核字 (2017) 第 311137 号

A Bridge Too Far: The Classic History of the Greatest Battle of World War II by Cornelius Ryan
Copyright © 1974 by Cornelius Ryan
Copyright renewed © 1994 by Victoria Ryan Bida and Geoffrey J.M.Ryan
by arrangement with McIntosh and Otis, Inc.through Bardon- Chinese Media Agency
Simplified Chinese translation copyright © 2018 by CITIC Press Corporation
ALL RIGHTS RESERVED
本书仅限中国大陆地区发行销售

遥远的桥：1944 市场-花园行动
（二战史诗三部曲·修订珍藏版）

著　者：[美]科尼利厄斯·瑞恩
译　者：王义国
出版发行：中信出版集团股份有限公司
　　　　（北京市朝阳区东三环北路 27 号嘉铭中心　邮编　100020）
承 印 者：河北鹏润印刷有限公司

开　　本：880mm×1230mm 1/32　　印　张：18.5　插　页：32　字　数：429 千字
版　　次：2018 年 5 月第 2 版　　　　印　次：2024 年 10 月第 15 次印刷
京权图字：01–2015–4622　　　　　　书　　号：ISBN 978–7–5086–8463–5
定　　价：98.00 元

版权所有·侵权必究
如有印刷、装订问题，本公司负责调换。
服务热线：400-600-8099
投稿邮箱：author@citicpub.com

在装甲部队进行大规模突进时即将通过的这条狭窄"走廊"上，有5座重要桥梁需要夺取。这些桥必须通过空降部队的突袭被完好无损地拿下。盟军第1空降集团军副司令弗雷德里克·布朗宁中将放心不下的是第5座桥，这座下莱茵河上的关键桥梁位于阿纳姆，身处德军战线后方103公里的地方。他指着地图上的阿纳姆大桥，问道："装甲部队到我们这里需要多少时间？"蒙哥马利元帅轻快地回答道："2天。"布朗宁仍然专心致志地看着地图说道："我们能够坚守4天。"随后他又说道，"不过，长官，我认为我们可能要前往一座过于遥远的桥了。"

——1944年9月10日，蒙哥马利的指挥部举行了讨论"市场-花园"行动的最后一次会议
罗伯特·埃利奥特·"罗伊"·厄克特少将的回忆录《阿纳姆》

前言

"市场-花园"行动，1944年9月17—24日

1944年9月17日，星期日，上午10点整，有史以来为单次军事行动集结起来的规模最大的运兵机群，从英格兰南部各地的机场起飞升空。在第二次世界大战爆发后的第263周里，盟军最高统帅德怀特·戴维·艾森豪威尔将军发动了"市场-花园"行动，这是二战中极大胆且极具想象力的作战行动之一。令人感到意外的是，这场由空降部队和地面部队联合发动的大胆攻势，却出自盟军所有将领之中行事最为谨慎的一个人——伯纳德·劳·蒙哥马利元帅。

"市场"行动（"市场-花园"行动的空降作战阶段）规模宏大——共有近5 000架战斗机、轰炸机、运输机以及超过2 500架滑翔机参与其中。在那个星期日，准确地说是下午1点30分，整整一个盟军空降集团军，连同车辆和装备，在这场史无前例的昼间空降突袭中纷纷降落在德军战线后方。这次大胆的历史性空降行动，剑指纳粹占领下的荷兰。

在地面上，英军第2集团军的庞大坦克纵队在荷兰—比利时边境严阵以待，这是参加"花园"行动的部队。下午2点35分，炮火准备结束之后，坦克纵队将在发射火箭弹的战斗机群引导下，沿着一条空降兵已经夺取并保持畅通的战略要道冲入荷兰腹地。

蒙哥马利雄心勃勃的计划旨在让步兵和坦克全速穿越荷兰东部，以此为跳板跨越莱茵河突入德国本土。他推断"市场-花园"行动就是打倒"第三帝国"，并在1944年内结束战争所需的雷霆一击。

目录

前言　　*i*

第 1 部　撤退　　1

惊恐和无序似乎是德国人逃跑的特色。每种交通工具都被派上了用场。从比利时边境向北到阿纳姆,以及阿纳姆以北的公路上,挤满了卡车、公共汽车、指挥车、半履带车、装甲车、马拉的农用大车,还有以木炭等燃料为动力的民用汽车。在杂乱无序的车队里,到处都是成群结队、疲惫不堪、灰头土脸、骑着匆匆征用的自行车的德军士兵。

第 2 部　计划　　89

"我的军官们已经把这张荷兰地图和空降场牢记在心,我们做好了出击准备。在诺曼底登陆之前,当我带着自己的营去听任务简报时,大家都清楚我的那支战备状态正值巅峰的部队有多少人。等到我在诺曼底把他们集合起来的时候,已经失去了一半人。我命令你们:要么把我们扔进荷兰,要么把我们扔进地狱,但一定要把我们完整地扔进一个地方。"

第 3 部　进攻　　161

　　这是有史以来构想最为宏大的空降行动。红十字会工作者安杰拉·霍金斯可能对人们目睹庞大机群飞过时的反应做出了最好的总结。当一拨又一拨飞机像"成群结队的欧椋鸟"一样从天上飞过时,她透过列车的窗户吃惊地朝上凝望着。她确信,"无论剑指何处,这次进攻都一定会结束战争"。

第 4 部　围困　　273

　　"你们是否意识到我们在这里等了 4 个小时?"那名军官激动起来,立即开始向沃迪简要介绍情况。"我听的时候震惊了,"沃迪记得,"那是我们得到的第一个消息,即事情的进展并不像计划的那么好。我们立即组织起来,当我四下张望的时候,我看见前面的整片天空都烧着了。"

第 5 部　"巫婆的大锅"　　459

　　"这场战争中最伟大的空降行动就这样以失败告终了,……除了阿纳姆之外,所有的目标都拿下了,但没有攻占阿纳姆,其他一切就毫无价值。……盟军赢得了一个 80 公里长的突出部——但从这个突出部哪里也去不了。"

伤亡小记　　575
作者致谢　　577

第 1 部

撤退

Part One

The Retreat

1

在有着千年历史的荷兰村庄德里尔（Driel），人们正全神贯注地倾听着外界传来的声音。早在破晓之前，人们就已经从睡梦中惊醒，然后不耐烦地点亮了百叶窗后面的灯。起初，人们只是感觉到四周发生了一些难以捉摸的事情，但随着远处隐约传来的一种低沉的声音，原先模糊的印象渐渐清晰了起来。

那声音几乎难以辨听，却又连绵不断，一波又一波地传到村子里。许多人无法听清楚这难以捉摸的声音，于是一边听一边本能地以为是附近的下莱茵河水的流动出现了某种变化。荷兰的一半国土低于海平面，水是荷兰恒久不变的"敌人"，在 11 世纪以来人与自然从未停歇的战斗中，拦河大堤是人类最主要的"武器"。德里尔村位于下莱茵河的一个大河湾处，在海尔德兰省首府阿纳姆（Arnhem）的东南方，这座小村始终提醒着人们这场斗争的存在。在村子以北几百米的地方，有一条巨大的河堤保护着村子以及整个地区。部分堤岸高达 6 米，挡住了 365 米宽的河流，堤岸的上方还修筑了一条公路。但今天早晨，这条河流却并不是令人惊恐的理由，下莱茵河以它惯常的流速——每小时 3.2 公里——平静缓慢地注入北海。这条河堤的石壁上回荡的声音，来自另一个更为无情可怕的敌人。

天色渐亮，晨曦渐渐驱散了薄雾，喧嚣声也变得更大了。从德里尔通向东边的公路上,居民们能够清楚地听见车辆行驶的声音——那种声音似乎每分钟都在变得更大。现在,他们的不安变成了惊恐,因为这种声音的来源并非某种自然物,其身份已经毋庸置疑:那是德国军车行驶的声音。在第二次世界大战的第5个年头,在被纳粹占领了51个月之后,每个人对此都无比熟悉。

更加令人惊恐的是车队的规模。有些人后来回忆说,能发出如此巨响的车流,他们以前只见过一次——那还是1940年5月德国入侵荷兰的时候。当时,在离德里尔16~24公里的"第三帝国"边境上,希特勒的机械化部队蜂拥而入,通过各条公路干线迅速分散到荷兰全境。现在,在同样的公路上,德军车队似乎再次绵延不断地开动着。

奇怪的声音来自最近的一条公路干线——那是一条双车道的高速路,它把位于下莱茵河北岸的阿纳姆与8世纪建成的奈梅亨(Nijmegen)连接了起来,后者坐落在南面18公里外宽阔的瓦尔河畔。人们能够从汽车发动机低沉的颤音中清楚地辨别出一些独特的声音,其与军车的轰鸣大相径庭——那是四轮马车车轮刺耳的摩擦声,无数自行车行进时发出的声音,以及缓慢、凌乱而又拖沓的脚步声。

这是一支什么样的队伍?更为重要的是,它要前往何方?战争进行到现在这个时刻,荷兰的未来很可能就建立在这些问题的答案上。大部分人认为车队载运着大量增援部队——他们不是进入荷兰增援驻军,就是匆匆赶往南方阻止盟军的推进。盟军已经以令人惊叹为观止的速度解放了法国北部,此刻正在比利时境内追歼溃败的德军,前锋据说已经逼近首都布鲁塞尔,距离此地还不到160公里。传言四起,有人言之凿凿地宣称,盟军强大的装甲部队正朝荷兰与比利时边境迅速推进，不过德里尔却没有一个人能够有把握地说出车队正在朝哪个方向行进。遥远的距离和声音的扩散使得人们无法做出正确判断，而且受制于宵禁，居民们也不敢走出家门去打听情况。

被心中无数疑问折磨着的居民只能等待天明。他们不知道的是，驻扎在德里尔村内的3名年轻的德国兵早已逃之夭夭了，他们骑着偷来的自行车一溜烟儿消失在拂晓前的雾霭之中。村子里再也没有任何军事当局来执行宵禁制度了。

没人能意识到这一点，因而大家仍然待在家里，但他们之中那些好奇心更强的人已经等得不耐烦了，于是决定冒险打电话。年轻的科拉·巴尔图森（Cora Baltussen）住在蜂蜜场街（Honingveldsestraat）12号，隔壁就是家里开的果酱工厂。她给阿纳姆的朋友们分别打了电话，并对他们亲眼看到的场面感到不可思议：德军车队并非南下或赶赴西部前线。1944年9月4日，就在这个薄雾蒙蒙的清晨，德国人以及他们的支持者好像都在逃离荷兰，任何能够开动的交通工具都加入撤退的洪流之中。

科拉认为，每个人原以为要发生的战斗现在将离他们而去了。但她错了，对于无足轻重、迄今为止还未经战火的德里尔村来说，战争才刚刚开始。

2

德里尔以南 80 公里，在靠近比利时边境的城镇和村庄里，荷兰人兴奋得难以自制。一切都令人难以置信，就在他们的眼皮底下，在法国北部和比利时遭受重创的德军残部正川流不息地从窗外经过。崩溃似乎是种传染病，除了军队之外，成千上万的德国平民和荷兰纳粹分子也在撤离，而且对这些逃跑中的部队来说，似乎任何一条公路都通向德国与荷兰的边境。

由于撤退伊始速度非常慢——起初只有指挥车和其他车辆组成的涓涓细流越过比利时边境——因而基本上没有荷兰人能够精确地说出撤退是从何时开始的。有些人认为撤退始于 9 月 2 日，还有人觉得是 3 日，但到 4 日的时候，德国人及其追随者的行动就已经呈现出溃败的迹象，疯狂的集体大逃亡在 9 月 5 日达到了顶峰。在荷兰历史上，那一天后来被称为"发疯的星期二"（Dolle Dinsdag）。

惊恐和无序似乎是德国人逃跑的特色。每种交通工具都被派上了用场。从比利时边境向北到阿纳姆，以及阿纳姆以北的公路上，挤满了卡车、公共汽车、指挥车、半履带车、装甲车、马拉的农用大车，还有以木炭等燃料为动力的民用汽车。在杂乱无序的车队里，到处都是成群结队、疲惫不堪、灰头土脸、骑着匆匆征用的自行车的德军士兵。

德国人甚至用上了更加别出心裁的运输工具：在比利时与荷兰边境以北几公里处的法尔肯斯瓦德（Valkenswaard），人们看见身负重荷的德国士兵吃力地蹬着儿童滑板车前行；在近百公里外的阿纳姆，一群当地人站在阿姆斯特丹路上，注视着2匹步履艰难的农用马拖着一辆大型灰黑色灵车缓缓经过，灵车原先放置棺木的地方挤坐着20来个衣冠不整、疲惫异常的德国人。

来自各个单位的德军士兵在这些可怜的车队当中跋涉：有穿着黑色装甲兵夹克却失去了坦克的装甲兵；有德国空军的人员，应该是在法国或比利时遭受重创的德国空军单位的残部；有来自20多个师的德国国防军官兵；还有武装党卫军部队，他们的髑髅和交叉的大腿骨标志令人毛骨悚然。在圣乌登罗德（St. Oedenrode），年轻的威廉明娜·科彭斯看着这些群龙无首、神情茫然的官兵在毫无目的地行进，心里觉得"他们中的大多数人并不知道自己身处何处，甚至不知道要到哪里去"。令旁观的荷兰人感到既心酸又好笑的是，有一些德国兵甚至连方向都搞不清楚，还要询问到荷兰与德国的边境怎么走。

1232年建立的工业城市艾恩德霍芬（Eindhoven）是超级特大型企业飞利浦电器公司的所在地，当地市民听闻从比利时传来的低沉炮声已经有好几天时间了。现在，人们一边看着吃了败仗的德军残兵挤满公路，一边暗自思忖盟军部队可能用不了几个小时就会到达这里，而德国人也是这么认为的。时年24岁的弗兰斯·科尔蒂（Frans Kortie）是当地市政府财政局的雇员，在他眼里这些部队根本无意抵抗。附近的机场传来阵阵爆炸声，那是德军工兵在对机场跑道、弹药库、燃料罐和机库进行爆破。透过城市上空飘过的烟幕，科尔蒂看到几支德军小队正在忙碌，把架设在飞利浦电器公司大楼

7

屋顶上的重型高射炮拆卸下来。

从艾恩德霍芬向北一直到奈梅亨，整个地区的德国工兵都在奋力工作，把一切带不走的东西统统毁掉。小学教师科内利斯·德菲瑟被看到的一幕吓坏了：在流经费赫尔（Veghel）市南边的南威廉斯运河（Zuid Willemsvaart）上，一艘满载货物的驳船被炸上了天，飞舞的航空发动机部件，四处飞散如同一阵致命的弹片雨。在不远处的于登（Uden）市，45岁的汽车车身制造商约翰内斯·德赫罗特（Johannes de Groot）正和家人一起观看着德军撤退的场面，这时德国人放火焚烧了离他家不到300米的一座前荷兰兵营。几分钟以后，存放在兵营里的重磅炸弹爆炸了，德赫罗特的4个孩子被四散的弹片波及，死于非命，最小的孩子才5岁，最大的也不过18岁。

在艾恩德霍芬等地，学校大楼烧成了一片火海，由于德军不允许消防队前去救火，致使成片的街区被连续焚毁。不过，与在公路上逃跑的队列截然相反的是，有证据表明德军工兵是在按照某个明确的破坏计划行事。

在逃亡者当中，最惊恐和混乱的莫过于德国、荷兰、比利时和法国的平民纳粹党徒了。荷兰人对他们毫无怜悯之心。在圣乌登罗德的农民约翰内斯·许尔森眼里，这些人显然是被"吓坏了"，而且他充满快意地想到，他们有理由被吓得半死，因为盟军"就在他们的屁股后面穷追猛打，这些卖国贼知道，清算日（Bijltjesdag）[1]来临了"。

荷兰纳粹分子和德国平民之所以惊恐万状地逃跑，主要是由荷兰那位臭名昭彰的帝国特派占领区委员长（Reichskommissar）、时

---

[1] Bijltjesdag 在荷兰语中的意思是斧头之日，属于荷兰语中一个被广泛使用的习语，意指经历了一段时期的压迫之后，对压迫者进行清算的日子来临了。本书脚注，如无特别说明，均为译者注。

年52岁的阿图尔·赛斯-英夸特（Arthur Seyss-Inquart）博士，以及野心勃勃而又残暴不仁的荷兰纳粹党领袖安东·阿德里安·米塞特（Anton Adriaan Mussert）引发的。赛斯-英夸特焦虑不安地关注着在法国和比利时的德国人的命运，他在9月1日命令德国平民疏散到距离帝国边境更近一些的荷兰东部，50岁的米塞特亦步亦趋，向荷兰纳粹党员发出了警报。赛斯-英夸特和米塞特本人就在首先撤离的人群之中：他们从海牙向东撤到阿纳姆以北24公里处的阿珀尔多伦（Apeldoorn），[1] 米塞特匆忙把家人送到更靠近帝国的地方，安置在附近上艾瑟尔省的特文特（Twente）边境地区。起初，大多数德国与荷兰平民在搬家时还显得从容不迫，随后发生的一连串事件却引发了歇斯底里的混乱。9月3日，英军攻占了布鲁塞尔，第二天安特卫普也落入了他们的手中，眼下，英国人的坦克和步兵离荷兰边境只有几公里路程。

在取得这些令人震惊的胜利之后，年迈的荷兰女王威廉明娜很快就在伦敦发表了广播讲话，向她的人民宣告解放在即。她宣布，她的女婿伯恩哈德亲王已经被任命为荷兰武装部队总司令，他还将领导所有的地下抵抗组织。这些组织包括3个迥然相异的派别，在政治上既有左派，也有极右派，但现在他们将团结起来一致对外，还成立了被官方称为荷兰"国内军"（Binnenlandse Strijdkrachten）的联合武装力量。33岁的伯恩哈德亲王是王位继承人朱丽安娜公主的丈夫，他在女王讲话之后也发表了自己的广播讲话，他要求地下

---

[1] 赛斯-英夸特吓坏了。在阿珀尔多伦，他躲进了地下指挥部——那是一个混凝土和砖结构的巨大地堡，耗资超过25万美元——里面会议室、通信设备和个人套房一应俱全。这个地堡至今还在，在入口处附近的水泥外墙上有"六又四分之一"的数字刻痕，"六又四分之一"是这位被人厌恶的特派占领区委员长的绰号。这是荷兰人忍不住刻上去的；在荷兰语中，赛斯-英夸特与"六又四分之一"的发音几乎一样，念作"zes en een kwart"。——原注

抵抗组织准备好臂章，臂章上"用清晰的字母展示出'Orange'一词"，但"没有得到我的命令"不得佩戴它们。他告诫说："在当下的热情中要保持克制，切勿不听号令草率行事，因为这些行动将会让你们自己以及正在进行的军事行动陷入困境。"

接下来，盟军最高统帅德怀特·戴维·艾森豪威尔将军发表了一个特别的广播演说，证实荷兰自由在即。"荷兰人民期待已久的解放时刻，现在已经非常接近了。"他许诺道。这些广播发表后没过几个小时，荷兰流亡政府首相彼得·舒尔茨·海布兰迪（Pieter Sjoerds Gerbrandy）就带来了最为乐观的声明，他告诉听众："现在势不可当的盟军已经越过了荷兰边境……我要求你们所有人竭诚欢迎盟军来到我们的祖国。"

荷兰老百姓欣喜若狂，但荷兰的纳粹分子则要亡命天涯了。安东·米塞特一直吹嘘他的党有5万多人，不过在荷兰人看来，如果此话当真，那么他们几乎都在同一时间开始夺路而逃了。在荷兰各地的几十个城镇和村庄里，纳粹任命的镇长和官员们突然拔腿开溜——不过往往是要求先拿到工资再跑路。艾恩德霍芬市市长以及一些官员坚持要拿到工资，市政府办事员赫拉尔杜斯·莱吉厄斯认为他们的姿态荒唐可笑，不过对于在他们走人之前先发工资的要求并没有感到不舒服。眼看着他们"把所有的东西打包装车"匆匆出城，他心中纳闷，他们能走多远？他们又能逃到哪里去？银行也发生了挤兑。24岁的尼古拉斯·范德韦尔德是一名银行职员，9月4日星期一，他去瓦赫宁恩（Wageningen）上班的时候，看见成群的荷兰纳粹分子在银行外面排队等候。银行一开门，他们便匆匆取款注销账户，同时把保险柜里面的东西全部取走。

火车站里到处是极度惊恐的平民，开往德国的每列火车都挤得满满当当。年轻的弗兰斯·维辛走下抵达阿纳姆的火车时，被争先恐后想要上车的人海吞没了。人们行色匆匆，在火车离开之后，维辛看见站台上的行李丢得到处都是。在奈梅亨西边的泽滕（Zetten），学生保罗·范韦利看见荷兰纳粹们挤在火车站里，整天等待着开往德国的火车，可是火车永远不会来了。女人和孩子在哭叫，在范韦利眼中，"候车室就像一个挤满游民的旧货店"。每座城镇都有类似的事件发生，荷兰通敌者们正用任何能够移动的工具逃跑。市政建筑师威廉·蒂曼斯透过位于阿纳姆大桥附近的办公室窗户看到，荷兰纳粹们"疯狂地爬上"一条驳船，沿着莱茵河向帝国驶去。

逃亡队伍每个小时都在增长，甚至在天黑以后也没有停下来。德国人迫不及待地想要抵达安全地带，甚至在9月3日和4日夜晚，士兵完全不顾盟军的空袭威胁，在一些十字路口架起了探照灯，打着令人目眩的强光，为许多缓慢通过的超载车辆照亮道路。德国军官似乎已经失去了控制力，阿纳姆的全科医生安东·拉特费尔博士看见士兵们扔掉步枪——有些士兵甚至试图把手中的武器卖给荷兰人。当时只有十几岁的约普·穆塞拉斯看见一名中尉试图拦截一辆几乎空载的军车，但司机却对停车命令视而不见，径直冲了过去，气得那名军官拔出手枪，胡乱地朝着鹅卵石路面开火。

到处都有士兵试图开小差。在埃尔德（Eerde），18岁的办事员阿德里亚努斯·L. 马里纳斯（Adrianus L. Marinus）注意到有个德军士兵从卡车上跳了下来，朝一座农场跑去，然后消失在那里。后来马里纳斯才得知，那名士兵是被征入德国国防军的苏联战俘。在瓦尔河北岸距离奈梅亨3公里的伦特（Lent）村，弗兰斯·惠更医生在例行巡诊的时候，看见士兵讨要老百姓的衣服，而荷兰人拒绝了他们的要求。在奈梅亨，逃兵们却没有那么客气，很多时候他们用枪逼着对方把衣服交出来。威廉默斯·彼得斯牧师是一名40岁的加尔默罗会（Carmelites）[1]修士，他看见士兵们匆匆脱掉军装，换上了平民服饰，然后徒步向德国边境走去。"德国人对战争完全厌倦了，"阿纳姆的林业督察长加里特·梅姆林克回忆道，"他们正在尽最大努力躲避宪兵队。"

随着军官逐渐失去对部队的控制，军纪自然就荡然无存了。无法无天的德军士兵什么都偷，马匹、马车、汽车和自行车等交通工具是重点目标，有的士兵甚至用枪威逼农民，让他们用马车把自己拉到德国去。荷兰人发现车队中的卡车、马车、手推车——甚至还有逃兵推着的婴儿车——上面，高高地堆放着从法国、比利时和卢森堡劫掠来的赃物，从雕像和家具到女式内衣裤，无奇不有、无所不包。在奈梅亨，士兵们试图兜售缝纫机、成卷的衣料、油画和打字机，有个德国士兵甚至还在贩卖一只装在大笼子里的鹦鹉。

撤退的德国人手上自然也少不了酒。在离德国边境不到8公里的赫鲁斯贝克（Groesbeek）镇，赫尔曼·胡克神父注意到，一些马拉大车被大量葡萄酒和烈性酒压得不堪重负。阿纳姆的赖因霍尔德·戴克尔牧师发现，德国国防军官兵坐在一辆卡车上，闹哄哄地喝着一个巨大酒桶里的葡萄酒，那酒桶显然是他们大老远从法国拉来的。16岁的阿加莎·舒尔特（Agatha Schulte）是阿纳姆市医院总药剂师的女儿，她确信自己看见的德军士兵大多是醉醺醺的，他们对着小孩子一把把地抛撒着硬币——既有法国的，也有比利时的，还试图向成年人兜售葡萄酒、香槟和法国干邑白兰地。她的母亲亨德丽娜·舒尔特生动地回忆说，她看见一辆德国卡车装载着另一种

---

1 加尔默罗会，又称圣衣会，是中世纪天主教四大托钵修会之一，12世纪建立于叙利亚的加尔默罗山。

赃物，那是一张大双人床——而且床上还有一个女人。"[1]

除了来自南方的掉队者以外，从荷兰西部和沿海地区也涌来大量德国人和平民。行人车辆像泛滥的洪水一样横穿阿纳姆，向东流往德国。位于阿纳姆郊外的奥斯特贝克（Oosterbeek，又译东贝克）是一个富饶的小镇，38岁的化学工程师扬·福斯凯尔（Jan Voskuil）正躲藏在岳父家里。德国人打算把他抓起来并扣为荷兰人质，在得知自己上了即将被逮捕的黑名单后，他便带着妻子贝尔莎（Bertha）和9岁的儿子亨利从32公里外的海尔德马尔森（Geldermalsen）的家里逃了出来。当他来到奥斯特贝克的时候，正赶上这场大撤退，扬的岳父告诉他不要"再担心德国人了，现在你不必'躲躲藏藏'了"。福斯凯尔俯瞰着奥斯特贝克的大街，只见"一片混乱"，几十辆装满德国人的卡车首尾相连，"全都属于危险超载"。他看见士兵们"骑着自行车，拼命踩着踏脚板，车把手上挂着手提箱和旅行袋"。福斯凯尔确信，要不了几天战争就将结束了。

在阿纳姆，气势恢宏的圣欧西比尤斯（St. Eusebius）教堂格外引人注目，它建于15世纪，以高达93米的塔楼而闻名。扬·迈恩哈特（Jan Mijnhart）是这座大教堂（Grote Kerk）的司事，他看见"德国佬"（Moffen，这是荷兰人给德国人起的绰号，相当于英语中的"Jerry"）鱼贯而行穿过市区，"四人并排朝德国的方向走去"，有些"德国佬"看上去年老体衰。在附近的埃德（Ede），一个上了年纪的德国人恳求年轻的鲁道夫·范德阿，希望他能帮自己通知远在德

---

[1] "谁都认为不可能在德军中发生的场面却被人们亲眼看见。"德国著名历史学家瓦尔特·格利茨（Walter Goerlitz）在其《德国总参谋部史》一书中写道，"海军部队向北方进发，却又没有携带武器，同时还在出售他们多余的制服……他们告诉人们，战争已经结束了，他们正在回家。满载着军官、情妇、大量香槟酒和白兰地的卡车试图一直撤退到莱茵兰，因而有必要设立特别的军事法庭来审理这种案子。"——原注

国的家人,就说他们见过面。"我有心脏病,"他继续说道,"大概活不了多久了。"十多岁的阿纳姆少年卢西亚努斯·保卢斯·弗鲁曼注意到德国人筋疲力尽了,"战斗精神或荣誉感荡然无存"。他看见军官们试图在一片混乱的士兵之中恢复秩序,但这样的努力收效甚微。有些荷兰人冲着他们叫喊道:"滚回去!英国人和美国人几个小时以后就要来了。"已经完全麻木的德国兵对此毫无反应。

44岁的外科医生彼得·德赫拉夫注视着德国人从阿纳姆向东边行军,他确信自己正在目睹"德国军队的末日,看见德军就在眼前崩溃"。中学数学教师苏珊·范茨韦登有一个特殊的理由记住这个日子。她的丈夫约翰是一位受人尊敬的著名雕塑家,由于藏匿荷兰犹太人在1942年被关进了达豪集中营[1]。现在他可能很快就要被释放了,因为战争显然就快结束了。苏珊决心要目睹德国人狼狈而逃和盟军解放者到达的历史性时刻。她的儿子罗伯特年纪太小,难以理解正在发生的一切,但她决定带9岁的女儿索尼娅进城。苏珊一边给索尼娅穿衣服一边对她说:"这是你非看不可的事情,你必须铭记终生。"

荷兰全国上下一片欢腾。荷兰国旗被挂了出来。富于创业精神的商人把橙色徽章和储量丰富的缎带卖给急切的民众。在伦克姆(Renkum),人们涌进当地布店里抢购,店经理约翰内斯·斯努克忙着裁剪橘色缎带,他剪得多快就能卖得多快。令他感到惊讶的是,居民们当即就把缎带打成蝴蝶结,骄傲地用别针别在衣服上。约翰内斯是地下抵抗组织的成员,他认为"这有点过头"。为了避

---

[1] 达豪集中营(Dachau concentration camp),纳粹德国第一所集中营,1933年3月22日启用,位于慕尼黑以北16公里的达豪市郊区。据最新资料显示,死于达豪集中营的囚犯超过4万人,1945年4月29日,美军解放了达豪集中营。

免居民行为过激惹祸上身，他停止了售卖缎带。他的妹妹玛丽亚受到兴奋情绪的感染，在日记里欢快地写道："街道上的气氛仿佛在过女王节（Koninginnedag，即荷兰女王生日）一般。"欢呼的人群站在人行道上高喊"女王万岁"，人们唱起了荷兰国歌《威廉颂》（Het Wilhelmus）和歌曲《奥兰治至高无上！》（Oranje Boven）。修女安东尼娅·斯特兰茨基和克里斯蒂娜·范戴伊克供职于阿纳姆市圣伊丽莎白医院，她俩骑着自行车来到市内的主广场费尔佩普莱恩（Velperplein）广场，一路上长袍飘扬。广场上的露天咖啡馆人头攒动，她们也加入其中和大家一起喝着咖啡，吃着土豆饼，与此同时德国人和荷兰纳粹分子正络绎不绝地从旁边经过。

在奈梅亨的圣卡尼修斯（St. Canisius）[1]医院，修女M.多塞特·西蒙斯看见护士们在修女院的走廊里跳起了欢快的舞蹈。人们把藏了很久的收音机拿了出来，一边注视着窗外潮水般撤退的人流，一边公开收听来自伦敦的广播，这是多个月以来的第一次，大家听的是英国广播公司橙色电台的荷兰语特别节目。圣乌登罗德的果农约翰内斯·阿洛伊修斯·胡尔克斯听了广播后激动万分，竟然没有发现在他家后面的一群德国人，把家中的几辆自行车偷走了。

许多地方学校停课，工人停工。在法尔肯斯瓦德，雪茄厂的工人们立刻从流水线上跑开，蜂拥到街道上。政府所在地海牙的电车停运。在首都阿姆斯特丹，气氛既紧张，又显得那么不真实。办公室都关了门，股票交易停止，主干道上的军队突然没有了踪影，而德国和荷兰的纳粹分子则围住了中央车站。在阿姆斯特丹、鹿特丹

---

[1] 圣卡尼修斯（St. Peter Canisius, 1521—1597），天主教耶稣会学者、教义师，生于尼德兰。在新教改革后，德国天主教会的恢复主要归功于他领导的耶稣会的工作，他在天主教会中被尊称为圣人。

和海牙的郊外，人们举着旗帜，捧着鲜花，站在通往城市的主要公路边——希望自己能够成为最先看到英军坦克从南方驶来的人。

谣传每个小时都在疯狂扩散。在阿姆斯特丹，许多人认为英军已经解放了海牙，后者位于阿姆斯特丹西南约 48 公里的海岸附近。而在海牙，人们则认为 24 公里外的庞大的鹿特丹港已经被解放了。每次火车一停下，列车上的旅客就能听到一个不同的故事。25 岁的抵抗组织领导人亨利·约安·派恩堡（Henri Joan Peijnenburg）就是其中之一，当时他正从海牙赶回奈梅亨的家，这是一段不到 130 公里的路程。旅行开始的时候，他便听说英国人已经进入古老的边境城市马斯特里赫特（Maastricht）；途径乌得勒支（Utrecht）时，有人告诉他英国人已经到了鲁尔蒙德（Roermond）；抵达阿纳姆时，人们又向他保证英国人已经攻占了芬洛（Venlo），那里离荷德边境只有几公里路。"当我终于到家的时候，"他回忆说，"本来以为会在大街上看见盟军，但我眼前全都是正在撤退的德国人。"派恩堡感到困惑不安。

还有人和他一样关注形势——尤其是在海牙秘密召开会议的地下抵抗组织最高指挥部。他们紧张地关注着局势发展，认为荷兰似乎已经站在自由的门槛上，盟军的坦克能够轻而易举地迅速穿越国土，从比利时边境直达须得海[1]。地下抵抗组织确信，那条穿过荷兰跨越莱茵河进入德国的"通道"已经敞开了。

抵抗组织的领导人知道，德国人实际上已经无力阻止盟军决定性的进攻了。他们对荷兰国土上那个虚弱而又缺额严重的德国守备

1　须得海（Zuider Zee），位于荷兰西北部。原为北海一海湾，1932 年后经筑堤岸拦截，同北海分开，内部相当大的一部分已被改造为圩田，成为弗里斯兰省的一部分，剩余水面称作艾瑟尔湖。

师不屑一顾，该师由老年人组成，守卫着沿海的防御工事（自1940年以来他们就一直坐在混凝土地堡里，一枪未放）。他们对于其他不入流的敌军部队同样瞧不上眼，那些部队的战斗力十分令人怀疑，其中包括荷兰的党卫队、匆忙组建的守备部队、由康复期病人和体检不合格者组成的部队，后者被恰如其分地冠上"胃营"和"耳朵营"的称谓，因为他们中的大多数人不是患有胃溃疡就是耳背。

在荷兰人看来，盟军的行动意图似乎很明显，进攻随时都会发动。但盟军的胜利却有赖于英军从南方推进的速度，地下抵抗组织最高指挥部对此感到困惑：他们无法确定盟军的推进进展如何。

海布兰迪首相声明，盟军部队已经越过边境，但这话是否准确，核实起来却绝没有那么简单。荷兰是个小国，面积大概只有爱尔兰的三分之二，却拥有900万的庞大人口，每个城镇和村庄都有地下抵抗力量的基层组织，因此德国人难以控制破坏活动。虽说如此，传递情报仍旧很危险，主要的方法，同时也是最危险的方法，就是打电话。在情况紧急时，抵抗组织领导人使用复杂的电话线路和密语与全国各地通电话。因此，地下抵抗组织领导人这次没用几分钟便获悉，海布兰迪的声明为时过早了——英军部队并没有越过边境。

橙色电台的其他广播则是乱上添乱。在约12个小时的时间里，英国广播公司的荷兰语节目两次（一次是在9月4日晚上11点45分，另一次是在9月5日上午）宣布，离比利时边境11公里远的荷兰要塞城市布雷达（Breda）已经被解放了。消息迅速传开，秘密印刷的报纸立即准备了解放专号，报道"布雷达光复"。不过阿纳姆地区抵抗组织的领导人，38岁的彼得·克鲁伊夫（Pieter Kruyff）却对橙色电台的新闻快报深表怀疑。他领导的小组是国内技能最精湛、纪律最严明的小组之一。他立即让通信专家约翰内斯·贝尔特斯·施泰因福特（Johannes Bertus Steinfort）核实这个报道，后者是一家电话公司的青年仪器制造工人。施泰因福特迅速接通一条秘密线路，与布雷达的地下抵抗组织取得了联系，结果他成了最先得知那个痛苦真相的人之一：布雷达仍然在德国人的手里，没有任何人见到英军或是美军的影子。

在谣言四起的情况下，大量抵抗小组匆匆聚在一起讨论下一步该怎么办。尽管伯恩哈德亲王和盟军最高统帅已经提醒人们，不要发动大起义，但一些地下抵抗组织成员已经失去了耐心，他们相信直面敌人、帮助推进中的盟军的时候到了。很显然，德国人害怕发生大规模起义，地下抵抗组织注意到在德军撤退的队列中，卫兵就坐在汽车的挡泥板上，手里端着上了膛的步枪或冲锋枪。不过，许多抵抗组织的成员并没有被吓住，他们渴望战斗。

在奥斯特贝克镇西北几公里处的埃德，25岁的门诺·安东尼·"托尼"·德诺伊试图说服他的小组领导人比尔·维尔德布尔发动袭击。德诺伊争辩说，一旦盟军进入荷兰，这个小组就应该接管埃德，这是很早以前就订好的计划。镇里的营房原先是用来训练德国海军水兵的，现在已是人去屋空，德诺伊想占领那些建筑。年纪较长的维尔德布尔早先是荷兰陆军的一名军士长，他不同意这么做。"形势尚不明朗，"他告诉德诺伊，"时机还未成熟，我们必须等待。"

并非地下抵抗组织的所有活动都被控制住了。在鹿特丹，地下抵抗组织的战士占领了自来水公司的办公室；在荷兰比利时边境的阿克塞尔（Axel），镇公所连同古老的护城墙均被攻占，几百名德国官兵向平民战士投降；在许多城镇里，不少纳粹官员在试图开溜的时候被生擒活捉。阿纳姆以西的沃尔夫海泽（Wolfheze）镇有家很出名的精神病院，当地的警察局长在自己的车里被抓住后，被人临时关进了最近的现成住所，也就是精神病院里。人们准备在英国人"抵达的时候"把他交出去。

这些都是例外情况，总的来说，地下抵抗组织仍然保持着平静，但他们利用各地混乱的局面为盟军的到来做着准备。在阿纳姆，42岁的古老法国家族后裔夏尔·B.拉布谢尔（Charles B. Labouchère）积极参加情报小组的活动，忙得无暇理会谣传。他与几名助手一起，坐在阿纳姆大桥附近的一间办公室窗户旁边，连续多个小时监视着沿公路逃跑的德军部队。这群败军或是向东撤往靠近德国的泽弗纳尔（Zevenaar），或是向东北撤往聚特芬（Zutphen）。拉布谢尔的任务是估算出德军的兵力，如果可能的话还要辨认出部队番号。他将记下来的重要情报通过信使送到阿姆斯特丹，再从那里经由一个秘密网络传至伦敦。

在奥斯特贝克郊外，年轻的扬·阿德里安·艾克尔霍夫（Jan Adriaan Eijkelhoff）低调地穿过人群，骑着自行车走遍了整个地区，把伪造的食品配给卡交给那些躲避德国人的荷兰人。57岁的约翰内斯·彭塞尔（Johannus Penseel）是阿纳姆的一个地下抵抗小组领导人，人称"老家伙"，部下都认为他是一个足智多谋的传奇人物。他断定是时候转移武器库了，在到处都是德军的情况下，他和几个精心挑选出来的助手公然驾驶面包店的厢式货运车，沉着冷静地来到藏武器的市医院。他们用棕色的纸迅速把武器包好，然后尽数运到彭塞尔的家中。透过他家地下室的窗户，主广场的情况一目了然。彭塞尔和他的副手托恩·范达伦（Toon van Daalen）都认为，时机一到，这里就是向德国人开火的最佳阵地。这个军事组织名为"乡村骨干突击小组"（Landelyke Knokploegen），他们决心不辜负这个称号。

在荷兰各地,这支庞大的地下军的男女成员都做好了战斗准备,而在南部的城镇和乡村里,有人认为荷兰的部分地区已经被解放了,于是跑出家门准备欢迎解放者。在奈梅亨西南[1]的奥斯(Oss)市,蒂布尔齐乌斯·卡洛斯·诺德梅尔神父看着兴高采烈的人群,觉得空气中弥漫着一股疯狂的气息。他看见人们喜庆地互相拍着后背,把在公路上垂头丧气行军的德国人与欢欣鼓舞的荷兰旁观者进行了对照,写下了"一边怕得要死,而另一边则发疯般地无限欢乐"的文字。这位喜怒不形于色的荷兰神父回忆说:"没有一个人的行为是正常的。"

随着时间流逝,人们愈加焦虑不安。在奥斯特贝克镇内主干道旁的药店里,卡雷尔·德威特开始担忧了,他告诉妻子兼主药剂师约翰娜,他无法理解为什么盟军飞机还没有对德军车辆和步兵发动空袭。退役的荷军少校弗兰斯·舒尔特认为这种全民狂热为时尚早,尽管舒尔特的弟弟和弟媳对于德国人崩溃的表象欣喜若狂,但舒尔特却不以为然。"情况会恶化,"他告诫道,"德国人远没有被打败。如果盟军想要跨过莱茵河,相信我吧,我们会看到一场恶战。"

---

[1] 此处原文有误,写成了奈梅亨的东南。奥斯实际上位于奈梅亨西南方,属于北布拉班特省。

3

希特勒已经采取了关键措施。9月4日，在位于东普鲁士拉斯滕堡（Rastenburg，今波兰肯琴）格尔利茨森林深处的元首大本营里，69岁的格尔德·冯·伦德施泰特元帅准备前往西线，他压根没想到会得到新的任命。

原先被强制退休的冯·伦德施泰特又被突然召回，于4天前奉命到拉斯滕堡报到。2个月前的7月2日，时任西线德军总司令（德国的军事术语中西线德军总司令部是OB West——Oberbefehlshaber West）的冯·伦德施泰特被希特勒撤了职，自战争爆发后一直未尝败绩的元帅当时正全力应对德国在这场战争中的最大危机——盟军的诺曼底登陆。

关于如何才能最好地应对那个威胁，元首与德国最杰出的军人从未取得一致。盟军在诺曼底实施登陆以前，冯·伦德施泰特在请求援兵之时就直言不讳地告知希特勒的最高统帅部（OKW——Oberkommando der Wehrmacht），盟军在兵力、装备和飞机数量上占有绝对优势，因而"敌人想在哪里登陆，就能在哪里登陆"。希特勒对此并不认同。"大西洋壁垒"，也就是那道部分完工的沿海防御工事，绵延近4 800公里，从希尔克内斯[1]（挪威—芬兰边境）一直

---

[1] 希尔克内斯（Kirkenes），几乎是挪威最东北端的一个小镇，位于挪威的芬马克郡（Province of Finnmark），在邻国芬兰的东边，靠近俄罗斯。

到比利牛斯山（法国—西班牙边境）。希特勒吹嘘说，这道"大西洋壁垒""对任何敌人来说都是坚不可摧的防线"。冯·伦德施泰特非常清楚，这道防线与其说是事实，毋宁说是宣传。他用一个词对"大西洋壁垒"做了总结："骗局"。

传奇人物埃尔温·隆美尔元帅以其战争初期在北非沙漠里所取得的胜利而名扬天下，他被希特勒派到冯·伦德施泰特麾下指挥B集团军群，同样对元首的自信深感震惊。在隆美尔看来，这些沿海防御工事是"希特勒想象出来的幻境（Wolkenkuckucksheim）"。贵族家庭出身、恪守传统的冯·伦德施泰特与年轻而又雄心勃勃的隆美尔大概首次发现他们之间居然会有相同的看法，不过这种和平没能持续多久，两人很快就在其他观点上发生了冲突。1942年在阿拉曼，隆美尔的非洲军团被蒙哥马利指挥的英军击败，对此隆美尔一直耿耿于怀，而且他深知盟军的入侵会是什么样的场面，因而认为必须阻敌于海滩。冯·伦德施泰特冷冰冰地驳回了隆美尔的意见——他挖苦这位晚辈是"毛孩子元帅"（Marschall Bubi）；老元帅力主先放盟军部队上岸，之后再予以歼灭，而希特勒支持隆美尔的意见。在盟军登陆时，尽管隆美尔的临场发挥十分出色，但盟军还是在几个小时之内就攻破了这堵"坚不可摧"的壁垒。

在此后的可怕日子里，盟军在诺曼底战场几乎享有百分之百的制空权，这令冯·伦德施泰特不堪重负，他同时还受制于希特勒的"禁止撤退"命令——"每个人都必须在岗位上战斗到死"——结果他硬撑着的防线处处被突破。尽管他不顾一切填补裂隙，他的部下也奋力战斗不断反击，其结局却从未有人认真怀疑过。冯·伦德施泰特既不能"把入侵者赶下海"，也不能"歼灭他们"（希特勒语）。

7月1日晚，当诺曼底战役进行到高潮时，希特勒的幕僚长威廉·凯特尔元帅给冯·伦德施泰特打了个电话，伤心地问道："我们该怎么办？"生性直爽的冯·伦德施泰特厉声说："结束这场战争，你们这些白痴。你们还能做什么？"听到这话之后，希特勒温和地评论道："那个老家伙已经失去了勇气，再也控制不住局势了，必须撤了他。"24 小时以后，在一张手写的便签上，希特勒客气地告知冯·伦德施泰特，"考虑到您的健康，以及在不远的将来会有更大的压力"，他被解除了指挥权。

作为德国国防军的元老和最值得信赖的陆军元帅，冯·伦德施泰特对此感到难以置信。在 5 年的战争中，他的军事才华为第三帝国立下了不朽功勋。1939 年，希特勒毫不留情地对波兰发动了进攻，从而引发了那场最终席卷整个世界的冲突，当时冯·伦德施泰特就清楚地展现出了德国进行征服的模式——闪电战（Blitzkrieg）——在不到一周的时间里，他的装甲部队便抵达华沙城下。一年以后，希特勒转向西方，以令人震惊的速度击溃了西欧大部分国家，当时冯·伦德施泰特麾下的集团军群有相当于 1 个装甲集团军的兵力。而 1941 年希特勒入侵苏联的时候，他又冲在最前线。现在，冯·伦德施泰特的事业和声望都岌岌可危，他义愤填膺地告诉他的参谋长京特·布鲁门特里特（Günther Blumentritt）步兵上将[1]，他被"一位业余的战略家不光彩地免职了"，他怒气冲冲地说，那个"波希米亚二等兵[2]为了找到一只替罪羊，用我的年龄和身体健康作为借口把我给撤了"。冯·伦德施泰特已经考虑过，倘若不加掣肘让其恣意

1　此处原文有误，写的是少将，而布鲁门特里特早在 1944 年 4 月 1 日就已经晋升步兵上将。
2　波希米亚人（Bohemian），也意为流浪汉、放荡不羁的文化人。希特勒中学毕业后想做艺术家，两次去维也纳投考美术学院，均落榜。伦德施泰特又认为，希特勒是"业余战略家"，这是因为第一次世界大战时期希特勒在德军服役，军衔是二等兵（Gefreiter），所以才有"波希米亚二等兵"之说。

妄为的话，就指挥部队缓慢地撤退到德国边境。他曾简明扼要地向布鲁门特里特阐述了自己的计划，撤退期间他要"让对方为占领的每一寸土地付出可怕的代价"。但是，正如他对参谋们多次提到的，由于"来自上级"的不断"指导"，他作为西线总司令的唯一权力只是"更换门前的警卫"。[1]

冯·伦德施泰特再次被召回，于8月底来到拉斯滕堡的"狼穴"（Wolfsschanze）——这是希特勒给自己的大本营起的名字。从那时开始，元首邀请冯·伦德施泰特参加每日的形势汇报会。按照国防军指挥部副参谋长瓦尔特·瓦尔利蒙特（Walter Warlimont）炮兵上将的说法，希特勒对老元帅表示了热切欢迎，待之以"少有的谦逊和尊敬"。瓦尔利蒙特也注意到，在冗长的会议过程中，冯·伦德施泰特只是坐在那里"一动也不动，只说单音节的词"[2]。思维缜密、注重实效的老元帅无话可说，战局令他深感震惊。

形势汇报清楚地表明，在东方，苏联红军现在据守着一条2 250多公里长的战线，从北方的芬兰一直到波兰的维斯瓦河，又从维斯瓦河延伸到罗马尼亚和南斯拉夫的喀尔巴阡山脉。事实上，苏联的坦克部队已经进抵东普鲁士边境，离元首大本营还不到160公里。

冯·伦德施泰特注意到，他对西线的最大恐惧已经变成了现实，一个又一个师灰飞烟灭，现在整条德军战线都在绝望地后撤。负责后卫作战的部队虽然被包围了，无法与后方取得联系，但仍然

---

[1] "希特勒来信的言外之意就是，冯·伦德施泰特'要求被免职'，这使冯·伦德施泰特受到了伤害。"布鲁门特里特将军在一次接受采访的时候告诉我，"在司令部里，我们一些人实际上认为，他曾要求被免职，但情况并非如此。冯·伦德施泰特否认他曾要求被免职——他也从未想过要求被免职。他愤怒极了——事实上他愤怒地发誓说，他永远也不在希特勒的手下指挥部队。我知道他的本意并非如此，因为对冯·伦德施泰特来说，军事上的服从是无条件的，绝对的。"——原注

[2] 瓦尔利蒙特，《希特勒的大本营内幕，1935—1945》，第697页。——原注

固守着诸如敦刻尔克、加来、布洛涅、勒阿弗尔、布雷斯特、洛里昂和圣纳泽尔这些极其重要的港口,迫使盟军继续从遥远的登陆滩头输送补给。然而现在,随着欧洲最大的深水海港之一——安特卫普突然陷落,盟军可能已经解决了他们的补给问题。冯·伦德施泰特还注意到,那个经由他本人和其他同僚共同制定臻于完美的闪电战战术正在被艾森豪威尔的军队借用,而且造成了毁灭性的效果。54岁的德军新任西线总司令瓦尔特·莫德尔元帅(他于8月17日接任)显然无力在混乱中恢复秩序,英军第2集团军和美军第1集团军的坦克部队在北面撕开了他的战线,穿过比利时向荷兰扑去,而小乔治·史密斯·巴顿将军麾下的美军第3集团军的装甲部队,正在阿登高原南边朝梅斯和萨尔地区推进。在冯·伦德施泰特看来,局势何止不容乐观,完全就是灾难性的。

他有充足的时间仔细考虑那个不可避免的结局。转眼4天就过去了,希特勒让冯·伦德施泰特私下觐见他。在等候召见的这段时间里,老元帅就待在一个昔日的乡村客栈里,该客栈现在专供高级军官使用,位于占地面积不小的元首大本营中——大本营由一群带有地下设施的木屋和混凝土地堡组成,周围环绕着铁丝网。冯·伦德施泰特对耽搁时间感到不耐烦,于是便朝凯特尔发泄。"为什么把我召回来?"他质问道,"现在玩的是哪一出?"凯特尔并不知情,什么都说不了,除了无伤大雅地提及老元帅的健康状况之外,希特勒并没有告诉凯特尔特别的原因。7月份时希特勒基于"健康原因"解除了冯·伦德施泰特的职务,这个借口本来就是他编出来的,但现在他似乎肯定冯·伦德施泰特的健康的确有问题。因而希特勒只是对凯特尔说:"我想看看老人家的身体状况是否好转了。"

凯特尔两次提醒元首,老元帅正在等候召见。最后,希特勒在

1944年9月14日的前线

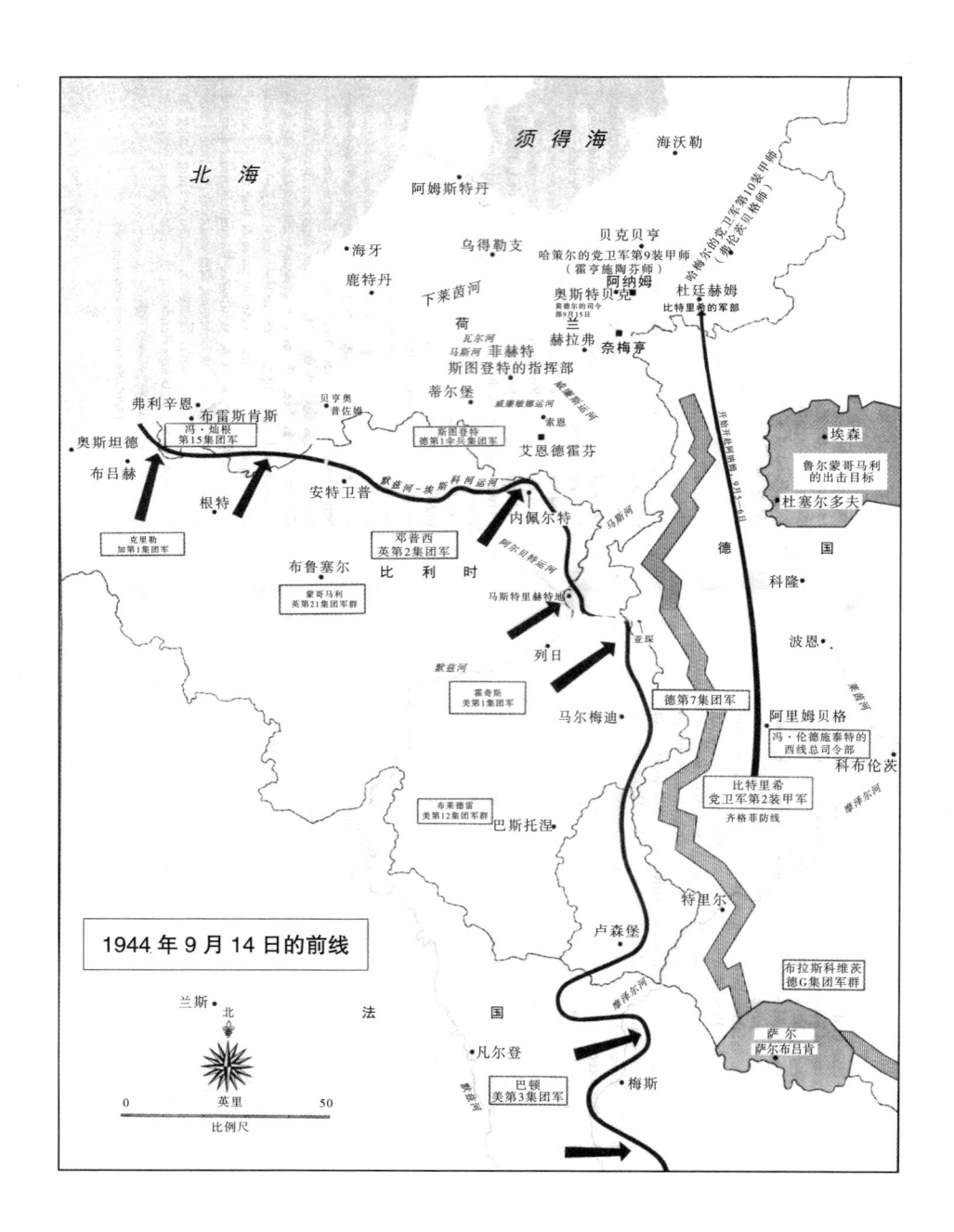

9月4日下午亲切会见了冯·伦德施泰特，难得的是元首没有过多寒暄很快便切入了正题，"我想再次把西线委托给您"。

冯·伦德施泰特笔直地站着军姿，双手握着金色的元帅权杖，只是点了点头。尽管他学识渊博、阅历丰富，尽管他反感希特勒和纳粹，但他的身上普鲁士军人尽职尽责的传统早就根深蒂固，因而冯·伦德施泰特并没有拒绝任命。他后来回忆道："无论如何，抗议也无济于事。"[1]

希特勒匆匆概述了冯·伦德施泰特的任务。元首再次即兴发挥。在盟军登陆前他就坚持认为"大西洋壁垒"固若金汤。令冯·伦德施泰特忧虑的是，现在元首同样强调"西墙"固若金汤——所谓"西墙"，就是德国西部边境上那些长期遭到忽视、没有配备兵力却仍然难对付的防御工事，更为盟军所熟知的名字是"齐格弗里德防线"（Siegfried Line）。希特勒命令冯·伦德施泰特，不但要把盟军阻挡在尽可能靠西的地方，还要发起反攻。在元首看来，盟军的威胁之中最危险的莫过于"装甲矛头"。然而，希特勒显然又被安特卫普的失守搞得心烦意乱，让盟军无港口可用至关重要。希特勒说，这样一来，由于其他港口仍然掌握在德国军队手中，因而他预料盟军的攻势将会由于补给线拉得太长而停顿。他确信西线战局能够因此稳定下来，而且随着冬季的到来，主动权将会重新回到自己手中。希特勒向冯·伦德施泰特保证，他"不会为西线的形势过分担心"。

这是一种长篇独白的变体，冯·伦德施泰特曾聆听过多次。对

---

[1] 瓦尔特·格利茨是《凯特尔元帅回忆录》一书的主编，按照格利茨的说法（见该书第10章，第347页），冯·伦德施泰特对希特勒说："我的元首，不管您下什么命令，我都会尽职直到生命的最后一刻。"有关冯·伦德施泰特的反应的说法，依据的是他的前任参谋长布鲁门特里特上将的回忆录。"我什么也没有说，"冯·伦德施泰特告诉他，"要是我张开嘴的话，希特勒就会'对我'讲上3个小时。"——原注

希特勒来说，"西墙"现在已经成了一种执念（idee fixe），冯·伦德施泰特再次受命"寸土必争"，而且"不论在什么情况下都要顶住敌人的进攻"。

希特勒命令冯·伦德施泰特复职，换下莫德尔元帅，这样一来在2个月之内他就已经3次更换了西线总司令——先是用京特·冯·克卢格元帅换下冯·伦德施泰特，然后又换成莫德尔，现在再让冯·伦德施泰特官复原职。莫德尔担任西线德军总司令总共只有18天时间，希特勒表示他现在将是冯·伦德施泰特的部下，只指挥B集团军群。冯·伦德施泰特素来对莫德尔不怎么感冒，他感到后者并不是通过自己的努力获得晋升的，希特勒提拔他当元帅的速度过快了。冯·伦德施泰特认为莫德尔作为一个"优秀的团军士长[1]"更适合。不过，老元帅觉得莫德尔的职务现在其实无关紧要，形势几乎令人绝望，失败已经不可避免。在9月4日下午动身前往位于科布伦茨（Koblenz）的司令部时，冯·伦德施泰特想不出能有什么办法阻止盟军入侵德国，敌人一旦继续前进并渡过莱茵河，很可能在几个星期之内结束这场战争。

同一天，在柏林的万塞地区，54岁的德国"空降兵之父"库尔特·阿图尔·斯图登特（Kurt Arthur Student）空军大将在被冷落3年之后，又在这个与世隔绝[2]的地方出现了。战争爆发时，他的前景一片光明。斯图登特认为在1940年攻占荷兰的过程中，他的空降部队立下了头功。当时约有4 000名伞兵通过空降突袭夺取了鹿特丹、多德雷赫特（Dordrecht）和穆尔代克（Moerdijk）的大桥，从

---

[1] 团军士长（regimental sergeant major）是英联邦国家军队的军衔，职务类似于团长的行政助理，有考核内务和维持军纪的责任。
[2] 万塞（Wannsee），在柏林的西南郊，从地形上来说更像一个岛屿，与市区相隔有万湖和哈弗尔湖，所以是"与世隔绝"。

而让入侵的德国大军在这些关键桥梁上畅通无阻。斯图登特的损失低得令人难以置信——只减员180人。但在1941年对克里特岛进行的空降突击中，战局却大相径庭，德军空降兵的损失非常惨重——那支拥有22 000人的部队减员超过了三分之一[1]，以至于希特勒禁止以后再进行大规模空降作战行动。"伞兵部队的时代已经过去了！"元首说道。对斯图登特来说，未来瞬时就变得黯淡无光了。从那以后，这位雄心勃勃的军官就一直被束缚在办公桌上，担任一个空降兵训练机构的指挥官，与此同时，他的精锐伞兵则在战场上被当作普通步兵使用。在关键性的9月4日，下午3点整，斯图登特又令人震惊地突然出现在风暴中心。国防军指挥参谋部参谋长阿尔弗雷德·约德尔大将给他打了一个简短的电话，命令他立即组织一个集团军，元首已经将其命名为"第1伞兵集团军"。大吃一惊的斯图登特听电话的时候心想："对一支并不存在的部队来说，这是一个相当华而不实的头衔。"

斯图登特的伞兵分散在德国各地，而且除了几支训练有素、装备齐整的部队之外，大部分都是只配备训练武器的刚招募来的新兵。他的兵力大约有1万人，几乎没有运输车辆、装甲车或者火炮，斯图登特甚至连参谋长都没有。

然而，约德尔解释说，西线迫切需要斯图登特的士兵，需要由他们在安特卫普和列日—马斯特里赫特地区之间"坚守一条沿着阿尔贝特运河展开的防线"，从而"堵住一个巨大的缺口"。斯图登特接到的命令是尽快率领他的部队赶到荷兰和比利时，武器装备将在"目的地的铁路卸载点"配发。除了伞兵之外，上级还为他的新

---

[1] 这22 000人并不全是空降兵，约有一半属于空运部队，克里特岛之战德军空降兵和空运部队损失了约6 700人，这其中并不包括德国海军和空军的损失人数。

"集团军"拨出2个师。斯图登特很快就得知，其中第719师是"由驻扎在荷兰沿海的老年人组成的，他们到目前为止连一枪都没有放过"。他的第二个师，也就是第176师的情况更加糟糕，师里的人员全都是"伤残者和康复期的病人，为了方便起见，人们按照所患疾病的不同将他们分别编在不同的营里"，甚至还为那些患有胃病的人设立了特殊的"病号饭"厨房。除了这些部队之外，他还将拥有分散在荷兰和比利时的形形色色的其他兵力——德国空军部队、海军水兵和高射炮兵，另外还有25辆坦克。斯图登特是空降作战和训练有素的空降突击部队方面的专家，在他看来，这个临时凑合的集团军是一项"庞大而可笑的即兴之举"。但无论如何，他又重返战场了。

斯图登特整个下午都在通过电话和电报把部下召集起来或派遣出去。据他估计，他的全部兵力部署到前线至少需要4天时间。不过，他手下最强悍最精锐的部队将在24小时之内乘专列抵达荷兰，作为莫德尔B集团军群的一部分，进入阿尔贝特运河岸边的阵地，斯图登特将其称为"闪电机动"。

约德尔的电话以及自己搜集到的情报令斯图登特焦虑不安。很显然，他最训练有素的部队——第6伞兵团，外加1个营，总共约有3000人——大概就是全德国唯一做好战斗准备的预备部队。他发现情况不妙。

仍在西线德军总司令位置上的瓦尔特·莫德尔元帅疯狂地试图堵住安特卫普东边那个张得很大的缺口，阻止德军从比利时仓促撤入荷兰。到目前为止，冯·伦德施泰特被任命为继任者的消息还没有传过来，德军各部彼此纠缠在一起，局势一片混乱几乎失控。他已经与另一半部下——南方的G集团军群——失去了联系。该集团军群指挥官约翰内斯·布拉斯科维茨（Johannes Blaskowitz）大将是否已经成功地率部从法国撤退了？莫德尔吃不准。对疲惫不堪的陆军元帅来说，G集团军群的困境倒在其次，更大的危机显然是在北方。

英军和美军的装甲纵队凶狠利落地把B集团军群一分为二。在B集团军群下辖的2个集团军当中，背靠北海的第15集团军大致被围困在加来与安特卫普西北某地之间，第7集团军几乎全军覆没，被赶回马斯特里赫特和亚琛（Aachen）[1]方向。在2个集团军之间有一个120公里宽的缺口，英军已经通过这个缺口直扑安特卫普。而在同一条路线上仓皇后撤的，是莫德尔士气低落的部队。

莫德尔绝望地阻止他们逃跑，向部队发出了一个带有个人情感的请求：

> ……随着敌人的推进和我军战线的后退，几十万官兵正在退却——陆军、空军和装甲部队——这些部队必须按照预定计划进行重组，坚守新的防御支撑点或防线。
>
> 在这些川流不息的士兵当中，有一些被击溃的部队残部，他们暂时没有明确的目标，甚至无法接收到明确的命令。每当秩序井然的纵队离开公路进行重组的时候，组织混乱的部队仍在络绎不绝地赶路。随着他们搭乘的车辆的移动，谣传、妖言惑众、草率、无尽的骚乱和邪恶的利己主义也在移动。这种气氛被传播到了后方区域，传染给了那些仍然齐装满员的部队，因而在这个极端紧张的时刻，必须采取最强硬的措施予以制止。
>
> 我要唤起你们作为军人的荣誉感。我们打了败仗，但我向

---

[1] 亚琛在德国西部边境，对面就是荷兰的马斯特里赫特和比利时的列日。

你们保证：我们将赢得这场战争！尽管我知道你们正在热烈地谈论着一些问题，但现在我不能告诉你们更多的东西。无论已经发生了什么事情，永远也不要失去你们对德国未来的信念。与此同时，你们也必须意识到形势的严峻。此时此刻男子汉和懦夫会被区分开来，也应该把他们区分开来。现在每个军人都肩负同样的责任，当他的指挥官倒下时，他必须准备接替他的职位，继续下去……

下面是一连串冗长的指示，莫德尔在指示中"明确"要求，撤退的部队应该"立即向最近的指挥部报到"，向其他人灌输"自信、自立、自控和乐观主义"，并批驳"愚蠢的流言蜚语、谣传和不负责任的报告"。他说，敌人"并不会同时出现在各个地方"，而且"要是把妖言惑众的人所说的坦克都统计在内的话，那就会有 10 万辆了"。他乞求他的部下，不要"在迫不得已之前"放弃重要的阵地或者毁掉装备、武器以及设施。这份令人吃惊的文件的最后部分强调，一切都取决于"赢得时间，元首需要时间将新式武器和新的部队投入战斗"。

实际上，德军通信主要依靠无线电，由于没有更多的通信工具，莫德尔只能希望他的"当日命令"能够下达到所有部队。在混乱之中，他甚至都不能确定自己失去组织而又损失惨重的部队的最新位置，也无法确切地知道盟军的坦克和部队推进了多远。还有盟军的"主攻方向"（Schwerpunkt）是哪里——北部的英军和美军是不是正朝齐格弗里德防线进发，并从那里渡过莱茵河，进入鲁尔地区？巴顿强大的美军第 3 集团军，是不是正在向萨尔地区、齐格弗里德防线突击，试图强渡莱茵河进入美茵河畔的法兰克福？

莫德尔的困境与 2 个月前的形势密不可分。当时冯·伦德施泰特被解职，希特勒迅速任命冯·克卢格接替这位老元帅。冯·克卢格原本在苏联指挥中央集团军群，后来休了几个月的病假，他对元首进行礼节性拜访时，恰逢希特勒决定免去冯·伦德施泰特的职务。可能是因为冯·克卢格碰巧是眼前唯一的一位资深军官，希特勒二话不说便任命大吃一惊的冯·克卢格为西线德军总司令。

经验丰富的前线指挥官冯·克卢格于 7 月 4 日接任，一共干了 44 天。盟军像冯·伦德施泰特所预言的那样成功达成突破。"整个西线都被撕开了！"冯·克卢格告知希特勒。盟军排山倒海般从法国席卷而过，这让冯·克卢格不知所措，他像前任冯·伦德施泰特一样，发现双手被希特勒坚持"禁止撤退"的命令束缚住了。在法国的德国军队被包围了，差点被消灭。而正在此时，另一场震荡动摇了第三帝国——对希特勒的一次未遂刺杀。

在元首大本营一次冗长的会议中，一颗放在公文包里的定时炸弹爆炸了，屋里有许多人被炸死或炸伤。这颗炸弹是由拥有伯爵头衔的克劳斯·申克·冯·施陶芬贝格上校放在希特勒身边的桌子下面的。元首得以幸免，只受了点轻伤。尽管介入此次密谋的只是一小撮精英军官，但希特勒却进行了残酷报复。与密谋者或密谋者家人有来往的人都被逮捕，许多人不问缘由被立即处决[1]，大约有 5 000 人受牵连而丧命。冯·克卢格间接与此案有牵连，而且希特勒还怀疑他试图与敌人谈判投降。于是冯·克卢格的职务被莫德尔取代，并被命令立即回国向元首述职。在离开司令部之前，绝望的克卢格

---

1 希特勒再次利用了他最资深的军官冯·伦德施泰特，任命他为军人荣誉法庭的庭长，该法庭对涉嫌的军官进行了判决。冯·伦德施泰特平静地屈从于元首的要求，他后来解释说："倘若我不屈从于他的要求，那么我可能也会被视作叛国者。"冯·伦德施泰特的解释从来没有令他的许多将军伙伴满意，他们私下里因为他屈从于希特勒的要求而谴责他。——原注

给元首写了一封信，然后在前往德国的途中服毒自尽。

在给元首的信中，他写道：

> 当您收到这封信的时候，我已不在人世……我在力所能及的范围内，竭尽全力应对当下的战事。不论是隆美尔还是我，大概还有其他所有西线指挥官，凡是与占尽物质优势的英美联军打过仗的人，都预见到当前的发展。我们的话没有人听，我们对形势的理解并非悲观主义的结果，而是基于对事实的清醒认识。我不知道在各方面都表现出色的莫德尔元帅是否能控制局势，我衷心希望他可以做到。然而，假如他做不到的话，而您的新式武器……又没有取得成功，那么，我的元首，不妨下定决心结束这场毫无希望的战争吧。到了该结束这件恐怖事情的时候了……我一直钦佩您的伟大……钦佩您钢铁般的意志……现在也请您结束无望的挣扎，以表现出您足够伟大……

即使希特勒吹嘘的那个将持续千年的"第三帝国"正在逐渐衰亡，摇摇欲坠，他也无意承认盟军胜利。他试图在各条战线上免于失败。然而元首所采取的每个步骤似乎都比前一个步骤更不顾一切。

任命莫德尔为西线德军总司令并不能扭转战局。莫德尔与冯·伦德施泰特不同，或者简单说与冯·克卢格也不同，他并没有隆美尔在战斗方面的天赋作为后盾。7月17日，盟军飞机的低空扫射把隆美尔打成重伤，从那以后就再也没有人来接替他。[1] 起初莫德

---

[1] 希特勒怀疑，隆美尔也与未遂行刺有牵连，3个月之后隆美尔被赐死。隆美尔在家里养病期间，希特勒让他做出选择：要么因为叛国罪而接受审判，要么自杀。10月14日，隆美尔吞下了氰化物。希特勒宣告，帝国深孚众望的陆军元帅，"死于在战场上所负的重伤"。——原注

尔似乎对此不以为然，他确信自己能够扭转局势，于是承担了隆美尔原先的职责，结果他不仅是西线德军总司令，还身兼B集团军群指挥官。尽管莫德尔是防御战专家，但这种形势对任何一位指挥官来说都过于危险了。

这时，B集团军群正在一条防线上为生存而战，那条防线大致在比利时海岸到法国和卢森堡的边境之间。从那里往南一直到瑞士，莫德尔所部的其余部分——布拉斯科维茨大将所率领的G集团军群——已经被打垮了。8月15日，法国和美国军队在马赛地区发动了盟军在法国的第二场登陆战，布拉斯科维茨的集团军群匆匆撤离了法国南部。在盟军的持续重压之下，他们正向德国边境仓皇撤退。

盟军的装甲部队沿着莫德尔土崩瓦解的北部战线撕开了一个120公里宽的口子，这样一来从比利时攻入荷兰，再从那里打穿德国脆弱的西北边境的路线就畅通无阻了。齐格弗里德防线从瑞士开始，沿德国边境伸展，终结于荷兰与德国边境上的克莱沃（Kleve）[1]，攻入荷兰的盟军部队能够从这里包抄这条巨大的筑垒地带。盟军如果绕过希特勒的"西墙"北端并渡过莱茵河，就能挥师杀入鲁尔地区，直取第三帝国的工业心脏。这一招足以令德国彻底崩溃。

莫德尔在72小时之内两次绝望地请求希特勒派出增援部队。在这个不设防的缺口上，他的部队正乱作一团，秩序需要恢复，缺口亟待堵住。莫德尔的最新报告是在9月4日凌晨发给希特勒的，报告提醒元首危机迫在眉睫，他必须得到至少"25个战力齐整的师，以及由5个或6个装甲师组成的装甲预备队"，否则整条战线就可能崩溃，"进入德国西北部的门户"将被打开。

---

[1] 克莱沃，德国西北部的北莱茵-威斯特法伦州城市，位于德国与荷兰边境的莱茵河畔。

莫德尔最关切的是英军进入了安特卫普。他不知道作为欧洲第二大港，这座巨大的港口究竟是被完好无损地夺取了，还是被德国守备部队破坏掉了。安特卫普城区身处内地，所以并非症结所在。要想使用安特卫普港的话，盟军需要控制其通向大海的水路。入海口有87公里长、4.8公里宽，从北海进入荷兰，经过瓦尔赫伦（Walcheren）岛，环绕着南贝弗兰（Zuid Beveland）半岛[1]。只要德军火炮能控制住斯海尔德（Schelde）河河口，盟军的船队就无法进入安特卫普港。

对莫德尔来说，最不幸的是除了瓦尔赫伦岛上的几个高射炮连和海岸重炮之外，他在斯海尔德河北岸几乎没有部队。但在斯海尔德河的另一侧，古斯塔夫-阿道夫·冯·灿根（Gustav-Adolf von Zangen）步兵上将的第15集团军——这支8万多人的部队几乎被孤立在加来海峡省一带。尽管他们被包围了——在他们的身后，北边和西边都是大海，而加拿大人和英国人又从南边和东边步步紧逼——但他们仍然控制着斯海尔德河口南岸的大部分地方。

莫德尔认为，英军坦克部队一定会趁势沿北岸推进并将其守军肃清；用不了多久整个南贝弗兰半岛就可能落入他们手中，在离安特卫普不到29公里的比利时边境北段，狭窄的半岛底部即将被封锁，从而与荷兰大陆隔开；接下来，为了开放港口，英国人就会进攻并歼灭陷于困境的第15集团军，彻底肃清南岸，因此必须把冯·灿根的军队救出来。

9月4日下午晚些时候，在位于列日东南的绍德方丹（Chaudfontaine）的B集团军群指挥部里，莫德尔发布了一连串命令。他通

1　南贝弗兰半岛在当代的中文地图上的标注是南贝弗兰岛，历年来因围海造田逐渐与荷兰本土相连，面积344.33平方公里，从当代地图上看，与欧洲大陆之间仍有条狭窄的水道相隔。

过无线电命令冯·灿根坚守斯海尔德河南岸，并增援敦刻尔克、布洛涅和加来这些较小的港口。希特勒早些时候曾经颁布命令，要以"坚守要塞般的狂热决心"来保卫这些港口。倒霉的冯·灿根要率领他的剩余部队向东北方向发起进攻，冲进势不可当向前突击的英军装甲部队之中。这是孤注一掷的打法，然而莫德尔别无选择。如果冯·灿根的进攻取得成功，就可能把安特卫普的英军孤立起来，并将蒙哥马利正向北方长驱直入的装甲矛头的后路切断；倘若进攻失利，冯·灿根的努力也可能争取到时间，迟滞盟军的进攻速度，这足以让预备队赶到阿尔贝特运河并沿河坚守一条新的战线。

莫德尔并不知道到底有哪些部队会赶来增援。入夜后，对于再增派几个师的兵力用来稳定前线的请求，希特勒终于给了回应。那是条简短的消息，即他的西线总司令职务由冯·伦德施泰特元帅接任。冯·克卢格担任西线总司令一职只有44天，莫德尔则连18天都不到。素来喜怒无常而又雄心勃勃的莫德尔这一次反应平静，他意识到了自己作为行政长官的短处，而且比那些批评他的人所认为的更为深刻。[1] 现在他可以集中精力做他最拿手的工作了：作为前线指挥官只指挥B集团军群。不过，在他担任西线德军总司令的最后一天，在其匆忙发布的一连串狂乱的命令当中，有一道将被证明会产生重大影响，这道命令涉及他麾下党卫军第2装甲军的调动。

---

1 莫德尔曾两次告诉希特勒，他无力既担任西线总司令，又兼任B集团军群指挥官。"我们难得看见他，"西线总司令的参谋长布鲁门特里特回忆说，"莫德尔讨厌文牍工作，大部分时间都待在战场上。"时任西线总司令部首席参谋的博多·齐默尔曼上校（战争结束时的军衔是中将）在战后写道，尽管莫德尔"是一个完全有能力的军人"，但他却往往"要求太高，而且提出要求也太快"，这样一来"就可能看不见实际上可能出现的情况"。他有一种"挥霍自己兵力"的倾向，齐默尔曼又说，"由于他很多时候不在现场，又提出难以捉摸且出尔反尔的要求，致使参谋工作受到了影响"。（见美国陆军军事历史研究所军事历史科主任办公室保存的齐默尔曼的手稿，手稿序号308，第153-154页。）——原注

该军军长是 50 岁的威廉·比特里希（Wilhelm Bittrich）党卫队副总指挥兼武装党卫军上将，他与莫德尔失去联系已经超过 72 个小时了。自诺曼底战役以来，他的部队连续作战，损失惨重。比特里希的坦克损失数量大得令人难以置信，他的部下还缺乏弹药和燃料。由于通信故障，比特里希只通过无线电收到为数不多的几个命令，并且收到时为时已晚。由于不能确定敌人的动向，急需得到指示，比特里希动身步行去找莫德尔，他最终在列日附近的 B 集团军群指挥部里找到了陆军元帅。"自 1941 年在东线会过面之后，我就再也没有见过他，"比特里希后来回忆，"莫德尔戴着单片眼镜，穿着短皮夹克，正站在那里看地图，同时厉声下达一个又一个命令。没有多少时间进行交谈，我被告知正式的命令将随后下达，在接到命令前要把我的军部向北转移到荷兰去。"比特里希得到指示尽快"让党卫军第 9 和第 10 装甲师重整旗鼓并补充装备"，莫德尔告诉他，这两支遭到重创的部队要"缓慢地脱离战斗并立即前往北方"。[1]

茫然无知的比特里希基本上无法预见在接下来的 2 个星期里发生的一切，他的党卫军第 9 和第 10 装甲师将在其中起到关键性作用。莫德尔为比特里希选择的休整地是一片安静的区域，距离前线大约 120 公里远。由于历史的偶然性，这个地区把阿纳姆城也包括进去了。

---

[1] 出于可以理解的原因，德国人有关这个时期的记载是模糊的，而且往往是令人费解的。命令发布了，却又从来没有被收到，再次发出，却又被撤回或者更改了。有关莫德尔的命令存在着相当大的混乱，按照 B 集团军群作战日志的说法，调动党卫军第 9 和第 10 装甲师的命令是在 9 月 3 日晚上发出的。如果是这样的话，命令就永远没有被收到，而且根据记载，比特里希是在 48 小时以后收到的指示，要他监督部队整补，这不仅涉及党卫军第 9 装甲师，还涉及第 2 和第 116 装甲师。值得玩味的是，党卫军第 10 装甲师并没有被提及。我无法找出任何证据，说明第 2 装甲师或者第 116 装甲师到达了阿纳姆地区（看来他们仍在前线作战）。按照比特里希本人的文件和日志的说法，他在 9 月 4 日接到了莫德尔的口头命令，并相应地只是率领党卫军第 9 和第 10 装甲师前往北方。按照这两个师师长的说法，他们在 9 月 5 日至 6 日开始慢慢撤退。——原注

4

从荷兰仓促撤退的德国人放慢了速度,尽管到目前为止,兴高采烈的荷兰人之中还没有什么人能意识到这一点。从比利时边境向北一直到阿纳姆,公路仍被堵得水泄不通,但行军的队列中发生了一些变化。夏尔·拉布谢尔在阿纳姆大桥上方的省政府大楼里工作,从他所在的位置来看,过桥的车辆、部队以及纳粹同情者的洪流并没有减少。但在拉布谢尔的位置往北几个街区的地方,古董书书商赫哈德斯·威廉默斯·赫斯伯斯(Gerhardus Wilhelmus Gysbers)却注意到了一个变化:从西面进入阿纳姆的德军部队不再走了。赫斯伯斯家旁边的威廉斯兵营院子以及附近的几条街道上挤满了马拉的车辆和制服杂乱的士兵,他注意到,里面有德国空军野战部队、高射炮兵、荷兰党卫队以及第719海岸步兵师那些上了年纪的士兵。在阿纳姆的抵抗组织领导人彼得·克鲁伊夫看来,很显然这绝不是短暂的停顿,这些部队不是返回德国的,而是正在缓慢地重组;第719海岸步兵师的一些部队正乘坐马车开始南下。克鲁伊夫在阿纳姆地区的情报组长,33岁的亨利·亚历克斯·赖尼尔·克纳普(Henri Alexis Reinier Knap)悄悄地骑着自行车穿过该地区,同样发现了这个微妙变化。克纳普感到很疑惑,他想知道伦敦播报的那些乐观广播是不是假的,如果是的话他们就被残忍地欺骗了。他看见各地的荷兰人兴高采烈,人人都知道蒙哥马利的部队已经攻占了安特卫普，毫无疑问荷兰会在几个小时之内获得解放。克纳普看得出德国人正在重整部队。他知道虽然敌人眼下没有多少实力，但如果英国人不迅速赶到的话，他们的力量就会增强。

在阿纳姆以南18公里的奈梅亨，德军宪兵队正在封锁通向德国边境的公路。葡萄酒进口商埃利亚斯·亨里克斯·布鲁坎普（Elias Henricus Broekkamp）看见一些部队正在朝北方的阿纳姆行军，但多数人流还是就地停下重新集结，随后列队成扇形展开。与阿纳姆人一样，这名漫不经心的旁观者似乎没有察觉到什么不同，布鲁坎普看到荷兰平民正在对着德国人张皇失措的窘境哈哈大笑、冷嘲热讽。

事实上，这种窘况正在消失，奈梅亨正在变成部队集结地，再次被德国军队牢牢掌控。

再往南，在离比利时边境不到16公里的艾恩德霍芬，撤退几乎停止了。现在开往北方的零星车队，里面更多的是平民纳粹分子而非军人。弗兰斯·科尔蒂之前看见德国人正从飞利浦电器工厂的屋顶上卸下高射炮，但现在他注意到了新变化，在火车站附近的一条铁路支线上，一列挂载着平板车的火车进站，上面装载的是重型高射炮。科尔蒂顿时觉得毛骨悚然。

令那些善于观察的荷兰人更加气馁的是，他们发现增援部队正从德国赶来，在蒂尔堡（Tilburg）、艾恩德霍芬、海尔蒙德（Helmond）和韦尔特（Weert），人们看见生力军的先遣队乘坐火车赶到了。他们迅速下车，列队集合，奔赴荷兰—比利时边境。这并不是寻常的德国陆军部队。他们久经战阵，装备精良，纪律严明，一看那与众不同的钢盔和迷彩服，就能知道他们是能征善战的德国伞兵。

5

9月5日傍晚,斯图登特大将的第一批伞兵已经开始沿着比利时阿尔贝特运河的北岸挖掘战壕,他们急得要发疯。中午赶到的斯图登特吃惊地发现,莫德尔的"德国新防线"严格来说就是那条25米宽的河流屏障本身。防御阵地毫无踪影,根本不存在防御支撑点、战壕或防御工事,而且斯图登特注意到,对守军来说更糟糕的是"几乎每个地方南岸都高于北岸"。就连那些横跨在运河上的桥梁也依然矗立着,工兵们才开始安装炸药,在一片混乱中显然没有人下过把它们炸掉的命令。

尽管如此,斯图登特的时间表却计划完善,空降部队的"闪电调动"大获成功。"鉴于这些伞兵是从德国各地匆匆赶来的,从梅克伦堡的居斯特罗(Güstrow)到洛林[1]地区的比奇(Bitsch)都有,"他后来回忆说,"再加上他们赶到时从德国各地运来的武器装备已经在铁路末端等待他们,这个速度就相当惊人了。"斯图登特不能不敬佩"总参谋部和德国各地相关机构惊人的精确"。卡尔·西弗斯

---

[1] 洛林(法语拼写是Lorraine,德语拼写是Lothringen)原来是一个独立的公国,成立于843年。1552年,法王亨利二世夺取了境内的梅斯、图尔(Toul)和凡尔登三个主教区。三十年战争中,法国一度占领洛林全境。1697年洛林转属神圣罗马帝国;1737年成为法王路易十五的岳父、原波兰国王斯坦尼斯拉斯一世的终身领地;1766年并入法国。1871年普法战争后,洛林东部和阿尔萨斯被割让给德国;1919年依据《凡尔赛和约》德国又把上述领土割让给法国;1940年再度为纳粹德国兼并;1945年法国重占洛林。

（Karl Sievers）少将[1]的第719海岸步兵师也发兵神速，斯图登特高兴地看到，该师赶往安特卫普以北阵地的纵队"正在公路上咔嗒咔嗒地前进，他们的运输车辆和火炮都由健壮的役畜牵引"[2]。斯图登特匆匆组建的第1伞兵集团军每个小时都有人员抵达，而且凭着非同寻常的好运气，他居然从一个最意想不到的地方得到了援兵。

德军从比利时仓促撤入荷兰的速度已经放慢了，随后又被一个不屈不挠且足智多谋的人实质性地阻止了：这个人就是库尔特·希尔（Kurt Chill）中将。希尔的第85步兵师几乎被全歼，他奉命挽救剩余的兵力并撤回德国，但这位意志坚定的将军目睹了公路上近乎惊慌失措的撤退，在莫德尔"当日命令"的激励下，他决定无视之前的命令。希尔断定，避免灾难的唯一方法就是沿着阿尔贝特运河组织防线。他把第85步兵师的剩余兵力与另2个师的残部合并，把这些人迅速分布到运河北岸的战略要点上。接下来，他把注意力转向各座桥梁，在桥梁的北出口处设立了"收容中心"。在24小时之内，希尔成功地从德国武装部队几乎所有的军兵种中网罗了成千上万名军人，那是一群"百衲被似的乌合之众"[3]，其中包括德国空军的机修工、军政府的工作人员、海军的岸防单位以及分属十多个师的官兵，但当斯图登特到达的时候，这些充其量只配备着步枪的掉

---

1 此处原文是中将，但西弗斯晋升中将要到1944年10月1日。
2 尽管场面混乱，但爱马的斯图登特仍然不厌其烦地在日记中记下，"这些巨大的牲口是苏格兰的克莱兹代尔马、法国的佩尔什马、丹麦马和荷兰的弗里斯兰马"。希特勒的军队与盟军不同，从来不是完全的摩托化，这一点与普遍的看法正相反。甚至在德军力量最强盛的时候，其运量的50%以上也是用畜力完成的。——原注
3 见查尔斯·B.麦克唐纳的《齐格弗里德防线战役》（*The Siegfried Line Campaign*），第124页。麦克唐纳的这本书是《美国陆军史》丛书中的一部，这本书与马丁·布吕芒松的《突围与追击》（*Breakout and Pursuit*）一起，最精准地描绘了德军在西线惨败的战事画面以及随后发生的事件。论述这一时期的另外一部有价值的著作是米尔顿·舒尔曼的《西线的失败》（*Defeat in the West*），也许是因为该书在战后不久写成，所以更加生动。——原注

队者已经被部署到运河上了。

希尔在控制近乎崩溃的局面时表现出色，斯图登特将其称为"奇迹"。他以惊人的速度建立了一条勉强说得过去的防线，从而为斯图登特所部的到达争取了一些时间，后者还需要几天才能全军就位。即使算上希尔的兵力，斯图登特拼凑起来的第 1 伞兵集团军总共也就 18 000～20 000 人，外加一些火炮、高射炮和 25 辆坦克——其兵力规模还抵不上美军的 1 个师。斯图登特的兵力根本无法守住从安特卫普到马斯特里赫特的这段 120 公里宽的缺口，更不用说将其封闭了。而朝这支兵力不足的部队全速迎面冲来的，是英军第 2 集团军令人生畏的装甲部队以及美军第 1 集团军一部。斯图登特在火炮和兵员数量对比上都屈居下风，他与灾难之间几乎就只剩下阿尔贝特运河了。

敌人将在运河的什么地方发起进攻呢？斯图登特的防线到处都易受到攻击，只是有些地区更为关键。他尤其关注安特卫普北边的那处防区，薄弱的第 719 海岸步兵师刚刚接防了那里的阵地。是否还有时间将这条 25 米宽的河流屏障变成一条延缓盟军进程的主防线，让更多的增援部队抵达运河边呢？这是斯图登特最大的希望。

他原以为随时都会遭到进攻，然而却一直没有得到盟军装甲部队的相关报告。尤其令斯图登特感到惊讶的是，在安特卫普以北的部队几乎没有与敌军发生接触。他原以为英军坦克部队在攻占了安特卫普以后，会挥师北上截断南贝弗兰半岛，然后直捣荷兰腹地。到目前为止，斯图登特认为英军已经放慢了推进速度，但这又是为什么呢？

在 18 天的时间里，西线德军总司令部庞大纷繁的机构不得不 4 次转移。在经历了轰炸、炮击，甚至几乎被盟军坦克追上的绝境之后，西线德军总司令部终于在帝国边境后面停了下来。9月5日，14点刚过，新任西线总司令在科布伦茨附近的小城阿伦贝格（Aremberg）找到了他的司令部。

在经历了长途跋涉之后，格尔德·冯·伦德施泰特元帅又累又急。他免除了通常德军司令官交接时的军事礼仪和吹奏军号，立即召开了一系列一直持续到夜间的参谋会议，其进入角色的速度之快，着实让那些不熟悉老元帅的军官吃了一惊。而对老熟人来说，就仿佛他从来也没有离开过一般。对所有人来说，单是冯·伦德施泰特的出现就让他们如释重负重拾信心。

冯·伦德施泰特的任务非常艰巨，问题异常棘手。他必须尽快为650公里长的西线制定出一个战略方针来，这条战线从北海开始，一直延伸到瑞士边境——莫德尔元帅已经坦率地发现，这个计划超出了他的能力。可供冯·伦德施泰特调遣的是遭到重创的部队——北方的B集团军群和南方的G集团军群，按照希特勒的指示，他要用这些部队坚守各地，甚至还要发动反攻。与此同时，为了使帝国免遭入侵，他还要把希特勒"固若金汤"的齐格弗里德防线变成现实——那些早已被废弃、尚未完工的混凝土防御工事自1940年以来就疏于管理无人驻守，连火炮都被拆掉了。虽然还有麻烦在等着他，但当天下午冯·伦德施泰特首先要处理迫在眉睫的问题，它们比他所预料的还要糟糕得多。

形势很严峻。在7月份被希特勒解职以前，冯·伦德施泰特麾下有62个师，现在他的首席参谋（德军部队中的作训参谋主任）博多·齐默尔曼（Bodo Zimmermann）上校[1]交出了一份惨不忍睹的情

---

[1] 原文写的是中将，但齐默尔曼晋升中将要到1945年5月1日，晋升少将是1944年12月1日。

况汇总表。他告诉老元帅，在2个集团军群当中有"48个有名无实的师、15个几乎没有坦克的装甲师和4个空架子装甲旅"。齐默尔曼说，这48个师的兵员、装备和火炮严重匮乏，因此它们的"战斗力充其量只相当于27个师"，这些部队还不到"盟军兵力的一半"。参谋们告诉冯·伦德施泰特，他们认为艾森豪威尔起码有60个师（这个估计是错误的，当时艾森豪威尔在欧洲大陆上有49个师），不仅完全摩托化，而且齐装满员。

至于德军的装甲部队，他们实际上已经不复存在了。据估计盟军在前线有2 000多辆坦克，而德军只剩下100辆。德国空军实际上已经被消灭了，盟军在战场上空拥有绝对的制空权。冯·伦德施泰特自己总结出的严酷现实是，他的部队大多精疲力竭士气低落，盟军在兵力上的优势超过2∶1、火炮2.5∶1、坦克20∶1、飞机25∶1。[1]除此之外，燃料、运输工具和弹药也严重匮乏。冯·伦德施泰特的新任参谋长——西格弗里德·韦斯特法尔（Siegfried Westphal）中将后来回忆说："形势令人绝望，前线已千疮百孔，名存实亡，如果敌人能够充分利用这次机会的话，那么任何一处溃败都将带来灾难。"

布鲁门特里特中将完全同意韦斯特法尔的看法，甚至还有更为独到的见解。[2]在他看来，如果盟军发动"一次大规模进攻，并在

---

[1] 德军在人员和装备上的损失令人难以置信。在诺曼底登陆后的92天里，有30万德军阵亡、受伤或者失踪；还有20万德军被围困，他们保卫着"最后的要塞"，也就是各个港口以及在英吉利海峡内的海峡群岛。大约有53个德军师被消灭，大量装备散落在法国和比利时各地，起码有1 700辆坦克、3 500门火炮、成千上万辆装甲车和马拉的或者摩托化运输工具，还有堆积如山的装备和补给品，从轻武器到巨大的弹药临时堆积处一应俱全。伤亡人员中还有2位陆军元帅以及20多名将军。——原注

[2] 布鲁门特里特将军长期担任冯·伦德施泰特的参谋长，也是他最信任的密友，他在9月5日被韦斯特法尔将军所取代，奉命返回德国，这令冯·伦德施泰特感到恼火。冯·伦德施泰特抗议这次人事变动，却无济于事。不过，布鲁门特里特确实参加了在阿伦贝格举行的一些早期的会议，直到9月8日才离开司令部。——原注

某处达成突破",那么崩溃就会接踵而至。冯·伦德施泰特麾下唯一有战斗力的部队正在对抗乔治·巴顿将军的美军第3集团军,后者正向梅斯进攻,兵锋直指萨尔工业区。这点兵力有可能迟滞巴顿,但并不足以挡住他。布鲁门特里特认为,盟军不会浪费宝贵的时间,反而会打击德军最薄弱的地方——尝试向北推进,渡过莱茵河后进入鲁尔地区。他认为,美国人和英国人可能会优先考虑这样做,因为正如他后来所指出的那样:"谁拥有德国北部,谁就拥有了德国。"

冯·伦德施泰特也得出了同样的结论,盟军的主要目标毫无疑问是为了夺取鲁尔地区。北方的英军和美军正在朝那个方向推进,直指亚琛地区的国境线,看来已经无法阻止他们打穿那条无人把守、老旧过时的齐格弗里德防线,并穿过德国的最后一道天然屏障——那条至关重要的莱茵河——直捣帝国的工业心脏。

冯·伦德施泰特善于分析的头脑又洞察了另一个事实,艾森豪威尔战技娴熟、训练有素的空降部队曾在诺曼底登陆中得到了非常成功的运用,现在它们已经从德军的态势图上消失了。这些部队并没有被作为步兵投入战斗,显然是撤回去准备进行另一次空降行动。但行动将在何时何地进行呢?在对鲁尔地区发起进攻的同时投入空降部队助战应该是顺理成章的事情。在冯·伦德施泰特看来,空地协同进攻可能出现在两个关键地区:或在"西墙"防御工事后面,或在莱茵河的东岸以便夺取桥头堡。实际上,莫德尔元帅在几天前给希特勒发出的电报中就表达出了相同的担忧,他强调这样的可能性是一种"严重威胁"。冯·伦德施泰特同样也得考虑这种可能性,即盟军在向鲁尔地区和萨尔地区推进的同时还会投入空降部队。对于这些近在眼前的威胁中的任何一个,老元帅都看不出有什么破解之法。盟军的机会丰富多样,他唯一的选择就是尽力在混乱中维持秩序,如果可能的话,准确判断出盟军的意图从而赢得时间。

冯·伦德施泰特并没有低估艾森豪威尔对有关德军困境情报的掌握,但他也在考虑盟军统帅部是不是真的意识到,德军的形势是多么令人绝望?正如他对布鲁门特里特所说,真相是他在用"衰弱的老人"来作战,而"面对盟军的猛攻","西墙"上的那些碉堡"起不了作用",他认为"保卫这些耗子洞只是出于声誉的原因,这简直是发疯"。尽管如此,他还是得把这条幻影似的"齐格弗里德防线"变成真正的防线,防御工事必须做好准备,配备兵员。冯·伦德施泰特言简意赅地告诉他的参谋们:"我们必须设法坚守至少6个星期。"

冯·伦德施泰特研究着当前各方面的形势,绘制出盟军可能调动的示意图,再推断各种选择的可能性。他注意到,最强有力的进攻仍然来自正朝萨尔地区推进的巴顿,北方的英军和美军的压力就明显少了一些。冯·伦德施泰特想到,他在北方地区没有发现军队调动的迹象,盟军的推进几乎趋于停顿。布鲁门特里特后来记得,冯·伦德施泰特又把注意力转到蒙哥马利的战线,集中到安特卫普的形势上。现在已经超过36个小时了,英国人既没有从该市向北推进,也没有切断南贝弗兰半岛,这一报告引起了他的好奇。显然,安特卫普的大规模港口设施将解决盟军的补给问题,但如果通往港口的那道87公里长的水道与河口仍然在德军手中的话,他们依旧无法使用该港。在老元帅看来,显然他所注意到的停顿是确实存在的:盟军确实放慢了速度,尤其是蒙哥马利的地段。

在多年的戎马生涯之中,冯·伦德施泰特深入研究过英军的战术,对他而言非常不幸的是,他也得以亲自观察美军的作战方式。

他发现在对装甲兵的运用上，美国人更具想象力也更大胆，英国人则擅长运用步兵，不过以上情况又因指挥官的不同而有所差异。因此在冯·伦德施泰特眼里，巴顿是一个远比蒙哥马利危险的对手，按照布鲁门特里特的说法，冯·伦德施泰特认为蒙哥马利"过于谨慎、墨守成规、按部就班"。现在老元帅推断着蒙哥马利行动迟缓的原因。冯·伦德施泰特注意到，由于英吉利海峡的其他港口仍然在德军手中，因而安特卫普对艾森豪威尔的进军至关重要——可是蒙哥马利为什么连续36个小时都没有采取行动，而且显然没有完全控制住这个欧洲第二大港呢？只可能有一个原因，蒙哥马利并不打算继续进攻。冯·伦德施泰特确信，他不会偏离习惯——在小心翼翼、关注诸多细节问题的蒙哥马利做好充分准备和完善补给之前，英国人绝不会进攻。冯·伦德施泰特由此推断：英国人的战线拉得过长了。他告诉参谋们这并非暂停。伦德施泰特确信蒙哥马利的追击已经难以为继了。

冯·伦德施泰特迅速把注意力转移到过去24个小时里莫德尔下达的命令上。因为如果他的判断是正确的，那么现在就有一个机会，不仅可以让盟军无法使用安特卫普港，而且同样重要的是还可以把冯·灿根将军陷于困境的第15集团军救出来，这支部队有8万多人——这正是冯·伦德施泰特急需的。

他看了莫德尔给冯·灿根下达的命令，不仅要他坚守斯海尔德河南岸、增援海峡的各个港口，还要用剩余兵力向东北方向发动进攻，直插英军攻势的侧翼——这次进攻定于6日早晨发动。冯·伦德施泰特毫不犹豫地取消了这次进攻，因为在当前形势下他看不出此举有什么可取之处。除此之外，他还有一个更为大胆、更富有想象力的计划。莫德尔命令的前半部分可以继续执行，现在坚守海峡的各个港口比以往任何时候都重要，但冯·灿根不必再向东北方向发动进攻，而是经由海路撤出他的剩余部队，渡过斯海尔德河到达瓦尔赫伦岛。冯·灿根的部队一旦回到斯海尔德河河口北岸，就能够沿着一条从瓦尔赫伦岛出发的公路向东行军，越过南贝弗兰半岛，最后到达安特卫普北边的荷兰本土。考虑到盟军的空中力量，在布雷斯肯斯（Breskens）港和弗利辛恩（Vlissingen）港之间，使用轮渡通过4.8公里宽的斯海尔德河口的行动就必须在夜间进行。如果运气好的话，第15集团军主力就可以在2个星期之内安全撤出。冯·伦德施泰特知道这个计划颇具危险性，但他别无他法，倘若成功就会有一个基本完整的德军集团军供其调遣，哪怕这个集团军同样遭到了重创。不仅如此，他还将继续——令人难以置信——控制住至关重要的安特卫普港。但这次行动的成功将完全依赖于冯·伦德施泰特的预感，蒙哥马利的进攻得确实停顿下来。

　　冯·伦德施泰特确信这一点。此外他还希望蒙哥马利放慢速度的背后有更深远的含义，由于交通线和补给线过分延长，盟军的高速追击已经成了强弩之末。布鲁门特里特后来回忆，会议结束时"冯·伦德施泰特看着我们，提出了那个令人难以置信的可能性，至少这一次，希特勒可能是正确的"。

　　尽管只是部分正确，但希特勒和冯·伦德施泰特对形势的估计远比他们以为的精确。冯·伦德施泰特需要宝贵的时间来稳定前线，而这时间正是盟军自己提供的。事实上，德军失败得太快了，比盟军取胜的速度都要快。

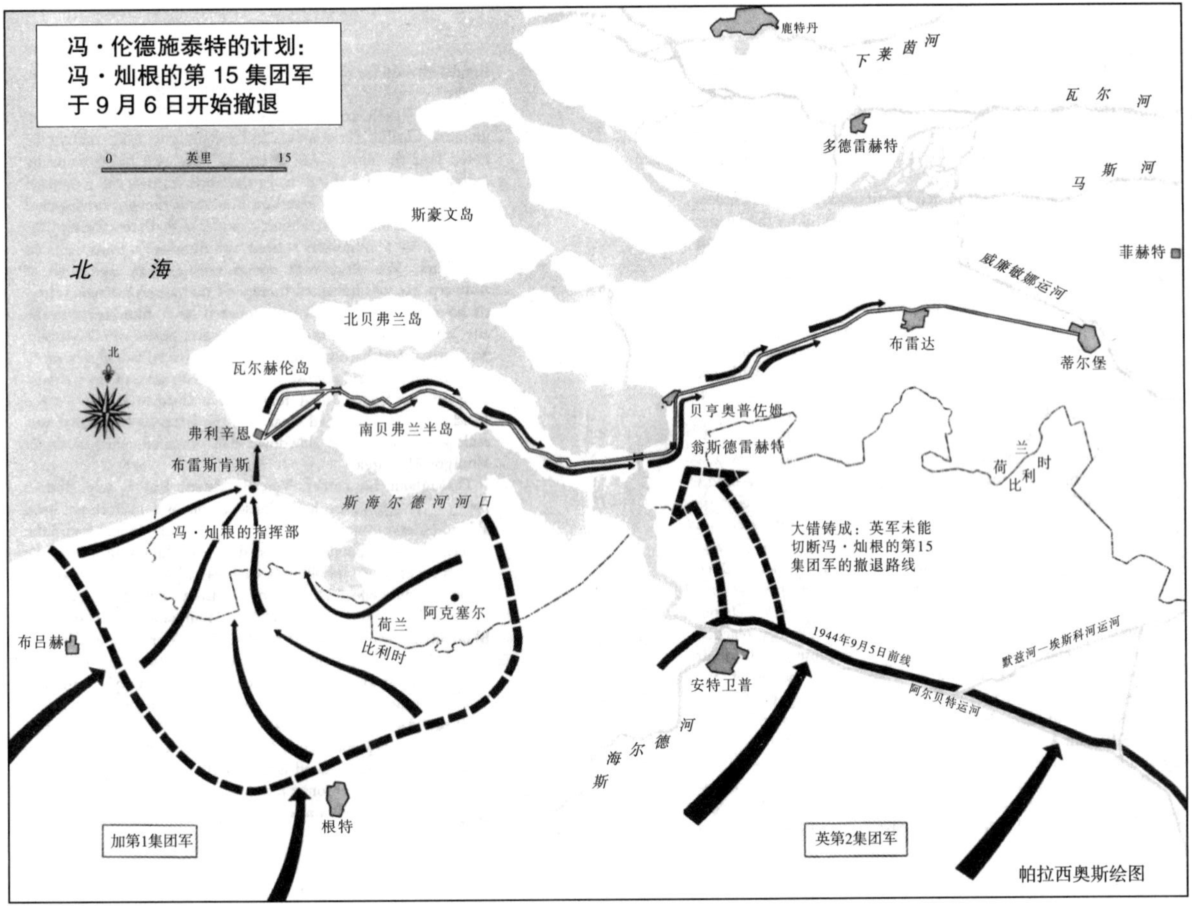

冯·伦德施泰特的计划：
冯·灿根的第 15 集团军
于 9 月 6 日开始撤退
0 英里 15
北
北海
鹿特丹
下莱茵河
瓦尔河
多德雷赫特
马斯河
斯豪文岛
菲赫特
威廉敏娜运河
北贝弗兰岛
瓦尔赫伦岛
南贝弗兰半岛
布雷达
蒂尔堡
弗利辛恩
布雷斯肯斯
贝亨奥普佐姆
翁斯德雷赫特
荷兰
比利时
斯海尔德河河口
冯·灿根的指挥部
大错铸成：英军未能
切断冯·灿根的第15
集团军的撤退路线
阿克塞尔
荷兰
比利时
布吕赫
1944年9月5日前线
默兹河—埃斯科河运河
安特卫普
阿尔贝特运河
斯海尔德河
根特
加第1集团军
英第2集团军
帕拉西奥斯绘图

6

就在冯·伦德施泰特孤注一掷，打算把陷入困境的第 15 集团军拯救出来的同时，在 240 公里外的安特卫普，英军第 11 装甲师师长乔治·菲利普·罗伯茨（George Philip Roberts）少将正兴高采烈地向上级汇报，自己取得了惊人的进展。他的部队不但攻占了市区，还拿下了那座巨大的港口。

罗伯茨的坦克部队与禁卫装甲师一起，在仅仅 5 天的时间里异乎寻常地推进了 400 多公里。迈尔斯·克里斯托弗·邓普西（Miles Christopher Dempsey）中将英勇的英军第 2 集团军先头部队，接到了第 30 军军长布赖恩·格温·霍罗克斯（Brian Gwyne Horrocks）中将的命令，要"疯狂地持续前进"。禁卫装甲师被留下占领布鲁塞尔，罗伯茨的师则绕过这座城市，在比利时地下抵抗组织的勇敢协助下于 9 月 4 日凌晨杀入安特卫普。大约 36 个小时以后，英军就肃清了深水港内惊慌失措的敌人。大获全胜的罗伯茨现在报告说，他的部下已经完好无损地夺取了安特卫普占地 4 平方公里的巨大港区。仓库、起重机、桥梁、5.6 公里长的码头、驳岸、船闸、干船坞、机车车辆都被夺取了，令人难以置信的是，甚至连那些极其重要的电控水闸都处于工作状态。[1]

---

1 现有资料表明，英军第 11 装甲师当时只顺利拿下了安特卫普城区，德军守备部队约有半数撤到了阿尔贝特运河北岸，而且负责港区守备的德军并没有马上投降，而是仍在顽抗，并在 9 月 4 日深夜打退了英军第 159 步兵旅抢占港口水门的行动。

德国人破坏港口的计划失败了。他们虽然已经在主要桥梁和其他关键设施下面安放了炸药，但由于被英军和抵抗组织（其中的比利时工程师清楚地知道炸药安放处）的惊人速度搞得不知所措，一片混乱中的德国守军根本没有机会摧毁这些巨大的港口设施。

37岁的罗伯茨出色地完成了下达给他的任务。不幸的是，在此次欧洲战场最大的失算当中，没有人指示他利用当前的态势扩大战果——也就是说，立即挥师北上，在北郊的阿尔贝特运河上建立桥头堡，然后全速冲向仅仅29公里外的南贝弗兰半岛根部。只要坚守该地峡3.2公里长的根部，罗伯茨就能困住里面的德军，从而为肃清至关重要的北岸之敌做好准备。这是一个巨大的疏忽[1]，安特卫普港作为重要的战利品已经落入盟军手中，但河口却仍然在德军的把守之下。这个巨大的港口本来能够缩短盟军整条战线的补给线并向其输送物资，现在却没能派上用场。在令人头脑发热的气氛之中，没有人意识到这个疏忽会带来严重后果。确实，似乎没有必要匆忙上阵，既然德国人已经溃败，那么随时都可以肃清残敌。第11装甲师已经完成了既定任务，那接下来就该坚守阵地待命出击了。

邓普西的装甲部队在北方的长驱直入堪与巴顿在阿登高地南部的推进相媲美，不过这一过程就这么结束了，尽管此时还没有什么

---

[1] 著名英国历史学家、已故的B. H. 利德尔·哈特在其《第二次世界大战史》中写道："这是一个多重的失误——从蒙哥马利以下4位指挥官的失误。"美国历史学家查尔斯·B. 麦克唐纳在《巨大的努力》一书中，同意利德尔·哈特的看法，他把这个失败称为"二战中最大的战术错误之一"。有关为安特卫普所付出的代价，最精彩也最详尽的论述毫无疑问当属R. W. 汤普森的《85天》一书，我同意他的看法，即丧失机会的一个主要原因是"疲惫不堪"。他写道，第11装甲师的官兵"坐在、站在或者躺在什么地方，就在什么地方睡觉，全无表情，完全是精疲力竭了"。如果我们接受他的理论，那么罗伯茨的第11装甲师是否能够以同样的气势继续推进就十分可疑了。尽管如此，汤普森还是认为，"倘若有一个指挥官随时关注着这场战斗，每天每小时都在关注，而且指挥灵活，富有远见的话"，那么安特卫普及其至关重要的入海口就可能被轻易夺取。——原注

人意识到这一点。罗伯茨的部下疲惫不堪,燃料和补给都不足。布赖恩·霍罗克斯将军的第30军的其余部队同样如此。因此,就在那天下午,那种把受到重创后全无士气可言的德国人赶回北方的无情压力突然就减轻了。当英国人停顿下来,等候"补充装备、加注燃料并休息"的时候,在安特卫普犯下的错误就更加严重了。

甚至连颇具朝气和能力的第30军军长霍罗克斯将军都没有考虑安特卫普。[1] 和英军第21集团军群指挥官蒙哥马利元帅一样,他的注意力也集中在另一个目标上:渡过莱茵河,迅速结束战争。就在几个小时前,为各集团军的气势和干劲而欢欣鼓舞的蒙哥马利给盟军最高统帅德怀特·艾森豪威尔发去电报,他说:"我们现在已经到了这样一个阶段,发动强有力的挺进直捣柏林,就有可能到达那里结束对德战争。"

身处伦敦的荷兰亲王伯恩哈德与威廉明娜女王进行了商谈,然后给待在加拿大的妻子朱丽安娜公主发了封电报,催促她立即飞到英国,准备一旦荷兰获得自由便返回祖国。为期数年的流亡生活即将结束,解放会迅速到来,他们必须做好准备。不过,伯恩哈德却又觉得心神不安。

在过去的72小时里,抵抗组织发来的电报反复强调,驻扎在荷兰的德国人惊慌失措,并一再说开始于9月2日的撤退仍然在进行。但现在——9月5日——地下抵抗组织领导人报告说,尽管德国人

---

[1] 在其回忆录中,霍罗克斯非常坦率地做了解释。"我的解释是,我的眼睛完全瞄着莱茵河,别的一切似乎都是次要的。我从来也没有想到,斯海尔德河会被布雷,而且在这个水道被清理干净、两岸的德军被肃清以前,我们是不能使用安特卫普的……毫无疑问,要是拿破仑的话,他是会意识到这些事情的,但我霍罗克斯却没有意识到。"他也欣然承认,在他的面前没有什么抵抗,"我们的每辆军车仍然有可行驶160公里的汽油,而且可以得到另外一天的补给"。那会是"相当大的风险",不过"我认为,倘若我们冒这个险而直接继续前进,而不是在布鲁塞尔停顿下来的话,欧战的整个进程就可能改变"。——原注

仍然处于一片混乱之中，但集体大逃亡似乎慢了下来。伯恩哈德也听取了荷兰流亡政府首相的报告。海布兰迪首相有点尴尬，显然他在 9 月 3 日发表的广播讲话为时过早，毫无疑问盟军部队根本就没有越过荷兰边境。亲王与首相分析原因，英军为什么按兵不动？从他们收到的地下抵抗组织电报来看，荷兰的形势肯定是很明朗的。

伯恩哈德迷惑不解，他没有受过多少军事训练，只能倚仗他的顾问们。[1] 如果德国人仍然处于混乱之中，就像他的抵抗组织领导人所认为的那样，"由几辆坦克进行一次突击"就能"在几个小时内"解放国家——那么英国人为什么不继续前进呢？也许是因为蒙哥马利不相信荷兰抵抗力量的报告，认为他们外行或者不可靠？伯恩哈德找不出别的解释。否则，为什么英国人并没有马上越过边境，而是一再犹豫呢？他与他的大臣们、美国的巡回大使安东尼·比德尔，以及艾森豪威尔的参谋长沃尔特·比德尔·史密斯（Walter Bedell Smith）中将保持着联系，并由此意识到部队的推进是如此顺利，以至于形势几乎每个小时都在发生变化。尽管如此，伯恩哈德还是想得到第一手信息。他做出一个决定：请求盟军最高统帅部允许他飞到比利时，尽快见到蒙哥马利本人。他对盟军高级指挥层很有信心，对蒙哥马利更是如此。即便如此，如果出了什么差错，伯恩哈德也应该知道。

---

1 这位年轻的亲王尽管被女王任命为荷兰武装部队总司令，但在接受本书作者采访的时候，提及他的军事背景时却非常坦率。他告诉我："除了战前在（荷兰的）军事学院上了一门课之外，我没有战术上的经验。我又在英国继续学了各门课程，但我的大部分军事知识是通过实践学来的，那就是通过阅读并与我的军官们讨论。然而，我从来也不认为我有足够的经验，能够做出战术上的决定。我依靠我的参谋们，他们非常称职。"伯恩哈德非常认真地对待他的工作。他仔细地保存着 1944 年的个人日记，大方地提供给我使用。在他的日记里，他用非常小的字记录下了每一步行动，从打来的电话到军事会议以及正式的聚会，几乎每分钟的活动都记录下来。根据他本人的记录，我估计在这个阶段他平均每天工作约 16 个小时。——原注

伯纳德·劳·蒙哥马利元帅简朴的帐篷指挥部,就设在距离布鲁塞尔市中心几公里处的拉肯(Laeken)的花园里。他曾发出一份"仅限艾森豪威尔阅读"的个人密电,这会儿正在指挥部里不耐烦地等待回音。这份9月4日深夜发出的电报迫切要求向柏林发起一次迅猛有力的突击。现在已经是9月5日中午,这位58岁粗率精瘦的阿拉曼战役的英雄正在等候答复,为战争的未来进程而烦恼。在诺曼底登陆的2个月前他就说过:"如果我们行事妥当,不犯错误,那么我相信德国将在年内退出战争。"蒙哥马利始终坚定地认为,在盟军攻占巴黎并渡过塞纳河之前,一个重大的战略错误就已经铸成了。艾森豪威尔的"宽大正面战略"——也就是让各集团军稳步向第三帝国边境推进,然后抵达莱茵河——是在诺曼底登陆前就制定出来的,当时可能是正确的,但眼下蒙哥马利认为随着德国人突然崩溃,当初制定的方针现在已经过时了。正如蒙哥马利指出的那样,这个战略仍旧"毫不动摇",他受到的所有军事训练都告诉他:"我们不能犯了错而不受惩罚,而且……我们将面临一场给英国人民带来沉重负担的漫长的冬季战役。"

8月17日,他曾向美军第12集团军群指挥官奥马尔·纳尔逊·布莱德雷中将提出了一个单向推进的计划,他本人的集团军群以及布莱德雷的集团军群,应该"作为一个拥有40个师的紧密团体待在一起,它将会强大到坚不可摧,这支部队应该向东北方向挺进"。蒙哥马利的第21集团军群将扫清英吉利海峡沿岸的德军,并夺取安特卫普和荷兰南部;布莱德雷的美军第12集团军群,其右翼位于阿登高地,应该朝亚琛和科隆挺进。蒙哥马利提议的攻势的基本目标"是在冬季来临之前夺取莱茵河上的桥头堡,并迅速攻占鲁尔地区",他解释说此举肯定能结束这场战争。蒙哥马利的计划需要使用艾森豪威尔4个集团军中的3个——英军第2集团军、美军第1集团军以及加拿大第1集团军。至于第四个集团军，也就是巴顿的美军第3集团军，此刻正因其辉煌的进军而成为世界各地报纸的头条，蒙哥马利自然就给忽略了。他平静地提议，该集团军的推进应该停止。

蒙哥马利原本相信布莱德雷会响应他的提议，但大约48小时以后，他却得知后者事实上赞同由美军进行突击，也就是由巴顿朝莱茵河与美茵河畔法兰克福进军。这两个计划都被艾森豪威尔拒绝了：他不打算改变自己的战略理念，盟军最高统帅想保持足够的灵活性，以便在情况允许的时候，同时向鲁尔区和萨尔区挺进。在蒙哥马利看来，这不再是"宽大正面战略"，而是一个双重突击的计划。他感到现在每个人都"各行其是"——尤其是巴顿，他似乎被给予了高度自由。在蒙哥马利看来，艾森豪威尔决心坚持其原先的战略理念就十分清楚地揭示出，最高统帅"实际上完全不了解地面战斗的情况"。

蒙哥马利之所以有这样的认识，正是基于近来令他感到愤慨的事态发展，他觉得这种发展贬低了自己的作用。9月1日，艾森豪威尔亲自接管了地面部队的总指挥权。由于最高统帅认为蒙哥马利是"阵地战的大师"，所以把诺曼底登陆当日的突击以及随后作战初期阶段的盟军地面部队的总指挥权交给了这位英国将领。这样一来，奥马尔·布莱德雷中将的美军第12集团军群也就处在了蒙哥马利的指挥之下。8月底，据美国报纸披露，布莱德雷的集团军群仍然在蒙哥马利的指挥下作战，这在美国民众中引发了一片抗议浪潮，美国陆军参谋长乔治·卡特利特·马歇尔上将命令艾森豪威尔"立即直接指挥"所有地面部队。美军的各集团军又由美国人自己来指挥了。这个举动令蒙哥马利措手不及。他的参谋长弗朗西斯·威尔弗雷德·德甘冈（Francis Wilfred de Guingand）少将后来说："我认为蒙哥马利……绝没有想到这个日子会来得这么快，可能他希望这个在进攻初期确立的指挥权会保留一段较长的时间。我认为，他常常忽略声望和民族感情的影响，或是美国在兵员和武器装备上愈来愈大的贡献……然而对我们大多数人来说，让一位英国将领和一个英军指挥部对数量更多的美军部队无限期地保留指挥权显然是不可能的。"[1] 对他的参谋们来说这可能是再清楚不过的事情，但对蒙哥马利而言则完全不同，他觉得受到了公开羞辱。[2]

蒙蒂和他的上级——大英帝国总参谋长艾伦·布鲁克爵士（Sir Alan Brooke），对艾森豪威尔都颇有微词，这几乎不是什么秘密，两人都认为他内心矛盾、优柔寡断。在7月28日给蒙哥马利的一封信中，布鲁克评论说，艾森豪威尔"对战争只有非常模糊的概念"。还有一次，他对最高统帅的定论是"很有个人魅力"，但"从战略角度来看，才智却非常非常有限"。蒙哥马利从来就不是一个说话吞吞吐吐的人，他"从一开始就看出，艾克简直没有干这项工作的经验"，他觉得虽然历史将会把艾森豪威尔记载为"一个非常出色的最高统帅，但作为一名战地指挥官，他却很糟糕，很糟糕"[3]。愤怒的蒙哥马利于是开始鼓吹一个"地面部队总指挥"的概念，这是一个介于各集团军群指挥官和艾森豪威尔之间的职位，他知道只有一个人能干这项工作——那就是他自己。对于这场地下宣传活动，艾森豪威尔了然于胸却不动声色。最高统帅其实同蒙哥马利一样固

---

1 见弗朗西斯·德甘冈少将的《战争中的将军们》一书，第100-101页。——原注
2 在丘吉尔的强烈要求下，英国国王乔治六世于9月1日晋升蒙哥马利为陆军元帅，这让蒙哥马利和同他一样被激怒了的英国公众多少得到了点儿抚慰。——原注
3 见本书作者对蒙哥马利元帅的采访。——原注

执，马歇尔将军给他的命令非常清楚，即便真要有一位地面部队总指挥，那也非他本人莫属。

直到 8 月 23 日以前，蒙哥马利都没有机会与艾森豪威尔讨论单向挺进的计划或者设立地面部队总指挥的想法。但在 8 月 23 日当天，最高统帅来到第 21 集团军群指挥部吃午餐。饭后，倔强的蒙哥马利非常冲动地坚持要与最高统帅私下会晤，他还要求艾森豪威尔的参谋长比德尔·史密斯将军回避。史密斯离开了帐篷，在接下来的 1 个小时里，艾森豪威尔神情严肃地捺住性子，让他的下属就有关"一个稳妥而又合理的计划"的必要性给他开了个讲座。蒙哥马利要求艾森豪威尔决定"主攻方向定在哪里"，这样一来，"我们就能迅速确保获得决定性的战果"。他一再要求"单向推进"，他警告说，如果最高统帅坚持"宽大正面战略，全线齐头并进让所有人持续作战的话，那么推进将不可避免地停顿下来"。蒙哥马利警告说，如果出现这种情况，那么"德国人就会赢得恢复元气的时间，战争就会贯穿整个冬天，很可能拖到 1945 年。如果我们把补给分摊开来，以一个宽广的正面向前推进的话，我们就将处处薄弱，毫无胜算"。在他看来，只有一个方针："或者是让右翼停下来，用左翼进行打击，或者是让左翼停下来，用右翼进行打击。"只能有一处推进，并竭尽全力对其进行支援。

艾森豪威尔认为，蒙哥马利的建议是一个巨大的赌博，可能收获迅速而又决定性的胜利，也可能造成灾难，他不打算承受相关风险。艾森豪威尔发现自己夹在两方之间，一方是蒙哥马利，另外一方是布莱德雷和巴顿——每一方都鼓吹"重点进攻"，每一方都想担当此任。

蒙哥马利素以行动迟缓的战术而声名狼藉，即便这样的战术是成功的，此时他还要证明自己完全可以用巴顿的速度来利用形势；此刻巴顿的集团军已远远超过其他部队冲在了最前方，渡过塞纳河后正全速冲向德国边境。艾森豪威尔圆滑地对蒙哥马利解释说，不论单向推进是好是坏，他都无法阻止巴顿，无法让美军第3集团军停下来。"美国人民，"最高统帅说道，"绝不会容忍让它停下来，而舆论是能赢得战争的。"蒙哥马利激烈地提出异议。"胜利才能赢得战争，"他宣告，"要是把胜利给人民的话，他们就不会在意是谁赢得了战争。"

艾森豪威尔不为所动。他认为蒙哥马利的观点"过于狭隘"，这位陆军元帅并不"理解总体形势"，但他当时并没有这样说。艾森豪威尔向蒙哥马利解释说，他想让巴顿继续东进，这样他就可能与从南方推进的美军和法国军队相呼应。他简洁明了地表示，自己的"宽大正面战略"将会持续下去。

蒙哥马利暂时把话题转到地面部队总指挥上。"得有人替你指挥地面作战事宜。"蒙哥马利声称，艾森豪威尔应该"运筹帷幄，以便在涉及海陆空等方面的整个错综复杂的全局问题上不偏不倚"。他不再傲慢，态度转而谦恭起来。蒙哥马利说，如果这"涉及美国的舆论"，他将欣然"让布莱德雷掌控战斗，在他的麾下效劳"。

艾森豪威尔迅速拒绝了这个建议。把布莱德雷置于蒙哥马利之上，是英国人民无法接受的，反过来美国人民同样无法接受。他解释说，至于他本人的角色，他无法偏离亲自指挥战斗的计划。但是，为了寻找一些迫切问题的解决办法，他打算对蒙哥马利做出一些让步。他需要海峡的各座港口以及安特卫普，它们对盟军的整个补给问题至关重要。出于这种考虑，艾森豪威尔说暂时将优先考虑由第21集团军群向北方挺进。蒙哥马利可以使用在英格兰的盟军第1空降集团军——眼下这是盟军最高统帅部仅有的预备队，此外他还可以得到在其右翼推进的美军第1集团军的支持。

用布莱德雷将军的话说，蒙哥马利已经"赢得了最初的小争论"，但这个英国人还远远没有满足，他坚信艾森豪威尔已经错失了"巨大的机会"。巴顿听到这个消息的时候亦有同感——不过却是出于不同的原因。艾森豪威尔不仅以美军第3集团军（的推进速度）为代价，把补给的优先权给了蒙哥马利，还拒绝了巴顿冲向萨尔河的建议。巴顿认为这是"这场战争最重大的错误"。

在这场两人间的个性冲突和军事哲学冲突之后的2周时间里发生了很多事情，现在蒙哥马利的第21集团军群在速度上已经堪与巴顿的集团军相匹敌。到9月5日，随着他的先头部队进入安特卫普，蒙哥马利更加确信自己单向推进的概念是正确的，他决心要推翻最高统帅的决定。战争已经到了一个关键性的转折点，蒙哥马利坚信德国人正濒临崩溃的边缘。

持有这种看法的人并非只有他一个，各级指挥部的情报军官几乎都在预告战争结束在即。最乐观的估计来自伦敦的盟军联合情报委员会（Joint Intelligence Committee，缩写JIC）。德国的形势已经恶化到了这样的程度，以至于委员会认为敌人已无力恢复元气。他们估计说，每一个迹象都表明"在德国最高统帅部控制之下的有组织抵抗，不可能持续到1944年12月1日以后，而且……还可能结束得更早一些"。盟军最高统帅部也持同样乐观的态度。8月底盟军最高统帅部的情报总结宣称："8月份的各场战役获得了成功，西线之敌遭到重创。两个半月的苦战已经令欧战结束在望。"一周之后的当下，他们认为德军"已不再是一支具有凝聚力的军队，而是若干个企图逃跑的战斗群，失去组织甚至萎靡不振，缺乏武器装备"。

英国陆军部作战局那位保守的局长约翰·诺布尔·肯尼迪（John Noble Kennedy）少将[1]甚至也于9月6日提出，"如果我们以近来的速度向前推进，那么28日就应该兵临柏林城下了……"

在这个乐观预言的大合唱当中，似乎只有一个持异议的声音。美军第3集团军情报部长奥斯卡·威廉·科赫（Oscar William Koch）上校认为，敌人仍然有能力做最后的挣扎，并警告说"除非国内发生动荡或者德国国防军进行可能性微乎其微的暴动……否则德军将继续战斗，直到被消灭或者被俘"[2]。但对第3集团军热血沸腾的指挥官乔治·巴顿中将来说，手下情报军官的谨慎评估并没有什么意义。与北方的蒙哥马利一样，南方的巴顿离莱茵河只有160公里，他也坚信现在是"冒险长驱直入杀入敌人国土"结束这场战争的时候了。唯一的区别在于，究竟应该由谁来冒风险。现在这两位被胜利冲昏了头脑、为荣耀而竞相投标的指挥官为了获得那个机会而一争高下。热切的蒙哥马利把他的竞争范围缩小到了巴顿一人：一位统率整个集团军群的英国陆军元帅，正在试图赶超一位统率1个集团军的美军中将。

在前线各地，胜利的狂热严重影响了战地指挥官们。历经了惊人地横扫法国和比利时之后，不少证据都表明德国人已经满盘皆输了，人们自信已经没有什么东西能够阻止胜利的波涛继续淹没齐格弗里德防线，并波及防线后方的区域杀入德国的心脏。然而，要让敌人难以立足、陷入混乱，就要求盟军持续不断地施压。对继续施压的支持现在已经催生出了一种几乎无人意识到的危机。那种令人

---

[1] 相关资料显示，他在1943年10月25日起已经转任帝国总参谋长助理了。
[2] 欲更详尽地了解盟军情报部门的估计，请见福里斯特·C.波格博士的《最高统帅部》一书，第244—245页。——原注

飘飘然的乐观主义近乎自我欺骗,因为此时此刻艾森豪威尔的大军从塞纳河畔兴奋地向前冲刺了300多公里之后,面临着巨大的车辆维护和补给难题。在6个星期几乎如入无人之境的持续进军之后,还没有什么人注意到前进的势头突然消失了。当第一批坦克开到德国的大门口,在一些地方开始试探"西墙"防线之时,推进速度开始放慢。盟军的追击结束了,被自己的成功扼杀了。

减缓盟军推进速度的主要问题是缺乏港口。其实补给品并不短缺,但补给物资的储备点却在诺曼底,仍然需要通过海滩运上欧洲大陆,或是通过唯一可用的瑟堡(Cherbourg)港登陆——港口位于先头部队后方大约725公里处。从如此遥远的后方为4个全速追击的庞大集团军提供补给物资是一个噩梦般的任务,缺乏运输工具更是雪上加霜。铁路网要么在诺曼底登陆之前就遭到了轰炸,要么就是被法国的地下抵抗组织破坏了,修复的速度根本跟不上货运需求。而输油管道还在铺设和向前延伸之中。结果从官兵的口粮到燃料,任何物资都得通过公路向前方运送,但令人沮丧的是卡车数量却严重不足。

追击部队在日复一日地向东边挺进,为了能与巴顿齐头并进,每种车辆都被迫用于后勤服务。火炮、高射炮以及备用的坦克被从运输车上卸下留在后方,节省出来的运输车辆就可以用来运送补给物资。各师的运输连都被调走了,英国人干脆把整整1个军留在塞纳河西边,这样一来这个军的运输工具就能为快速推进的集团军其余部队所使用。由于活塞有毛病,英军有1 400辆3吨卡车无法使用,随着这个问题被发现,蒙哥马利的处境更加艰难。

现在人们做出了种种艰巨努力保证追击不停顿。一种传送带式的卡车车队——"红球快运"——向东方疾驶,卸下补给品之后又折回西边再装上补给物资，有些车队常常要疲惫地来回行驶960～1 300公里。即使所有可用的运输工具都昼夜不停地行驶，即便战场上的指挥官采取最严格的节约措施，各集团军对补给物资的需求仍然无法得到满足。由于负担超过了其能力，这个临时的补给架构已经到了崩溃边缘。

除了严峻的运输问题之外，从诺曼底开始的高速进军也确实令盟军人困马乏了。坦克、半履带车以及各种各样的车辆经历了长时间行驶后，因缺乏适当的维护保养而抛锚。不过这一切困难在汽油短缺面前都相形见绌。艾森豪威尔的各集团军每天需要100万加仑燃料，但收到的却只是这个数字的很少一部分。

后果是严重的。在比利时，当敌人从眼前逃跑的时候，美军第1集团军却原地停留了整整4天，因为它的坦克没有油了。巴顿的第3集团军领先别的集团军160公里以上，更没有遇到什么抵抗，却不得不在默兹河[1]畔停顿了5天——他的装甲纵队把汽油用了个精光。当巴顿发现他定了40万加仑汽油，但由于优先级的关系被削减到只有32 000加仑时，不禁勃然大怒。他当即命令先头军的军长："尽快抬起你们的屁股前进，直到你们的发动机汽油耗尽，然后下车步行，该死的！"巴顿对指挥部里的参谋们大发牢骚，说自己要"面对两个敌人——德国人和我们的最高统帅。我能够收拾德国人，却没有把握战胜蒙哥马利和艾森豪威尔"。他做出过尝试。巴顿坚信能够在几天内杀出一条路进入德国，并对布莱德雷和艾森豪威尔发出强烈呼吁。"我的士兵可以吃他们的皮带，"他怒吼道，"可是我的坦克得有汽油啊。"

---

[1] 默兹河（Meuse River），源出法国东北部，流经比利时，在荷兰西南部注入北海。其在法国与比利时境内的河段叫默兹河，下游在荷兰境内的河段叫马斯河（Maas River）。

在诺曼底痛打德军，突破之后对德军进行系统且迅速的打击已经造成了己方后勤方面的危机。诺曼底登陆的计划者们本来以为，敌人将会在各条有重大历史意义的河流岸边设置防线坚持战斗，因而预测进军速度会更保守一些。他们认为，在夺取了诺曼底滩头阵地和攻占海峡的各处港口之后，应该停顿下来重组部队、囤积补给。预期的立足点将在塞纳河以西，按照预定的时间表，盟军9月4日（D日90天以后）才能进抵塞纳河。敌军的突然崩溃以及向东的仓皇逃窜令盟军的时间表成了废纸一张。谁能预见到盟军的坦克部队会于9月4日就出现在塞纳河以东320公里的地方，甚至还进入了安特卫普？艾森豪威尔的参谋们本来估计，大约要用11个月才能兵临亚琛的德国边境。现在，随着坦克纵队接近"第三帝国"，盟军把他们的进军时间表提前了差不多7个月。补给和运输系统本来是根据比这慢得多的推进速度设计出来的，现在却苦苦支撑着狂热追击所造成的压力，这简直不可思议。

尽管后勤问题形势严峻，但谁也不想承认各集团军必须尽快停止前进，或者追击已告结束。"师级以上的指挥官，"艾森豪威尔后来写道，"都一门心思地认为，只要再加上几吨补给，他就能够继续向前冲去赢得这场战争……因而，每个指挥官都乞求和要求更多优先权，而不可否认的是，每个人的面前又确实都有可以迅速利用的机会，这就使得这些要求完全顺理成章了。"即便如此，最高统帅自己也受到乐观主义的感染，他相信进军势头能够维持下去，足以在德国人找到机会布防之前便攻破齐格弗里德防线，因为他在"整个前线"都看到了敌人"崩溃"的迹象。9月4日，他命令布莱德雷的"第12集团军群攻占萨尔区和美茵河畔法兰克福地区"，蒙哥马利的"第21集团军群攻占鲁尔区和安特卫普"。

看起来，这份公告甚至让巴顿也心满意足。现在他确信，只要有充足的补给，麾下强大的第3集团军就能够单凭自己的力量抵达萨尔工业区，然后继续一路冲到莱茵河。[1] 而在全军上下空前浓厚的胜利氛围里，蒙哥马利在9月4日发出的密电中再次强调自己的观点。这一次他远远超出了8月17日的提议，甚至还远远超出了8月23日与艾森豪威尔的谈话范围。这位英军第21集团军群的指挥官坚信，德国人已经崩溃了，他不仅能够抵达鲁尔区，还能一路冲到柏林。

在发给艾森豪威尔的共有9段文字的电报中，蒙哥马利再次阐述了那些理由，他坚信进行一次"真正有力而又迅猛的突击"的时刻已经到来。有两个战略机会向盟军敞开，"一个经由鲁尔地区，另一个经由梅斯和萨尔地区"。但他又认为，由于"我们并没有足够的资源，所以无法维持两个方向上的突击"，只有其中一次有机会——那就是他的攻势。在蒙哥马利看来，在北方"经由鲁尔地区"进行的攻势，"有可能带来最好和最快的战果"。为了确保成功，蒙蒂的单向突击将需要"一切必备的给养……而且是无条件的"。他现在明显对任何其他的考虑都不耐烦了。他公开表明自己的计划和指挥水平的价值所在，相信自己就是那个能够马到功成的人，其他作战行动则仅能依靠剩余的后勤支援进行有限的推进。他提醒最高统帅这是不可能妥协的。他拒绝考虑双重攻势的可能性，因为"那将把我们的保障资源一分为二，使得哪一路攻势都不够猛烈"，结

---

[1] 巴顿每周一次的记者招待会始终是有新闻价值的，但令人难忘的却是这位将军未被记载下来的话，他的词汇丰富多彩，但这些话无论如何也不能见诸报端。我作为伦敦《每日电讯报》的记者，出席了9月第一周的记者招待会，当时他以自己典型的方式，阐述了他对付德国人的计划。巴顿扯着他的大嗓门，用手啪啪地捶着地图，向我们宣告："在第3集团军的前面，也许有5 000个、也许有1万个纳粹杂种等待在他们的混凝土工事里。现在，如果艾克不再对蒙蒂给予支持，而把那些补给物资给我的话，那么我就能像鹅拉屎一样突破齐格弗里德防线。"——原注

果"战争势必将旷日持久"。蒙哥马利认为,问题是"非常简单而又明了的",而时间又"极为重要……因而需要立即做出决定"。

这位自威灵顿[1]以来最深孚众望的英军指挥官既言辞刻薄又态度专横,他执迷于自己的想法。他分析说,考虑到严峻的后勤形势,他的单向突击理论比 2 个星期以前更站得住脚了。蒙哥马利以他倔强的方式——而且毫不在乎对方对其电报里的措辞口吻会有什么看法——不仅仅是在向最高统帅提议、更是在口授一个行动方案,艾森豪威尔必须让别的集团军——尤其是巴顿的集团军停下来——这样所有的资源就能用来支援他这路进军。这份编号为 M-160 的电报结尾是蒙哥马利傲慢的一个典型例子。"如果你正往我这边来,不妨顺道来磋商此事,"他提议道,"如果你能来的话,我很乐意在明天午餐的时候见到你。不要以为我能在现阶段离开前线。"自己的结束语几近无礼,但蒙哥马利似乎没有考虑到这一点,他只是为可能丧失这个彻底消灭德国人的最后机会而感到焦虑。他就像帽贝[2]一样,紧紧抱住他的单向推进计划不放,因为他确信艾森豪威尔也一定意识到了,进行最后一击的时刻已经到来。

在瑟堡半岛西部的格朗维尔(Granville),盟军最高统帅在别墅的卧室里读了蒙哥马利发来的那份编号为 M-160 的电报,既感到愤怒又觉得难以置信。55 岁的艾森豪威尔认为,蒙哥马利的建议是"不现实"且"异想天开"的,为了单向推进的计划蒙哥马利连续 3 次把他纠缠得火冒三丈。艾森豪威尔本以为 8 月 23 日自己已经一劳永逸地解决了这个关乎战略的冲突,但现在蒙哥马利不仅再次

---

[1] 第一代威灵顿公爵阿瑟·韦尔斯利(Arthur Wellesley, 1st Duke of Wellington, 1769—1852),英国陆军元帅,以在滑铁卢战役中联同布吕歇尔击败拿破仑而闻名,后来曾两次担任英国首相,自 1827 年起终身担任英国陆军总司令。
[2] 帽贝(limpet),一种海洋贝类动物,体扁平,多附着在海边岩石上。

鼓吹他的理论，甚至还提出要一路冲到柏林去。平时艾森豪威尔总显得冷静且很好相处，现在却发了脾气。"除了蒙哥马利以外，没有一个人会认为这是可行的！"他朝着参谋们大发雷霆道。在艾森豪威尔看来，眼下最重要的事情就是开放海峡的各个港口，尤其是安特卫普港。这一点为什么蒙哥马利就不能理解呢？最高统帅太清楚那些诱人的机会了，但正如他对盟军最高副统帅、英国皇家空军上将阿瑟·威廉·特德（Arthur William Tedder）爵士以及盟军最高统帅部副参谋长弗雷德里克·埃奇沃思·摩根（Frederick Edgworth Morgan）中将所说，蒙哥马利"侈谈率领一支军队进军柏林，而这支军队还得从海滩上获取绝大部分补给物资，真是异想天开"。

蒙哥马利发来的这份电报就时机而言糟得不能再糟了。最高统帅由于右膝受伤打了石膏，此刻正撑坐在床上，蒙哥马利对此却一无所知。不过，艾森豪威尔并非仅仅因为这份电报就心绪不宁。4天前的9月1日，他把盟军最高统帅部的主要成员留在伦敦，自己来到欧洲大陆亲自指挥，并在格朗维尔附近的瑞卢维尔（Jullouville）设立了一个小型前进指挥部，但这还远远不够。由于各路大军运动推进惊人，艾森豪威尔滞留在距离前线超过640公里的地方——而且到目前为止，还没有开通电话或者电传设施，除了依靠无线电和原始的传令兵系统之外，他无法与战地指挥官们进行实时交流。除了这些战术上的不适外，他的身体也略有不适，那是他对主要指挥官们进行一次例行飞行视察之后受的伤。9月2日，他在巴黎西南厄尔（Eure）河左岸的沙特尔（Chartres）与美军高级将领们开会，回去的时候遭遇了暴风雨，由于能见度太低，艾森豪威尔的飞机未能在统帅部的简易机场上降落，而是在别墅附近的海滩上迫降——安全降落。不过，在尽力帮助飞行员把飞机拖离水边的时候，艾森豪威尔右膝严重扭伤。如此一来，这位最高统帅就在战争的关键时刻动弹不得了——他本想亲自指挥地面战斗，从而在战局剧变之时能做出迅速决断，但这一切在短期内都化为泡影了。

尽管蒙哥马利——或布莱德雷和巴顿——可能感到艾森豪威尔"完全不了解地面战斗的情况"，但除了距离前线较远以外，最高统帅不仅清晰地洞察着战斗，更牢牢把握着前线的态势。艾森豪威尔的参谋部由优秀的英美参谋军官组成，他们共同协作，其对每日战场态势的认知比他的将领们意识到的要多得多。虽然他期望战地指挥官们能够体现出主动性和胆魄，但只有最高统帅和他的参谋们才能够纵观全局并做出相应的决定。说实话，在眼下的过渡阶段虽然艾森豪威尔正在亲自指挥，但似乎又缺乏一个明确的方向，而在某种程度上这又是由于最高统帅这个职务的复杂性所致。联合指挥绝非易事，艾森豪威尔维持着一种微妙的平衡，并且不折不扣地执行着英美联合参谋长委员会（The Combined Chiefs of Staff）的计划，才使得整个系统保持着运转。为了盟国间和睦相处，艾森豪威尔可以对战略进行调整，但不会把小心谨慎的习惯抛到九霄云外，正如最高统帅后来承认，他无意让蒙哥马利"像一把匕首似的孤军朝柏林进攻"[1]。

对蒙哥马利的言行，艾森豪威尔所做的不仅仅是容忍，还一再做出让步，这往往让那些美国将领感到愤慨。然而蒙哥马利似乎

---

[1] 为蒙哥马利说句公道话，必须指出，他本人从来没有使用过"像一把匕首似的孤军朝柏林进攻"一语。他的想法是把40个师一起投入朝柏林的进攻——这当然不是匕首似的挺进——但这话却被当成他说的了。在我看来，在以后举行的许多次战略会议上，这句话影响了他在盟国最高统帅部内（想要达成）的目的。——原注

"总是什么都想要，但他这辈子做任何事情都是慢慢腾腾的"[1]，艾森豪威尔说，他理解蒙哥马利的怪癖，比这个英国人自己更加理解。"听着，人们告诉过我他的童年，"艾森豪威尔回忆说，"当举行一场比赛，比赛的一方是伊顿公学和哈罗公学[2]，而另一方是一些不入流的学校时，有些加入团队的少年就会有点自惭形秽。这个人穷其一生都在试图证明他是个了不起的人物。"不管怎么说，这位英国陆军元帅的观点清楚地体现出了他的英国上司关于盟军应该如何作战的理念。

尽管是可以理解的，但蒙哥马利在提出这种观点时所表现出来的傲慢，却总让美军指挥官们感到不舒服。艾森豪威尔是最高统帅，又得到了联合参谋长委员会的充分授权，他首要关心的是把盟军团结在一起，迅速赢得战争。盟军最高统帅部的一些参谋，包括许多英国人在内，都认为蒙哥马利令人难以忍受，对他的看法如出一辙。尽管如此，除了在私下里同参谋长比德尔·史密斯议论之外，艾森豪威尔却从未公开评论过他。事实上，最高统帅对蒙哥马利的积怨比任何人所知道的都要深得多。艾森豪威尔觉得这位陆军元帅是

---

[1] 这是对本书作者说的话。在一次录音采访中，艾森豪威尔总统几乎为我再现了他在与蒙哥马利进行激烈争论时的情感。我告诉他我已经采访了这位陆军元帅的时候，艾森豪威尔打断我的话，说道："你不用告诉他我对你说了些什么——他说我对战争一无所知——对吧？注意，我所感兴趣的只是把这件事情真实而又合乎逻辑地记下来，因为任何一位历史学家都必须做出推断……就我个人来说，我是不会去看重将军时的记忆，包括我的记忆。因为记忆是一件不太可靠的事情……该死的，我不知道你在英国听到了什么，但英国人却从来也不了解美国的指挥体系……那个该死的事情（二战）结束以后……我从未听见英国人唱过什么该死的赞歌。而且你现在也不会听到，尤其是不会听到像蒙哥马利这样的人唱赞歌……他的同事们——他们说的关于他的话，我做梦也不想重复……即使他作为世界上最伟大的军人而名垂青史，我也不会在乎。他并不是世界上最伟大的军人，但如果他就那样名垂青史的话，对我来说也没有什么……他人身攻击得非常厉害，认为美国人，尤其是我与这场战争没有很大关系，我最终干脆不再与他交流……我正好毫无兴趣与一个恰恰不能说实话的人进行交流。"本书作者敦促读者记住，在战争期间，艾森豪威尔这位最高统帅从未公开谈论过蒙哥马利元帅，他在这里所表达出来的见解是首次披露。——原注
[2] 伊顿公学和哈罗公学都是英国著名的贵族学校。

"一个精神病患者……完全以自我为中心",自以为他所做的每件事情"都是完美的……一生中从未犯过错误"。现在艾森豪威尔并不打算让他犯下一个错误。"拆掉在瑟堡的美国人这堵东墙,"他告诉特德,"肯定补不上要赶往柏林的英国人这堵西墙。"

话虽如此,但与英国人最喜爱的将领之间越来越大的分歧,仍然让艾森豪威尔深感不安。最高统帅决定,在之后的几天内与蒙哥马利会晤,力图澄清他所认为的误解。他将再次尝试详细地解释自己的战略,希望能与蒙哥马利达成共识,无论这个共识会有多么勉强。会晤之前的这段时间里,他对一件事情做了明确表态,那就是毫不犹豫地拒绝了蒙哥马利的单向推进计划以及进军柏林的申请。9月5日晚,他在给蒙哥马利的密电中说道:"虽然我同意你提出的关于向柏林全力突击的构想,但我并不认为现在就应该开始,更无法苟同为此要摒弃其他所有的作战行动。"最高统帅认为,"西线的德军主力正遭受毁灭性打击",应该乘胜"迅速突破齐格弗里德防线,在宽大正面上渡过莱茵河,然后攻下萨尔和鲁尔地区。我打算尽快付诸行动"。艾森豪威尔认为,这些步骤将"夺取德国的主要工业区,并在很大程度上摧毁其进行战争的大部分潜力"。艾森豪威尔表示开放勒阿弗尔(Le Havre)港和安特卫普港是绝对有必要的,只有这样做才能让随后深入德国的"强力突击"顺利进行。但是眼下,艾森豪威尔强调,"不论怎样分配我们目前的物资给养,都无法支持挺进柏林"。

36个小时后,蒙哥马利才收到了艾森豪威尔的决定,而且只收到了电报的后半部分。后面的两节电文蒙哥马利是在9月7日上午9点收到的,开头的两节电文直到9月9日上午10点15分才收到,那时又过了48个小时了。蒙哥马利认为,艾森豪威尔的电报再次证实,最高统帅"脱离战斗太远了"。

蒙哥马利收到的电报的第一节(整篇电文的第三节)就足以清晰地表明,艾森豪威尔拒绝了他的计划,因为该片段中有这么一句话:"不论怎样分配我们目前的物资给养,都无法支持挺进柏林。"蒙哥马利立即发出一封电报,表示强烈反对。

随着追击速度的放缓,蒙哥马利最担心的事情正在变成现实:德国人的抵抗正变得日益顽强。蒙哥马利的电报特别强调了补给短缺,在电报中他声称只得到了自己所要求的一半,因而"不能长此以往"。他拒绝将注意力从直取柏林的计划上转移开,而对于艾森豪威尔有关"开放安特卫普港的极端必要性"的关切,他甚至连提都没提,反而强调说:"一旦我可以启用加来海峡的港口,我要求增加2 500辆3吨卡车,外加平均每天约1 000吨最低限度的空运物资,以便让我进军鲁尔区,并最终攻克柏林。"由于这些内容全都"非常难以说清楚",陆军元帅"不知道能否"请艾森豪威尔移驾前来一谈。他坚信不疑地认为最高统帅的决定是一个严重错误,并确信自己的计划能够奏效,拒不承认艾森豪威尔的否决是决定性的,但他又无意飞往瑞卢维尔试图去让艾森豪威尔改变态度。尽管他充分意识到,让对方采纳提议的唯一希望,就是与最高统帅面对面会晤,可这样的外交手腕不符合他的作风。蒙哥马利既愤慨又激动,等待着艾森豪威尔的回复。当伯恩哈德亲王来到指挥部向他表示敬意的时候,发现这位英国陆军元帅几乎在隐居,不但焦躁而且易怒。

伯恩哈德在一小群参谋人员的陪同下,在6日晚间抵达了法国,他们还带来了3辆吉普车、亲王的锡利哈姆犬[1]马丁,以及一只装满

---

[1] 锡利哈姆犬(Sealyham terrier),英国威尔士的锡利哈姆庄园培育的小猎犬。

了荷兰地下抵抗组织报告的公文包。一行人分乘3架"达科他"运输机，在2架战斗机的护航下飞到了欧洲大陆，伯恩哈德还亲自驾驶着其中的一架飞机。他们从亚眠（Amiens）机场开车前往北面80公里外的杜埃（Douai），7日一早便动身前往布鲁塞尔。在位于拉肯的指挥部里，亲王受到了霍罗克斯将军的接待，后者把他介绍给蒙哥马利的参谋们，然后将他引领到陆军元帅面前。"他的心情很糟，显然不乐意见到我，"伯恩哈德回忆道，"他心事重重，而且可以理解的是，王室成员在他的地盘出现，是一种他难以轻易免除的责任。"

蒙哥马利以这次战争中最伟大的英国军人而闻名于世，用伯恩哈德的话来说，这样的名气使他成了"几百万英国人心目中的偶像"。33岁的亲王对蒙哥马利心怀敬畏。与艾森豪威尔的无拘无束、近乎轻松随意的态度不同，蒙哥马利的举止让伯恩哈德难以轻松地与他交谈。从一开始，蒙哥马利就言辞刻薄且口无遮拦，他向伯恩哈德清楚地表明，后者在他的地盘上出现令他"担忧"。他既不婉言圆通，也不解释，就这么直言不讳地告诉亲王，要访问那支荷兰部队——隶属于英军第2集团军的伊雷妮（Irene）公主旅驻扎在迪斯特（Diest）附近的旅部是不明智的，那儿离前线还不到16公里。作为荷兰武装部队总司令的伯恩哈德迫切地想访问迪斯特，遭到拒绝后并没有立即对此做出回答，相反，他开始讨论荷兰抵抗力量的报告。蒙哥马利无视他的讨论，又把话题扯了回去。他告诉亲王："您不能住在迪斯特，我不会批准的。"伯恩哈德被惹恼了，他不得不指出，他是"直接在艾森豪威尔的领导下供职，而不是在陆军元帅的指挥之下"。这样一来，根据伯恩哈德对这次会晤的记忆，从一开始"无论对错与否，我们就搞砸了"。（事实上，后来艾森豪威尔支持蒙哥马利有关迪斯特的做法，不过他也确实说过，伯恩哈德可以待在"靠近第21集团军群指挥部的布鲁塞尔，那里可能需要您"。[1]

伯恩哈德继续回顾地下抵抗组织的报告中所反映的荷兰形势，蒙哥马利被告知德国人从9月2日就开始撤退，而且部队瓦解了，亲王还跟他提了抵抗组织的构成。伯恩哈德表示，据他所知这些报告是准确的。但这位亲王后来却回忆道，蒙哥马利对他的报告进行了针锋相对的反驳："我不认为您的抵抗组织人员对我们会有多大用处，因此我认为这一切完全没有必要。"陆军元帅的率直令伯恩哈德着实大吃一惊，他"开始意识到，蒙哥马利显然不相信我在荷兰的特工人员提供的任何情报。从某种意义上而言，我几乎无法责怪他，我估计他在进军过程中从法国和比利时的抵抗力量那里得到的错误情报，让他已经有点腻烦了。但是，在眼前的这件事情上，我了解牵涉其中的荷兰抵抗组织，了解那些抵抗组织的负责人，而且我知道这些情报确实是正确的"，因而他坚持自己的看法。伯恩哈德让陆军元帅看电报文档，引用了一份又一份报告中的话，并提出了一个问题："有鉴于此，您为什么不立即发动进攻呢？"

"我们不能就靠这些报告。"蒙哥马利告诉他，"恰恰由于荷兰抵抗组织声称德国人从9月2日就开始撤退，但这并不意味着他们仍然在撤退。"伯恩哈德不得不承认，（德军的）撤退速度"正在放缓"，而且还有"重组的迹象"，不过在他看来，仍然有充分理由立即发动进攻。

蒙哥马利不为所动。"无论如何，"他说道，"尽管我非常想发动进攻解放荷兰，但由于补给短缺的问题，我无法这么做。我们缺

---

1 见波格的《最高统帅部》，第280页。——原注

少弹药，坦克缺乏燃料，如果我们真发动进攻的话，那些坦克就可能会陷入困境。"伯恩哈德深感震惊，他从英国的盟军最高统帅部以及他自己的顾问那里得到的情报都让他确信，荷兰的解放也就是几天内的事情。"自然，我想当然地认为蒙哥马利作为战地指挥官，对形势的了解肯定强过其他任何人，"伯恩哈德后来说道，"然而我们绝对了解德国人的每一个细微之处——部队兵力、坦克和装甲车数量、高射炮阵地——而且我知道，除了在最前沿阵地的抵抗之外，后方并没有什么兵力。我忧心忡忡，因为我知道德国人的力量与日俱增，我无法说服蒙哥马利。实际上，我所说的每一句话似乎都无关紧要。"

然后蒙哥马利非同寻常地披露："我和您一样都急切地想要解放荷兰，但我们打算采用另一种甚至是更好的方式来解放荷兰。"他顿了顿，想了一会儿，然后近乎勉强地说道："我正计划在我的部队前方进行一次空降行动。"伯恩哈德大吃一惊，脑海里立即产生了若干个问题。计划在哪个地区空降？空降行动将在何时进行？目前的进展如何？然而他却忍住了没有提问。因为蒙哥马利的态度表明，他不会再透露什么内容了。行动明显处在计划阶段，亲王得出的印象是，只有陆军元帅和他的几个参谋知道这项计划。虽然没有被告知更多细节，现在伯恩哈德却心怀期冀，尽管蒙哥马利原先谈到补给欠缺，但荷兰的解放仍然就在眼前。他必须有耐心，必须等待。蒙哥马利的名望是令人敬畏的，伯恩哈德既信任他的名望，也信任这个人本身。亲王又重燃希望，因为"不论蒙哥马利做什么，他都会做好的"。

艾森豪威尔还是同意了蒙哥马利的要求，定于星期日也就是9月10日会晤。他并不特别期待与蒙哥马利会谈，也对这位陆军元帅发表的不靠谱言论不抱期望，但他有兴趣了解蒙哥马利在作战行动方面的进展。然而最高统帅必须对空降计划予以全盘批准，他已经批准蒙哥马利对盟军第1空降集团军行使战术指挥权，允许他制订一份涉及该部队的可行计划。他知道，起码从4日开始，蒙哥马利就一直在悄悄探讨通过一次空降行动在莱茵河上夺取桥头堡的可能性。

盟军第1空降集团军成立于6个星期以前，集团军指挥官是美国人刘易斯·海德·布里尔顿（Lewis Hyde Brereton）中将，从那时起艾森豪威尔就一直在寻找能够使用这支部队的目标以及合适的机会。为此他一再催促布里尔顿和集团军的各位指挥官制订大胆且富有想象力的空降计划，要求在敌军战线背后的腹地实施大规模空降突击。各种各样的任务被提出并接受，但所有的任务又都被取消了，几乎每次都是因为进军神速的地面部队已经拿下了原计划由空降兵夺取的目标。

蒙哥马利原先的提议是让布里尔顿的空降部队在韦瑟尔（Wesel）以西夺取一座桥梁，该地刚刚越过荷—德边境线，不过当地密集的防空火力迫使陆军元帅改变了主意。接下来他选中了更西侧的荷兰境内的一处地方：位于阿纳姆的下莱茵河大桥——那里距离德军前线超过120公里。

到9月7日，这个被称为"彗星"行动的计划已经准备就绪；随后恶劣的天气加上蒙哥马利对部队遇到德军抵抗不断增强的关切，行动又被迫推迟。本来在6日或7日可能获得成功的行动，到10日的时候似乎又有风险了。艾森豪威尔也有些担心，他感到此时发动一次空降突击将意味着延误安特卫普港的开放，但最高统帅仍然对空降行动的可能性神往不已。

在这些流产的行动当中，有一些几乎是在最后时刻才被取消的，这给艾森豪威尔制造了一个大难题。每当任务即将开始的时候，那些向前线空运燃料的部队运输机就得在地面停飞待命。损失宝贵的空运补给吨位令布莱德雷和巴顿大为光火，他们宣称在持续追击的过程中，空运汽油远比执行空降任务更为重要。来自华盛顿的敦促迫使艾森豪威尔急于使用空降部队——不论是马歇尔上将，还是美国陆军航空兵司令亨利·哈利·阿诺德（Henry Harley Arnold）上将，都想看看布里尔顿新组建的盟军空降集团军能够发挥出什么作用——因而艾森豪威尔不想让训练有素的空降师无所事事，相反，他坚持一有机会就投入空降师。实际上，在追击速度逐渐减缓的时刻，把部队空投到莱茵河的对岸可能就是一种不错的方式。但在9月10日上午，当他飞往布鲁塞尔的时候，思绪中最为关切的问题的还是开放安特卫普这座至关重要的港口，其余的事情全都位居其次。

蒙哥马利可不会这么想，急不可耐的他正在布鲁塞尔机场等待艾森豪威尔的飞机着陆。针对这次会晤，蒙哥马利以其个性鲜明的精确性将自己的论据进行了提炼加工。他已经与英军第2集团军的迈尔斯·邓普西中将，以及盟军第1空降集团军副司令、英军第1空降军军长弗雷德里克·阿瑟·蒙塔古·布朗宁（Frederick Arthur Montague Browning）中将交谈过，后者正在一边静候此次会晤的结果。邓普西担心他的部队当面的德军的抵抗愈发增强，而且情报部门的报告让他意识到新的敌军部队正在赶来，于是请求蒙哥马利放弃空降突击阿纳姆大桥的计划，相反他提议集中兵力夺取位于韦瑟尔的莱茵河大桥。邓普西断言，即使有空降部队配合行动，英军第2集团军可能也不足以单枪匹马冲到阿纳姆。他认为，最好与美军第1集团军同时朝东北方向的韦瑟尔进军。

无论如何，攻入荷兰境内现在都已经刻不容缓。英国陆军部告知蒙哥马利，德国人的第一种弹道导弹——V-2已经于9月8日落在了伦敦，据信它们的发射地点就在荷兰西部某地[1]。不管是在收到这条消息之前还是之后，反正蒙哥马利很快就改主意了。按照原先的设想，"彗星"行动只使用一个半师的兵力——英军第1空降师和波兰第1独立伞兵旅。他认为，那支部队力量太弱难以奏效，结果"彗星"行动取消了，提出了另一个更为雄心勃勃的空降行动计划。到目前为止，只有陆军元帅麾下的几名高级军官听说过此事，而且由于担心布莱德雷会对艾森豪威尔产生影响，他们煞费苦心，确保不让在英军指挥部里的美军联络官察觉到计划的蛛丝马迹。此时，布朗宁中将以及英格兰的盟军第1空降集团军指挥部也像艾森豪威尔一样，对蒙哥马利的新空降计划一无所知。

由于膝部受伤，艾森豪威尔无法下飞机，会谈就在飞机上进行。和8月23日一样，蒙哥马利决定了出席会议的人选。最高统帅带来了他的副手、英国空军上将阿瑟·特德爵士，还有主管行政的副参谋长、英军中将汉弗莱·米德尔顿·盖尔（Humfrey Myddelton Gale）爵士。蒙哥马利傲慢无礼地让艾森豪威尔把盖尔排除在会谈之外，同时又坚持让他本人的行政和补给主管迈尔斯·阿瑟·格雷厄姆（Miles William Arthur Peel Graham）少将[2]留下。要是换成一位不那么好说话的上司，对蒙哥马利的这种态度很可能提出反对意见，但艾森豪威尔还是耐着性子迁就了他的要求。于是盖尔中将回避了。

蒙哥马利立即开始抨击最高统帅的"宽大正面战略"，他不断地提到艾森豪威尔上星期发来的一叠电文，强调最高统帅的前后矛盾之处，也就是说没有清楚地界定"优先"的含义。他认为自己的

---

1 据蒙哥马利回忆录记载是在鹿特丹或者阿姆斯特丹附近。
2 此处原文有误，写的是中将，但格雷厄姆的最终军衔只是少将。

第 21 集团军群并没有得到艾森豪威尔所许诺的补给上的"优先",而巴顿向萨尔河的突击却被允许以蒙哥马利的军队停驻为代价进行下去。艾森豪威尔平静地回答说,他从来也没有为给蒙哥马利"绝对优先权"而把别人全都排除在外的意思。蒙哥马利重申,艾森豪威尔的战略是错误的,将会带来"极其严重的后果",只要这两个"忽动忽停而又不连贯的推进继续下去",在他本人与巴顿之间分配补给,那么"谁也不能取得成功"。蒙哥马利说,艾森豪威尔必须在他和巴顿之间做出选择。他的语言是如此激烈放肆,以至于艾森豪威尔突然伸出手来拍着蒙哥马利的膝盖告诉他:"冷静一下,蒙蒂!你不能用这种口气同我讲话,我是你的上司。"蒙哥马利的愤怒消失了。"对不起,艾克!"他小声说道。[1]

这个非比寻常但似乎又态度真诚的道歉并没有为事情画上句号,蒙哥马利继续顽固地为他的"单项推进"据理力争,只是语气不那么尖刻了。艾森豪威尔全神贯注地倾听着,对那些论点表示赞同,但他自己的观点却毫不动摇,在宽大正面上的推进将继续下去。他将这样做的原因清楚地告诉了蒙哥马利。据艾森豪威尔后来回忆[2],他当时说道:"你的提议是这样——你以为让我把你想要的补给物资全都给你,你就能直捣柏林——一路打到柏林吗?蒙蒂,你疯了。你做不到的。该死!如果你想以狭长的纵队孤军深入,你就得被迫投入一个又一个师来保护你的侧翼免受攻击。你拿下了莱茵河上的一座桥梁又能怎样?你不能长时间指望通过那一座桥来为你

---

[1] 在蒙哥马利的回忆录中,提到这次会议的时候说,"我们谈得很好"。但他又确实说明,在进行战略争论的这些日子里,"可能我在敦促他接受我的计划的时候,走得稍微远了一些,而又没有充分考虑到他所承担的沉重的政治负担……在回顾所有这一切的时候,我经常纳闷,我是否是在充分理会了艾森豪威尔的看法之后再批驳他的看法。我认为我是这样做的……不管怎么说,我一直惊叹于他的耐性和宽容"。——原注
[2] 接下来的引文是艾森豪威尔对本书作者说的原话。——原注

的突击提供补给。蒙蒂，你做不到的。"

按照艾森豪威尔的说法，蒙哥马利当时回答道："我将妥当地给他们提供补给，只要你把我所需要的东西给我，我就能抵达柏林并结束这场战争。"

艾森豪威尔坚定地拒绝了。他强调说必须先开放安特卫普港，然后才能考虑攻入德国。蒙哥马利这时打出了他的王牌：事态的最新发展——攻击伦敦的火箭弹来自荷兰某地——使得立即进军荷兰成为必要，他完全明白这种攻势应该怎样开始。蒙哥马利提议，为了攻进德国，应该使用几乎整个盟军第1空降集团军，进行一次令人震惊的大规模进攻。

他的计划是"彗星"行动的放大版。蒙哥马利现在想使用3个半师——美军第82空降师和第101空降师、英军第1空降师以及波兰第1独立伞兵旅，由这些空降部队先于他的地面部队在荷兰夺取一系列桥梁，其主要目标是阿纳姆的下莱茵河大桥。蒙哥马利预计德国人会以为他将走最近的路线，朝东北方向进攻，直扑莱茵河和鲁尔区，因而他特意选择了一条北面的"后门"路线杀向帝国。空降兵的突然袭击将会为英军第2集团军的坦克部队打开一条"走廊"，坦克将全速通过被占领的桥梁直奔阿纳姆，渡过莱茵河。一旦完成这一切，蒙哥马利就能转而东进，从侧翼包抄齐格弗里德防线，冲进鲁尔地区。

这话一下子就激发了艾森豪威尔的好奇心，并让他产生了共鸣。这是一个大胆而又富有想象力的计划，恰好就属于那种他一直在为长期闲置的空降师寻找的大规模攻势。不过，最高统帅现在却身处两难境地：如果他同意发动这次进攻，那么安特卫普港的开放就得暂时拖延，给巴顿的补给也得转给他人。然而，蒙哥马利的提议能够给奄奄一息的推进带来活力，也许能够激励部队继续追击，渡过莱茵河并进入鲁尔地区。艾森豪威尔被这个计划的大胆之处吸引住了，不仅予以批准，还坚持一旦可能行动就付诸实施[1]。

然而最高统帅又强调说，这是一次"有限进攻"。他向蒙哥马利强调，他认为此次空降部队与地面部队的联合行动"只不过是向莱茵河和鲁尔区北进的延伸"。根据艾森豪威尔对这次交谈的记忆，他对蒙哥马利说："我告诉你我要做什么，蒙蒂。为了让你渡过莱茵河，你要什么我就给你什么，因为我想要一个桥头堡……不过我们得先渡过莱茵河，然后才能谈别的事情。"蒙哥马利继续争辩，但艾森豪威尔就是不为所动。垂头丧气的蒙哥马利不得不接受这个所谓的"折中办法"，会议就这样结束了。

艾森豪威尔离开之后，蒙哥马利便在一张地图上为布朗宁中将概述了这个行动。举止得体的布朗宁是英军中鼓吹空降作战的先驱者之一，他注意到此次行动要求伞兵和机降部队夺取一系列桥梁——其中包括横跨马斯河、瓦尔河和下莱茵河这几条大河的5座桥梁——位于荷兰边境与阿纳姆之间，跨度达103公里。除此之外，他们还要负责保持这条"走廊"的畅通——在大多数地方只有一条公路通向北方——而英军装甲部队将在这条"走廊"上长驱直入。装甲部队的长途奔袭要想获得成功，那些桥梁就得全部完好无损地夺下来。危险性显而易见，但空降部队长期接受的训练恰恰就是进行这种突然袭击。尽管如此，布朗宁还是心中不安，他指着最北边的阿纳姆的下莱茵河大桥问道："装甲部队到我们这里需要多少时

---

1 按照斯蒂芬·E. 安布罗斯（Stephen E. Ambrose）在其《盟军最高统帅》一书中的说法，艾森豪威尔告诉安布罗斯道："我不仅批准了……我还坚决要求实施。我们需要的是莱茵河上的桥头堡，如果这一点能够完成的话，我就非常愿意为其他任何军事行动提供后勤保障……"见该书第518页的脚注。——原注

间?"蒙哥马利轻快地回答道:"2 天。"布朗宁仍然专心致志地看着地图,说道:"我们能够坚守 4 天。"随后他又说道:"不过,长官,我认为我们可能要前往一座过于遥远的桥了。"

蒙哥马利下令,那个尚处于萌芽中的概念(此后它将拥有"市场-花园"的行动代号——"市场"指的是空降突击,"花园"代表的是装甲部队的地面突击)要以最快的速度成形完善。他告诉布朗宁,他坚持进攻必须在几天之内发动,否则就错失良机了。蒙哥马利问布朗宁:"需要多久才能准备就绪?"此时此刻布朗宁只能硬着头皮说:"行动预期最早于 15 日或者 16 日开始。"[1]

布朗宁承受着数天内为这样一个艰巨的任务做好准备的重压,立即带着蒙哥马利的计划大纲飞回英国。布朗宁的穆尔公园高尔夫球场基地位于伦敦郊外的里克曼斯沃思(Rickmansworth)附近,他一着陆便给 32 公里外的盟军第 1 空降集团军指挥部打电话,通知了集团军指挥官布里尔顿中将以及参谋长弗洛伊德·拉维纽斯·帕克斯(Floyd Lavinius Parks)准将。时间是下午 2 点 30 分,帕克斯注意到,布朗宁的电话令"'市场'这个词在指挥部里被首次提及"。

一脸懵懂的不只是空降集团军的指挥官们。最激烈的评论来自奥马尔·布莱德雷中将,蒙哥马利的大胆计划令他印象深刻而又大吃一惊。布莱德雷后来回忆说:"倘若这位虔诚的滴酒不沾的蒙哥马利喝得酩酊大醉、摇摇晃晃地走进盟军最高统帅部,我也不会更为惊讶了……尽管我从未接受此次冒险,但坦白地说,这是这场战争中最富有想象力的冒险之一。"[2]

---

1 见《第一次计划会议的会议记录》,盟军第 1 空降集团军作战档案,第 1014-1017 号。——原注
2 见奥马尔·N. 布莱德雷上将,《一个军人的故事》,第 416 页。布莱德雷还说:"我事先并没有介入这个计划。事实上,蒙哥马利先是制订了这个计划,又兜售给了艾克,过了几天,我才从在第 21 集团军群里的我们自己的联络官那里得知这个计划。"——原注

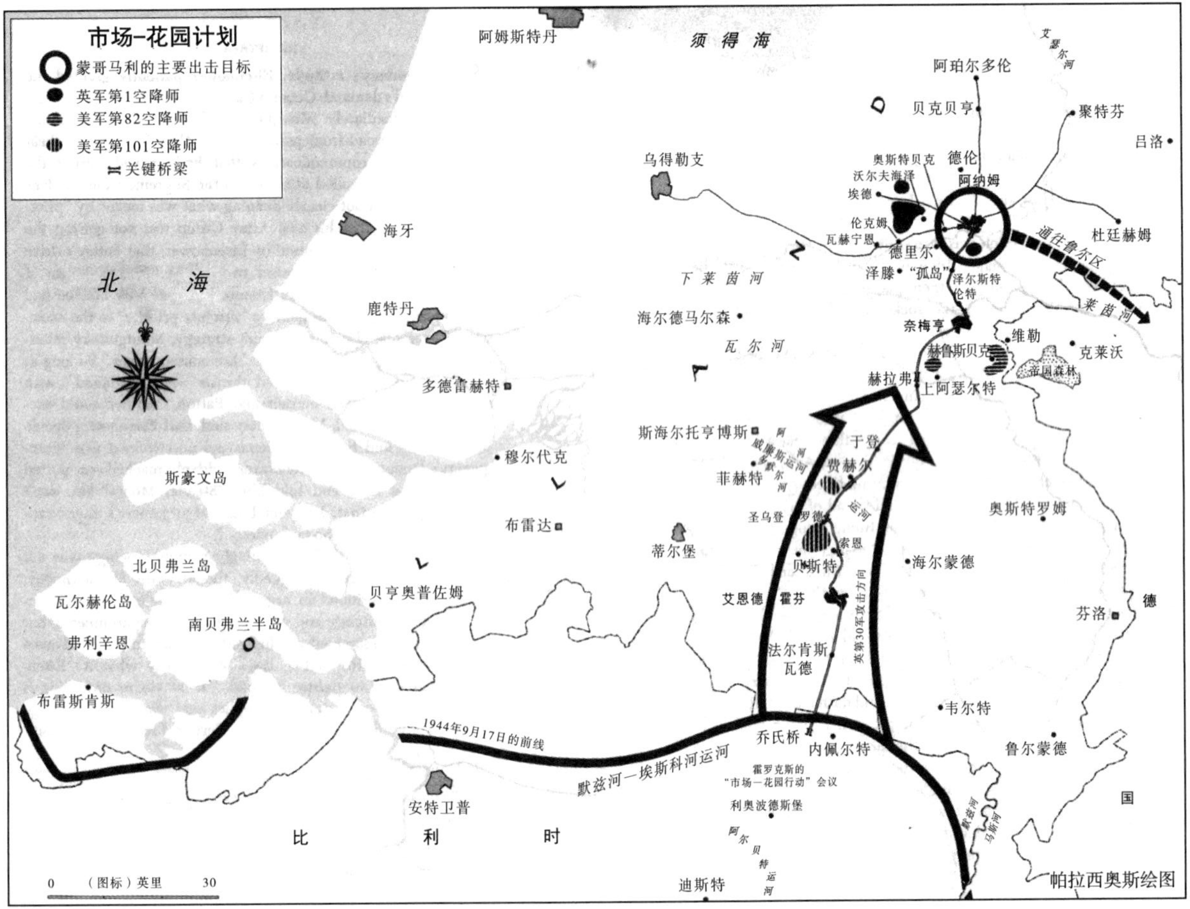

市场–花园计划
蒙哥马利的主要出击目标
英军第1空降师
美军第82空降师
美军第101空降师
关键桥梁
阿姆斯特丹
须得海
艾瑟尔河
阿珀尔多伦
贝克贝亨
聚特芬
吕洛
乌得勒支
奥斯特贝克
德伦
沃尔夫海泽
阿纳姆
埃德
伦克姆
瓦赫宁恩
德里尔
杜廷赫姆
通往鲁尔区
海牙
北海
下莱茵河
泽滕
"孤岛"
泽尔斯特伦特
莱茵河
鹿特丹
海尔德马尔森
奈梅亨
维勒
克莱沃
瓦尔河
赫鲁斯贝克
帝国森林
赫拉弗
上阿瑟尔特
多德雷赫特
斯海尔托亨博斯
威廉斯运河
于登
穆尔代克
费赫尔
斯豪文岛
菲赫特
奥斯特罗姆
圣乌登
罗德
布雷达
蒂尔堡
索恩
海尔蒙德
北贝弗兰岛
贝斯特
贝亨奥普佐姆
艾恩德
霍芬
德
芬洛
瓦尔赫伦岛
南贝弗兰半岛
英第30军攻击方向
弗利辛恩
法尔肯斯瓦德
布雷斯肯斯
韦尔特
1944年9月17日的前线
乔氏桥
内佩尔特
鲁尔蒙德
默兹河—埃斯科河运河
霍罗克斯的"市场—花园行动"会议
安特卫普
利奥波德斯堡
国
默兹河
马斯河
比
利
时
阿尔贝特运河
0 （图标）英里 30
迪斯特
帕拉西奥斯绘图

布莱德雷所言不虚，但蒙哥马利还是不满意。眼下他还在进一步督促盟军最高统帅，同时又恢复了其军事生涯中特有的那种谨慎和完美主义。蒙哥马利提醒艾森豪威尔，除非第 21 集团军群能够因为这场"被选中的攻势"获得额外的补给和运输工具，否则"市场-花园"计划无法在 9 月 23 日之前发动，甚至可能推迟到 9 月 26 日。布朗宁估计，到 15 日或者 16 日"市场"计划就可准备就绪了，但蒙哥马利关切的是地面作战部分的"花园"计划。他再次要求得到一直想要的东西：绝对的优先权，在他看来，这样才能确保行动成功。艾森豪威尔在 9 月 12 日的工作日志中写道："蒙蒂的提议是如此简单——'给他所有他想要的'。"艾森豪威尔担心，任何延误都可能危及"市场-花园"计划，所以也就依从了。他立即派参谋长比德尔·史密斯中将去见蒙哥马利。史密斯向陆军元帅保证，每天将给他 1 000 吨额外的补给物资，此外还向蒙哥马利许诺，巴顿向萨尔河的突击将会停止。陆军元帅喜出望外，正如他所言，这是一个"令人惊喜的"回应。蒙哥马利相信，他终于把最高统帅争取了过来，使他接受了自己的观点。

尽管蒙哥马利部队当面的德军抵抗已经强硬了起来，但他仍然认为，在荷兰的德军战线坚硬的外壳后面并没有多少力量。盟军的情报证实了他的估计。艾森豪威尔的统帅部报告说，德军在荷兰"几乎没有步兵预备队"，而且连那些为数甚少的预备队也被判定是"战力很弱的部队"。据说敌军"在长时间的匆忙撤退之后，仍然一片混乱……该地区虽然可能有数量众多的小股德军"，但他们几乎没有能力进行任何有组织的抵抗。蒙哥马利现在相信，他能够迅速突破德军的防御，此后他一旦渡过莱茵河朝鲁尔区推进，艾森豪威尔就没法阻止他进攻了。蒙哥马利分析，最高统帅不会有多少选择，只能让他继续朝柏林挺进——从而结束这场战争，按照蒙哥马利的说法就是"迅速而又顺理成章地"结束这场战争。蒙哥马利充满自信地把 9 月 17 日（星期日）定为"市场-花园"行动的 D 日（进攻发起日），他制订的这项绝妙的计划将会成为这场战争中规模最大的空降行动。

　　对于"市场-花园"行动，并非每个人都像蒙哥马利一样有把握，起码他手下的一名高级军官就有理由表示担忧。与陆军元帅不同，英军第 2 集团军指挥官迈尔斯·邓普西中将并没有对荷兰抵抗力量报告的真实性提出异议。他的情报参谋依据这些报告勾勒出了一幅画面，表明德军在艾恩德霍芬和阿纳姆之间的兵力在迅速增加，这里恰恰是计划中的空投地区。甚至还有一份荷兰人的报告说，"遭到重创的装甲部队已经被派往荷兰重整"，部队驻地据说也是"市场-花园"计划所涉及的地区。邓普西又把这个消息发给了布朗宁的英军第 1 空降军，但并没有得到蒙哥马利或参谋们的认可，这个令人不安的消息甚至没有被写入情报总结。实际上，在第 21 集团军群指挥部弥漫的乐观主义氛围中，这份报告完全被忽视了。

7

老元帅冯·伦德施泰特为了拯救冯·灿根上将被围困在加来海峡的第 15 集团军余部而进行的豪赌，正在得到回报。自 9 月 6 日以来，由 2 艘老掉牙的荷兰货船、几条莱茵河上的驳船以及一些小船和木筏匆匆组成的船队，一直在夜幕的掩护下往来于 4.8 公里宽的斯海尔德河河口两岸，把士兵、火炮、车辆甚至马匹运载过去。

尽管在瓦尔赫伦岛上有强大的岸炮掩护，使部队免遭来自海上的攻击，但令德国人感到吃惊的是盟军海军并没有试图干预。瓦尔特·波佩（Walter Poppe）中将[1]原以为运送自己损兵折将的第 59 步兵师的船队会"在水面上被炸飞"。在他看来，从布雷斯肯斯到弗利辛恩之间的 1 小时行程，"搭乘被黑暗完全笼罩的船只，毫无还手之力地暴露在险境之中，是最不愉快的经历"。德国人猜测，盟军完全低估了这场撤退的规模。当然了，盟军对此肯定还是知晓的。因为不论是冯·伦德施泰特，还是 B 集团军群指挥官瓦尔特·莫德尔元帅，由于极度渴望迅速得到增援，所以在昼间也尝试撤出部队，结果盟军战斗机群立即就对这些小船队进行了攻击。无论多么令人不快，隐身于黑暗之中还是要安全得多。

这段行程最危险的部分在斯海尔德河北岸。由于不断受到盟军

---

[1] 此处原文是少将，但波佩已于 1943 年 1 月 1 日晋升中将。

空袭的威胁，冯·灿根的部队只能沿一条从瓦尔赫伦岛向东穿过南贝弗兰半岛的主干道前行，然后缓缓进入荷兰大陆。这条转移路线的一段位于与大陆相接的狭窄地带上，距离安特卫普以及阿尔贝特运河上的英军战线只有几公里远。令人费解的是，英国人甚至都没有认真地尝试向北进攻，切断这道地峡的根部来触发陷阱，德军的转移路线仍然畅通。尽管不断遭到盟军空袭，但冯·灿根的第15集团军最终将抵达荷兰大陆——而且是在蒙哥马利"市场-花园"行动开始前的最关键时刻。

第15集团军与其说是被有计划地救了出来。还不如说是被运气救了出来。与此同时运气的对立面出现了：那就是命运，意想不到、无法预测的命运也无情介入了。在大约130公里外，威廉·比特里希副总指挥那精锐的久经沙场的党卫军第2装甲军抵达了阿纳姆附近的新驻地，即便这支装甲部队此前遭到了重创。按照莫德尔元帅9月4日发出的指示，比特里希逐渐把党卫军第9和第10装甲师从战斗中抽调出来，以便"重新装备和休整"。莫德尔选择了阿纳姆地区，这2个虽然减员但实力犹存的师在阿纳姆城北边、东边和南边成扇形展开。比特里希把党卫军第9装甲师安排在阿纳姆北边和东北的一个巨大的长方形防区内，在那里该师的大部分官兵和车辆处在高地上，很方便地隐蔽在林木茂密的国家公园里面。党卫军第10装甲师则在阿纳姆东北、东部和东南部的半圆型区域内扎营。这样一来，这2个师经过伪装之后都隐蔽在了附近的森林、村庄和城镇中——包括贝克贝亨（Beekbergen）、阿珀尔多伦、聚特芬、吕洛（Ruurlo）以及杜廷赫姆（Doetinchem）——都在可对阿纳姆进行打击的距离之内，有些部队距离阿纳姆城郊不到3公里。比特里希后来回忆说："莫德尔选择阿纳姆附近并没有特别的意思——无非是那里平静祥和，平安无事。"

这个偏僻、闭塞的地方对盟军具有战略价值的可能性显然被忽视了。9月11日上午，莫德尔的一个参谋小组被派遣出去，要为B集团军群指挥部寻找一个新驻地——就在阿纳姆。

35岁的古斯塔夫·泽德尔豪泽（Gustav Sedelhauser）中尉是莫德尔的行政副官，负责莫德尔指挥部的行政和运输事务。他后来回忆道："我们拜访了分别位于贝克贝亨和昌洛的党卫军第9和第10装甲师师部，以及比特里希将军位于杜廷赫姆的军部，然后又仔细检查了阿纳姆城。那里拥有我们所需要的一切——良好的道路网和极好的食宿条件。但直到我们开车向西，到远郊的奥斯特贝克地区时，才找到了我们正在寻找的东西。"在离阿纳姆市中心只有4公里的富裕小镇上有几家旅馆，其中包括雅致、雪白的哈尔滕施泰因（Hartenstein）旅馆。旅馆内有一片宽广的月牙形草坪，向后延伸到一个公园似的地方，有小鹿漫步其中；还有一家树木成荫、规模略小的双层旅馆，即塔费尔贝格（Tafelberg）旅馆，拥有玻璃走廊和护墙板的房间。泽德尔豪泽后来回忆，由于这些设施令人称羡，"住宿膳食尤甚"，所以一行人立即向参谋长汉斯·克雷布斯（Hans Krebs）步兵上将[1]推荐奥斯特贝克，说该地是"B集团军群指挥部的理想驻地"。莫德尔批准了这个决定，他让参谋部的一部分人员住在哈尔滕施泰因旅馆，而他本人则住在更为僻静、不那么奢华的塔费尔贝格旅馆。泽德尔豪泽中尉大喜过望，自他任职以来，指挥部从未在一个地方多待过几天，现在他"期望着能安静下来，有机会把衣服洗一洗"。莫德尔指示，到9月15日，B集团军群指挥部要在奥斯特贝克完全运转起来。这里距离那片广袤的荒地和牧场约4.8公里远，而英军第1空降师定于9月17日在该地空降。

---

1 此处原文是中将，但克雷布斯已经于1944年8月1日晋升步兵上将。

第 2 部

计划

Part Two

The Plan

1

9月10号日暮时分,就在布朗宁将军与蒙哥马利元帅的会谈结束数小时之后,刘易斯·布里尔顿中将召开了"市场"行动的第一次基本规划会议。他的指挥部位于森宁希尔(Sunninghill)公园,附近就是上流社会使用的阿斯科特赛马场,距离伦敦56公里。27名高级军官挤进了布里尔顿摆放着成排地图的大办公室里。布朗宁简要介绍了蒙哥马利的计划之后,布里尔顿告诉军官们,由于时间紧迫,"现在做出的重大决定将无可更改——而且这些决定还必须立即做出"。

这是一个历史性的任务,没有什么先例可循。以前从未有过这样的尝试——派出一支庞大的空降部队,连同车辆、火炮和装备,深入到敌军战线后方独立作战。与"市场"行动相比,以前的空降作战是小巫见大巫,即便如此,策划那些行动都要花费几个月的时间。现在,为了准备这次有史以来规模最大的伞降和机降步兵行动,布里尔顿和他的计划制订者们却只有7天的时间。

布里尔顿最关切的不是最后期限,而是这次行动有可能像以前的几次行动一样被撤销。长时间闲置的空降部队急切地想参加战斗,由此产生了严重的士气问题。他的几个训练有素的精锐空降师已经撤出战斗有几周时间了,与此同时,欧洲大陆上的地面部队却横扫法国和比利时。人们普遍感到胜利在望,战争可能在盟军第1空降集团军参战之前就结束了。

将军毫不怀疑他的参谋部有能力满足这个棘手的、为期一周的"市场"行动进度表。在制订以前的空降计划时曾经有过许多次"预演",因而他的指挥部和各师参谋班子的工作已经进入了迅捷高效的阶段。除此之外,在为"彗星"行动和其他被取消的行动所制订的计划中,有大量内容可以立即被"市场"行动采用。例如,在为流产的"彗星"行动做准备的时候,受命参加行动的英军第1空降师和波兰伞兵旅就曾对阿纳姆地区做过彻底研究。尽管如此,"市场"行动的主旨还是意味着要极大地扩充计划,而这一切都是要消耗时间的。

布里尔顿将军表面上平静自信,但参谋人员却注意到他一支接一支地抽着烟。他的桌子上有一段镶在相框内的语录,将军经常向他的参谋提及,上面写道:"一万名士兵从天而降,在还没有来得及造成极大损害之前,国君就能够把一支部队聚集起来,把他们击退,这样一位有能力用部队覆盖国土、保卫国家的国君在哪里呢?"[1] 这段话是本杰明·富兰克林在1784年写的。

布里尔顿被这位18世纪的政治家兼科学家的想象力迷住了。"甚至在160年以后,"他告诉参谋们,"这个理念还是一成不变的。"不过富兰克林若是活到现在,也会为"市场"行动的复杂性和庞大规模感到眼花缭乱。为了从空中袭击荷兰,布里尔顿计划空降大约35 000人,参战的伞兵和机降步兵几乎是进攻诺曼底时的两倍。

正如布里尔顿指出的那样,"雷霆般出其不意地夺取桥梁",然后为参加"花园"行动的英军地面部队坚守那道只有一条公路的

---

[1] 言外之意就是,大规模兵力的突然空降,是谁也无法抵挡的,因为你无法在国土之内处处、时时设防。

狭窄的进军"走廊"——从他们在荷兰—比利时边境附近的出发线一直到北面103公里外的阿纳姆。为了达到这个目的,将使用3个半空降师,其中两个是美军空降师。马克斯韦尔·达文波特·泰勒（Maxwell Davenport Taylor）少将的第101空降师,就在布赖恩·霍罗克斯中将的第30军坦克部队的前方,该师的任务是在艾恩德霍芬与费赫尔之间24公里长的路段上,夺取各条运河与河流上的桥梁。在他们北边,詹姆斯·莫里斯·加文（James Maurice Gavin）准将的经验丰富的第82空降师,将负责赫拉弗（Grave）和奈梅亨之间约16公里长的地段。他们要夺取马斯河和瓦尔河这两条大河上的桥梁,特别是要夺取位于奈梅亨的那座巨大的多孔大桥,算上引桥部分,该桥几乎有800米长。"市场-花园"行动最为重要的目标是阿纳姆及其横跨在365米宽的下莱茵河上的重要桥梁,算上水泥坡道,那座钢筋水泥筑成的三孔公路桥长约610米。夺取它的任务被安排给了英国人和波兰人——罗伯特·埃利奥特·"罗伊"·厄克特（Robert Elliott "Roy" Urquhart）少将的第1空降师,以及由他指挥的斯坦尼斯瓦夫·弗朗齐歇克·索萨博夫斯基（Stanislaw Franciszek Sosabowski）少将的波兰第1独立伞兵旅。距离参加"花园"行动的部队最远的阿纳姆就是这次行动的"奖品"。倘若没有莱茵河上的桥梁,那么蒙哥马利解放荷兰、包抄齐格弗里德防线、跃进到德国鲁尔工业区的大胆尝试就会失败。

要把大军运到480公里以外,就必须制订一个复杂精细的空降计划,要实施3项不同的军事行动：运输、护航和再补给。机群起飞需要至少24个机场,布里尔顿计划使用麾下所有可出动的滑翔机——由2 500多架滑翔机组成的庞大机群。除了运送吉普车和火炮这样的重装备之外,这些滑翔机还要运送那支35 000人的部队中的三分之一以上兵力，其余的兵力将通过伞降着陆。要检测所有的飞机，把载荷空间分配出来，把重装备和货物装载进去，还要准备好预备兵力。

滑翔机只是制订空降计划的问题之一。运送伞兵的飞机和牵引滑翔机的牵引飞机必须从为不断前进的地面部队提供补给品的正常任务中抽调出来，停飞后为"市场"行动随时待命。在进攻之前以及进攻期间，轰炸机中队的机组人员必须保持警惕，简要了解他们在"市场-花园"行动中的任务，来自英格兰各地的大批战斗机中队——1 500多架战斗机——要为空降部队护航。复杂精细的空运模式最为重要，要设计出英格兰与荷兰之间的航线，以避开敌人的猛烈防空炮火，以及同样危险的撞机事故。海空营救行动、再补给任务，甚至为欺骗敌人而在荷兰的其他地区进行的假伞兵空投也做好了计划。据估计，总共将有约5 000架各型飞机参加"市场"行动。要制订出计划并准备好规模如此庞大的机群，起码需要72小时。

在布里尔顿看来，这次会议最急迫的问题就是行动究竟应该在白天还是晚上进行。以前重大的空降行动都是在月光下进行的，但昏暗导致寻找空降区域时一片混乱，部队难以集结并产生了一系列不必要的伤亡。因而将军下令，这次宏大的空降突击将在光天化日下进行。这是一个前所未有的决定，在空降作战的历史上，这种规模的昼间空投还从未进行过。

除了希望避免混乱之外，布里尔顿还有其他理由。计划实施"市场"行动的那个星期是没有月光的，因而不可能进行大规模夜间空投。除此之外，布里尔顿之所以选择昼间进攻，还因为在这场战争中头一次出现了这样做的可行性，盟军战斗机在战场上空掌握着绝对优势的制空权，实际上德国空军连进行干扰都做不到。但德国人拥有夜间战斗机,在夜间空投的过程中,对于排成纵队缓慢飞行的运输机和滑翔机来说,那些夜间战斗机可能是灾难性的。德国的地面防空力量是另一个值得考虑的问题:在前往"市场"行动空投区域的航线图上布满了防空阵地,那些图是根据空中照相侦察以及轰炸机组乘员途经荷兰飞往德国时的经历绘制而成的,看上去令人生畏——特别是滑翔机,除了座舱之外并没有装甲保护,而C-47人员运输机和牵引飞机也没有自封油箱。尽管如此,布里尔顿还是认为,在突击之前和突击期间,敌人的防空阵地能够被轰炸机和战斗机的集中打击压制住。无论如何,大多数高射炮都是由雷达来引导的,因而其效率在夜晚和白天没有区别,不论什么时候,损失都是可以预料的。另外,昼间行动时,空降部队能够非常准确地在空降场空投,确保部队迅速集中到那条走廊,除非受到恶劣天气和大风干扰。"其优点,"布里尔顿对手下的指挥官们说道,"远远大于其风险。"

布里尔顿最后宣布,任命自己的副手——时年47岁的英军第1空降军军长,作风一丝不苟、绰号"男孩"的弗雷德里克·布朗宁中将负责指挥此次宏大的行动。尽管这会让马修·邦克·李奇微(Matthew Bunker Ridgway)少将[1]感到失望,但这是一个绝佳的选择,李奇微是这个空降集团军中的另一个军——第18空降军的军长。不过布朗宁曾经被推荐指挥那次流产的"彗星"行动,虽然是一次小规模行动,所投入的仅仅是英国和波兰的空降部队,但在概念上却与"市场-花园"行动类似。现在,根据蒙哥马利策划的扩充后的新计划,美国空降兵将首次接受英国空降部队指挥官的指挥。

---

[1] 此处原文是中将,李奇微当时的军衔仍是少将,他晋升中将要到1945年6月4日。

布朗宁向聚在一起的空降兵指挥官做了乐观的总结。他以那种绘声绘色的自信语言结束了自己的讲话，一直以来，这种自信让他在部下心目中树立了英雄般的形象。他的参谋长阿瑟·戈登·沃尔克（Arthur Gordon Walch）准将记得："布朗宁将军情绪高涨，为我们终于要出击而意兴盎然。他告诉我们，'目标就是要在地面上铺一块空降部队的"地毯"，让我们的地面部队从上面通过'。他相信，这一行动是决定战争进程的关键所在。"

布朗宁的热情是具有感染力的。这次大型会议结束以后，又连夜开了几次小型参谋会议。散会的时候，还没有几个军官意识到，在布里尔顿和布朗宁之间存在着一种深层次的摩擦。盟军第1空降集团军成立之初，英国人对布朗宁被任命为集团军指挥官抱有很高的期望，因为他既是英国的资深空降作战权威，又是运用伞兵的先驱之一。然而，由于这个新组建的集团军里，美国人在兵员和装备上占有优势，这个令人垂涎的职位就落到了美军中将布里尔顿的手中。

论军衔级别，布朗宁比布里尔顿早6个月晋升中将，尽管这个美国人是一名杰出的战术航空兵军官，但以前从未指挥过空降部队。除此之外，两个人在个性上的差异也很巨大。布里尔顿是参加过第一次世界大战的飞行员，并且在第二次世界大战中战功卓著，先是在远东和中东，后来又在英国担任美军第9航空队指挥官。但他坚韧不拔、意志坚定，不达目的誓不罢休的热情却为一种安静、冷漠的举止所掩盖。现在，布里尔顿将以美国职业军官特有的决心和碾压性的战术去执行这项令人生畏的任务。

布朗宁是英军掷弹兵禁卫团的军官出身，也是一位完美主义者，虽然以前他从未指挥过空降军，但同样决心证明空降兵的价值。

与布里尔顿形成对照的是,"男孩"布朗宁在某种程度上是一个极富魅力的人物。他举止优雅,服饰整洁得无可挑剔,浑身上下充满了一种潇洒自信的派头,但这往往被误解为傲慢——不仅美国人会这样误解,手下的部分指挥官也同样如此。虽然他性情不够稳定,有时过于急躁,但作为空降战术理论家在仰慕者中成了传奇。尽管如此,相比其他军官他还是缺乏实战经验,例如英军第6空降师师长理查德·纳尔逊·盖尔(Richard Nelson Gale)少将,经验丰富的美军指挥官加文准将和泰勒少将。而且布朗宁还需要证明,他同样拥有所有空降兵指挥官中最有经验的李奇微少将那样的管理天赋。

几天前发生的事件凸显了布里尔顿与布朗宁之间的差别。9月3日,布朗宁已经向布里尔顿申明,下达通知36小时后便试图发动一次空降突击是危险的。自诺曼底登陆以来,已有17次准备好的空降行动被取消了。布里尔顿上任不过33天便急于投入战斗,计划几乎以每周一个的速度被制订出来,却没有一个能进入实施阶段。布朗宁注意到空降计划的大批量制订,对其中的仓促和风险极其关切。"红雀Ⅰ号"行动是计划在比利时境内的英国军队前方进行空降,当这次行动于9月2日被取消的时候,布里尔顿又迅速在快速推进的军队前方找到了新的目标,提议用"红雀Ⅱ号"行动替代"红雀Ⅰ号"行动,并定于9月4日上午发动进攻。

对于这件事,布里尔顿后来回忆说:"布朗宁对'红雀Ⅱ号'行动感到非常不安,认为行动计划中严重缺乏情报、照片,尤其是地图,结果'男孩'声称无法向他的部队恰当地介绍情况。"布朗宁断言,空降行动"不应该试图搞临时通知"。布里尔顿对此原则上表示同意,不过他告诉自己的副手,"敌人的瓦解需要我们冒风险"。两个人意见不合的结果,就是最终布朗宁生硬地说他要提出书面抗议，几个小时后他的辞呈就递交了上来。由于"我们在观点上的尖锐分歧"，布朗宁在信中说，他再也无法"继续担任盟军第1空降集团军副司令了"。布里尔顿并没有被吓倒，立即开始考虑接替布朗宁的人选，他提醒李奇微要"做好接手的准备"。当"红雀Ⅱ号"行动被取消时，这个微妙的问题也一并得到了解决。第二天，布里尔顿说服布朗宁撤回他的辞呈。

现在，他们的分歧被搁置一旁，两个人都肩负着准备"市场"行动这个艰巨复杂的任务，不论布朗宁有什么保留意见，在任务面前都是次要的了。

在最初的会议上，有一个决定布里尔顿无法做出：构成那块"地毯"的空降部队究竟应该怎样被运送到目的地。在解决这个最大的问题之前，空降部队的指挥官们无法制订出具体计划。空降部队的机动性实际上取决于运送他们的飞机的机动性，除了滑翔机之外，布里尔顿没有属于自己的运输工具。为了达成完全的突然性，理想的计划要求参加"市场"行动的三个半师应该在当日的同一个小时内被运送到空降区域。然而，此次行动的庞大规模却排除了这种可能性，不论是飞机还是滑翔机数量都不足，因此飞机必须飞行多次，其他因素还迫使他们要采取不同的航线。每个师都有不同的作战要求，例如进攻伊始运送第101空降师的飞机运载的士兵必须多于装备，这样该师才能完成分派给他们的任务——在最初的几小时内与参加"花园"行动的地面部队会合。此外，泰勒将军的部下必须迅速与在他们北边走廊上的第82空降师会合。在那里，加文将军的部队不仅必须夺取马斯河和瓦尔河上不那么好抢的桥梁，还得坚守东南方的赫鲁斯贝克（Groesbeek）高地，那里的地形能俯瞰周边的乡村，因此不能让德国人占据。布置给加文的特殊任务也带来了特殊要求，由于在会合之前第 82 空降师的作战时间要长于第 101 空降师，因而加文所需要的就不仅仅是部队，还有火炮。

在更北边的地方，厄克特少将率领的英军第 1 空降师面临的问题也不一样。该师要坚守阿纳姆大桥直到解围为止，要是走运的话，德军的反应会很迟缓，如此一来在敌人的援兵上来之前，地面部队就能够与这些仅配备了轻武器的英军会师。不过，在霍罗克斯的坦克部队到达之前，厄克特的士兵必须独自坚持下去。厄克特不可能派部队到南边与加文会合，因为那样会分散他的兵力，也就是说，英军第 1 空降师在空降"地毯"的最远端必须比其他部队坚守更长的时间。这样一来厄克特麾下的兵力将是最多的，不但得到了波兰伞兵的加强，还要再加上第 52 苏格兰低地步兵师。一旦简易机场在阿纳姆地区选好位置并做好准备，第 52 苏格兰低地步兵师就将被空运过来。

11 日上午，在对可用的飞机进行了通宵忙乱的评估和分析之后，负责"市场"行动所有空运任务的美军第 9 部队运输机司令部司令保罗·兰登·威廉斯（Paul Langdon Williams）少将，把他的报告交给了布里尔顿。他在报告中说，滑翔机和运输机数量严重不足，即使全力以赴，在 D 日充其量也只能把布朗宁总兵力的一半空运进去。必不可少的物资，诸如火炮、吉普车和其他原定由滑翔机运送的重型装备，只有级别绝对优先的才能被包括进去。布里尔顿敦促航空兵指挥官们探讨在 D 日进行两次空运的可能性，结果发现这个建议是不现实的。"由于白昼缩短以及空运行动涉及的航程，单日进行多次空运的想法是行不通的。"威廉斯指出那太冒险了，将没有时间保养或者修理战损的飞机，而且几乎可以肯定"飞行员和机组人员的疲劳会造成伤亡"。

布里尔顿被飞机数量短缺和时间限制捆住了手脚，他做出了综合评价：需要一整天的时间拍摄荷兰桥梁和地形的航空侦察照片；必须用两天时间来准备各地区的地图并分发下去；必须将情报搜集起来进行分析；必须制订出详尽的作战计划。所有决定中最为关键之处在于布里尔顿被迫修改"市场"行动的计划，使之适用于现有的空运能力——他必须分批运送兵力，在三天的时间里把三个半师空运到他们的目的地去。风险是巨大的：德军增援部队到达"市场-花园"行动地区可能比任何人预料的都快，防空炮火可能会增强，而且天气恶劣的可能性一直存在，雾、大风、突如其来的风暴——在一年中的这个时候全都可能出现——都会导致灾难。

更糟糕的是，一旦到了地面，没有重炮或坦克支援的伞兵和机降步兵将会极其脆弱。由于霍罗克斯将军的第30军的坦克纵队使用的是一条狭窄的公路，除非布里尔顿的人夺取了那些桥梁，并让进军路线保持畅通，否则该军无法猛冲103公里到达阿纳姆或更远处。若非如此，就必须以最快的速度给空降部队解围。由于被隔绝在敌军战线后方很远的地方，补给又依赖空运，因而可以预料每过一天敌人的增援部队都会增加，被包围的空降兵充其量只能在他们的"空降场"里坚持几天。如果英军装甲部队的突进被挡住，或者推进得不够快，那么空降部队就不可避免地会被打垮和歼灭。

还有其他的事情可能出错。如果泰勒少将的"呼啸山鹰"没能夺取英军第2集团军坦克先遣队前方的桥梁，那么加文准将或厄克特少将麾下的部队能否夺取他们各自在奈梅亨和阿纳姆的目标就无关紧要了，因为他们的部队将陷于孤立。

还有一些典型的空降过程中存在的风险。各师可能在错误的地区跳伞或机降；桥梁可能在进攻刚开始的时候就被敌人摧毁；恶劣的天气可能导致飞机无法进行再补给；而且，即使所有的桥梁都被夺取了，那条走廊也可能在任何地点被切断。这些只不过是所有变数中的几个而已。计划者们在速度、大胆、精确性和突然性上下注——所有这一切全都源自一个地面和空降行动同时进行的精确计划，而这个计划又相应地把赌注押在德军的瓦解和兵力不足之上。"市场-花园"行动的每个环节都与下一个环节丝丝相扣，一着不慎，就有可能满盘皆输。

在布里尔顿看来，这样的风险必须接受，机会可能只此一次。此外，根据蒙哥马利的第21集团军群发来的敌军兵力的最新通报，空降集团军指挥部仍然觉得布里尔顿的部队将会遇到"五花八门的无组织之敌"。据估计，"在地面部队赶来为空降部队解围以前，能够集中起来的敌军机动兵力不会超过1个旅级战斗群（大约3 000人），而且坦克和火炮数量甚少"。预计"飞行和空投过程中将会危机四伏，完好无损地夺取目标桥梁与其说是一场艰苦的战斗，毋宁说是一件乘其不备浑水摸鱼的事情"。这里没有一件事情是计划者们不曾考虑到的，情报总结中最后的话几乎多余——"如果空降行动获得成功，地面部队的推进将会非常迅速"。

布朗宁中将的英军第1空降军军部里的乐观主义氛围令布赖恩·厄克特（Brian Urquhart，他与英军第1空降师师长罗伯特·厄克特少将毫无亲缘关系）少校深感不安。这位25岁的情报处长觉得自己几乎是参谋部里唯一对"市场-花园"行动持有某种怀疑的人。蒙哥马利的第21集团军群指挥部基本上每天都会发来对德军实力的乐观估计，厄克特对此并不苟同。9月12日，星期二上午，距离D日只有5天时间了，这时他对"市场-花园"行动的疑虑已经接近惊恐。

他的感觉源自邓普西将军的英军第2集团军指挥部发来的一份令人警惕的情报。邓普西的情报参谋引用了荷兰人的一份报告，警告说德军在"市场-花园"行动地区增强了兵力，并提及出现了"受到重创的装甲部队，据信将在荷兰休整"。诚然，这份情报是含糊不清的，邓普西部下的报告无法从其他途径进行确认，因此无论是蒙哥马利还是艾森豪威尔的指挥部，最新的情报总结都没有将其包括进去。厄克特无法理解这是为什么，他在军部一直都能从荷兰联络官那里收到类似令人不安的消息，他和邓普西的参谋们一样相信这些情报。厄克特少校结合自己的情报和从邓普西的指挥部收到的情报，认为有理由确信至少有两个德军装甲师所部正在阿纳姆地区的某个地方。由于证据不足，那些单位的番号无法确认，兵力状况也不得而知，而且他也说不清那些德军究竟是在那里重整，还是仅仅路过阿纳姆。然而，正如厄克特后来回忆时所说的，他"确实非常震惊"。

自"彗星"行动开始，直到其演变为"市场-花园"行动，厄克特少校的恐惧与日俱增。他对此次行动一再表达反对意见，并对"参谋部里任何一个愿意倾听的人"阐述他的异议。他"非常坦率地承认被'市场-花园'行动吓坏了，因为此次行动的命门似乎就在于德国人不会进行有效抵抗的臆断"。厄克特确信德国人正在迅速恢复元气，其荷兰境内的兵力和装备数量可能比任何人意识到的都要多。在他看来，整个计划的实质就是"依赖于这个令人难以置信的设想，即一旦各处桥梁被拿下，第30军的坦克就能在这条令人深恶痛绝的狭窄'走廊'里长驱直入——实际上这条'走廊'只不过是一条堤道，在上面根本无法机动——然后就能像新娘进入教堂一样进入德国。我压根儿就不相信德国人会滚过来投降"。

在计划会议上,"每个人都不顾一切地想要实施空降行动",对此厄克特少校越来越焦虑不安。当前的形势不断被人拿来与德国人在1918年的崩溃进行比较。厄克特记得布朗宁将军也许反映了蒙哥马利的观点,还有"其他几位英军指挥官的看法,他考虑要进行另一次大规模突破"。似乎忧心忡忡的情报官身边的每个人都认为,战争到冬天就会结束,"对阿纳姆的进攻可能是空降部队投入战斗的最后机会"。在提到"市场-花园"行动的时候,大家甚至用了一个轻松的比喻——"它被描述成一次'聚会'"——厄克特对此惊骇不已。布朗宁将军的声明尤其令他不安,前者说空降突击的目标是"在地面上铺一块空降部队的'地毯',让我们的地面部队从上面通过"。他认为,"这种单调的陈词滥调能产生这样的心理效果,让许多指挥官陷于被动和毫无想象力的精神状态。如此一来,对德国人抵抗的应对除了顽强勇敢之外就别无他法了"。他觉得指挥部里的气氛严重脱离现实,因而在一次计划会议上,他诘问道:"那张'地毯'到底是由活着的空降兵构成,还是死掉的空降兵构成呢?"

他后来说:"让他们面对现实的形势是绝对不可能的,那种要在战争结束前参加战斗的渴望彻底蒙蔽了他们的双眼。"但年轻的厄克特确信,邓普西将军的警告是准确的。他认为在阿纳姆附近的确存在德军装甲部队,但他需要获得更多的证据来核实这份报告。厄克特知道,附近牛津郡的本森(Benson)驻扎着一个装备可以从空中成45度角拍照的特殊相机的喷火战斗机中队,这个中队此时正沿着荷兰海岸搜寻导弹发射场。

9月12日下午,厄克特少校要求皇家空军对阿纳姆地区进行低空侦察。为避免被发现,敌人的坦克会隐蔽在森林里或伪装网的下面,很有可能躲过高空侦察照相。厄克特的要求被批准了:将在阿纳姆地区上空进行低空飞行,而且会尽快进行照片判读。如果有坦克在那里的话,那么这些照片就能向所有相关人员证明,厄克特少校的恐惧是有道理的。

空降师的指挥官们根本没有时间去核实情报机构的原始报告,他们依赖军部或盟军第1空降集团军指挥部进行最新评估。每个指挥官都明白,按照以往的经验,他们收到这些消息时已经是几天前的事情了。尽管如此,众人普遍认为宣称敌人还会进行有力抵抗的预测是没有依据的,如此一来,"市场-花园"行动所涉及的风险就被认为是可以接受的了。

一旦布里尔顿和布朗宁提出了计划纲要,确定了攻击目标和空运能力,每个指挥官就要立即制订出自己的作战计划。首先要考虑的是空投场和空降场的选择,老练的空降部队指挥官从以前的行动中得出结论,获得胜利的最好时机取决于进攻部队能够在离目标多近的地方空投。理想情况下,他们应该就落在目标上,或者通过快速冲锋就可抵达的距离内,如果要夺取桥梁的话就更应该如此。由于没有足够的运输车辆可用,因而这些地点的准确定位极其重要。

马克斯韦尔·泰勒少将非常清楚,必须选择效果最好的空投地点。在D日,虽然泰勒拥有"呼啸山鹰"师的空降兵主力,但他的工兵部队、炮兵和第101空降师的大多数运输工具却要在一两天后才能到达。泰勒研究了第101空降师将要在艾恩德霍芬和费赫尔之间坚守的"走廊"东南部分,注意到在那条24公里长的路段上,他的部队必须夺取两个主要的运河渡口,还有至少9座公路桥和铁路桥:在费赫尔,阿河和南威廉斯运河上有4座桥梁,一个重要的运河渡口;在南方8公里处的圣乌登罗德,必须拿掉下多默尔河上的1座桥梁；6.5公里外是第二个重要的运河渡口，就在索恩镇（Son，又译松镇）附近的威廉敏娜运河上；西边的小村贝斯特（Best）附近也有一座桥要控制住；再往南8公里的艾恩德霍芬，上多默尔河上的4座桥梁都得夺下来。

泰勒研究了艾恩德霍芬与费赫尔之间平坦的地形，以及该地密布的水道、堤岸、沟渠和林荫路，决定把主空降场定在目标地区的中央，就在离索恩只有2.4公里的一片树林边缘，大致在艾恩德霍芬与费赫尔中间。他打算让第502伞兵团和第506伞兵团在这里跳伞，前者奉命拿下圣乌登罗德和贝斯特的目标，后者负责夺取索恩和艾恩德霍芬的目标。第三个团，也就是第501伞兵团将在费赫尔北边和西边的两块地区跳伞，离那4座极其重要的桥梁只有几百米。对他的部下来说，在没有支援单位支持的情况下，在D日夺取它们是一项可怕的任务，但泰勒相信"要是走运的话，我们就能够成功"。

第82空降师的任务更加错综复杂。其16公里宽的作战区域要比第101空降师的战区更大。在"走廊"的中央地段，必须夺取赫拉弗的马斯河大桥——457米长的巨大的九孔桥，马斯河-瓦尔河运河上的4座较小的铁路和公路桥中，最起码要攻占一座。奈梅亨的瓦尔河大桥几乎就在这座拥有9万居民的城市中央，也是最重要的一个目标。除非奈梅亨东南3公里处的那座能俯瞰周边的赫鲁斯贝克高地能够坚守，否则这些桥没有一座可以说是"被夺取了"。而东边是沿着德国边境绵延的巨大森林带——帝国森林（Reichswald）——德国人可能在那里集结，准备发动进攻。当加文准将向指挥部中的军官们表明自己对他们的期望时，他的参谋长罗伯特·亨利·威内克（Robert Henry Wienecke）上校提出了异议，表示"要完成所有任务,我们需要两个师"。加文的回答言简意赅:"就这样,我们要用一个师来干。"

加文对第82空降师在西西里岛和意大利的作战记忆犹新,当时他的部队四散飘离,远离空投场达56公里(该师常说的一句笑话是"我们总是使用瞎子飞行员")。这回他决定让他的部下就近在目标上方空降。按照优先级顺序,他划分的目标是:第一,赫鲁斯贝克高地;第二,赫拉弗的大桥;第三,马斯河-瓦尔河运河上的那些桥梁;第四,奈梅亨的瓦尔河大桥。"由于敌人也许会迅速做出反应,"加文后来回忆道,"所以我决定把兵力最大的一股伞兵空投在赫鲁斯贝克高地和帝国森林之间。"他在赫鲁斯贝克附近选择了两个空降场,第一个距离高地不到2.4公里,在奈梅亨东南5~6公里处,第508伞兵团和第505伞兵团,外加师参谋部将在那里跳伞;第504伞兵团将在赫鲁斯贝克高地西边跳伞,空降场是马斯河和马斯河-瓦尔河运河之间的三角地带,此地距离赫拉弗大桥东端约1.6公里,在马斯河-瓦尔河运河的大桥西边3.2公里处,德军可能已经做好了将那座极其重要的赫拉弗大桥爆破的准备。为了确保夺取这座大桥,他又对自己的计划进行了补充,第504伞兵团的一个连将被空投到距离大桥西端数百米的地方。在敌人做出反应之前,第504伞兵团将从两端向大桥猛冲。

显然,那座巨大的奈梅亨大桥是所有目标中最重要的一个,也是整个"市场-花园"行动的关键。但是加文同时意识到,要是不能牢牢守住其他目标,单凭这座瓦尔河上的大桥是没有任何用处的。布朗宁将军同意他的看法,如果最初的几座桥梁没有拿下,如果敌人坚守着赫鲁斯贝克高地,那么供"花园"行动部队通行的那条"走廊"将永远不会开放。因此,布朗宁特别指示,在夺取主要目标之前,加文不得尝试对奈梅亨大桥发起攻击。

加文虽然对他的部队过于分散感到担忧,但对整个计划感到满意。只有一个方面令他和泰勒都颇伤脑筋:支援部队在 D+1 和 D+2 日[1]到达之前,他的整个师将无法成为一个有机整体进行战斗,而他还不知道自己的部下会做何反应——他们对"市场-花园"行动尚一无所知。尽管如此,在经验丰富的第 82 空降师里,士气一如既往高涨,许多官兵在此之前已经进行过 3 次战斗跳伞。"蹦跳吉姆"加文[2]时年 37 岁,是美国陆军中最年轻的准将,他毫不怀疑自己那些"不拘常规[3]的人"——他们这样称呼自己——能够完成任务。

最艰险的任务分配给了一位谦虚且沉默寡言的职业军官——42 岁的罗伯特·埃利奥特·"罗伊"·厄克特少将,他是英军第 1 空降师及配属的波兰旅的指挥官。

与布朗宁将军以及他的美国同事们不同,厄克特没有空降作战的经验,他是一位资深的职业军人,曾在北非、西西里和意大利有过出色表现。这次他将首次指挥一个空降师作战。布朗宁之所以选择他,是因为他"打起仗来兴奋"。但厄克特却对此任命感到惊讶,他一直认为空降部队是"结构紧密的组织、封闭的团体、完全排斥外人的"。然而他有信心带好这支精锐部队,一旦这支部队降落到了地面上,基本的作战规则仍然是一样的,他把自己的空降师看做是"训练有素的步兵部队"。

尽管厄克特作战经验丰富,但他却在为一件事情苦恼:他从来没有跳过伞,也没有乘坐过滑翔机。"我甚至会晕机。"他后来

---

[1] 即进攻开始后的第二天和第三天。
[2] 加文的教名是詹姆斯(James),吉姆是詹姆斯的昵称。
[3] 这里的"常规",原文是"law of averages",也可译作"有胜必有负(或有负必有胜)的规律",他们自称"不拘常规的人",言外之意就是他们总是赢。

说道。9 个月以前，即 1944 年的 1 月份，厄克特担任了第 1 空降师师长，当时他向布朗宁将军建议，作为新任师长，自己也许应该接受一些跳伞训练。布朗宁给厄克特的印象是一个"动作灵活优雅、衣着非常洁净整齐的人，显露出一副不安分的鹰派人物的样子"。他给厄克特的回答是，后者的任务就是让他的师做好随时进攻欧洲大陆的准备。他看了看眼前身高 1 米 83、体重 90 千克的苏格兰大汉，接着说道："把跳伞留给年轻人去干吧，你不仅个头太大，还上了岁数。"[1]

在几个月的漫长训练过程中，厄克特"经常感到自己像一个局外人，军事上的旱鸭子"。他意识到自己"被密切关注着，那种关注并非怀有敌意，只是一些空降兵军官对他有所保留，还有几名军官并不掩饰这一点。我在接受考验，我的行为正在被评判。这是一个不值得羡慕的职位，但我接受了"。慢慢地，厄克特对该师自信而又从容的管理把军官们争取了过来。而在空降兵当中，厄克特得人心的程度远比他自己所知道的要多。第 1 伞兵旅第 2 伞兵营的詹姆斯·W. 西姆斯（James W. Sims）二等兵仍然记得"将军的超级自信以及他的镇静"。师部的约翰·拉特（John Rate）中士的印象是"厄克特将军做了任何需要做的工作，他并不只是让其他人去做，将军不会墨守礼法"。通信兵肯尼思·约翰·皮尔斯（Kenneth John Pearce）称他是"一个非常出色的大个子，他叫我们'孩子'，要是知道我们名字的话就直呼其名"。厄克特在滑翔机飞行员团的罗伊·欧内斯特·哈奇（Roy Ernest Hatch）中士那里赢得了最高的赞

---

[1] 在他们第一次面谈的时候，厄克特还佩戴着准将军衔，穿着苏格兰高地师的格子呢紧身裤，套着鞋罩。会见结束的时候，布朗宁指着厄克特的裤子说道："你不妨穿得合适一些，脱下那条格子呢紧身裤。"——原注

誉。哈奇断言说："他是一位非常特别的将领，不在意干一名军士干的活。"

令厄克特失意的是，他的师并没有被选中参加诺曼底登陆，"那个夏天就这么乏味地过去了，行动策划了一个又一个，却眼睁睁地看着它们都被取消了"。现在，他的"红魔鬼们"正"渴望战斗"。他们几乎要放弃了。"我们称自己是'夭折之师'，"第4伞兵旅156伞兵营C连连长杰弗里[1]·斯图尔特·鲍威尔（Geoffrey Stewart Powell）少校回忆说，"我们料想自己被留下来用于胜利大游行了。"按照厄克特的看法："有一种混合着倦怠与愤世嫉俗的危险，正缓慢地渗透进我们的生活之中。我们训练充分，我知道，如果我们不能尽快参战就会失去那种状态。我们准备好了，并且愿意接受一切，包括所有的'假设'。"

厄克特的主要目标——"市场-花园"行动的"奖品"——就是阿纳姆下莱茵河上的那座钢筋混凝土公路桥。除此之外，厄克特的部下还有两个次要目标：附近的一座浮桥和上游的一座双线铁路桥，后者距离市区4公里。

分派给厄克特的任务出现了一系列问题，其中有两个特别令人担心。关于该地区拥有强大的防空力量的报告表明，一些敌军部队就在阿纳姆大桥附近集结；而把英国和波兰伞兵全都空运到目标地区需要3天时间，这一点令厄克特感到不安。这两个问题直接影响着厄克特对空降地点的选择。与第82空降师和第101空降师不同，他无法在主要目标区空降，甚至靠近主要目标的地方也不行。让部队在阿纳姆大桥附近的两岸落地显然是理想的办法，但那里的地形

---

[1] 原文中作者将他的名字写成了乔治（George），应该是杰弗里的昵称。

却很不理想，大桥的北出口直接进入了人口稠密、建筑物密集的阿纳姆市中心，按照报告的说法，南出口附近低于路面的圩田对伞兵和滑翔机来说都过于湿滑松软了。"我的许多指挥官，"厄克特记得，"都非常愿意在南边空降，即使那里湿滑松软。也确实有一些指挥官准备冒受伤的风险在北边跳伞——就在城镇上空跳伞。"

一周前，执行其他任务的轰炸机机组成员报告说，在阿纳姆大桥附近及其北边11公里外的迪伦机场，防空炮火增加了30%。因此，那些手下的飞行员被安排驾机牵引运载厄克特所部滑翔机的皇家空军指挥官，强烈反对把空降区域定在靠近阿纳姆大桥的地方。如果空降场位于大桥南出口附近，那么牵引机在放下滑翔机之后转向北方的时候，就会遭遇机场上空的猛烈高射炮火；而转向南方几乎同样糟糕，因为机群要冒与空投第82空降师的飞机相撞的风险，后者那时正在近18公里外的奈梅亨空投。厄克特进退两难：他要么坚持让皇家空军把他的部队送到临近大桥的地方，要么在距阿纳姆更远的地方选择空投区域，但做这样的选择又会带来种种其他危险——时间的延误、攻击突然性的丧失，以及德国人可能做出的抵抗。实际上风险将大大增加，因为在D日厄克特的师并不完整，他手头只有部分兵力。"我的问题在于，在首轮空运时要有足够的人空降，"厄克特回忆道，"不但要夺取城里的主要桥梁，还要为随后进行的空投行动警戒空投场和空降场，能用于首日夺取主要桥梁的兵力减少到了仅剩一个伞兵旅。"

面对种种限制，厄克特向布朗宁申请更多的飞机。他告诉军长，在他看来"美国人需要什么就能得到什么"。布朗宁并不认同这样的说法，他向厄克特保证，飞机的分配"完全遵循轻重缓急，而非美国人的高压"。他解释说，整个行动必须从南到北、"由下到上"

进行计划；走廊南部和中央地段的目标必须"首先夺取，以便让地面部队通过。否则的话，第1空降师将会被消灭"。

布朗宁将军把穆尔公园高尔夫球场附近的一家俱乐部充作自己的军部驻地，厄克特的指挥车就在高尔夫球场上，他坐在车里仔细查看地图，思考着当前形势。阿纳姆北边的国家公园里有几片开阔地，但面积太小了，地形也不合适，它们充其量只能供一支小规模的伞兵部队伞降，但无法容纳滑翔机机降。唯一的办法就是在阿纳姆西部和西北部的开阔区域着陆，这些开阔的荒野和牧场四周是松树林，海拔约有76米，荒野的地面坚硬而又平坦，对滑翔机和伞兵来说堪称完美。它们在各方面都很理想——只有一处例外，该地区距离阿纳姆大桥约有10～13公里。皇家空军一再反对在大桥附近空投，因此，厄克特不得已才决定在这些较远的地点空投。"别无他法，"他回忆说，"只有冒这些风险，并为此做出计划。我别无选择。"[1]

9月12日，厄克特的计划已经准备完毕。他在地图上勾勒出5个空投场和空降场，大致位于阿纳姆西北6.5公里处的沃尔夫海泽附近，分布在阿纳姆—阿姆斯特丹铁路线的两侧。其中3处地点在沃尔夫海泽北边，两处在南边，而南边的两处区域又构成了一个约2.6平方公里的不规则盒状地带。这些地点距离阿纳姆大桥最少都有9.6公里之遥，最远的在沃尔夫海泽西北，有差不多13公里路程。

D日该师将投入两个旅——昵称"皮普"（Pip）的菲利普·休·惠特比·希克斯（Philip Hugh Whitby Hicks）准将的第1

---

[1] 滑翔机飞行员团的团长乔治·斯图尔特·查特顿上校回忆，当时他想搞奇袭，"用一支由五六架滑翔机组成的突击队在大桥附近着陆，并夺取桥梁。我看不出不这样做的理由，但显然其他人谁也看不出这种需要，我清楚地记得，由于我提出了这个建议，因此被人称为血腥的谋杀犯和刺客"。——原注

机降旅，按计划该旅将坚守空投场；杰拉尔德·威廉·拉思伯里（Gerald William Lathbury）准将的第 1 伞兵旅，该旅将负责控制阿纳姆城以及阿纳姆的公路、铁路和浮桥。打头阵的是一支由吉普车和摩托车组成的摩托化侦察中队。厄克特期望，由昵称"弗雷迪"（Freddie）的查尔斯·弗雷德里克·霍华德·高夫（Charles Frederick Howard Gough）少校指挥的，拥有 275 名官兵分为 4 个分队的高度专业化部队——英国陆军中唯一一支此种性质的部队——能抢占公路桥并坚守至旅主力到达。

第二天，也就是 D+1 日，昵称"沙恩"（Shan）的约翰·温思罗普·哈克特（John Winthrop Hackett）准将的第 4 伞兵旅和机降旅的余部将会到达；第三天，斯坦尼斯瓦夫·索萨博夫斯基少将的波兰第 1 独立伞兵旅将会空降着陆。厄克特为波兰人标出了第六处空降场——按照预期，到 D+2 日，大桥将被攻占，高射炮群将被摧毁，所以波兰人要在下莱茵河南岸的埃尔登（Elden）附近空投，该村就位于阿纳姆大桥南边约 1.6 公里处。

尽管必须冒很大风险，但厄克特感到有信心，他相信自己有了"一个合理的行动和一个不错的计划"。他认为部队伤亡可能在"30%上下"；考虑到这类进攻错综复杂的性质，他认为这个代价并非过于高昂。9 月 12 日傍晚，他向指挥官们简要介绍了这次行动，厄克特记得，"每个人似乎都对这项计划非常满意"。

然而，仍有一位指挥官深感疑虑。斯坦尼斯瓦夫·索萨博夫斯基少将，这位身材修长、时年 52 岁的波兰第 1 独立伞兵旅旅长确信，"我们免不了要经历一场激烈战斗"。这位前波兰军事学院的教授在第一次听闻"彗星"行动的时候，就向厄克特少将和布朗宁中将阐明了他的立场。当时他要求厄克特给他下达书面命令，这样"我就不会为这场灾难负责"。他同厄克特一起拜访了布朗宁,并说"这项任务不可能成功"。布朗宁问为什么。索萨博夫斯基记得:"我告诉他,用我们手头的这点兵力进行尝试将是自杀,而布朗宁回答说:'不过,我亲爱的索萨博夫斯基,"红魔鬼"和英勇的波兰人无所不能!'"

一周后的当下,索萨博夫斯基在听厄克特讲话的时候觉得"英国人不仅严重低估了阿纳姆的德军兵力,似乎还对阿纳姆对于德国人背后的祖国所具有的意义一无所知"。索萨博夫斯基认为,对德国人来说,阿纳姆代表着"通往自己祖国的门户,我估计德国人是不会让它敞开着的"。他并不认为"该地区的部队水准很低,只有几辆破旧的坦克呆坐在那里"。当厄克特告诉聚集起来的旅长们,第1空降师的空投地点"距离目标起码有9.6公里"的时候,他不由得大惊失色:主力部队要抵达大桥,将要"行军5个小时,如何才能够达成突然性?德国人再傻也会立即知道我们的计划"。

计划中还有一个方面索萨博夫斯基也不喜欢。他的旅所属的重装备和弹药要在早先用滑翔机运进去,这样的话,当他的部队在南岸着陆时,所需的补给品却还在北岸的空降场里。如果波兰人着陆的时候大桥还没有被夺取会怎样呢?当厄克特详细地解释计划的时候,索萨博夫斯基吃惊地得知,如果到那个时候大桥仍然在德国人手中的话,就指望他的波兰部队去夺取大桥了。

尽管索萨博夫斯基感到焦虑,但在9月12日的情况通报会上他却一言不发。"我记得厄克特要大家提问题,但没有人提任何问题,"他回忆道,"每个人都若无其事地坐着,跷着二郎腿,显得很不耐烦。我想就这个不可能完成的计划说点什么,可我不能这样做,这样做不得人心,我说的话有谁会听呢?"

后来，当整个空降行动在布朗宁中将的军部接受全体指挥官审查的时候，其他人也对计划中的英军部分深感疑虑，但他们同样保持沉默。美军第 82 空降师师长詹姆斯·加文准将获悉厄克特选择的空投地点时大吃一惊，对他的作训科长约翰·诺顿（John Norton）中校说："天啊，他可不能真这么干。"诺顿也同样震惊。"他是当真的，"他神色严肃地说道，"我可不愿意这样做。"在加文看来，"不论是在大桥上面空投，还是在靠近大桥的地方空投，即便一开始就蒙受 10% 的伤亡，都比冒在远处的空降场着陆的风险"要好许多。他"感到吃惊的是，布朗宁将军并没有对厄克特的计划提出质疑"。尽管如此，他同样一言不发，"因为我想当然地认为，英国人具有丰富的作战经验，当然完全明白他们在做什么"。

2

要是能够不动的话,党卫队二级突击队大队长(党卫军少校)泽普·克拉夫特(Sepp Krafft)可不想再动了。在过去的几周内,他缺兵少将的党卫军第16装甲掷弹兵训练补充营一直奉命在荷兰境内来回调动。现在,抵达奥斯特贝克仅仅5天之后,这支部队又要奉命离开——而且下命令的还不是克拉夫特的上级,而是国防军的一名少校。

克拉夫特表示强烈反对。他麾下3个连的大部分人马就驻扎在镇里,其他人在阿纳姆,另有1 000名前来接受训练的党卫军新兵应该马上就到。那名国防军少校并不让步。"这我不管,"他毫不客气地告诉克拉夫特,"你得搬出去。"克拉夫特顶了回去。这位野心勃勃的37岁的军官只接受其党卫军上级的命令。"我拒绝!"他说道。那名国防军军官并没有被吓倒。"我把话给你说明白,"他说道,"你得搬出奥斯特贝克,因为莫德尔元帅的指挥部要搬进来。"

克拉夫特迅速冷静下来,他可不想同瓦尔特·莫德尔元帅发生冲突。尽管如此,这道命令还是让他耿耿于怀。克拉夫特搬了出去,但走得不是很远,他决定让部队在奥斯特贝克西北的树林和农场里扎营,那儿离沃尔夫海泽不远。他偶然选定的那处地点就在沃尔夫海泽公路的边上,位于英国地图上标明的英军第1空降师的空降场之间,而且封锁了英军进入阿纳姆的道路。

3

阿纳姆的抵抗组织情报机构负责人亨利·克纳普感到,自己的这个新角色是安全的。他不让妻子和两个女儿参与他的活动是为了保护她们,在4个月前他就离开了家,搬到了几个街区之外的地方。现在他的总部设在全科医师莱奥·C. 布雷巴尔特医生(Leo C. Breebaart)的办公室里,穿着白大褂的克纳普现在是医生的"助手",而某些"病人"则是其情报网的通信员和信使——40名男女,还有一些十几岁的孩子。

克纳普的工作既耗费时间又毫无结果。他得评估收到的情报,然后用电话把情报传递出去。阿纳姆的抵抗组织领导人彼得·克鲁伊夫给了克纳普3个12~15位数字的电话号码,并告诉他得记在脑子里。克纳普从来不知道他是给哪里或者给谁打电话,他接到的指示是轮流拨打每一个号码,一直到接通为止。[1]

搜集情报的方法更为复杂。克纳普的要求是通过网络传达下去的,而他永远也不会知道是哪名特工人员获得了情报。如果一份情报看似不靠谱,克纳普就会对自己的情报进行审查。此时他收到

---

[1] 克纳普从来不知道他的联系人是谁,只知道他的报告被传递给一个绝密单位,被称为"阿尔布雷赫特小组"。他知道自己拨打的是长途电话,当时荷兰的电话号码是4位数。有一个当电话技师的才华横溢的抵抗组织成员,名叫尼古拉斯·查林·德博德,他为抵抗组织设计出一个方法,通过使用某些电话号码,他们就能够绕过当地的电话交换台,与荷兰各地通话。——原注

了几份有关敌人在奥斯特贝克活动的报告,这令他既好奇,又大感不解。

德军参谋军官(军帽边线、领章和肩章缀有深红色参谋兵种色)霍斯特·斯默克尔(Horst Smöckel)少校走访了伦克姆、奥斯特贝克和阿纳姆的若干个商店,下令把各种补给品送到奥斯特贝克的塔费尔贝格旅馆。克纳普感到好奇的是他征调的东西中有些是很难找到的食品,还有荷兰人现在难得看到的其他特殊物品,例如荷兰金酒(杜松子酒)。

除此之外,德军通信兵也一直在忙于铺设一大堆杂乱的电话线,那是给郊外的几家旅馆铺设的,包括塔费尔贝格旅馆。克纳普认为,结论是显而易见的:一个德军高级指挥部正在进驻奥斯特贝克。但又是哪一级的指挥部呢?那位将军是谁?他到了没有?

对克纳普来说,更为重要的是了解阿纳姆地区及其周边敌军兵力的最新情况。他知道每个城镇都有其他情报人员正在传送情报,而他"只是一个巨大的情报搜集系统中的一个小齿轮"。结果自然有可能是在"做大量重复劳动",然而就"绝无遗漏"来说,每件事情都是重要的。

他后来回忆说,在两个星期之前,"阿纳姆地区几乎没有德军部队"。而此后,军事形势发生了令人注目的变化,目前德军兵力的增长已经令克纳普惊恐不安了。克纳普报告说,根据他的网络所提供的情报,在过去的7天里,"包括装甲部队在内,几个师的余部正在阿纳姆及其周边地区重组,或是正在进入德国"。现在,更具体的消息被送来了,他的情报人员汇报说,在阿纳姆北部和东北部出现了坦克。克纳普认为该地区"至少有一个,甚至两个装甲师的部分兵力",但他们的番号和确切驻扎地点到目前为止尚不得而知。

克纳普想立刻知道详情。他迫不及待地向自己的情报网络下达命令，要求提供有关装甲部队活动更为精确的情报，还想立即了解塔费尔贝格旅馆"新房客"的身份。

25岁的沃特·范德克拉茨（Wouter van de Kraats）从未听说过亨利·克纳普。他在抵抗组织中的联络人叫"扬森"，后者住在阿纳姆的某个地方。扬森分派给了他一项新任务——塔费尔贝格旅馆。范德克拉茨被告知，那里来了一名德军高级将领，他要搞清楚旅馆外面的参谋座车是否"带有显示身份的三角旗或者司令旗"，如果有的话，他要报告旗帜上的标志色和符号图案。

范德克拉茨注意到，旅馆周围德国人的活动激增，德军宪兵队和哨兵已经进入该地区。问题是，如何才能通过途经塔费尔贝格旅馆的彼得山路（Pietersbergweg）上的哨卡。他决定蒙混过去。

向旅馆匆匆走去的范德克拉茨立刻被一个哨兵叫住了。"可是我必须过去，"他告诉那个德国人，"我在街那头的加油站工作。"那个德国人让他过去了，另外3名哨兵只是随意瞥了他一眼。随后，在路过塔费尔贝格旅馆时，范德克拉茨迅速看了看门口和旅馆的车道。停在那里的汽车都没有显示身份的标识，然而在旅馆前门边却竖着一面棋盘图案的黑、红、白三色金属三角旗——这是德军集团军群指挥官的标志。

9月14日，星期四下午，亨利·克纳普得到了下属情报网络反馈回来的消息。有几个提供消息的人报告说见到了大量装甲部队，那些坦克和装甲车辆就在阿纳姆北边的一个半圆形地区里扎营。贝克贝亨、埃普斯（Epse）以及艾瑟尔河两岸都有部队，甚至还有一份令人震惊的报告，说是有"20～30辆虎式坦克"。他无法确定究竟涉及多少支部队，能够搞清楚番号的只有一支，还是源于意外收获。他手下的一名特工注意到几辆坦克上面有"奇怪的标记——反写的字母F，字母脚上还有一个球"[1]。克纳普查看了一本特殊的德军识别手册，得以把那支部队的番号辨认出来。他立即给他的电话联系人打电话，报告说党卫军第9霍亨施陶芬装甲师出现了。根据这名特工的报告，克纳普确定了该师的位置，大致是在阿纳姆以北和阿珀尔多伦之间，又从那里向东直到聚特芬。

此后不久，他得到了有关塔费尔贝格旅馆的消息，他也把这个消息传递出去了。那面意义重大的黑、红、白三色棋盘图案的三角旗不言而喻，在西线的这片战区，只有一位德军集团军群指挥官。尽管克纳普是把这个消息当作传闻报告上去的，但在他看来这位军官一定是瓦尔特·莫德尔元帅。

---

[1] 当时党卫军第9装甲师第9装甲团的坦克已经丧失殆尽，荷兰特工看到的也许只是几辆装甲车。从文字描述上说，这个标识徽记更接近党卫军第10装甲师的师徽。

4

　　威廉·比特里希将军的党卫军第 2 装甲军军部设在杜廷赫姆郊外的一个小城堡内，位于奥斯特贝克以东 40 公里处，他在这里与剩下的两名师长开了个碰头会。比特里希情绪很坏，几乎无法控制自己的脾气。现在他那支蒙受重创的装甲军前景要比一周前糟得多。比特里希焦急地等待着补充兵、装甲车和装备的到来，但他什么都没有得到，相反其兵力还被削弱了。他接到命令派两个战斗群到前线去，一支要与第 7 集团军一起尽量抵挡亚琛附近的美国人；而在英军坦克部队成功突破阿尔贝特运河防线、渡过默兹河-埃斯科河[1] 运河并且在靠近荷兰边境的比利时内佩尔特（Neerpelt）夺取桥头堡之后，又要派遣另一个战斗群去增援库尔特·斯图登特大将的第 1 伞兵集团军。现在，英军正在集结兵力准备再次发动攻势——B 集团军群的情报主任称那是一次"迫在眉睫"的进攻——之时，比特里希通过莫德尔元帅收到了"柏林的傻瓜们下达的一个发了疯的指示"，他麾下又有一个损兵折将的师要被调走，撤退到德国境内。

　　曾经的纳粹狂热分子比特里希现在刻薄地谴责这道命令。"对于柏林的命令，以及希特勒放纵身边那些玩弄伎俩的阿谀奉承之

---

[1] 埃斯科河（Escaut）是法语译名，比利时人称这条河为斯海尔德河。

徒"，他感到"既作呕又厌倦"。比特里希有勇气，又有能力，成年后的大部分时间都是穿着军装度过的。第一次世界大战时，他以中尉军衔在德国空军服役并两度负伤。战后的数年时间里，他在一家证券经纪人事务所里工作。随后比特里希再次入伍，成为一支德国秘密航空队的成员，在8年的时间里教授苏联人飞行技术。希特勒上台后，比特里希加入了刚刚重新成立的德国空军。在20世纪30年代中期，他又转入了武装党卫军，那里提拔要快一些。[1]

诺曼底战役中，比特里希对希特勒领导能力的信念开始动摇。他站在隆美尔元帅一边，反对希特勒"战斗到最后一人"的疯狂理念。有一次他向隆美尔吐露："上级领导糟糕透顶，所以我再也无法执行毫无意义的命令了。我从来都不是机器人，也不打算当机器人。"在7月20日的密谋刺杀发生后，他以前的长官埃里希·赫普纳大将作为密谋者被处以绞刑。比特里希获悉此事后对他的参谋们大发雷霆，放话说"这是德国军队最黑暗的一天"。比特里希对希特勒军事领导能力口无遮拦的批评很快就传到了柏林。他后来回忆说："我的话被汇报给了党卫队全国领袖海因里希·希姆莱，于是比特里希的名字在希特勒的大本营里就不再被提及了。"只是由于西线几近崩溃，这种战况下需要比特里希的军事才能，同时还由于富有同情心的指挥官们的态度，才保住了他的职位不变，也使他免遭被召回的厄运。即便如此，希姆莱仍然"急于要他返回德国谈一谈"。对希姆莱的召见，比特里希丝毫不抱幻想。莫德尔也一样，

---

[1] 第二次世界大战后，比特里希被怀疑为战犯，在监狱里待了8年，1953年6月22日无罪获释。要找到武装党卫军指挥官们是困难的，要采访他们也是困难的，不过比特里希和他手下的军官却对我帮助极大，让我弄清楚了迄今为止阿纳姆战役中的许多未知事件。比特里希想要我澄清他个人生活中的一件小事情。在英国人各种版本的叙述中，"我被描述为一名希望能当上指挥的音乐家，那些作者把我和我的兄弟混为一谈了，我兄弟是格哈德·比特里希博士，他是一位极有才华的钢琴家和指挥。"——原注

他决心把比特里希留在西线，于是断然拒绝希姆莱一再发出的让比特里希回国的要求。

现在，怒不可遏的比特里希向他的师长们概述了柏林的最新计划，后者分别是党卫军第 10 弗伦茨贝格装甲师师长海因茨·哈梅尔（Heinz Harmel）党卫队旅队长兼武装党卫军少将，党卫军第 9 霍亨施陶芬装甲师师长瓦尔特·哈策尔（Walter Harzer）党卫队一级突击队大队长（党卫军中校）。对于这个计划，哈策尔已经从莫德尔的参谋长汉斯·克雷布斯上将那里略知一二。比特里希告诉哈策尔，他的党卫军第 9 霍亨施陶芬装甲师要立即上火车去德国，部署在科布伦茨东北方向的锡根（Siegen）附近。而哈梅尔的党卫军第 10 装甲师要待在荷兰，该师将在当前的位置，即阿纳姆的东部和东南部，补充装备和兵力，准备再次投入战斗。

38 岁的哈梅尔以他直率的热情在部下中赢得了"弗伦茨贝格师的头儿"（der alte Frundsberg）这个亲昵的绰号。他对比特里希的决定有些不快。在他看来，"比特里希一如既往地偏爱霍亨施陶芬师，这也许是因为他当军长之前在那个师当师长，也许还因为哈策尔原先是他的参谋长"。尽管他并不认为"比特里希有意处事不公，但似乎霍亨施陶芬师总是能干点轻松的活儿"。

那个比他更年轻的师长，32 岁的瓦尔特·哈策尔则对这个消息笑逐颜开，即便他认为"能到柏林休假的可能性似乎是值得怀疑的"。他期盼着在理想状态下，重新整补之后能够拥有一个"全新的霍亨施陶芬师"。硬汉哈策尔的脸上有一块马刀留下的伤疤，他私下里很希望现在能够实现他的野心：晋升到与党卫军师长地位匹配的军衔——党卫队旅队长兼武装党卫军少将。尽管如此，在比特里希概述的整个计划中，仍有一部分为哈策尔所不喜。

尽管他的师损失很大，却仍然比哈梅尔的师实力强。霍亨施陶芬师通常有9 000人，现在不到6 000人，弗伦茨贝格师大约有3 500人。哈策尔有近20辆Ⅴ号豹式坦克，但不是全部可用，不过他却拥有数量可观的装甲车辆——自行火炮、装甲车以及40辆装甲运兵车，它们全都配备重机枪，有些还搭载火炮。哈梅尔的弗伦茨贝格师几乎没有坦克，而且各种装甲车辆严重缺乏。然而，这两个师都仍然拥有令人生畏的火炮、迫击炮以及防空部队。比特里希说，弗伦茨贝格师要留下来，为了加强该师，哈策尔要尽可能地把他的运输工具和装备转交给哈梅尔。对此哈策尔持怀疑态度。"在内心深处，"哈策尔后来回忆说，"我完全明白，倘若我把手里屈指可数的坦克或装甲运兵车转交给哈梅尔的话，它们就永远都要不回来了。"哈策尔并没有对这个决定提出异议，但他无意放弃所有车辆。

哈策尔很早以前就学会了如何节约使用资源，他拥有的车辆——包括从法国的漫长撤退过程中缴获的美军吉普车——实际上比比特里希知道的要多。他决定通过"玩弄一些文字游戏"来规避这道命令：把车辆上的履带、轮子或者火炮卸下来，设法让这些车辆在他到达德国之前暂时无法使用，与此同时，那些车辆又可以在他的装甲兵力统计报表上被列为丧失作战能力。

比特里希继续说道，即使有了从哈策尔的师调拨的额外人员和车辆，弗伦茨贝格师仍然兵力不足。只有一种方式可以向柏林强调形势的紧迫：把事实直接提交给党卫队作战总局（Führungshauptamt），也许到那时补充兵员和增援部队才会被送来。但比特里希无意跑一趟柏林，反倒是哈梅尔被任命为特使，这让他吃惊不小。"我不知道他为什么选中了我，而不是哈策尔，"哈梅尔回忆说，"不过我们急需士兵和装甲车辆，也许比特里希认为一位将军说的话可能分量更重一些。整个事情要对莫德尔元帅保密,由于我们估计在阿纳姆地区不会有任何麻烦,所以决定让我在9月16日傍晚动身前往柏林。"

按照比特里希的命令,在哈策尔和哈梅尔之间完成装备交接后,已被调走不少人员装备的霍亨施陶芬要立即向德国转移。他又补充说,莫德尔元帅要求,在此次行动期间要组织起有机动作战能力的小股警戒单位(Alarmeinheiten),万一遇到紧急情况即可投入战斗。哈策尔私下断定,这样一来他"最好的部队将会被最后送上火车"。比特里希希望装备移交和部队调动任务在9月22日全部完成;哈策尔则认为,每天发往德国的火车有6趟,肯定可以提前完成这项任务,他认为自己最后的也是最优秀的部队恰好可以在3天后动身返回祖国,具体时间大约是9月17日下午。

一个可能令士气低落的谣言正在四处传播。9月14日,几名驻荷兰的德国高级军官说一次空降突击行动即将到来。

这个话题源自希特勒的国防军指挥参谋部参谋长阿尔弗雷德·约德尔大将与西线总司令格尔德·冯·伦德施泰特元帅间的一次谈话。约德尔担心盟军可能从海上入侵荷兰,他说如果艾森豪威尔沿用其惯常战术的话,有可能使用空降部队作为海上进攻的前奏。冯·伦德施泰特尽管对此持怀疑态度(相比之下,他确信盟军会在进攻鲁尔区时投入空降部队配合行动),仍然把这条信息传递给了B集团军群指挥官莫德尔元帅。莫德尔的观点虽与伦德施泰特一致,但还是无法对约德尔的警告置若罔闻。他命令德国的荷兰驻军总司令、紧张不安的弗里德里希·克里斯蒂安森(Friedrich Christiansen)航空兵上将,把他那些兵力单薄的混杂了陆海空三军以及荷兰武装党卫军人员的单位全派遣到海岸上去。

自从9月11日约德尔打过电话之后，恐慌就沿着各指挥层蔓延下来，尤其是德国空军的渠道。尽管入侵迄今为止还没有成为现实，但对盟军空降突袭的恐惧却与日俱增，每个人都在猜测可能空降的地点。德国空军的一些指挥官认为，从地图上看，北部海岸和阿纳姆之间的大片开阔地带可能成为空降区域。其他指挥官提心吊胆地等待着英军再次发起进攻，从位于内佩尔特的默兹河-埃斯科河运河桥头堡攻入荷兰，他们不知道伞兵是否会被空投到奈梅亨地区，与此次进攻协同作战。

9月13日，第3航空队指挥官奥托·德斯洛赫（Otto Dessloch）空军大将听说柏林对冯·伦德施泰特设在科布伦茨的司令部感到担心。对此德斯洛赫非常关切，于是在第二天给莫德尔元帅打了个电话。他回忆说，莫德尔认为柏林对入侵的恐慌是"胡说八道"，元帅本人根本不把它当一回事，"最后他邀请我去他在奥斯特贝克的塔费尔贝格旅馆的新指挥部里吃饭"。德斯洛赫谢绝了。"我不想当俘虏。"他告诉莫德尔。就在挂上电话之前，德斯洛赫又说了句"我要是你的话，就会离开那个地区"。德斯洛赫记得，当时莫德尔哈哈大笑。

在阿纳姆北边的迪伦机场，盟军可能发起空降突击的消息传到了德国空军第3战斗机师师长瓦尔特·格拉布曼（Walter Grabmann）少将那里。他驱车前往奥斯特贝克，与莫德尔的参谋长汉斯·克雷布斯上将会谈。当格拉布曼对德国空军表示担忧时，克雷布斯说道："看在上帝的分儿上，别再说这事了。好吧，他们将会在哪里空降？"格拉布曼走到一张地图前，指着阿纳姆西边的地区说道："这里都可以，这片荒地对伞兵来说非常合适。"格拉布曼后来回忆说，克雷布斯"大笑了起来，提醒我说，我若是继续这样说的话，就会让自己显得可笑"。

荷兰臭名昭著的警察总监、汉斯·阿尔宾·劳特尔（Hanns Albin Rauter）党卫队副总指挥兼警察上将也听到了这个谣传，可能是他的上级克里斯蒂安森上将告诉他的。劳特尔相信任何事情都是有可能的，包括空降突击。作为荷兰纳粹恐怖统治的总设计师，他预料荷兰的地下抵抗组织随时都会发起进攻，人民随时都会起义。他决心通过简单的应急手段镇压任何一种暴动，那就是每死一个纳粹分子，就处决 3 个荷兰平民。两个星期前，在德军开始撤退、荷兰纳粹分子逃窜到德国之后，劳特尔就立即宣布荷兰处于"紧急状态"。他手下的警察对任何与荷兰抵抗运动沾边的人，都进行了无情报复，无论介入程度，无论男女，许多人被逮捕、处决或者送入集中营。普通公民的日子也好不到哪里去，各省之间的一切旅行都被禁止，强制实施更具有限制性的规定。宵禁期间如果被发现待在街上，无论是谁都可能未经警告便被射杀。在荷兰南方各地，由于预计英军将要发动攻势，当地的荷兰人被逼迫充当劳工，为德国军队挖战壕。在奈梅亨，为了满足劳特尔在劳动力方面要求的配额，他威胁要把整个家庭都送进集中营去。任何形式的聚会都被禁止了。"凡是看到 5 个以上的人聚在一起，"劳特尔签署的布告警告说，"德国军队、党卫队或者警察部队就会对他们开火。"

眼下，由于英军即将从南方发动进攻。柏林再次警告说荷兰北部有可能遭到来自海上和空中的联合进攻，劳特尔的世界开始瓦解了，他吓坏了。[1] 得知莫德尔在荷兰后，劳特尔决定动身前往塔费尔

---

[1] 战后，在安全的单人牢房里，劳特尔对荷兰审讯者承认："当时我提心吊胆……不得不让抵抗力量瘫痪。"1949 年 1 月 12 日，荷兰法庭判定他的罪名成立，其范围广泛，包括"迫害犹太人，流放居民让其进行奴隶劳动，劫掠，没收财产，非法逮捕，扣押……以及对无辜平民进行杀戮以报复其对占领当局的冒犯"。他于 1949 年 3 月 25 日被处决。——原注

贝格旅馆去寻求安慰。9月14日傍晚,劳特尔与莫德尔及其参谋长克雷布斯将军会晤。劳特尔告诉他们,他"确信盟军即将在荷兰南部投入空降部队",他觉得现在到了关键时刻。莫德尔和克雷布斯对此表示反对,莫德尔说精锐的空降部队太"珍贵了,他们的训练代价高昂",不能随意使用。莫德尔元帅预计,蒙哥马利会从内佩尔特进攻荷兰,但形势并没有紧急到足以说明投入空降部队是顺理成章的。还有,由于进攻部队在南边将被3条宽阔的河流相隔,因而他认为英军是不可能向阿纳姆发起进攻的,无论是奈梅亨还是阿纳姆,距离英军都太远了。莫德尔继续说道,除此之外,蒙哥马利"从战术上讲是一个非常谨慎的人,他绝不会把空降部队投入鲁莽的冒险"。

9月15日,一名犯人被送到了弗里德里希·基斯韦特(Friedrich Kieswetter)少校位于奥斯特贝克以西的德里贝亨(Driebergen)的指挥部。基斯韦特少校是德国国防军荷兰反间谍情报处的副处长,他对这名犯人知之甚多。关于他的情况有材料翔实的卷宗,28岁、反应有些迟钝的克里斯蒂安·安东尼厄斯·林德曼斯(Christiaan Antonius Lindemans)由于身材如"金刚"般高大(身高1.9米,体重118公斤)而知名。他是在荷兰—比利时边境附近被一支巡逻队抓住的,那是英军战线与德军战线之间的无人区。起初,身穿英军作战服的林德曼斯被当成了一名盟军士兵,但在法尔肯斯瓦德附近的营部接受审问时,令审讯官惊讶的是他居然要求见赫尔曼·约瑟夫·吉斯克斯(Hermann Josef Giskes)中校——德国在荷兰的反间谍头子,还是基斯韦特的上司。在打了几个电话以后,抓到林德曼斯的德军甚至更加吃惊了,他们接到命令立即开车把这名犯人送到德里贝亨。林德曼斯自己却若无其事。他的一些同胞以为他是名坚定的荷兰地下抵抗组织成员,但德国人却知道他的另外一重身份——间谍。"金刚"是一名双重间谍。

林德曼斯于1943年叛变。当时他表示愿意替吉斯克斯效力,作为交换条件,吉斯克斯要放了他的情妇和弟弟亨克,后者被盖世太保当作地下抵抗组织成员逮捕了,据说正等着被处决。吉斯克斯欣然表示同意。从那以后林德曼斯就很卖力地为德国人效劳。他的变节造成了许多地下基层组织被渗透,众多荷兰与比利时的爱国者被逮捕和处决。尽管林德曼斯为人粗鄙,喜欢夸夸其谈,喜怒无常还酗酒无度,对女人有着无法满足的欲望,但到目前为止却神奇地没有暴露出来。无论如何,许多抵抗组织领导人认为他是一个会带来威胁的危险人物。这与布鲁塞尔的某些盟军军官不同,"金刚"给他们留下了深刻印象,结果林德曼斯现在正为一名加拿大上尉负责的英军某情报部门工作。

在吉斯克斯不在场的情况下,基斯韦特首次与林德曼斯单独打交道。林德曼斯向办公室里的每个人介绍说自己是"伟大的金刚",但基斯韦特发现,这位身材高大的吹牛者令人厌恶。林德曼斯把他从盟军那里领受的最新任务告诉了基斯韦特:那名加拿大情报军官派他来是要提醒艾恩德霍芬的抵抗组织领导人,不要再把被击落的盟军飞行员通过"逃生路线"送到比利时,因为英军预定要从内佩尔特桥头堡发起进攻,朝艾恩德霍芬推进,所以要把那些飞行员藏匿起来。林德曼斯花了5天时间穿过了战线,所以能够向基斯韦特介绍英军集结的某些细节。他很干脆地说道,进攻将在9月17日发动。

英军行动在即,这算不上什么新闻,就像所有人一样,基斯韦特也估摸着进攻随时都会发生。林德曼斯还告诉基斯韦特他听说的另一件事情。他报告说英军在发动地面进攻的同时，还计划在艾恩德霍芬后侧投入伞兵空降，配合地面部队夺取该城。[1]对基斯韦特来说，这个消息根本就讲不通。既然英国陆军凭着自身的力量就能轻而易举到达艾恩德霍芬，为什么还要使用伞兵呢？也许是因为林德曼斯的情报看上去不现实，或者更大的可能是因为基斯韦特对"金刚"的反感，所以他告诉林德曼斯继续执行其任务，然后返回英军战线。基斯韦特没有立即采取行动，他不怎么重视林德曼斯的情报，也就没有将其直接通报给国防军指挥机构，相反，他是通过党卫队保安处（Sicherheitsdienst des Reichsführers-SS）呈递上去的。他还口述了一份他与林德曼斯交谈的简要备忘录给吉斯克斯，当时吉斯克斯因为另有任务而不在场。一直认为"金刚"很可靠的吉斯克斯直到9月17日下午才收到这份备忘录。

---

[1] 战后，一些英国报纸指责，正是由于林德曼斯准确描述了阿纳姆是空降的主要目标，才使得德军装甲部队在那里等候，事实显然并非如此。在艾森豪威尔和蒙哥马利9月10日会面并决定进行"市场-花园"行动之前，比特里希的军队已经进入了阵地，林德曼斯不可能知道对阿纳姆的进攻以及关于此次大规模行动的任何事情。而且，关于行动日期、空降场的部署等决定，盟军是在林德曼斯离开布鲁塞尔、越过德军战线很久后才做出的。第二个经常被重申的说法是，林德曼斯被带到位于菲赫特的库尔特·斯图登特大将的指挥部进行审问，有人提出，斯图登特大将这位空降专家正确地评估了这份报告，并发出了警报。斯图登特断然否认了这个说法。"一派胡言，"他告诉我，"我从未见过林德曼斯。实际上，我战后才在战俘营里第一次听说整个事情。真相是在进攻发生之前，德军指挥部里的任何人都一无所知。"在"市场-花园"行动开始后不久，怀疑便落到了林德曼斯身上，于是他被荷兰人逮捕了。"金刚"这个十足的登徒子，一直到最后都名副其实。1946年7月，在对他进行审判的48小时之前，人们在一家监狱医院里发现林德曼斯失去了知觉，旁边是一名监狱里的护士。在一个古怪的"爱情契约"中，他们两个人都服用了过量的安眠药，最后林德曼斯死了，那个姑娘幸存了下来。——原注

5

从现在算起还不到48个小时，"市场-花园"行动就要开始了。艾森豪威尔的参谋长沃尔特·史密斯中将在办公室里，愈来愈不安地听着盟军最高统帅部情报主任、英军少将肯尼思·威廉·多布森·斯特朗（Kenneth William Dobson Strong）汇报的最新消息。斯特朗说，毫无疑问，在"市场-花园"行动地区有德军装甲部队。

几天来，斯特朗和他的参谋们一直在审查与评估每一份情报，努力确定党卫军第9和第10装甲师的去向。自9月的第一周以来，盟军与这些部队就失去了接触。这两个师都遭到了重创，但据信他们不可能被全歼。有一种看法认为他们可能已经奉命返回了德国。现在荷兰抵抗组织的情报又有了一个不同的说法：那两个失踪了的师被发现了。

斯特朗向史密斯汇报说，党卫军第9装甲师在荷兰，党卫军第10装甲师大概也在荷兰，"十有八九是要重新装备坦克"。斯特朗表示谁也说不清这两个师究竟还剩下多少兵力，他们的战斗力究竟如何，但关于他们的位置不再有任何疑问了，肯定就在阿纳姆附近。

史密斯对"市场-花园"行动深感忧虑，用他自己的话来说，同样"对失败的可能性感到惊恐"，他立即与盟军最高统帅进行商谈。史密斯告诉艾森豪威尔，定于在阿纳姆空降的英军第1空降师"没有能力抵抗两个装甲师"。固然存在一个问题——一个大问题——也就是这两个师的兵力问题,不过为了稳妥起见,史密斯认为应该给"市场-花园"行动增加兵力。史密斯告诉艾森豪威尔,他认为阿纳姆地区需要两个空降师(史密斯大概考虑要把经验丰富的英军第6空降师增派过去,该师师长是理查德·盖尔少将,这个师曾在诺曼底登陆中表现出色,但并没有参加"市场-花园"行动),否则计划就必须修改。"我的感觉是,"他后来说道,"如果我们无法在该地区空降另一个师,那么我们就应该调一个美军空降师过来,那个师将在更北边的地方构成那块'地毯',以增援英军空降兵。"

艾森豪威尔考虑了这个问题及其风险。基于这份情报以及进攻几乎迫在眉睫,他正被人敦促推翻蒙哥马利的计划——那个他亲自批准的计划。这意味着,要挑战蒙哥马利的指挥能力并搅乱已经微妙的指挥态势。作为盟军最高统帅,他还能做出另一个选择:"市场-花园"行动可以被取消,但做出该决定的唯一理由却是一份单一的情报。显然艾森豪威尔想当然地认为,蒙哥马利是当面敌军兵力最好的裁判员,他会相应地做出计划。艾森豪威尔对史密斯解释说,"我不能告诉蒙哥马利怎样去安排他的部队,"也不能"取消这次行动,因为我已经给蒙哥马利开了绿灯"。如果需要做出调整的话,那也应该由蒙哥马利来做。尽管如此,艾森豪威尔还是准备让史密斯"飞往第21集团军群指挥部,就此事与蒙哥马利进行磋商"。

比德尔·史密斯立即前往布鲁塞尔。他发现蒙哥马利既自信又满腔热情。史密斯解释了他对阿纳姆地区存在德军装甲部队的担忧,并强烈建议计划可能需要修改。蒙哥马利"嘲笑了这个主意。蒙哥马利感到最大的麻烦将是地形方面的困难,而非德国人。他一再强调如果这些身在盟军最高统帅部的人愿意帮助他克服后勤方面的困难,那么一切都会顺利。他一点不担心德军装甲部队,认为'市场-

花园'行动将会按照预定计划顺利进行"。这次商谈无果而终。"起码我试图阻止他,"史密斯说道,"但一点也不顶用,蒙哥马利只是轻率地对我的反对意见置之不理。"[1]

就在蒙哥马利与史密斯商谈的时候,一份令人震惊的证据越过海峡来到了英军第1空降军军部。那天一大早,英国皇家空军拥有特殊装备的照相侦察中队的战斗机,在对阿纳姆地区进行低空侦察飞行之后就从海牙送来航拍照片。现在,军部的情报处长布赖恩·厄克特少校正在办公室里用放大镜检查5张斜角照片[2]——那是飞机拍摄的条幅式侦察照片中的"最后几张"。在过去的72小时里,人们对"市场-花园"行动的地区拍摄了数百张照片并进行评估,但只有这5张照片把厄克特长期惧怕的事情展现了出来——德军装甲部队无可争议地出现了。"这就是压死骆驼的那根稻草,"厄克特后来回忆道,"在照片上,我能够清楚地看到坦克——即使没有恰好就在阿纳姆空降和空投区域之中,也非常靠近那里。"[3]

厄克特少校带着照片匆匆来到布朗宁中将的办公室。布朗宁立即接见了他。厄克特把照片放在布朗宁面前的桌子上,说道:"看看这些吧。"将军对照片一张一张地做了研究。厄克特不再记得原话,

---

1 有关情报的这个部分,我所依据的是塞缪尔·莱曼·阿特伍德·马歇尔(Samuel Lyman Atwood Marshall)准将提供给我的资料。马歇尔将军是二战欧洲战区的首席战史研究者,他欣然让我查看他论述"市场-花园"行动的各项专著,还有他在1945年对比德尔·史密斯将军的访谈录,该访谈录记下的就是这里所讲的史密斯先后与艾森豪威尔和蒙哥马利的会晤。——原注

2 这里指的是以大约45度角拍摄的照片,而非通常照相侦察时水平拍摄的照片。

3 关于这些照片,战后英军有关部门曾做过详细调查,根据现有资料所述:9月13日,英国皇家空军第106照相侦察大队第541中队出动了一架机尾号为PRX1 PL856的喷火侦察机,驾驶员是R. A. 比尔(R. A. Beal)上尉。他驾机对迪兰机场附近的阿纳姆—阿珀尔多伦公路进行了高空水平摄影,而非厄克特所称的低空斜角摄影。厄克特所称的这几张显示有德军坦克的照片从未被人找到过,瑞恩当年采访厄克特时,是根据后者的口述内容写下的这段相关文字,并无直接证据证明其真实性。

只记得布朗宁说:"我要是你的话,就不会用这些来烦自己。"接下来,对于照片上的坦克,他继续说:"不管怎么说,它们大概无法出动。"厄克特目瞪口呆。他无助地指出,那些装甲车辆"无论能否出动,它们仍是坦克,而且还有火炮"。回顾此事,厄克特感到"也许是因为我不知道的情报,布朗宁将军不打算接受我对照片的评估。我的感觉还是那样——每个人都非常急切地想要出动,以至于什么都不能阻止他们了"。

厄克特并没有意识到,布朗宁参谋班子的部分成员认为这位年轻的情报军官过于热心了。演出就要开始,大多数军官急于快一点,也渴望快一点,厄克特悲观的警告令他们火冒三丈。正如一位高级参谋军官所说:"他的看法带有神经衰弱的色彩。他有点歇斯底里,毫无疑问是过度劳累所致。"

在与布朗宁会面后不久,军部的军医就拜访了厄克特。"我被告知,"厄克特回忆说,"我极其疲惫——可谁不是如此呢?也许应该休息,休假。我出局了。我成了军部里的讨人嫌,结果就在进攻前夕被调走了。我被告知回家去,我无话可说。尽管我不同意这个计划而且最为担心,但它仍然会成为一场盛大的演出,说来奇怪,我并不想被排除在外。"

6

9月16日,星期六,中午时分,阿纳姆各地的布告牌上张贴着德国人的新公告。

> 根据盖世太保的命令,宣布如下:
> 夜间,在斯哈普斯德里夫特(Schaapsdrift)的铁路高架桥上发生了一起炸弹袭击案。
> 号召全体居民予以合作,追查此次袭击的肇事者。
> 如果在1944年9月17日,星期日,中午12点以前还没有找到他们,若干名人质将被枪毙。
> 我呼吁你们所有人都能予以合作,好让那些没有必要的牺牲者逃过一劫。
>
> 代理市长 利拉

在一间地下室里,阿纳姆地下抵抗组织的领导人在一次紧急会议上碰了面。对铁路高架桥的破坏非常拙劣,阿纳姆地区情报组长亨利·克纳普从一开始就对这项任务感到不快,他感到"每当要搞破坏的时候,我们就全都显得十分业余"。在他看来,"集中精力为盟军提供情报就可以了,最好将破坏行动留给那些知道他们是在干什么的人去做"。阿纳姆地下抵抗组织的负责人、38岁的彼得·克鲁伊夫问别人有什么看法，尼古拉斯·查林·德博德（Nicolaas Tjalling de Bode）提议，破坏者应该去自首。克纳普记得，他当时想的是"为在桥上炸出一个小洞而要付出的代价——人质、无辜者的生命——过于高昂了"。海斯贝特·扬·纽曼（Gijsbert Jan Numan）感到内疚，他与哈里·蒙特福里（Harry Montfory）、阿尔贝特·多伊斯（Albert Deuss）、托恩·范达伦等人收集制造炸药的材料，制订了破坏行动的计划。谁也不想牵连无辜的人们受苦受难，然而又应该怎么办呢？克鲁伊夫听每个人发表完意见，随即做出了决定，他下令"组织必须保持完好无损，即使无辜的人可能被枪毙"。尼古拉斯·德博德记得，克鲁伊夫看了看聚集起来的领导人，告诫他们"谁也不得向德国人自首，这是我的命令"。亨利·克纳普感到担心，他知道如果德国人沿用他们通常做法的话，那么10～12个市民中的杰出人物——其中有医生、律师和教师——就将在星期日中午，在阿纳姆的一个广场上被公开处决。

7

在盟军的整个指挥系统中，对阿纳姆地区出现德军装甲部队的情报评估搞得一团糟。盟军最高统帅部在"市场-花园"行动开始前夕的9月16日发出的情报总结第26号——包含了令比德尔·史密斯将军不安的不祥之兆——被忽视了。总结里面写道："据报告党卫军第9装甲师，大概还有党卫军第10装甲师，正在朝荷兰的阿纳姆地区撤退。据说他们也许能从克莱沃（Kleve）地区的军需库获得新的坦克。"

蒙哥马利在与史密斯会晤的时候就已经拒绝相信这份情报，现在它又在邓普西将军的英军第2集团军指挥部里被无视了——就是该指挥部最早在9月10日注意到"遭到重创的装甲部队"出现在荷兰的。9月14日，邓普西的情报参谋班子出了最严重的纰漏，他们把在"市场-花园"行动地区的德国人描述为"兵力薄弱、士气低落，面对一场大规模空降突击可能全面崩溃"。现在，他们最初的立场发生了180度大转弯，排除了装甲部队的存在，因为邓普西的参谋们未能在任何一张侦察照片上发现敌人的装甲车辆。

在盟军第1空降集团军指挥部里，布里尔顿中将的情报主任、英军中校安东尼·塔斯克（Anthony Tasker）也不打算接受盟军最高统帅部的报告。他仔细评估了所有可以获得的情报，断定没有直接证据表明，德军在阿纳姆"除了已知的可观的高射炮之外，还有更多其他东西"。

看起来每个人都接受了蒙哥马利指挥部的乐观看法。英军第 1 空降军参谋长戈登·沃尔克准将记得:"第 21 集团军群指挥部是我们的主要情报来源,他们给的情报我们照单全收。"英军第 1 空降师师长厄克特少将则用另一种方式阐述了自己的观点,他说:"不允许有任何损害乐观情绪的东西来到海峡这边。"

然而,除了盟军最高统帅部有关"失踪"的装甲部队的报告之外,还有其他证据说明德国人在增强兵力,但这些证据只是被匆匆一瞥就束之高阁。在霍罗克斯将军的第 30 军的"花园"行动部队前方,显然正有越来越多的德军部队进入防线,10 天前在安特卫普犯下的战略错误现在开始显露后果,并对"市场-花园"行动的宏伟蓝图产生了威胁。正在充实斯图登特大将防线的德军部队恰恰就是从斯海尔德河口逃脱的那些七零八落的师——冯·灿根的第 15 集团军遭到重创的人马,该集团军实际上已经被盟军注销了。情报军官们注意到,尽管德军在数量上有所增加,但防线上的新部队却"被认为无法抵抗任何有力的推进"。然而,在比利时—荷兰边境战斗的任何一名英国兵都能够告诉他们,情况并非如此。[1]

比利时北方脏兮兮的矿业城镇利奥波德斯堡(Leopoldsburg)距离前线还不到 16 公里,镇内鹅卵石铺成的街道被吉普车和侦察车

---

[1] 英军少将休伯特·埃塞姆,在其名著《德国之战》一书(第 13 页)写道:"在 8 月底和 9 月的上半月,盟军的情报参谋们对实际形势的理解有误,他们把自己降低到 1917 年的帕斯尚尔(Passchendaele)战役时期,英国远征军总司令道格拉斯·黑格(Douglas Haig)元帅的情报主任约翰·查特里斯(John Charteris)准将那样的层面。当时,战时首相戴维·劳合·乔治指控,查特里斯"只挑选那些适合于其想象的数字和事实,随后据此发布满是希望的报告"。在 1917 年的佛兰德(Flanders,西欧低地国家的西南部,大致包括今天的比利时西部、法国北部和荷兰西南部)战役的各个时期,查特里斯报告说,敌人"崩溃"、"遭到重创"、"几乎没有预备队",甚至"在逃窜"。按照英国官方历史的说法,1917 年 7 月 31 日到 11 月 12 日之间,在帕斯尚尔周围相继发生的可怕战斗中,英军伤亡总数高达 244 897 人。——原注

塞得满满当当。所有街道似乎都通向火车站对面的一家电影院——这个平淡无奇的影剧院从来没有来过这样的观众。霍罗克斯中将的第30军——该军是参加"花园"行动的部队，他们将穿过荷兰向北猛攻，与伞兵会师——的军官们聚集在街道上，在入口处转来转去，与此同时，戴着红色帽套的宪兵正在检查他们的证件。这是一群富有特色、生气勃勃的人，令第43威塞克斯步兵师214旅旅长休伯特·埃塞姆（Hubert Essame）准将不由得想到，这就像"和平时期，在越野赛或索尔兹伯里平原上游行时集结的军队"。他被指挥官们色彩斑斓的着装迷住了，他们头上戴的东西形形色色，惹人注目。没有人戴钢盔，人们都戴着贝雷帽，色彩众多的贝雷帽上缀有各个著名团队令人骄傲的帽徽，其中有爱尔兰禁卫团、掷弹兵禁卫团、冷溪禁卫团[1]、苏格兰禁卫团、威尔士禁卫团，以及皇家禁卫骑兵团、皇家陆军勤务部队和皇家炮兵部队。每个人的打扮花哨而随性。埃塞姆注意到，大多数指挥官都穿着"狙击手的伪装服、伞兵夹克或者吉普车驾驶员的外套，下身穿着色彩明亮的宽松长裤、灯芯绒裤子、粗呢马裤甚至普通马裤"；许多人都没有打领带，而是戴着运动丝巾或"色彩各异的长围巾"。[2]

昵称"乔"（Joe）的爱尔兰禁卫团第3营营长、大名鼎鼎的约翰·奥姆斯比·伊夫林·范德勒（John Ormsby Evelyn Vandeleur）中校体格结实、脸色红润，身高1.83米，他是爱尔兰禁卫团军官中那

---

[1] 冷溪（Coldstream），作为地名译作科尔德斯特里姆，是苏格兰与英格兰交界处的博德斯行政区贝里克郡的一个小自治市。著名的冷溪禁卫团于1650年在这里建立，它也是英国陆军持续在役历史最长的步兵部队，与其他四大禁卫团共同组成了英国王室的御林军步兵禁卫队。
[2] 在其历史著作《战争中的第43威塞克斯步兵师》中，埃塞姆写道，"未来的检查军容风纪的人"可能会记得，"英国陆军的士气在其历史中最为高涨的时候，军官们就穿着认为最适合于他们生活条件和作战条件的服装"。——原注

种潇洒到天塌了也无所谓的典型人物。41岁的范德勒身穿日常穿着的作战服：黑色贝雷帽、伞兵的迷彩伪装夹克、灯芯绒裤子和高筒胶皮靴。除此之外，范德勒的屁股上还一直用皮带吊着一把0.45英寸口径的"柯尔特"自动手枪，夹克衫里塞着一条色彩艳丽的翠绿色长围巾。对他的坦克手来说，这条围巾已经成了一种象征。远在英格兰的那位穿戴过分讲究的将军"男孩"布朗宁要是看见了，一定会皱眉头的。甚至连霍罗克斯也曾经以冷幽默的方式告诫范德勒："要是德国人抓住你，乔，他们会以为自己抓住了一个农民。"然而在9月16日，甚至连霍罗克斯都丢掉了通常英军参谋军官在衣着上无可挑剔的优雅，他没有穿衬衫，而是穿了一件螺纹马球衫，作战服外面是一件无袖的皮短外套，令人想起英国自耕农的着装。

当人缘不错的霍罗克斯沿着拥挤的剧院通道走来时，四周的人都朝他打着招呼。他召集的这次会议让大家非常兴奋，人们急于再次投入战斗。从塞纳河到安特卫普，霍罗克斯的坦克部队经常日均推进80公里，但自从9月4日"补充装备、加油和休息"那3天灾难性的暂停以来，进展变得很艰难了。随着英军前进势头的消失，敌人迅速恢复了元气。在之后极其重要的两周时间里，英国人的推进简直成了蠕动。在乔·范德勒的爱尔兰禁卫团第3营的坦克引导下，禁卫装甲师用了4天时间才推进了16公里，夺取了内佩尔特附近的默兹河-埃斯科河运河上那座至关重要的桥梁，他们在次日就要从那里发起进攻杀入荷兰。对于德国人的抵抗，霍罗克斯并不抱有幻想，不过他确信自己的部队能够突破敌人的坚硬外壳。

上午11点整，霍罗克斯迈步走上舞台。聚集在台下的人都知道，英军的攻势即将重新开始，但蒙哥马利的计划有着非常严格的保密措施，因而在场的军官中只有几个人知道细节。离"市场-花园"

行动开始不到24个小时了，蒙哥马利元帅麾下的指挥官们现在首次知道了此次攻势的存在。

一幅巨大的荷兰地图挂在电影院的银幕前，彩色的线条沿着一条单线公路向北方蜿蜒蛇行，越过一条条大河的阻碍，穿过法尔肯斯瓦德、艾恩德霍芬、费赫尔、于登、奈梅亨等城镇直到阿纳姆，全程约103公里。彩色的线条从那里继续蛇行，又过了约50公里抵达须得海。霍罗克斯拿起一根长长的指示棒，开始做简报。"将来你们会跟自己的孙辈讲述这个故事，"他告诉听众们，顿了顿之后又补充了一句，"不过他们会被闷得发慌。"这句话让集中在台下的军官们笑得前仰后合。

在听众当中，柯蒂斯·D. 伦弗罗（Curtis D. Renfro）中校是来自美军第101空降师的联络官，也是在场的为数不多的美国人之一，军长的热情和自信给他留下了深刻印象。柯蒂斯记载，军长讲了一个小时，"只是偶尔看一眼笔记"。

霍罗克斯一步一步地解释了"市场-花园"行动的复杂之处。空降部队将先行一步，目标是夺取第30军前方的各座桥梁。霍罗克斯随后将下达进攻开始的命令。地面部队预计14点开始进攻，视天气情况而定。届时350门火炮进行猛烈齐射，形成一道持续35分钟的巨大弹幕。然后，14点35分，几个波次的"台风"战斗轰炸机群将呼啸而至，朝地面目标发射大量火箭弹，并引导第30军的坦克冲出桥头堡，"沿着主干道疾驶"。禁卫装甲师将荣幸地在进攻中担任先锋，在他们后面的是第43威塞克斯步兵师和第50诺森伯兰步兵师，接着是第8装甲旅和荷兰的伊雷妮公主旅。

霍罗克斯强调，部队"不得休息，更不得停止进攻"，禁卫装甲师要"拼命地持续向前"，直至阿纳姆。霍罗克斯相信，从桥头堡发起的突破将"立竿见影",他预计禁卫装甲师的第一批坦克将在两三个小时之内到达艾恩德霍芬。如果敌人能够迅速做出反应,在空降部队得手之前就把所有桥梁炸掉,那么随后赶来的第43威塞克斯步兵师的工兵,就将安排人员和架桥设备冲上前去。霍罗克斯解释说,倘若需要的话,这次庞大的工兵行动可能会动用位于利奥波德斯堡地区的9 000名工兵和2 277台车辆。整个第30军的装甲纵队将排成两列,以每公里35辆的密度塞满主干道,交通将会是单方向的,霍罗克斯预计"在60个小时里,将有两万台各种车辆通过公路前往阿纳姆"。

46岁的艾伦·亨利·沙夫托·阿代尔(Allan Henry Shafto Adair)少将是著名的禁卫装甲师师长,他听着霍罗克斯的讲话,觉得"市场-花园"行动是一项大胆的计划,不过他也认为"有可能面临棘手的问题"。他估计,最糟糕的时刻将是从马斯河-埃斯科河运河桥头堡突破的时候。尽管他充分估计到德国人会进行抵抗,不过一旦突破成功,前进就"不会困难"了。除此之外,他完全信赖那支引领攻势的部队——乔·范德勒中校的爱尔兰禁卫团所部。

乔·范德勒记得,获悉自己的坦克部队将在突破中充当矛头之时,他心中正在想的却是"啊,天哪!别再是我们了"。令范德勒感到骄傲的是,他的经验丰富的部队被选中了,但他知道自己的部下非常疲倦,各单位兵力不足。自冲出诺曼底以来,不论是兵员还是坦克,他都没有得到多少补充;除此之外,"他们也没有为制订计划留出很多时间"。不过他接着又想到,穿过德军战线长驱直入又用得着多少时间来计划呢?坐在他旁边的是他的堂弟,33岁的贾尔斯·亚历山大·梅西·范德勒(Giles Alexander Meysey

Vandeleur)中校是爱尔兰禁卫团第 2 装甲营的营长。[1]他"对于坦克成单列纵队压倒德军抵抗的计划感到震惊"。在贾尔斯看来，这不是正经的装甲战。但他回忆说，"无论有什么疑虑我都吞下去了，我屈从于一种奇怪而又紧张的兴奋，就好像在赛马起跑线上的支杆处一样"。

对于影剧院里的 3 个人来说，这份宣告激发了他们浓烈的个人情感。荷兰伊雷妮公主旅的高级军官们率领他们的部下从诺曼底一路打过来。一开始，他们和加拿大人并肩作战；接下来，在布鲁塞尔光复以后，他们被调入英军第 2 集团军；现在，他们要回家了。尽管期盼着荷兰解放，但昵称"史蒂夫"(Steve)的旅长阿尔贝特·德勒伊特·范斯泰芬宁克（Albert de Ruyter van Steveninck）上校、他的副手查尔斯·帕胡德·德莫尔唐斯（Charles Pahud de Mortanges）中校以及参谋长约恩克海尔·扬·贝拉茨·范布洛克兰（Jonkheer Jan Beelaerts van Blokland）少校却对解放荷兰的方式怀有深深的疑虑。斯泰芬宁克上校认为，整个计划是有风险的。德莫尔唐斯觉得英国人对于即将发生的事显然准备不足。按照他的说法："计划搞得似乎很不成熟。首先，我们得夺取这座桥，然后拿下那座桥，越过这条河……前方的地形有河流、沼泽、堤坝和洼地，极其困难。这一点，英国人应当已经从我们提交的许多材料中了解得非常清楚。"33 岁的参谋长范布洛克兰禁不住想到以往的战争史。"我们似乎违背了拿破仑的格言，即成功的把握有 75% 的时候再作战，然后那另外的 25% 就听天由命了。英国人把它颠倒了，是 75% 靠

---

[1] 此处原文说贾尔斯在乔的指挥之下，其实是错误的，由于英国陆军的奇特部队编制，爱尔兰禁卫团第 3 营和爱尔兰禁卫团第 2 装甲营分属第 32 禁卫旅和第 5 禁卫装甲旅。从建制上来说，这两个营属于平级关系，充其量乔作为先头营营长也许会给紧随其后的贾尔斯提供一些战术建议，而非明确的上下级隶属关系。

听天由命。我们只有 48 小时的时间赶到阿纳姆,哪怕最微不足道的事情出了差错——一座桥被炸掉了,或者德国人的抵抗比预期顽强一些——我们就会错过日程安排。"布洛克兰还有一个个人性质的担忧:他的父母住在奥斯特贝克,距离阿纳姆大桥只有 4 公里。

在军衔低于少校的军官当中,[1] 听到此次简报的人寥寥无几,其中就包括爱尔兰禁卫团第 2 装甲营 21 岁的约翰·雷金纳德·戈尔曼(John Reginald Gorman)中尉。他受到整件事的鼓舞,认为霍罗克斯"状态正佳"。戈尔曼后来回忆,军长"发挥了所有的机智和幽默,在更具戏剧性或技术性的要点当中,穿插着稍稍离题的幽默话语,他确实是一位善于主持活动的人"。戈尔曼尤其满意"花园"行动,因为作战"要由禁卫团引领,显然他们的角色将富有戏剧性"。

当会议结束,指挥官们纷纷离去准备向自己的部队作简报时,年轻的戈尔曼首次觉得自己"私下里对成功的机会产生了怀疑"。他记得自己站在一张地图面前,心想"市场-花园"行动是"一个可行的军事行动——也仅仅是可行",实在是有"太多的桥梁"了。他对地形本身也不感冒,他认为那些区域不怎么适合于坦克机动,而且"坦克成单列行进,会让我们非常容易受到攻击"。不过,上级已经许诺:进攻将得到能发射火箭弹的"台风"战斗轰炸机提供的空中支援,这又令人放下心来。还有另一个明确的许诺让人心安。戈尔曼记得,数月前的一天,他因为作战勇敢而获得了蒙哥马利亲自颁发的军功十字勋章。[2] 在授勋仪式上,蒙蒂说道:"如果打赌的

---

[1] 这里的原文是 brigade major,在英军中译作旅参谋长或者旅作战和情报科长,大多数情况下由一名少校担任。

[2] 诺曼底战役期间,他在卡昂的战斗中率领 1 组 3 辆"谢尔曼"型坦克与 4 辆德国坦克不期而遇,其中 1 辆是 60 吨重的"虎王"坦克。他的部下迅速命中了敌方坦克,但对"虎王"坦克厚厚的装甲几乎无效,戈尔曼则猛烈地撞击那辆巨大的"虎王"坦克,在那辆坦克试图逃跑的时候打坏了它的火炮,并在德军车组弃车后将他们俘虏。——原注

话，我就会说，战争到圣诞节的时候就会结束，这应该是一个成败参半的机会。"戈尔曼回忆说，霍罗克斯"告诉我们，这次进攻能够结束战争"。"在前往北方的过程中"，戈尔曼能够发现的唯一其他可能"似乎就是要在埃斯科运河或者附近，度过一个沉闷的漫长冬季"。他相信，蒙哥马利的计划"拥有恰当的闯劲和勇气，如果能有机会在圣诞节的时候赢得战争，那么我就支持继续前进"。

在平坦且笼罩在一片灰色之中的比利时乡间，煤田和矿渣堆让人联想到威尔士的许多地方。现在，那些要为邓普西的英军第2集团军开路的人听说了这个计划和有关阿纳姆的许诺。在小路边、露营区以及营地里，士兵们围在军官四周，了解自己将在"市场-花园"行动中所要扮演的角色。爱尔兰禁卫团第2装甲营第2中队中队长，29岁的爱德华·盖伊·泰勒（Edward Guy Tyler）少校记得，当贾尔斯·范德勒中校告诉手下的军官们，爱尔兰禁卫团的两个营要打头阵的时候，聚集在一起的军官中传出了"近乎呻吟的声音"。"我们认为，"他回忆说，"在夺取了埃斯科运河上的那座桥以后，我们应该休息一下，那座桥我们用乔·范德勒的名字命名，叫'乔氏桥'。但我们的指挥官却告诉我们，我们被选中是巨大的荣幸。"尽管泰勒希望能够撤销这个决定，但也同样这么认为。"我们习惯了坦克成单列纵队推进，"他记得，"在这种情况下，我们依靠的就是速度和支援，看起来没人担心。"

但刚满21岁的约翰·巴林顿·珀柳·奎南（John Barrington Pellew Quinan）中尉却"极其不安"。他要在第1中队中队长迈克尔·詹姆斯·帕尔默·奥科克（Michael James Palmer O'Cock）上尉的指挥下，第一次与打头阵的禁卫装甲师的坦克中队一起投入战斗。奎南的步兵将按照苏联人的模式，搭乘坦克行进。在他看来，"前面的河流数量似乎不吉利，我们并不是水陆两栖部队"，然而奎南同样为他的部下将"在整个英军第 2 集团军中打头阵"感到骄傲。

同样时年 21 岁的鲁珀特·马哈菲（Rupert Mahaffey）中尉被告知，"如果这次行动成功的话，那么家里的妻儿就会免于德国人的 V-2 火箭的威胁"。对此，多年后他仍然记忆犹新。马哈菲的母亲住在伦敦，当时伦敦正遭受火箭弹的猛烈轰炸。尽管他对进攻的前景感到激动，但同样认为那条一直通往阿纳姆的单一公路是"一条走起来可怕而漫长的道路"。

23 岁的罗兰·斯蒂芬·兰顿（Roland Stephen Langton）上尉被弹片击伤后在野战医院待了 5 天，现在刚刚回来，他得知自己不再是爱尔兰禁卫团第 2 装甲营的营部副官了，而是被派去迈克尔·奥科克上尉的突击中队担任副中队长，这让他兴高采烈。在兰顿看来，此次突破似乎是一件马到成功的事情，"花园"行动只有一种可能，那就是成功。"对所有人来说，德国人显然已经瓦解了、吓坏了，他们缺乏凝聚力，只能够以小股部队困兽犹斗"。

并非每个人都这么自信。第 14 皇家工兵野战中队 1 分队[1]分队长安东尼·G.C."托尼"·琼斯中尉时年 21 岁，当他听说这个计划的时候，心里觉得"显然会非常困难"。那些桥梁是整个行动的关键，正如一位军官所说，"第 30 军的猛攻就像用一根棉线穿七根针，只要一根针没有穿过去，我们就会有麻烦"。对于 24 岁的爱尔兰禁卫团老兵蒂姆·史密斯来说，这次进攻"只是另一次战斗"而已。

---

1 英国陆军的编制保留着诸多传统，与其他国家相比较为独特，有些部队营辖中队（Squadron），中队辖分队（Troop）。因此中队一般是连级单位（中队长的军衔大多是少校），分队则是排级，而在美国陆军中，Troop 通常是指装甲骑兵连。

当天他最关心的是在纽马基特举行的著名的圣莱杰赛马。[1] 他听说一匹名叫"德黑兰"的马将由著名的职业赛马骑师戈登·理查兹驾驭,这匹马"一定会赢",他与营部的一名一等兵把身上的每个便士都押在了"德黑兰"的身上。如果"市场-花园"行动能赢得这场战争的话,那今天"德黑兰"就应该赢得圣莱杰赛。令他惊叹的是"德黑兰"果然赢了。他现在完全确信,"市场-花园"行动将会成功。

有一个人"肯定感到不舒服"。28 岁的空军上尉唐纳德·洛夫（Donald Love）是皇家空军的战斗侦察机飞行员,在禁卫装甲师的军官当中感觉自己格格不入。他是空军联络组的一员,地面突破开始的时候,他们将在地面召来发射火箭弹的"台风"战斗轰炸机群。洛夫搭乘的轻型装甲车（代号"酒杯"）将紧随乔·范德勒中校的指挥车冲在前面,满载着通信设备的装甲车只有帆布车顶,这令洛夫感到缺乏保护无法自卫——这个皇家空军的联络组拥有的唯一武器是左轮手枪。范德勒说"滚动弹幕将以每分钟 200 码的速度向前延伸",这个壮实的爱尔兰人把洛夫的那辆小侦察车描述为一个"能够与天上的飞行员直接通话的装甲通信站"。当洛夫听到这些话的时候,他更加担忧了,"我得到的清晰印象是我将负责从头顶上'台风'战斗轰炸机群组成的'出租车调度站'叫车"。这个想法让他放心不下。洛夫对无线电装置所知甚少,以前也从未担任过地空联络的战术军官。随后,令他如释重负的是,他又得知第二天将有一位专家——马克斯·萨瑟兰（Max Sutherland）空军少校将与他一

---

1 纽马基特（Newmarket）,英格兰东南部城镇,著名的赛马中心。圣莱杰赛马（St. Leger Race）,被誉为平地赛马赛季中"皇冠上的明珠",是英国三冠大赛（Triple Crown）收尾战,同属于英国五大赛马经典赛事之一,拥有最悠久的历史。1776 年由陆军上校安东尼·圣莱杰（Anthony St Leger）创办,1778 年用他的名字命名,限 3 龄马驹参加,赛程约 2.8 公里,每年 9 月举行。

起，处理初期突破阶段的通信问题，之后再由他来接手。洛夫开始怀疑当初自己是否应该自告奋勇。他之所以接受这项任务，只不过是"因为我觉得这可能会是个不错的调剂"。

有一项改变让爱尔兰禁卫团第 3 营营长伤透脑筋。在夺取埃斯科运河桥头堡时，乔·范德勒失去了"一位亲密而又受人尊敬的朋友"——他的广播车，车顶上有一个巨大的扩音器，那辆车被德国人的炮弹摧毁了。无论是在英格兰训练的时候，还是在诺曼底大进军的过程中，乔都用这辆车向他的部队广播；而在每次行动结束之后，钟爱古典音乐的他总是放上一两张唱片，不过所选的并非总是禁卫团官兵喜闻乐见的乐曲。那辆车被炸成了碎片，那些古典音乐唱片的碎片与范德勒最喜欢的流行乐曲的碎片一起散落在乡间。这个损失让乔悲伤不已，但他的爱尔兰禁卫团第 3 营官兵却并非如此。他们认为，冲向阿纳姆的突击会非常艰巨，因而不必再听乔的大喇叭刺耳地播放当前的主打歌曲《赞美主并送来弹药》了。

与此同时，在英格兰的盟军第 1 空降集团军的伞兵和滑翔机机降步兵部队已经来到了集结地区，做好了起飞前的准备。在过去的 48 小时里，军官们使用地图、照片和比例模型向部下一次次做任务简报。准备工作规模庞大而又一丝不苟。在 24 个空军基地（8 个英军基地，16 个美军基地）里，运输机、牵引机和滑翔机的巨大机群经过检修、加油，装载了火炮和吉普车等装备。詹姆斯·加文准将的"全美师"第 82 空降师，在伦敦以北大约 145 公里的林肯郡格兰瑟姆（Grantham）周边的几座机场里与外界切断了联系。"罗伊"·厄克特少将的"红魔鬼"英军第 1 空降师，以及斯坦尼斯瓦夫·索萨博夫斯基少将的波兰第 1 独立伞兵旅中的部分人同样如此。在南边的纽伯里（Newbury），大致是在伦敦以西 90 公里处，马克斯韦尔·泰勒少将的"呼啸山鹰"第101空降师也被"密封"了。在同一地区，一直延伸到多塞特郡的是厄克特师的余部，他的部队大多数到17日清晨才会转移到机场里去，但这些在小镇、村庄以及靠近出发地点的营地里的部队同样做好了准备。现在，各地参加"市场-花园"行动的空降部队都在耐心地等待出击，等待从空中进攻荷兰的历史性时刻。

与任务本身相比，隔离对有些人的影响更大。拉姆斯伯里附近一座机场里的安全防范措施令第101空降师502伞兵团2营D连的汉斯福德·C.维斯特（Hansford C. Vest）下士明显焦躁不安。飞机和滑翔机"停满了周边几公里范围的地方，到处都是警卫"。他注意到机场围着铁丝网，"外面是英国警卫，里面是我们自己的警卫"。维斯特感觉"我们失去自由了"。第508伞兵团1营B连的詹姆斯·R.阿勒代斯（James R. Allardyce）二等兵在拥挤的帐篷城里，试图对铁丝网和警卫视而不见，他反复检查自己的装备，"到最后装备几乎都要被弄坏了"。阿勒代斯无法摆脱那种感觉，即"我们就像被判了死刑的人，等着被带出去"。

其他人更担心的是他们执行任务的机会。之前的那么多次作战行动都被取消了，结果第506伞兵团的新兵、19岁的梅尔文·艾斯尼克夫（Melvin Isenekev）二等兵（他从美国赶来的那一天是6月6日，正是第101空降师在诺曼底空降的当天）在抵达集结区的时候，仍然不相信他们即将出发。艾斯尼克夫觉得自己"为了这项任务接受了长期艰苦的训练，我不想被落在后方"。不过他差点儿就被落在了后方。他试图点燃用来烧热水的临时汽油炉，把一根划着了的火柴扔进了油桶里，但发觉没有什么动静，艾斯尼克夫"把头伸到油桶上方朝里看，这时油桶爆炸了"。刹那间他眼前一黑什么都看不见了,心中立即想到"现在我干了这事,他们不会让我去了"。幸运的是几分钟后他的眼睛不再那么火辣辣的,又能睁开了。不过他相信,在跳伞进入荷兰的第 101 空降师的官兵之中,他是唯一一个没有眉毛的人。

第 502 伞兵团 3 营 I 连 24 岁的丹尼尔·约翰·扎帕尔斯基(Daniel John Zapalski)二级军士长急于出发,"坚持完成了跳伞训练,希望降落伞折叠得正确,希望田野柔软,希望我没有落到树上"。尽管他在诺曼底受伤的腿还没有痊愈,但扎帕尔斯基仍然相信他的伤"并没有严重到让我无法正常履职"。他的营长,那个深受士兵爱戴的罗伯特·乔治·科尔(Robert George Cole)中校却并不这样认为,他拒绝了扎帕尔斯基的参战申请。这并没能挡住扎帕尔斯基,他绕过了科尔,从团部的外科医师那里获得了一份表明他可以参加战斗的书面证明。尽管扎帕尔斯基与科尔曾经在诺曼底并肩作战,但现在二级军士长却"被科尔臭骂一顿,这是他的作风。他说我是一个傻波兰佬,不切实际、烦人且无理取闹"。不过他还是批准扎帕尔斯基参战了。

第 502 伞兵团的随军牧师雷蒙德·S. 霍尔上尉也有类似的问题。他"非常急于回来参加行动,与我的士兵们在一起"。但霍尔同样在诺曼底负了伤,现在医生不让他跳伞。他最终被告知可以乘坐滑翔机。牧师吓坏了,他是个老伞兵,认为滑翔机很不安全。

对死亡或失败的恐惧困扰着其他人。第 502 伞兵团 2 营 F 连 22 岁的连长勒格兰德·金·约翰逊(LeGrand King Johnson)上尉宿命般地"听天由命",因为他想起了第 101 空降师在诺曼底登陆前实施夜间空降时的"惨烈和死里逃生"。他确信自己将在此次行动中难以幸免。尽管如此,这名年轻的军官还是"完全打算尽可能地折腾一下"。约翰逊不是很喜欢昼间空降的方式，那可能会造成更多的伤亡，但从另一方面来说，这次"我们将能够看见敌人了"。为了掩盖他的紧张不安，约翰逊与那伙伞兵打赌谁能喝到第一杯荷兰啤酒。约翰逊手下的查尔斯·J. 多恩（Charles J. Dohun）上士担心得"几乎麻木"了，他"不知道如何把这次昼间跳伞与诺曼底进行比较，也不知道会发生什么事情"。但还不到 48 个小时，查尔斯·多恩上士就将麻木丢到了一边，英勇地拯救了那位信奉宿命论的约翰逊上尉的性命。

22 岁的马歇尔·科帕斯（Marshall Copas）技术军士长的担心也许比大多数人更有理由。他是一名"探路者"（空降先导员），这些人将先期跳伞为第 101 空降师的后续部队标出空降场。科帕斯回忆说，在诺曼底空降的时候，"在伞兵主力开始跳伞之前，我们有 45 分钟的时间，而现在我们只有 12 分钟"。科帕斯和他的朋友——29 岁的约翰·鲁道夫·布兰特（John Rudolph Brandt）中士都担心，"倘若在地面配合我们作战的是巴顿将军的第 3 集团军而不是英国人的话"，他们两个人都会感觉好一些，"我们以前从来没有和英国兵一起打过仗"。

在格兰瑟姆地区的约翰·加齐亚二等兵是第 82 空降师参加过 3 次战斗跳伞的老手了。在他看来"市场-花园"行动"纯粹是发疯"，他心里甚至觉得"艾森豪威尔已经站在德国人那边了"。

既然"市场-花园"行动实际上已经在实施了，第 82 空降师 508 伞兵团 3 营营长小路易斯·冈萨加·门德斯（Louis Gonzaga Mendez, Jr.）中校，就毫不犹豫地在一个特别话题上畅所欲言了。门德斯中校对部队在诺曼底痛苦的夜间跳伞经历还记忆犹新，所以对那些将在第二天运送他的营投入战斗的飞行员发出了严厉警告。"先生们,"门德斯冷冰冰地说,"我的军官们已经把这张荷兰地图和空降场牢记在心,我们做好了出击准备。在诺曼底登陆之前,当我带着自己的营去听任务简报时,大家都清楚我的那支战备状态正值巅峰的部队有多少人。等到我在诺曼底把他们集合起来的时候,已经失去了一半人。我命令你们:要么把我们扔进荷兰,要么把我们扔进地狱,但一定要把我们完整地扔进一个地方。"

第505伞兵团1营C连的约翰·亨利·艾伦一等兵是一个拥有3次战斗跳伞经验的24岁老兵,他在诺曼底受伤的腿尚在痊愈中,对这次行动显得泰然自若。"在夜间跳伞的时候他们从来也没有打中过我,"他严肃地对自己的战友说道,"而现在他们能看见我了,一枪就能把我打下来。"第505伞兵团1营A连的拉塞尔·R.奥尼尔(Russell R.O'Neal)上士以前有过3次夜间战斗跳伞的经历,他确信自己的"爱尔兰好运就要用完了"。当他听说第82空降师定于昼间跳伞的时候,就写了一封永远也没有发出的信:"今天晚上您可以在窗户上挂上一颗金星[1]了,妈妈,德国人甚至在我们落地之前就有很好的机会击中我们。"第504伞兵团2营F连的菲利普·H.纳德勒(Philip H. Nadler)二等兵为了让气氛轻松起来,散布了几个谣言——尽管在散布谣言的时候,他可能把气氛搞得更糟糕了。他最喜欢的谣言就是,第82空降师的一处空降场里有一个巨大的德军营地,党卫军部队就在其中露营。

纳德勒并没有对排里的任务简报留下深刻印象。第504伞兵团的目标之一就是位于赫拉弗的那座桥。作简报的中尉让士兵们聚集到他的周围,掀开沙盘模型上的盖子说道:"伙计们,这就是你们

---

[1] 金星(gold star),在美国窗前挂金星表示有家庭成员为了国家战死疆场。

的目的地。"他把指示棒落在那座带有"赫拉弗"字样的桥上面,纳德勒第一个发表了评论。"是的,我们知道那地方,中尉,"他说道,"不过我们这是要在哪个国家降落?"[1]

第504伞兵团2营营长爱德华·尼古拉斯·韦勒姆斯(Edward Nicholas Wellems)少校同样认为这座桥的名字相当不祥,尽管那些给他的部下作简报的军官突然把发音变了,把它念作"格拉韦桥"。

这些任务简报引起了复杂的反应。第504伞兵团团部连19岁的杰克·路易斯·博默(Jack Louis Bommer)下士认为:"6个或8个星期以后我们就会回家了,然后他们就会把我们派到太平洋。"第504伞兵团2营F连21岁的利奥·迈克尔·哈特(Leo Michael Hart)二等兵认为,他们根本不会出发,他听说——也许是由于纳德勒二等兵散布的谣言造成的后果——在空降区域有4 000名党卫军。

第307空降工兵营营长,38岁的埃德温·艾伦·比德尔少校记得,有一名二等兵唯一关心的事情就是一只活野兔的安全,这是在当地村庄举行的一次有奖销售活动中赢来的。他的宠物太乖巧了,人走到哪儿它就跟到哪儿。这名二等兵担心它可能活不过跳伞行动,即使活下来也可能会被送入炖锅。

在位于格兰瑟姆地区的斯潘霍机场附近,英军第1空降师第4伞兵旅第10伞兵营的军需官,昵称"帕特"的约瑟夫·温斯顿·格洛弗(Joseph Winston Glover)中尉正在为一只红棕色的名叫默特尔(Myrtle)的鸡担忧,自初夏以来格洛弗就把它当宠物养着。"伞兵鸡"默特尔参加过6次训练跳伞,它的脖子上系着一根橡皮筋,橡

---

[1] "赫拉弗"的拼写是"Grave",在英语中的意思是"坟墓",纳德勒的这句话是调侃,言外之意是:"我们都是要去坟墓里的,但不知道是哪个国家的坟墓。"

皮筋的另一头系在降落伞的伞翼上。最初它就待在系在格洛弗左肩上的拉链小帆布包里，跳伞时格洛弗在离地15米处把它放出来。现在默特尔已经成专家了，格洛弗将其放出的高度已经达到了90多米。每次默特尔都会发疯似的拍打翅膀，发出嘶哑的尖叫声，随后仪态万方地飘落在地。格洛弗回忆说，"这只相当温顺的宠物鸡会在地上耐心地等着，等着我落地后把它抱起来"。"伞兵鸡"默特尔要去阿纳姆，那将是它的第一次战斗跳伞。但格洛弗并不打算冒不必要的风险，他计划把默特尔放在包里，直到他在荷兰着陆。

第1机降旅的基地在南方的基维尔（Keevil）附近，该旅国王属苏格兰边民团第7营23岁的悉尼·纳恩（Sydney Nunn）一等兵巴不得能从他的"宠物"那里脱开身。他认为这个营地是"一场噩梦"。纳恩已经等不及要去阿纳姆或者别的任何地方，只要能离那只老是钻进他的褥子里对他纠缠不休的鼹鼠足够远就行。

英军第1空降师正在从英格兰中部向南延伸到多塞特郡的数座基地中待命。士兵们普遍感觉如释重负，因为他们终于要参战了。除此之外，作任务简报的军官还强调"市场-花园"行动能够缩短这场战争的持续时间。对这些从1939年起就一直在作战的英国人来说，这个消息令人振奋。第21独立伞兵连的罗纳德·肯特（Ronald Kent）中士听说，"这次行动的成功甚至可能让我们夺取柏林"，而且在阿纳姆的地面抵抗力量"将主要由希特勒青年团和骑自行车的老年人构成"。第1伞兵旅的沃尔特·英格利斯中士同样自信，他认为这场进攻将是"轻而易举的事情"，"红魔鬼"们所要做的一切，就是"守住阿纳姆大桥48个小时，直到第30军的坦克部队到达，然后这场战争实际上就结束了"。英格利斯估计，他将在一周之后回到英国的家中。第1伞兵旅的戈登·F. 斯派塞（Gordon F.

Spicer）一等兵不假思索地认为，这次行动是"一件相当简单的事情，我们一靠近，那些在幕后活动的德国人就会心惊胆战地缩回去了"；而第 1 机降轻型炮兵团的珀西·帕克斯（Percy Parkes）一等兵在听取了任务简报后则感到，"我们在阿纳姆遭遇到的将是一帮各式各样的德国厨子和办事员"。珀西说，坦克的出现"只是被顺便提了一句，我们被告知，我们的空中掩护将会强大到让我们头上的天空变黑"。医护兵杰弗里·斯坦纳斯（Geoffrey Stanners）下士估计只能见到"两三个患了疝气的营"；而通信兵维克托·里德则"期待着能看到德国的空军妇女辅助队"，他认为"空军妇女辅助队将是唯一保卫阿纳姆的德国人"。

有些能够合法地待在后方的人也急于出发，第 1 机降旅炮兵部队的艾尔弗雷德·W. 鲁利耶（Alfred W. Roullier）中士就是其中之一。这名 31 岁的空降兵发现他没有被列入参加阿纳姆行动的名单，尽管鲁利耶是作为炮手接受的培训，但眼下却在营部暂时担任食堂的军士。由于他有烹调专长，可能就得在这个工作岗位上度过战争的余下时间了。艾尔弗雷德·鲁利耶曾两次恳求团军士长约翰·西利（John Siely）让自己参加攻势，但都被拒绝了。第三次的时候阿尔夫[1]·鲁利耶强调了自己的理由。"我知道这次行动能够早日结束战争，"他告诉西利，"我有一个妻子两个儿女，但如果这次进攻能够让我更早回家，保证他们有一个更好的未来，那么我就要参战。"西利为他开了后门，阿尔夫·鲁利耶的名字被加在了即将前往阿纳姆的人员名单上了——在那里，在未来的一周内，这位在军人食堂任助理的中士将在某种程度上成为一名传奇人物。

1　阿尔夫（Alf）是艾尔弗雷德的昵称。

在"市场-花园"行动开始之前，人们的情绪普遍高涨。而在某些军官和士兵之中却涌动着一股怀疑的暗流，他们为了各种各样的原因而焦虑，尽管多数人还是谨慎地掩饰着自身的情绪。第1伞兵旅的丹尼尔·T.摩根斯（Daniel T. Morgans）下士认为"'市场'行动很是可笑"，而且"在距离目标10公里左右的地方空投，然后要边打边走穿过一座城市才能抵达目标，实际上是自找麻烦"。第1伞兵旅第3伞兵营营军士长约翰·克利福德·洛德（John Clifford Lord）也是这样认为的，他感到"这个计划有点冒险"。对于敌人缺兵少将、精疲力竭的言论，他同样不怎么认可，他知道"德国人绝非傻瓜，而是非凡的勇士"。洛德军士长的言行举止甚至能吓坏他手下的老兵（有些人在他背后甚至敬畏地称他为"耶稣基督"），不过他并没有把自己的不安显露出来，因为"对士气来说那可能会是灾难性的"。

第1伞降工兵中队A分队分队长埃里克·麦克拉琴·麦凯（Eric Maclachan Mackay）上尉手下工兵们的任务之一，就是迅速赶到阿纳姆的公路桥，拆掉德国人预先布设的爆炸物，不过他对整个行动持怀疑态度。他认为全师"在距离目标大约13公里的地方空降，可能与在150公里以外空降没有什么区别"，突然袭击和"闪电般突袭"的优势无疑会丧失。麦凯悄悄地命令部下，每人携带的弹药和手榴弹数量加倍，他还亲自向分队中的所有人简单介绍了逃跑的技巧。[1]

27岁的安东尼·迪恩-德拉蒙德（Anthony Deane-Drummond）少校是第1空降师通信科副科长，他对自己的通信设备尤其关注。他所担心的除了主要的指挥单元外，还有较小的"22"型电台。在

---

[1] 有关英军第1空降师在阿纳姆大桥活动的精确的叙述之一，见于埃里克·麦凯所写的《阿纳姆大桥之战》一文，载于《布莱克伍德杂志》1945年10月号。——原注

对阿纳姆展开攻击期间，师长厄克特和各座桥梁之间将依靠它联络。"22"型电台在4.8～8公里之内传输和接收效果最好，由于空降场在距离目标大约11～13公里的地方，所以可以预期其表现是不稳定的。更糟糕的是，这些电台还必须与布朗宁的空降军军部进行有效联络，按照计划后者将位于空降场南部约24公里的奈梅亨。雪上加霜的还有地形干扰，在阿纳姆的公路桥和空降区域之间是城镇本身，还得加上茂密的森林和城郊的新建住宅区。另一方面，为了给战地指挥官——这次是空降军军长布朗宁中将——收集、传递情报评估和即时报告，组建了一个被称为"幽灵"的独立情报收集联络小队，[1]他们并不为自己使用的"22"型电台的传输范围感到担心。"幽灵"小队队长、25岁的内维尔·亚历山大·海（Neville Alexander Hay）中尉是受过高级别培训的专家，他甚至"有点藐视皇家通信部队"，他的小队倾向于把皇家通信兵部队当作"穷堂弟"对待。海和他的报务员使用一种特殊的天线，能够将"22"型电台的信号传输范围提高到160公里以上。

即便海中尉能获得成功，可以在紧急情况下使用各种各样的通信手段，[2]迪恩-德拉蒙德仍然感到不安。他对自己的上司、昵称"汤姆"的通信科长托马斯·戈弗雷·沃恩·斯蒂芬森（Thomas Godfrey Vaughan Stephenson）中校说，"在行动的最初阶段，这些装备是否能够令人满意地正常使用真是值得怀疑"。斯蒂芬森对此表示同意，但他认为即便如此问题并不大。在此次突袭过程中预计部

---

[1] 在英军历史上，"幽灵"侦察队是大本营联络团的别称，兵力共850人，装备了轻型装甲车辆和大功率电台，负责向集团军群指挥部提供己方部队的动向和位置。"市场-花园"战役中有一个小队临时属英军空降部队行动。

[2] 通信配置中包括皇家空军提供的82只鸽子，鸽舍位于伦敦地区——这就是说，如果它们在经历了空降和德国人的打击之后还活着的话，要飞行约386公里才能传递信息。——原注

队将非常迅速地接近阿纳姆大桥，因此可以确信各单位与指挥部失去联系的时间最多也就一两个小时。迪恩-德拉蒙德听说到时候"情况将会恢复正常，厄克特的师部将与已经上了桥的第1伞兵旅在一起"。迪恩-德拉蒙德后来回忆说，尽管他并没有完全放心："但就像其他所有人一样，我也深受主流情绪的影响：'不要消极，看在上帝的分上，不要添乱，让我们开始进攻吧。'"

眼下，做出最后的决定靠的并不是人，而是天气。从最高统帅部以降，高级将领们全都在焦急地等待着气象报告。如果考虑到距离蒙哥马利的最后期限还有不到7天时间，那么"市场-花园"行动的准备已经极其充分了，但还是需要起码3天的好天气的预告。9月16日傍晚，气象专家发布了他们的研究结果：除了早上有些雾之外，未来3天的天气将是晴朗的，基本上无风无云。在盟军第1空降集团军指挥部里，布里尔顿中将迅速做出决定。19点45分，他向部下发送了加密电传电报："确认'市场'行动，17日，星期日。收到请回复。"布里尔顿在日记中写道："我们终于投入战斗了。"他觉得今晚能睡个好觉了，正如他对参谋们说的那样，"我既然做出了决定，就不再担忧了"。

在拥挤的飞机库、帐篷城和尼森式活动房屋[1]里，等待中的人们听说了这个消息。在格兰瑟姆附近的英军第1空降师通信部队的士官食堂里，壁炉上方的一面大镜子上有人用粉笔写着"还有14个小时……绝不会取消"。霍勒斯·"霍克"·斯皮维中士注意到，随着时间一小时一小时地过去，这个数字也在一次次地用粉笔改写。斯皮维已经厌倦了为那些永远没有实施的行动所做的任务简报，对

---

1 尼森式活动房屋（Nissen huts），加拿大人彼得·诺曼·尼森（Peter Norman Nissen，1871—1930年）少校设计的一种瓦楞铁皮半圆顶和水泥地面的活动房屋，可以用作营房或者仓库。

他来说，镜子上的那个总是在减少的数字是迄今为止最好的证明，这一次"我们肯定要出发了"。

在所有的基地里，盟军第1空降集团军的官兵们做了最后的准备。他们已经听取了全面的任务介绍，检查了武器，将身上的钱兑换成了荷兰盾；现在，这些被隔离的官兵除了等待无事可做。有些人利用这段时间写信，"庆祝"即将在次日上午出击；有的人把个人物品整理好之后睡觉，或者参加马拉松式的玩牌游戏，从21点、德州扑克到桥牌。第1伞兵旅第2伞兵营20岁的弗朗西斯·W.蒙克尔中士连续多个小时一直在玩21点，令他惊奇的是自己在不断地赢。蒙克尔看着面前那堆不断增多的荷兰盾，感觉自己就像一个百万富翁。他期望"战斗结束后能在阿纳姆痛快地玩耍一番"，在他看来那场战斗"只会持续48个小时"，中士用这点时间足以和德国人算账了。就在3天前，蒙克的弟弟、17岁的皇家空军上士试图在60米的空中从被击落的轰炸机上跳伞时阵亡了，他的降落伞没能完全打开。

在格兰瑟姆南部的科茨莫尔（Cottesmore）的一处基地里，第4伞兵旅第10伞兵营A连昵称"乔"（Joe）的拉尔夫·森利（Ralph Sunley）中士正在执行安全巡逻任务，确保"没有一个伞兵能溜出基地到村子里去"。在返回机场的时候，森利看见体能训练师金杰·格林（Ginger Green）中士把一个瘪了气的足球扔向空中，后者是一个"性格温和的大个子"。他敏捷地接住球，又把球扔向森利。"你用这玩意到底要干什么？"森利问道。金杰解释说，他要把这个瘪了气的足球带到阿纳姆，"完事之后我们就能在空降场玩一会儿了"。

在肯特郡的曼斯顿（Maston），滑翔机飞行员团的乔治·悉尼·贝利斯（George Sidney Baylis）上士盼望着能有一些娱乐活动。他听闻荷兰人喜欢跳舞，就细心地把跳舞用的轻便平底鞋打了包。第 1 伞兵旅第 2 伞兵营的通信兵斯坦利·G. 科普利（Stanley G. Copley）购买了额外的胶卷。由于预计不会遭遇到多少抵抗，他认为那是"一个绝佳的机会，可以拍摄一些荷兰乡村和城镇的照片"。

有个人把他几天前在伦敦买的礼物给带上了。当初荷兰被德军占领的时候，32 岁的荷兰海军少校阿诺尔德斯·沃尔特斯（Arnoldus Wolters）指挥着他的扫雷艇逃了出来，驶往英国。从那时起，他就隶属于荷兰流亡政府，做着各种各样的文案工作，忙于处理信息和情报。几天以前，沃尔特斯被要求前往荷兰，作为归属厄克特少将的师部指挥的军政府和民事工作队成员，有人提议沃尔特斯出任由空降部队解放的荷兰领土的军事长官。"那是一个让人吃惊的提议——从办公椅来到滑翔机。"他回忆道。沃尔特斯隶属于第 1 机降旅副旅长希拉里·纳尔逊·巴洛（Hilary Nelson Barlow）上校手下的一支部队，巴洛将在阿纳姆光复后担任该城的城防司令，而沃尔特斯将成为他的助手。这会儿，沃尔特斯正为即将重返荷兰而万分激动，"我被乐观情绪所鼓舞，凡是告诉我的事情我都相信。我确实没有预料到这次行动将会非常困难，似乎战争实际上已经结束了，进攻将非常容易。我预计将在星期天空降，星期二回家，在希尔弗瑟姆（Hilversum）与妻女团聚"。沃尔特斯为妻子玛丽亚买了块手表，为女儿买了只 60 厘米高的玩具熊。4 年前他最后一次见到女儿的时候，她还是个婴儿。他希望不会有人介意他把玩具熊带进滑翔机。

第 1 伞兵旅第 2 伞兵营 31 岁的营长约翰·达顿·弗罗斯特（John Dutton Frost）中校将亲率他的营去夺取阿纳姆大桥，他把猎狐时吹的铜号连同作战服一块儿打了包。那只铜号是皇家狩猎队的成员送给他的，1939至1940年，他是狩猎队的队长。平时训练的时候，弗罗斯特会吹响铜号集合部队，在这次行动中他也打算这样做。弗罗斯特对于昼间跳伞并没有感到不安，任务简报会上得到的信息"让我们觉得德军兵力薄弱士气很低，那个地区的德军部队战斗力很低，装备很差"。但弗罗斯特确实对空降场有些疑虑。他被告知"大桥南边的圩田不适合伞兵和滑翔机着陆"，让他纳闷的是既然如此，"如果这么不适合的话"，为什么那些波兰人还要在大桥南边空降呢？

尽管弗罗斯特急于参加战斗，却"不喜欢前往荷兰"，他暗自希望空投能在最后一刻取消或者推迟。他很享受在林肯郡斯托克罗奇福德（Stoke Rochford）地区的日子，希望"说不定能再待上一两天，只做我以前做过的所有愉快的事情"。但他的杂念中还掺杂着其他想法，那些想法"告诉我，我们在这里待的时间够长了，现在该离开了"。9月16日，弗罗斯特睡得很香。尽管他还不至于天真到认为阿纳姆之战将是"一件好玩的事情"，但他又确实告诉自己的勤务兵威克斯（Wicks），把他的枪、子弹、高尔夫球杆和晚礼服装进随后出发的指挥车里。

士官食堂现在空无一人。在食堂壁炉上方的那面镜子上有最后一个记录，那是人们忙里偷闲时涂鸦的，写着："两个小时以后出发……绝不会取消。"

第 3 部

进攻

Part Three

The Attack

1

庞大的飞行编队发出的轰鸣声震耳欲聋。在牛津郡和格洛斯特郡的英军滑翔机部队基地四周,惊慌失措的牛马在田野里乱窜。在英格兰南部和东部,成千上万的人吃惊地注视着天空,一些村庄和城镇出现了交通堵塞,人们都停在原地一动不动。在快速行进的火车里,旅客们挤作一团凝视着窗外。人们张口结舌,目瞪口呆,那是一幅任何人都从未见到过的景象。有史以来最强大的空降部队正离地升空,飞向目标。

1944年9月17日,在这个阳光明媚的周日上午,英格兰各地恰巧在举行特殊的宗教仪式,以纪念那些"勇敢的少数人",他们就是4年前英勇无畏地挑战希特勒的德国空军、成功遏制住敌人的皇家空军飞行员。当做礼拜的人们跪下来祈祷时,螺旋桨发出的持续而又让人难以忍受的嗡嗡声把祷告的声音完全遮盖住了。在伦敦的威斯敏斯特大教堂,庄严的《圣母颂歌》那昂扬的管风琴声不见了,人们三三两两地离开长椅,汇入街道上聚集的人群之中。在大街上,伦敦人凝望天空,被喧嚣声惊得不知所措,一个又一个机群编队从他们头顶低空飞过。在伦敦北部,一个救世军[1]乐队由于无法忍受噪声而停止了演奏,但那位低音鼓鼓手却注视着天空,用力敲

---

[1] 救世军(Salvation Army),国际基督教慈善组织,1878年由英国牧师威廉·布斯(William Booth, 1829—1912)创建,其组织形式与活动方式类似军队。

出了一个象征性的鼓点：三点一线——在莫尔斯电码中，那是代表胜利的"V"（victory）。

对旁观者来说，牵引着滑翔机的飞机组成的巨大洪流清楚地揭示出了这次进攻的性质，但6个小时以后，英国人民才会得知他们目睹了攻势的开始阶段，这是有史以来构想最为宏大的空降行动。红十字会工作者安杰拉·霍金斯可能对人们目睹庞大机群飞过时的反应做出了最好的总结。当一拨又一拨飞机像"成群结队的欧椋鸟"一样从天上飞过时，她透过列车的窗户吃惊地朝上凝望着。她确信，"无论剑指何处，这次进攻都一定会结束战争"。

对于部队出发产生的令人瞩目的奇观，盟军第1空降集团军的官兵和地面上的平民一样毫无准备，机群的规模之大、场面之壮观令前往荷兰的伞兵、机降步兵以及飞行员们愕然。隶属于第82空降师的荷兰军官阿里·迪尔克·贝斯特布鲁尔切（Arie Dirk Besterbreurtje）上尉认为，这番景象是"令人难以置信的，这次行动肯定动用了盟军的所有飞机"。事实上，参加行动的飞机约有4 700架，这是执行单次空降任务中使用数量最多的一次。

空运行动是在拂晓前数小时开始的，持续了一上午。首先，1 400多架盟军轰炸机从英国的机场起飞，对"市场-花园"行动地区的德国防空阵地和部队集结地进行狂轰滥炸。随后，从上午9点45分开始，在2小时15分钟的时间里，2 023架运输机、滑翔机及其牵引机从24个美军基地和英军基地蜂拥上天。[1] 运送伞兵的C-47运输机排成45机的长编队，更多的C-47运输机和英军轰炸机——

---

[1] 许多官方报道说，第一批参加市场行动的飞机起飞时间是上午10点25分，也许他们想到的是运送探路者飞机的起飞时间。对飞行日志和空中交通管制员的时间表研究表明，空运显然是在上午9点45分开始的。——原注

"哈利法克斯""斯特林""阿尔比马尔"——牵引着478架滑翔机。大量搭载装备和兵员的滑翔机拴在90多米长的缆绳上，在牵引机的后方上下跃动着，好似无穷无尽的空中列车。在小一些的"霍萨"(Horsa)和"韦科"(waco)滑翔机群中摇曳的是庞大却纤细的"哈米尔卡"(Hamilcar)滑翔机，该机运载能力为8吨，能够承载一辆轻型坦克或者两辆装载着火炮或弹药的3吨卡车。在这些庞大编队的上下和两翼护航的是近1500架盟军战斗机和战斗轰炸机——有英军的"喷火"，发射火箭弹的"台风"、"暴风"和"蚊式"，有美军的P-47"雷电"、P-38"闪电"、P-51"野马"以及低空俯冲轰炸机。天上的飞机是如此之多，第101空降师502伞兵团1营的尼尔·J.斯威尼（Neil J. Sweeney）上尉记得："我们仿佛可以踩着机翼一路走到荷兰。"

首先起飞的是英军滑翔机部队。厄克特少将在"市场-花园"行动走廊里的位置比美国人更靠北，要求也不同。在第一次空运中他需要尽可能多的人员、装备和火炮——尤其是反坦克炮——以便攻占和坚守目标，直到地面部队前来接应。因此，他的师主力是由滑翔机运送的：320架滑翔机搭载着菲利普·"皮普"·希克斯准将的第1机降旅官兵、车辆和火炮，将在13点过后到达阿纳姆以西的空降区域。30分钟后，分乘145架伞兵运输机的杰拉尔德·拉思伯里准将的第1伞兵旅开始空投。由于不甚灵便的滑翔机和牵引机的速度要慢一些——每小时193公里，而伞兵运输机是每小时225公里——所以这些庞大的"空中列车"（或是按照伞兵的叫法——"队列"）得先起飞。在格洛斯特郡和牛津郡的8个基地里，滑翔机和牵引机在机场跑道上徐徐加速，然后以此前从未尝试过的起飞速率升上天空：每分钟起飞一个组合。编队飞行尤其复杂和危险。这些飞机缓慢地爬升，向西越过横亘在威尔士南部和英格兰中西部之间的布里斯托尔海峡。待速度同步后，牵引机和滑翔机就成对地向右列成梯形编队，然后折回越过起飞的基地，向着伦敦以北的哈特菲尔德（Hatfield）镇上空的集结点飞去。

英军的第一个滑翔机队列在布里斯托尔海峡上空编队时，12架英军"斯特林"轰炸机和6架美军C-47运输机于上午10点25分起飞奔赴荷兰。机上是被称为"探路者"的美军和英军空降先导员，这些人将首先着陆，为"市场"行动的部队标出空投区域和空降场。

与此同时，英军第1空降师的伞兵与美军第82空降师乘坐625架运输机和50架由C-47运输机牵引的滑翔机，从林肯郡格兰瑟姆周围的基地起飞了。第9部队运输机司令部的飞机以令人吃惊的精确性，以5~20秒的间隔离开地面。它们一拨又一拨地在剑桥郡马奇（March）镇的上空会合，又从那里编成平行的三列纵队，在奥尔德堡（Aldeburgh）上空飞越海岸。

同一时间，第101空降师乘坐424架C-47运输机，外加70架滑翔机和牵引机，从纽伯里东南的格林纳姆公地（Greenham Common）周边的空军基地起飞升空。机群完成编队以后，同样通过了哈特菲尔德上空的交通控制点，然后朝东飞行，在布拉德韦尔湾越过海岸。

至少16公里宽、161公里长的庞大的三列纵队从空中掠过英格兰的乡村。美军第82空降师和英军第1空降师沿着北部的航线前往奈梅亨和阿纳姆，伴飞的还有一个由38架滑翔机组成的特殊队列，搭载着布朗宁中将的军部前往奈梅亨。在南部的航线上，美军第101空降师越过了布拉德韦尔湾，飞往艾恩德霍芬以北不远处的空降场。到上午11点55分，所有部队——2万多名官兵、511台车辆、

330门火炮以及590吨装备——都离开了地面。第82空降师505伞兵团2营E连的詹姆斯·约瑟夫·科伊尔（James Joseph Coyle）中尉在约460米的高度俯瞰着英格兰乡间，他看见一些修女在修道院的院子里挥手，心里觉得"这个晴朗的日子和修女们组成了一幅堪比油画的画面"。他也挥手致意，想知道"她们是否知道我们是谁，要到哪里去"。

对空降部队中的多数人来说，这次飞越英格兰旅程的开始阶段氛围很是轻松。对第1伞兵旅第1伞兵营的罗伊·诺里斯·爱德华兹（Roy Norris Edwards）二等兵而言，"一切都是如此安详，就像乘坐公共汽车前往海边旅游一般"。艾尔弗雷德·乔治·沃伦德二等兵记得："这是一个完美的星期日，是一个适合在乡间小路漫步、喝上一品脱本地酒的上午。"

滑翔机飞行员团团长乔治·詹姆斯·斯图尔特·查特顿（George James Stewart Chatterton）上校为运送布朗宁中将的那架滑翔机导航，他将这个星期日描述为"极其晴朗的一天，似乎不可能是我们起飞去参加有史以来最伟大战役的日子"。布朗宁的随行人员和装备给查特顿留下了深刻印象。和将军在一起的是他的勤务兵、军部医官、厨师，以及他的帐篷和私人吉普车。布朗宁坐在一个装沃辛顿牌啤酒的空板条箱上，一边是飞机驾驶员，另一边是副驾驶。查特顿注意到，他"衣着干净利落，穿着呢绒作战服，扎着擦得锃亮的萨姆·布朗武装带[1]，裤子上的裤缝似刀刃一般挺直，真皮枪套像镜子一样光亮，随身带着把轻便手杖和一双纤尘不染的灰色小山羊皮手套"。查特顿说，中将阁下"情绪极其高涨，因为他意识到

---

1 萨姆·布朗（Sam Browne，1824—1901），英国将军，武装带的首创者。

自己已经攀上了事业的顶峰，四周洋溢着欢快的气氛"。

在另一支滑翔机队列里，那位安静的苏格兰人、被指派执行"市场-花园"行动中最艰巨任务的第 1 空降师师长"罗伊"·厄克特少将认为，"想要抑制住由于终于出发而激动的情绪是困难的"。然而在这位颇得人心的军官脑海里，仍然一如既往地考虑着他的士兵和眼前的工作。同布朗宁一样，他也带着随行人员。厄克特打量着眼前的这架"霍萨"滑翔机——上面载着他的副官格雷厄姆·查特菲尔德·罗伯茨（Graham Chatfield Roberts）上尉、勤务兵汉考克、滑翔机飞行员团的随军牧师乔治·阿诺德·佩尔（George Arnold Pare）上尉，还有一名通信兵、两名宪兵以及他们的摩托车和将军的吉普车——感到良心不安。他想到了麾下的伞兵们，背着背包、枪支和装备，在负重极大的情况下挤在运输机里面。厄克特只带着一个斜挎包、两枚手榴弹、一个地图盒和一本笔记本。他为自己的舒适感到不安。

临近起飞时，厄克特还要做出困难的决定。出发前数小时，他的参谋长查尔斯·贝利·麦肯齐（Charles Baillie Mackenzie）中校[1]接到了一名美国陆航高级军官打来的电话，对方询问是否要轰炸沃尔夫海泽的那家精神病院。麦肯齐汇报说，那个美国人"想得到厄克特的亲自保证，里面的人是德国人而不是疯子；否则美国人不会承担责任"。那家精神病院靠近该师的集合地点，位置险要，厄克特的参谋认为那里由德国人把守着。麦肯齐承担了责任（同意轰炸）。"责任自负！"那个美国人回答道。厄克特认可了参谋长的行为。"我的意思是尽可能做好准备，就是这样！"他回忆说。

---

[1] 此处原文有误，将麦肯齐的军衔写成了上校。

当麦肯齐即将登上搭乘的滑翔机时，厄克特把他拉到了一旁。"瞧，查尔斯，"他告诉麦肯齐，"要是我出了什么事，指挥权的接替顺位如下：首先是拉思伯里，接着是希克斯和哈克特，按这个顺序来。"厄克特的选择是根据经验做出的。"谁都知道，拉思伯里是我的副手，"他后来回忆说，"哈克特晋升准将比希克斯早，但年龄小得多，我确信在指挥步兵方面希克斯要更有经验。我的决定绝不是对哈克特指挥能力的反映。"厄克特反省，也许他应该早点把自己的决定告诉每名准将，不过他"坦率地认为，整个问题只是理论上的假设"，这个师既失去厄克特又失去拉思伯里的概率微乎其微。

现在，所有的决定都做出了，厄克特无所事事地注视着"战斗机中队越过滑翔机队列"。这是他第一次乘坐滑翔机进行作战之旅，提前吃了两三片晕机药。他的喉咙干燥，吞咽困难。他还意识到"勤务兵汉考克正注视着我，脸上露出一副关切的表情，和别人一样他也以为我会晕机"。厄克特并没有晕机。"我们身处庞大的飞机洪流之中，脑海里涌现出各种想法。我们投入了战斗，制订了一个良好的计划。我仍然希望我们能够更接近那座大桥，但对此事我并没有念念不忘"。

尽管庞大的机群在起飞时展现出了很高的运作效率，但不幸和事故几乎仍然立即就发生了。就在起飞前，一架滑翔机的左翼被"斯特林"轰炸机的螺旋桨打了下来，好在无人受伤。运载第1机降旅边民团第1营军需官艾伦·哈维·考克斯中尉的滑翔机在费力升空时陷入了麻烦，低空云层遮挡住了滑翔机飞行员的视线，他无法与牵引机的尾部保持顺直。滑翔机飞向一个方向，牵引机飞向另一个方向，这样一来牵引绳就有可能缠住滑翔机的机翼，使之倾覆。由于滑翔机飞行员无法与他的牵引机重新校直，只好抓住红顶的脱离控制杆解开了缆绳，考克斯搭乘的滑翔机毫发无损地在泰晤士河畔桑福德（Sandford-on-Thames）的一块干草地上着陆了。一次更为古怪的事故发生在一架运载第82空降师官兵的C-47运输机上。那些士兵面对面地坐在机舱两侧。起飞5分钟后，第504伞兵团的杰克·博默下士看见"坐在我对面的人身后的货舱口弹开了"。气流的力量几乎把人从舱口吸到了外面，博默回忆说，当他们绝望地抓住东西不放时，"飞行员优美地翻了个筋斗，舱口又砰的一声合上了"。

悉尼·纳恩一等兵先前急于离开基维尔附近的基地以及那只总爱钻进他褥子的鼹鼠，但现在他则为还能活着感到庆幸。在平静地飞行了一个多小时后，他搭乘的滑翔机钻进了云里；从云层中穿出来时，滑翔机飞行员看见牵引绳缠在了左翼上。纳恩听见滑翔机飞行员通过无线电呼叫牵引机"我遇到麻烦了！我遇到麻烦了！"，接着就把缆绳解开了。"我们似乎完全停在了空中，"纳恩记得，"然后滑翔机的机头下垂，歪歪扭扭地朝地面坠去，牵引绳在旁边飘扬着，就像断了的风筝线一样。"纳恩坐在位子上"吓呆了"，只听见风在机身旁呼啸着，"希望滑翔机里固定吉普车的锁链能够承受住拉力"。随后他听见飞行员提醒他们："振作起来，伙计们。我们到了！"滑翔机触到了地面，弹起后再次着地，接着慢慢停了下来。在突然出现的寂静中，纳恩听见飞行员问道："伙计们都没事吧？"大家都安然无恙，又返回了基维尔基地，在次日的第二次空运中飞了出去。

其他人就没有这么幸运了。在威尔特郡的上空，一个滑翔机队列遭遇了不幸。皇家空军的沃尔特·T. 辛普森（Walter T. Simpson）空军中士坐在一架"斯特林"轰炸机的树脂玻璃炮塔里，注视着拖在后面的"霍萨"滑翔机。突然,"滑翔机似乎要在中间裂开,那个样子就好像尾部与前部脱离了"。辛普森吓坏了,于是朝机长喊道:"上帝啊,滑翔机解体了!"牵引绳断了,滑翔机的前部掉了下去,就像"一块石头那样落了地"。"斯特林"轰炸机脱离了飞行编队,逐渐降低高度,返回去确定滑翔机残骸的位置。机组成员在一块地里发现了滑翔机的前半部分,尾部无处可寻。在标明了坠机地点以后,轰炸机返回了基维尔基地,机组成员乘吉普车回到了坠机点。在那里,辛普森看见残骸"就像一个被踩踏的火柴盒",士兵们的尸体还在里面。辛普森无法估计死了多少人——"只有一堆胳膊、腿和躯干"。

等最后一个队列到达英国海岸时——北边的飞行纵队越过了奥尔德堡上空的飞行检查点,南边的飞行纵队飞过了布拉德韦尔湾——有30架运载兵员和装备的滑翔机落了下来,这些事故是由牵引机发动机故障、牵引绳断裂和局部地区的浓雾造成的。尽管以军事标准来衡量,这次行动的开端大获成功——伤亡轻微,而且许多降落到地面的官兵以及大部分武器装备将在随后的空运中运抵目的地——但这些损失无疑会削弱部队的总体实力。在这个极其重要的日子里,每一个人、每一件装备对厄克特少将来说都是重要的,可他已经失去了23架滑翔机搭载的兵员和物资。等到前往阿纳姆的部队到达空投场和空降区域时,指挥官们才发现这些损失是多么重要。

现在,当长长的"空中列车"蜂拥着飞过英吉利海峡,把陆地抛在后面时,一种新的期待开始在庞大的机群中蔓延。那种"星期日郊游"的情绪迅速消失了。当美军的飞行队列掠过海滨度假胜地马盖特（Margate）[1]时，第 101 空降师 506 伞兵团的梅尔文·艾斯尼克夫二等兵看见右边就是多佛尔的白色悬崖，从这个距离来看，那些白色悬崖就像他在纽约州北部家乡附近的阿迪朗达克山脉的灰白色山腰。英军第 1 空降师的 D. 托马斯下士透过一扇敞开的舱门向外凝望着，直到祖国的海岸线消失，这时他才发现自己的眼睛里满含热泪。

从马奇镇和哈特菲尔德的调度点开始，空降纵队得到了各种导航设施的协助：雷达信标、特殊的有罩灯光以及无线电测向信号。现在，北海海面上的舰船打开信号灯开始为飞机导航，还有成串的汽艇——北边的航线有 17 艘，南边的航线有 10 艘——在水面上伸展开来。威廉·汤普森空军上士驾驶着牵引机，背后拖曳着一架 4 吨重的"霍萨"滑翔机，在他看来"用不着怎么导航，我们下面的那些汽艇就像横跨海峡的垫脚石一般"。不过，这些海军高速舰艇远非仅起到协助导航的作用，它们是庞大的海空救援行动的组成部分，而且已经忙碌了起来。

在飞越北海的 30 分钟行程中，人们看到几架滑翔机在灰色的海水里上下沉浮，此时水陆两栖飞机正低空盘旋，标明它们的位置，直到救援艇赶到。情报搜集联络单位"幽灵"小队的内维尔·海中尉"出神地"注视着"两架坠落的滑翔机和一架在水上迫降的滑翔机"。他拍了拍身边下士的肩膀。"朝下面看，霍布柯克。"海中尉喊道。下士朝下瞥了一眼。海中尉记得，"我基本上能够看得出，他的脸色发青了"。中尉迅速对下士进行安慰："没什么好担心的，看，那些船已经把他们捞起来了。"

---

[1] 马盖特（Margate），英格兰肯特郡萨尼特区的一个城镇，位于泰晤士河口湾南面，18 世纪成为著名的海滨浴场。

驾驶滑翔机的约瑟夫·H.基奇纳上士同样对海空救援的速度留下了深刻印象。他发现的一架漂浮的滑翔机很快就得到了救援。"他们捞人的速度那么快,我甚至觉得那些人连脚都没有湿。"他回忆道。西里尔·莱恩(Cyril Line)上士驾驶的滑翔机里的人却没有这么好的运气——万幸的是他们还活着。莱恩注意到,在摇摆着的黑色"霍萨"滑翔机所组成的"空中列车"中,有一对牵引机和滑翔机慢慢地掉队。他看得入了迷,只见那架"霍萨"滑翔机切断牵引绳,从容地朝海面下降,接触海水时机身周围泛起了一圈白色泡沫。他不知道"那些可怜的家伙是谁"。这时,牵引他那架滑翔机的"斯特林"轰炸机的右侧螺旋桨转速逐渐慢了下来,直至完全停机。当牵引机减速时,莱恩发现自己"处于一种尴尬境地,就要飞到牵引机的前面去了"。他立即松开了牵引绳。副驾驶大声喊道:"准备水上迫降!"他们听见后面的机舱里传来步枪枪托撞击滑翔机胶合板机身的声音,那是慌乱的乘客们在试图打开一个逃生通道。飞机迅速失去高度。莱恩回头一看简直吓坏了,只见那些绝望的士兵"已经在滑翔机的顶部打开了一个洞,两边的人正打算跳出去"。莱恩惊呼道:"别这么干!系好安全带!"接着,随着"砰"的一声重击,滑翔机撞入水中。当莱恩浮出水面时,他看见飞机残骸在大约10米开外的地方漂浮着,机舱已经无影无踪,不过他的乘客都在。没过几分钟,所有人都被捞了起来。

在第一天的空运中,总共有8架滑翔机在水上安全迫降。它们落水后,海空救援单位立即以出色的表现救出了几乎所有的机组人员和乘客。不过,厄克特的部队再次被削弱了——在这8架滑翔机之中,有5架是飞往阿纳姆的。

在飞越海峡的过程中,敌人除了对一架落水的滑翔机做了一些远程非精确炮击之外，并没有进行认真抵抗。第101空降师的飞行过程几乎完美，该师走的南方航线途经盟军占领的比利时。但当荷兰的海岸线出现在远方时，北部纵队中的第82空降师和英军空降兵们却开始看到不祥的灰色和黑色的高射炮火烟团，那是德国的防空火力。当他们的高度下降到仅有460米时，来自荷兰海岸线外的瓦尔赫伦岛、北贝弗兰岛和斯豪文（Schouwen）岛，以及斯海尔德河口周围防空船和驳船上的敌方炮火已是清晰可见。

护航战斗机开始脱离编队去压制高射炮阵地，人们在飞机里能够听见已成强弩之末的炮弹碎片碰撞着C-47的金属侧壁。第82空降师504伞兵团F连的老伞兵、利奥·哈特二等兵听见机上的一名新兵问道："这些凹背座椅防弹吗？"哈特就怒视着他，这些轻金属做的椅子连一块用力扔出的石头都挡不住。在另一架C-47上，哈罗德·雷蒙德·布罗克利下士记得，有一名补充兵正在纳闷："喂，下面的那些黑色和灰色的烟雾是什么？"还没等身边的人回答，一块弹片就穿透了飞机底部，砰的一声打在了野战炊具上，但并未造成破坏。

老兵们用不同的方式掩饰着他们的恐惧。第505伞兵团2营D连的保罗·D. 纽南（Paul D. Nunan）上士看见"那种熟悉的高尔夫球似的红色曳光弹正交织着向我们飞来"，于是他就假装打盹儿。曳光弹差一点就击中了第505伞兵团的肯尼思·W. 特鲁瓦克斯二等兵乘坐的飞机。"谁都没吱声，"他回忆道，"只有一两个人勉强笑了笑。"该团的比尔·塔克中士曾在诺曼底经历过防空炮火，他老是"害怕会从下面被击中"，觉得如果坐在3件空勤人员用的防弹衣上，就"不会那么暴露"。鲁道夫·科思二等兵记得，他觉得"很想坐在自己的钢盔上，但又知道需要把它戴在头上"。

有一个人更关切来自内部而非外部的危险。副驾驶员比尔·奥克斯中士尽力让自己的"霍萨"滑翔机在空中平稳飞行,他回过头来查看乘客们的状况,居然看到了令他感到恐惧的一幕:3名伞兵正"平静地坐在地板上,在一个小炉灶上用军用饭盒煮茶;另外5个人站在四周,拿着缸子等着接茶水"。这场面促使奥克斯立即采取行动。他把操纵杆交给正驾驶,匆匆向机尾走去,担心滑翔机用胶合板制造的地板随时都会着火;"或许更糟的是,我们装在拖车里的迫击炮炮弹可能会爆炸,那个小小的野战炉发出的热量是很可怕的"。他怒不可遏。"我们只不过是稍微煮一下。"一名士兵安慰道。奥克斯匆匆返回驾驶舱,把事情向正驾驶伯特·沃特金斯上士做了汇报。沃特金斯笑了:"告诉他们,茶煮好时可别忘了我们。"奥克斯一屁股坐进副驾驶座,用双手捂住了脸。

尽管护航战斗机群让大多数海岸高射炮阵地安静了下来,还是有一些飞机受损:一架牵引机和拖曳着的滑翔机,以及一架搭载伞兵的C-47运输机在斯豪文岛上空被击落了。牵引机紧急迫降,机组人员全部阵亡。那架滑翔机——美军第82空降师的"韦科"滑翔机——在空中解体,附近英军飞行纵队中的第3机降轻型炮兵连连长丹尼斯·斯图尔特·芒福德(Dennis Stewart Munford)少校目睹了这一幕。"韦科"滑翔机解体时的场面把他吓呆了,"人和装备如同玩具从圣诞彩包爆竹中喷出来一样,从飞机上撒落出来"。其他人看见了那架C-47的坠落过程。挂在飞机下面的装备包裹被曳光弹点着了,"黄色和红色的火焰在黑色的烟雾中闪烁而出",第504伞兵团3营副营长阿瑟·威廉·弗格森上尉回忆道,当时他正在附近的一架飞机上。没过几分钟,那架C-47就熊熊燃烧起来。3营的情报参谋弗吉尔·F. 卡迈克尔(Virgil F. Carmichael)中尉站在舱门里面，注视着伞兵从被击中的飞机上跳伞，"因为我们的人使用伪装降落伞，我能够在他们离机时清点人数，并且看到他们都安全地逃生了"。

尽管那架飞机被火焰吞没，但飞行员却想方设法让飞机保持平稳，直到伞兵们跳出机舱。随后卡迈克尔又看见一个人跳出了飞机，"陆军航空兵使用的是白色降落伞，所以我想他一定是机长"。他是最后一个跳伞的人。那架熊熊燃烧的飞机几乎立刻就俯冲下去，全速冲进了斯豪文岛上一处被水淹没的地区。卡迈克尔记得，"在坠地时，飞机前方张开了一个白色降落伞，大概是被坠机时的冲击波弹出来的。"对第504伞兵团3营H连1排排长詹姆斯·梅加勒斯（James Megellas）中尉来说，那架C-47坠毁的场面极具"可怕的影响"。作为机上的跳伞长，他原先曾告诉部下自己将"在到达空降场的5分钟之前"下令"起立，挂钩"，现在他立即下达了这个命令。在其他的诸多飞机上，跳伞长都做出了与梅加勒斯相似的反应，对他们来说战斗已经开始了——况且，实际上对空降部队而言，到达空降场和空投场只不过是30～40分钟以后的事情。

2

令人难以置信的是,尽管夜间遭到了大规模轰炸,现在又出现了针对阿纳姆、奈梅亨和艾恩德霍芬的空袭,但德国人还没有意识到正在发生什么事情。整个指挥系统的注意力都集中在一个威胁上:英军第2集团军从默兹河-埃斯科河运河上的桥头堡再次发动攻势。

"指挥官和部队,尤其是参谋部和我本人在重压之下已经不堪重负,我们只考虑到了地面上的军事行动。"库尔特·斯图登特大将回忆道。他的指挥部位于菲赫特(Vught)附近的一处村舍里,大致在艾恩德霍芬西北34公里处。这位德国杰出的空降专家正在指挥部里做"官样文章——堆积如山的文件甚至跟着我进入了战场"。斯图登特走到阳台上,盯着那些轰炸机看了几分钟,随后将其抛诸脑后,又回去忙着处理他的文件了。

党卫军第9霍亨施陶芬装甲师师长瓦尔特·哈策尔一级突击队大队长,现在已经把他打算移交出去的装备全都交给了自己的竞争对手,党卫军第10弗伦茨贝格装甲师师长海因茨·哈梅尔旅队长。哈梅尔则遵照比特里希的命令,已经在莫德尔不知情的情况下抵达了柏林。最后一批装载着哈策尔"不可用的"装甲运兵车的平板车,将由凌晨2点启程的火车拉到德国。由于自诺曼底登陆以来反复遭到轰炸,哈策尔"对飞机并不怎么理会",他认为荷兰上空的庞大轰炸机编队没有丝毫非同寻常之处。他和麾下经验丰富的坦克手们

177

都知道:"轰炸机群一天数次向东飞往德国再返回成了家常便饭,我和部下由于不断遭到炮击与轰炸,已经变得麻木了。"埃贡·斯卡尔卡(Egon Skalka)党卫队二级突击队大队长是党卫军第 9 装甲师的首席军医官,哈策尔与斯卡尔卡一起从贝克贝亨的师部出发,前往阿纳姆以北大约 13 公里的洪德洛(Hoenderloo)兵营。在师侦察营 600 名官兵面前举行的授勋仪式上,他将为营长保罗·格雷布纳(Paul Gräbner)党卫队一级突击队中队长(党卫军上尉)颁发骑士铁十字勋章,接下来会有香槟酒和一顿特殊的午餐。

在杜廷赫姆的党卫军第 2 装甲军军部里,威廉·比特里希副总指挥同样没有把空袭放在心上,对他来说"这也是家常便饭"。在位于奥斯特贝克的塔费尔贝格旅馆里,瓦尔特·莫德尔元帅注视着这些轰炸机编队有一段时间了。指挥部里达成了一致的观点:这些B-17 飞行堡垒中队是在夜间轰炸德国之后返航的,而且其他飞行堡垒机群正在向东前往别的目标,一如既往地对德国进行永无休止的轰炸。至于对当地的轰炸,轰炸机群把没有投在鲁尔区的炸弹扔在荷兰也不是什么稀罕事。莫德尔和参谋长汉斯·克雷布斯上将相信,眼下的轰炸和低空扫射是"削弱敌人力量的作战行动"——是英军地面攻势开始的前奏。

对于荷兰上空愈加频繁的空袭活动,有一名军官并非无动于衷。在大约 193 公里外的科布伦茨附近阿伦贝格的西线总司令部里,老元帅格尔德·冯·伦德施泰特——尽管他仍然相信空降部队只会用来进攻鲁尔区——想得到更多的信息。在 9 月 17 日的晨报第2227 号附件中,他的首席参谋记录着冯·伦德施泰特要求莫德尔调查一下,是否存在海军和空降部队联合入侵荷兰北部的可能性。备注上写道:"总体形势以及敌人侦察活动的显著增加……使得西线总司令再次调查两栖进攻和空降作战行动的可能性……调查结果要上报给国防军最高统帅部（希特勒）。"

差不多就在莫德尔的指挥部收到这封电报的时候，庞大机群中的首批飞机越过了海岸线。

上午 11 点 30 分，阿纳姆城中四处起火，黑色的烟柱直入天空，这是持续 3 个小时近乎饱和的轰炸造成的。在沃尔夫海泽、奥斯特贝克、奈梅亨和艾恩德霍芬，一座座建筑被夷为平地，街道被炸得坑坑洼洼，遍地都是瓦砾和碎玻璃，伤亡人数每分钟都在增加。即使到现在，低空飞行的战斗机仍在扫射这片区域的机枪和高射炮阵地。荷兰人或是在教堂、家里、地下室和防空洞里挤作一团，或是借由鲁莽的勇气，骑着自行车上街或从屋顶上张望。他们的情绪在恐惧与欢欣鼓舞之间轮番交替，谁也不知道该相信什么，更不知道接下来会发生什么。奈梅亨以南 134 公里处的马斯特里赫特是首座被解放的荷兰城市，美军第 1 集团军的部队是 9 月 14 日入城的。许多荷兰人期待着美国步兵随时都会来到他们的城镇和村庄。伦敦的橙色电台播报的一条条新闻快报加深了这种印象，"差不多是时候了，我们一直等待的事情终于来临了……由于盟军进军迅速……有可能部队并没有带荷兰纸币，如果我们的盟友拿出法国或者比利时钞票……望予以合作，在卖东西收款时接受这种货币……农民应该把庄稼收割完并交出……"。伯恩哈德亲王在一次电台讲话中敦促荷兰人："当盟军解放荷兰领土时，不要用献花或者献水果来表达欢乐……以前敌人曾在献给解放者的东西中暗藏炸弹。"大多数荷兰人认定这样的密集轰炸是盟军入侵的前奏——地面攻势的开始。和他们的德国征服者一样，荷兰人对即将发生的空降突击也一无所知。

扬·福斯凯尔和贝尔莎·福斯凯尔正躲在奥斯特贝克的岳父家

中。夫妻俩认为，该地区上空的轰炸机群是冲着塔费尔贝格旅馆里莫德尔的指挥部去的。福斯凯尔记得，那个晴朗的日子"是进行轰炸的完美天气"，然而他发现难以把"正在到来的战争与成熟的甜菜香味以及成百棵向日葵的景象扯在一起，向日葵的茎被它们沉甸甸的头压弯了，似乎不可能出现人们死亡、房屋燃烧的场面"。福斯凯尔平静得出奇，他在岳父家的阳台前注视着战斗机群从头顶掠过，确信它们是要去低空扫射那家旅馆。突然，一个德国士兵出现在花园里，既没有戴钢盔，也没有带步枪，只穿着衬衫和裤子。他客气地问道："我可以在这里躲一躲吗？"福斯凯尔盯着那个人。"为什么？"他问道，"你们有防空壕啊。"那个德国人笑了。"我知道，"他回答说，"不过防空壕满了。"那个士兵走到阳台边。"很猛烈的轰炸，"他告诉福斯凯尔，"不过我认为奥斯特贝克并不是目标，他们似乎更关注镇子的东西两侧。"

福斯凯尔听见屋子里有说话的声音，他们家的一个朋友刚刚从沃尔夫海泽地区赶来。她告诉众人，那里遭到了猛烈轰炸，许多人都死了。"恐怕，"她颤抖着说，"这是我们最后的晚餐。"福斯凯尔看着那个德国人。"也许他们是因为莫德尔而轰炸塔费尔贝格旅馆的。"他婉转地说道。那个德国人神情木然。"不，"他告诉福斯凯尔，"我不这么认为，那儿并没有挨炸。"待那个士兵离开后，福斯凯尔出去勘查受损情况。外面谣言满天飞，他听说阿纳姆遭到了猛烈轰炸，沃尔夫海泽几乎被夷为了平地。他认为盟军肯定正在推进，随时都会到达。福斯凯尔既喜又悲，他记得在盟军进攻法国的过程中，位于诺曼底的卡昂就变成了一片瓦砾。他确信，他和家人藏身的奥斯特贝克也将化为废墟。

在沃尔夫海泽四周，德国人存放在树林里的弹药正在爆炸；那座有名的精神病院遭到了直接攻击，行政楼周围的4座隔离式住院楼被夷为平地，45名病人死亡（之后死亡人数增加至80人以上），还有更多人受伤。60名被吓坏的住院者——大多是妇女——正在毗邻的树林里漫无目的地游荡。由于停电，副院长马里厄斯·范德贝克医生无法召集别人帮忙，他焦躁地等着医生们从奥斯特贝克和阿纳姆赶来，范德贝克知道他们肯定会听到消息赶来的。他需要尽快与外科的医务人员建起两个手术室。

其中的一名"住院者"亨德里克·韦堡（Hendrik Wijburg）实际上是隐藏在这家精神病院里的地下抵抗组织成员。"事实上，"他回忆说，"当时这家医院里面并没有德国人，尽管附近确实有他们的阵地，树林里还存放着大炮和弹药。"轰炸引爆了弹药堆积点中的弹药，位于某栋楼阳台上的韦堡顿时被震倒在地。"发生了猛烈爆炸，"他记得，"从弹药堆积点飞来的炮弹嗖嗖地落进医院，炸死炸伤了很多人。"韦堡狼狈地站起身来，在低空扫射最猛烈的时候帮助护士们在草地上展开白床单，组成一个巨大的"十"字。整片区域遭受了严重打击，在他看来，似乎"这块地方很快将布满死去的人和垂死的人"。

在阿纳姆，消防队拼命控制蔓延的火势。迪尔克·扬·希丁克（Dirk Jan Hiddink）是一支由15个人组成的老式消防队的队长（他手下的人推着两辆大车，一辆装着卷好的水龙带，另一辆装着梯子），他接到命令前往德国人占据的威廉斯兵营，那里遭到了低空飞行的"蚊"式战斗轰炸机的直接攻击。尽管兵营在熊熊燃烧，但希丁克从阿纳姆消防队总部得到的指示却非同寻常：他被告知别管兵营的大火，但要保护周围的房屋。当消防队到达时，希丁克发现兵营无论如何都不可能保住了，火势太猛烈了。

赫哈德斯·赫斯伯斯从他父亲在威廉广场28号的公寓房间里看到,周围的一切都被烈焰吞噬了,不仅兵营在燃烧,附近的中学及其对面的皇家餐厅也烧了起来。热浪逼人,赫斯伯斯记得,"我家窗户上的玻璃突然卷曲,接着就完全融化了"。一家人立即跑出大楼,爬过砖瓦木料来到广场上。赫斯伯斯看见德国人从兵营的瓦砾中跌跌撞撞地走出来,鼻子和耳朵都流淌着鲜血。有轨电车司机亨德里克·卡雷尔无意间来到威廉大街,由于轰炸造成断电,他的淡黄色有轨电车靠着惯性滑下一段缓坡,在广场上停了下来。他在那里发现了一堆有轨电车,那些电车同他的车一样,也是靠惯性滑进广场后再也无法离开了。透过烟雾、人群和瓦砾,卡雷尔看见皇家餐厅的服务员们从燃烧的建筑物里逃了出来,他们顾不上管那几个朝大门跑去的就餐者,直接跳窗而出。

在阿纳姆大桥东南的市煤气厂里,技工尼古拉斯·恩克对投弹手的本事感到钦佩。他望着莱茵河对岸,注意到有12处防空炮位被摧毁了,只剩下一门炮管歪歪扭扭的火炮。眼下全城停电了,恩克自己同样面临着一个问题——再也无法生产煤气了,三个巨大的储气罐里的剩余燃料用完之后就再也没有了。除了煤和柴火,阿纳姆现在没有电,没有供暖,也没有做饭的燃料。

数千人仍然在教堂里避难。教堂司事扬·迈恩哈特记得,单是那座巨大的荷兰归正会[1]大教堂里就有1 200人。"虽然我们已经清楚地听见了外面的炸弹爆炸声,"他说,"约翰·格里森牧师仍然在平静地布道。断电时风琴停了下来,会众之中有一个人走上前来,开始用手拉风琴的风箱。"随后,风琴在警报声、爆炸声和隆隆的飞

---

[1] 荷兰归正会(Dutch Reformed Church),荷兰最大的基督教会,前身是16世纪宗教改革运动时期成立的荷兰国家教会。

机轰鸣声中奏响，全体会众起立，高唱荷兰国歌《威廉颂》。

在阿纳姆火车站附近的一个加尔文教派教堂，抵抗组织成员海斯贝特·纽曼在这里听多米尼·博特布道。纽曼感到，甚至连这样猛烈的轰炸也不足以威慑住德国人，他们肯定还会将发出的死亡威胁——即由于抵抗组织爆破高架铁路，报复性地在当天的某个时间处决平民人质——付诸行动。当他听到多米尼·博特关于"你的行为对上帝和同胞负有责任"的布道时，深感良心不安，决定礼拜一结束就去向德国人自首。离开教堂后，纽曼穿过杂物遍地的街道来到电话前，给皮特·克鲁伊夫打了电话，把他的决定告诉了这位地区指挥官。克鲁伊夫的回答简洁明了。"不行，"他告诉纽曼，"继续做你的工作。"不过克鲁伊夫的话不会成为最终的决定，"市场-花园"行动将会拯救那些人质。

在南边约18公里的奈梅亨，轰炸机群以极高的精度命中了德国人的防空阵地，只剩下一处阵地仍在开火。那座为整个海尔德兰省提供电力的巨大而高耸的 PGEM 发电站只被伤及了皮毛，不过高压线断了，整个地区瞬间断电。PGEM 发电站附近的一座人造纤维工厂受到严重破坏，变成一片火海。城里有多处房屋被直接命中，炸弹落到了一座女子学校和一个大型天主教社区中心上。在瓦尔河对岸的伦特，一家工厂被摧毁，德军弹药堆积点的弹药被引爆。

在城市的防空指挥部里，工作人员点着蜡烛工作，他们被蜂拥而来的报告弄得越来越糊涂。阿尔贝图斯·弗朗西斯库斯·厄延（Albertus Franciscus Uijen）在昏暗中伏案工作，登记送来的报告，发现自己每过一分钟就多一分困惑。分布广泛的轰炸地点并没有清楚地说明发生了什么事情，只是奈梅亨周边的所有德军阵地都遭到了攻击。进入城市的主要通道——瓦尔布鲁赫大桥（Waalbrug）、圣安娜街(St.Annastraat)、赫鲁斯贝克路(Groesbeekseweg)——现在被封闭了,看来盟军是要努力把这座城市孤立起来。

和阿纳姆的居民们一样,大部分奈梅亨人也在躲避那些持续低空扫射街道的战斗机。住在瓦尔河大桥附近的埃利亚斯·亨里克斯·布罗坎普却爬上了屋顶,以便看得更清楚一些。让他吃惊的是,市长办公室的德国人也爬上了屋顶,那里与布罗坎普家只隔着5幢房子。布罗坎普记得,那些德国人"显得非常焦虑,我反而兴高采烈,甚至评论说天气好极了"。

护士约翰娜·布雷曼(Johanna Breman)看到德国人在飞机低空扫射的过程中慌乱不已。她从瓦尔河大桥南边一幢公寓楼二层的窗户上往下看,只见"德军伤兵互相搀扶着往前走,一些伤兵瘸得相当厉害,我可以看到许多人扎着绷带。他们的上衣敞开着,大多数人甚至都懒得戴钢盔。紧随其后的是德军步兵。当他们朝大桥走去时,一看见有荷兰人从窗户朝外窥视就开枪"。这些德国人来到引桥边后就开始挖掘散兵坑。"他们到处挖,"布雷曼小姐记得,"在通往大桥的街道旁边挖,在附近的草地和大树下面挖。我确信进攻开始了。我记得自己当时在想,'我们从这里能看到多么壮观的战斗场面啊',我有种期待的感觉。"布雷曼小姐当时的期待并没有包括几个月之后她与第82空降师师部的查尔斯·W. 梅森(Charles W. Mason)一级军士长的婚姻,后者将乘坐第13号滑翔机在她所在的公寓楼西南3公里处的赫鲁斯贝克高地附近着陆。

在"市场-花园"行动的主要目标边上,一些城镇和村庄同样遭到了严重破坏,而救援行动——即使有的话——微乎其微。在艾恩德霍芬以西约8公里处连教堂都没有的小村泽尔斯特(Zeelst)附近,赫拉尔杜斯·约翰内斯·德维特(Gerardus Johannes de Wit)轰炸期间就躲在一块甜菜地里。这里没有空袭警报,他看见高空中有飞机,突然间就弹如雨下。德维特正要去泽尔斯特以南 6 公里处的费尔德霍芬(Veldhoven)的兄弟家串门,这会儿他转身离开公路,一头钻进田边的沟里。此时此刻,他不顾一切地想要回到妻子以及 11 个孩子身边。

尽管飞机在进行低空扫射,德维特还是决定冒险回去。他抬起头来朝田地对面望去,发现"连树叶都烧焦了"。德维特扔下自行车,爬出沟渠跑过那片开阔地。靠近村子时,他注意到本该落在艾恩德霍芬城外韦尔斯哈普机场(Welschap Airfield,今艾恩德霍芬机场)的炸弹却直接落到了小小的泽尔斯特村里。德维特眼前只有废墟,有几幢房屋在燃烧,还有些房屋倒塌了,站在四周的人们或神情茫然,或哭泣不止。德维特认识的范·海尔蒙特太太是个寡妇,她认出了德维特,于是恳请他一起用床单盖住一个死去的男孩,她泪流满面地解释说自己做不到。这个孩子的头被削掉了,但德维特还是认出是邻居儿子的尸体。他迅速盖住了尸体。"我什么也不看了,"他记得,"只试着尽可能快地回家。"当他接近自己家时,住在对面的一个邻居试图把他叫住。"我的血都快要流干了,"那个人大叫,"我被弹片击中了。"

这时,德维特看见妻子阿德里安娜正站在街上哭,她朝他跑了过来。"我以为你永远也不会回来了,"她告诉自己的丈夫,"快来,我们的蒂尼被炸到了。"德维特从受伤的邻居身边走了过去,"除了儿子我什么也顾不上了。当我走到他面前时,看到他的右侧身子被炸开了,右腿几乎被炸断。他仍然很清醒,还要水喝。他的右臂已经不见了,他问我他的右臂怎么样了,为了安慰他,我告诉他'你正躺在自己的右臂上面'。"当德维特在孩子身边跪下来时,一名医生赶到了。"他告诉我孩子已经没希望了,"德维特记得,"因为我们的儿子要死了。"德维特把孩子抱在怀里朝乔治公爵雪茄厂走去,那里设立了一个红十字医疗站。但他还没有走到那里,14岁的儿子就在他的怀里死去了。

在这片恐怖、混乱和希望之中,没有哪个荷兰人注意到盟军空降集团军的先头部队。中午12点40分左右,12架英军"斯特林"轰炸机在阿纳姆地区上空盘旋。12点47分,4架美军C-47运输机出现在艾恩德霍芬以北的荒野上空,另两架则飞过了奈梅亨西南上阿瑟尔特(Overasselt)镇附近的旷野,飞机上是被英军和美军称为"探路者"的空降先导员。

扬·彭宁斯(Jan Pennings)的农场毗邻伦克姆荒野,距离沃尔夫海泽还不到两公里,他返回农场时看见飞机从西边低空飞来。他以为它们是回来轰炸铁路的,于是小心翼翼地注视着,准备炸弹一落下就立即卧倒隐蔽。当飞机来到伦克姆荒野的上空时,彭宁斯吃惊地看见"一个个包裹落了下来,接着伞兵就出现了。我知道盟军在诺曼底就使用了伞兵,我确信这就是我方进攻的开始"。

几分钟以后,扬骑着自行车回到农场,朝着妻子喊道:"出来呀!我们自由了!"然后,他见到的第一批伞兵走进了院子。彭宁斯既茫然又敬畏地与他们握了手。伞兵们告诉他,要不了半个小时,"我们还要来几百人"。

汽车司机扬·佩伦也看见了空降先导员在伦克姆荒野着陆。他回忆说:"他们几乎是无声无息地落了下来。这些人纪律严明,立即开始用木桩在荒野上划界。"他们和铁路北边的其他"探路者"一样,正在标明空投场和空降场。

在南边24公里处的上阿瑟尔特镇附近,19岁的特奥多鲁斯·鲁洛夫斯（Theodorus Roelofs）在躲避德国人时，突然被在他家农场附近着陆的第82空降师的"探路者"解放了。他记得，那些美国人是"侦察兵，我非常害怕这一小队勇士会被轻易干掉"。那些"探路者"没有浪费时间，他们发现这名年轻的荷兰人会说英语，便迅速招募鲁洛夫斯充当向导和翻译。鲁洛夫斯确认了他们地图上的阵地，并带着他们来到选定的着陆地点，然后眼睛一眨不眨地注视着那些伞兵用"色带和发烟罐"标明这块地区。不到3分钟，一个镶在黄色镶嵌板上的字母"O"和紫罗兰色的烟气就清晰地勾勒出了这片地区。

4架运送第101空降师的"探路者"前往艾恩德霍芬以北区域的C-47遭遇了猛烈的防空炮火。一架飞机着火后坠落了，只有4名幸存者；另外3架飞机继续飞行。"探路者"们在第101空降师的两个空降区域内进行了精确伞降。到中午12点54分，整个"市场—花园"行动地区的空降场和空投场都被定位和标明。令人难以置信的是，德国人仍然没有发出警报。

在洪德洛兵营，霍亨施陶芬师师长瓦尔特·哈策尔为刚刚被授勋的保罗·格雷布纳一级突击队中队长祝酒。几分钟以前，哈策尔看见有几个降落伞落在了阿纳姆以西，但他并没有感到吃惊，他以为那是跳伞逃生的轰炸机机组成员。在奥斯特贝克的塔费尔贝格旅馆，莫德尔元帅正在与参谋长汉斯·克雷布斯上将、首席参谋汉斯-格奥尔格·冯·滕佩尔霍夫（Hans-Georg von Tempelhof）上校以及集团军群人事主任莱奥德加德·弗赖贝格（Leodegard Freyberg）上校喝午餐前的开胃酒——冰镇的摩泽尔白葡萄酒。行政军官古斯塔夫·泽德尔豪泽中尉记得："陆军元帅待在指挥部里的时候总是变态般准时，我们一直在下午1点整准时吃午餐。"而这正是"市场"行动部队的"H"时（进攻发起时刻）。

3

现在，运载着第 101 空降师的 C-47 大编队排成密集队形，隆隆飞过盟军占领的比利时，机群在布鲁塞尔以北大约 40 公里处向北拐，朝荷兰边境飞去。这时，飞机里的人朝下观望，第一次见到了地面上的友军。"花园"行动部队的地面进攻将与空降突袭同步进行。这是一幅壮观到令人难以忘怀的景象：霍罗克斯中将的第 30 军所属的大量装备覆盖了每一块田野、每一条小径和公路；集结起来的坦克、半履带车、装甲车、运兵车纵队和成排的火炮摆开架势准备突破；三角旗在坦克天线上迎风飘扬；成千上万站在车辆上、拥挤在田野里的英国军人向天上的空降部队挥手。摇曳升空的橘黄色烟雾标明了英军前线的位置，对面就是敌人。

战斗轰炸机群飞速掠过地面，引领前往空降场的道路，试图把飞行编队前方的一切都清理干净。在空降突击之前，密集轰炸已经把许多德军高射炮阵地夷为平地，即便如此，还是有伪装网被突然掀开，露出隐藏其内的敌军阵地。有些人记得，他们看见大干草堆的顶部敞开了，露出了掩体内的 88 毫米和 20 毫米高射炮。尽管战斗轰炸机的攻击可谓彻底，但要完全清除敌人的抵抗是不可能的。在艾恩德霍芬以北，距离空降场不过 11 公里远的地方，第 101 空降师就遭遇了猛烈的高射炮火。

第 501 伞兵团 1 营 C 连的约翰·J. 西波拉（John J. Cipolla）一

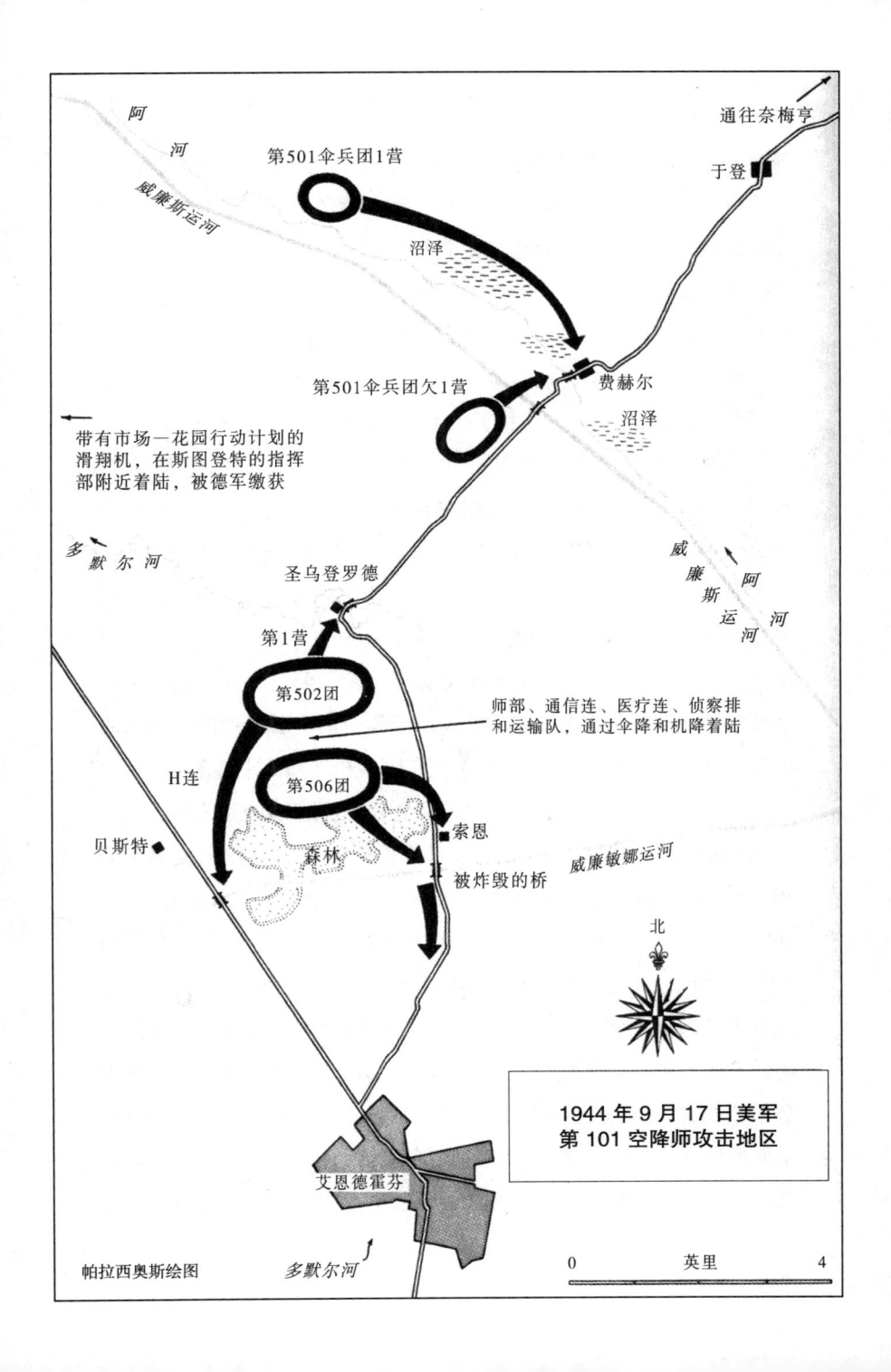

1944年9月17日美军第101空降师攻击地区

- 通往奈梅亨
- 于登
- 阿河
- 威廉斯运河
- 第501伞兵团1营
- 沼泽
- 第501伞兵团欠1营
- 费赫尔
- 沼泽
- 带有市场—花园行动计划的滑翔机，在斯图登特的指挥部附近着陆，被德军缴获
- 多默尔河
- 威廉斯阿斯运河河
- 圣乌登罗德
- 第1营
- 第502团
- 师部、通信连、医疗连、侦察排和运输队，通过伞降和机降着陆
- H连
- 第506团
- 索恩
- 贝斯特
- 森林
- 被炸毁的桥
- 威廉敏娜运河
- 北
- 艾恩德霍芬
- 帕拉西奥斯绘图
- 多默尔河
- 0　英里　4

等兵正在打盹，突然被"高射炮弹刺耳的爆炸声和弹片撕裂我们飞机的声音"惊醒了。和所有人一样，他也背负着沉重的装备，几乎无法移动。除了步枪、背包、雨衣和毯子之外，他的肩膀上还挂着子弹带，口袋里塞满了手榴弹和口粮，还有主降落伞和备用降落伞。此外，在他搭乘的飞机上，每个人还带着一颗地雷。他回忆说："我们左翼的一架 C-47 突然着火了，然后又有一架着火了。我心想，'天啊，我们是下一架了！我怎么才能从这架飞机里逃出去呢？'"

他所在的 C-47 发出剧烈震动，似乎每个人都同时喊起来："让我们出去！我们被击中了！"跳伞长下令"起立，挂钩"，然后他开始冷静地检查装备。西波拉能够听见士兵们挨个喊着"1 号好了、2 号好了、3 号好了……"，西波拉是这组伞兵中的最后一名，等到他能够喊"21 号好了"的时候，似乎已经过去了好几个小时。随后绿灯亮了，士兵们赶紧跳出机舱，徐徐降落，降落伞在他们的头顶上面如鲜花般盛开。西波拉抬头检查降落伞时，看见他刚刚搭乘的那架 C-47 正在熊熊燃烧，他注视着那架飞机在烈火中坠落。

尽管爆炸的炮弹包围了机群，但飞行编队并没有动摇，第 9 部队运输机司令部的飞行员保持着他们的航向不发生偏离。第 501 伞兵团 2 营 D 连的罗伯特·菲利普·奥康奈尔（Robert Philip O'Connell）少尉记得他所在的编队飞得非常紧密，"我以为我们的飞行员要把机翼伸进左邻飞行员的耳朵里去"。奥康奈尔所在的飞机着火了，红色的跳伞警报灯亮了，"过道里烟雾弥漫，我都没法向后看到跳伞组的末端"。士兵们咳嗽起来，叫嚷着要出去，奥康奈尔"用背抵着门把他们挡回去"。飞行员平稳地向前飞行，没有采取任何规避动作。奥康奈尔看到飞行编队正在逐渐降低高度，减缓速度，为跳伞做准备。奥康奈尔希望，"如果飞行员认为飞机即将坠落，他会及时为我们打开绿色信号灯，让士兵们出去"。那位飞行员镇定地驾驶着起火的飞机沿着航线飞行，直到抵达空降场上方。随后绿色信号灯亮了，奥康奈尔和部下安全地跃出机舱。奥康奈尔后来得知，那架飞机迫降了，但机组人员幸存了下来。

运送部队的飞行员们全然不顾自身安危，驾驶着飞机穿过高射炮火来到空降场上空。"不要为我担心，"一架燃烧着的 C-47 的飞行员赫伯特·E.舒尔曼少尉通过无线电对他的飞行指挥官说道，"我将在空降场上空把伞兵们空投下去。"他做到了，伞兵们安全地跳了伞。几分钟以后，这架飞机在熊熊烈火中坠毁。第 506 伞兵团 1 营 B 连的查尔斯·A.米切尔上士震惊地注视着左侧那架飞机的左发动机正在喷出火焰，他看见在飞行员保持航向的同时，整组伞兵直接穿过火焰跳了出来。

悲剧还没有结束。保罗·B.约翰逊一等兵的位置在飞机的前部、驾驶舱的后面，这时机身中部正好被击中，两个油箱都着了火。机上的 16 名伞兵、驾驶员和副驾驶当中，只有约翰逊和另外两名伞兵跳了出去。他们不得不从机舱里的死人身上爬过去跳伞。每个幸存者都被严重烧伤，约翰逊的头发完全被烧掉了。这三个人落在了德国人的一处坦克露营区，他们在一道壕沟里坚守了半个小时，然后全部负伤，接着被制伏当了俘虏。

在另一架飞机上，就在绿灯亮起的那一瞬，站在门口领头的伞兵被打死了。他朝后一仰，倒在第 502 伞兵团 3 营的约翰·G.奥尔托马尔下士身上。尸体被迅速搬到一边，小组的其他人跳了出去。另外一组伞兵飘向地面时，一架失控的 C-47 撞上了其中两人，飞机螺旋桨把他们切成了碎片。

甚至在接近空降场的可怕时刻，这些美国人仍一如既往地找到了幽默感。就在第 502 伞兵团 3 营营部连连长塞西尔·李·西蒙斯（Cecil Lee Simmons）上尉站起来要把降落伞挂钩钩住时，飞机被击中了，弹片在他刚刚离开的座位上撕开了一个口子。边上的一名伞兵说了句让人恶心的俏皮话："现在他们给了我们一个茅坑！"在另一架飞机里，第 506 伞兵团 1 营 A 连的安东尼·N. 博雷利（Anthony N. Borrelli）少尉确信他瘫痪了。红灯亮了，每个人都把降落伞的挂钩钩住了——只有博雷利除外，他动弹不了。博雷利当上军官只有两个星期，这是他第一次执行作战任务，在一组伞兵当中排在第一号。他意识到所有的眼睛都在盯着他。令他尴尬的是，他把开伞索钩在座位上了。第 502 伞兵团 3 营 I 连的罗伯特·伊格内修斯·博伊斯（Robert Ignatius Boyce）二等兵不顾师部牙科医生的好意，还是踏上了行程。本来由于他的牙病，师部牙科医生已经将他标记为"L.O.B."（免于参战，Left Out of Battle）；在连长的干预下，这位参加过诺曼底登陆的老兵获准参战了。除了一颗牙齿出了毛病之外，他还在为别的事情担忧：几项伞兵的新发明——用于装冲锋枪的腿袋、某些降落伞上能迅速解开的背带以及替代跳伞靴的作战靴——这些都让他和其他许多人神经紧张。伞兵们尤其担心他们的吊伞索会钩住新作战靴上的搭扣。当飞机在目标附近低飞时，博伊斯看见下面的荷兰平民向上伸着两根手指头，作寓意胜利的"V"字，这就是博伊斯需要的一切。"嘿，瞧，"他朝其他人喊道，"他们伸出两根手指头，说明我们成功和失败的可能性各占 50%。"

对许多人来说，他们能够到达空降场的可能性看起来起码要高一点。第 506 伞兵团团长罗伯特·弗雷德里克·辛克（Robert Frederic Sink）上校看见"大量高射炮火正前来迎接我们"。当他朝门外望去时，飞机猛烈震动起来，辛克看见机翼的一部分被弹片撕裂后悬吊着。他转向自己的那组伞兵，说道："好吧，机翼断了。"令他感到宽慰的是，"似乎谁也没有对此想太多，他们可能估计到此时差不多已经抵达空降场了"。

在2号机上，辛克的副团长查尔斯·亨利·蔡斯（Charles Henry Chase）中校看见他们的左机翼着火了。2营F连连长托马斯·帕里斯·马尔维（Thomas Paris Mulvey）上尉记得，蔡斯盯着看了一分钟，然后婉转地说道："我猜他们撵上我们了，我们最好还是走吧。"当绿灯在两架飞机上亮起时，伞兵们安全地跳了伞。蔡斯乘坐的那架飞机在地面上燃烧起来。辛克的那架飞机据说带着受损的机翼安全返回了英格兰。

同样猛烈的高射炮火包围了第502伞兵团的机群，两个大队的飞机差点相撞。有一个机群略微偏离了航向，进入了第二个机群的航线，迫使后者爬升高度，结果这批伞兵跳伞的高度比原计划高了一些。其中一个机群的长机上有师长马克斯韦尔·泰勒将军，以及第502伞兵团1营营长帕特里克·弗朗西斯·卡西迪（Patrick Francis Cassidy）中校。卡西迪站在门口，看见大队中有一架飞机突然起火，他数了一下，空中只打开了7个降落伞。随后，左边另一架C-47也燃烧起来，但所有的伞兵都从那架飞机里跳了出去。卡西迪一直盯着这架熊熊燃烧的飞机，竟没有看见绿灯已亮。站在他身后的泰勒将军轻声说道："卡西迪，灯亮了。"卡西迪条件反射地回答说："是的，长官。我知道了。"然后跳了伞。泰勒紧跟着他跳了出去。

在泰勒将军看来，第101空降师的跳伞"异乎寻常的成功，几乎就像一场演习"。最初计划时，泰勒的参谋班子预计伤亡将高达30%；在从英格兰登机的6 695名伞兵当中，实际跳伞的有6 669人。

尽管高射炮火猛烈,但 C-47 以及战斗机飞行员的勇敢却赋予了第 101 空降师近乎完美的一跳。虽然有些部队是在空降场以北 1.6~4.8 公里的地方空投的,但他们的着陆地点非常接近,因而得以迅速集结。只有两架飞机没到达空降场。第 9 部队运输机司令部以大无畏的决心承受了所有损失,将伞兵送到了他们的目的地。在运送第 101 空降师的 424 架 C-47 当中,每 4 架中就有 1 架被击伤,共有 16 架运输机被击落,机组人员阵亡。

滑翔机的损失是巨大的。当机群到达目的地时,原先的 70 架滑翔机中只有 53 架顺利到达索恩附近的空降场。虽然部分未能飞到目的地,部分毁于敌军高射炮火,部分进行了迫降,但这些滑翔机最终还是把所运送的近 80% 的人员、75% 的吉普车和拖车送到了目的地。[1] 现在,泰勒的"呼啸山鹰"开始朝他们的目标——英军地面部队面前那条绵延 24 公里长的关键"走廊"上的桥梁和渡口——前进。

---

1 由于"市场-花园"行动被认为是一个完全由英国人进行的军事行动,所以少有美国记者得到授权去报道这次进攻,没有一位美国记者被派到阿纳姆。隶属于第 101 空降师的美国记者是来自合众社的沃尔特·克朗凯特(Walter Cronkite),他是乘坐滑翔机着陆的。克朗凯特回忆说:"我以为滑翔机的轮子是用来着陆的。想象一下吧,当我们在地上打滑、轮子碰到地面时,我是多么吃惊啊。还有一件令我震惊的事情,我们全都发誓说,我们的钢盔是固定住的,可是在撞击之下飞了出去,似乎比飞来的炮弹还要危险。在着陆以后,我一把抓住我看见的第一只钢盔,抓住我可信赖的小行囊,里面有那台奥利韦蒂牌打字机(意大利奥利韦蒂公司出品的名牌打字机),然后朝运河爬去,运河是会合点。当我回头看时,发现有六七个家伙在我后面爬,看来是我拿错了钢盔。我戴的钢盔后面有两条匀整的条纹,表明我是一位中尉。"——原注

4

在菲赫特附近，库尔特·斯图登特大将和他的参谋长瓦尔特·赖因哈德（Walter Reinhard）上校站在将军住所的阳台上，"完全目瞪口呆，就像傻了一样"。斯图登特清楚地记得："不论我们朝哪里望去，都能看见排列成行的飞机——战斗机、人员运输机和货运飞机——从我们上空飞过。我们爬上屋顶，想更好地了解一下这些部队要到哪里去。"密密麻麻的机群似乎是飞往赫拉弗和奈梅亨方向，在南边不过几公里的艾恩德霍芬和索恩附近，他能够清楚地看见人员运输机———架又一架的飞机飞了进来，空投伞兵和装备。有些飞机飞得高度之低，以至于斯图登特和赖因哈德本能地迅速低下头。"在指挥部的庭院里，我们的文书、军需官、司机和通信兵都来到空地上，用各种各样的武器对空射击。和往常一样，我们自己的战斗机连影子也没有。"斯图登特被彻底难倒了，"我说不出发生了什么事情，也说不准这些空降部队要去哪里。此时此刻，我完全没有想到自己所处位置的危险性。"斯图登特这位空降专家满怀敬佩和忌妒之情。"这宏伟的场面深深地打动了我，脑海里满是对我们自己空降行动的反思与憧憬。我对赖因哈德说：'噢，但愿我也能够有这样的条件，拥有这么多的飞机，一次也好！'"赖因哈德想的完全是眼前的事情。"大将阁下，"他告诉斯图登特，"我们得做点什么！"他们离开屋顶，回到斯图登特的办公室。

前一天晚上，斯图登特就在每日报告中警告说："马斯河-斯海尔德河运河[1]南岸繁忙的车队往来表明进攻迫在眉睫。"问题在于：进攻已经开始了吗？如果是这样的话，那么这些空降部队的目标就是艾恩德霍芬、赫拉弗和奈梅亨周边的桥梁。所有桥墩都做好了爆破准备，并由特种工兵部队和警卫分队把守；每座桥都安排了一名守桥指挥官，严令他们一旦进攻开始就炸桥。"盟军的动向很明显，"斯图登特认为，"就是在这种形势下使用空降部队，在我们炸桥之前拿下这些桥梁。"此时此刻，斯图登特甚至并没有去考虑阿纳姆的下莱茵河大桥的重要性。"给我接莫德尔！"他告诉赖因哈德。

赖因哈德抓起电话，却发现电话线断了，指挥部已经与外界断了联系。

在大约60公里外的奥斯特贝克的塔费尔贝格旅馆里，莫德尔的行政军官古斯塔夫·泽德尔豪泽中尉正在发火。"你昨晚酒喝多了，到现在还没清醒吗？！"他手握野战电话叫嚷道。尤平格（Youppinger）下士是由250人组成的警卫连中的一员，该连由泽德尔豪泽指挥，负责保护莫德尔的安全。尤平格又重复了一遍自己说过的话，在沃尔夫海泽"滑翔机正在我们大腿上着陆"！尤平格不容置疑地报告。泽德尔豪泽扔掉电话，冲进作战室，将这条消息向一名吃惊的中校做了汇报。他们一起匆匆赶到餐厅，莫德尔和参谋长克雷布斯将军正在那里吃午饭。"我刚得到消息，滑翔机正在沃尔夫海泽着陆。"那名中校说道。首席参谋滕佩尔霍夫上校眼神一愣。克雷布斯的单片眼镜掉了下来。"噢，我们正等着它呢。"滕佩尔霍夫说道。

---

[1] 就是盟军所称的默兹河-埃斯科河运河。

莫德尔跳了起来，匆匆下达了几句撤离指挥部的命令。当他走出餐厅去收拾自己的东西时，朝身后喊道："他们就是冲着我和指挥部来的！"几分钟以后，莫德尔只提着一个小箱子就冲出了塔费尔贝格旅馆的大门。他的箱子不慎掉在人行道上，打开后露出了他的内衣裤和梳洗用具。

泽德尔豪泽看到克雷布斯急匆匆地跟着莫德尔来到外边，"他甚至都忘了戴帽子，手枪和皮带都没有带"；滕佩尔霍夫连作战室里的作战地图都没来得及取下；B集团军群人事主任弗赖贝格上校同样行色匆匆，他从泽德尔豪泽身边走过时还喊着"别忘了带上我的雪茄"。上车后，莫德尔对司机弗罗姆贝克说："快！去杜廷赫姆！去比特里希的军部！"

泽德尔豪泽一直等到汽车驶离才回到旅馆。在作战室里，他看见作战地图仍然摆在桌子上，上面标明了从荷兰一直到瑞士的德军阵地。他把地图卷起来随身带走，然后命令哈尔滕施泰因旅馆和塔费尔贝格旅馆里面的人立即撤离，所有的交通工具，"每辆小汽车、卡车和摩托车都要立即离开"。在动身前往杜廷赫姆之前，他收到的最后一份报告是英国人距此处不到3公里了。慌乱之中，他把弗赖贝格的雪茄忘得一干二净。

5

在笼罩地面的薄雾、弥漫的浓烟和建筑物燃烧的熊熊烈焰环绕下，庞大的英国滑翔机群着陆了。由橘黄色和深红色的尼龙带标出的地区开始变得像个巨大的停机坪。蓝色的烟从沃尔夫海泽附近的两处空降场袅袅升起，一处是北边的"赖尔斯营地农场"，另一处是西南的"伦克姆荒野"。排列成行的牵引机和滑翔机从上述区域向后延伸，差不多有30公里长，一直到奈梅亨西南方的斯海尔托亨博斯附近的飞机进场着陆点。成群的战斗机掩护着这些行动迟缓的队列，空中交通非常拥挤，飞行员们想起了伦敦忙碌的皮卡迪利广场周围上下班高峰时期的拥挤状况。

机群——每组之间有4分钟的间隔——在平坦、遍布水路的荷兰乡间低空飞行，飞行员发现做过简要识别介绍的地标正在他们的下方流淌：宽阔的马斯河与瓦尔河，再往前是下莱茵河。随后，当飞行编队开始下降时，人们能看见右侧的阿纳姆和关键目标——铁路桥和公路桥。英国皇家空军曾预计会撞上猛烈的防空炮火，令人难以置信的是，庞大的滑翔机队列实际上并没有遭遇对空火力。空降突击前在阿纳姆进行的轰炸远比在艾恩德霍芬地区进行的轰炸有效，没有任何牵引机或滑翔机在进场着陆时被击落。

皇家空军和滑翔机飞行员团技术精湛的飞行员们如时钟般准时到达了目标区域上空。当滑翔机脱离时，牵引机盘旋着向上空飞去，给紧随其后的组合腾出空间。这些错综复杂的机动动作和繁忙的飞行本身就带来了不少问题,滑翔机飞行员团的布赖恩·艾伦·汤布林中士对空降场上空的拥挤混乱记忆犹新。"天空中有滑翔机、牵引机、绳索和各种各样的东西,"他回忆道,"你必须随时小心。"

驾驶"霍萨"滑翔机的维克托·戴维·米勒(Victor David Miller)上士回忆说,当他飞到下莱茵河上空时,发现那个地方"安静得令人难以置信"。他望向远方,突然发现了自己的空降场,那里有"三角形的树林,一个不大的农场在远处的角落里若隐若现"。几秒钟后,米勒听见了牵引机———架"斯特林"轰炸机——上的领航员的声音:"行了,2号机。准备好了吧。"米勒确认做好了准备。"祝你好运,2号机。"领航员一说完,米勒立即解开了缆绳。他的牵引机消失了,牵引绳在它的后面飘动着。米勒知道那根缆绳将被抛下,"在'斯特林'轰炸机转向返航航线之前作为临别礼物抛给敌人"。

滑翔机的速度在降低,田野隐约临近了。米勒要求把襟翼放下一半,于是他的副驾驶汤姆·霍林斯沃思中士立即推下一根控制杆。"当落下的大块襟翼降低飞行速度时",滑翔机瞬间颠簸起来。米勒估计现在离空降场也就一千多米了,"我提醒汤姆,留神旁边的滑翔机,有一架滑翔机从我们上方不到50米远的地方滑了过去"。令米勒吃惊的是,"那架滑翔机又晃动着闯进来,飞到同一个航向上。另一架滑翔机似乎是从右侧向我们飘来,我觉得它的驾驶员甚至都没有看见我们,他太专注于如何降落在田野上了"。为了避免碰撞,米勒故意向接近的那架滑翔机下面俯冲,"一个巨大的黑色轮廓从我们的座舱上面闪了过去,对我来说它离得太近了。我的精力完全集中在怎样才能完好无损地降落上,无暇顾及敌人是不是在朝我们开火——况且我们能做的也不多"。

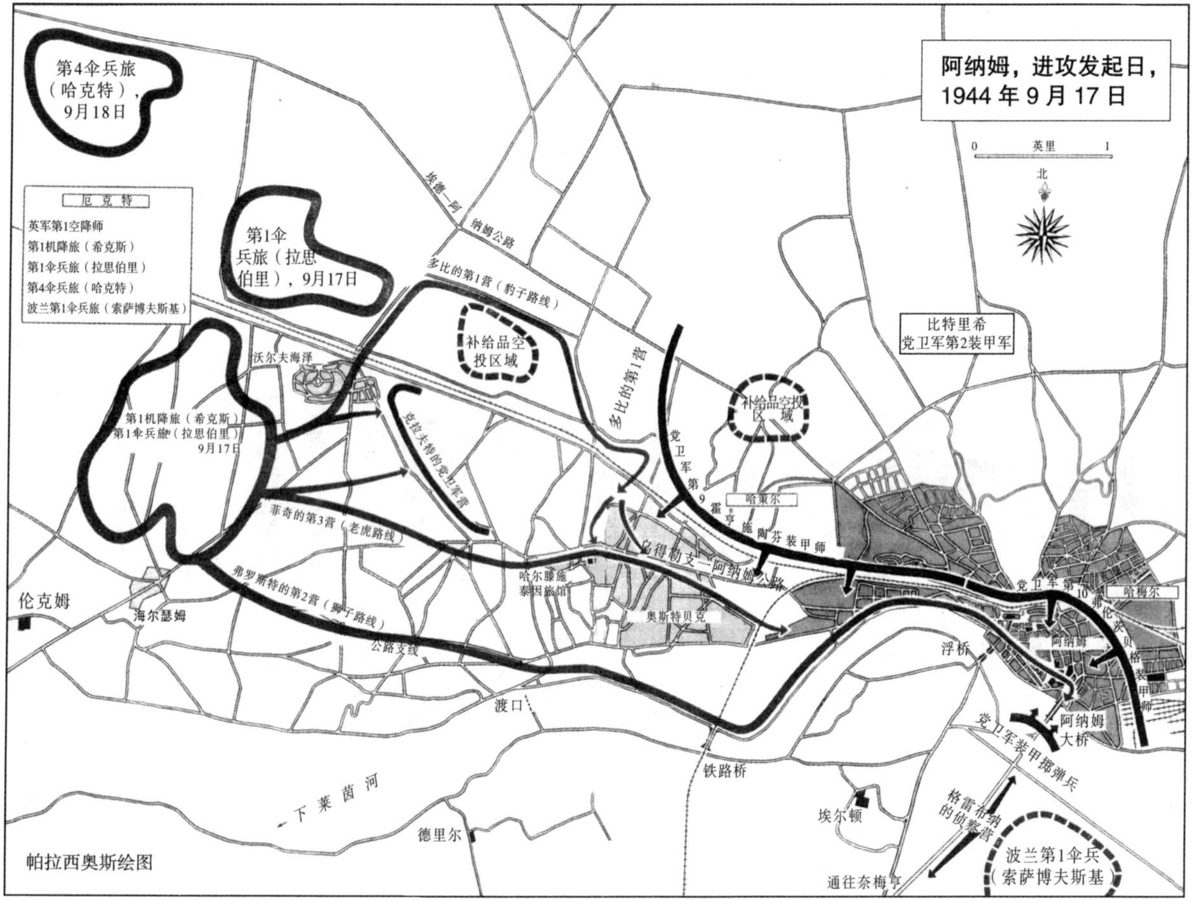
阿纳姆，进攻发起日，
1944 年 9 月 17 日
0 英里 1
北
第4伞兵旅（哈克特），9月18日
厄克特
英军第1空降师
第1机降旅（希克斯）
第1伞兵旅（拉思伯里）
第4伞兵旅（哈克特）
波兰第1伞兵旅（索萨博夫斯基）
第1伞兵旅（拉思伯里），9月17日
埃德一阿纳姆公路
多比的第1营（豹子路线）
补给品空投区域
沃尔夫海泽
第1机降旅（希克斯）
第1伞兵旅（拉思伯里）
9月17日
克拉夫特的党卫军营
多比的第1营
党卫军第9霍亨施陶芬装甲师
补给品空投区域
哈策尔
比特里希
党卫军第2装甲军
菲奇的第3营（老虎路线）
弗罗斯特的第2营（狮子路线）
乌得勒支一阿纳姆公路
哈尔滕施泰因旅馆
奥斯特贝克
伦克姆
海尔瑟姆
公路支线
党卫军第10弗伦茨贝格装甲师
哈梅尔
阿纳姆
浮桥
渡口
阿纳姆大桥
党卫军装甲掷弹兵
铁路桥
下莱茵河
格雷布纳的侦察营
埃尔顿
德里尔
通往奈梅亨
波兰第1伞兵（索萨博夫斯基）
帕拉西奥斯绘图

米勒继续下降,"树梢朝我们的机身底部猛撞过去,划过机翼。当地面突然出现时,另一架滑翔机飞到了旁边。我拉住操纵杆让飞机达到水平状态,滑翔机触到了地面,蹦起约一米高再落下。汤姆猛踩刹车,我们歪歪扭扭地在犁过的田地中滑行,轮子陷入松软的泥土中,滑翔机最终慢慢停了下来,离一排粗壮的大树还不到50米远"。在震耳欲聋的气流声归于平静后,米勒听见远处传来轻武器开火的噼啪声。"不过,我唯一的念头就是在另一架滑翔机撞上或落到我们头顶之前从滑翔机里跑出去。我是最后一个出去的人,丝毫没有停顿,不顾机身与地面有一米出头的落差,径直从跳板门里跳了出去,重重地摔在荷兰的土地上。"

由于空域拥挤,通信兵格雷厄姆·马普尔斯(Graham Marples)乘坐的滑翔机又盘旋着飞回到空降场上空。"不过,这时我们已经无风可乘了,"马普尔斯记得,"我看见树枝穿透滑翔机的地板,将其扯成碎片,我知道的下一件事情就是飞机机鼻着地栽到了地上。我能听见每样东西都在折断,像干树枝一样噼啪作响。我们纯粹是用机鼻着陆的,不过除了几处划痕和瘀痕之外谁也没有受伤。"后来飞行员告诉马普尔斯,他曾经将滑翔机拉起以避免与另一架滑翔机相撞。

许多滑翔机克服了漫长旅程中的所有问题,却在触地着陆时酿成了灾难。乔治·E. 戴维斯(George E. Davis)上士站在空空如也的"霍萨"滑翔机旁边,注视着其他滑翔机进场。戴维斯是最先着陆的人之一,率领着第1机降旅的32名士兵。他看见两架滑翔机"几乎是肩并肩地在空降场里颠簸前行,撞进树丛里,机翼全都折断了"。几秒钟以后,另一架"霍萨"隆隆地滑了进来,该机降落速度过快,戴维斯知道它没法及时停下。那架滑翔机猛地撞上了树干,一个人也没有出来。戴维斯与他的副驾驶威廉斯上士一起跑向那架滑翔机，朝有机玻璃覆盖的座舱里面张望。里面的所有人都死了，一门75毫米口径的榴弹炮挣脱了固定链条，压死了炮组成员，斩断了正副驾驶员的头颅。

滑翔机飞行员团G中队的迈克尔·唐纳德·基恩·当西（Michael Donald Keen Dauncey）中尉刚驾驶滑翔机（机上载着一辆吉普车、一辆拖车和一个炮组的6名炮手）着陆，便看见1架载重8吨的大型"哈米尔卡"滑翔机触地了。"土质松软，"他回忆道，"我看见那架哈米尔卡的机头把前面的泥土掘了出来。"重量和地速[1]令飞机深陷进土里，直到巨大的机尾翘在空中，飞机背朝下翻了个个儿。当西知道"把他们挖出来的尝试是徒劳的，'霍萨'滑翔机的上面是平的，但'哈米尔卡'滑翔机的驾驶员位置稍微突出一些，我们知道飞行员们肯定都牺牲了"。

戈登·詹克斯（Gordon Jenks）上士驾驶着另一架"哈米尔卡"滑翔机进场着陆时，同样看见了这架飞机失事，于是他立即推断前面的土质太松软了，当即决定不在这块地面上着陆。他后来回忆说："我认为，如果我们直接俯冲的话，就会有足够的速度可以让飞机与地面保持一段距离，直到我们越过篱笆，安全地滑入下一块平地。"詹克斯向前推动操纵杆，操纵滑翔机俯冲下去，然后在地面上方一两米的地方改平。他操作这架巨大的飞机缓慢地漂过篱笆，"让飞机如同一片羽毛般轻轻地落在较远处的野地上"。

现在，在空降场的各个地方，士兵们正在拔掉滑翔机尾部上的插销，打开舱门，把火炮、装备、军需品、吉普车和拖车卸下来。亨利·布鲁克（Henry Brook）一等兵所在的滑翔机上的士兵和其他许多人一样，发现卸货看起容易做起来难。"保护铁丝网上有8个

1　地速（ground speed），即飞机飞行时相对于地面的水平速度。

销子固定滑翔机的尾部，"布鲁克解释说，"在英格兰进行演习时，你总是能够在2分钟内把机尾打开，将吉普车和拖车卸下来。作战时就不一样了。我们把铁丝网切断，把销子拔出来，但机尾就是不动。"布鲁克和其他人最终不得不把机尾砍断。约翰·W.克鲁克一等兵也遇到了同样泄气的场面，好在附近的一辆吉普车过来帮了他们的忙，它用自己的缆绳把机尾拽开了。

在这两块空降场里，人们开始从失事的滑翔机残骸里抢救物资。两架大型"哈米尔卡"滑翔机坠毁造成了严重损失，它们装载了两门17磅炮外加三吨卡车和弹药拖车。不过第1机降轻型炮兵团的15门75毫米榴弹炮全都安全到达了。

乘坐滑翔机进入空降场的人大多都能回忆起着陆以后立即面对的那种奇怪的、几乎可以说是诡异的静谧。随后，人们听见从集合点传来了苏格兰风笛吹奏的乐曲《越过边境的蓝呢帽》(Blue Bonnets over the Border)。大约在同一时间，伦克姆荒野边缘的士兵们看见荷兰平民或是胡乱地在树林中窜，或是惊恐地躲藏。幽灵小队的内维尔·海中尉记得："那是一个发人深省的场面。医务人员似乎在驱赶着成群的身着白色病号服的人。男男女女四处蹦蹦跳跳，挥动着手臂大声狂笑，不停地嘟嘟囔囔，显然他们疯得非常厉害。"树林里的喧闹让滑翔机驾驶员维克托·米勒大吃一惊，随后"成群结队穿着白色衣服的古怪男女鱼贯而过"。后来空降兵们才得知，这些举止怪异的荷兰平民是遭到轰炸的沃尔夫海泽精神病院里的病人。

厄克特少将乘坐的滑翔机是在伦克姆荒野着陆的，落地后他也被那种静谧打动了。厄克特后来回忆说："那儿安静得令人难以置信，感觉非常不真实。"当他的参谋长查尔斯·麦肯齐中校在树林边建起师战术指挥部时，厄克特朝400米外的伞兵空投场走去。现在拉思伯里准将的第 1 伞兵旅就要到了，远处已经传来了机群接近的嗡嗡声。当人们抬起头来注视 C-47 机群长长的队列时，滑翔机空降场的喧嚣与活动也暂停了下来。在伞兵降落期间，轻武器和高射炮的火力与滑翔机群着陆时一样有限，而且时断时续。从 13 点 53 分起，第 1 伞兵旅的官兵在 15 分钟内跳出了机舱，一时间天空中布满了色彩鲜艳的降落伞，约 650 个亮黄色、红色和棕色的伞包——里面是枪支弹药和装备——迅速在川流不息的伞兵之中落了下来。其他装满补给品的空投伞包在士兵跳伞之前就从飞机上被推了下来，载着各种各样的物资向地面飘落，其中还包括小型折叠式自行车。许多已经超负荷的伞兵跳伞时还带着大背包。从理论上讲，这些大背包应该在人触地之前先用绳子放下来，然而有几十个大背包很是突然地与伞兵分离掉落在空投场里，其中有几个装的是珍贵的无线电台。

英军的哈里·赖特（Harry Wright）二等兵是从一架美军的 C-47 上跳伞的，伞降过程中他把钢盔和大背包都搞丢了，落地时重重地摔到地上，前额血流如注。此时团军需官罗伯逊中士向他跑来。"你被高射炮火击中了吗？"罗伯逊问道。赖特慢慢地摇摇头说："不，中士，是该死的美国佬，我们跳伞时飞机速度太快了。"罗伯逊替他包扎了伤口，随后在赖特惊讶的注视下从自己的粗帆布背包里取出一块猪肉馅饼递给这名伤号。"我当时震惊得要命，"赖特回忆说，"首先，罗伯逊是苏格兰人；其次，作为军需官他从未把任何东西给过任何人。"

空投场内古怪的事情似乎到处都有。第 1 伞降工兵中队 A 分队的诺曼·斯威夫特（Norman Swift）中士落地后看见的第一个人就是中队军士长莱斯·埃利斯（Les Ellis），后者正抱着一只死鹧鸪从他面前经过。惊讶的斯威夫特问军士长这只鸟是从哪里来的。"我落在它身上了,"埃利斯解释道,"谁知道呢?以后万一我们要是饿了的话,有它就再好不过了。"

A分队的另一名工兵罗纳德·托马斯·埃默里(Ronald Thomas Emery)刚刚从降落伞底下爬出来,一个上了岁数的荷兰妇女便从地里一路小跑过来,一把抓起降落伞撒腿就跑,大吃一惊的埃默里只能瞪大双眼目送着她离去。在这片区域的另一处地方,重负在身的杰弗里·斯坦纳斯下士落在了一架滑翔机的机翼上面,机翼像蹦床一样弹起来,把斯坦纳斯抛到空中,随后他双脚同时落地。

重重落地之后,昵称"罗宾"(Robin)的第2伞兵营A连1排排长罗伯特·亚历山大·弗拉斯托(Robert Alexander Vlasto)中尉感觉头昏目眩,于是一动不动地在地上躺了几分钟,试图确定自己的位置。在意识到"我四周有多得难以置信的人和箱子正在落下,飞机仍在向外倾倒伞兵"后,弗拉斯托决定迅速离开空降场。当他挣扎着摆脱伞绳时,听见了一种古怪的声音。弗拉斯托四下张望,看见自己的营长约翰·弗罗斯特中校吹着铜质猎号从身旁走过。

詹姆斯·W.西姆斯二等兵也注意到了弗罗斯特。他在落地以前就度过了非同寻常的一天。西姆斯原来一直是与皇家空军一起飞行的——他回忆说,皇家空军的态度通常是"不要担心,小伙子们,无论如何我们都会把你们送到目的地"——所以他在看到驾驶飞机的美国飞行员时大吃一惊。"那是一名戴着绒毡帽的中校,身穿飞行夹克,敞着衣襟,叼着根大雪茄。我们的中尉非常潇洒地向他行军礼,询问他在起飞时,士兵们是否应该到飞机的前部去。"那个美国人咧嘴笑了笑,"为什么呢?见鬼,不用这样,中尉"。西姆斯记得他说,"如果飞机在跑道上屁股蹭地的话,那么滑跑到一半时我就会让这个该死的板条箱离开地面"。西姆斯的中尉惊讶得说不出话来。现在，尽管西姆斯喜欢自己的营长，但在注视着弗罗斯特走过时，他的耐心还是到达了极限。他坐在地上，被自己的装备环绕着，咕哝道："老约翰尼·弗罗斯特走过去了，一手拎着把"柯尔特"手枪，一手拎着那把该死的号角。"

全师有5 191名官兵安全抵达了空降场和空投场，各单位正在集合，列队出发。厄克特少将"不可能更开心了，似乎一切都进展顺利"。第3伞兵营的营军士长约翰·洛德也有同样的感觉。这位老伞兵回忆说："这是我参加过的最好的演习之一，每个人都镇定而有条不紊。"但洛德在起飞前所持的保留态度仍然让他感到不安。他记得当自己四下张望，看见士兵迅速集合没有接敌时，心想事情顺利得令人难以置信。有这样想法的人不止他一个。当一组人准备动身时，第1伞降工兵中队B分队的彼得·特里克·斯坦福斯（Peter Terrick Stainforth）中尉听见身边的丹尼斯·杰克逊·辛普森（Denis Jackson Simpson）中尉小声说："一切都太顺利了，我不喜欢。"

着陆时任务最紧迫的人是第1空降师第1空降侦察中队43岁的中队长弗雷迪·高夫少校，他要率领一支由4个分队组成的中队，在约翰·弗罗斯特中校的伞兵营赶到前，乘坐搭载有重武器的吉普车全速赶到大桥。高夫和他的人通过伞降着陆，然后寻找由滑翔机送进来的地面交通工具。高夫迅速在空投场中找到了自己的副手戴维·奥尔索普（David Allsop）上尉，得知了一些坏消息。奥尔索普报告说，一个分队的所有运输工具——22台车辆——没有到达，计划飞往阿纳姆的320架滑翔机损失了36架，高夫的A分队要使用的吉普车随之一起不见了。尽管如此，不论是高夫还是奥尔索普，都认为仍有足够的车辆全速赶往阿纳姆大桥。高夫下令出发。现在，随着他的战斗力被削弱，一切得取决于德国人的反应了。

6

在一片惊慌和混乱中,第一个让部队进入战备状态的德军高级军官是党卫军第2装甲军军长威廉·比特里希将军。13点30分,他通过德国空军通信系统收到了第一份报告,内容是盟军空降部队正在阿纳姆周边着陆。第二份报告在几分钟以后到达,据说阿纳姆和奈梅亨受到了盟军空降兵的攻击。比特里希无法与奥斯特贝克塔费尔贝格旅馆里的莫德尔元帅指挥部中的任何人取得联系,也未能与阿纳姆的城防司令或菲赫特的斯图登特大将的指挥部取得联系。虽然形势不明朗,但比特里希立即想到了冯·灿根将军的第15集团军,该集团军主力已经渡过斯海尔德河口逃进了荷兰。"我最先想到的是,盟军的此次空降突击旨在遏止冯·灿根的集团军,避免它与我们的余部联合起来。或许,意在由英国陆军长驱直入,跨过莱茵河进入德国。"比特里希认为,如果他的推论正确,那么这次行动的关键就是阿纳姆和奈梅亨之间的那些桥梁。他立即命令党卫军第9霍亨施陶芬装甲师和党卫军第10弗伦茨贝格装甲师进入战备状态。

霍亨施陶芬师师长瓦尔特·哈策尔一级突击队大队长参加了为保罗·格雷布纳一级突击队中队长授勋后举办的午餐会,就在他"喝汤喝了一半"的时候,比特里希的电话来了。后者简明扼要地说明了形势,然后命令哈策尔"向阿纳姆和奈梅亨的方向进行侦察",霍亨施陶芬师要立即出动坚守阿纳姆地区,并消灭阿纳姆以西奥斯特贝克附近的盟军空降部队。比特里希提醒哈策尔："行动要迅速，接管并确保阿纳姆大桥具有决定性意义。"与此同时，比特里希命令弗伦茨贝格师——师长哈梅尔旅队长此时正在柏林——朝奈梅亨进发，"接管、控制并保卫该市的桥梁"。

哈策尔现在面临的问题是，要把原定于一个小时之内乘火车前往德国的霍亨施陶芬师的最后一批部队从火车上卸下来，包括那些他一直决心不给哈梅尔的"不可用"的坦克、半履带车辆以及装甲运兵车。哈策尔看着格雷布纳问道："我们现在要做什么呢？这些车辆被拆开装车了。"其中有40辆属于格雷布纳的侦察营。"你要花多长时间才能把这些履带和枪炮装回去？"哈策尔问道。格雷布纳立即把营里的机械师都召集起来。"我们将在3~5个小时之内做好出发准备！"他告诉哈策尔。"在3小时内完成！"哈策尔朝他的师部走去时厉声说道。

尽管比特里希将军是根据错误的理由做出了正确的估计，但他却让蒙哥马利的情报军官完全不予考虑的装甲师运转了起来。

那位奉命离开奥斯特贝克为莫德尔元帅的指挥部腾地方的军官发现，自己和部下的营地几乎就在英军的空降场里。党卫军第16装甲掷弹兵训练补充营营长泽普·克拉夫特二级突击队大队长吓得"胃部不适"。他在沃尔夫海泽旅馆的新营部距离伦克姆荒野不到1.6公里，在附近露营的是他的两个连，第三个连留在阿纳姆充当预备队。克拉夫特在旅馆里就能够看到，荒野里"拥挤着滑翔机和部队，有些就在百米之外"。他一直以为空降部队组织起来需要花几个小时，但就在他的注视下，"英国人正在各处集合出发，准备战斗"。他无法理解这样一支部队为何会在这片地区着陆，"我能想到的唯一具有重要意义的军事目标，就是阿纳姆大桥"。

这名被吓坏的指挥官知道，除了他这个不满员的营之外，附近再无其他德国步兵。克拉夫特决定，在援兵到来之前"要由我来挡住他们，不让他们抵达大桥——如果他们要去那里的话"。他手下各连的阵地大致形成了一个三角：底边——也就是沃尔夫海泽公路——几乎就是伦克姆荒野的边界；克拉夫特的营部北边是埃德至阿纳姆的公路，以及阿姆斯特丹—乌得勒支—阿纳姆铁路线；在南边，乌得勒支公路经由伦克姆和奥斯特贝克进入阿纳姆。由于没有足够的兵力维持从一条公路到另外一条公路的连续战线，所以克拉夫特决定，坚守大致从北边的铁路到南边的乌得勒支—阿纳姆公路之间的阵地。他匆忙命令预备连离开阿纳姆，与在沃尔夫海泽的该营余部会合，机枪排被派出去坚守战线两端，其余部队则在树林里呈扇形展开前进。

　　尽管兵力不足，但克拉夫特手里却有一种新型实验武器可供使用：一种多管火箭发射器[1]，能够抛射超口径火箭弹，有几台这样的发射器留给他用于训练。现在他打算使用它们迷惑英国人，给敌人留下守军兵力更为强大的印象。与此同时，他命令几个由 25 名士兵组成的突击小队进行猛烈突袭，这可能会动摇那些伞兵。

　　正当克拉夫特下达指示时，一辆军官座车轰鸣着驶到了他的营部门前，阿纳姆城防司令弗里德里希·库辛（Friedrich Kussin）少将匆匆走了进来。库辛以惊人的车速从阿纳姆驱车前来，为的是亲眼看看发生了什么事情。途中他遇见了朝东前往杜廷赫姆的莫德尔元

---

[1] 这种武器不应该与德国较小型的火箭发射器——6 管火箭发射器（Nebelwerfer）——混淆起来，克拉夫特断言，这些实验性的发射器只有 4 台。我没能够核实此事，不过在西线并没有发现类似武器的记录。毫无疑问，它的使用给英军带来了毁灭性效果，无数目击者描述了这种超口径火箭弹的呼啸声和冲击力，但令人费解的是，英军在任何战后报告中都未对这种武器进行过讨论。——原注

帅。莫德尔在路上停留了片刻,指示库辛命令部队进入战备状态,并向柏林汇报事态的发展。这会儿库辛朝荒野对面望去,被英军的大规模空降惊得目瞪口呆。他基本上是以绝望的口吻告诉克拉夫特,将设法在18点增援该地区。当库辛动身驱车返回阿纳姆时,克拉夫特提醒他不要走那条从乌得勒支到阿纳姆的公路,他已经接到报告说英国伞兵正在那条公路上行进。"走小路吧,"克拉夫特告诉库辛,"大路可能已经被封锁了。"库辛铁着脸说道:"我能顺利通过的!"克拉夫特注视着那辆军官座车朝公路疾驶而去。

他确信自己永远等不到库辛的增援部队了,他那支小小的部队被打垮只是一个时间问题。甚至就在他把部队部署到沃尔夫海泽公路沿线时,克拉夫特已经派自己的司机威廉·劳(Wilhelm Rauh)去收拾他的私人物品了。"把它们装到车里直接开到德国去,"克拉夫特告诉劳,"我不指望活着从这个地方出去了。"

在柏林东南部的巴特萨尔诺(Bad Saarnow),党卫军第10弗伦茨贝格师师长海因茨·哈梅尔旅队长,与党卫队作战总局局长汉斯·于特纳(Hans Jüttner)党卫队副总指挥兼武装党卫军上将[1]进行了会谈,并简明扼要地介绍了比特里希兵力不足的第2装甲军的困境。哈梅尔坚持说,如果想让该军继续保持作战能力,那么"比特里希对人员、坦克、车辆和火炮的迫切要求就必须得到满足"。于特纳许诺将尽力而为,但又提醒说,"现在每支作战部队的力量都有损耗",每个人都想得到优先权,他无法许诺立即予以帮助。就在两人交谈时,于特纳的副官拿着一份无线电报走进了办公室。于特纳看了看电报,然后一言不发地递给了哈梅尔。电报上写着:"空

---

1 此处原文有误,将于特纳的军衔写成了少将,其实早在1943年6月21日他就晋升党卫队副总指挥兼武装党卫军上将了。

降部队进攻阿纳姆,立即返回。比特里希。"哈梅尔冲出办公室,跳上了自己的汽车。从巴特萨尔诺开车前往阿纳姆需要 11.5 个小时。哈梅尔对他的司机泽普·欣特霍尔策(Sepp Hinterholzer)三级小队副(党卫军下士)说道:"回阿纳姆——玩命开!"

7

英军第 1 空降师通信科副科长安东尼·迪恩-德拉蒙德少校无法理解出了什么问题。在拉思伯里准将的旅前往包括阿纳姆大桥在内的目标时，他的无线电台能清楚地收到该旅的信号，但现在随着拉思伯里的各个营更接近阿纳姆，无线电信号却一分钟比一分钟弱了。迪恩-德拉蒙德的通信兵接二连三地向他报告，那些报告令他既不安又困惑。他们无法与一些装载在吉普车上的无线电台取得联系，而从其他地方接收到的信号也过于微弱，几乎听不见。然而，拉思伯里旅的各营以及弗雷迪·高夫少校的侦察中队距此不过就三五公里的路程。

迪恩-德拉蒙德尤其关注拉思伯里的消息，这些消息对厄克特将军的作战指挥至关重要。他决定派一辆吉普车，带着无线电台和报务员去接收拉思伯里的信号，再把那些信号转发给师部。他指示该小组在师部与拉思伯里的移动通信系统中间设立一个中继点。没过多久，迪恩-德拉蒙德便听见了这个中继小组转发来的信号。他们的无线电台的接收范围似乎大幅减少了——按理说，这种"22"型无线电台起码能在 8 公里范围内有效运作——而且信号也很微弱。他推断要么就是电台未能正常工作，要么就是报务员所处的位置不好。就在他仔细倾听时，信号甚至一度完全消失了。迪恩-德拉蒙德无法用无线电与任何人取得联系。美军的一支由两辆搭载无线电的吉普车组成的特别通信小组同样如此。这个特别小组是在当日部队出发前几个小时里匆忙组建起来并赶赴英军空降师师部的,他们将操作地对空的甚高频电台召唤战斗机群进行近距离支援。在投入战斗的最初几个小时里,这些搭载无线电的吉普车本可能会令情况大为不同,但它们却被发现毫无用处,两辆吉普车上的电台都没有设定好频率来召唤战斗机群。此时此刻,战斗还没有开始,英军的无线电通信系统就已经完全失效了。[1]

---

1 克里斯托弗·希伯特的《阿纳姆之战》一书第96页特别谈到了阿纳姆的英军,并且同样指出了英军通信系统的瑕疵。他声称:"美军的空中支援队伍训练不足……其灾难性的后果,就是直到这次军事行动的最后一天……才给空降部队提供了有效的近距离空中支援。"似乎没有任何信息说明是谁在频率分配上出了差错,那些美国人的名字也不为人所知。这个美军通信小组发现在至关重要的第一天,他们本来拥有也许能够改变整个历史进程的手段,但他们一直没有被找到。这个作战单位是已知仅有的参加了阿纳姆战斗的美国人。——原注

8

就像接到了信号一般，当运送第 82 空降师的飞机靠近空投场时，德国人的大炮开火了。詹姆斯·加文准将朝下望去，看见地面炮火从与马斯河—瓦尔河运河平行的一条战壕里喷射而出，敌人隐蔽在林子里一直引而不发的炮位现在也开火了。看着这一切，加文担心他为第 82 空降师制订的作战计划有可能会失败。

该师负责坚守"市场-花园"行动"走廊"的中段，南北约 16 公里，东西约 20 公里，目标分布广泛。加文在赫拉弗大桥西端附近空投了一个伞兵连，计划通过奇袭夺取该桥。此外他还挑选了 3 个空投场和一个大型空降场，后者除了要容纳本师的 50 架"韦科"滑翔机，还要加上弗雷德里克·布朗宁中将的英军第 1 空降军军部的 38 架"霍萨"滑翔机和"韦科"滑翔机。加文命令，空降先导员只标出位于上阿瑟尔特北边的空投场，靠近赫鲁斯贝克高地和德国边境的另外三处则有意不设任何导航标记。加文的伞兵和滑翔机将在没有识别信标或烟雾的情况下空降，以便迷惑敌人对其空降场的判断。布朗宁中将的军部将在第 82 空降师着陆约 13 分钟以后落地。

加文最担心的是敌军坦克可能突然从沿德国边境分布的帝国森林里杀出，那片森林就在第 82 空降师最大的空降场和空投场东边。有鉴于此，他下达了两道非同寻常的命令：为了保护他的师和布朗宁的军部，他指示伞兵跳伞时，要靠近他们能够从空中发现的高射炮位，并尽快瘫痪它们；其次，在空降史上首次伞降一个完整的野战炮兵营，将火炮拖至距离德国边境约 2.4 公里、直面森林的区域。现在，目睹地面的猛烈高射炮火，考虑到帝国森林里有敌军坦克存在的可能性，加文很清楚，尽管他已经为几乎所有的可能性做了预案，但第 82 空降师官兵面对的仍会是一个棘手的任务。

加文手下那些参加过诺曼底战役的老兵从来都没有忘记他们在圣梅尔埃格利斯（Ste-Mère-Église）镇遭到的屠杀。由于意外地伞降在那个镇子里，他们落地时便遭到了德军机枪的射击，许多人的降落伞挂在电话线以及镇中心广场四周的树上，他们无助地吊在那里被屠杀了。直到圣梅尔埃格利斯最终被第 505 伞兵团 2 营营长本杰明·海斯·范德沃特（Benjamin Hayes Vandervoort）中校夺取之后，那些阵亡的伞兵才被割断绳子放下来埋葬。现在，当第 82 空降师准备在荷兰上空伞降时，有人对身后还挂着钩的人喊道："记住圣梅尔埃格利斯！"尽管边跳伞边用枪扫射是一种冒险的做法，许多伞兵还是在跳伞的过程中扣动了他们的扳机。

第 508 伞兵团的军医布赖恩德·N. 博丁（Briand N. Beaudin）上尉在赫鲁斯贝克高地附近的空投场下落时，看到自己正好飘向一门正在瞄准他的德军高射炮位，博丁立即掏出"柯尔特"手枪开始射击。"我突然意识到，"博丁记得，"在大口径火炮上方来回摆动时用我那支不起眼的小手枪瞄准是多么徒劳。"博丁在高射炮边上落地，把炮组成员全部俘虏了。他认为那些德国人"吓蒙了，以致一炮未发"。

第 505 伞兵团 2 营 E 连的詹姆斯·科伊尔中尉以为自己要落在一个德国人的帐篷医院上，敌军突然从帐篷里涌了出来，开始朝架在四周的 20 毫米高射炮跑去。于是他也从枪套里把"柯尔特"自动手枪拔了出来。但随着降落伞的来回摆动，科伊尔飘离了那个帐篷，其中的一个德国人开始朝科伊尔的方向跑来。"我没能向那个德国佬开一枪，"科伊尔回忆道，"我的手枪时而指向地面，时而又瞄准了天空。我还足够清醒，就把'柯尔特'手枪塞回了皮套里，这样我就不会把枪丢了，也不会在摔倒时误伤自己。"落地后，甚至还没来得及解开降落伞，科伊尔就再次拔出了手枪。"那个德国佬现在离我只有几米远，不过他的动作好似看不到我的存在一样。我突然意识到他并不是朝我跑来，他只是在逃跑。"德国兵从科伊尔身边匆匆跑过时扔掉了枪和钢盔，科伊尔看得出来"他只是一个孩子，大约 18 岁的样子。我无法对着一个没有武器的人开枪，我最后朝那个孩子看了一眼，他正朝德国边境跑去"。

当曳光弹开始撕裂降落伞时，第 505 伞兵团 2 营营部连的埃德温·林恩·劳布（Edwin Lynn Raub）二等兵勃然大怒，他操纵着降落伞侧滑，以便在那门高射炮旁边着陆。劳布落地后连降落伞都没解脱，而是拖着降落伞手持汤姆森冲锋枪朝德军猛冲过去。他打死了一个德国兵，俘虏了剩下的人，然后用塑胶炸药炸坏了高射炮炮管。

尽管官方认为，在赫鲁斯贝克地区降落的第 505 伞兵团和第 508 伞兵团遇到的抵抗微不足道，但在上述区域四周的树林里还是有数量可观的防空炮火和轻武器火力。第 82 空降师的伞兵们并没有等候集合，而是以单兵或小队形式，蜂拥上前压制住了这些进行抵抗的小股德军部队，迅速打垮并俘虏了他们。与此同时，战斗机群在树梢上飞速掠过，用机枪扫射敌军炮位。德国人在对抗低空攻击的飞机时获得了很大成功，没过几分钟就有三架战斗机被击中，坠毁在附近的树林里。第505伞兵团1营的迈克尔·M.武莱蒂奇（Michael M. Vuletich）上士看见了其中一架，那架飞机翻滚着越过了空投场，当它最终停下来时，只有机身还保持完好。几分钟以后，飞行员完好无损地出现了，他站在飞机残骸旁点燃了一支香烟。武莱蒂奇记得，那名被击落的飞行员作为步兵留在了连队里。

第505伞兵团1营B连的詹姆斯·埃尔莫·琼斯（James Elmo Jones）上士在地面上看见1架P-47在约460米的空中燃烧起来，他估计飞行员会跳伞逃生，但飞机却在地面上降落，并在滑过空降场后解体了。机尾折断，机头的发动机滚到一边，座舱部分在田野里停了下来。琼斯确信飞行员肯定完蛋了，正当他全神贯注盯着飞机残骸的时候，飞机的座舱盖朝后滑动打开了，"一个没有戴飞行帽、腋下别着一支'柯尔特'手枪的金发小个子向我们跑来"。琼斯记得自己问道："伙计，你干吗不跳伞呢？"那名飞行员咧着嘴笑了，"该死，我害怕跳伞，"他告诉琼斯。

第505伞兵团1营A连的拉塞尔·奥尼尔上士落地并收拾好自己的装备之后，看见一架P-51正在俯冲扫射附近一处隐蔽的德军阵地。飞机从机枪巢上空掠过两次后被击中了，但飞行员却绕了个圈，进行了一次安全的机腹着陆。按照奥尼尔的说法："这个家伙跳出驾驶舱朝我跑来，边跑边喊'给我支枪，快！我知道那个狗娘养的德国佬在哪里，我要逮住他'。"奥尼尔在他身后一直注视着他，那名飞行员一把抓过一支步枪，朝树林跑去。

在18分钟之内，第82空降师505伞兵团和508伞兵团的4 511名伞兵，连同工兵和70吨装备在空投场内外落地，空投场的范围横跨赫鲁斯贝克镇东边被森林覆盖的高地。当官兵们集合起来离开空投场前往目标时，特别空降先导小队又为空降炮兵、第82空降师的滑翔机部队以及英军的军部标出了空降场界线。到目前为止，加文将军有计划的冒险获得了成功。不过，尽管这两个团迅速建立了彼此间的无线电联系，但与第505伞兵团一起跳伞的加文想要知道在西边13公里外发生的事情还为时过早。那里是第504伞兵团位于上阿瑟尔特北边的空投场，他并不清楚对赫拉弗大桥进行的特别攻击是否正按计划进行。

鲁本·亨利·塔克（Reuben Henry Tucker）上校的第504伞兵团由137架C-47运送，和第82空降师的其余飞机一样，机群接近上阿瑟尔特的空投场时也遭遇了时断时续的高射炮火。运输机飞行员们保持着航向，13点15分，约2016人开始跳伞。有11架飞机稍微偏向西方，朝赫拉弗附近的马斯河飞去，它们的空投点位于那座关键的457米长的九孔大桥旁边。这些C-47运载着爱德华·尼古拉斯·韦勒姆斯（Edward Nicholas Wellems）少校的第2营E连扑向第82空降师最关键的目标，他们的任务是从西边的引桥突袭大桥。2营其他连队将从上阿瑟尔特出击，冲向大桥东边。如果不能迅速且完好无损地夺取赫拉弗大桥，那么"市场-花园"行动的紧凑安排就难以为继了，失去这座大桥可能意味着整个行动的失败。

当运载E连的飞机朝西边的突击点飞去时，排长约翰·塞缪尔·汤普森（John Samuel Thompson）中尉能够清楚地看见马斯河、赫拉弗镇和右侧的第504伞兵团在上阿瑟尔特附近的大规模跳伞，随后他又看见自己所在的连队即将空降的沟壑纵横的田野。正当汤普森还在四处观察时，同连的其他人已经跳出了飞机，朝赫拉弗大桥落去，但中尉所在的C-47上的绿灯还没有闪亮。当绿灯亮起时，汤普森看到他们就处在一些建筑物的正上方。他等了几秒钟，看见了对面的田野，于是和他的排一起跳了下去。由于这个幸运的差错，他和部下落地后距离大桥的西南端只有四五百米远。

汤普森能够听见从赫拉弗方向传来的断断续续的射击声,但大桥四周似乎一片安谧。他不知道自己究竟是该等到连里的其他人赶到,还是现在就用排里的16个人进行突击。"既然这是我们的首要任务,我就决定发起进攻了。"汤普森说道。汤普森派休·H.佩里下士回去找连长,让他送去一条简短的口信:"我们正朝大桥前进。"

从镇子和附近建筑物里射出的子弹现在更密集了。汤普森率领他的排跳进附近的排水沟,官兵们不得不在深及脖子的水中跋涉前往大桥。他们开始遭到一座邻近大桥的高射炮塔的火力压制,汤普森注意到敌军士兵抱着口袋正在大桥附近的一座建筑里跑进跑出,他认为那里一定是一家维修厂或者发电厂。汤普森担心那些德国人正在把炸药送往大桥,准备把桥炸掉,于是迅速部署士兵包围那座建筑物并开火射击。"我们用机枪扫射这片地区,攻占了发电厂,发现德国人4死1伤,"汤普森回忆说,"显然,他们抱着的是个人装备和毯子。"突然间,两辆卡车沿着公路从赫拉弗疾驶而来,朝大桥开去。汤普森的一名部下击毙了头车司机,那辆卡车歪歪扭扭地驶离了公路,车上的德国人仓促跳车。第二辆车立即停了下来,车上的士兵也跳到了地上。汤普森的人向他们开火,但那些德国兵毫无斗志,没有还击就一哄而散了。

那座高射炮塔仍然在开火,不过到目前为止,炮弹只是从美军伞兵的头顶上飞过。"那些炮手无法把20毫米高射炮压到足够低的射角打到我们。"汤普森后来回忆说。排里的"巴祖卡"火箭筒射手罗伯特·麦格劳二等兵向前面爬去,在不到70米的距离上发射了三枚火箭弹,其中有两枚命中了高射炮塔的顶部,于是那门炮被打哑了。

虽然对岸桥头附近的另一座高射炮塔里还有一门双联装20毫

米高射炮在射击，但汤普森和部下还是破坏了疑似与炸药相连的电力设备和电缆，随后在大桥西南侧引桥的路上设置了路障，埋下了地雷。在被摧毁的高射炮塔里他们发现炮手虽然被打死了，但20毫米高射炮却没有损坏，立即用这门炮朝河对岸的那座高射炮塔开火。汤普森知道自己的排很快就会得到从后面赶来的E连余部的支援，稍后不久还会得到韦勒姆斯少校全营的支援。该营正从上阿瑟尔特急速赶来，以便夺取大桥的东北端。就汤普森中尉而言，他认为主要目标已经得手了。[1]

塔克的第504伞兵团的其余两个营正像轮子上的辐条一样向东进发，前往马斯河-瓦尔河运河上的三座公路桥和铁路桥。同样冲向那座大桥的还有第505伞兵团和第508伞兵团的部队，他们决意要从对岸的另一端夺桥。对于"市场-花园"行动而言，这些目标并非每个都必不可少，加文希望在出其不意的突袭和随之而来的混乱中能够把这些目标全部拿下，但除了至关重要的赫拉弗大桥之外，再夺取一座桥就足够了。

要动摇敌军，坚守自己的阵地，保护布朗宁将军的军部，并在伞兵们前往其目标时提供帮助，加文得在很大程度上依赖于自己的榴弹炮——现在，第376伞降野战炮兵营的火炮正在到来。在以往的作战行动中，美军曾空投过小股炮兵单位，但他们被散布得很广，集结和开火都需要很长时间。现在赶来的这个拥有544人的炮兵营是精挑细选出来的，每个人都是丰富经验的伞兵。运送该营的48架

---

[1] 第82空降师的战后报告以及第504伞兵团团长塔克上校的战后报告都阐明，大桥是在14点30分被"夺取"的。但韦勒姆斯少校的说法却并非如此，由于大桥仍然遭到炮火的骚扰，所以首批部队实际上是在15点35分才从东北端过的河。但无论如何，汤普森中尉率领的E连的那个排从13点45分起便开始坚守大桥，使它没有被炸掉，一直到17点被描述为"安全"时为止。——原注

飞机中装载着12门75毫米榴弹炮，每门炮都被拆卸成7大部分，首先空投这些榴弹炮，接着再空投约700发炮弹。C-47鱼贯飞临，很快大炮就相继被空投，弹药和炮手随即伞降，全都近乎完美地完成了着陆。

一件意外事故差点导致行动停顿。第376伞降野战炮兵营营长威尔伯·马本·格里菲思（Wilbur Maben Griffith）中校在跳伞时摔断了脚踝，不过他的部下很快就搞来了一辆荷兰手推车推着他。"我永远也不会忘记，"师炮兵指挥部的奥古斯丁·S.哈特少校回忆说，"中校被推着从一个地方到另外一个地方，吼叫着命令所有人以最快的速度集合。"部队集合后，格里菲思又被手推车推到加文准将面前，报告说："长官，火炮进入阵地，随时可以开火。"时间恰好过去了一个小时。在这次有史以来最为成功的空投之后，全营集结完毕，其中10门榴弹炮已经在开火射击了。

第82空降师的野战炮兵着陆14分钟以后，运载着空降反坦克营、工兵、师部其余人员、枪支弹药、拖车和吉普车的"韦科"滑翔机群开始进入空降场。离开英格兰的50架滑翔机中只有4架未能抵达荷兰。不过并非所有滑翔机都在空降场内着陆，有些滑翔机偏离了两三公里。安东尼·A.延德热夫斯基（Anthony A. Jedrziewski）上尉是一架滑翔机的副驾驶，该机与牵引机的脱离时间晚了一些。延德热夫斯基惊恐地看到"我们以单机突入的架势径直朝德国人冲了过去"，驾驶员做了一个180度回旋，开始找地方着陆。延德热夫斯基记得降落到地面时，"我们的一侧机翼插在大干草堆里，另一侧机翼插在篱笆里，机头插进了地里。泥土一直覆盖到膝盖上面，此时我都不知道脚是否还在自己身上了。随后我们听见88毫米高射炮讨厌的炮声，于是我们就在凹凸不平的地面上把吉普车拖了出来，急速朝自己人那里驶去。"

他们比第319机降野战炮兵营的约翰·W. 康奈利（John W. Connelly）上尉走运，后者的驾驶员在进场着陆的过程中被打死了。以前从未驾驶过滑翔机的康奈利此时亲自上阵，操纵这架"韦科"滑翔机深入德国境内10公里左右，降到了维勒（Wyler）镇附近。只有康奈利和另外一人没有被德军俘获，他们躲到夜幕降临，最终在9月18日上午10点左右回到了自己的部队。

第82空降师总计成功地空降了7 467名伞兵和机降步兵。最后在该地区着陆的是运送弗雷德里克·布朗宁将军军部的35架"霍萨"和"韦科"滑翔机，在飞往空降场的途中损失了三架滑翔机，其中两架是在飞抵欧洲大陆之前，第三架则坠毁在菲赫特以南、斯图登特将军的集团军指挥部附近。布朗宁的军部几乎就是在德国边境上着的陆。"高射炮火即便有也是微乎其微，敌人几乎没有进行抵抗，"布朗宁的参谋长戈登·沃尔克准将记得，"我们在帝国森林西边约100米的地方降落，我的滑翔机离布朗宁的滑翔机约有50米远。"

滑翔机飞行员团团长乔治·查特顿上校亲自驾驶布朗宁搭乘的"霍萨"滑翔机，着陆时滑翔机前轮被电缆刮掉了，随后冲进了一块卷心菜地里。"我们出来后，"查特顿回忆道，"布朗宁朝四周打量了一下，说道：'老天做证，我们到了，乔治！'"在不远处，沃尔克准将看见布朗宁穿过空降场朝帝国森林跑去。几分钟以后他回来了，向沃尔克解释说："我想成为第一个在德国撒尿的英国军官。"

当布朗宁的吉普车从滑翔机上卸下来时，附近落下了几发德军炮弹，查特顿上校立即扑向最近的一条壕沟。"我永远也不会忘记，布朗宁站在我的上方,看起来有点像一位探险家。他问我:'乔治,你到底在下面做什么?'"查特顿很坦率地说道:"我要躲藏好,长官!""嗯,你不用再躲藏了,"布朗宁告诉他,"我们该走了。"布朗宁从紧身短上衣的口袋里取出一只包着面巾纸的小包裹递给查特顿,说道:"把它放在我的吉普车上。"查特顿打开面巾纸,看到里面有一面三角旗,栗色的背景上面是一匹有着双翼的淡蓝色飞马,这是英军空降部队的军徽。[1]三角旗在吉普车的保险杠上飘扬着,"市场"行动的部队指挥官驱车离开了。

在阿纳姆以西的伦克姆荒野,受过高级培训的专家、情报收集单位"幽灵"小队队长内维尔·海中尉正大感不解。他的专家组把无线电台和专用天线组装了起来,期望能立即与布朗宁将军的军部取得联系。海中尉在着陆时最先考虑的事情就是与军部接上线,并报出自己的方位。早些时候他已经得知,师部的通信系统出了故障,海中尉先前以为问题会出现在皇家通信兵部队那些缺乏经验的报务员身上,但令他始料未及的是,现在麻烦出在了自己的部下身上。"我们在空降场安装好设备,尽管有松树林遮挡,但以前曾在比这糟糕得多的乡间接通过,"他回忆说,"我们一再调试,但什么信号也没有接收到。"在发现问题出在哪里之前,他无法把厄克特少将的第1空降师的进展告知布朗宁中将,也无法把布朗宁的命令转发给英军第1空降师。颇具讽刺意味的是,荷兰的电话系统却保持畅通,包括奈梅亨的 PGEM 发电厂厂部拥有和运作的接入全省网络的一个

---

[1] 有资料称布朗宁的三角旗是他的妻子、小说家达夫妮·杜穆里埃(Daphne du Maurier)做的。"对不起,"她写道,"我让那些制造传说的人失望了⋯⋯但凡见过我缝针的人都会知道,这是我做不出来的。然而,这是一个讨人喜欢的想法,而且会让我的丈夫很开心。"实际上,这面三角旗是伦敦的霍布森父子有限公司在克莱尔·米勒小姐的监督下制作的。根据布朗宁的指示,在"市场-花园"行动开始之前,米勒小姐还把小罗盘手工缝进了500件衬衫的领子和皮带里。——原注

特别电话系统。倘若海中尉知道这一点的话，那么他需要做的只是在荷兰抵抗组织的帮助下拿起一部电话。

在24公里以外，布朗宁将军设在赫鲁斯贝克高地边上的军部里的人们已经开始显得焦虑。第82空降师的两个大型无线电台在空降时都损坏了，布朗宁的无线电台安全着陆，他将其中的一台分给了第82空降师，确保了自己与加文准将间的即时通信。军部通信处已经与邓普西将军的英军第2集团军以及空降军位于英格兰的后方军部取得了无线电联系，布朗宁还与第101空降师取得了联系，但通信处却未能与厄克特的师联络上。沃尔克准将认为军部通信处难辞其咎。"在计划这次行动之前，我们要求得到一个能力够强的军部通信处，"他说道，"我们震惊地认识到，配发的电台设备不合格，军部通信处的人员能力差，又缺乏经验。"虽然布朗宁能够指挥并影响第82空降师、第101空降师以及霍罗克斯的第30军的行动，但在关键环节上，也就是阿纳姆的那场至关重要的战斗却在他的控制之外。正如沃尔克所说："我们完全不知道阿纳姆的战斗进展。"

一种缓慢出现的停顿已经开始影响蒙哥马利的计划了，但在初期阶段还没有人意识到这一点。在"市场-花园"行动的整片地区，大约有2万名盟军官兵身在荷兰，他们要为"花园"行动的庞大部队夺取桥梁并保持"走廊"的畅通。按预定计划，"花园"行动的坦克先遣队将在夜幕时分与第101空降师的伞兵们会合。

9

在默兹河-埃斯科河运河附近一家大工厂的平屋顶上,英军第30军军长布赖恩·霍罗克斯将军注视着庞大的运输机和滑翔机编队的最后一批飞机从他蓄势待发的坦克群上空飞过。自上午11点以来,他就一直待在屋顶上,正如他所说:"我有很多时间思考。"庞大机群的景象是"给人以安慰的场面,但我不抱任何幻想,并不认为这将是一场轻松的战役"。他非常缜密地把每种意外的可能性都考虑了进去,甚至命令部下尽可能多带食品、燃料和弹药,"因为我们有可能要靠自己"。有一件令人担忧的事情令将军无法忽略,不过他并没有与任何人讨论过这件事——他不喜欢在星期日进攻。"在这场战争期间,我所参加过的突击或进攻行动中,凡是在星期日发起的没有一次能完全成功"。他举起望远镜开始研究那条白丝带般的公路,这条路向北延伸,通向法尔肯斯瓦德和艾恩德霍芬。令霍罗克斯感到满意的是,空降突击已经开始了,于是他下令参加"花园"行动的部队投入进攻。14点15分,伴随着雷鸣般的咆哮声,大约350门大炮开火了。

炮击是毁灭性的,成吨的炮弹在当面的敌军阵地上猛烈爆炸。当爱尔兰禁卫团第3营的坦克笨拙地移动到出发线时,那片纵深8公里、宽近2公里的飓风般的炮火令他们脚下的地面也为之震颤。在先头中队之后,几百辆坦克和装甲车开始缓慢地从停放位置驶出,准备在第一批坦克出发时列队。在空中，携带火箭弹的"台风"战斗轰炸机群像"一群待招的出租车"一样不断盘旋，等待爱尔兰禁卫团第3营营长乔·范德勒中校向他们指示目标。14点35分，基思·希思科特（Keith Heathcote）中尉站在第3中队头车的炮塔上，对着他的通话器喊道："驾驶员，前进！"

坦克从桥头堡内隆隆驶出，以大约每小时13公里的速度在公路上行进，炮火激起的烟幕以完全相同的速度在装甲车辆前面延伸着。坦克手们能够看见炮弹就在他们面前不到100米处爆炸。当各中队向前推进，被掩护炮火的烟尘吞没时，士兵们有时都不知道坦克是否安全地处于己方炮火之后。

跟在先头中队后面的是乔·范德勒中校及其堂弟贾尔斯的侦察车，站在自己座车上的范德勒能看见前面和后方坐在坦克上的步兵，每辆坦克都饰以黄色飘带，以便向空中的"台风"战斗轰炸机群表明身份。"那种喧闹是无法想象的，"范德勒记得，"但一切都在按计划进行。"现在，先头坦克已经冲出了桥头堡，正在越过荷兰边境。第1中队中队长迈克尔·奥科克上尉用无线电回答："推进顺利，先头中队已经越过国境线。"然而，战况没过多久就发生了变化，正如范德勒所回忆的："德国人开始真正缠住了我们。"

德军炮手隐藏在公路两侧十分隐蔽的筑垒阵地里，他们不但躲过了规模宏大的徐进弹幕，而且在弹幕过去后一直引而不发。德国人放过了最前面的几辆坦克，随后先头中队的3辆坦克和另一个中队的6辆坦克在2分钟之内被炮弹击中失去了战斗力，起火的坦克瘫在原地，凌乱地散布在800米长的公路上。"我们刚刚越过国境线便遭到了伏击，"西里尔·拉塞尔（Cyril Russell）中尉回忆说，"突然，前面的坦克不是发生侧滑就是原地起火。我猛然惊恐地意识到，下一辆就该轮到我的座车了。我们跳进了路边的壕沟里。"正当拉塞尔向前走去，打算查看排里的其他人情况如何时，他的胳膊被机枪子弹击中，向后跌进了壕沟里。对拉塞尔来说，战争到此结束。

詹姆斯·多加特（James Doggart）一等兵搭乘的坦克被击中了。"我不记得看见或听见了爆炸，"他说道，"我突然平躺在了一条壕沟里，坦克歪倒在我上方。我的胸前有一挺'布伦'式轻机枪，旁边是一个年轻的小伙子，他的胳膊几乎被打断了，不远处是另一名阵亡战友的尸体。坦克在燃烧，我不记得车组中有谁活着出来了。"

巴里·奎南中尉在先头中队的最后一辆坦克里，他记得自己的"谢尔曼"向左折进了一道壕沟，奎南以为驾驶员在试图绕过前面起火的坦克，但坦克实际上是被炮弹击中了，驾驶员和机电员当场阵亡。"谢尔曼"坦克燃烧起来，奎南的炮手"拼尽全力从舱口爬了出来，在我意识到我们中弹起火前把我从炮塔里拉了出去"。从坦克里爬出来时，奎南看到其他坦克从后面跟了上来，那些坦克也相继中弹。"事实上，我看到一名车长试图在吞没了整辆坦克的火焰中护住自己的脸。"

突破还没有真正开始就被挡住了。9辆被击毁的坦克现在封锁了道路，从后面赶上来的中队无法继续前进，即使他们能够绕过那些坦克残骸，隐蔽的德军炮手也会逐个干掉他们。为了恢复推进，范德勒召来了携带火箭弹的"台风"战斗轰炸机群。坦克发射紫色的烟幕弹向飞机指示疑似德军阵地的位置，战斗机呼啸着俯冲下来。"这是我第一次看见'台风'战斗轰炸机对地攻击，"范德勒回忆说，"那些飞行员的胆量令我惊讶万分。他们一次一架，直接穿透己方的弹幕飞了进来。有一架飞机就在我的正上方解体了。那真是令人难以置信——大炮在开火,飞机在呼啸,人们叫喊着、咒骂着。就在此时,师部询问战斗进展如何,我的副营长干脆举起麦克风说'听着吧'。"

就在飞机向它们的目标俯冲攻击时,范德勒派了一辆装甲推土机,把燃烧的坦克推出公路。战斗带来的混乱在几公里长的公路上肆虐,一直向后延伸到范德勒的座车以及皇家空军联络员的通信车,后者正按要求召唤"台风"战斗轰炸机群下来支援。唐纳德·洛夫空军上尉是配属给通信部队的战斗侦察机飞行员,他现在确信自己根本不应该自告奋勇来干这项工作。当马克斯·萨瑟兰少校引导"台风"战斗轰炸机群攻击时,洛夫从通信车里下来查看发生了什么事情。黑烟从前面的公路上滚滚升起,就在通信车面前的一辆反坦克炮牵引车着火了。当洛夫盯着它看时,一辆载着伤员的通用运载车(也叫"布伦"机枪车)正沿着公路返回。有名伤员的肩膀被炸掉了,衣服也被烧焦了。"我确信我们被包围了,"洛夫说道,"我吓坏了,不断地想为什么我不待在空军里,我本来就属于空军嘛。"

按照第1中队副中队长罗兰·兰顿上尉的描述,在后面更远处停止前进的纵队里,那些正在待命的坦克手感受到了"一种奇怪的无力感,我们进退不得"。兰顿看到步兵正赶来肃清公路两侧的树林,两辆通用运载车打头阵。兰顿觉得这些士兵可能是第43步兵师的先头部队。"我突然看见这两辆运载车被抛到空中,"兰顿回忆说,"他们触到了敌人的地雷。"当烟雾散去,兰顿看到"尸体挂在树上,我不知道死了多少人,这没法说。上面挂着各种肢体碎片"。

"台风"战斗轰炸机扫射地面的弹着点离坚定的英军步兵只有几米远,后者开始把躲藏在堑壕里的德国人赶出来。多加特一等兵从坦克被击中时跳进去的那条壕沟里爬出来,快速跑过公路,跳进了一道敌方挖掘的空无一人的狭长战壕。"与此同时,两个德国人——一个是没有穿外套的年轻人,另一个是30来岁长相凶狠的混蛋——紧随着我从对面跳了进来。"多加特说道。他毫不犹豫地踢中了那个年纪较大的德国兵的脸,那个年轻的德国兵吓得立即投降了。多加特端着步枪,押送他们沿着公路往回走,"身边是川流不息的德军,全都用手抱着头在跑,那些跑得太慢的人屁股上就会挨一脚"。

从树林中、壕沟里、干草堆四周以及公路上——那些被击毁的坦克正在被慢慢清理出去——传来了步兵肃清残敌时"斯登"冲锋枪发出的点射声,禁卫团的士兵们毫不留情,对狙击手更是如此。有人记得,那些战俘被迫在公路上快步行进,当他们慢下来时,就立即有刺刀戳他们。在越来越长的队列中,有个战俘试图逃走,但附近有不止一个连的盟军步兵,有几个人记得——用其中一个人的话来说就是——"那个念头刚一萌生,他就完蛋了"。

乔·范德勒目睹战俘被押送着经过他的侦察车。当一个德国兵走过来时,范德勒发现他突然做了一个动作。"那个杂种拿出一枚藏在身上的手榴弹,扔向我们的通用运载车。随着一声巨响,那辆车被炸毁了,我看见手下的一个军士躺在公路上,一条腿被炸掉了。从各个方向射来的机枪子弹把这个德国兵打成了筛子。"

霍罗克斯将军在军部得到消息说,公路正逐渐被清理出来,步兵虽然蒙受了巨大伤亡,但已经击溃了两翼的德军。正如他后来所说:"那些爱尔兰人[1]已经厌倦了被敌人射击,他们突然发了脾气,这些伟大的战士往往就是这个样子。"

---

1 指的是爱尔兰禁卫团第3营和第2装甲营的官兵。

也许，火气最大的人莫过于爱尔兰禁卫团第 2 装甲营的情报军官埃蒙·菲茨杰拉德（Eamon Fitzgerald）上尉，他审问了被俘的反坦克炮炮组成员。按照贾尔斯·范德勒中校的说法："菲茨杰拉德有一种很有意思的榨取情报的方式。他身形高大，不仅能说一口流利的德语，而且语气凶狠。通常他会拔出手枪抵着德国人的肚子，站得尽可能近，冲着那人的脸大声提问。"范德勒一直认为这样做的效果"极其令人满意。在审问了这个炮组成员之后没几分钟，我们的坦克便以值得赞扬的精确度逐个击中了德国人伪装过的反坦克阵地，公路得到了充分的清理，令我们得以继续进军"。

爱尔兰禁卫团第 2 装甲营第 2 中队的许多人认为是乔治·伯蒂·考恩（George Bertie Cowan）中士改变了这场战斗的态势。他指挥着一辆"萤火虫"坦克，发现了一处德国人的反坦克阵地，一炮就将其摧毁了。在战斗过程中，中队长爱德华·泰勒少校吃惊地看到，有个德国人正站在考恩的坦克上指示目标。他看见那辆坦克穿过公路并开火，接着由于泰勒自己也忙了起来，就将这件事抛在了脑后。后来泰勒得知考恩击毁了 3 门德军反坦克炮。"我一有空就去向他表示祝贺，"泰勒说道，"考恩告诉我，坦克上的那个德国佬是他占领的第一处阵地上的炮长，投降了。"那个德国人受到了菲茨杰拉德上尉的审问，然后又被还给考恩，他在那里显得"非常合作"。

爱尔兰禁卫团的两个营又继续上路了。但战斗持续不断，德国人的外壳比任何人预料的都要坚硬得多。在俘虏当中，有的来自著名的伞兵营，还有的——令英国人大吃一惊的是——是党卫军第 9 和党卫军第 10 装甲师的老兵：他们来自威廉·比特里希将军派去增援斯图登特的第 1 伞兵集团军的战斗群。更加令人吃惊的是，有些俘虏属于冯·灿根将军的第15集团军。爱尔兰禁卫团第3营的作战日志记载："我们的情报部门一整天都处于一种惊怒交加的状态。德军的团级部队番号一个接一个地出现，而那些团根本就不该出现在那里。"

霍罗克斯将军原以为他的先头坦克将会在"2～3个小时之内"行驶21公里，到达艾恩德霍芬。宝贵的时间丧失了，爱尔兰禁卫团所部只前进了10公里左右，在夜幕降临时仅仅到达了法尔肯斯瓦德。至此，"市场-花园"行动已经不祥地落后于时间表了。

为了尽可能地实施机动，马克斯韦尔·泰勒将军的滑翔机运进来的大多是吉普车而非火炮。英国人未能及时赶到艾恩德霍芬是沉重的一击，泰勒原本希望在"呼啸山鹰"必须控制的那条24公里长的走廊上得到坦克的支持。他的荷兰联络官几乎立即认清了当前形势——第101空降师独立作战的时间将被迫比预期的更久：在地下抵抗组织的帮助下，他们通过打电话来了解英国人正遇到些什么事情。

泰勒的伞兵们以闪电般的速度冲向"走廊"最北边的目标费赫尔及其4座桥梁——阿河和威廉斯运河上的铁路桥及公路桥。激烈的战斗随即爆发。这4个目标在2小时之内都被拿下了。再往南，在费赫尔与索恩之间，夺取圣乌登罗德以及该镇多默尔河上的公路桥的行动相对比较轻松。按照荷兰的官方电话工作日志的说法，国家电话交换局忠诚的话务员约翰娜·拉图沃斯听见"一个很明显的美国口音于14点25分出现在了圣乌登罗德1号线上，要求接通法尔肯斯瓦德，随后的通话持续了40分钟"。

美国人很快获悉，"花园"行动的先头部队还没有到达法尔肯斯瓦德。现在看来，霍罗克斯已经延误的坦克不太可能在夜幕降临之前到达"走廊"南端的艾恩德霍芬，这样就来不及帮助美国人夺取并控制住那些分布广泛的目标了。第101空降师的官兵取得了引人注目的成功，但现在他们遇到麻烦了。

在泰勒的目标当中，最为紧迫的就是位于索恩的威廉敏娜运河上的公路桥，大致在艾恩德霍芬以北8公里处。作为这条主要交通干线被切断时的应急计划，泰勒决定夺取西边约6公里处的贝斯特的运河桥梁，由于这座桥被认为是次要的，所以只派了第502伞兵团的一个连去贝斯特执行此项任务，据认为该地区德国人的数量不会多。泰勒的师情报科并没有意识到，斯图登特大将的指挥部就在第101空降师空投场西北方约16公里的地方，而且刚刚到达的冯·灿根的第15集团军正驻扎在附近的蒂尔堡。这些部队中有瓦尔特·波佩中将遭到重创的第59步兵师，外加数量可观的火炮。

刚刚接近大桥，3营H连就在无线电中称遇上了敌人的路障，并遭遇到有力抵抗。这条信息标志着一场血战拉开了帷幕，这场战斗不仅将持续整夜，还会延续到随后两天的大部分时间里。以一个连的作战行动开启的战斗，最终把整个伞兵团都卷了进去。虽然伤亡惨重，但H连英勇的官兵们还是削弱了德国人意外强劲的打击。

当H连向位于贝斯特的运河大桥进发时，罗伯特·辛克上校的第506伞兵团则直扑索恩的那座公路桥。部队在抵达该镇北郊之前几乎没有遭遇任何抵抗，随后他们遭到了一门88毫米高射炮的轰击。不到10分钟，1营的先头部队就用"巴祖卡"火箭筒摧毁了这个炮位，击毙了炮手。美国人边打边穿过街道，在离运河只有40米时大桥被炸掉了，残骸纷纷在伞兵们的四周落下。辛克上校原定在20点以前攻占艾恩德霍芬及其桥梁，对他来说，失去这座大桥是一个令人痛苦的打击。有3个人——1营营长詹姆斯·路易斯·拉普拉德中校、B连的米尔福德·F.韦勒少尉以及约翰·邓宁中士迅速做出反应，冒着炮火纵身跳进运河向对岸游去。该营的其他人或者效法他们游过去，或者坐上划艇划过去。他们粉碎了南岸德军的抵抗，建起了桥头堡。

这座大桥的中央支柱仍然完好。第101空降师的工兵们立即开始建造临时桥梁，并从意想不到的地方得到了帮助。荷兰平民报告说，有数量可观的黑市木料被一个承包商储藏在附近的车库里。于是在一个半小时内，工兵们就利用大桥的中央支柱以及抢来的木料在运河上架起了一座新桥。辛克上校回忆说："不论从哪个角度看，这座桥都无法令人满意，但它确实能够让我把团里的其他人排成单列纵队送过河去。"在架桥装备送达之前，"市场-花园"行动"走廊"位于索恩的这一段路已经沦落为一条单行木制人行道。

10

莫德尔元帅在到达比特里希位于杜廷赫姆的军部时仍然心烦意乱。正常的情况下这段行程不会超过半个小时，但今天由于沿途多次停下，命令各地区的指挥官做好应对空降突击的准备，致使行车时间远远超过了 1 小时。尽管莫德尔看起来还算镇定，但比特里希记得："他对我说的第一句话就是'他们差点就干掉我！他们要找的是指挥部！想想吧！他们差点就干掉我！'"

比特里希立即把党卫军第 2 装甲军的最新情报向莫德尔做了汇报。盟军的意图尚不明确，不过比特里希将自己的推测告诉了莫德尔：突击意在牵制第 15 集团军，与此同时，英军第 2 集团军将向鲁尔区发起突击，这就要求盟军夺取位于奈梅亨和阿纳姆的大桥。莫德尔驳回了比特里希的观点，他认为阿纳姆大桥并不是目标，空降部队将改变方向朝东北进军，前往鲁尔区。莫德尔认为形势仍然太不明朗，无法做出任何定论。令他感到大惑不解的是，盟军空降部队为何要在奈梅亨地区着陆。尽管见解不同，他还是认可了比特里希已经采取的措施。

比特里希仍然抓住大桥的话题不放。"元帅阁下，我强烈要求立即爆破位于奈梅亨和阿纳姆的大桥。"他说道。莫德尔惊讶地看着他。"它们不能被炸掉，"他坚定地告诉比特里希，"不管英国人的计划是什么，这些大桥都能够守住。不，绝对不！这些大桥不能炸掉。"然后,莫德尔另起了一个话题,"我正在寻找一个新指挥部驻地,比特里希。"比特里希还没来得及回答,莫德尔又沉思着说道,"你知道,他们差点就把我干掉了。"

位于菲赫特指挥部里的库尔特·斯图登特大将面临一个窘境:他的第1伞兵集团军被盟军的空降突击切成了两半。由于没有电话,现在通信完全依赖无线电,因此他无法指挥被分割开的集团军。眼下部队正在各自为战,没有协调一致的指挥。随后,斯图登特交了一次简直难以置信的天大的好运——有人在他的指挥部附近被击落的那架"韦科"滑翔机中发现了一个完好无损的公文包,其中的重要情报被迅速呈送到他面前。

"真是难以置信,"斯图登特说道,"公文包里装着整套敌军此次行动的进攻命令。"斯图登特和他的参谋们钻研着这些被缴获的计划。"它们把一切都告诉我们了——空降场、走廊、目标,甚至还有参战各师的番号。一切!我们立即就看出了敌人的战略意图,他们必须在我们摧毁那些大桥之前将其夺取。我脑海里只剩下这样一个声音:'这是报应。报应!历史正在重复。'1940年我们在荷兰的空降行动中,我手下的一名军官严重违纪,携带着记录了我们整个进攻细节的文件参战,这些文件落入了敌军之手。现在历史的车轮转了整整一圈。我知道该做什么了。"[1]

---

[1] 在关于阿纳姆的传闻中,有关被缴获文件的故事,就像间谍林德曼斯的故事一样,也总是被包含进去。有些报道声称,"市场-花园"行动的计划是在一名美军上尉的尸体上找到的。我采访了斯图登特,并仔细观看了他的所有文件,他从未证实过那个公文包是由一名上尉携带的。在英国和美国的官方记载中也没有这样的说法,或许,由于斯图登特计划来自"一架'韦科'滑翔机",人们就普遍认为机上只有美国人。然而,布朗宁将军军部的一部分人是乘坐"韦科"滑翔机飞往荷兰的,而其中的一架就坠落在斯图登特的指挥部附近。不管怎么说,不论那些人员是英国人还是美国人,我都认为,"市场-花园"行动的整个计划由一名上尉掌握是极不可能的。首先,计划的分发非常小心;其次,每一份都编了号,只发给高级参谋人员。——原注

但到目前为止，莫德尔尚不知道自己该做什么。斯图登特从未感到这么沮丧，由于他的通信设备出了故障，所以直到将近10个小时之后，他才把有关"市场-花园"行动的秘密告诉莫德尔。那个秘密就是：阿纳姆大桥至关重要。缴获的盟军计划清楚地表明，那是蒙哥马利进入鲁尔地区的必经之路。

这是莫德尔最喜欢的战斗：一种要求即兴发挥、胆识尤其是速度的战斗。莫德尔从比特里希的军部给西线总司令冯·伦德施泰特打了个电话，以其特有的粗鲁方式描述了形势，要求立即增援。"能够击败这次空降突击的唯一方式，就是在最初的24小时里予以猛烈打击。"他告诉冯·伦德施泰特。莫德尔要求派防空部队、自行火炮、坦克和步兵，他还要求这些部队在夜幕降临时就前往阿纳姆。冯·伦德施泰特告诉他，可用的增援部队即将上路。莫德尔转向比特里希，洋洋得意地说道："现在，我们要有援兵了！"莫德尔决定就在杜廷赫姆指挥战斗。他显然已经从匆匆离开奥斯特贝克的震惊中恢复了过来，但这一次不想再冒风险被打个措手不及，他拒绝在城堡里食宿，而是在城堡庭院中的园丁小屋里指挥战斗。

比特里希的先见之明已经见效了。哈策尔的霍亨施陶芬师一部正在迅速赶赴战场，哈梅尔的弗伦茨贝格师——他本人预计在夜间从德国返回——也在行进。比特里希已经命令哈策尔，把他的师部设到阿纳姆北郊能俯瞰城市的一所中学里。转移正在进行，不过哈策尔已经急不可耐了，原定于下午早些时候前往德国的装甲车辆仍然在重新安装履带和枪炮。哈策尔已经把那些最靠近英军空投场和空降场的部队调进了阿纳姆以西的阻击阵地，眼下他只有一些装甲车、少量自行火炮、坦克和些许步兵。尽管如此，哈策尔仍然希望通过采用打了就跑的战术阻止并迷惑英军，直到他的师主力再次做好战斗准备。

奇怪的是，哈策尔甚至都不知道泽普·克拉夫特二级突击队大队长的党卫军第16装甲掷弹兵训练补充营就在该地区，而且此刻正是唯一处于英军空降部队前进道路上的部队。哈策尔把兵力集中在进入阿纳姆的两条主干道上：一条是从埃德通往阿纳姆的公路，另一条是从乌得勒支通往阿纳姆的公路。他确信，那些伞兵一定会使用这些主要公路，所以把部队部署在一道跨越这两条公路的半圆形屏障上。由于疏忽，或许是因为他此刻兵力不足，哈策尔并没有在那条安静的公路支线上部署任何兵力。那条支线与莱茵河北岸平行，是英军通往阿纳姆大桥的道路中唯一一条没有设防的。

11

拉思伯里准将的第1伞兵旅正在冲向阿纳姆。他们穿着迷彩罩衫，戴着与众不同的伞兵防撞头盔，背负着沉重的武器和弹药。伞兵的行军队列中夹杂着拖曳着火炮的吉普车，以及装载枪支和补给品的四轮大车。"罗伊"·厄克特少将注视着他们通过时，想起了几个月前霍罗克斯中将对他的恭维。"您的部下都是一流的杀手！"霍罗克斯敬佩地说道。厄克特当时认为这话言过其实了，而在这个星期日，他不再那么确定了。第1伞兵旅出发时，一股自豪之情在厄克特心中油然而生。

按照计划，拉思伯里旅的三个营要在阿纳姆会合，每个营都从不同的方向进入城内。约翰·弗罗斯特中校的第2伞兵营将负责夺取首要目标：他的部下要沿着临近莱茵河北岸的一条公路支线行军，直扑那座至关重要的公路桥，途中他们还要拿下那座大型公路桥西边的铁路桥和浮桥。第3伞兵营将在约翰·安东尼·科尔森·菲奇（John Anthony Colson Fitch）中校的率领下沿着乌得勒支通往阿纳姆的公路前进，从北边靠近大桥，支援弗罗斯特。一旦这两个营开始行动，戴维·西奥多·多比（David Theodore Dobie）中校的第1伞兵营就要沿着埃德通往阿纳姆的公路——这是最北边的路线——推进，占领城市北边的高地。拉思伯里给每条路线都起了一个代号：最北边的多比营的那条路线定名为"豹子"；中间菲奇营的那条路线叫"老虎";而最关键的那条弗罗斯特营的路线则称为"狮子"。弗雷迪·高夫少校的侦察中队的吉普车将在全旅的前方疾驶,他们被寄希望于抢先抵达大桥,发起突击将其拿下,并坚守至弗罗斯特营赶到。

厄克特认为,到目前为止开局阶段进展顺利。他并不是很担心此时师内部的通信故障。在北非的沙漠战中他经历了太多的暂时信号中断。希克斯准将的第1机降旅的任务是在随后的两天里为空运坚守空投场和空降场。厄克特无法用无线电与该旅取得联系,便开车前往希克斯的旅部。他得知机降旅已经进入阵地,此刻希克斯正在其他地方指挥他麾下的各营。在希克斯的旅部里,厄克特得到消息说,攻占阿纳姆大桥计划中的关键一环出了差错。他被(错误地)告知,弗雷迪·高夫少校的大多数侦察车辆都在滑翔机事故中损失了,希克斯旅部里的人谁也不知道高夫前往何处。厄克特没有等希克斯返回便开车回到了自己的师部。他需要迅速找到高夫并制定出替代方案,但他现在最关心的事情还是提醒拉思伯里,尤其是提醒弗罗斯特,他的第2伞兵营是在单枪匹马地作战。高夫策划的突袭一旦化为泡影,弗罗斯特将独力夺取阿纳姆大桥。

师部有更坏的消息在等着厄克特。"不仅高夫毫无音讯,"厄克特回忆说,"而且除了一些短程无线电讯号之外,师部的通信手段完全失效了。第1伞兵旅,甚至是整个外界都无法联系上了。"厄克特的参谋长查尔斯·麦肯齐中校看到将军来回踱步,"焦躁不安,急于得到消息"。厄克特命令通信军官安东尼·迪恩-德拉蒙德少校搞清楚"通信系统的紊乱的原因,看看无线电设备出了什么毛病,然后弄好它"。通信员也被派出去寻找高夫。随着时间的流逝,仍旧没有任何消息传来,焦虑的厄克特决定不再等待。通常他会在师部里指挥战斗，但现在他感到这场战斗绝不能按惯例进行了。他转向麦肯齐，说道："我想要亲自出去看一下，查尔斯。"麦肯齐并没有试图阻止他。"在那个时候，"麦肯齐回忆说，"既然我们实际上得不到任何消息，那么出去看看似乎并不是一件特别坏的事情。"厄克特动身去找拉思伯里，吉普车上只有他的司机和通信兵，时间是16点30分。

弗雷迪·高夫少校的第1空降侦察中队沿着北部的那条"豹子"路线——也就是埃德通往阿纳姆的公路快速行进。尽管A分队的车辆未能到达，高夫还是在15点30分与其他小队一起从空降场出发了，他相信自己的吉普车队足以去尝试突袭大桥。"事实上，"他回忆说，"我还把几辆吉普车留在后面的空降场备用，我们赶往阿纳姆的吉普车数量绰绰有余。"高夫甚至还从他的部队里抽调了12个人向南与第2伞兵营会合，沿着"狮子"路线前往大桥。他并没有意识到，A分队吉普车的损失已经引发了一系列谣传和错误情报[1]。

从一开始，高夫就对他的侦察部队在阿纳姆战斗计划中所起的作用持保留意见。他极力主张不应采取突袭，应该派出侦察吉普车，在三个伞兵营面前各形成一道屏障。"这样的话，"他说道，"我们就会迅速发现进抵大桥的最佳路线。"他提出如果这样还不行的话，就用滑翔机运进一支轻型坦克部队来护送突击部队。这两个要求都被拒绝了。不过高夫仍然持乐观态度："我一点都不担心。阿纳姆应该只有几个上了岁数、灰白头发的德国人，以及一些老掉牙的坦克和大炮。我预计胜利将唾手可得。"

---

[1] 一些有关阿纳姆战役的报道声称，高夫的部队无法作战，因为他的许多车辆未能用滑翔机送达。"如果那可以称为失败的话，"高夫说道，"那么失败也并非由于缺少吉普车，而是因为没有人提醒我们，事实上党卫军第9和党卫军第10装甲师就在该地区。"——原注

现在，当他们沿着"豹子"路线迅速前进时，这支队伍的先头吉普车突然遭到了德军装甲车和20毫米高射炮的伏击。高夫的副手戴维·奥尔索普上尉碰巧把这个时间记下了：16点整。高夫超车到纵队前方查看情况，"正往前走时，我得到消息说厄克特要立即见我。我不知道究竟该怎么做，"高夫说道，"我隶属于拉思伯里，我想起码应该告诉他我出发了，但又不知道他在哪里。这支部队现在正激烈交火，被压制在沃尔夫海泽郊外铁路附近的防御阵地里动弹不得。我认为他们一段时间内不会有麻烦，所以我掉头前往空降场的师部。时间是16点30分。"

就在厄克特将军动身去寻找拉思伯里的那一刻，高夫正快速返回师部向他汇报。

在3条战略路线各处，第1伞兵旅的官兵都遇见了成群结队兴高采烈、兴奋异常的荷兰人，许多来自农场和边远小村的老百姓从伞兵离开空投场时就跟着他们。随着人数的增长，欢迎盟军的人们似乎阻碍了行军队列。第1伞降工兵中队A分队分队长埃里克·麦凯上尉与弗罗斯特中校的第2伞兵营一起走最南边的路线，也就是"狮子"路线，这种节日气氛令他感到不安。"我们受到了荷兰平民的拖累，"他说道，"他们挥手、欢呼、鼓掌，给我们送来苹果、梨以及喝的东西。但他们干扰了我们行军，我十分担心他们会暴露我们的位置。"第2伞兵营A连1排排长罗宾·弗拉斯托中尉记得："我们的第一段行军实际上是一场胜利游行，当地百姓欣喜若狂。这一切如此令人难以置信，结果我们差不多以为会看见霍罗克斯的第30军的坦克从阿纳姆出来迎接我们。人们在公路上排列成行，端着大盘子送上了啤酒、牛奶和水果。我们很难让人们相信德军仍然有可能发动攻击。"

安妮·布鲁梅尔坎普-范马南（Anje Brummelkamp-van Maanen）的父亲是奥斯特贝克的医生。安妮回忆说，她接到了住在海尔瑟姆（Heelsum）的特龙普家打来的兴奋异常的电话，海尔瑟姆就在伦克姆荒野英军空投场的南边。"我们自由了，自由了！"特龙普家的人告诉她，"英国兵在我们家后面着陆了，正在前往奥斯特贝克。他们太棒了！我们正在抽选手牌香烟，吃巧克力。"安妮放下电话，"高兴得都要发疯了。我们全都跳了起来，转着圈跳舞。就是这样！一次进攻！太让人高兴了！"17岁的安妮几乎无法等到她的父亲回家。范马南医生正在一个病人的家里接生。安妮认为这"真令人恼火，尤其是现在，因为那个女人的丈夫是个荷兰纳粹分子"。伊达·埃赫贝蒂娜·克劳斯（Ida Egbertina Clous）太太是奥斯特贝克的一名牙医的妻子，也是范马南家的朋友，她同样听说空降部队正在途中。克劳斯太太极度兴奋，在箱子和废布中寻找她拥有的每片橘黄色织物，她打算在英国人到达奥斯特贝克时带着自己的3个孩子冲出去，举着手工缝制的橘黄色小旗迎接这些解放者。

扬·福斯凯尔正在奥斯特贝克的岳父母家里躲藏，他想沿着乌得勒支公路前去迎接伞兵，又不想让岳父同他一起去，这让他很是苦恼。老人家非常固执："我78岁了，以前从未打过仗，我想看一看。"福斯凯尔的岳父最终被说服待在花园里。福斯凯尔则加入川流不息的平民当中前去迎接英国人，但在奥斯特贝克镇，他们被一个警察挡了回去。"这太危险了，"警察告诉人群，"回去吧。"福斯凯尔慢慢地走回家，途中他与此前见过的那名德军士兵不期而遇，上午轰炸开始时后者曾要求在他家暂避。现在那名士兵穿着制服和伪装服，头戴钢盔，手持步枪。他给了福斯凯尔一些巧克力和香烟。"现在我要离开了！"他说道，"英国兵要来了。"福斯凯尔笑了起来。"呃,你要回德国了。"他说道。那个士兵打量了福斯凯尔几秒钟,然后慢慢地摇了摇头。"不,先生,"他告诉福斯凯尔,"我们将战斗。"荷兰人注视着德国人离去。"现在开始了,"福斯凯尔心想,"可是我能做什么呢?"他在院子里焦躁地踱来踱去,能做的只有等待。

未受警察约束或被警告留在家中的荷兰农夫及其家人蜂拥在各条行军路线上。走在中间的那条路线,也就是"老虎"路线上的第3伞兵营营部的连军士长哈里·卡拉汉(Harry Callaghan)记得,一名农妇挤出人群,拎着一罐牛奶朝他跑来。他向她道谢。那个女人微笑着说道:"好,英国兵。好。"但和南边那条路上的埃里克·麦凯一样,卡拉汉这位经历过敦刻尔克撤退的老兵也为围绕着部队的平民数量伤脑筋。"他们在我们旁边奔跑着,戴着袖章,系着围裙,别着小小的橘黄色缎带,"他记得,"孩子们把橘黄色的小布片别在他们的裙子或者短上衣上,蹦蹦跳跳,兴高采烈地尖叫着。大多数人都在将手伸向他们的背包,要递给他们巧克力。这是一种非同寻常的氛围,士兵们像在演习一样。我开始担心狙击手了。"

果然,正如卡拉汉担心的那样,这场胜利大游行突然间就停止了。"这一切发生得这么快,"他说,"头一分钟我们正在安稳地向阿纳姆进军,可下一分钟我们就散开躲进沟里了。德军狙击手开火了,3名空降兵横尸公路。"这位老军士长一点时间也没有耽搁,他发现前方约50米的树丛里有枪口焰闪烁,在荷兰人散开的同时,率领12名士兵冲了上去。他在一棵树前面停了一下向上看,有什么东西闪了一下。他举起"斯登"冲锋枪向树上扫射,一把"施迈瑟"冲锋枪啪的一声落在地上。卡拉汉沿着树干向上望去,看见一个德国兵松沓沓地悬荡在一根绳子上。

与此同时，在中间路线上，菲奇中校的第 3 伞兵营的其他官兵也突然卷入了遭遇战。弗雷德里克·C. 本内特（Frederick C. Bennett）二等兵刚刚把一些苹果递给周围的伞兵，一辆德军军官座驾就突然沿着公路快速驶来。本内特端起"斯登"冲锋枪开火射击，该车一个急刹车并试图倒车，但为时已晚。本内特身边的官兵都开始射击，汽车猛地停了下来，被打得千疮百孔。当伞兵们小心翼翼走近时，看见司机的半个身子挂在车门外面，一名德军高级军官的尸体从另一扇车门探出了一部分。在本内特看来，"他看起来像个德军高级军官"。确实如此，阿纳姆城防司令库辛少将没有理会泽普·克拉夫特二级突击队大队长不要走那条乌得勒支至阿纳姆主干道的警告。[1]

许多人记得，在最初的一个小时行军后——16 点 30 分左右，德国人首次开始认真抵抗。随后，三个伞兵营中的两个——北边路线上的多比营以及中央路线上的菲奇营——意外遭遇了敌人"打了就跑"的猛烈攻击。高夫少校的侦察部队现在由奥尔索普上尉指挥，他们正不顾一切地想办法包抄德军侧翼，为多比的第 1 伞兵营开路。然而按照奥尔索普的说法，"我们的机动都被面前的敌军阻滞了"。侦察部队的空降兵威廉·F. 钱德勒记得，他所在的 C 小队在勘察地形时，"德军子弹离得太近了，太密集了，掠过时几乎令人感到灼痛"。

第 1 伞兵营在靠近沃尔夫海泽时几乎被完全挡住了。"我们停

---

1 那天上午，莫德尔元帅在向东边逃跑时给库辛下达了命令，后者奉莫德尔的命令向希特勒的最高统帅部汇报：盟军实施空降，莫德尔险些遇难。盟军的攻击令希特勒歇斯底里地担心起来。"如果这里出现如此混乱的局面，"他推测，"在这里，我和自己的最高统帅部——戈林、希姆莱、里宾特洛甫——坐在一起。嗯，那么，这就是最有价值的猎物，这是显而易见的。如果我能一举瘫痪整个德国的指挥，我将毫不犹豫地拿出两个伞兵师去冒险。"——原注

了下来，"沃尔特·博尔多克（Walter Boldock）二等兵回忆说，"接着我们再次出发。随后我们又停了下来，掘壕固守。然后我们又一次出发，改变了方向。我们的进展取决于先头连队的胜利。一路上迫击炮弹和子弹不断骚扰着我们。"博尔多克看见一名认识的中士身负重伤躺在篱笆旁；再往前又发现了一名中尉闷燃着的尸体，他是被一颗白磷弹击中的。对另一名士兵罗伊·爱德华兹二等兵来说，"仿佛整个下午我们都不断地在乡间迂回绕行，投入到运动战之中"。

伞兵们被敌军意料之外的凶狠进攻搞得不知所措。北边路线上的安德鲁·R. 米尔本（Andrew R. Milbourne）二等兵听见南边远处传来的枪炮声，片刻间就对第1伞兵营被安排坚守阿纳姆北边的高地感到高兴。在靠近沃尔夫海泽时，火力支援连机枪排的米尔本意识到行军纵队已经向南转弯离开了主干道，他看见了火车站，附近还有一辆坦克。他的第一反应就是得意扬扬。"天哪！"他想，"蒙蒂是对的，第2集团军已经到这里了！"接着，当坦克炮塔缓慢地转过来时，米尔本看见坦克上漆着一个黑"十"字。突然间，他似乎看到到处都是德国人。米尔本俯身跳进一道沟里，然后小心翼翼地抬起头，开始寻找一个好位置来架设他的"维克斯"机枪。

雷金纳德·伊舍伍德（Reginald Isherwood）中士也看见了这辆坦克。一辆吉普车拖着轻型火炮开了上来，并转向以便与其交战。"他们中的一名军士喊道：'我们最好先开炮，否则我们会被击中的！'"伊舍伍德回忆道，"火炮闪电般转了过来，我们的人喊'开炮'时，我听见德军指挥官也喊了'开炮'，那些德国佬一定比我们早十分之一秒把炮弹打了出来。"坦克直接击中了我们，吉普车爆炸了，炮手们当场阵亡。

混乱在加剧，各处都爆发了激烈的交火。多比中校现在明白了，部队遇到的正面抵抗比任何人所预料的都要猛烈，他相信占领阿纳姆北边的高地已无可能。多比无法通过无线电与拉思伯里准将取得联系，部队伤亡每分钟都在增加，他决定把自己的营再向南转移一点，试图与正在前往阿纳姆大桥的弗罗斯特营会合。

通信故障以及随之而来的缺乏指示，使得各营营长不可能清楚地知道正在发生什么事情。在陌生的乡间，地图又往往被证明是不精确的，各连各排也频繁地失去联系。库辛少将是被菲奇中校的第3伞兵营击毙的，就在那附近的一处十字路口，英国人受到了克拉夫特所部超口径火箭发射器和机枪的沉重打击。行军纵队溃散了，士兵们分散进入树林，呼啸而来的超口径火箭弹在他们的头顶上爆炸，朝各个方向抛掷出致命的弹片。

通信兵斯坦利·海斯（Stanley Heyes）清晰地记得敌人猛烈的袭扰。他快速跑向树林的途中，一台备用的无线电台掉在了地上，他弯腰去捡电台时脚踝中了弹。海斯勉强爬进了树林，倒进矮树丛时，他意识到旁边有个德国兵。"他还年轻，和我一样被吓坏了，"海斯说道，"不过他却用我的急救包替我包扎了脚踝上的伤口。没过一会儿，迫击炮弹再次把我俩炸伤了，我们只能躺在那里等人把我们抬走。"海斯和年轻的德国兵一起待在那里，直到入夜后英军担架兵才发现他们，并把他们撤离出去。

和第1伞兵营一样，第3伞兵营也被压得动弹不得。在公路上行进了两个小时，这两个营都只走了不到4公里的路程。现在，菲奇中校得出了和北边那条公路上的多比中校同样的结论：他也得找到一条赶往阿纳姆大桥的替代路线。时间宝贵，而大桥还有足足6.5公里远。

在沃尔夫海泽周围的树林里，泽普·克拉夫特二级突击队大队长确信他被包围了，他估计英军与自己不满编的营的人数对比为20∶1。不过，尽管他认为自己的防御是"愚蠢的"，很难相信封锁行动能成功，但超口径火箭发射器已经在英国人当中造成了灾难，而且他的部下现在报告说，沿着乌得勒支至阿纳姆公路行进的英军伞兵在一些地方陷于停顿，在另一些地方则好像完全放弃了主干道。克拉夫特仍然相信自己的部队是该地区唯一的德军，他对长时间阻击英军不抱幻想，他的火箭弹正在耗尽，部下伤亡惨重，有个中尉甚至还开了小差。尽管如此，克拉夫特仍然对"我的小伙子们的勇敢狂热"感到热血沸腾。野心勃勃的克拉夫特并不知道，他的"小伙子们"此刻正得到瓦尔特·哈策尔一级突击队大队长的霍亨施陶芬师的坦克、火炮和装甲车的支援，该师就在克拉夫特营部以东二三公里的地方。他后来还就其装甲掷弹兵训练补充营的战斗给希姆莱写了一份令人厌恶的邀功请赏的报告。

弗雷迪·高夫少校彻底被难倒了，厄克特召他返回师部的命令并没有暗示这位将军在想些什么。高夫离开第1伞兵营的"豹子"路线时，同行的有侦察中队的4辆吉普车及充作警卫的士兵。现在，师参谋长查尔斯·麦肯齐中校却无法对他说清（师长的意图）。麦肯齐说，师长去寻找拉思伯里准将了，拉思伯里的旅部跟在弗罗斯特中校的营后面，沿着南边的"狮子"路线推进。高夫带着他的卫队再次动身，想必在那条路线的某处，他总能找到厄克特少将或拉思伯里准将中的一位。

12

厄克特少将的吉普车沿着乌得勒支至阿纳姆的公路疾驶,又驶离主干道,拐进了一条能把他带到弗罗斯特的"狮子"路线的支路。没过几分钟,他就赶上了第2伞兵营的后卫部队,该部正沿着公路两侧成单列纵队行进。厄克特能够听见远处传来的枪声,但在他看来部队"并没有什么紧迫感,每个人都在缓慢地行进着"。厄克特驱车沿着鹅卵石道路迅速前进,赶到了弗罗斯特的营部连,却发现弗罗斯特在最前方,与遭遇到德军抵抗的先头部队在一起。"我试图透露出一种紧迫感,希望他们能把那种紧迫感传达给弗罗斯特,"厄克特写道,"于是便把侦察中队的厄运告诉了他们。"厄克特得到消息说,拉思伯里为了解第3伞兵营的情况去了中间的那条公路,于是他又按原路返回,与高夫再次失之交臂,时间只差几分钟。

遇到"老虎"路线上的第3伞兵营的后卫部队时,厄克特少将被告知拉思伯里到前面去了。他跟了过去,在乌得勒支至阿纳姆公路上的一个十字路口找到了准将,此时这片地区正遭到迫击炮毁灭性的打击。"迫击炮弹正以令人不安的精确性落在这个十字路口,落在第3伞兵营许多人隐蔽的那片林地里,"厄克特后来写道,"这是我在来的路上遇到的第一个真凭实据,证明德军迎战的速度与决心。"[1]

---

[1] 优异服务勋章和巴思勋章获得者"罗伊"·厄克特少将(与威尔弗雷德·格雷特雷克斯合著),《阿纳姆》,第40页。——原注

在一条狭长战壕里隐蔽的厄克特与拉思伯里讨论了形势，两位军官都对该旅目前的缓慢进展感到担忧，而眼下通信手段的匮乏又令他们的指挥陷于瘫痪。拉思伯里与第1伞兵营完全失去了联系，与弗罗斯特也仅有断断续续的交流，显然两人只能在他们碰巧所在的地方指挥作战。眼下拉思伯里最关心的是让第3伞兵营离开那个十字路口，走出周围的树林再次前进。厄克特决定，尝试用吉普车上的无线电与师部取得联系。就在他走近吉普车时，看见车被迫击炮弹击中了，他的通信兵身负重伤。尽管那台发报机似乎没有受损，但厄克特却已无法与师部联络了。"我诅咒那糟透了的通信手段，"厄克特后来写道，"拉思伯里劝我不要试图返回自己的师部，现在，在我们与空降场之间，敌军随处可见……我认为他是对的……于是我留了下来。但就在这时，我意识到自己正在失去对形势的控制。"

第1伞兵营和第3伞兵营的官兵陷入了持续不断的小规模激烈战斗。冷酷无情而又抱着必死决心的武装党卫军虽然在人数上处于劣势，却得到了半履带车辆、火炮和坦克的支援，他们迟滞了北边两条公路上英军的推进。在混乱当中，英军官兵离散，各连分散避入树林，或在路旁和房屋的后花园里作战。"红魔鬼"们一开始对德军装甲部队的兵力感到惊讶，可现在已经缓过劲来，尽管他们蒙受了惨重伤亡，却以单兵或结成小组顽强地反击。即便如此，第1伞兵营和第3伞兵营按计划抵达阿纳姆大桥的机会仍然非常渺茫。现在一切都要看约翰·弗罗斯特中校的第2伞兵营了，该营正沿着下莱茵河公路稳步推进，就是那条在很大程度上被德军所忽略的次要路线。

尽管弗罗斯特的营曾数次短暂地受阻于敌军炮火，他却拒绝让部下散开。打头阵的A连在连长艾利森·迪格比·泰瑟姆-沃特（Allison Digby Tatham-Warter）少校的率领下向前强行军，也不管掉队的士兵，而是让他们加入从后面跟上来的连队。弗罗斯特从先头连抓获的俘虏口中得知，一个党卫军连正守卫着阿纳姆的西侧入口。该营开着自己的吉普车和一些缴获的交通工具，一边向前方和两侧侦察，一边稳步推进。18点刚过，弗罗斯特的第一个目标——奥斯特贝克偏东南方向的下莱茵河上的铁路桥——出现在眼前。按计划，维克托·多弗（Victor Dover）少校的C连离开队伍，朝河边奔去。他们靠近时大桥上看起来空无一人，毫无防备。昵称"彼得"的21岁的9排长菲利普·汉伯里·巴里（Philip Hanbury Barry）中尉奉命率领他的排过河。"我们动身时那里静悄悄的，"巴里回忆说，"我们跑过田野时注意到，到处都是死去的牲畜。"巴里距离大桥不到300米时，他看见"一个德国兵从河对岸跑上了桥，他来到桥中央跪下来开始做什么事情。我立即叫一个班开火，另一个班向桥上冲，此时那个德国人已经消失了"。

巴里回忆说，他们"上了桥，开始全速跑去。突然间发生了巨大的爆炸，桥在我们面前被炸毁了"。第1伞降工兵中队A分队分队长埃里克·麦凯上尉感到地面在冲击波的作用下产生了震动。"一股橘黄色的火焰冲上来，随后桥上升起了黑烟。我认为从南岸数起，桥的第二段跨度被炸掉了。"麦凯说。在烟幕弹的掩护下，桥上的巴里中尉命令部下离开断桥，返回北岸。他们开始撤退时，躲藏在河对岸的德国人开火了，巴里的腿和胳膊中弹，还有两人负伤。麦凯从一开始就对此次作战行动感到不安，他记得自己注视着伞兵们在烟火中返回时想的是，"好吧，第一座桥被炸掉了"。弗罗斯特中校则豁达一些，"我知道，那三座大桥中的一座被炸掉了，但这并不重要。我当时并没有意识到那会有多么不利。"现在是18点30分，还剩下两座桥。

13

霍亨施陶芬师的工兵用了5个小时，才把哈策尔原计划送回德国的那些坦克、半履带车辆和装甲运兵车全都装配好。现在，刚刚授过勋的保罗·格雷布纳一级突击队中队长，与他整装待发且拥有40辆车的侦察营一起，从阿纳姆北边的洪德洛兵营出发了。哈策尔指示他搜索阿纳姆与奈梅亨之间的地区，以便评估该地区盟军空降部队的实力。格雷布纳迅速穿过阿纳姆，并通过无线电告知师部，那座城市似乎被遗弃了，没有敌军活动的迹象。接近19点时，格雷布纳的部队驶过了阿纳姆公路大桥。在大桥南端一千多米处，格雷布纳停车报告说："没有发现敌人，没有伞兵。"轻型装甲车队继续向南缓慢行驶，对公路两侧进行侦察。格雷布纳的无线电信号一直传递着相同的信息，到奈梅亨依旧如此。按照霍亨施陶芬师师部的指示，格雷布纳接着在奈梅亨郊区巡逻，然后返回师部。

格雷布纳的部队与弗罗斯特第2伞兵营的先头部队错过了约一个小时。就在格雷布纳驱车驶出阿纳姆城时，弗罗斯特的部下正在城内悄悄接近他们剩余的目标。令人诧异的是，尽管比特里希将军下达了非常明确的指示，哈策尔还是没能完全守住阿纳姆大桥。

14

天色黑下来时，弗罗斯特中校加快了该营前往下一个目标的步伐，那就是阿纳姆大桥以西 1 公里左右的浮桥。迪格比·泰瑟姆-沃特少校的 A 连仍然打头阵，在阿纳姆西郊的高地上他们再次短暂受阻，敌军装甲车和机枪迫使连队离开公路，进入附近房屋的后花园。弗罗斯特从后面赶来，发现有十个德国兵被 A 连的一个孤零零的士兵看守着，正如他后来写的那样，他估计"迪格比的后花园策略完全获得了成功，该连再次向前冲去"。弗罗斯特又返回了营部。黄昏时，一阵阵炮火不时地扫过公路，士兵们前进时路过了损坏的车辆，还有若干名死去或者负伤的德国人——弗罗斯特想，这是明显的证据，说明"迪格比的进展非常令人满意"。

该营迅速穿过阿纳姆的街道，抵达浮桥边并停了下来。他们要面对当天的第二个挫折：这座浮桥中央有一段桥面已经被拆掉，现在毫无用处了。麦凯上尉看着被拆开的浮桥，认为"它是这场搞砸了的行动的典型代表，我觉得现在我们得夺取另外一座该死的桥了"。他朝远处凝视，在约 1 公里远的地方，那座巨大的钢筋混凝土大桥在夕阳中露出了轮廓。

在第 3 伞兵营的"老虎"路线上，厄克特将军向阿纳姆的行进时断时续。毫无疑问，他知道自己被困住了。天越来越黑，敌人的突袭又在不断地骚扰着行军队列，他已经不可能返回师部了。厄克特心情郁闷。"每迈出一步，我都希望能够知道别的地方正在发生什么事情。"夜幕降临前，厄克特获悉第3伞兵营的先头连已经到达了奥斯特贝克郊外，"在一个叫作哈尔滕施泰因旅馆的地方……我们没有取得什么进展，"厄克特后来写道，"拉思伯里在与营长菲奇讨论之后，叫大家停了下来。"

在远离公路的一幢大房子里，厄克特与拉思伯里准备过夜。房主是一个高个子的中年荷兰人，他并没有理会将军因给他和妻子带来不便而表示的歉意，将楼下一间能俯瞰主干道的前屋让给了两位军官。厄克特烦躁不安，无法放松下来。"我不断询问是否与高夫或者弗罗斯特取得了联系，但不论是从师部还是从其他什么人那里，都得不到任何消息"。

大桥阴森森地耸立在前方。那些水泥坡道本身就是巨大的复合建筑群，公路在坡道的下面，自西向东沿着河伸展开来。大桥两侧，房屋和工厂大楼的屋顶与坡道的高度齐平，巨大的桥梁入口和横跨莱茵河的高耸拱形大梁在暮色之中令人生畏。这就是那个最终目标了——蒙哥马利大胆计划的核心——而为了到达这里，弗罗斯特的部下已经边打边走近7个小时。

现在，当第2伞兵营的先头部队靠近大桥时，率领A连1排的罗宾·弗拉斯托中尉对"它难以置信的巨大高度"感到吃惊。弗拉斯托注意到，"大桥两端都有碉堡，甚至在这种被遗弃的氛围中，它们看起来也很险恶"。在黑暗之中，A连悄悄地在北端的巨大桥墩下面进入阵地。在他们的上面，车辆仍在缓慢地隆隆行驶。

第1伞降工兵中队的埃里克·麦凯上尉经由一条条镶嵌画般的街道靠近了大桥，来到一个通往大桥的小广场。他记得"当我们在街道当中穿行时，那种安静令人压抑，我们周围似乎到处都有什

阿纳姆大桥

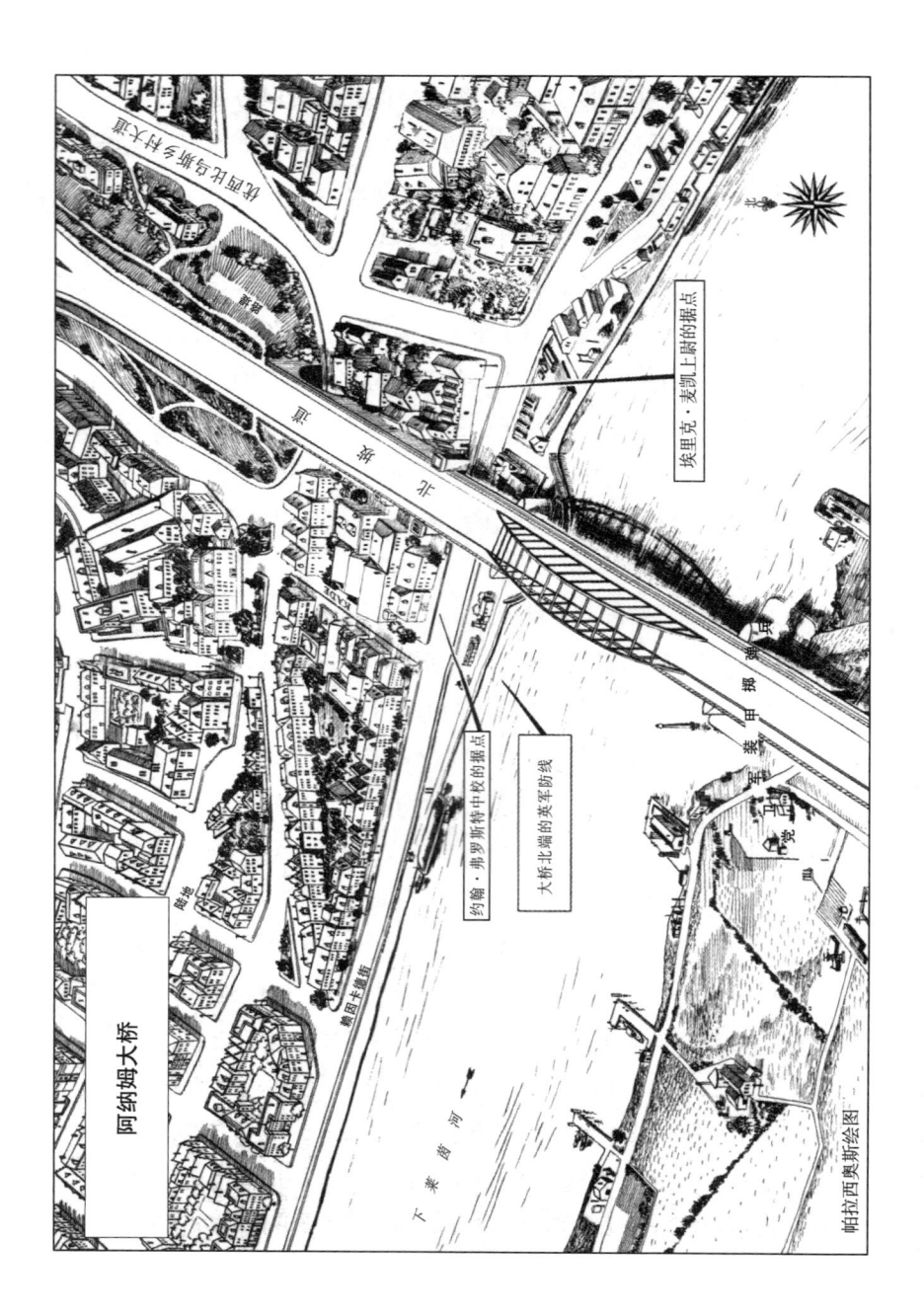

么东西在轻轻地移动。士兵们开始感到紧张。我希望能尽快到达大桥"。突然,黑暗被来自一条小街上的德军炮火撕裂了,一辆工兵运送炸药的手推车被炸飞,火焰把人们映得一清二楚。麦凯立即命令部下带着装备跑过广场。他们不顾德军的炮火全速冲了过去,没过几分钟就毫发无损地抵达了大桥。麦凯研究了北坡道下面的地形,看见东边有4幢房子。"其中一幢是一所学校,位于一个十字路口的一角,"他回忆道,"我认为谁占据了这些房子,谁就占据了大桥。"麦凯迅速命令他的工兵进入学校。

20点过后不久,弗罗斯特中校和营部到达了。弗罗斯特已经派道格拉斯·爱德华·克劳利(Douglas Edward Crawley)少校的B连带着反坦克炮去占据附近路堤上方的高地,掩护本营的左翼,并让A连脱身后全速冲向大桥[1]。多弗少校的C连奉命跟随先遣部队进入城市,攻占德军的城防司令部。现在,弗罗斯特在桥上无法用无线电与B连和C连取得联系,他迅速派通信员去确定他们的位置。

弗罗斯特决定不再等待,于是命令A连各排上桥。当士兵们开始行动时,德国人活跃起来。英军伞兵遭到了来自桥北端的碉堡,以及桥南端的一辆孤零零的装甲车的扫射。一个排在埃里克·麦凯携带着火焰喷射器的皇家工兵的帮助下,开始越过房屋最上面的一层,那些房屋的屋顶和阁楼与坡道平齐。与此同时,弗拉斯托中尉的那个排吃力地穿过地下室和地窖,从一幢房子走到另外一幢房子,最后进入麦凯所处的位置。各就各位之后,他们对碉堡发起了攻击。弗罗斯特回忆说,当火焰喷射器喷射时,"地狱似乎打开了。天空被照亮,机枪射击声、连环爆炸声、弹药殉爆的噼啪声和一门加农

---

[1] 弗罗斯特回忆说:"我有一张从德国俘虏那里获得的地图……它标出了敌人的一个装甲车巡逻队的路线,所以我意识到德军在我的左边。"——原注

炮的重击声此起彼伏。附近的一幢木建筑被火焰包围，传出了痛苦和恐惧的尖叫声"[1]。现在，弗罗斯特还听见了弗拉斯托的步兵反坦克抛射器[2]抛射的弹药打进碉堡的爆炸声。这场短暂而残酷的战斗突然结束了，碉堡里面的枪炮安静了下来。弗罗斯特透过火焰看见德国士兵踌跚着朝他的士兵们走去。A 连已经成功地肃清了大桥北端的守军，那里已经得手了，可拦阻火力和殉爆的弹药使得冒险进行第二次冲锋以夺取大桥南端的行动变得与自杀无异。要是早上半个小时的话，弗罗斯特是能够取得成功的，但现在一群党卫军装甲掷弹兵已经进入了南岸阵地。[3]

弗罗斯特再次尝试与克劳利少校取得联系，他想找一些当地的小船或驳船，让克劳利的连过河进攻南岸的德军。无线电通信依旧失效，更糟糕的是，连通信兵也无法找到那个连，他们还报告说没见到有船。至于 C 连，派出去与他们联系的小分队在德军城防司令部附近被压制得动弹不得，正在激战。

弗罗斯特的部下神色凝重地朝阿纳姆大桥对面望去。坚守南端的德军兵力如何？即使到现在，A 连仍然认为只要能找到船工和船只，就有机会渡河突袭，拿下大桥南端。

然而机会已经失去了。这是阿纳姆战役中的一个巨大反讽，因为下莱茵河本来能够在伞兵着陆后的一个小时之内就渡过。就在阿纳姆西边 11 公里处的海弗亚多普（Heveadorp）村——弗罗斯特营

---

[1] 有几份报道说，火焰喷射器偏离了方向，火焰并没有击中碉堡，而是击中了几间装有炸药的木屋。——原注

[2] 步兵反坦克抛射器（PIAT）是英军使用的一种由弹簧发射的短程反坦克抛射武器，重量约 16 公斤，能够发射高爆破甲弹，平均垂直破甲厚度达到 75 毫米。——原注

[3] 荷兰警佐约翰内斯·范库埃克说，那天晚上 7 点 30 分他来值班时，大桥被遗弃了，无人警卫。按照范库埃克的说法，早先当英军空降部队开始着陆时，由参加过第一次世界大战的 25 名老兵组成的大桥警卫部队开了小差。——原注

在前往阿纳姆的途中就经过了该村——有一个大型横水渡[1]，能够摆渡汽车和乘客，全天都在下莱茵河上准时往返于北岸的海弗亚多普和南岸的德里尔之间。弗罗斯特对这个渡口一无所知，它也从未被列入厄克特的目标之中。在"市场-花园"行动非常细致的计划过程中，攻占阿纳姆大桥的一个关键——位于德里尔的渡口[2]——却被完全忽视了。

跟着弗罗斯特营走"狮子"路线的弗雷迪·高夫少校终于赶到了拉思伯里的旅部，他迅速找到昵称"托尼"的旅参谋长詹姆斯·安东尼·希伯特（James Anthony Hibbert）少校。"师长和旅长在哪里？"高夫问道。希伯特表示不清楚，"他们一起待在某个地方，"他告诉高夫，"但他们全都走了。"高夫现在完全糊涂了。"我不知道该做什么，"他回忆说，"我试图与师部取得联系，但没有成功，所以我只好决定继续跟在弗罗斯特后面。"高夫同希伯特告别，再次出发了。

天黑时，高夫和他的伞兵驱车进入了阿纳姆，发现弗罗斯特和部下坚守着大桥北端附近的阵地。高夫立即询问厄克特在哪里。和希伯特一样，弗罗斯特对此同样一无所知，他还以为师长回师部了呢。高夫再次尝试用无线电联系，现在令他更加担忧的是在沃尔夫

---

1 横水渡，通常设于颇为狭窄的河流或水道之上，有一条缆绳连接两岸，中间设有一艘可载人或载物的逛船。船上的船夫会用人力或轮机拉动缆绳使船只向对岸的方向缓慢移动。
2 在给厄克特下达的正式命令中，似乎并没有预先提到德里尔渡口是一个目标。简报会上使用的皇家空军的侦察照片清楚地显示了渡口的存在，而且人们必须假设，在制订计划过程中的某个阶段，这个地方被讨论过了。然而，当我就这个问题采访厄克特将军时，他告诉我："我不记得那个渡口曾经出现过。"厄克特最终得知那个渡口的存在时为时已晚，回天乏力。厄克特说道："到这个时候，我已经没有足够的士兵可以送到河对岸去了。"然而，在口头命令中，工兵们被提醒道："夺取所有渡口、驳船和拖船对于第30军的后续推进至关重要。"显然在计划的最后阶段，这些命令未予优先考虑，因为它们从未被正式下达。"没有人告诉我们位于德里尔的渡口，"弗罗斯特中校告诉我，"而这本来是可以让情况大不相同的。"——原注

海泽附近的侦察中队同样没有任何消息，他再次无法与任何人取得联系。高夫命令疲惫的士兵进入一座紧邻大桥的建筑，他爬上房顶时恰好看见大桥的整个北端"在烈火中炸飞了"，当时弗罗斯特的士兵首次尝试夺取大桥。"我听见了巨大的爆炸声，大桥北端似乎全都着火了，我记得有人说'我们大老远地赶到这里，结果却让这座该死的桥烧掉了'"。高夫顿时慌了神，随后他透过烟雾看到，只是那座碉堡和一些存放弹药的棚屋被毁掉了。高夫既担心又疲惫，转身进屋休息了几个小时。一天下来，他为了寻找厄克特走了一条又一条路线，现在大桥这里起码有一个问题解决了。他在这里待了下来，并将一直待下去。

当晚，弗罗斯特中校除了守卫大桥北端，戒备南岸敌军的进攻之外无事可做，他仍然没有与自己那两个失踪的连队取得联系。这会儿弗罗斯特在一幢房子里设立了营部，从屋子的一角可以俯瞰大桥。第2伞兵营密码组的哈罗德·E.巴克（Harold E. Back）一等兵记得，营部的人可以从房子的前窗看到引桥。"屋子的侧窗能让我们直接看到大桥，"巴克说道，"我们的通信兵把天线架到屋顶上面，不断移动无线电台，却无法与任何人取得联系。"

不久之后旅部赶到了，在弗罗斯特附近的一幢房子的阁楼里安顿下来。弗罗斯特与军官们交换意见后认为，显而易见的是，1营和3营现在要么是在"老虎"和"豹子"路线上受阻，要么是在大桥以北的阿纳姆城的某个地方作战。在没有通信联络的情况下不可能知道发生了什么，但如果那两个营无法在夜间抵达阿纳姆，那么德国人就会拥有宝贵的时间，足以把弗罗斯特的人马和师里其他部队分割开来。此外，弗罗斯特还担心大桥仍然可能被炸掉。工兵认为大火产生的热量已经毁坏了安装在大桥与城镇之间的起爆装置，所有可见的电缆也都已经被切断了，但谁也说不好会不会还有隐藏的电缆。而且，弗罗斯特回忆说："大火使得没人可以上桥去卸掉可能仍在那里的炸药。"

阿纳姆大桥的北端在弗罗斯特手中，他和他勇敢的士兵们无意将其放弃。尽管他担心那两个失踪的连队，担心其他部队，却没有表现出来。他巡视了在引桥附近的几幢房子里安顿下来的各排，发现自己的部下"士气高昂，而且他们也有充分的理由"。詹姆斯·西姆斯二等兵回忆说："我们非常开心，因为中校还开着玩笑，并对我们嘘寒问暖。"

回到营部后，弗罗斯特在当天首次安顿下来。他啜饮着一大缸子茶，觉得就总体形势而言情况并不是太坏："在荷兰着陆之后的7个小时里，我们穿越了将近13公里困难重重的乡间，占领了我们的目标……这确实是一项不错的成绩。"尽管坐立不安，但弗罗斯特也像他的部下一样持乐观态度。他现在拥有一支由不同单位组成的约500人的部队，他充满信心，认为失踪的那两个连会来大桥与他会合。不管怎么说，弗罗斯特最多也只需要再坚守48个小时——然后霍罗克斯将军的第30军的坦克部队就会到达。

15

从柏林到西线，盟军的突然进攻让德军高级指挥层大吃一惊。只有阿纳姆一地反应既凶猛又迅速，在那里英军第1空降师几乎就空投在比特里希的两个装甲师的头上。而在其他地方，困惑而糊涂的指挥官们试图确定9月17日的这些令人震惊的事件是否就是入侵帝国的开端。英军将从比利时发起地面进攻是预料之中的事，所有能用得上的预备队（包括冯·灿根将军的第15集团军）都被投入防御阵地以应对这一威胁，但他们损耗严重，士兵们除了随身携带的步枪以外几乎没有别的武器。德军竭尽全力要让英国人为每一寸土地而战，他们挖掘战壕，固守战略要地。

谁也没有料到空降部队会与英军的地面推进协同作战。这些空降突击是否就像柏林所惧怕的那样，是从海上入侵荷兰的前奏？在夜间的几个小时里，参谋军官们试图分析形势时，被更多的有关空降突击的报告弄糊涂了。美军伞兵——兵力未知，番号未定——降落在艾恩德霍芬—奈梅亨地区，而英军第1空降师显然已经在阿纳姆周边着陆，但现在又有新的消息说乌得勒支郊外也出现了伞兵。而另一个完全令人晕头转向的报告则声称，空降部队已经在波兰的华沙降落了[1]。

---

[1] 皇家空军确实在乌得勒支周围的一片开阔地区空投了伞兵人体模型，这在几天的时间里转移了一些德军部队的注意力。盟军并没有在华沙空投部队，这份报告可能是在传输过程中弄错了，或者纯粹是没有事实根据的传言所致。——原注

在格尔德·冯·伦德施泰特元帅位于科布伦茨的司令部里，人们普遍的反应是吃惊。[1]脾气暴躁、满是贵族派头的冯·伦德施泰特与其说是对这次进攻的性质感到惊讶，毋宁说是对指挥这次进攻的人感到惊讶。据他推断，那个人一定就是蒙哥马利。一开始，冯·伦德施泰特怀疑这些突然爆发的、显然是空地联合的作战行动是否就是艾森豪威尔对帝国发动攻势的开端。老元帅在很长一段时间里一直相信，巴顿和冲向萨尔河的美军第3集团军形成了真正的危险，为此冯·伦德施泰特已经投入了他最好的部队去击退巴顿疾驶的坦克。现在，这位德国最有名望的军人一时间搞糊涂了，他从未预料到艾森豪威尔的主要攻势会由蒙哥马利领导。伦德施泰特始终认为蒙哥马利"过于谨慎，过于受习惯的支配，过于按部就班"。

他对蒙哥马利的大胆之举感到震惊。从莫德尔的指挥部雪片般飞来的电报带着一种歇斯底里的情绪，愈加凸显了这次进攻的突然性和严重性："我们必须考虑到，夜间将会有更多的空降部队着陆……敌军显然认为，他们的进攻是关键性的。英军针对斯图登特的行动初战告捷，已经在向法尔肯斯瓦德推进……这里的阵地至关重要……缺乏强大的能快速机动的预备队，这令我们的困难不断增加……B集团军群已经捉襟见肘，总体形势危急……我们要求尽快调来坦克、火炮、重型坦克歼击车、防空部队。还有必不可少的是，我们应该昼夜都有战斗机……"

莫德尔最后总结道："……盟军主要针对我军战线的北翼"。冯·伦德施泰特曾尖刻地称莫德尔的资质只配当个优秀的军士长，

---

[1] "我们第一次把空降部队的进攻告知冯·伦德施泰特的司令部时，"莫德尔的首席参谋汉斯·冯·滕佩尔霍夫上校告诉我，"西线总司令似乎并未感到不安。事实上，那种反应几乎是意料之中的冷漠，不过这种气氛很快就改变了。"——原注

而这次他难得地尊重了这位军官的意见。在其电报的这个片段中，莫德尔用这些令人吃惊的进展让冯·伦德施泰特打消了疑虑，B集团军群的北翼当面就是蒙哥马利。

夜间不可能估算荷兰的盟军空降部队的兵力，但冯·伦德施泰特确信还会有更多的空降行动。现在不仅有必要把德军防线上的所有裂缝都堵住，还有必要为莫德尔的B集团军群寻找预备队。冯·伦德施泰特不得不再次赌上一把，他下令将部队从亚琛的美军当面的阵地里撤出，这样做有风险却又是必要的。这些部队必须立即向北开拔，部署到前线最少也得用48小时。冯·伦德施泰特又给德国西北战线的防区下达了进一步命令，要求所有可用的装甲部队和防空部队进入荷兰洪泛区。老元帅现在确信，第三帝国迫在眉睫的危险就在那里。这位德国的铁骑士为了支撑他的防御体系而彻夜工作时，仍然默想着整个形势的怪异之处，他依然惊异于负责盟军此次巨大攻势的军官是蒙哥马利。

载着威廉·比特里希将军的汽车从杜廷赫姆的军部出发，赶到阿纳姆阴暗的街道时已经是傍晚了。比特里希决心亲自看一下出了什么事情。他在市内各处察看，火仍然在燃烧，街道上到处都是瓦砾——这是上午轰炸的结果。比特里希后来说，许多地方阵亡的士兵以及闷燃着的车辆都表明"发生过激战"，但对发生的事情并没有获得清晰的印象。回到军部后，他从两名阿纳姆邮政总局的女话务员的报告中得知，公路大桥已经落入英军伞兵之手（比特里希后来授予了她们铁十字勋章）。比特里希大怒，他让哈策尔守住大桥的特别命令并没有得到执行。现在的关键是，瓦尔河上的奈梅亨大桥必须在被南边的美国人夺取之前得到保护。比特里希获胜的唯一机会，就是粉碎盟军沿"走廊"进行的突击，并把英军挤压在阿纳姆地区，令其陷于停顿。现在，必须将阿纳姆大桥北端的伞兵以及奋力与之会合的那几个分散的营悉数歼灭。

落入库尔特·斯图登特大将手中的那份绝密的"市场-花园"行动计划，最终被送到了莫德尔元帅的新指挥部里。陆军元帅已经放弃了杜廷赫姆城堡庭院里的那座园丁小屋，向东南移动了大约8公里，来到了小村泰尔博赫（Terborg）附近。斯图登特用了近10个小时的时间才找到莫德尔的去处，并用无线电把这份文件发了过去。分成三部分发送的"市场-花园"行动计划现在已经解码，露出了庐山真面目。

莫德尔和他的参谋们专注地研究了这份文件。摆在他们面前的是蒙哥马利的整个计划：投入的空降师番号，3天内要进行的一系列空运和再补给，空投场和空降场的精确位置，关键性的目标桥梁，甚至还有参战的飞机航线。哈策尔后来听莫德尔元帅亲口说，这个计划是"异想天开"。它如此令人不可思议，结果在最初的几个关键性的小时里，莫德尔居然拒不相信。

这些计划出现得过于凑巧，内容过于详细，令人难以置信。莫德尔向他的参谋们提出，文件之精确使其真实性受到了怀疑。他再次强调了自己的坚定信念，即在阿纳姆西边着陆的部队，是取道东边约64公里的博霍尔特（Bocholt）和明斯特（Münster）向鲁尔区发动大规模空降突击的先头部队。他警告说，可以预料还会有更多的空降部队着陆，他们集结后肯定会转向北面，再转向东。莫德尔的推断并非没有根据，正如他对参谋们所说："如果我们要相信这些计划，假定阿纳姆大桥是真正目标的话，那为什么不把部队直接空投在大桥上？这里，还有以西13公里左右的地方，他们来到的地方到处都是适合集结的大片开阔地区。"

莫德尔并没有将文件给比特里希看。"在战争结束之前，"比特里希说道，"我从未意识到'市场-花园'的行动计划已经落入我们手中。我不知道莫德尔为什么不告诉我，无论如何这些计划只不过会是确认我自己的观点，即当务之急是避免空降部队与英军第 2 集团军会合——为此他们当然需要这些桥梁。"[1]比特里希手下的一名军官知道这份文件，除了元帅的参谋们之外，莫德尔可能只与哈策尔谈到过该计划。哈策尔回忆说："莫德尔总是为最糟糕的情况做好准备，所以他并非完全不重视这个计划。正如他告诉我的那样，他可不打算被这帮短头发的家伙抓住。"事实上，只有时间才能告诉德国人这份文件是否属实。尽管这位喜怒无常、令人难以捉摸的陆军元帅并不打算完全接受这个摆在自己面前的证据，他的大多数参谋却对此印象深刻。莫德尔的指挥部既然得到了"市场-花园"行动的计划，就把接下来的空投行动通知了所有防空部队，按计划，空投将在几小时后进行。

起码有一个假设被排除了。指挥部的行政军官古斯塔夫·泽德尔豪泽中尉回忆说，根据缴获的文件，莫德尔现在认为他和位于奥斯特贝克的集团军群指挥部原本就不是空降部队的攻击目标。

---

[1] 西线总司令也没有被告知有这份被缴获的"市场-花园"行动计划，在莫德尔给冯·伦德施泰特有关这些文件的报告中也没有提到这个计划。出于某种原因，莫德尔根本就没有把这些计划看在眼里，所以没有将其呈送上级指挥部。——原注

16

就在约翰·弗罗斯特中校的第 2 伞兵营夺取阿纳姆大桥北端的时候，在 18 公里以外对另一个主要目标小心翼翼地挺进才刚刚开始。在美军第 82 空降师负责的"走廊"中段的奈梅亨，那座横跨瓦尔河的五孔公路桥是霍罗克斯将军的第 30 军坦克部队前往阿纳姆途中所要经过的最后一座桥梁。

詹姆斯·加文准将麾下的第 504 伞兵团以引人注目的成功，夺取了奈梅亨西南约 13 公里处关键的赫拉弗大桥；而在晚上 7 点 30 分前后，第 504 伞兵团和第 505 伞兵团一部夺取了赫门（Heumen）村的马斯河-瓦尔河运河上的一座桥，该渡口在赫拉弗正东不到 8 公里处。加文本来希望把 3 座运河桥和 1 座铁路桥全部拿下，但希望落空了。在第 82 空降师动手前，德国人就把那些桥炸掉或者严重破坏了。不管怎么说，在着陆后 6 小时内，加文的伞兵已经打开了一条供英军地面部队通行的路线。除此之外，在赫鲁斯贝克高地附近第 82 空降师的空投场与帝国森林之间的那片地区，第 505 伞兵团的侦察队探察时只遭遇了轻微抵抗；夜幕降临时，该团的其他部队还夺取了荷兰与德国边境上的一块近 6 公里长的林地，该地在赫鲁斯贝克高地空投场的北边，一直通向奈梅亨的东南郊。现在，第 82 空降师的 4 个关键目标中已经有 3 个尽在掌握，一切就看如何夺取奈梅亨那座 598 米长的公路桥了。

尽管布朗宁将军已经指示加文，等赫鲁斯贝克周围的高地被夺取以后再前往奈梅亨大桥，但加文却自信第82空降师的所有目标在首日就能全部拿下。在跳伞前约24小时对形势做了评估后，他把第508伞兵团团长罗伊·欧内斯特·林德奎斯特（Roy Ernest Lindquist）上校喊来，令其派一个营全速赶往该桥。加文分析，在空降部队着陆造成的惊讶和混乱当中，非常值得赌上这一把。"我提醒林德奎斯特，在街道上行进有被发现的危险，"加文记得，"我指出赶到大桥的路线，就是从城市东边接近大桥，避开建筑区。"不管是没有听明白，还是因为他想先把最初的几个任务完成，反正根据林德奎斯特自己回忆，直到该团的其他目标达成之后，他才把他的伞兵投入到对大桥的攻击中。第1营营长是小希尔兹·沃伦（Shields Warren, Jr.）中校，林德奎斯特给该营下达的命令是坚守沿赫鲁斯贝克至奈梅亨公路布置的掩护阵地——这些阵地大致位于城市东南2公里处。沃伦的任务是保卫该地区，并与该团在西边和东边的另外两个营建立联系。沃伦回忆说，完成这些任务以后他才可以准备进入奈梅亨。这样一来，沃伦的那个营并没有从东边的平坦农田冲向大桥，而是不知不觉地来到了加文试图避开的那些建筑区的中心。

沃伦完成了其他任务之后天色已晚。现在，随着宝贵时间的流逝，先头连开始缓慢穿过奈梅亨安静的几乎被遗弃的街道，他们的主要任务是赶到通向大桥南入口的环形交叉路口，另一个目的是转移敌军注意力。荷兰地下抵抗组织报告说，炸毁这座大桥的引爆装置设在邮局主办公楼上。沃伦的部队开始朝大桥移动之后，这个关键情报才送达。一个排被匆匆派往邮局，在制伏了那里的德国看守后，工兵切断了电线，炸掉了他们所认为的引爆控制装置。事实上，这个装置究竟是不是真的与大桥上的炸药相连谁也说不清了，但现在起码电气线路和电话交换机被破坏了。该排试图撤退重新加入大部队时,发现敌人从后面围了过来,他们的后路被切断,在接下来的3天里不得不坚守邮局,直到援兵赶到。

与此同时,沃伦的其他部队在靠近一座通向大桥的公园时,突然遭到机枪和装甲车火力的猛烈打击。隶属第82空降师的荷兰军官阿里·贝斯特布鲁尔切上尉回忆说:"枪炮突然向我们开火,我看见四面八方似乎都是枪口焰在闪亮。"贝斯特布鲁尔切还没有来得及举起卡宾枪射击,左手、肘部以及右手的食指就被击中了。[1] 对第508伞兵团1营A连的詹姆斯·R.布卢(James R. Blue)下士来说,在漆黑一片的街道上激烈进行的可怕战斗就像一场噩梦。"我们立即卷入了白刃战。"布卢记得,与党卫军迎头相撞时,他正在与雷·约翰逊一等兵一起穿越街道,两人都端着上了刺刀的M1步枪。约翰逊试图用刺刀刺死其中一个德国人,布卢则手持匕首扑向一名军官。"我们奉命不得开枪,如果发生近战,就使用匕首和刺刀。但是,"布卢回忆说,"那把匕首似乎太短了,所以我捡起一把'汤姆森'冲锋枪结束了这场战斗,但一门自行火炮几乎立刻就开始朝我们的方向开炮,我们向前跑到公园与其他排会合。"1营B连的詹姆斯·阿勒代斯二等兵记得,他听见有人喊要医护兵上前,但"子弹正呼啸着穿过街道,黑暗中又是如此混乱,人们不知道彼此身在何处。我们在一座砖砌的校舍周围建起了环形防线。我们听见前面有德国人的说话声,伤员的呻吟和叫喊声。我们无法赶到大桥。这时我们才明白,德国佬扑上来挡住了我们。"

---

[1] 几天以后,医生告诉贝斯特布鲁尔切,那根食指必须截掉。"我告诉他们,绝对不能,"贝斯特布鲁尔切说道,"那是我的手指头,我不想它被截掉。此外,那还会毁掉我的钢琴演奏。"现在他仍然拥有那根手指。——原注

德国佬确实把他们挡住了。保罗·格雷布纳的侦察营错过了位于阿纳姆大桥的弗罗斯特营，现在已经到达了奈梅亨，远早于晚出发的美国人。

在这有史以来最强大的空降突袭的首日，到午夜时分，英军和美军伞兵或是正在前往其主要目标的路上，或是在前往其主要目标的路上搏杀。经过数小时的漫长行军，以及与强大而又出乎意料顽强的敌人的残酷遭遇战，终于夺取了大部分目标，而策划者们原先预料那些目标是应该迅速而又轻易就到手的。约翰·弗罗斯特中校的第2伞兵营的英勇将士们坚守在阿纳姆大桥北端；从那里开始，沿着走廊一直往南是罗伯特·辛克上校的第101空降师506团的伞兵，他们正在艰难地修复位于索恩镇的大桥，他们抱着坚定的决心——必须让公路保持畅通，好让英军第2集团军的坦克和步兵长驱直入。在这个深夜时刻，空降兵们深信解围部队就在路上，毫不怀疑增援部队和补给品将按计划于18日到达，并进一步加固他们的阵地。尽管存在伤亡严重、形势混乱且通信不畅的问题，但盟军第1空降集团军的官兵们却十分乐观：总的说来，这并不是一次糟糕的周日郊游。

17

从柏林返回的海因茨·哈梅尔旅队长乘坐飞驰的汽车即将抵达阿纳姆，他看到城市上空映照着红色的光芒。经历了长途旅行后的哈梅尔既忧虑又疲倦。他来到位于吕洛（Ruurlo）的弗伦茨贝格师师部，结果发现师部现在搬到了阿纳姆东北约5公里的费尔普（Velp）。他在那里找到了代理师长职务的党卫军第10装甲团团长奥托·佩奇（Otto Paetsch）一级突击队大队长[1]，后者显得疲惫不堪。"谢天谢地你回来了！"佩奇说道。他迅速向哈梅尔简介了白天发生的事情，以及从比特里希将军那里接到的命令。"我惊得目瞪口呆，"哈梅尔回忆说，"一切都混乱无常。我非常疲倦，但形势显然非常严峻，我立即给比特里希打了电话，告知我要去见他。"

比特里希也没有睡觉。哈梅尔被带进来以后，他马上开始概述形势。既愤怒又沮丧的比特里希在地图上面俯下身子。"英军伞兵在这里着陆了，在阿纳姆西边，"他告诉哈梅尔，"我们不了解他们的实际兵力或者意图。"军长指着奈梅亨和艾恩德霍芬说道："美军空降部队在这两个地区夺取了立足点。与此同时，蒙哥马利的部队越过默兹河-埃斯科河运河向北边发动了进攻。我确信，他们的目的就是要把我们的部队分割开。在我看来，他们的目标就是那些桥梁。

---

[1] 此处原文有误，将佩奇的职务写成了师首席参谋（师参谋长），当时该师的首席参谋是汉斯-约阿希姆·施托莱（Hans-Joachim Stolley）二级突击队大队长。

一旦夺取了这些桥梁，蒙哥马利就能长驱直入进入荷兰中部，再从那里进入鲁尔地区。"比特里希挥了挥手，"但莫德尔不同意我的观点，他仍然相信还会有空降部队在莱茵河的北边、阿纳姆的东边和西边空降，然后朝鲁尔地区进军"。

比特里希解释道，哈策尔的霍亨施陶芬师已经奉命去肃清阿纳姆西边和北边的英军。荷兰的德国驻军总司令克里斯蒂安森上将已经接到指示，让他的部队——若干个守备和训练营的混合单位——接受汉斯·冯·特陶（Hans von Tettau）中将的指挥，他们的任务就是掩护霍亨施陶芬师的侧翼，让该师尽力攻占英军的空投场和空降场。

比特里希继续说道，弗伦茨贝格师负责阿纳姆东边和南边一直到奈梅亨的所有战斗。他用手指戳着地图，告诉哈梅尔："奈梅亨大桥必须不惜一切代价守住。除此之外，阿纳姆大桥以及往南一直到奈梅亨的这片地区也由你负责。"比特里希沉默了一会儿，在屋子里踱着步子。"你的问题，"他告诉哈梅尔，"已经被搞得更加困难了。哈策尔没有把装甲部队留在阿纳姆大桥北端，英国人现在在那里。"

哈梅尔听着军长的话，越来越惊恐地意识到，由于阿纳姆大桥在英国人手中，所以就没有办法让他的装甲部队迅速渡过莱茵河直下奈梅亨；阿纳姆大桥的东边并没有其他跨河桥梁，他的整个师就得靠位于阿纳姆东南约13公里的潘讷登（Pannerden）村的渡船码头摆渡过河。比特里希预见到这个问题，所以已经下令开始摆渡行动。以这种方式抵达奈梅亨既缓慢又拖拉还要绕道，而且把该师的卡车、装甲车和兵员摆渡过去需要动用哈梅尔的所有资源。

哈梅尔离开军部时询问比特里希："为什么不及时炸掉奈梅亨

大桥呢？"比特里希语带讥讽地说道："莫德尔断然拒绝考虑这个主意，他认为我们进行反攻时可能需要它。"哈梅尔惊愕地瞪大了眼睛，问道："用什么来进行反攻呢？"

哈梅尔在夜色中再次动身，前往潘讷登。他的部队已经在向渡口行军了，公路上塞满部队和车辆。到了潘讷登后，哈梅尔明白了他在路上亲眼所见的混乱状况的原因。车辆堵塞了街道，形成了大规模交通拥堵。在河边，用橡皮筏子组成的临时代用渡船正在缓慢地运送卡车漂浮过河。哈梅尔从装甲团团长佩奇那里获悉，一个营已经到了对岸，正在向奈梅亨开拔。一些卡车和小型车辆也过了河，但到目前为止，重一些的装甲装备还没有上船。在佩奇看来，如果这个缓慢而笨重的轮渡不能加快速度的话，那么9月24日以前弗伦茨贝格师就不可能在阿纳姆-奈梅亨地区投入战斗。

哈梅尔知道，这个问题只有一个解决办法，他必须夺回阿纳姆大桥，打开通往奈梅亨的公路。当"市场-花园"行动的第一天，9月17日日终时，德国人的一切沮丧都集中在一个固执的人——阿纳姆大桥桥头的约翰·弗罗斯特中校身上。

第 4 部

围困

Part Four

The Siege

1

黎明时分,从莱茵河河面升腾而起的雾霭在阿纳姆大桥及其四周静谧、黑暗的房屋上面盘旋。距离大桥北坡道不远,长长的风景如画的欧西比尤斯外大街(Eusebiusbuitensingel)向后延伸到北边和东边的市郊,环绕着历史悠久的内城,最后来到阿纳姆最受欢迎的音乐厅——圣乐厅(Musis Sacrum)。这个星期一,9月18日,在微弱、矇昽的晨曦之中,海尔德兰省的这座古老首府似乎被人遗弃了,街道、花园、广场和公园里死气沉沉。

从大桥北端周边的阵地里,弗罗斯特的部下首次看到整座城市的住宅和市政建筑,那是一些凌乱扩展开来的建筑群:法院、省政府大楼、国家档案馆、市政厅、邮政总局和西北方向不到2公里的火车站。近处是圣欧西比尤斯教堂,它以其93米高的尖塔傲视全城。在一条由18幢房屋组成的环形防线上,几名弗罗斯特的部下从破碎的窗户和刚刚挖掘出来的散兵坑里小心翼翼地朝外观察,却没有人意识到这座伟大的教堂现在有着一种不祥的征兆。德国狙击手们已经于夜间进入了塔楼,他们小心地隐藏着,和英国人一样紧张地等待天亮。

争夺大桥的激烈战斗持续了整夜。午夜的间歇一瞬而过。当战斗再次爆发时,似乎每个人都参加了小规模战斗。夜间,弗罗斯特的部下曾两次试图突袭大桥南端,均被守军击退。这两次冲锋都是由A连2排排长约翰·霍林顿·格雷伯恩（John Hollington Grayburn）中尉率领的，他的面部严重受伤，但仍然待在桥上监督所有的士兵撤退到安全的地方[1]。后来，搭乘一队卡车的德军步兵试图强行过桥，结果遭到英军伞兵的密集火力攻击。弗罗斯特的部下用火焰喷射器把那些车辆点燃了，装甲掷弹兵在这片火海当中被活活烧死，尖声大叫着落入下方30米的莱茵河。橡胶燃烧的刺鼻气味以及从车辆残骸中升腾的浓密黑烟给双方的救援队造成了阻碍，他们正在桥上遍地的尸体当中寻找伤员。哈罗德·巴克一等兵就在这样一支救援队中，他正帮忙把伤员抬进由弗罗斯特的部下坚守的一幢房子的地下室。在黑暗的地下室里，他看到一些东西在发光，还以为里面点着几支蜡烛。地板上躺满了受伤的伞兵。巴克突然意识到，他看到的是一些伤员身上发出亮光的小碎片——那些人是被白磷弹的弹片击中的，所以能在黑暗中发出亮光。

莫名其妙的是，战斗在日出时刻再次停止了，似乎双方正在深呼一口气。在弗罗斯特营部的公路对面，大桥坡道下面的一条小街上，埃里克·麦凯上尉对一些房子进行了静悄悄的侦察，他那支小小的工兵队伍以及其他部队的几个小组现在控制着这些房子。在一次噩梦般的恶战中，麦凯最终守住了4幢房子中的2幢，并在其中的一幢里设立了指挥所，那是一幢砖结构的校舍。德军反攻的时候爬过了经过景观美化的庭院，朝房屋里投掷手榴弹，随后进入楼内，与英国人进行了一场几乎悄无声息的殊死白刃战。麦凯的士兵遍布于各个地下室和房间，用刺刀和匕首把成群的敌人赶了回去。接着

---

[1] 格雷伯恩在阿纳姆之战中阵亡了。9月20日，他站在敌人坦克能够看得一清二楚的地方指挥部下撤入一个大型环形工事。由于他在交战的整个过程中表现出了最大的勇气、出色的领导才能和忠于职守，死后获得了英国最高的军事荣誉——维多利亚十字勋章。——原注

麦凯带着一小群人冲了出去，尾随着撤退的德国人进入灌木丛，再次用刺刀和手榴弹击溃了敌人。麦凯的双腿被弹片击中，一颗子弹击穿了他的钢盔，擦伤了头皮。

现在，麦凯核对他的伞兵人数时发现了一些伤势与他相似的伤员。更严重的是，补给情况不容乐观。他们有6挺"布伦"轻机枪、弹药、手榴弹和一些炸药，但没有反坦克武器，食品甚少，除了吗啡和野战绷带之外再无其他医药用品。此外，德国人还切断了供水。现在他们只有水壶里的那点水了。

尽管这次夜战很可怕，但麦凯仍然意志坚定。"我们一直打得不错，伤亡相对轻微，"他回忆说，"此外，随着太阳升起，我们能够看到我们在做什么事，我们也做好了准备。"话是这样说，麦凯还是像弗罗斯特一样不抱幻想。他知道，在这种最致命的战斗——逐街、逐栋、逐屋的巷战中，大桥上的英军守备部队被消灭只是一个时间问题。德国人显然希望凭借绝对的数量优势，在数小时内粉碎弗罗斯特的小部队。对于这样强大而密集的进攻，只有第30军或第1伞兵旅的其他营赶到才能够拯救大桥的勇敢保卫者，后者仍在试图杀入城内。

对于那些在大桥附近作战的党卫军士兵来说，那是一个噩梦不断的夜晚。哈策尔一级突击队大队长显然对部队已经挡住了厄克特的各个营而感到满意，但他却低估了占据大桥北端的英军兵力和能力。哈策尔甚至并没有费心去下令让师里寥寥无几的几门自行火炮开上来作为支援，相反，他把一个又一个班的党卫军部队投向了在坡道四周房子里布防的英军，这些强悍的部队遇见了他们大多数人印象中遭遇过的最凶猛的士兵。

时年21岁的阿尔费雷德·林斯多夫（Alfred Ringsdorf）党卫队

分队长（党卫军一等兵）是一名东线老兵，原属党卫军第 16 装甲师补充营的他和几个战友登上了前往阿纳姆的货运列车，他被告知自己所在的班将被重新装备。林斯多夫和战友到达阿纳姆车站时，那里正乱成一团，来自各种单位的部队漫无目的地乱转、列队、开拔。林斯多夫等人被告知要立即向城内的一个指挥所报到，在那儿一名少校把他们编进了弗伦茨贝格师党卫军第 21 装甲掷弹兵团 1 营 1 连 1 排，林斯多夫成了 1 班班长。这些人报到时并没有武器，但到星期天下午晚些时候，他们已经配备了机枪、卡宾枪、手榴弹，还有几支"铁拳"[1]。他们对有限的弹药提出了疑问，被告知补给正在途中。"此时，"林斯多夫说道，"我还不知道要去哪里打仗，战斗发生在哪里，而且我以前也从未来过阿纳姆。"

在市中心，有迹象表明惨烈的巷战已经开始。林斯多夫首次获悉英军伞兵已经着陆，正在坚守阿纳姆大桥北端，似乎没人知道那支队伍兵力究竟有多少。他的班在一个教堂里集合接受命令，他们要渗透到大桥坡道两边的房子背后，把那里的英国人赶出来。林斯多夫知道这种战斗有多么致命，苏联前线的战斗经历已经让他领教过了。不过林斯多夫率领的是久经沙场的年轻老兵，他们认为这场战斗不会持续很久。

党卫军士兵注意到，这片通往大桥的地区中的房屋在炮击之下被严重破坏，他们不得不在瓦砾当中费力前行。当德军靠近英国人在大桥北端建立的环形阵地时，遭遇了猛烈的机枪火力，被压制得动弹不得，根本无法进入距大桥入口 550 米的范围。一名中尉寻找

---

1 "铁拳"*（Panzerfauster），这是一种美国无后坐力反坦克火箭筒的德国版，能够极其精确地发射 9 千克重的火箭弹。——原注

* 原作者将"铁拳"反坦克榴弹发射器与坦克杀手反坦克火箭筒混淆了，后者才是美国无后坐力反坦克火箭筒的德国版本。

志愿者，要求他穿过广场把炸药包扔进机枪火力看起来最猛烈的那幢房子里。林斯多夫自告奋勇，在火力掩护下冲过了广场。"我在一个地下室窗户附近的一棵树后面停了下来，子弹就是从那个窗户里射出来的。我把炸药包扔了进去，然后跑回我的人那里。"林斯多夫躺在瓦砾当中等待炸药包爆炸。他回头望去，只见街角的一幢高房突然被炮弹击中了，一些德军工兵正在那里隐蔽。这座房子的正面全都坍塌了，把所有人都埋了进去。林斯多夫突然意识到，如果那是他的人，整个班就要全军覆没了。此时，他扔进地下室的炸药包在离他不远的街道上爆炸了——英国人又把炸药包从窗户里扔了出来。

夜幕降临时，各个班开始渗入建筑物把英国人找出来。林斯多夫的目标是一幢红色的大型建筑，他被告知那是一所学校。他的班朝那幢房子奔去，很快就遭遇了警觉的英国神枪手的射击，他们迫使德国人躲进附近的一幢房子里。党卫军士兵们打碎窗子朝外开火，英国人立即在隔壁的一幢房子里隐蔽起来。一场激烈的交火开始了。"英国人的射击很致命，"林斯多夫回忆说，"我们几乎无法探出身来。他们对着脑袋打，有士兵开始在我身边倒下，每个人的前额都有一个醒目的小孔。"

由于伤亡不断增加，德国人直接朝英国人占领的那幢房子发射了"铁拳"反坦克榴弹，在弹头射进房子的同时，林斯多夫的班发起了冲锋。"战斗很惨烈，"他记得，"我们一个房间接一个房间、一寸又一寸地将他们逐退，蒙受了可怕的损失。"在混战当中，这名年轻的班长奉命回去向营长汇报。他被告知，必须不惜一切代价把这些英国人赶出去。林斯多夫回到自己的班里，命令全班向前猛冲。他们雨点般地投掷手榴弹，让英国人应接不暇。"只有这样，"林斯多夫说道,"我们才能取得进展,继续推进。我从德国过来的时候,并没有预料到自己会突然在一块有限的地段参加殊死战斗,这场战斗比我在苏联参加过的战斗更加艰难。这是一场持续不间断的近距离贴身肉搏战,到处都有英国人,这里的大部分街道都很狭窄,有些地方宽度不超过 4.5 米,我们与敌人相隔几米进行对射。我们一寸一寸地争夺,一个房间一个房间地扫荡。那绝对是地狱!"

林斯多夫小心翼翼地朝一幢房子跑去,在敞开的地下室门口一瞬间瞥见了一顶带有伪装网的英国钢盔轮廓。他举起胳膊要投掷手榴弹时,听见一声低沉的呻吟。林斯多夫没有把手榴弹投出去,而是悄悄地走下地下室的台阶,然后大声喊道:"举起手来!"这个命令毫无必要,用林斯多夫的话来说,"我面前是一幅骇人的景象,这个地下室就像一个停尸房,里面全是英国伤兵"。林斯多夫言语温和,他知道那些英国人听不懂他的话,但也许能领会他的意思。"好了,"他告诉那些伤员,"现在没事了。"他叫来了医护兵,然后把俘虏们集中起来,命令那些英国人回到德军战线接受护理。

那些伞兵被带出地下室的时候,林斯多夫开始寻找一位能够行走的伤员。令他吃惊的是,那个人低低地呻吟了一声,就倒在林斯多夫的脚下死去了。"那颗子弹是打我的,"林斯多夫说道,"英国人在保护他们自己人,他们不知道我是在试图拯救他们的伤员。我愣了一下,然后带着一身冷汗逃跑了。"

由于英国伞兵在学校四周严防死守,林斯多夫知道,即使他的精锐部队也没有强大到足以迫使对方投降的地步。星期一破晓时分,他与自己伤亡惨重的班又撤回到了欧西比尤斯外大街。林斯多夫与一位炮兵指挥官不期而遇。林斯多夫告诉他:"把那些英国人赶出来的唯一方式,就是把那幢房子炸掉,一点一点地炸掉。相信我的

在将由英、美和波兰空降部队夺取的所有桥梁当中，右上方的那座就是横跨下莱茵河的阿纳姆大桥。该桥由厄克特少将的英军第1空降师和索萨博夫斯基少将的波兰第1独立伞兵旅负责夺取，这是蒙哥马利要在1944年结束战争的关键。照片显示，大桥与相连的林荫大道一直延伸到左下方那座音乐厅建筑群

厄克特的部下还要夺取阿纳姆铁路桥以及浮桥。德国人已经炸毁了阿纳姆铁路桥，而浮桥的中间一段则是缺失的。浮桥的这张照片是在进攻开始的11天之前，由英国皇家空军拍摄的。照片蒙上了一层神秘色彩：德国人是更换了中间那一段，还是拆掉了中间那一段？谁也不知道。但命令已经下达，还是要发起进攻

加文准将的第82空降师迅速夺取了马斯河上的457米长的赫拉弗大桥（见下页第一张图），还夺取了赫门运河桥（见下页第二张图）。但由于命令上的混乱以及德国人的迅速反应，他们在进攻首日并没能拿下瓦尔河上的奈梅亨大桥（上图），奈梅亨离阿纳姆18公里远。20日，在英美军队的联合进攻下，大桥被拿下了，当时美军第82空降师在瓦尔河上进行了一次大胆的强渡，这次强渡后来被称为"第二次奥马哈海滩登陆"

在第 82 空降师阵地的南边，泰勒少将的第 101 空降师攻占了除一座桥梁之外的所有桥梁：因为索恩的桥梁（下）被炸掉了，这使得"市场-花园"行动的进度推迟了 36 个小时

艾森豪威尔与蒙哥马利在战略上极度对立。蒙哥马利认为,最高统帅优柔寡断,"没有做这项工作的经验";艾森豪威尔则认为,这位在英国深孚众望的陆军元帅"完全以自我为中心",自认"一生中从未犯过错误"

盟军第 1 空降集团军新任指挥官布里尔顿中将，他以前从未指挥过空降部队。他与自己的副手、英国人布朗宁中将不和。在开始制订进攻计划的数小时之前，布里尔顿收到了布朗宁的辞呈

布朗宁是英国杰出的空降作战权威，当被任命"市场-花园"行动的空降作战指挥官时，他撤回了辞呈。在此之前，他从未指挥过空降兵进行战斗

（从左到右）禁卫装甲师师长阿代尔少将；蒙哥马利元帅；霍罗克斯中将，他的第30军的坦克部队和步兵将实施大举猛攻；罗伯茨少将，他的第11装甲师攻占了安特卫普，但又停了下来，以便"补充装备、加注燃料并休息"，这也就使德军第15集团军的主力得以抵达荷兰，加入抵御盟军"市场-花园"行动的战斗之中

美军第 101 空降师长泰勒少将,在与英军第 12 军军长里奇中将会晤

英军第 2 集团军指挥官邓普西中将,在与美军第 82 空降师长加文准将交谈

荷兰特工亨利·克纳普(左)与阿纳姆地下组织领导人彼得·克鲁伊夫(右),他们于 9 月 14 日警告伦敦方面:阿纳姆有德军的装甲师

布赖恩·厄克特少校是布朗宁的情报处长，他也在英国皇家空军拍摄的侦察照片上发现了德军的坦克，但他的警告无人理睬

英军第1空降师师长"罗伊"·厄克特少将，他虽然是一位富有作战经验的指挥官，但也是第一次指挥空降师战斗。他不仅没有觉察到德军的装甲部队，而且还不得不让他的部队在距离关键性的阿纳姆大桥10～13公里的地方着陆。进攻刚一开始，通信就中断了，厄克特少将在德军战线的后方与自己的师部失去了联系，不得不躲藏了极其重要的39个小时

由于厄克特"失踪",希克斯准将(左上)不得不指挥该师
当第4伞兵旅在9月18日着陆的时候,哈克特准将(右上)由于资历较老,便质疑希克斯是否有权指挥该师
厄克特的参谋长麦肯齐中校(左下)让争论中的准将们平静了下来
与此同时,索萨博夫斯基少将(右下)以及他的波兰第1独立伞兵旅,由于天气恶劣而耽搁了两天多的时间,而且他们对阿纳姆的真正形势一无所知

第1伞兵旅旅长拉思伯里准将本应该掌握全师的指挥权,但却受了伤,就像厄克特将军一样被认为"失踪"了

约翰·弗罗斯特中校和部下同十倍于己的敌人交战,抵挡德军的两个装甲师,坚守阿纳姆大桥的北入口。这是军事历史上伟大的壮举之一

另一位守桥英雄埃里克·麦凯上尉(时隔30年后拍摄的照片),尽管几乎耗尽弹药,仍要求德国人投降

麦凯上尉（图中掌舵的那一位）受伤被俘，却拒不放弃。他与战友们夺船而逃，顺流而下漂到奈梅亨

爱尔兰禁卫团的坦克部队率先从荷兰与比利时边界进行突破。上面的照片是坦克部队的指挥官：爱尔兰禁卫团第3营营长约翰·奥姆斯比·伊夫林·范德勒中校（左），以及他的堂弟爱尔兰禁卫团第2装甲营营长贾尔斯·亚历山大·梅西·范德勒（右）

范德勒（左）与贾尔斯（右）在1944年的合影。在距离阿纳姆大桥上的约翰·弗罗斯特中校和部下不到10公里的地方，德国人成功地挡住了范德勒的坦克部队

英国皇家空军上尉唐纳德·洛夫，在坦克向前突击时担任地对空通信联络官，他奇怪自己怎么会自告奋勇担任这个工作

第2王室骑兵团C中队分队长男爵理查德·约翰·罗茨利上尉最先与英军第1空降师师长"罗伊"·厄克特少将的孤军取得了联系

内维尔·海中尉,他的"幽灵"小队的无线电台终于帮厄克特联系上了地面部队

乔治·詹姆斯·查特顿上校是滑翔机飞行团的团长,他力主对阿纳姆大桥进行一次大胆的滑翔机奇袭。倘若他的计划被采用的话,那么就可能在几个小时之内攻占大桥,但查特顿由于提出了这个主意,反而被称为"血腥的谋杀犯和刺客"

南斯塔福德郡团第 2 营 B 连连长罗伯特·亨利·凯恩少校的部队在奥斯特贝克进行了最后的抵抗，凯恩少校虽然数次负伤，却仍然向德军坦克发动反击

伦敦霍布森父子股份有限公司的克莱尔·米勒小姐，她制作了布朗宁的飞马旗，这与阿纳姆的荒诞传闻相左。那个传闻认为，飞马旗是布朗宁的妻子、小说家达夫妮·杜穆里埃（名著《蝴蝶梦》的作者）制作的。米勒小姐还在伞兵的制服上缝了 500 个小罗盘，那些小罗盘后来帮助许多伞兵逃了出来

朗斯代尔少校的"朗斯代尔部队"一直坚守到最后

在英美联军进攻奈梅亨大桥的过程中,第82空降师504伞兵团3营营长朱利安·库克少校(左)率部进行了前所未有的瓦尔河渡河行动,夺取了大桥北端。与此同时,第505伞兵团2营营长本杰明·范德沃特中校(右)与英军一起,向大桥的南端入口发起了强攻

军功十字勋章获得者、爱尔兰禁卫团第2装甲营的约翰·戈尔曼中尉,对整个作战行动有他自己的"怀疑"。他感到,谁的行动都不足以快到能够拯救阿纳姆大桥上的约翰·弗罗斯特中校和他的部下

第502伞兵团3营H连2排排长爱德华·维日博夫斯基奉命夺取贝斯特的大桥,据说那里的"防御很薄弱",实际上那里有1000多名被忘却的德军第15集团军的士兵,结果激烈的战斗把第101空降师一整个团都卷了进去

第10伞兵营的军需官约瑟夫·格洛弗中尉，在阿纳姆跳伞的时候还带着他的那只名叫"默特尔"的宠物鸡。"伞兵鸡默特尔"后来被流弹打死了，在战斗过程中，士兵还为它举行了一个正式葬礼

安东尼·迪恩-德拉蒙德少校是第1空降师通信科副科长，他怀疑自己的通信设备是否能起作用，但又和其他所有人一样，"深受主流情绪的影响"，那就是："看在上帝的分上，不要添乱"

第504伞兵团团长鲁本·塔克上校，他的部队渡过了瓦尔河，对英军坦克部队的行动迟缓深感震惊。他原以为会有一支特遣队全速冲过18公里路程抵达阿纳姆，替大桥的保卫者解围。塔克说，英国人反而"停下来喝茶"

冯·伦德施泰特是第三帝国最有才干的陆军元帅，在诺曼底惨败之后被希特勒解职，又在9月份被重新任用。当时西线的形势是灾难性的，因而冯·伦德施泰特认为，盟军能够在两周之内入侵帝国并结束战争。他在拯救第15集团军时采取的战略，是挫败蒙哥马利"市场-花园"行动计划的一个主要因素

莫德尔元帅,被冯·伦德施泰特称为一位"优秀的团军士长",他没能挡住盟军在西线的大举猛攻,却碰巧在盟军实施空降突击的几天前,把党卫军第 2 装甲军调进了阿纳姆地区。被缴获的"市场-花园"行动计划在 48 小时之内就交到了他的手中,但令人难以置信的是,莫德尔就是不相信

党卫军第2装甲军军长比特里希党卫队副总指挥兼武装党卫军上将（照片分别拍摄于1944年和1973年），他对所缴获的"市场-花园"行动计划一无所知，却正确地推断出盟军的主要目标就是阿纳姆大桥

"第三帝国"的空降作战专家斯图登特空军大将（照片分别拍摄于1944年和1973年），他为盟军空降部队的空投规模所震惊，"但愿我也能够有这样的条件，拥有这么多的飞机，一次也好"

英军实际上是在阿纳姆地区的两个德军装甲师当中着陆的，这令两位装甲师师长大吃一惊。他们分别是党卫军第9霍亨施陶芬师的哈策尔一级突击队大队长（上）、党卫军第10弗伦茨贝格师的哈梅尔旅队长（下），照片分别拍摄于1944年和1973年

双重间谍、绰号"金刚"的林德曼斯越过战线,告知德国人英军将在9月17日发动地面进攻。林德曼斯对空降进攻的规模一无所知,这与战后英国报纸上的报道相反

德国空军第3航空队指挥官奥托·德斯洛赫空军大将（左）对盟军空降突击的可能性深感担忧,因而他拒绝去拜访莫德尔。泽普·克拉夫特二级突击队大队长（右）的那个营碰巧就在英军空投场边缘的阵地上

在塔费尔贝格旅馆的莫德尔指挥部里，第一个获悉盟军空降部队在不到3公里外的地方空投的人，是古斯塔夫·泽德尔豪泽中尉。"滑翔机正在我们大腿上着陆！"有人这样告诉他

伯恩哈德亲王来到被解放的艾恩德霍芬。有关"市场-花园"行动计划中的地形困难，等到伯恩哈德或者他的总参谋部获悉时，已经太晚了。而有关阿纳姆的德军装甲部队，亲王从荷兰地下抵抗组织那里获得的详细情报，又没有受到英军重视

伯恩哈德亲王，拍摄于 1973 年

奥斯特贝克的荷兰人本来以为会获得解放，却发现自己陷入了残酷的战斗之中。"蒙哥马利很快就会到这里。"乐观的英国人告诉 17 岁的安妮·范马南

扬·福斯凯尔无法摆脱一种无望的感觉

亨德丽卡·范德弗利斯特在日记中写道,奥斯特贝克已经成了"一处最血腥的战场"

战争时期的凯特·特尔霍斯特与儿子米歇尔（左）。凯特·特尔霍斯特与丈夫扬（右）在1973年的合照。凯特勇敢地把她的家门向英军伤员打开，战斗期间，一度曾有300多名伤员挤在她家里。扬原先是一名荷兰陆军上尉，他无法理解为什么英军不使用德里尔的渡口渡过莱茵河。在制订"市场-花园"行动计划的过程中，德里尔渡口完全被忽视了

德里尔渡口

荷兰人确信,荷兰就要解放了,他们全然不顾危险,爬上屋顶,观看运输机和滑翔机组成的庞大机群

英军伞兵登上前往荷兰的飞机

一架美军的"韦科"滑翔机正在装载吉普车

飞机牵引着第 101 空降师的滑翔机飞过艾恩德霍芬的上空

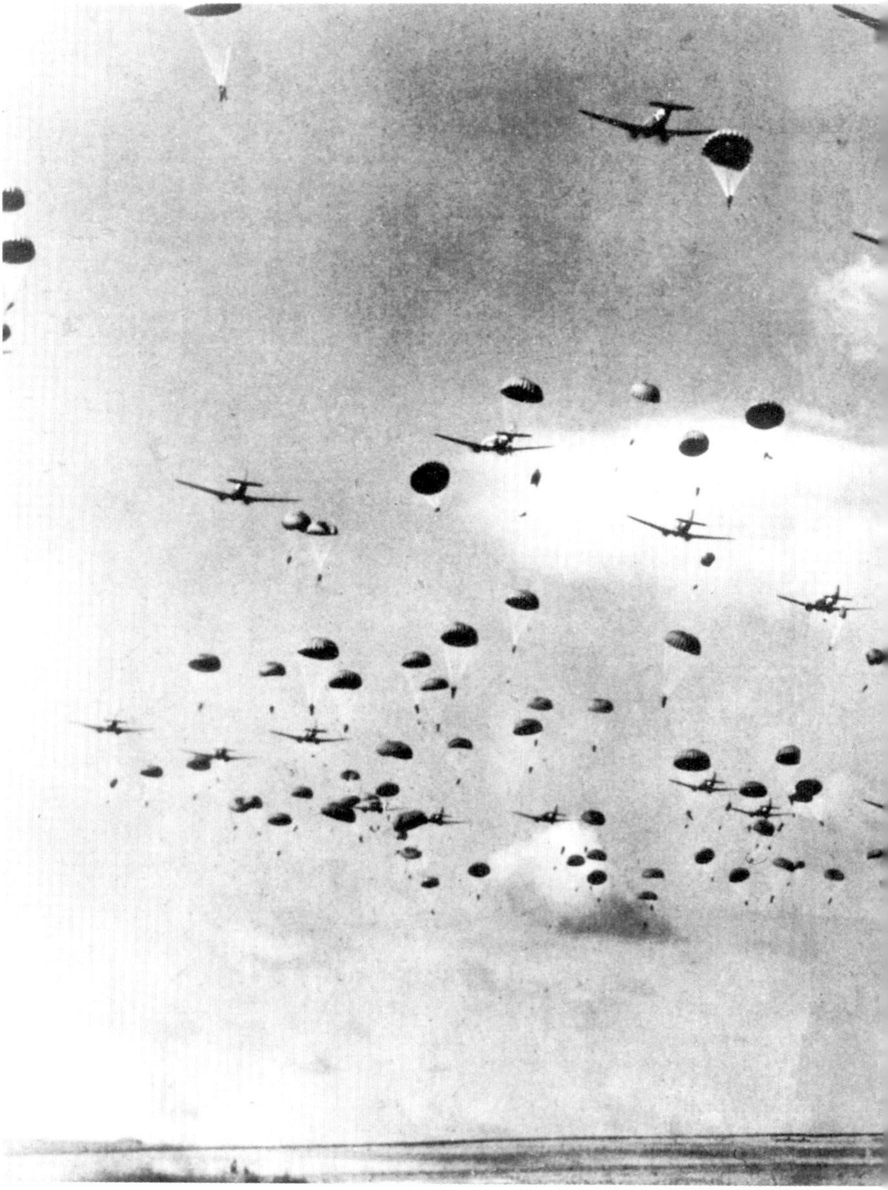

美军第82空降师的官兵在赫鲁斯贝克上空执行大规模跳伞

英军第1空降师的滑翔机和伞兵在阿纳姆附近着陆

英军伞兵防区内的一次补给品空投

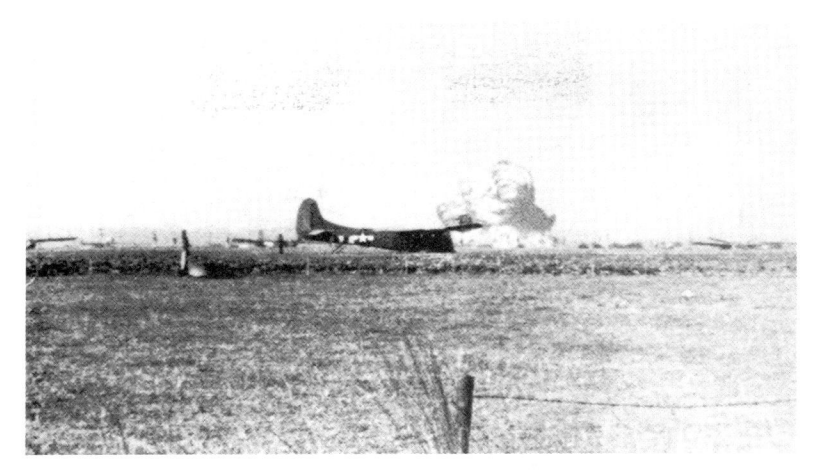

"韦科"滑翔机后面的一架牵引机在阿纳姆空降场坠落、爆炸

巨大的"霍萨"滑翔机的尾部被迅速拆下,以便迅速把货物卸下来

阿纳姆城防司令弗里德里希·库辛少将不顾警告，走了那条错误的道路，结果被英军伞兵击毙

第1机降轻型炮兵团（营级）团长谢里夫·汤普森中校（左）从"霍萨"滑翔机里卸下装备

禁卫团装甲师的坦克从一辆被击毁的德军坦克旁边经过。地形上的困难，以及宽度只容一辆坦克行驶的狭窄道路，阻碍了英军装甲部队的挺进

在走廊上，一辆运载补给品的卡车被直接击中，爆炸了

在战斗的最初几个小时里，一支德国巡逻队在向前移动

戴维·洛德空军上尉（左上第2位）驾驶着燃烧的达科他运输机，在空投场的上空一圈又一圈地盘旋，试图把珍贵的补给品全部投下来，并且获得了成功。英军伞兵们目睹了他的这个绝无仅有的勇敢行动。这架飞机上的唯一幸存者是亨利·金空军中尉（右）。维克托·米勒上士（右上）是勇敢的滑翔机飞行员中的典型人物。他成功地驾驶着庞大而又笨重的滑翔机着陆，他担心的是另一架滑翔机可能"在我的头上坠落"

一名身负重伤的伞兵被匆匆送往救护站

托尼·琼斯中尉（左）被霍罗克斯将军誉为"勇士中的勇士"，他紧紧跟随着坦克冲过奈梅亨大桥，切断了德军的炸药引爆线

美军第82空降师的伞兵徒步穿过奈梅亨市郊

英军的"红魔鬼"们穿过阿纳姆市内的瓦砾堆向前推进

安东·德克森位于兹瓦特路14号的家,厄克特少将被困在德军战线后方的时候,就躲藏在这里

美军第101空降师的伞兵在通过艾恩德霍芬的时候,受到荷兰人的欢迎

地形上的困难在只能排成单列纵队的坦克上能清楚地表现出来，禁卫装甲师的坦克纵队在"岛屿式"的堤岸道路上停下待命

在阿纳姆大桥，弗罗斯特中校与麦凯上尉的部下成功地击退了德军装甲部队的一次进攻，击毁了12辆打头阵的装甲车。党卫军第9装甲师侦察营营长格雷布纳一级突击队中队长在进攻中阵亡

埃贡·斯卡尔卡二级突击队大队长是霍亨施陶芬师的首席军医官,他与英军合作,在休战期间交换伤员。这名党卫军军官显然为他的未来感到担忧,因而要求英军军医官给他写证明信

(下)莫德尔元帅,比特里希将军,一条腿的克瑙斯特少校(右图是1973年的克瑙斯特)与海因茨·哈梅尔旅队长,他们正在讨论战况。克瑙斯特的虎式坦克挡住了英军为解救守卫阿纳姆大桥的伞兵而发动的最后一次猛攻

荷兰地下抵抗组织迅速逮捕了和德国人勾结的荷兰妇女,并给她们剃了光头

奥斯特贝克的哈尔滕施泰因旅馆，是此次战役过程中厄克特将军的师部所在地

战役前和战役中的斯洪奥德旅馆

战役前和战役中的塔费尔贝格旅馆

也许关于这场战斗的最优秀的战地新闻报道来自阿纳姆。陆军摄影师刘易斯和沃克,这两位中士正与一位荷兰姑娘一起进餐

伦敦《每日快报》的战地记者艾伦·伍德,他从战场上发来的即时电讯报道令英国民众振奋

盟军第1空降集团军35 000名官兵的集结，由于恶劣的天气而放慢了速度。在进攻开始后的第二天，第101空降师的降落伞星星点点地散布在荷兰乡间

在阿纳姆大桥，第 2 伞兵营 A 连连长艾利森·迪格比·泰瑟姆-沃特少校（照片分别拍摄于 1944 年和 1973 年）撑着一把伞，向敌人发起古怪的冲锋，从而鼓舞了部下的士气

奥斯特贝克环形防线被隔绝了，没有补给品。在这里，医护兵塔菲·布雷斯（左上）用临时代用的纸绷带，救下机枪手安德鲁·米尔本下士（上中和右上，分别拍摄于1944年和1973年）一命，米尔本失去了一只眼睛和双手。另一名英军的英雄人物是艾尔弗雷德·鲁利耶中士（左下和右下，分别拍摄于1944年和1973年），他在战斗中炖了热汤给饥饿的部队送去

英军的一个重大失误，就是没有动用荷兰地下抵抗组织。在所有人中，最沮丧的当属荷兰联络官阿诺尔德斯·沃尔特斯海军少校（左）和查尔斯·道·范德克拉普（右）。他们曾努力组织一支作战部队协助英军，但最终却是徒劳

在奥斯特贝克，面包师迪尔克·范贝克（左）注意到形势正在恶化，却发誓要继续把面包烤到最后。古董书书商赫拉尔杜斯·赫斯伯斯（右），他的书店就在德国兵营的隔壁，他是那些较早意识到英军对阿纳姆的进攻注定要失败的人之一

约翰内斯·彭塞尔利用了德国人的混乱，在德国人的鼻子底下把一大批武器运走了

海斯贝特·纽曼宁可和同伴一起自首，也不愿让12个无辜的人因为9月15日破坏铁路高架桥未遂而被处决。阿纳姆地下抵抗力量领导人克鲁伊夫拒绝了他的要求

在进攻前的轰炸中，地下抵抗组织成员阿尔贝图斯·厄延看到奈梅亨被轰炸机群封锁了

电话技师尼古拉斯·德博德由于使用了秘密线路，因而得以把极其重要的情报传递给地下抵抗组织和盟军

德国人彻底摧毁了英军的据点。英军伞兵在哈尔滕施泰因旅馆周围坚守阵地。阵地后面是关押德国俘虏的网球场

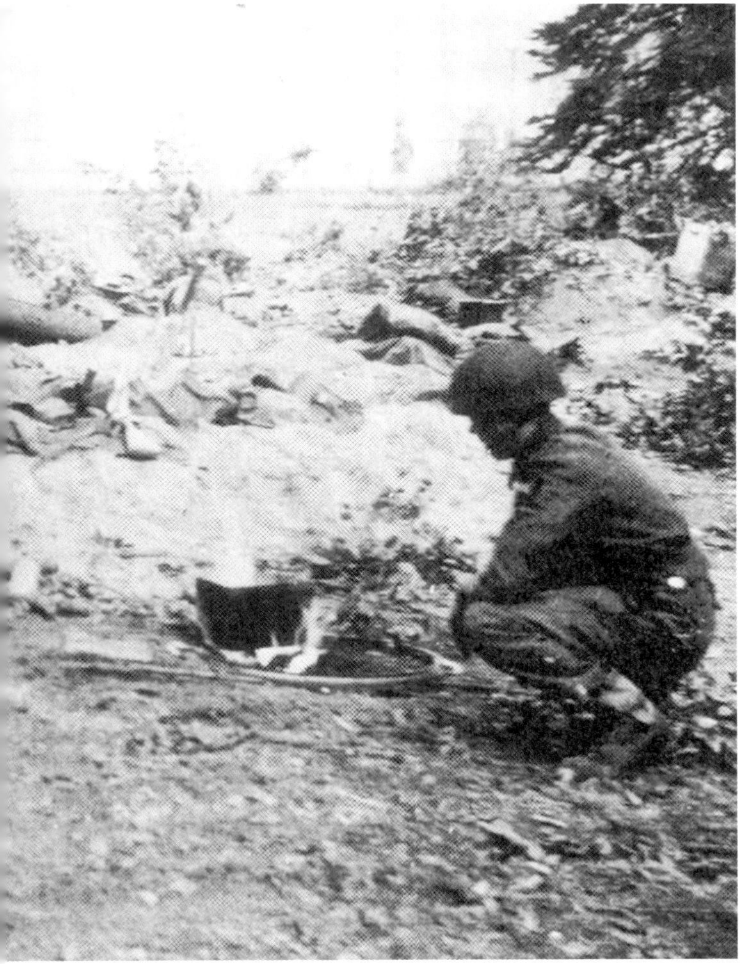

废墟当中一辆被炸毁的德军"虎王"坦克

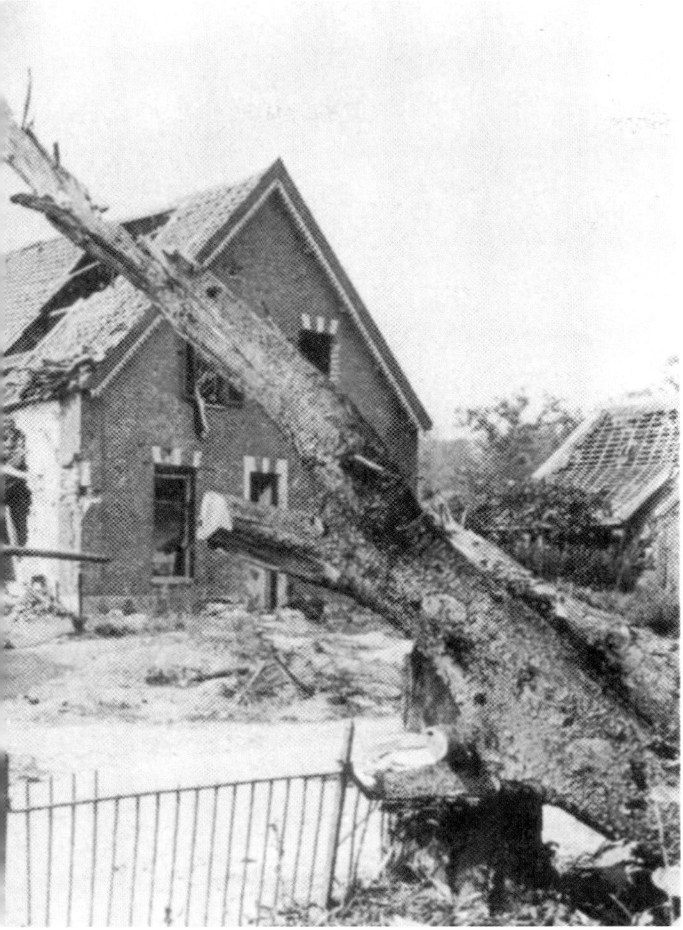

奥斯特贝克的教堂几乎完全被摧毁了

杰拉尔德·蒂利中校（左上）得知，他的多塞特郡团第4营要渡过莱茵河做最后的抵抗，与此同时厄克特师的余部则要撤离，于是蒂利便对副营长格拉夫顿少校（右上）吐露道："恐怕我们要被牺牲掉了。"在参加阿纳姆战斗的10 005名英军之中，只有2 163人安全渡过河。下图是一部分幸存者

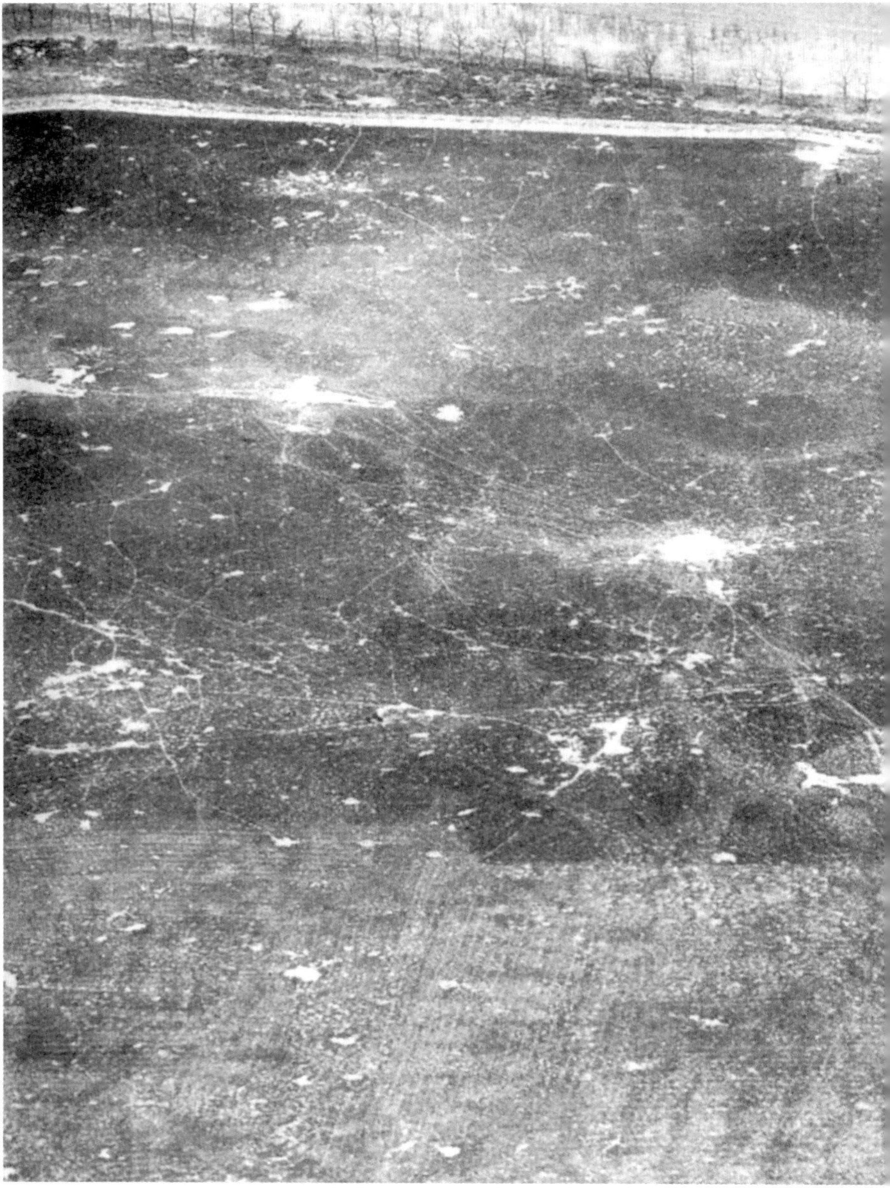

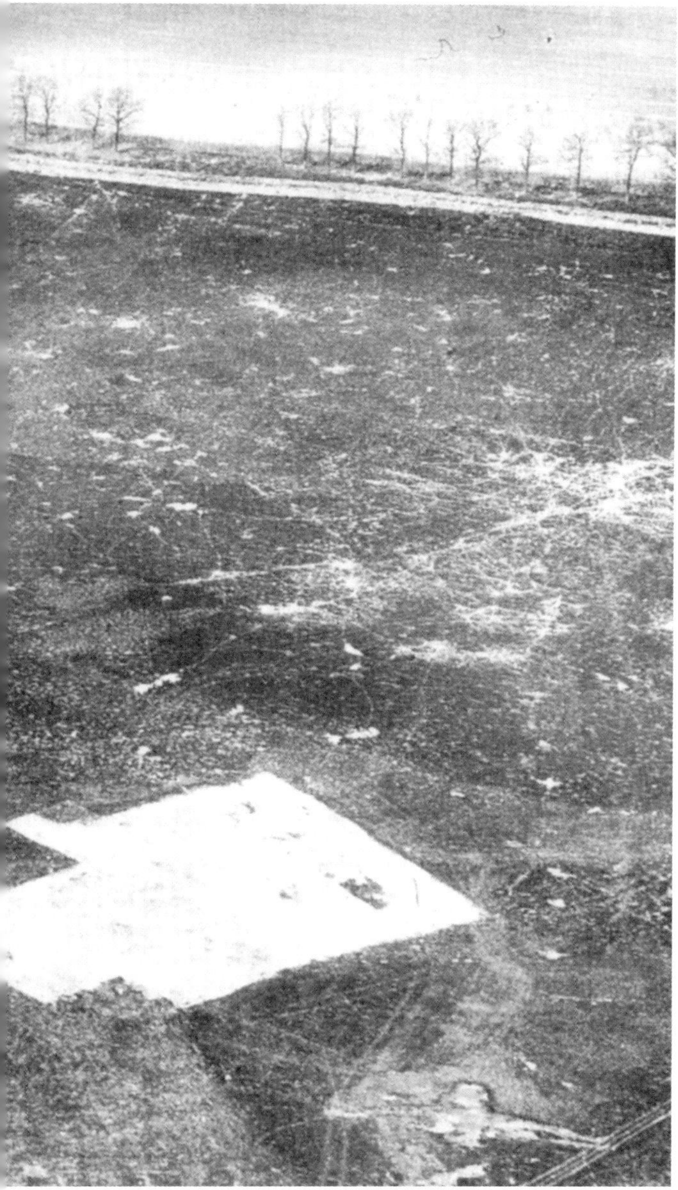

1973年，空降突击的主要指挥官：第82空降师师长詹姆斯·加文将军（左上）；第101空降师师长马克斯韦尔·泰勒将军（右上）；（下图，从左到右，拍摄于1966年）斯坦尼斯瓦夫·索萨博夫斯基将军，约翰·哈克特将军，罗伊·厄克特将军，查尔斯·弗雷德里克·高夫上校，约翰·弗罗斯特将军，格雷姆·沃拉克准将。在战争结束的时候，索萨博夫斯基拒绝返回共产党统治下的波兰，有一段时间他在英国做了一名普通的工人。在本书写作期间，他已去世话吧,这些人是真汉子,在被我们炸飞之前,他们是不会放弃那座桥的。"

埃米尔·彼得森(Emil Petersen)军士长有充分的理由得出同样的结论。他隶属于帝国劳工组织(Reichsarbeitsdienst),由于德国的人力短缺越来越严重,彼得森和他那个35人的排就被转到一支重型高射炮单位,后又被转到一支步兵部队。他们是从法国一路撤过去的。

星期天下午,彼得森的排在阿纳姆车站候车,他们要被运回德国重建。现在他们又被动员起来,一位中尉告知,他们要与在城市里着陆的英国空降部队交战。"我们加入的那支部队有250人,"彼得森回忆说,"谁也没有武器,只有我和另外4个人有冲锋枪。"

彼得森的部下非常疲倦,他们已经24个小时没有吃饭了。军士长记得,他当时觉得倘若火车不晚点的话,这个排就会吃上饭,就不用参加这场战役,就能回到德国的家了。

这群人在党卫军的一座兵营里领到了武器。"情形是可笑的,"彼得森说,"首先,我们谁也不愿意同武装党卫军一起战斗,他们拥有一种残酷无情的名声。给我们的武器是老掉牙的卡宾枪,在桌子上猛敲一下才能打开枪栓。我的人看见这些旧武器的时候,士气谈不上有多低。"他们费了一些时间才把这些枪收拾得可以使用。这支部队尚未接到任何命令,似乎谁也不知道正在发生什么事情,以及大家要被派往何处参战。

最终,这群人在黄昏时分被带走,来到城防司令部。赶到后他们发现屋内空无一人,只好再次等待。"我们脑子里只有食物。"彼得森说道。最后,来了一名党卫队二级突击队中队长(党卫军中尉),宣布这些人要穿过市中心,前往莱茵河大桥。

这支部队以排为单位，沿着市场大街朝莱茵河走去。他们在黑暗当中什么也看不见，但彼得森回忆说："我们意识到，周围到处都有动静。我们偶尔能听见远处传来的枪声，听见车辆行驶的声音，我觉得有一两次我看见了钢盔昏暗的侧影。"

在距离大桥不到270米的地方，彼得森发觉他们正在从一列又一列士兵当中经过，他猜想自己所在的这支部队一定是去接替眼前这些人的。随后那些士兵中有人说了点什么，彼得森听不懂那个人说的话，他立即意识到那个人说的是英语，"我们在与一支英军部队并排行军，他们同我们一样前往大桥"。大家突然都意识到认错人了，一个英国口音喊着"他们是德国佬"，彼得森记得他喊道："开火！"

几秒钟之内，街道上就回荡起了机枪和步枪的开火声，那是两支部队在面对面地交战。一连串子弹撕裂了彼得森的背包，只差几寸就击中了他，冲击力让他砰然倒地，他迅速躲到了一名阵亡战友的尸体背后。

"不管你朝哪里看，都有人从散开的阵地里射击，而且往往错误地朝己方开火。"彼得森回忆说。他开始慢慢地朝前爬去，遇到一道围着小公园的铁栅栏后，他爬了过去，接着发现几个排中的大部分幸存者正隐蔽在树木和灌木丛中。英国人已经撤到公园两侧的一些房子里，德国人则开始在这个小小的广场上受到交叉火力的打击。"我能听见伤员的尖叫声，"彼得森说道，"英国人朝我们的阵地发射了照明弹，把我们的部队切成了几块。不到5分钟，我的排就有15个人阵亡了。"

黎明时分，英国人停止了射击，德国人也停了下来。透过晨曦，彼得森看到动身前往大桥的250名官兵已经伤亡过半。"我们从未接近大桥入口，我们只是躺在那里受罪，没有得到傲慢的党卫军或一门自行火炮的支援。"彼得森说道，"这就是我们参加阿纳姆之战的序曲。对我们来说，这不啻于一场大屠杀。"

随着时间一分一秒地过去，英军第1空降师那两个失踪的营的官兵不知怎么就来到了大桥。他们三三两两，从哈策尔在北边和西边的防御圈中杀出了一条血路，许多人负伤了，饥寒交迫。他们将加重弗罗斯特中校所部的医疗和补给困难。不过在这几个小时里，尽管疲惫不堪又伤痕累累，这些掉队的人仍然骄傲自豪且情绪高涨，他们到达了在英国时做简报的军官和自己的指挥官要求他们来的地方。前一天下午，他们自信满满地从各支部队出发，一刻不停地向阿纳姆大桥进发。到18日黎明，弗罗斯特估计大桥北端的英军有600～700人。虽然每小时都有更多的伞兵来到大桥，但机械化装备的声音也越来越响，那是哈梅尔旅队长的装甲部队正在进入城市，占据阵地。

连德军装甲部队也发现阿纳姆是一个骇人的地方。在城市各处的道路上，荷兰平民设置了路障。住在战区内的男男女女开始冒着德国人和英国人的子弹收集死者的尸体——英国人、德国人以及自己同胞的尸体。第1伞兵营的雷金纳德·伊舍伍德中士在公路上度过了一个危险四伏的夜晚之后，终于在破晓时分来到了阿纳姆市中心，在那里看见了"一幅终生难忘的景象"。荷兰人从地下室、地窖、花园和严重毁损的房屋里走出来，正在收集尸体。"他们把受伤的人送到临时包扎所和设在地下室里的避难所，"伊舍伍德回忆说，"但死者的尸体却被堆放起来，就像一排排长沙袋一般，头与脚相对摆放着。"骄傲而又悲伤的阿纳姆市民把朋友和敌人的尸体堆放在一起，在街道上形成一个1.5米高、1.8米宽的人体路障，以阻止德国人的坦克瞄准大桥上的弗罗斯特。

对内城的市民来说,黎明并没有让他们从恐怖和混乱中解脱出来。大火失控,迅速蔓延,人们在地窖和地下室里挤作一团,几乎无人入眠。夜晚的安宁不时被爆炸的炮弹、迫击炮沉闷的轰击、狙击手"嗖嗖"射出的子弹以及机枪断断续续的扫射所打断。奇怪的是,住在老城区之外的阿纳姆市民却未受到正在发生的事情的影响,而且他们全然摸不着头脑。他们给住在内城的朋友打电话,想弄明白发生了什么事情,结果从吓坏了的房主们那里得知,一场酣战正在大桥北端进行,英国人正坚守着大桥抵御德国人的反复进攻。对打电话的人来说,德军部队和车辆显然正从各个方向进入城内。然而荷兰人的信念并没有动摇,他们相信英国人和美国人带来的解放就在眼前。在外城地区,人们像往常一样准备工作:面包店开门了;送奶工在挨家挨户送奶;而电话接线员、铁路雇员、公用事业的职员则各司其职;公务员正准备去上班;消防人员仍然在尽力控制蔓延的火势,跟上不断被火点燃的房屋;在阿纳姆北边几公里处,市动物园园长赖尼尔·范胡夫(Reinier van Hooff)博士正在照看那些受到惊吓、紧张激动的动物[1]。也许唯一知道战斗进展的荷兰人是医生和护士。他们通宵不停地接电话,救护车全速穿过城市,把伤员收集起来,然后快速运到西北郊的圣伊丽莎白医院或者市内的小型私人疗养院。阿纳姆城内还没有人意识到,这座城市已经是一个无人地带,而且形势将更加糟糕。阿纳姆,荷兰景色最优美的地方之一,很快就将变成一个微型的斯大林格勒。

---

[1] 这个动物园里有 12 000 只信鸽,那是德国人从阿纳姆全城养鸽子的人那里收集来的。由于担心荷兰人会使用它们传递消息,所以这些鸽子便被没收了,全养在动物园里。德国士兵每天都来清点鸽子的数目,甚至下命令把死去的鸽子也留下来,等德国人来核对它们的标号。——原注

内城的荷兰人几乎从一开始就意识到解放不会轻易到来。半夜，在距离大桥不到 400 米的欧西比尤斯广场上的警察局里，27 岁的警佐约翰内斯·范库埃克（Joannes van Kuijk）听见了轻轻的敲门声。他打开门，看见英国士兵站在外面，范库埃克立即把他们请了进来。"他们想得到有关建筑物位置和地标的各种问题的答案，"他回忆说，"随后他们中的若干人离开了，越过公路拼命朝大桥的方向跑去——所有这一切都尽可能悄悄地进行。"范库埃克看到，在附近一位医生的家门口，英国人设立了一个迫击炮阵地，还有一门 6 磅反坦克炮被安置在医生家花园的角落里。到黎明时分，范库埃克看到英国人已经在大桥的最北端形成了一道紧密的环形防线。在他看来，这些士兵的举动与其说像解放者，毋宁说更像神色严峻的保卫者。

欧西比尤斯外大街是一条紧靠大桥的蜿蜒的林荫大道，路边还有一条绿草地带。在这条大道的另外一边，劳工中介昆拉茨·赫利曼（Coenraad Hulleman）正和未婚妻特勒伊德·范德桑德（Truid van der Sande）以及她的父母一起待在他们的别墅里。他们整夜都没有入睡，就听着隔了一条街的学校周围的开火声和爆炸声，那是麦凯上尉的部下正在击退德国人。由于战势激烈，范德桑德一家以及赫利曼都躲进了房子中部底下一个没有窗户的小地窖里。

黎明时分，赫利曼和他未来的岳父小心翼翼地爬上了二楼，进入一个能俯瞰林荫大道的房间。他们吃惊地朝下看去，景色如画的街道上，一具德国兵的尸体躺在街边的一片金盏花上面；他们还看见草地上到处都是躲在狭长的单兵堑壕中的德军。赫利曼顺着林荫大道朝右边瞥去，只见几辆德军装甲车辆停在一堵高高的砖墙旁边，列阵等待。就在两人观察的时候，一场新的战斗又打响了。坦克的车载机枪突然朝附近圣沃尔布加教堂的塔楼开火，赫利曼看见红色的细尘喷涌而出，他只能假定伞兵们就在教堂的瞭望哨上。坦克的火力几乎立即就遭到了反击，于是躲在狭长堑壕里的德军开始用机枪朝街道对面的房屋扫射，其中一幢房子是一家戏装商店，橱窗里摆放着穿着铠甲的骑士。赫利曼望去时，子弹打碎了橱窗玻璃，打翻了那些骑士。赫利曼转过脸去，动情地流下了眼泪，他希望这样的场面并非不祥之兆。

往北过几个街区，在音乐厅附近的一幢房子里，威廉·翁克（Willem Onck）在天亮后不久便被街上部队调动的声音惊醒了。有人捶打他家的房门，一个德国口音命令翁克和他的家人待在屋里，拉上窗帘。翁克并没有立即服从，他跑到前窗，看见街道的每个角落里都有扛着机枪的德国兵。圣乐厅前面有一门88毫米高射炮，让翁克无比吃惊的是，旁边的德军士兵正坐在从音乐厅观众席搬到街道的椅子上。看着他们随意地交谈着，翁克心想，他们那个样子好像只是在等待音乐会开始一样。

该地区最沮丧也最愤怒的平民是荷兰地下抵抗组织的成员们，他们中的几个人几乎立即与大桥上的英国人取得了联系，但他们的帮助却被客气地拒绝了。阿纳姆的地下抵抗组织领导人彼得·克鲁伊夫派托恩·范达伦和海斯贝特·纽曼去奥斯特贝克，以便与英国人建立联系，他们同样发现对方并不需要自己的帮助。纽曼记得，他曾提醒伞兵们那个地区有狙击手，并且向他们提出不要走主干道的忠告。"他们中的一个人告诉我，他们得到的命令就是前往大桥，他们将走上级给他们指定的路线，"纽曼说道，"我的感觉是，他们害怕遇到奸细，因而根本不信任我们。"

黎明时分，约翰内斯·彭塞尔在地下室里与他的抵抗组织成员举行了一次会议。彭塞尔计划接管一个当地电台，播放公告说城市已经自由了，但纽曼打来的一个电话让他改了主意。"情况不妙，"纽曼报告说，"形势危急，我想大势已去了。"彭塞尔呆若木鸡。"你这话是什么意思？"他问道。这会儿纽曼正在圣伊丽莎白医院附近，他说英国人已经发现要打穿德国人的防线前往大桥是不可能的。彭塞尔立即给彼得·克鲁伊夫打电话，克鲁伊夫建议暂停一切计划中的活动——正如参加了那次会议的亨利·克纳普回忆的一样，"暂时旁观"。但抵抗组织成员长久以来的希望被粉碎了。"我们做好了一切准备，"彭塞尔回忆说，"如果必要的话，甚至可以牺牲我们的生命。相反，我们却干坐着，没有用处，不被需要。现在越来越清楚，英国人既不信任我们，也不打算让我们协助。"

具有讽刺意味的是，在9月18日星期一的最初数小时里，不论是盟军最高统帅部，还是蒙哥马利抑或参加"市场-花园"行动的任何指挥官，都对形势缺乏清晰的认知。而在此时，荷兰地下抵抗组织成员却通过秘密的电话线路，给美军第82空降师的荷兰联络官阿里·贝斯特布鲁尔切上尉做了汇报，说英国人正在阿纳姆被德军装甲师击溃。在第82空降师的通信日志中有这样的记录："荷兰人报告说，德国人正在阿纳姆取得对英国人的胜利。"由于与阿纳姆作战地区没有直接的通信联系，所以这条信息实际上是盟军最高统帅部收到的第一个暗示：危机正突然降临到英军第1空降师身上。

2

在阿纳姆大桥西南11公里的小村德里尔的渡口码头，摆渡人彼得准备当天首次渡过下莱茵河。在河北边村镇工作的人聚集成几小群，在晨雾中瑟瑟发抖。乘客们谈论着阿纳姆西边及市区的战斗，彼得并没有加入讨论，他关心的是渡船的操作以及每日必行的日程安排，多年以来他都是这么做的。

几辆小汽车以及满载着准备到河北岸储存和交易产品的农用大车首先被装上了船，然后推着自行车的男女乘客们也上了船。早晨7点整，彼得开船了，渡船沿着缆绳顺畅地航行着，整个行程只用了几分钟时间。在北岸海弗亚多普村下面的斜坡靠岸后，乘客和车辆下了渡船。在他们上方，30米高的韦斯特鲍温（Westerbouwing）冈俯瞰着乡间。多数上班人员走上了向东通往奥斯特贝克的公路。当地的那座建于10世纪的教堂高耸在长着橡树丛和覆盖着羽扇豆的荒野上。再远处就是阿纳姆。

其他乘客正等待着摆渡回到德里尔。回到南岸的彼得再次让去北岸的乘客上船，其中一人就是年轻的科拉·巴尔图森。在两周前的9月5日——荷兰人将永远将当天铭记为"发疯的星期二"，她看到了德国人发疯似的撤退。征服者们并没有返回德里尔。很多个月以来科拉第一次感受到了自由，但现在她又一次陷入不安。昨日伞兵着陆的消息带来的欢喜被有关阿纳姆激战的谣传冲淡了。尽管如此，科拉还是无法相信德国人能够击败前来解救自己祖国的强大的盟军部队。

在河北边的海弗亚多普码头，科拉把她的自行车推出渡船，骑车去了奥斯特贝克以及当地的面包店。出于一个特殊理由，她把储存的少得可怜的配给糖交给了这家烘烤店。在这个星期一，9月18日，巴尔图森果酱厂要庆祝其开业75周年，而科拉的母亲要庆祝她的62岁生日。数月以来全家人将第一次团聚。科拉一大早就来到奥斯特贝克取生日蛋糕，那个蛋糕既用来纪念公司的开业周年，又用来纪念巴尔图森太太的生日。

朋友们曾试图说服科拉不要去，科拉不听。"能发生什么事情呢？"她问一位朋友，"英国人正在奥斯特贝克和阿纳姆。战争几乎就要结束了。"

路途平安无事。大清早的奥斯特贝克似乎宁静祥和，英军行走在当地的街道上，商店开门营业，到处弥漫着节日气氛。眼下，虽然能够听见几公里外的枪炮声，但奥斯特贝克处变不惊，还没有被战斗波及。尽管她订做的蛋糕已经做好了，但面包师还是对她的到来感到惊讶。"战争差不多结束了！"她告诉他。她带着包裹，骑车返回海弗亚多普，等着彼得把渡船再次开过来。在南岸，她返回到寂静得令人昏昏欲睡的小小的德里尔村，那里一如既往地平静。

3

在英军的空降场和空投场，一名军官正用他一贯的能力执行着一项或许是最不令人向往的任务。菲立普·皮普·希克斯准将的英军第 1 机降旅官兵奋战了一整夜，击退了敌军的多次猛攻——冯·特陶率领的一支杂牌军正在攻击这个旅。希克斯的部下在环形防线上挖掘工事，坚守着这些区域。沙恩·哈克特准将的第 4 伞兵旅将于上午 10 点在这里空投，随后将进行补给品的空投。希克斯保护下的这些区域还是英军空降部队补给品的临时存放处。

希克斯和部下都只睡了一两个小时的觉。德国人从树林里发起进攻，把一些地方的树林点着了，希望能把英国守军烧出来。"红魔鬼"们立即做出了反应。他们悄悄溜到敌人背后发起刺刀冲锋，将德军逼向他们点着的大火中。通信兵格雷厄姆·马普尔斯清晰地记得那些激烈的夜间战斗。他和另外几人碰见了一个排的阵亡英军伞兵，他们被全部歼灭了。"大家默不作声，"马普尔斯记得，"我们只是上刺刀，径直进入树林。我们出来了，但德国佬没有。"南斯塔福德郡团第 2 营 D 连的罗伯特·C. 爱德华兹（Robert C. Edwards）二等兵曾参加过北非、西西里岛和意大利本土的战斗，他回忆说："我或多或少地参加过那些战斗，从未负伤，但在荷兰的一天里，我交火的次数比此前的所有交火次数加起来都多。"

那些没完没了的小规模战斗造成了伤亡。当天晚上，希克斯曾几次要求昵称"谢里夫"（Sheriff）的第1机降轻型炮兵团（营级）团长威廉·弗朗西斯·基纳斯顿·汤普森（William Francis Kynaston Thompson）中校给予炮火支援，以便把敌人无休止的进攻逼回去。他现在知道德军装甲部队正在拦截前往大桥的那几个营，他真正惧怕的是德军装甲部队将会突破他脆弱的防御，把他的部队赶出空降场和空投场。"我经历了一生中最糟糕的几个小时，"希克斯回忆说，"有两件事情是清楚的：一是我们实际上是在两个德军装甲师的上面着陆了，而那两个德军装甲师本来是不应该在那里的，尽管我们当时并不知道这一点；二是德国人以非同寻常的速度做出了反应。"由于遭到来自西边冯·特陶所部和来自东边哈策尔的装甲部队的进攻，希克斯的那些携带轻武器的空降兵除了坚守到解围，或者直到增援部队和补给品安全着陆之外，已别无选择。

厄克特将军的参谋长查尔斯·麦肯齐中校是在伦克姆荒野的空降场里过夜的，那里距离希克斯的指挥所约5公里。激烈的战斗迫使师部从树林里转移出来，又回到了开阔地里。在那天晚上的剩余时间里，师部的参谋们都把滑翔机当作藏身之所。麦肯齐担心的是得不到厄克特的命令。"在9个多小时的时间里，我们根本收不到厄克特的任何命令，"他回忆说，"我想当然地认为，他是同拉思伯里的第1伞兵旅在一起，但通信联络中断了，两位军官的指示我们都收不到。我知道，关于本师的指挥权问题得迅速做出决定，因为始终存在着这种可能性，即厄克特被俘或者阵亡了。"

星期一早上，由于仍然没有消息，麦肯齐决定与两位高级军官进行商谈，一位是师炮兵指挥官罗伯特·盖伊·洛德-西蒙兹（Robert Guy Loder-Symonds）中校，另一位是师行政官兼军需科长菲利普·赫伯特·赫尔顿·普雷斯顿（Philip Herbert Hulton Preston）

中校。麦肯齐把起飞前厄克特对他说的话告诉了他们：万一厄克特出了什么事情，指挥权的接替顺序是拉思伯里、希克斯，然后是哈克特。现在，由于拉思伯里也失踪了，麦肯齐感到应该与希克斯准将取得联系。另外两位军官表示同意。他们立即驱车前往希克斯的旅部。在海尔瑟姆—阿纳姆公路边的一幢房子里，麦肯齐把他所知道的事情告诉了希克斯。"我们得到了一个证据不足的报告，说弗罗斯特已经攻占了大桥，但第1伞兵营和第3伞兵营却陷于巷战，没能支援他。"麦肯齐回忆说。

麦肯齐认为，现在最好让希克斯抽调一个机降步兵营去大桥。哈克特的第4伞兵旅将在上午晚些时候到达，部队就能得到第4伞兵旅的增援了。与此同时，希克斯被要求立即接过该师的指挥权。

希克斯目瞪口呆。他的部队已经兵力不足，没有一个完整的营可以派往大桥。英军的作战计划似乎正在流逝，如果弗罗斯特不能立即得到支援，大桥就可能被丢掉；但如果空投场丢了，那么哈克特的第4伞兵旅甚至在集结之前就有可能被消灭。

此外，大家还心照不宣地意识到，由于通信系统完全崩溃且没有指挥官，希克斯被要求接手的这个师实际上已经处于分化状态。希克斯勉强派出半个营——这是他能拨出的所有部队——去保卫大桥[1]。显然，这个决定是非常急迫的，大桥得守住！然后，麦肯齐记得："我们终于说服了希克斯，他必须掌握全师的指挥权。"

没有几个人曾在这种复杂状况下被要求去承担整个师的战场责任。希克斯很快就发现通信系统的故障对所有军事行动的影响有多么严重。从大桥上的弗罗斯特那里收到的区区几条信息是通过第1

---

1 希克斯命令南斯塔福德郡团第2营的半数前往阿纳姆。这个营的另外一半在第二次空运的时候才能到达，那时这些部队也将动身，为哈克特的第11伞兵营的进军补充兵力。——原注

机降轻型炮兵团的谢里夫·汤普森中校转来的。奥斯特贝格的拉格[1]教堂距离大桥4公里，汤普森在教堂尖塔上的一个观察所与第3机降轻型炮兵连连长丹尼斯·芒福德少校的炮兵指挥所建立起了无线电联系，后者的指挥所位于大桥附近的一家自来水厂的旅部里。汤普森与芒福德之间的联系是可供希克斯支配的唯一可靠的无线电通信。

同样严峻的问题是，师部与奈梅亨附近的布朗宁中将的前进指挥部，以及蒙哥马利指挥部的"幽灵通信网"都没能建立起联系。几条关键信息确实传到了英国，但它们大多是通过英国广播公司的一个无线电收发装置传过去的，那套装置是为英国战地记者特地空运来的，它的信号微弱失真。有一个大功率的德国电台与英国的无线电接收装置使用相同的频率。具有讽刺意味的是，师部能够接收位于英国的后方军部的信号，但却无法往回发送信息。通过英国广播公司的无线电收发装置发出去的那点稀少的信息，由穆尔公园里布朗宁的后方军部收到后，再转发给欧洲大陆。这种传输耗时数小时，当信息到达的时候已经过时，实际上往往毫无意义。

希克斯既沮丧又担心。他当下就有三件要担心的事情：一是英格兰的天气；二是他没有能力确认第二次空运的预定到达时间；三是他无法把阿纳姆地区的真正形势告诉任何人。此外，他也无法提醒哈克特，英军对空投场的控制危机四伏，而第4伞兵旅本来是期望在排除了障碍且得到保护的区域里空投的。

虽然不那么关键，但仍然棘手的问题是即将与沙恩·哈克特准将的会面。麦肯齐告诉希克斯，脾气火爆的哈克特着陆后会被立即

---

[1] 拉格（Laag）是基督教的一个教派，有其独特的教义和崇拜形式。

告知厄克特有关指挥权序列的决定。"我知道哈克特的脾气，"麦肯齐回忆说，"我并不期待这样的会面，但告诉他实情又是我的责任，我是在执行厄克特将军的命令。我再也不能冒险地认为厄克特将军和拉思伯里都没有出事。"

起码希克斯避开了那个需要慎重处理的冲突，这位新任师长的脑袋里有足够多的事情了。"形势不仅仅令人困惑，"他记得，"简直是乱成一团。"

4

在阿纳姆西郊，英军第1伞兵营和第3伞兵营奋力战斗想赶往大桥。以往整洁的公园和扫得干干净净的街道被战斗搞得伤痕累累、坑坑洼洼，铺着鹅卵石的街道上到处都是碎玻璃、瓦砾以及紫叶山毛榉树的断枝，杜鹃花树丛以及青铜色、橙色和黄色的金盏花组成的浓密狭长的绿化带均遭扯断践踏，荷兰人整洁住房后面的菜地也成了废墟。英军反坦克炮的炮口从店铺和商场粉碎了的窗户里伸出来，而德国人的半履带车则威胁着街道，它们故意倒车进入房屋，用房屋的瓦砾来隐蔽自己。黑色的浓烟从燃烧着的英德双方车辆中喷涌出来。炮弹猛烈撞进防御点的时候，瓦砾如雨点般落下。到处都是伤者和死者扭曲的身体。许多官兵记得，他们看见戴着白色钢盔，穿着带有红十字图案的白色宽大罩衫的荷兰男女不理会炮火，从街道两边冲出来，把伤者和垂死的人拽到隐蔽处。

这场奇怪而又致命的战斗正在摧毁距离阿纳姆大桥不到3公里的市郊。这场战斗似乎没有计划，也没有战术。像所有的巷战一样，它现在变成了一场在棋盘似的街道上进行的浩大、凶猛、短兵相接的遭遇战。

"红魔鬼"们胡子拉碴，又冷又脏又饿。战斗接二连三，应接不暇的伞兵们只能偶尔"泡点"茶。除了短暂的小憩之外，睡觉是不可能的。弹药正在耗尽，伤亡不断增加，有的连减员已达到

50%。由于疲惫和连续数小时的行军，许多人已经失去了时间概念。基本上没有人知道他们所处的确切位置，或者离大桥还有多远，但他们却抱定不屈不挠的决心，一定要赶到大桥。若干年以后，类似亨利·本内特二等兵这样的人——他是菲奇中校率领的第3伞兵营麾下的一员，正在中间的"老虎"路线上战斗——将会记得，在不断遭遇小规模交火、狙击手的冷枪和迫击炮炮火的整个过程中，有一道命令不断下达："出发！出发！出发！"

厄克特少将离开师部有16个小时了，一直没能通过无线电联络上。对他来说，攻势的进展慢得令人痛苦。他待在别墅里的数小时期间一直坐立不安。自从凌晨3点被唤醒后，厄克特便与拉思伯里准将和第3伞兵营一同在路线上不间断地行军。"激烈的遭遇战和短时间交火使整个纵队不断地停下来。"厄克特说道。德军狙击手造成的心理威胁令将军感到不安，他估计一些以前没有打过仗的士兵"一开始会有点害怕子弹"，但他们会迅速振作起来。相反，在一些街道上，单是狙击手的射击就迟滞了整个营的进展。但厄克特并没有干涉菲奇的指挥，而是一直一言不发。"作为一名师长，卷入了一个营的遭遇战……我最不应该干涉，但自始至终我又意识到珍贵的每分每秒正在被浪费掉。"德军狙击手遭到了有效清理，但为了把他们找出来所花费的时间却又让厄克特惊骇不已。

第3伞兵营的营军士长约翰·洛德也同样感到惊骇。和将军一样，洛德也由于这种耽搁而焦躁不安。"德国人的抵抗是激烈且持续的，但我们的耽搁在很大程度上是由荷兰人造成的。他们一大早就出现在街道上，挥手、微笑，给我们送来代用咖啡，一些人甚至还在他们的树篱上盖上英国国旗。身处战斗之中的他们似乎并没有意识到交战正在进行。尽管他们完全是出于好意，却也会像德国人一样让我们无法前进。"

突然,密集的狙击手火力被某种厉害得多的东西取代了:那是敌人的88毫米高射炮和自行火炮刺耳的轰鸣声。此时,菲奇营的先头部队正在规模巨大的圣伊丽莎白医院旁边,那里距离阿纳姆大桥西北不到3公里。医院几乎就在两条通向阿纳姆的主要公路的交会点上,第1伞兵营和第3伞兵营正试图沿着这两条公路前往大桥。整个夜晚,霍亨施陶芬师的一些装甲部队一直在进入这里的阵地。不论是在埃德——阿纳姆公路上的多比中校的第1伞兵营,还是在乌得勒支—阿纳姆公路上的菲奇的第3伞兵营,要想赶到大桥的话都必须在这个交会点的一边通过。多比的第1伞兵营首先感受到了哈策尔一级突击队大队长麾下党卫军部队的狂热战斗力。

德军据守着一条掩护城市北边和西边入口的马蹄形防线,迫使多比的部下离开上面的那条公路,进入周围建筑物密集的地区隐蔽起来。党卫军藏在屋顶上,狙击手藏在阁楼里,他们放任先头部队经过,然后朝后续部队射去致命的子弹。在突然遇袭造成的混乱中,英军各连排单位立即朝各个方向散开。

现在,德国人采用相同的策略,开始集中打击菲奇率领的第3伞兵营。在一种可能带来灾难性后果的形势中,4名关键的军官——第1伞兵营营长、第3伞兵营营长、第1伞兵旅旅长以及英军第1空降师师长——全都发现,他们在同一个面积狭小、人口稠密的地区中进退维谷。具有讽刺意味的是,和奥斯特贝克的莫德尔及其指挥官们一样,厄克特少将和拉思伯里准将也被始料未及的敌人包围着。

来自身前身后的火力使英军纵队陷入了困境。他们分散开,一些人朝莱茵河边上的房屋跑去,更多的人跑进了附近的树林,而其他人——其中就有厄克特和拉思伯里——则跑进了由一模一样的砖瓦房形成的狭窄街道里躲避。

厄克特一行人刚刚进入乌得勒支—阿纳姆公路附近一个街区的三层楼房，德国人就炮轰了这座楼。厄克特后来写道，他们毫发无损，但德国人的装甲车"穿过街道的时候，几乎可以随意来往"。一辆坦克在街道上隆隆地行驶着，车长站在敞开的舱口里寻找目标。这时，第3伞兵营B连连长亚历山大·彼得·哈里·沃迪（Alexander Peter Harry Waddy）少校从厄克特隔壁楼上的窗子里探出头来，娴熟地把一枚塑性炸药投掷进敞开的炮塔里面，把坦克炸毁了[1]。其他人以沃迪为榜样，设法摧毁了另两辆坦克。尽管英国人勇猛地战斗着，但这些只有轻武器的伞兵绝非德国装甲部队的对手。

厄克特本人的困境不断增加，他急欲返回师部并控制战斗。厄克特认为，由于已经陷入战斗当中，他唯一逃走的方式就是上街，在混乱当中尝试穿过德国人的阵地。他手下的军官担心其安全，不同意这样做。但厄克特很是固执，他认为这场激烈的战斗只不过是"连级规模"，且由于英国人占据的楼房尚未被包围，所以他认为在德国人的实力增强并巩固包围圈之前，他们一行人应该迅速离开。

一场匆忙的会议在战斗的喧闹声中召开了。会议期间，厄克特和军官们目瞪口呆地看到一辆英军的"布伦"机枪车在街道上哐啷哐啷地疾驶着，好像并没有意识到德国人的火力，然后在屋外停了下来。配属第1伞兵营作战的加拿大中尉利奥·杰克·希普斯（Leo Jack Heaps）从司机座位上跳下来全速跑向屋子，用厄克特的话来说，他"仿佛有魔法护身"。希普斯的身后是荷兰抵抗组织的夏

---

1 此后不久，沃迪在勘察英军阵地的地形时被一枚迫击炮弹炸死了。——原注

尔·"弗伦奇"·拉布谢尔,他在给希普斯做向导。这辆小装甲车上装载的是补给品和弹药,希普斯希望把它们送给大桥上的弗罗斯特中校。在到处都是德军装甲车辆的情况下,这辆小车及两位成员竟不可思议地幸免于炮火,并在途中碰巧发现了厄克特的行踪。现在,厄克特第一次从希普斯那里获悉当前的战况。"消息远非令人鼓舞,"厄克特后来回忆说,"通信仍然瘫痪。弗罗斯特在大桥北端遭到猛烈进攻,但仍然在坚守,而有关我的报告说我不是失踪了就是被俘了。"在听了希普斯的话之后,厄克特告诉拉思伯里,当务之急"就是在我们被完全困住之前,冒险突围出去"。

厄克特转向希普斯,告诉这名加拿大人,如果完成前往大桥的任务之后能够回到师部的话,要敦促麦肯齐"为弗罗斯特的营组织起尽可能多的援兵"。厄克特决心不惜一切代价,包括他本人的安全,也要让弗罗斯特得到所需要的补给品和人员坚守下去,直到霍罗克斯的坦克部队到达阿纳姆。

希普斯与拉布谢尔离开之后,厄克特与拉思伯里着手进行他们的突围行动。外面的街道不断被敌人的炮火命中,楼房在炮弹的狠狠打击下正在坍塌。厄克特注意到"在我们占领的楼房四周,有一堆不断增加的尸体",由此他得出了通过街道离开是不可能的结论。两位指挥官与其他人共同决定从屋子的后面离开,在火力和烟幕弹的掩护下,他们或许能够从那里突围。然后,他们希望利用一排排楼房的后花园里种植的植物隐蔽,最终到达一个平静的地方,然后寻道返回师部。

这条路线就像噩梦一般。在伞兵们制造出浓重的烟幕时,厄克特一行人冲出了后门,快速奔跑穿过一片菜地,爬上隔开其邻居的一道篱笆。他们在下一个隐蔽处停留片刻时,拉思伯里的"斯登"

冲锋枪意外走火，差点击中厄克特的右脚。厄克特后来写道："因为一些士兵无法控制好'斯登'冲锋枪的事，我责备过拉思伯里。让一位师长四处闪避已经够糟糕了……我若是被自己手下的一名准将射出的子弹击倒，那就太具有讽刺意味，简直无话可说。"

一行人爬过了一道又一道篱笆，有一次还爬过了一道10米高的砖墙，他们沿着整个街区的房子移动，最后来到了一条鹅卵石铺成的交叉街道上。他们迷路了，加之筋疲力尽，于是出现了严重的误判。他们并没有转向左边，如果那样的话就可能带来些许安全；相反他们却转向右边，朝圣伊丽莎白医院走去，直接走进了德国人的火力网中。

跑在厄克特和拉思伯里前面的是另外两名军官，分别是第1伞兵旅旅部的情报军官威廉·安德鲁斯·泰勒（William Andrews Taylor）上尉和第3伞兵营B连5排排长詹姆斯·阿诺德·斯泰西·克莱明森（James Arnold Stacey Cleminson）上尉。其中一名军官突然叫喊起来，但厄克特和拉思伯里都没听清他的话。泰勒和克莱明森还没来得及拦住他们，这两位高级军官就走上了迷宫般的交叉街道，在厄克特看来"一挺德军机枪正在朝我们每个人射击"。四人试图跑过其中一个狭窄的交叉路口时，拉思伯里中弹了。

其余的人迅速把他拖出街道，进入了一幢房子。厄克特看到，一颗子弹射进了准将的后背下部，他似乎丧失活动能力了。"我们都知道，"厄克特回忆说，"他再也无法走路了。"拉思伯里催促将军把他留下，立即离开。"你要是待在这里的话，只能被切断退路，长官。"他告诉厄克特。就在他们交谈时，厄克特看见一名德国士兵出现在窗前，他举起半自动手枪近距离平射，那个德国人满是鲜血的脸消失了。现在，由于德国人近在咫尺，厄克特毫无疑问必须迅速离开。走之前,他与那对中年夫妇进行了交谈,他们是房主,会说一些英语。他们许诺,战斗稍一平息,便把拉思伯里送到圣伊丽莎白医院。为了让房主免遭德国人的报复,厄克特一行人把拉思伯里藏在楼梯下面的一个地下室里,直到他能够被送去医院。厄克特记得,随后"我们从后门离开了,但又进入了另外一个由带有篱笆的小花园组成的迷宫"。3个人并没有走远,但厄克特的生命却完全可能是由55岁的安东·德克森(Antoon Derksen)立即采取的行动给救下来的,他是兹瓦特路(Zwarteweg)14号一栋房屋的主人。

在极度混乱的交火中,安东和他的妻子安娜、他们的儿子扬以及女儿赫尔米娜正躲藏在房子后面的厨房里。德克森透过窗户朝外瞥了一下,吃惊地看见3名英国军官跃过篱笆进入他家的后花园,正朝厨房门口走来。他赶忙开门让他们进来。

由于无法交流——安东不会说英语,厄克特一行人都不会说荷兰语——安东打着手势,试图警告那些英国人这个地区被包围了。"街上有德国人,"他后来回忆说,"而在后面,也就是那些军官要去的那个方向,也有德国人。在这排花园的尽头,那个角落的阵地里也有德国人。"

德克森匆匆带着客人们上了一道狭窄的楼梯,爬上一个平台,又从那里进入一间卧室。天花板上有一扇可以拉下来的门,上面有楼梯通向阁楼。3个人小心翼翼地从卧室的窗子朝外看,于是明白了为什么德克森疯狂地演了一出哑剧:就在他们下面不过几尺的地方,沿街各处的阵地里都是德军部队。"我们离他们太近了,"厄克特记得,"我能听见他们的说话声。"

厄克特无从猜测他们进入房子的后门时是否被德国人发现,也无法猜出后者会不会随时闯进来。尽管德克森警告说该地区被包围了，但他仍然缜密思考着两个密切相关的风险：一是继续穿越一排后花园；二是用手榴弹扫清道路，从前面的街道上冲出去。他准备抓住一切机会返回师部，但手下的军官们担心他的安危，并不准备冒险。此刻困难太大了，他们争论说，与其让将军冒被俘或阵亡的风险，不如一直等到英军攻占该地区。

厄克特知道，这个忠告是明智的，他也不想强迫他的军官们冒险，那可能最终被证明是自杀行为。然而，"我所能想到的，就是我离开师部时间太久了，对我来说似乎怎么样都比脱离战斗的现状要好。"

履带发出的熟悉的嘎吱嘎吱声，迫使厄克特原地不动。3位军官透过窗户看到一门德军自行火炮在街上缓缓驶来，直接停在了德克森家的外面。这辆自行火炮的顶部几乎与卧室窗户齐平，炮组人员下车后就在下面坐着，边聊天边抽烟。显然，他们不再前进了，英国人估计他们随时都会进屋。

泰勒上尉迅速把阁楼的楼梯拉了下来，3名军官匆匆爬了上去。身高1米83的厄克特蹲下身四下打量，发现人在阁楼上只能爬行。他感到"愚蠢而可笑，作为一个看客对战斗无能为力"。

屋子里现在安静了。作为一名忠诚的荷兰人，安东·德克森为这几个英国人提供了庇护所。现在，由于害怕厄克特等人被发现而可能遭到报复，他谨慎地让家人转移到隔壁邻居的家中。在几乎没有空气的阁楼上，同样没有食品和水，厄克特和他的军官们只能焦急地等待着，希望不是德国人撤退，就是英军部队能够抵达。在这个星期一，9月18日，"市场-花园"行动才进行了一天，德国人就已经几乎让阿纳姆之战陷入停顿，而且让所有的错误和失算雪上加霜的是，厄克特这位唯一可能给英军的进攻带来凝聚力的人，却被孤立在一间阁楼里，在德军战线后面陷入了困境。

对于保罗·格雷布纳一级突击队中队长以及他的党卫军第9装甲侦察营来说，这是一次漫长而又令人生厌的任务。格雷布纳可以肯定，盟军伞兵并没有在阿纳姆和奈梅亨之间那块近18公里长的地段着陆，但敌军部队出现在奈梅亨。格雷布纳的几辆车过了瓦尔河大桥之后，立即就发生了一场短暂而又激烈的轻武器交火。在黑暗中，敌军好像无意与他的装甲车恋战。格雷布纳向师部报告说，到目前为止，盟军在城里似乎没有多少兵力。

既然侦察任务已经完成了，格雷布纳命令，从40辆车组成的车队中抽出几辆配备了火炮的装甲车来守卫奈梅亨大桥南入口，他率领侦察营的其余人员向北返回阿纳姆。前一天晚上，在过阿纳姆大桥的时候，他既没有看见伞兵也没有看见敌人有任何活动。然而通过无线电联络，他获悉一些英军部队现在已经占据了大桥一侧，哈策尔的师部只是称他们为"先头部队"。格雷布纳再次停了下来，这一次是停在大致位于阿纳姆和奈梅亨中间的埃尔斯特（Elst）镇。为了能让两座公路桥都处在打击距离之内，他在那里再次留下了一些装甲车，随后格雷布纳率领剩余的24辆装甲车火速返回阿纳姆大桥，以便把那里剩下的小股敌人肃清。格雷布纳估计这不会有什么困难，他强大的装甲部队将会干脆利落地冲过英军用轻武器构成的防御工事，将他们消灭。

上午9点30分，唐卢姆（Don Lumb）下士在大桥附近的屋顶阵地上激动地喊叫起来："坦克！那是第30军！"在紧邻的营部里，约翰·弗罗斯特中校听见了观察员的喊叫声。和唐卢姆下士一样，弗罗斯特也感到了一阵令人振奋的喜悦。"我记得，当时我想的是，我们将荣幸地仅凭一己之力就把第30军迎进了阿纳姆。"他回忆道。

其他人也同样感到高兴。在北入口的对面，埃里克·麦凯上尉指挥所附近的坡道下面，士兵们已经听见了重型车辆在大桥上行驶时发出的回响。查尔斯·斯托里中士"咚咚咚"地爬上唐卢姆下士所在哨所的梯子。他朝大桥南入口升腾的烟雾望去，看见了唐卢姆发现的那个纵队，并立即做出反应。这位参加过敦刻尔克大撤退的老兵全速跑下楼梯，叫喊道："他们是德国人！大桥上是装甲车！"

保罗·格雷布纳的攻击部队的前锋以最快的速度过了桥。德军司机们以非凡的技巧左右迂回，不仅避开了乱堆在桥上闷燃着的车辆残骸，还直接穿过了一个雷区——那是英国人在夜间布下的一连串圆形的"特勒"（Teller）反坦克地雷。在格雷布纳的 5 辆先头车辆中，只有一辆触了雷，而且也只是受了轻伤，仍能继续前进。麦凯上尉吃惊地注视着眼前的一幕，在坡道靠他的这一侧，那些经过各色伪装的车辆中的先头车辆不断地用机枪扫射，飞速冲下坡道，闯过英军的环形防线后直接驶向阿纳姆市中心。几乎就在一瞬间，麦凯看见另一辆车也驶了过去。"我们没有反坦克炮，"麦凯说道，"我只能眼睁睁地看着，又有 3 辆装甲车从我们旁边快速通过上了大街。"

格雷布纳强行快速通过大桥的大胆计划正在实施。在英国人视线之外的大桥南入口，他排列好了自己的纵队。现在，半履带车、更多的装甲车、装甲运兵车，甚至还有几辆运载着步兵的卡车开始进军，卡车上的步兵躲在沉重的沙袋后面射击。还有些德国士兵蹲伏在半履带车后面不停地开火。

格雷布纳先头车辆的突然冲击把英国人惊得目瞪口呆。但他们迅速镇定下来，在桥头弗罗斯特这边的反坦克炮开始试射。颇具杀伤力的火力从整个北岸地区劈头盖脸地砸向德军纵队，伞兵们从矮墙、屋顶、窗户和狭长堑壕里用机枪和手榴弹等每一件可用的武器开火。在坡道的麦凯那一侧，皇家工兵罗纳德·埃默里在第一辆半履带车经过时击毙了司机和副驾驶；当第二辆车出现在眼前时，埃默里把它的司机也干掉了。那辆半履带车就在坡道下面停下来不动了，车上的6名德国士兵弃车而逃，他们也被逐个打倒了。

格雷布纳的纵队不间断地继续前进，又有两辆半履带车缓慢地驶过了大桥。突然间，德军的进攻出现了混乱，第三辆半履带车的司机负伤了，他惊慌失措地猛地倒车，结果与后面的半履带车撞在一起。两辆车彼此纠缠在一起，在路面上侧滑，其中一辆燃起了大火。从后面赶上来的德国人试图强行打开通道，他们加速行驶，发疯似的想要夺取北岸，结果彼此猛撞在一起，冲入炮弹爆炸造成的那堆越来越多的车辆残骸之中。由于失去控制，有些半履带车碰到了坡道边缘，因为撞击力量太大，结果从边缘翻过去摔到了下面的街道上。跟在半履带车后面支援的德军步兵也被无情地击毙了。由于无法越过大桥中段，幸存者们便快速退回到南岸。

一阵炮火风暴席卷了大桥，谢里夫·汤普森中校位于奥斯特贝克的炮兵发射的炮弹，呼啸着覆盖了格雷布纳那些已经动弹不得的车辆。这是丹尼斯·芒福德少校从用作旅部的阁楼里召唤的支援炮火，那个阁楼就在弗罗斯特所在建筑物附近。在这一片喧嚣声中，传来了英国伞兵兴高采烈的叫喊声，他们呼喊着战斗口号"哇哦，穆罕默德！"（Whoa Mohammed），"红魔鬼"们首次使用这个战斗口号是在 1942 年北非干燥的丘陵中。[1]

激烈的战斗让该地区的荷兰人目瞪口呆。兰贝特·斯哈普（Lambert Schaap）与他的家人一起住在莱茵码头街（Rijnkade）——这是一条在大桥东西方向延伸的街道，他匆匆把妻子和 9 个孩子送到一处掩蔽所里，自己则守在家里。一阵弹雨穿过窗户把墙壁打得坑坑洼洼，家具被打成了碎木条。在猛烈的炮火之下，斯哈珀不得不弃家而逃。在警佐约翰内斯·范库埃克看来，这场战斗似乎没完没了。"火力炽烈，"他回忆说，"一座又一座房屋或被击中或起火燃烧。同事和朋友们不断打来电话，询问正在发生的事情。在屋子里，我们吃了不少苦头。隔壁的房子着了火，欧西比尤斯外大街上的建筑也烧了起来。"

在北入口附近的那条宽大的林荫道上，昆拉茨·赫利曼未婚妻的家距离麦凯上尉的指挥所只隔着几个门，现在他与范德桑德家的其他人一起待在地下室里。"有一种滑稽的声音压倒了所有的喧嚣声，有人说那是在下雨，"赫利曼记得，"我上到一楼朝外边看，原来是火。士兵们正在朝各个方向奔跑，整个街区似乎都在燃烧。战斗直接转移到了林荫道上，突然间就轮到我们了。子弹啪啪地射进房里，打碎了窗户，我们听见楼上钢琴被击中时发出的琴声。还有更令人吃惊的是，范德桑德的办公室里传来像是人打字的声音，那纯粹是子弹在咀嚼打字机。"赫利曼的未婚妻特勒伊德跟着他上了楼，她看见子弹击中了规模宏大的圣欧西比尤斯教堂的塔楼。她吃

---

[1] 伞兵们注意到，在那场战役中，阿拉伯人在彼此喊着口号的时候，似乎每次交流都用这两个字开头。在阿纳姆，这个战斗口号则有了特殊意义，它让北坡道两侧的伞兵们能够确定，在各座楼房和阵地中的人谁是战友、谁是敌人，因为德国人似乎不能发出这两个单词的音。按照希拉里·圣乔治·桑德斯在其《飞往战斗》一书中的说法，这个战斗口号"似乎能激发士兵们做出最大的努力"。——原注

惊地看着这一幕时，教堂上那座巨大时钟的金指针正在发疯似的旋转，特勒伊德记得，那就好像"时间在飞速逝去"。

对于在大桥上作战的人们来说，时间已经失去了意义。战斗的冲击速度和猛烈程度让许多人认为激战已经进行多个小时了，而实际上格雷布纳的进攻仅仅持续了不到两个小时。哈策尔挖空心思扣下来不移交给哈梅尔的装甲车辆中，有12辆在大桥北边化为残骸或起火燃烧，剩余的装甲车辆远离屠场开回了埃尔斯特，但他们失去了指挥官。在这场激烈的殊死战斗中，保罗·格雷布纳一级突击队中队长阵亡了。

现在，英国人满怀骄傲和胜利之情开始评估损失。医护兵和担架兵不顾狙击手的无情射击，穿过烟雾和瓦砾，把双方的伤员抬到掩蔽所里。大桥上的"红魔鬼"们在击退了装甲车的恐怖进攻之后幸存下来，这时第2伞兵营的通信兵突然收到了第30军发来的一条有力而清晰的信息，就像是对他们的成功表示祝贺一般。这些满身污垢、疲惫不堪的伞兵觉得他们的磨难很快就要结束了，现在，毫无疑问，霍罗克斯的坦克部队就在仅仅几公里外的地方了。

成群结队的战斗机从德国境内的机场升空了，为了让飞机集结起来加油，附近损耗殆尽的德国空军全力以赴。在一个狂热的不眠之夜里，战斗机群从德国各地匆匆派来；次日上午9点到10点，约有190架飞机聚集在荷兰上空，他们的任务是摧毁"市场"行动的第二次空运。与持怀疑态度的莫德尔元帅不同，德国空军的将领们相信缴获的"市场-花园"行动计划是真的，他们看到了一个引人注目的可以获得巨大成功的机会。德国空军的指挥官们从那些计划中了解到星期一的空运路线、空投场和空投时间。德军战斗机编队在荷兰的海岸线上空巡逻，飞越已知的盟军飞行路线和空投场，做好向空降部队猛扑过去的准备。盟军空降部队定于上午10点开始空投。这些短程战斗机得到的命令是：着陆，再次加油，再次起飞。但空中至今什么也没有，预料中的目标一个也没有出现。德国空军高层既困惑又失望，想知道发生了什么事情。

事情很简单，与天气晴朗的荷兰不同，英国被大雾笼罩。在各个基地，英军和美军的空降部队已经做好了出发准备，在飞机和滑翔机旁不耐烦地等候着。在这个关键性的上午，每一个小时都至关重要，而这个时候，盟军第1空降集团军指挥官刘易斯·布里尔顿中将和参加第二次空运的官兵们一样，只好任凭天气的摆布。在与气象专家们磋商之后，布里尔顿不得不重新安排行动的开始时间。阿纳姆市内及周边的士兵和"走廊"里的美国人——他们都在抵御越来越多的德军——现在必须再等上漫长的4个小时。在下午2点之前，第二次空运都不可能到达空投场。

5

在阿纳姆南边92公里处的法尔肯斯瓦德,地面上的浓雾使得第30军的坦克部队原定于早晨6点30分的出击时间不得不推迟。不过,侦察车仍然按计划动身了,他们从拂晓便开始前出侦察,以摸清德国人的兵力。在东边,覆盖着石楠花的沙地和小溪使得侦察车在该地区也难以通行。在村子西边,小溪和河流上的木桥被认为承载力太小,无法支撑坦克的重量。中路的侦察车在法尔肯斯瓦德以北狭窄的只有单辆坦克那么宽的公路上行驶时,突然与一辆德军坦克和两门自行火炮不期而遇。侦察车靠近时,他们调头朝艾恩德霍芬驶去。尽管看见了德军的装甲车辆,而且可以预料英军接近城市的时候还会碰到更多的德军装甲部队,但从所有的报告来看,进入艾恩德霍芬的最快路线好像还是公路。现在,3个小时之后,霍罗克斯将军的坦克开始再次开动。弗罗斯特中校的士兵在阿纳姆大桥与格雷布纳一级突击队中队长的部队交战的时候,作为先锋的爱尔兰禁卫团所部终于动身了,沿着公路向艾恩德霍芬出击。

德国人的顽强抵抗已经让霍罗克斯的计划受挫,他原计划于星期日从默兹河-埃斯科河运河冲出,在3个小时内与艾恩德霍芬的泰勒少将的第101空降师会合。17日,到夜幕降临时,乔·范德勒中校的坦克手们朝法尔肯斯瓦德只走了约11公里,比当天的目标少了近10公里。似乎没有什么理由表明应该在夜间继续向前推进。

第5禁卫装甲旅旅长诺曼·威尔姆斯赫斯特·格沃特金（Norman Wilmshurst Gwatkin）准将[1]告诉范德勒，在艾恩德霍芬北边的索恩镇的桥梁已经被摧毁了，得先把架桥设备运上来，坦克才能过河。范德勒记得格沃特金当时说的话："明天再继续向艾恩德霍芬推进吧，老兄。不过不用着急，反正我们已经失去一座桥了。"

对这个挫折一无所知的士兵们对耽搁时间感到不耐烦。约翰·戈尔曼中尉在进攻前曾经参加过霍罗克斯中将举行的简介会，他当时就认为需要过的桥太多了。戈尔曼在几个星期以前获颁军功十字勋章（Military Cross），现在却急躁易怒。他原先的担心似乎是有理由的。戈尔曼急于出发，他无法理解为什么禁卫装甲师居然在法尔肯斯瓦德停下来过夜。他指出，习惯"似乎规定了晚上睡觉，白天工作"，但戈尔曼感到这样的行为习惯此时是不适用的。"我们必须前进，"他记得他当时说道，"我们不能等待。"鲁珀特·马哈菲中尉也同样对禁卫装甲师的缓慢推进感到不安。"我开始良心不安，"他说道，"我们的进军速度似乎比原先的计划要慢，我知道如果我们不迅速加快步伐，就不会按时到达阿纳姆。"

尽管第30军的第2王室骑兵团派出的侦察巡逻队警告说前方有德军装甲部队和步兵，但爱尔兰禁卫团的坦克部队在到达艾恩德霍芬和法尔肯斯瓦德中间的阿尔斯特（Aalst）村之前未遇到什么抵抗。但是不久后，英军装甲纵队遭到了来自公路两侧松树林里的步兵的火力攻击，一门孤零零的德军自行火炮在与领头的英军坦克交火之后很快便退出了战斗，范德勒的部队则隆隆地驶过了小村。向北前进了大约3公里，在横跨多默尔河的一座小桥上，爱尔兰人再次被

---

1 此处原文有误，将格沃特金的职务写成了禁卫装甲师参谋长，当时该师参谋长应该是约翰·德里克·霍尔农（John Derek Hornung）中校。

猛烈的炮火挡住了。4门88毫米高射炮的炮火覆盖了这座桥，配备了重机枪的步兵隐藏在附近的房屋里和水泥墙后面。先头车辆立即停了下来，英军士兵从坦克上跳下来还击。

为了尽快继续前进，范德勒决定召唤发射火箭弹的"台风"战斗轰炸机群。在昨日的进军中，那些技艺精湛的飞行员曾帮助过这支纵队。唐纳德·洛夫空军上尉现在全权负责地空联络，他把这个要求发了出去。令他吃惊的是对方拒绝了，在比利时基地里的飞行中队因为大雾而停飞了。洛夫回忆说，范德勒"怒不可遏"，他眯着眼睛看着荷兰上空的晴朗天气，挖苦地问洛夫："皇家空军是不是被阳光吓坏了？"

到目前为止，整个纵队朝后延伸，尾部几乎拖到了比利时边境。现在他们被占据地利的敌人用炮火挡住了。先头的几辆坦克试探着向前徐徐移动，可敌人的一门大炮直接朝公路开火，近距离的平射让坦克停了下来。坦克群向德军还击时，范德勒又呼叫了重炮支援，并迅速命令侦察队沿河向西机动，寻找桥梁或者车辆可以涉水而过的浅滩，以便包抄德国人的炮兵连，从他们后面发起进攻。

英军重炮开火了，一道钢铁弹幕呼啸着从先头坦克纵队头上飞了过去，但位置优越、意志坚定的德军仍在继续开火。战斗持续了两个小时，范德勒因为这次延误怒火中烧，却又无能为力，他所能做的一切就是等待。

在北边约6公里的地方，一支侦察队获得了意外成功。侦察车驶过水网纵横的地带和沼泽，越过脆弱的木桥，在乡间迂回穿插。他们在规避德军阵地的时候与艾恩德霍芬北边的美军空降兵不期而遇。快到中午时，第2王室骑兵团侦察队队长约翰·帕尔默中尉受到了杰拉尔德·约瑟夫·希金斯准将的热烈欢迎，后者是美军第

101 空降师"呼啸山鹰"的副师长。帕尔默通过无线电台异常兴奋地通知师部:"小马倌已经与我们长着羽毛的朋友们接上头了。"沿着"走廊"的 3 次关键会合中的第一次已经获得成功,但比"市场-花园"行动的时间表整整晚了 18 个小时。

随着联系的建立,讨论立即转向了索恩大桥。等待中的英军工程兵部队需要了解完整的细节,以便把修复桥梁所需要的材料和设备送上去。皇家工兵与范德勒的先头纵队一起赶上前去,准备推进一恢复就赶往大桥。信息本来可以通过无线电传递,不过美国人已经发现了一种更简单的方法。吃惊的英国人通过无线电获悉,要他们的工兵给"索恩 244"打电话。电话立即通过由德国人控制的自动电话交换机接通了。没用几分钟,索恩大桥的美国人便给英国工兵报上了后者所需的重要信息,让他们把合适的架桥设备送上来。

在阿尔斯特村,范德勒的坦克手们对德军炮火的突然沉寂感到惊奇,那曾让他们在公路上长时间动弹不得。原来,是一个英军中队打通了道路。这支侦察队缓慢地沿着多默尔河的西岸行进,在阿尔斯特村北约 1.5 公里处见到了一座桥,他们过桥后迂回到德军阵地后方,从德国人的屁股后面向大炮发起冲锋,攻占了德军炮兵连阵地,结束了战斗。

滞留在阿尔斯特村的坦克手们对这次行动一无所知,他们以为这段突然出现的平静只是战斗中的一个间隙。领头的爱尔兰禁卫团第 2 装甲营第 2 中队中队长爱德华·泰勒少校正在斟酌是否应该利用这次炮火间隙命令他的坦克向前冲,这时他发现一个人在公路上骑着自行车朝纵队奔来。那人在对岸停下来,跳下自行车发疯似的挥舞着手臂,接着跑过了桥。感到愕然的泰勒听见他说:"将军阁下!将军阁下!德国佬走了!"

那个荷兰人上气不接下气地自我介绍说,他叫科内尔斯·巴斯蒂安·洛斯(Cornells Bastiaan Los),41岁,是一名在艾恩德霍芬工作的工程师,但住在阿尔斯特。"公路,"洛斯告诉泰勒,"开放了,你们已经把村子入口处的唯一一辆坦克炸坏了。"泰勒回忆说,随后"他提交了一份详尽的草图,上面有阿尔斯特与艾恩德霍芬之间的所有德军阵地"。

泰勒立即下令进军,坦克过了桥,上了公路,经过现在已成废墟的德军炮兵阵地。不到一个小时,泰勒便看见艾恩德霍芬的外延部分出现在眼前,好像有成千上万的荷兰人蜂拥在公路上,他们欢呼雀跃,挥舞着旗帜。"现在迟滞我们行动的唯一障碍就是荷兰民众了!"爱尔兰禁卫团第3营1连连长盖伊·爱德华·费希尔-罗(Guy Edward Fisher-Rowe)少校用无线电给后面的纵队发去了这样的信息。在这种令人陶醉的狂欢气氛当中,第30军笨重的坦克部队将会用4个多小时穿过城市,直到晚上7点过后,先头部队才到达索恩大桥。罗伯特·辛克上校疲惫不堪的工兵们正在那里干活,自从大桥被炸毁以来,他们就一直在那里修复这座至关重要的桥。

从一开始,同步进行的"市场-花园"行动的日程安排就不允许出太多差错。现在,和进入阿纳姆的英军推进受挫一样,索恩大桥被炸也是威胁整个行动的一次重大挫折。这条45公里长的"走廊"——从比利时边境向北到费赫尔——现在被英美联军控制着,美军第101空降师以非同寻常的速度走完了"走廊"中的24公里路,攻占了艾恩德霍芬、圣乌登罗德和费赫尔这些重要城镇,11座桥梁中只有两座没有拿下。然而霍罗克斯拥有两万台车辆的解围纵队却只能在索恩大桥修好之后才能向前推进。英国工兵和设备随着开道的坦克赶到前面,他们必须争分夺秒修复大桥,把第30军送过威廉敏娜运河，因为霍罗克斯的坦克部队只能走这一条路线，别无选择。

在计划制订阶段，马克斯韦尔·泰勒少将就知道，索恩桥对于直接冲过"走廊"来说至关重要，因而他也把一个次要目标包含了进去。为了抵消就像在索恩发生的这种挫折，泰勒已经命令部队夺取位于贝斯特的那座30米长的运河公路桥。这座桥位于主干道西边6.5公里处，可以在紧急时刻使用。但情报军官认为该地区德军很少，因而只派了一个孤零零的连去夺取这座桥及其附近的一座铁路桥。

对于被派去夺取这座桥的美军部队来说，贝斯特注定要成为一种悲剧性的误称。[1] 第502伞兵团3营H连2排排长爱德华·L. 维日博夫斯基（Edmund L. Wierzbowski）中尉所在的加强连[2]，在17日夜晚的恶战中再次严重减员了。在维日博夫斯基的率领下，顽强的伞兵们沿着堤岸进行渗透，穿过沼泽向人数占压倒优势的德军推进；他们曾一度接近到距离桥头不到5米的地方，但密集的火力又把他们挡了回去。在夜间，不同时间段有不同的消息传回来，有的说桥已经被拿下了，而另外的报告则声称维日博夫斯基所率的2排已经被消灭了。增援部队像维日博夫斯基所在的连队一样，也迅速陷入令人绝望的实力悬殊的搏斗之中。在第101空降师师部里，情况终于弄清楚了：贝斯特有德军重兵集结。这个村子根本不是防御薄弱，而是驻防了近1000人——那是被人遗忘的德军第15集团军的部队。贝斯特就像海绵一样，正在吸收越来越多的美军，战斗在整个地区

---

[1] 贝斯特的原文是Best，字面意思是"最好的"，但对执行任务的美军来说，那个地方恰恰是"最不好的"。

[2] 原文似乎把H连写成了由维日博夫斯基指挥，但H连当时的连长是罗伯特·E. 琼斯（Robert E. Jones）上尉，他一直在指挥战斗，维日博夫斯基的2排只是负责主攻。因此本段的译文根据实际情况略微做了调整。

激烈进行的时候，维日博夫斯基和排里的几个幸存者就处在战斗的核心地带。他们被包围得严严实实，结果连增援部队都不知道他们在什么地方，而他们则在继续为夺取桥梁而战。

中午时分，当英军先头部队和美军在艾恩德霍芬会师时，贝斯特的那座桥被德国人炸掉了。维日博夫斯基和他的士兵离大桥太近，飞来的瓦砾让他们已有的伤亡加重了。在其他地方，伤亡也同样惨重。第101空降师最生动有趣而又言辞尖刻的指挥官之一、荣誉勋章获得者，第502伞兵团3营营长罗伯特·科尔中校阵亡。另一名英勇牺牲的军人也将被授予荣誉勋章。乔·尤金·曼（Joe Eugene Mann）一等兵在桥上受了非常重的伤，两条胳膊都裹上绷带，捆在胸前。他看见一枚德国人的手榴弹落在他所在的人群中，由于无法伸出胳膊来，他便扑到手榴弹上，救了四周人的命。维日博夫斯基来到他面前的时候，曼只说了一句话："我的背炸飞了！"然后死去了。

由于失去了贝斯特桥，现在"市场-花园"行动的成功比以往任何时候都更取决于工兵修复索恩大桥的速度。"市场-花园"行动的各个阶段之间丝丝入扣——每一个环节都依赖于下一个环节。现在索恩另一边的公路上没有坦克部队，而他们本应在数小时之前就在那条公路上行进。蒙哥马利的大胆进攻正陷入越来越深的麻烦之中。

越往"走廊"里走，问题就越复杂。加文准将的第82空降师位于中央，南面是泰勒少将的"呼啸山鹰"，北边是阿纳姆的"红魔鬼"们。加文将军的第82空降师牢牢控制着赫拉弗的那座457米长的桥，此外还有赫门附近那座小一点的桥。在西南方向，第504伞兵团和第508伞兵团以排为单位，从马斯河-瓦尔河运河的两边同时发起进攻。经过一场干净利落的战斗,夺取了赫拉弗至奈梅亨公路上位于霍宁胡蒂(Honinghutie,可能是现在的内尔博斯Neerbosch)村的另外一座桥梁,这就为霍罗克斯的坦克部队打通了进入奈梅亨的一条备用路线。但当那座被炸坏的索恩大桥阻挡英军向"走廊"中部进军的时候,第82空降师未能迅速夺取奈梅亨大桥,这造成了一些其他问题。在那里的党卫军已经在大桥南入口挖壕固守,他们受到良好的保护和隐蔽,多次击退第508伞兵团1营的进攻。德军的力量每个小时都在增强,而加文却抽不出更多的兵力来全力夺取这座桥,因为在第82空降师宽广的战区内——一片南北长16公里、东西宽19公里的地区——到处都有敌人一系列疯狂的似乎没有协同的进攻带来的威胁。

赫拉弗至奈梅亨公路上的巡逻队不断遭到渗透进来的敌军攻击。第504伞兵团3营G连的厄尔·夏夫利·奥德法瑟(Earl Shively Oldfather)下士正在费心寻觅狙击手,他在本团已经占据的野地里看见了3个人。"其中一个正从散兵坑里往外舀水,另外两个正在挖掘,"奥德法瑟回忆说,"我挥了挥手,看见其中一个人举起了步枪。原来他们是德国佬,他们直接进入了我们的阵地,从我方的散兵坑里向我们开枪。"

再往东,赫鲁斯贝克高地与德国边境之间那两个关键的空投场正在迅速变成战场,一拨又一拨德军步兵正被投进来对付美军伞兵。在那些战斗力不高的德国步兵当中,有海军和空军的人员、通信部队人员、正在休假的军人、医院的护理员,甚至还有刚刚离开医院的康复期病人。第508伞兵团医疗队的弗兰克·鲁普下士记得,他看见的第一批德国人穿着各种各样令人难以分辨的制服,佩戴着令人晕头转向的军衔徽章。他回忆说,进攻开始得如此突然,"我们实际上是在自己的前哨旁遭到了伏击",那些部队就好像凭空冒出来的。在最初的几分钟里,第505伞兵团1营C连的哈罗德·莱斯特·金塞默(Harold Lester Gensemer)中尉俘虏了一位过于自信的德国上校,那家伙吹嘘说:"我的士兵很快就能把你们从这座岗哨上直接踢下去。"他们几乎做到了。

成群结队的德国人从维勒镇越过德国边境,从帝国森林里走出来,他们在数量上占有压倒性优势。德军突破了第82空降师的环形防御阵地,迅速攻占了那些区域,抢占了补给品和弹药临时存放处。战斗一度非常混乱。第82空降师的防御者们尽可能长时间地坚守他们的阵地,然后缓慢撤退。该地区的其他部队接到了通知,要快速赶往战斗现场。奈梅亨城郊的官兵一路强行军前往空投场,给予守军额外的支援。

惊恐似乎正出现在荷兰人中间。第505伞兵团2营E连的帕特里克·J.奥黑根二等兵注意到,他们排从奈梅亨郊外撤退的时候,在进城时看到的那些荷兰国旗正被人匆匆取下。排里的一位勃朗宁自动步枪手、第505伞兵团1营C连绰号"荷兰佬"的阿瑟·B.舒尔茨[1]二级技术兵(中士[2])是一位参加过诺曼底登陆的老兵,他注意到"每个人都神经紧张,我听到的都是反复说的一句话'勃朗宁自动步枪手出列'"。不管他朝哪里看,都能看见德国人,"他们就在我们周围,决心把我们从所在的区域赶出去"。每个人都清楚,在德军装甲部队和经验丰富的增援部队到达之前,这支估计约有两个营的德军部队是被派来执行一项自杀式任务的:不惜一切代价消

---

1 见《最长的一天:1944诺曼底登陆》。——原注
2 原文一直将舒尔茨的军衔写成二等兵,根据相关资料显示,舒尔茨是技术兵,军衔相当于中士。

灭美军第 82 空降师，并坚守这些空投场——该师获得增援部队和补给品的生命线。如果德国人获得成功，那么他们就能在盟军第二次空运部队着陆时将其歼灭。

此时加文将军认为，预定的第二次空运已经离开了英格兰，没有办法让他们停下来，或者及时把他们转移到别的地方去。这样，加文就只有不到两个小时的时间来清理这些地区，他需要每一个可以战斗的空降兵。除了那些已经在交战的伞兵，唯一随时可用的预备队只剩下两个工兵连了。加文立即把他们投入了战斗。

这些空降兵与敌人的兵力比对比大约是 1∶5，在迫击炮和火炮的支持下，他们整个上午都在作战，力图把这些地区的德军清理干净。[1] 后来许多士兵上了刺刀，沿着山坡朝德国人冲去。在战斗进行得最猛烈的时候，加文获悉第二次空运下午 2 点才能到达。树林里仍然有大批德国步兵，敌人的这些突袭预示着将会有更为集中而又坚决的进攻。加文确信，如果让他的部队在一个又一个地区尽力而为，他是能够坚守住的；但他也清楚地意识到，眼下第 82 空降师的形势岌岌可危。由于得到消息说索恩大桥被炸且正在抢修，他也就不能指望在 D 日的两天之后与英军会师。加文焦急而担忧地等待着第二次空运，这次空运将带来他急需的火炮、弹药和兵员。

---

[1] 随后在这些区域进行的为时 4 个多小时的疯狂而又混乱的战斗中，第 82 空降师最受人爱戴的军官之一、该师的重量级拳击冠军、第 505 伞兵团 1 营 C 连连长安东尼·M. 斯蒂芬尼奇（Anthony M. Stefanich）上尉阵亡了。"我们一起走了这么远的路，"他对他的士兵们说，"告诉小伙子们好好干。"然后死去了。——原注

6

从阿纳姆烟雾缭绕的废墟到索恩被炸毁的桥梁,在无数散兵坑和绵延的树林中,在河流堤岸边和被炸楼房的瓦砾中,在轰鸣的坦克上和关键桥梁的入口处,参加"市场-花园"行动的盟军官兵和与他们交战的德国人,都听见从西边传来了低沉的隆隆声。参加第二次空运的飞机和滑翔机排成一个又一个编队正在接近,让天空都变暗了。引擎持续发出的越来越响的嗡嗡声让英美联军和荷兰人心中再次充满了力量和希望。而对大多数德国人来说,这个声音就像毁灭的前兆。军人和平民都朝天空凝望,等待着。时间是9月18日,星期一下午,马上就到14点了。

机群规模之庞大,甚至让昨日的类似景象相形见绌。17日的机群编队分别沿着两条不同的航线飞行,一个是北路,一个是南路。现在,由于天气恶劣,以及希望对机群实施更加严密的保护,免遭德国空军的打击,第二次空运集中走北路前往荷兰。近4 000架飞机紧密排列成一个庞大的纵队,覆盖了一公里又一公里的天空,机群高度从300米到760米不等。

1 336架美军C-47运输机和340架英军"斯特林"轰炸机翼尖挨着翼尖并排飞行,它们组成了这条"空中列车"的主体。这些飞机中有些运载着部队,其他的飞机牵引着数量大得惊人的滑翔机——1 205架"霍萨"滑翔机、"韦科"滑翔机以及庞大的"哈米尔卡"滑翔机。在这条160公里长的飞行编队的后部是252架四引擎的"解放者"轰炸机，它们运送的是货物。在上方和两翼保护这些编队的是867架战斗机——有英国的"喷火"战斗机和发射火箭弹的"台风"战斗轰炸机，还有美国的"雷霆"和"闪电"战斗机。起飞的时候，第二次空运总共载着6 674名空降部队官兵、681台车辆和装了货物的拖车、60门火炮以及弹药，还有将近600吨补给品，另外包括两辆推土机。[1]

在高射炮火的笼罩下，这个庞大的机群在斯豪文岛的荷兰海岸进入大陆，然后向东朝内地飞去，前往斯海尔托亨博斯镇南边的一个交通控制点。在那里，由战斗机开路，整个纵队分成3个部分。美军机群以精确的时间完成着困难而又危险的机动动作，突然转向南边和东边，朝第101空降师和第82空降师的区域飞去。与此同时，英军编队则向北飞往阿纳姆。

和昨日一样，飞行过程中仍有不少问题出现，尽管在某种程度上减少了一些。混乱、飞行中断以及致命的事故对滑翔机机群的打击尤其严重。早在第二次空运到达空降场之前，就有54架滑翔机由于设备或人为问题而坠落。大约有26架在英格兰内地和英吉利海峡上空中断飞行，人们看到其中两架在飞行过程中解体。还有26架在敌方占领区上空约130公里长的飞行过程中被过早地释放，着陆的

---

[1] 在对飞机数量进行整理的时候，有些不一致之处。美国人给的数字是总共3 807架飞机，英国人给的是4 000架飞机。上面所使用的总数，系来自布朗宁将军的军部战后报告，它表明，数字上的不同之处似乎在于战斗机的数目。按照美国人的说法，有674架战斗机从英国的基地起飞，为第二次空运护航，但没有被包括进这个数字里的是193架在比利时基地里的飞机，如果加上去的话，战斗机的总数就应该是867架。有关"市场-花园"行动的空中军事行动的最好叙述，尤其是在涉及运送兵员的飞机方面，无疑是美国空军的官方杂志《部门研究》第97期中的一篇文章，文章作者是约翰·D. 沃伦（John D. Warren）博士，标题是"第二次世界大战欧洲战区中的空降行动"。——原注

地方远离比利时和荷兰的空降场，落到了德国境内。在一次古怪的事故中，一名惊魂未定的空降兵冲进驾驶舱猛拉松脱杆，致使滑翔机与牵引机脱离。不过，总体而言，部队的伤亡是比较轻的，和昨日一样，最大的损失还是在珍贵的货物方面。厄克特的部下似乎再次遭到了命运的折磨——损失的货运滑翔机，一半以上是飞往阿纳姆的。

命运也捉弄了德国空军。上午10点，由于没有发现预计中的盟军机群的影子，于是德国空军的指挥官们便把190架飞机的一半以上撤回了基地，其余的飞机则在荷兰北部和南部上空巡逻。第二次空运机群飞进来的时候，这些德国飞机中有半数不在自己原先的防区或正在加油，结果只有不到100架"梅塞施米特"和Fw 190战斗机匆匆前往阿纳姆和艾恩德霍芬地区参加战斗。没有一架德军飞机能够穿越保护兵员运输机纵队的庞大的盟军战斗机屏障。这次任务完成之后，盟军飞行员声称击落了29架"梅塞施米特"战斗机，而美军只损失了5架战斗机。

机群靠近空降场的时候，开始被猛烈的地面炮火包围。缓慢移动的滑翔机队列在靠近索恩以北的第101空降师的空降场时，遇到了低空的阴霾和雨水，这在某种程度上遮蔽了德军炮手的视线。但从贝斯特地区发射出的持续而致命的高射炮火打进了迎面而来的纵队之中，有一架可能是运送弹药的滑翔机遇到高射炮火的猛烈打击而爆炸，瞬间粉身碎骨。有4架牵引机在释放滑翔机时相继被击中，两架立即着火，一架坠毁，另一架则安全着陆。3架布满弹痕的滑翔机在空降场迫降，机上的人员奇迹般地安然无恙。计划飞往泰勒少将的第101空降师空降场的450架滑翔机中，总共有428架载着2 656名机降步兵、车辆和拖车安全着陆。

在北边24公里处，加文将军的第二次空运在滑翔机进入空降场时，受到了仍然在那里肆虐的战斗的威胁。第82空降师的损失大于第101空降师的损失，飞机和滑翔机飞进了冰雹般的高射炮火之中。德国炮手们的射击精度尽管没有昨日那么高，但也击落了6架牵引机，它们是在释放了滑翔机之后急转脱离时被击落的。其中1架牵引机的机翼被炸掉了，另外3架在烈火中坠毁，还有1架落在了德国境内。为了争夺空降场而不顾一切地交火，迫使许多滑翔机在其他地方着陆，有些滑翔机的着陆地点距离它们的目标有5~8公里远，还有一些最终飞到了德国。不过更多的滑翔机驾驶员决定就在他们预定的空降场降落。每块空降场都被炮弹和迫击炮弹炸得坑坑洼洼，还遭到机枪的交叉射击，成了无人地带。许多滑翔机迅速进行硬着陆，结果要么摔坏了起落架，要么就是向前翻覆。不过飞行员们极端的机动奏效了，不论是部队还是货物，都出人意料地没有遭到多少伤亡或者损失。根据报告，着陆过程中无人受伤，只有45人在飞行过程中或者在空降场里被敌人火力命中而出现伤亡。在454架滑翔机当中，有385架到达了第82空降师的空降场，运来了1 782名炮兵、177辆吉普车和60门火炮。起初据说有100多名空降兵失踪，但该数字中有一多半人是在远处着陆的，之后又徒步返回了第82空降师的战线。那些非常坚定的滑翔机飞行员蒙受了最惨重的伤亡，有54人阵亡或失踪。

尽管德国人阻止第二次空运到达的目的没能实现，但在攻击兵员运输机和滑翔机之后飞抵的执行再补给任务的轰炸机时，他们获得了巨大成功。当252架大型四引擎B-24"解放者"轰炸机中的第一架靠近第101空降师和第82空降师的所在区域时，德军的高射炮手已经找到了目标。战斗机在补给机群的前方猛扑下来，试图压制高射炮火，但后者一直引而不发——就像 17 日霍罗克斯的坦克开始突破时德军炮兵所做的那样，耐心等待战斗机飞过去。然后，他们突然开火，几分钟之内就有大约 21 架护航飞机被击落。

轰炸机编队跟在战斗机后面，以 250 米到 15 米不等的高度飞了进来。空投场上空的炮火和烟雾遮蔽了识别地点用的彩烟和地面标识，甚至连经验丰富的空投手也无法确定合适的地点。每架 B-24 都装载着约两吨重的货物，补给品开始从飞机的隔舱内随意落下，散布在一片宽广的地区内。第 82 空降师的伞兵们在空投场里到处乱跑，几乎就在德国人的眼皮底下回收补给品，好歹收回了其中 80% 的物资。第 101 空降师就没那么走运了，他们的许多装备包裹几乎直接落在了贝斯特地区的德国人当中，补给品收回率还不到 50%。身处"走廊"底部的泰勒将军的部下损失的补给品最多，原计划要空投给他们的物资有 100 多吨汽油、弹药和食品。德国人的防空火力破坏性极大，大约有 130 架轰炸机被地面炮火击伤，7 架被击落，另有 4 架坠毁。对于在"走廊"沿线遭到围攻的美国人来说，开始时充满期待的一天迅速演变为一场为生存而进行的残酷战斗。

第 4 伞兵旅第 10 伞兵营的帕特·格洛弗中尉跳出了飞机，朝着埃德至阿纳姆公路南边的空投场落去。降落伞打开时，他感到猛地抽动了一下，于是便本能地伸过手去拍打系在左肩吊带上的那只拉链帆布包。在帆布包的里面，"伞兵鸡"默特尔咯咯大叫，于是格洛弗放心了。就像他在英国时计划的那样，默特尔正在进行它的第一次战斗跳伞。

格洛弗朝下面看去，觉得地面上的整片荒野都着火了。他能看得见炮弹和迫击炮弹在整个空投场里爆炸，浓烟与烈焰滚滚升起，一些伞兵由于无法及时规避，正在落进火海之中。远处，滑翔机群正在运送皮普·希克斯准将的第1机降旅的剩余兵力,格洛弗能够看见那里有飞机残骸,人们在朝各个方向跑去。一定有什么事情出了可怕的差错。根据任务简报,格洛弗知道阿纳姆应该只有少量守军,而此时空投场应该已经被清理得整洁平静了。在第二次空运离开英国之前,没有迹象说明有什么事情出了差错。然而在格洛弗看来,一场全面战斗就在他的下面进行。他想知道,他们是不是由于某种错误而正在错误的地方跳伞。

当他靠近地面时,机枪的"突突"声和迫击炮沉闷的"砰砰"声似乎把他吞没了。触到地面后,格洛弗小心翼翼地向右肩翻滚以保护默特尔,然后迅速解开吊带。在不远处,格洛弗的勤务兵乔·斯科特(Joe Scott)二等兵刚刚落地。格洛弗把装着默特尔的包递给他,对他说道:"好好照顾它!"透过田野上弥漫的烟雾,格洛弗发现了标明集结点的黄色烟雾。"咱们走!"他朝斯科特喊道。两人动身出发,蜷曲着身子迂回穿行。不论格洛弗朝哪个地方看,都是一片混乱。他的心沉了下去。显然形势正变得十分严峻。

第156伞兵营B连连长约翰·卢埃林·沃迪(John Llewellyn Waddy)少校下降的时候也听到了机枪射击时发出的那种不祥的声音,机枪火力似乎正从各个方向鞭挞着这片地区。"我无法理解,"他回忆说,"我们已经留下了德国人在逃跑、他们的部队乱了套的印象。"沃迪在下降过程中摆动着降落伞,他发现空投场几乎被猛烈炮火产生的烟雾遮蔽住了。他在空投场南端着了陆,动身前往本营的集结点。"似乎到处都有迫击炮弹在爆炸,我向前走的过程中看见死伤无数。"沃迪快到集结点时,迎面撞上了营部一名发怒的上尉,他是在昨日跳伞进入荷兰的。"你们来得太晚了,"沃迪记得那个人喊道,"你们是否意识到我们在这里等了4个小时?"那名军官激动起来,立即开始向沃迪简要介绍情况。"我听的时候震惊了,"沃迪记得,"那是我们得到的第一个消息,即事情的进展并不像计划的那么好。我们立即组织起来,当我四下张望的时候,在我看来前面的整片天空都烧着了。"

沃尔夫海泽火车站西边有两个空降场,一个是金克尔荒野,另一个是雷耶斯营地。在这两个着陆区域里,伞兵和机降步兵似乎都落进了一场猛烈的战斗中。德军从缴获的"市场-花园"行动文件里知道了空投场和空降场的位置,与在地面上的英国人不同,他们通过仍然占领着的海峡港口里的雷达装置——例如敦刻尔克的雷达站——能够精确地计算出第二次空运到达的时间。党卫军部队和高射炮兵匆匆脱离阿纳姆的战斗,赶到上述区域,20架德国空军战斗机也在地面导航指引下飞了过来,正在持续地低空扫射这些地区。地面战斗同样激烈,为了把进犯之敌从荒野里清理出去,英军发起了刺刀冲锋,就像他们在夜间和清晨时所做的那样。

迫击炮弹击中了昨日降落的滑翔机,把它们变成燃烧着的火团,那些火团接着又把荒野点着了。进行渗透的德军部队用那些被废弃的滑翔机来掩护他们的进攻,而英国人则亲自把那些飞机点燃,不让它们落入敌手。在这片荒野的某处地段,大约50架滑翔机燃烧成了一片火海,皮普·希克斯准将的机降旅——其中有半个营已经被派到阿纳姆了——总算以顽强的意志守住了该区域。伞兵和着陆的滑翔机带来了2 119名官兵,他们取得了远远超过空中和地面人员所能相信的成功,即使在战斗正在进行的时候,空运兵力的90%也在着陆——而且是落在正确的地方。

罗纳德·G. 贝德福德空军上士是四引擎的"斯特林"轰炸机的机尾机枪手,他发现星期一的任务与他在星期天执行的那次迥然不同。当时，坦率地说，19岁的贝德福德对这种日常的飞行感到厌倦。现在，当机群靠近空投场的时候，地面火力既持续又猛烈。贝德福德发现，在原野边缘有一门装在卡车上的高射炮，他不顾一切尽力把自己的机枪对准它。他看见自己发射的曳光弹划着弧线落了下去，然后那门炮就不再射击了，贝德福德顿时兴奋异常。"我打中了他！"他喊道，"听着，我打中了他！"这架"斯特林"轰炸机稳定地在航线上飞行，贝德福德注意到周围的滑翔机似乎全都过早地与它们的牵引机脱离了，他只能假定猛烈的地面火力使得许多滑翔机驾驶员想解脱出来，以图尽可能快地落下。然后，他看见自己牵引的那架"霍萨"滑翔机上的牵引绳脱落了，贝德福德注视着那架滑翔机突然下降高度，他确信它将在落地之前就会与其他滑翔机撞在一起。"场面一团糟，"他回忆说，"那些滑翔机似乎在陡直地进行俯冲，又恢复水平飞行，靠惯性滑行，那个样子就像要直接相撞。我真想知道它们怎么才能成功。"

罗伊·哈奇中士是"霍萨"滑翔机的副驾驶，这架飞机载着一辆吉普车、两辆装满了迫击炮弹的拖车，还有三名士兵。哈奇看见前面的高射炮在猛烈开火，不知道他们怎样才能落下去。亚力克·扬上士是驾驶员，当他驾驶滑翔机垂直俯冲，然后又恢复水平飞行时，哈奇吃惊地注意到每个人似乎都朝着同一个触地点而去——包括一头奶牛，那头奶牛就在他们的前面疯狂地奔跑着。不知怎么地，扬驾驶着滑翔机安全着陆了，士兵们立即跳了出去，开始打开飞机的尾部。在不远处，哈奇注意到有3架滑翔机仰天躺着。突然，随着一种撕裂般的刺耳声音传来，另一架"霍萨"滑翔机在它们的上面迫降了。那架滑翔机直接撞过来，切掉了哈奇的滑翔机机头，包括座舱盖和驾驶舱，而几分钟前哈奇和扬就坐在那里。然后,那架飞机朝前滑行,就在他们的面前停了下来。

其他滑翔机根本就没有到达空降场,有些远在8公里之外的地方坠落。有两架是在莱茵河南岸降落的,其中一架就在德里尔村附近。士兵们把伤亡人员留给荷兰平民照看,自己则从已经被遗忘却仍然在运行的德里尔渡口渡过了莱茵河,顺利归队。[1]

有些C-47运输机在靠近空投场时被击中,起火燃烧。跳伞前大约10分钟,边民团第1营的弗朗西斯·菲茨帕特里克(Francis Fitzpatrick)中士注意到,高射炮火密集地打了上来,年轻的伞兵金杰·麦克法登(Ginger MacFadden)二等兵猝然一动,边叫边用双手伸向右腿。"我被击中了!"麦克法登咕哝道。菲茨帕特里克迅速替他检查了一下,然后给他注射了一针吗啡。随后中士注意到飞机似乎在颠簸。他弯下身子朝窗外看时,驾驶舱的门开了,神色紧张的调度员走了出来。"起立,为红绿灯做好准备!"他说道。菲茨帕特里克看着那一排伞兵,他们已经挂上挂钩,准备跳伞。他能够看见烟从左侧发动机里冒出来。菲茨帕特里克第一个跳伞,但就在他的降落伞打开之时,受伤的飞机一头栽向了地面。在菲茨帕特里克触地之前,他看见那架C-47运输机插进了右边的田野里,机头着地翻了过去。他确信,机组人员和金杰·麦克法登在劫难逃。

在另一架C-47运输机里,美军机长跟第11伞兵营火力支援连连长弗兰克·道格拉斯·金(Frank Douglas King)上尉说笑道:"你们将很快落到那里,而我将回家吃腊肉和鸡蛋。"那个美国人在金的对面坐了下来。几分钟后绿灯亮了,金朝机长瞥了一眼,他似乎

---

[1] 这个故事大概是杜撰的,但荷兰人愿意讲这个故事。按照奥斯特贝克的特尔霍斯特太太的说法,英国伞兵和他们的装备(包括1门反坦克炮)上了德里尔的渡船时,船工彼得陷入了一种两难的境地:他不知道是否应该让他们付费。等他们到达北岸后,彼得决定给他们免费。——原注

睡着了，驼着背，下巴压在胸口，手放在大腿上。金有种感觉，有什么事情不那么对头。他摇了摇那个美国人的肩膀，那人朝一边倒了下去，他死了。金看见对方身后的机身上有一个大洞，好像是被一颗12.7毫米机枪子弹打穿的。金站在门口，准备跳伞，他看见火焰从左翼冒了出来。"我们着火了，"他朝乔治·加特兰（George Gatland）军士长喊道，"同飞行员核实一下。"加特兰朝前走去。驾驶舱门一打开，一片烈焰就冲出来横扫整个机舱。加特兰猛地把门关上，金命令士兵们跳伞。他相信他们现在没有飞行员了。

加特兰估计，伞兵们跳出舱门时飞机高度只有60～90米。他在着陆时碰伤了。加特兰立即清点人数，有4个人失踪了，其中一人还没有离开飞机便在舱门口被炮火杀死了；另外一人跳了伞，但他的降落伞着了火；而加特兰和金得知，第三个人是在不远处着陆的；然后第四个人到了，还背着他的降落伞。他是和飞机一起着陆的，他告诉大家，机组人员设法迫降着陆，而且他们还神奇地从飞机里走了出来。现在，他们距离奥斯特贝克还有24公里，远离英军战线，于是金上尉一行人开始徒步返回。他们离去时，那架在400米之外熊熊燃烧的C-47运输机爆炸了。

在一些地区，伞兵们安全地跳了伞，却发现自己落进了一波波喷射的炮火之中。许多人拼命猛拉降落伞的绳子，试图避开这些曳光弹，结果却在空投场的边缘着陆，落到了茂密的树林里，有些人在挣扎着要摆脱降落伞的时候就被狙击手击中了。其他人在远离空投场的地方着陆，在某个地区，一个营的部分官兵甚至降落在了德军身后，随后他们押着80名俘虏前往集结点。

空投场里，落地后的伞兵们在密集火力的打击之下丢掉降落伞，迅速跑开隐蔽起来，一小部分受了重伤的人躺得到处都是。雷金纳德·布赖恩特（Reginald Bryant）二等兵受遭到迫击炮弹爆炸的气浪冲击，大脑严重震荡，一时间瘫痪了。他能意识到周围正在发生什么事情，但浑身上下一块肌肉也动弹不得，只能无助地看着。而同机的人则认为他已经阵亡了，于是捡起他的步枪和子弹，匆匆赶往集结点。

许多士兵被意外的状况、持续的机枪和狙击手火力搞得措手不及，于是飞快地跑进树林里隐蔽起来。几分钟后，这些地区就只剩下死伤者了。金杰·格林中士是一名体能训练师，他乐观地带来一个足球，准备于意料中的轻松战斗结束之后，在空投场中进行一场比赛。他跳伞后触地过猛，结果折断了两根肋骨。格林不知道自己在那里躺了多长时间，等他恢复知觉的时候，除了伤亡人员之外就剩他孤零零一个人了。他痛苦地坐了起来，几乎立即就有一名狙击手朝他射击。格林马上站起来向着树林猛冲迂回，子弹在他四周"嗖嗖"飞过。肋骨的疼痛一再迫使格林倒在地上，他确信自己将会被击中。在荒野上滚滚而来的烟雾之中，他与那名狙击手的奇特决斗似乎持续了数小时。"我一次只能走五六米远，"他记得，"我认为，我的对手要么是一个施虐狂的杂种，要么是一个该死的二流射手。"最终，格林紧捂着他受伤的肋骨朝树林发起了最后冲刺。到达林边后，他投进灌木丛并倚着一棵树滚了过去，就在这一刻，最后一颗子弹"啪"的一声打进了他头上的树干。在生命中最为绝望的状况之下，他跑了至关重要的几米。格林精疲力竭，疼痛难忍，他缓慢地从伪装服里把瘪了气的足球取出来，痛苦地把它扔掉了。

许多人会一直记得他们跳伞后那最初的可怕时刻。起码有12名伞兵回忆说，在金克尔荒野上，为躲避子弹和燃烧的树丛而飞奔逃命的过程中看见了一名20岁的年轻中尉，躺在荆豆丛里的他身负重伤。当他吊在降落伞下面无助地摇摆时,曳光弹击中了他的双腿和胸部。这名军官被人从空投场转移出来的时候,帕特·格洛弗中尉看见了他。"他痛苦得令人恐惧,"格洛弗记得,"而大家又不能动他。我给他注射了一针吗啡,并且许诺一有机会就派一名医护兵来。"雷金纳德·布赖恩特二等兵在空投场里从瘫痪状态中恢复了过来,他前往集结地区时也碰巧遇见了这名军官。"我走近他时,烟正从他胸部的伤口中冒出来,他的痛苦非常可怕。我们几个人同时来到他的面前,他乞求我们杀死他。"有一个人,布赖恩特记不清是谁了,缓缓蹲下身来,把自己上了膛的手枪递给中尉。大家匆匆离开时,荒野上的大火正在缓慢地移向那位受苦的军官躺着的地方。后来救援队偶然看到了他的尸体,大家的结论是这名中尉自杀了。[1]

第4伞兵旅旅长沙恩·哈克特准将以其特有的精确性,在他为自己的旅部选定的地点300米之内着陆了。尽管敌军火力凶猛,但准将首先关心的事情却是寻找下降过程中丢失的手杖,结果他与一群德国兵不期而遇。"我比他们更害怕,"他回忆说,"但他们似乎急于投降。"哈克特能说一口流利的德语,他粗暴地告诉他们等着,在找回他的手杖之后,这位身材修长、小胡子修剪得十分整洁的准将平静地押着他的俘虏们离去了。

哈克特在心情最好的时候也是一副不耐烦的样子,动辄发火或喜形于色。他不喜欢此刻看到的场面,他本来期望这些区域安全且井然有序。现在,在手下军官们的簇拥之下,他准备让自己的部队开拔。这时,厄克特少将的参谋长查尔斯·麦肯齐中校驱车赶到,来完成令他感到痛苦的任务。麦肯齐把哈克特拉到一边,用他自己

---

[1] 尽管众多的目击者证实了这个故事,但我不想吐露这名军官的名字。关于他的自杀仍然有疑点,他受大家喜爱又很勇敢。他可能确实用手枪自杀了,也可能是被狙击手杀死的。——原注

的话来说是，"告诉他对指挥权这个过分敏感的问题所做出的决定和结论"，在厄克特和拉思伯里不在的时候，由皮普·希克斯准将负责该师。麦肯齐继续解释说，厄克特在英格兰的时候就做出了这个决定，即一旦他与拉思伯里失踪或者阵亡，就由希克斯接管。

麦肯齐回忆说，哈克特很不高兴。"瞧，查尔斯，我当准将比希克斯早，"他告诉麦肯齐，"因而应该由我指挥这个师。"麦肯齐的态度是坚定的，他说："我完全理解，长官，但将军确实给了我接替的顺序，我们必须照办。另外，希克斯准将已经在这里待了24小时了，现在更熟悉战况。"麦肯齐说，倘若他"打乱了工作安排，做点什么"，那只能让事情更糟糕。

不过，在麦肯齐看来，显然事情不会到此为止。厄克特和哈克特之间始终存在着一种微妙的不和。尽管这位情绪不稳定的准将完全有资格指挥全师，但在厄克特看来，他缺少年龄稍长的希克斯所拥有的步兵经验。此外，哈克特是骑兵和装甲兵出身的人，而大家都知道，厄克特对装甲兵准将们的评价稍低一些，长期以来厄克特都在与步兵打交道。有一次在公开场合，厄克特提到哈克特时曾开玩笑地说他是"出了故障的装甲兵"——哈克特并不觉得这句话很好玩。

麦肯齐告诉哈克特，他的第11伞兵营要从旅里抽调出来，立即奔赴阿纳姆和阿纳姆大桥。对哈克特来说，这是最后的冒犯。他之所以对这个旅感到骄傲，在某种程度上就是因为它的素质，它是一支训练有素的整体单位，作为一个独立的团队而作战。现在它却要被分成几部分，他对此深感震惊。"我不喜欢在没有商榷的情况下被告知要放弃一个营，"他气呼呼地告诉麦肯齐，接着想了想又补充说，"当然，如果有哪个营要走的话，那就是第11伞兵营。该营降落在空投场的东南角,离阿纳姆和阿纳姆大桥最近。"但他要求用另外一个营来交换。麦肯齐回答说,他认为希克斯会给他一个营。这样一来事情就暂时结束了。才华横溢、脾气火爆、精力旺盛的哈克特向不可避免的事情屈服了。眼下,希克斯能顾及的是这场战斗,但哈克特却决心要照顾好他自己的旅。

对英国人来说,这是一个糟糕而又血腥的下午。第二次空运充斥着问题。厄克特少将和拉思伯里准将的命运仍然是个未知数;弗罗斯特中校的那点兵力坚守在阿纳姆大桥的北端,但又岌岌可危;而在两名准将之间,性格上的冲突正在增强;此外,又有一个出乎意料的灾难发生了。

希克斯的第1机降旅损兵折将,由于连续作战而疲惫不堪,他们绝望地注视着35架"斯特林"轰炸运输两用飞机把补给品空投到了空投场以外的其他地方。计划要空投给阿纳姆英军部队的87吨弹药、食品和补给品中只有12吨到了他们手里,其余的都广泛地散布在西南方向,落到了德国人当中。

在近8公里外的安东·德克森家里,厄克特少将仍然被德国人围困着。外面街道上的那辆自行火炮以及炮组成员离得很近,所以厄克特和同行的两位军官不敢冒险说话或移动。他们身上除了一些巧克力和水果硬糖外没有别的食物,更没有水和盥洗设备。厄克特有种绝望的感觉,他既不能休息,又不能睡觉,只能郁闷地沉思战役进展以及第二次空运的到达,他不知道第二次空运推迟了。他想知道霍罗克斯的坦克部队推进了多远,更想知道弗罗斯特是否还在大桥上坚持着。"倘若那时我知道当下形势的话,"他后来回忆说,"我就会不顾军官们的担心而尝试突围,无论有没有德军。"厄克特安安静静,一言不发,他发现自己正死盯着詹姆斯·克莱明森上尉的"八"字胡。"我原先都没有注意到那浓密的毛茸茸的翘八字胡，"他写道，"但现在没有什么别的可看。"那道"八"字胡让他恼火，因为它显得"愚蠢透顶"。

尽管厄克特满腹心事，却从来没有想到他有关师内指挥链做出的决定会出问题，这个紧急关头的指示正迅速在希克斯和哈克特之间形成一种复杂的对抗。现在是9月18日，星期一下午4点，厄克特离开他的师部几乎一整天了。

党卫军第2装甲军军长威廉·比特里希将军被盟军第二次空运的庞大规模震惊了。莫德尔元帅纠缠着他，要他迅速夺回阿纳姆大桥，而哈策尔一级突击队大队长和哈梅尔旅队长又催促他派出增援，比特里希发现自己面临的问题越来越严重。他神色严肃地凝视着阿纳姆以西的天空中盛开着的数百个五彩斑斓的降落伞，以及铺天盖地的滑翔机，深感绝望。他从德国空军的通信网得知，另外两场大规模空投也已经开始了。比特里希试图猜测盟军的力量，他大大高估了此刻在荷兰的英美联军数量。他认为，也许另外一个师已经着陆了，足以让胜负的天平向进攻者们倾斜。

在比特里希看来，盟军力量的加强与德军增援部队的到达，已经成了一场致命的赛跑。到目前为止，只有少量人员物资到达他这里，相形之下，盟军似乎有用之不竭的资源。他担心盟军可能在次日再进行一次空投。在荷兰的狭窄疆域内，由于困难的地形、桥梁，以及靠近不设防的德国边境，如此规模的兵力可能意味着一场灾难。

比特里希的部队与南边斯图登特大将的第1伞兵集团军之间没有什么协同。尽管斯图登特的部队不断得到冯·灿根的第15集团军余部的增援，但这支遭到重创的部队的运输工具、枪炮和弹药都极其缺乏，要重新把他们装备起来需要若干天，也许要若干个星期。

333

与此同时，挡住蒙哥马利进攻的全部责任都落到了比特里希身上，而他最紧迫的问题，仍然是奈梅亨的大桥以及阿纳姆大桥北入口处英军令人难以置信的防御。

只要盟军部队在那里继续抵抗，比特里希就会受阻，无法把自己的部队沿着公路机动到奈梅亨。哈梅尔的弗伦茨贝格师正在努力渡过莱茵河，该师完全依赖于潘讷登的轮渡——这是一种缓慢而单调乏味的渡河方式。具有讽刺意味的是，阿纳姆的英国人开始犹豫和怀疑自己能否坚持下去的时候，比特里希却深深地忧虑着这场战役的结果。他看到帝国正危险地处于遭到入侵的边缘，接下来的24小时就可能见分晓了。

比特里希的上级需要面对的问题范围更加广泛。在B集团军群宽广战线的各处，莫德尔元帅正在调动部队，全力阻挡美军第1集团军和第3集团军的无情进攻。尽管著名的冯·伦德施泰特官复原职，再次恢复了秩序和凝聚力，但他为了获得增援部队，正在动用国家的最后一点人力。找到把部队从一个地区运送到另一个地区所需要的汽油也越来越成问题。而从希特勒的最高统帅部得不到什么帮助，柏林似乎更关心苏联红军来自东方的威胁，而不是盟军从西边的进攻。

尽管有其他的忧虑，莫德尔却似乎自信能够战胜在荷兰出现的威胁，他仍然确信这个国家的沼泽、堤岸和水陆障碍能够为他提供时间，从而阻止并击败蒙哥马利的进攻。比特里希却不这么乐观，他敦促莫德尔应该在形势恶化之前采取几个重要步骤。在比特里希看来，炸毁奈梅亨和阿纳姆的大桥是必要的，而且要立即爆破，但他每次提出这个建议都让莫德尔恼火。"莫德尔每天都来视察，他很独断自负，总是要求做不可能做到的事情。"比特里希后来回忆说,"他会就眼前的形势当场下达一系列命令,但不论是哪次会议,他都不会待上足够长的时间来听完或者批准长远的计划"。比特里希担心,如果盟军突破,德国就会随之发生令人惊骇的不测。而莫德尔并没有领会到这一点,相反,他纠缠于细节问题:他尤其关心的就是德军未能收复阿纳姆大桥。在受到这个含蓄批评的刺激之后,比特里希告诉陆军元帅:"我当了这么多年的兵,还没有见过部队打得这么艰苦。"莫德尔不为所动。"我要那座大桥。"他冷冰冰地说道。

18日下午,比特里希试图再次向不耐烦的莫德尔阐述他对总体形势的看法。奈梅亨大桥是整个作战行动的关键,他争辩说,如果把它炸掉的话,那么盟军的进攻就会身首相离。"元帅阁下,我们应该在还来得及的时候炸掉瓦尔河上的大桥。"比特里希说道。莫德尔非常固执。"不!"他说道,"回答是不!"莫德尔不仅坚持认为大桥能够守得住,他还要求斯图登特的集团军和弗伦茨贝格师在英美联军到达大桥之前就把他们挡住。比特里希直言不讳地说,他不相信盟军能被遏制住,他告诉莫德尔,到目前为止,那个地区几乎没有德军装甲部队,而且还有更严重的危险,即蒙哥马利势不可当的坦克部队将会达成突破。随后比特里希又叙述了他的担忧,他预料还会有空降行动。"如果盟军从南边的进攻获得成功,如果他们在阿纳姆地区再空投一个空降师,我们就完了,"他说道,"通往鲁尔区和德国的路线将被打开。"莫德尔不为所动。"我的命令不变,"他说道,"奈梅亨大桥不能炸掉,而且我要求在24小时之内夺回阿纳姆大桥。"

其他人知道完成莫德尔命令的难度。霍亨施陶芬师师长哈策尔已经无兵力可用,他的部队全都参战了。没有额外的增援部队到达,而盟军第二次空运的规模又让人严重怀疑他的部下是否还有能力阻止和遏制住敌人。和比特里希一样，哈策尔也相信"盟军空投的只不过是空降部队的一支先头部队。我确信还会有空降行动，然后他们将进攻，杀向帝国"。由于装甲部队数量有限，哈策尔不知道自己能否挡住敌人，不过他却已经成功地让一个地方变得安全了——那就是他的师部所在的院子。在那里，他冒大不韪置战俘的权利于不顾，命令几百名英军空降兵在警卫的看守下待在铁丝网里面。"我完全确信，"他后来回忆说，"皇家空军不会轰炸他们自己的部队。"

哈策尔自诩是一个亲英派（"我对英国的东西有种偏爱"），他曾经作为交换生在大不列颠学习过。他喜欢在俘房当中走来走去，试图进行交谈，以练习他的英语，还希望能从中套出情报来。英国兵的士气给他留下了深刻印象。"他们傲慢不恭，自信自恃，只有老兵才能做到这样。"他回忆说。俘房们的水准使哈策尔确信，战斗远没有赢得胜利。为了动摇厄克特的部队，也为了防止敌人集中力量发动任何形式的突击，他在18日傍晚命令霍亨施陶芬师"不惜任何代价，整个晚上都要不停地进攻"。

弗伦茨贝格师师长哈梅尔旅队长则"由于太忙了，根本顾不上担心接下来可能发生什么事情。我在下莱茵河作战，忙得不可开交"。哈梅尔承担的任务是攻占阿纳姆大桥，同时保卫瓦尔河渡口以及两者之间的地区，因而他的问题远比哈策尔严重。用渡船把部队送过河，进展速度就像蜗牛爬行一般。部队、装备以及坦克都被装到临时扎成的橡皮筏子或者木筏子上，通向水边的道路变得泥泞不堪。坦克和车辆从筏子上滑下去，有些甚至被水冲走了。更糟糕的是，由于盟军飞机不断进行低空扫射，几乎所有的摆渡和护航行动都得在夜间进行。在一整天内，哈梅尔的工兵只把两个营连同其车辆和装备送入了阿纳姆—奈梅亨地区。固然，哈梅尔的部下现在是在奈梅亨市中心以及公路桥的南边，但他仍然怀疑他们能否阻止英美联军坚定不移的进攻。尽管给他下达的命令是不得炸掉大桥，但哈梅尔仍然为不测做好了准备。他的工兵已经在桥下安放了炸药，并在北岸伦特村附近的一个路边地堡里设置了引爆装置。他希望，如果他们守不住的话，比特里希会批准把公路桥和铁路桥炸掉。如果比特里希不批准的话，哈梅尔也已经做出了决定：只要英国人的坦克突破防御并开始过河，他就会违抗上级的命令，把这两座桥炸掉。

7

繁荣富裕的奥斯特贝克似乎被注入了一种气氛，欢快与不安奇怪地混合在一起。这个镇子如同战斗中的孤岛，枪炮声从3个方向朝小镇袭来，西边的空投场传来了大炮持续的轰鸣声，西北方向则传来机枪"嗒嗒嗒"的扫射声和迫击炮的开炮声，在两边种了鲜花的街道上清晰可闻。而在东面4公里外的阿纳姆，黑烟覆盖在地平线上，在这个昏暗的背景之下，重炮的不断轰击发出定音鼓似的声音。

昨日，伞兵和滑翔机着陆之前进行的轰炸和低空扫射已经造成了平民伤亡，并破坏了一些商店和房屋；渗透进来的狙击手和射偏方向的迫击炮弹的爆炸同样造成了平民伤亡，再次破坏了一些商店和房屋。不过到目前为止，这场战斗还没有严重影响奥斯特贝克，整洁的度假旅馆、景致如画的别墅和绿树成荫的街道大多仍未被波及。然而越来越明显的是，战斗一分钟比一分钟更接近：很多地方的窗玻璃都因为远方爆炸造成的巨大震荡而突然裂成碎片；烧焦的纸张、布片和木头碎屑像五彩纸片一般被风吹送着，随后如同雨点般落到街道上；空气中满是无烟火药发出的刺鼻气味。

星期日这天，奥斯特贝克镇里满是部队，英军几乎紧跟在仓皇撤离的德军后面进入镇内。当夜无人入眠，吉普车低沉的引擎声、"布伦"机枪车"哐啷哐啷"的履带声以及士兵行军的沉重脚步声加剧了一种神经质般的兴奋,让人无法安歇。在 18 日的大部分时间里,军队的调动一直在进行。村民们既欢欣鼓舞又感到忧虑,他们用荷兰国旗装饰着街道和房屋,英国兵匆匆路过的时候,他们不断把食物、水果和饮料硬塞给解放者们。对几乎每个人来说,战争似乎就要结束了。现在,气氛正在起着微妙的变化。有些英军部队显然在镇子里站稳了脚,谢里夫·汤普森中校的炮兵观察员也已经占据了奥斯特贝克镇南部离莱茵河不远的那座建于 10 世纪的荷兰归正会教堂塔楼,然而部队的机动已经显而易见地变慢了。到傍晚时分,多数大街空荡荡的,令人不安。荷兰人注意到,现在反坦克阵地和"布伦"轻机枪阵地就布设在那条主干道的战略要点上。看见它们,居民们有了一种不祥的预感。

扬·福斯凯尔回忆说,当他行走在奥斯特贝克镇中,并试图搞清楚正在发生什么事的时候,看见一名英国军官正在命令平民把他们的国旗收起来。"这是战争,"他听见那名军官告诉一位居民,"你们正身处其中。"福斯凯尔在漫步的过程中注意到,人们的心情正在发生变化。亚普·科宁(Jaap Koning)是一名当地的面包师,福斯凯尔从科宁那里得知,许多荷兰人是悲观的。科宁说,有谣传说"战事的进展不好",忧虑正在取代解放带来的陶醉感。"英国人,"科宁说道,"正从各处被赶回来。"福斯凯尔非常担心,科宁一直是个消息灵通人士,尽管他的消息是福斯凯尔听到的第一个坏消息,却证实了福斯凯尔本人的惧怕。福斯凯尔认为,随着时间的推移,那些笼罩天空、从镇子上空呼啸着飞往阿纳姆的炮弹会越来越密集。福斯凯尔再次想起了诺曼底地区的村镇遭受到的可怕毁灭,因此再也无法摆脱一种势不可当的绝望感。

还有一个买卖人,面包师迪尔克·范贝克(Dirk van Beek),

跟科宁和福斯凯尔一样沮丧。他在上门送货的时候听到的消息，已经给他最初由于盟军空投带来的激动心情浇上了一盆凉水。"要是战火烧到这里那该怎么办呢——我们要做点什么呢？"他问自己的妻子里克。不过他心里已经有了答案：他会待在奥斯特贝克，继续烤面包。"人们总得吃饭，"他告诉里克，"不管怎么说，我们要是离开铺子的话，又能到哪里去呢？"范贝克专心工作，试图让自己放心，一切都会朝最好的方向发展。几天以前，他收到了自己每个月的小麦和发酵粉的配额，现在他决心待在这里，让他的铺子继续开下去。他记得一名老面包师曾经告诉他一种方法，可以只用半数的发酵粉做面包，他决定把自己的配给食品用到极致。他要继续烤面包，直到一切都过去。

在塔费尔贝格旅馆、斯洪奥德（Schoonoord）旅馆和弗雷维克（Vreewijk）旅馆，显而易见战况已经恶化：这些通风、舒适的度假胜地正在变成伤员收容站。在斯洪奥德旅馆，英军医护兵和荷兰平民开始全面大扫除，准备接收伤员。地下抵抗组织成员扬·艾克尔霍夫注意到，德国人在匆忙离去的时候把这家旅馆搞得"像猪圈一样，到处都是食物。桌子被掀翻，地上都是碎盘子，衣服和装备散落在各处，每个房间都充斥着纸张和垃圾"。额外的床垫从周围的居民家里搬了进来，放在底层，一排排的床铺摆在会客室里，担架摆在用玻璃封起来的阳台上。荷兰人被告知，到夜幕降临的时候军队会需要每一个房间，包括地下室。艾克尔霍夫得知，阿纳姆的圣伊丽莎白医院已经人满为患，然而和他在一起工作的英军医护兵仍然很乐观。"不要担心，"他们当中的一位告诉他，"蒙哥马利很快就会到这里了。"

在塔费尔贝格旅馆，赫里特·范马南（Gerritt van Maanen）医生正在这里建起一座医院。17岁的安妮·范马南过来给父亲帮忙，她注意到其他志愿者中出现了一种惊人的变化。"我们害怕，"她在日记中写道，"但我们不知道为什么害怕。我们有一种古怪的感觉，感觉从昨天到今天已经过了几个星期。"和斯洪奥德旅馆一样，塔费尔贝格旅馆也出现了传言，说蒙哥马利的部队正在路上。安妮写道：在等待他们迅速到来的时候，"我们不断从楼上的窗户朝外面观察。射击更猛烈了，有光芒和火焰，但大军尚未来到"。

在几个街区之外，那家坐落于公园式的环境之中，拥有12个房间的豪华的哈尔滕施泰因旅馆呈现出一副被人遗弃的荒凉模样。桌子和椅子以达利风格[1]的凌乱散放在优美的绿色草坪各处，这是昨日激烈交火的战斗造成的，桌椅当中躺着几具德国人扭曲的尸体。

27岁的威廉·H. 希宾（Willem H. Giebing）骑车来到这座建筑物面前时，这家原本高雅的旅馆的样子让他作呕。1942年，他从奥斯特贝克镇租用了这座楼房，可就在他买下这栋建筑数月之后，德国人便进入小镇，征用了这家旅馆。从那时起，希宾和妻子特鲁斯的地位便降为了仆人，德国人允许他们打扫哈尔滕施泰因旅馆，监督烹饪，但旅馆的管理权在德国人手中。最后，在9月6日，希宾被命令立即离开，但他的妻子和两个女佣则被允许每天回来，负责打扫旅馆的清洁卫生。

希宾的岳父约翰·范卡尔克斯霍滕在韦斯特鲍温冈开了一家能俯瞰海弗亚多普—德里尔渡口的山顶饭店。17日，"因为盟军的空降而乐疯了"的希宾跳上自行车，从韦斯特鲍温冈前往哈尔滕施泰因旅馆，刚好赶上看到最后的德国人离开。他跑进楼里，第一次感

---

[1] 达利风格（Daliesque），是由人名派生出来的形容词。萨尔瓦多·达利（Salvador Dali, 1904—1989），西班牙超现实主义画家，作品以探索潜意识的意象著称。

到"旅馆终于是我的了",但被人遗弃的氛围又让他心慌意乱。餐厅里,两张盖着白色织花桌布的长桌子为20个人安排了座位,有汤碗、银餐具、餐巾和酒杯,每张桌子的中央都有一个大的盖碗,里面盛着意大利细面条汤。希宾伸手试了试,发现汤还温着,餐具柜上面的银质菜盘里还有主菜炸鲳鱼。

希宾从一个房间踱到另一个房间,看着覆盖着华丽的金色缎子的墙壁,装饰华美的石膏天使和花环,以及天蓝色的天花板上点缀着金星的结婚套间。他发现德国人并没有洗劫旅馆松了一口气,连一个调羹都没有丢,冰箱里仍然塞满食物。就在他到处转的时候,希宾听见阳台上有人在说话,他冲出来后发现有几个英国士兵正在喝他的雪利酒[1],地板上摆着8个空酒瓶子。在被人强占了这么多天以后,希宾莫名其妙地发了脾气,起码德国人离开他心爱的旅馆时什么都没动。"这就是你们做的第一件事情,"他朝伞兵们大嚷道,"打开我的地窖,偷了我的雪利酒。"英国人有些尴尬,向他道了歉。希宾的怒气平息了。他再次被告知,他不能待在这里,然而英国人向他保证,他的财产将会受到尊重。

这会儿时间已经过去了一整天,希宾希望英国人只是路过,已经离开了他的旅馆,于是便再次回去看看。走近主楼的时候他的心沉了下来。楼后面停着吉普车,他在网球场的铁丝网后面看见了德军战俘,庭院周围是新挖出来的狭长堑壕和炮兵阵地,而且似乎到处都是参谋军官。希宾很泄气,便回到了韦斯特鲍温冈。当天下午,他的妻子拜访了哈尔滕施泰因旅馆的英军,向他们表明了自己的身份。"他们对我非常客气,"她回忆说,"但不允许我们搬回来,英

---

[1] 雪利酒(sherry),原产于西班牙的一种白色或者深褐色的烈性葡萄酒。

国人和德国人一样也把旅馆征用了。"还有一种安慰,她心想战争很快就会结束,到那个时候,希宾夫妇就能真正经营他们眼中整个奥斯特贝克镇上最好的旅馆了。彬彬有礼的英国军官们并没有告诉她,从 9 月 18 日下午 5 点开始,哈尔滕施泰因旅馆已经是英军第 1 空降师的师部了。

奥斯特贝克弥漫着一种焦虑和欢乐交混的奇怪气氛,在这种气氛中,与意识到战斗逐渐到来相比,另一件事情更令许多居民害怕。白天的时候,犯人们被从阿纳姆监狱里放了出来,有许多犯人是地下抵抗组织的战士,但其他人则是危险的罪犯。他们穿着条纹囚服,从阿纳姆涌出来,有 50 多人最终来到了奥斯特贝克。"他们增添了一种最后的疯狂感。"扬·特尔·霍斯特(Jan ter Horst)回忆说。特尔·霍斯特原先是荷兰陆军的炮兵上尉,后来当了律师,又成为奥斯特贝克地下抵抗力量的一名领导人。"我们把这些囚犯聚集起来,临时安置在音乐厅里。但问题是,应该对他们做些什么?眼下他们似乎是足够无害的,但在这些重刑犯当中,有不少人被囚禁多年了。我们非常担心——尤其是为我们的女人担心——当他们终于意识到自己已经自由的时候,会出现最糟糕的情况。"

特尔·霍斯特在与囚犯们交谈的时候,发现他们只想离开这个马上要变成战区的地方。渡过莱茵河的唯一路线,就是经由海弗亚多普—德里尔渡口,可船工彼得断然拒绝合作,他不想让 50 名囚犯在南岸无法无天。此外,渡船现在停泊在北边,彼得想让它待在那里。经过数小时艰难谈判之后,特尔·霍斯特终于得以让彼得把囚犯们送了过去。"我们乐见他们离开,"他记得,"与德国人相比,妇女们更害怕这些囚犯。"特尔·霍斯特慎重地坚持,还是应该把渡船开回到北岸,在那里可供英军使用。

特尔·霍斯特原先是名陆军军官,看到英国人并没有立即夺取海弗亚多普—德里尔渡口,他感到大惑不解。伞兵进入奥斯特贝克的时候,他曾经就这个渡口询问过他们,令他吃惊的是,他发现英国人对这个渡口一无所知。以前当过炮兵的他对英军没有占领附近的韦斯特鲍温冈深感震惊,因为那是俯瞰莱茵河的唯一高地,谁用火炮占据了这个山冈,谁就控制了渡口。此外,把哈尔滕施泰因旅馆选作英军师部也令他不安,他认为韦斯特鲍温冈上的那家饭店及其楼房毫无疑问是一个更为可取的地点。"请坚守渡口和韦斯特鲍温冈!"他敦促英军的几位参谋。他们很客气,但对此不感兴趣。一名军官告诉特尔·霍斯特:"我们不打算待在这里。大桥很快会落到我们的手里,霍罗克斯的坦克部队马上会到达,我们也就不需要这个渡口了。"特尔·霍斯特希望这个人是对的。如果德国人能够到达3公里外的韦斯特鲍温冈,那么他们的火炮不仅能够控制渡口,还能完全摧毁哈尔滕施泰因旅馆的英军师部。英国人现在已经知道了这个渡口的存在,自己也向他们简要介绍了韦斯特鲍温冈,除此之外,特尔·霍斯特已经无能为力。事实上,这位前荷兰军官已经指出了整个行动中最关键的疏忽之一——英军并没有意识到渡口和韦斯特鲍温冈的战略重要性。倘若厄克特少将待在师部里,并且指挥作战的话,那么形势就可能及时得到纠正。[1]

希克斯准将在厄克特缺席的情况下指挥着该师,他几乎每时每刻都要面对这个让他困惑的问题,即如何让自己处于困境中的空降

---

[1] 在荷兰著名军事史家特奥多尔·A. 布尔里(Theodor A. Boeree)中校的几部专著中,也提出了相同的观点。"倘若厄克特在那里的话,"他写道,"他完全可能放弃对大桥的防御,如果可能的话,把弗罗斯特的那个营召回来,把他原先的6个营以及刚刚着陆的第4伞兵旅中的3个营集中起来,在下莱茵河北岸的某个地方建立起一个强大的桥头堡……让韦斯特鲍温冈……成为这个桥头堡的中心。在那里,他们便可以等待英军第2集团军的到来。"——原注

部队不断进行复杂而又迅速的机动。由于师部和各营之间的无线电通信出了故障，有关即时战况的准确情报就很稀少，所以希克斯无法判定与其对抗的敌军兵力和潜力。他得到的少得可怜的消息是由精疲力竭、尘土满面的通信员送来的，或者是由荷兰地下抵抗组织的各类成员送来的。通信员冒着生命危险给他送来的情报，在送达师部的时候往往已经很无奈地过时了；而荷兰地下抵抗组织成员送来的情报，又常常不被理会或者被视为可疑。希克斯发现，自己在很大程度上依赖于一个微弱的通信渠道——在奥斯特贝克和大桥上的弗罗斯特营之间，汤普森与芒福德的炮兵无线电通信网。

第2伞兵营与终于到达大桥的勇敢的掉队者们虽然遭到了重创，却仍然在坚守；然而弗罗斯特的形势数小时以来一直极其严峻，而且正在迅速恶化。"我们不断得到从大桥发来的消息，要求增援和补充弹药，"希克斯回忆说，"敌人的压力和德军装甲部队的兵力在各处不断增强，而我们与厄克特、拉思伯里、多比或者菲奇都失去了联系。我们也无法与军部的布朗宁取得联系以说明形势的严峻，而且我们极其需要帮助。"通过讯问俘虏，希克斯现在知道，英军空降兵面对的是党卫军第9霍亨施陶芬师和第10弗伦茨贝格师身经百战的部队。谁也无法告诉他这些部队的兵力有多强，也无法估算正围攻英军的德军坦克有多少数量。更为糟糕的是，希克斯不知道进攻前制订的计划能否抵挡住德国人当前的压力。如果敌军得到大规模增援，那么整个任务就可能会失败。

他知道，援助也许正在到来。19日，斯坦尼斯瓦夫·索萨博夫斯基少将的波兰旅将会在第三次空运中到来。霍罗克斯的坦克部队也应该到了，而且实际上已经迟到了。他们离阿纳姆有多近？

他们能否及时赶来解救，并稳定形势？"尽管面临各种情况，"希克斯回忆说，"我仍然相信弗罗斯特能够守住大桥的北端，直到蒙哥马利的坦克部队赶到。毕竟，大桥仍然是我们的目标，而且我的决定和行动全都以夺取和坚守那个目标为中心。"在权衡了所有的因素之后，希克斯感到必须坚持原先的计划。哈克特准将也有同感。

哈克特的第4伞兵旅原先的任务是占领阿纳姆北边的高地，阻止德军增援部队到达大桥。但在设想这个计划的时候，据认为敌人的兵力将是微不足道的，充其量也是可以对付的。事实上，敌人的反应是如此迅速，兵力是如此集中且有效，致使希克斯无法评估真正的形势。比特里希的部队坚守着阿纳姆城北，他们已经在大桥上把弗罗斯特困住了，并且成功阻止了多比营和菲奇营的解围。现在，这两支部队的推进实际上已经被挡住，在距离大桥1公里左右的圣伊丽莎白医院周边的建筑区，那两个营停下了脚步。赶来增援的南斯塔福德郡团第2营以及哈克特旅的第11伞兵营的情况也不容乐观。"我们现在来到了圣伊丽莎白医院前面那段宽阔的毫无遮拦的河边公路，随后突然间枪声大作，"南斯塔福德郡团第2营D连的罗伯特·C.爱德华兹二等兵记得，"我们的样子一定就像靶场上的靶子。德国佬所要做的就是把他们的枪和迫击炮排列起来，对准这个豁口——大约400米宽——然后射击。"爱德华兹看到，副连长欧内斯特·马里埃尔·怀斯（Ernest Mariel Wyss）[1]上尉在队列中不停地前后奔跑，"完全不顾从身边飞过的弹雨，他的嗓子越来越嘶哑，仍高喊着'前进，前进，前进，D连，前进'"。

---

[1] 此处原文写的是Edward Weiss，但根据相关资料，D连副连长是昵称"奥斯卡"的欧内斯特·马里埃尔·怀斯上尉。

怀斯似乎无处不在。四周的士兵正在倒下。如果空降兵们停下来或者犹豫了，怀斯便"立即来到他们身边，督促他们前进。看见他笔直地站着，你简直无法趴着，你不能不以他为榜样，跟随他穿过那个炮火地狱"。爱德华兹扔出了几枚烟幕弹，试图掩护他们前进，"然后低下头像野兔一样跑了起来"。他绊倒在"成堆的尸体上面，在一摊摊的鲜血中摇晃着滑行，最后来到公路对面由房屋和楼房构成的掩蔽处"。在那里他发现，怀斯上尉在跑过来的时候被击中了。"D连连长约翰·埃瑟林顿·菲利普（John Etherington Phillp）少校身负重伤，似乎谁也不怎么清楚正在发生什么或接下来应该做什么。"至于D连，在清点人数的时候，"只剩下20%的人，而且很显然我们无法继续与兵力上具有压倒性优势的德军对抗。我们满怀希望地等待黎明的到来"。

那情形就仿佛在全师与大桥上的弗罗斯特营少得可怜的人之间，已经建起了一道坚固的墙。

哈克特交出了他的第11伞兵营，作为交换，国王属苏格兰边民团第7营归他指挥。自17日着陆以来，该营一直在守卫空投场。现在，他们同哈克特的第10伞兵营和第156伞兵营一起，经由奥斯特贝克西北的沃尔夫海泽出发了。在那个地区，国王属苏格兰边民团第7营将守卫约翰娜胡弗（Johannahoeve）农场，那是一个空降场，波兰旅的交通工具和火炮原定在第三次空运时到达那里。

在那些地区最初的战斗结束后，哈克特的第4伞兵旅安全开拔。到夜幕降临的时候，国王属苏格兰边民团第7营已经占据了约翰娜胡弗农场四周的阵地。在那里，他们突然遭遇了德军机枪阵地的猛烈射击，一场激战开始了。天色越来越黑，英军接到的命令是先坚守阵地，然后在黎明时分击溃敌人。夺取该地区极其重要。索萨博夫斯基的伞兵将于 19 日在阿纳姆大桥的南边着陆，那是一块圩田[1]，考虑到高射炮火的因素，厄克特和皇家空军此前就认为那块地方不适合一开始就进行大规模空降。按照原先的预计，等到波兰人开始空降时，大桥应该已经在英国人的手里了；如果英军还未控制住大桥，那么波兰人的任务就是去夺取它。在布朗宁的后方军部里，没有人意识到盟军在阿纳姆遭遇的挫折正在恶化，波兰人的空投仍将按照计划准时进行。如果弗罗斯特能够坚持下去，而且波兰人的空投又获得成功的话，那么即使是现在，"市场-花园"行动仍然有机会获得成功。

各处的部队都在艰难地向大桥前进。眼下在许多人看来，弗罗斯特攻占那条南边的公路似乎有好几天了。安德鲁·米尔本二等兵和其他营的一小组掉队者沿着那条公路偷偷地走了过去，一直来到铁路桥废墟附近。弗罗斯特的部下在前往阿纳姆公路大桥途中曾经试图夺取这座铁路桥。米尔本看见左边的田野里，白色的小丘在黑暗中闪着微光。"那是几十具尸体，荷兰人正在这块地方静悄悄地走动着，用白色的被单盖住我们牺牲的战友。"他回忆道。前方的大火染红了天空，火炮偶尔发出的闪光映出大桥的轮廓。这一小群人整个下午都被兵力占优势的德军阻挡着，现在他们再次被压制得动弹不得。他们在河边上的一座船棚库里躲避时，米尔本开始对究竟能否到达大桥感到绝望。这群人当中唯一的一名通信兵摆弄起了他的无线电台，大家围拢起来时，他突然收到了英国广播公司的信号。米尔本听到播音员用清晰标准的英语叙述着当天的西线战事。"在荷兰的英军部队，"报道说，"只遇到微不足道的抵抗。"在这座阴

---

[1] 圩田（polder），指荷兰等国围海或拦水而建的低田。

暗的船库里，有人嘲弄地笑了起来。"该死的骗子！"米尔本说道。

当英军第1空降师勇敢的士兵们在为他们的生存而战时，国王陛下的两位准将却为谁应该指挥这个师而进行一场激烈的争论。这场争端是由郁积不满继而愤怒的沙恩·哈克特准将引发的。到18日傍晚时，他看到战况不仅令人忧虑，而且"混乱不堪"，敌人似乎在各处都占了上风。英军各营四处分散，而且战斗时没能聚集起来，都不知道彼此身在何处。许多部队缺乏通信手段，被困在市区里，完全是碰巧才能遇见。在哈克特看来，战斗显然缺乏全局指挥或协调。当天晚上，容易激动的哈克特仍然为麦肯齐对本师指挥权的令人吃惊的宣布而感到难受，于是驱车前往奥斯特贝克的哈尔滕施泰因旅馆，要与希克斯论个究竟。"他大概是在午夜时分到达的，"希克斯回忆说，"我正在作战室里，从一开始我就清楚，由于他晋级比我早，因此对于我接掌全师指挥权一事感到不快。他年轻，思想坚定，而且相当好争论。"

起初，哈克特的不悦集中在希克斯从他那里调走了第11伞兵营这件事上，他要求说明该营接到了什么命令，谁在指挥那个防区。希克斯回忆说："他认为形势太不稳定了，而且明显不同意我做出的决定。"年龄更大的希克斯耐心地解释，由于遇到德国人的顽强抵抗，所以当前的战况已经完全出乎意料，因此每个营都在为抵达大桥而独立作战；而且尽管得到的指示是按照特定路线前进，但各营被提醒过，由于条件非同寻常，可能会出现一些路线交叉。两支或者更多的部队可能发现，自己被迫进入了同一片临近地区。哈克特粗鲁地评论说："指挥安排显然不能令人满意。"

希克斯同意他的评价，不过他又告诉哈克特，目标"是尽我们所能，尽可能快地帮助大桥上的弗罗斯特"。哈克特虽然同意应该迅速支援弗罗斯特，但又挖苦说可以用一种"更为协调的方式发动规模更大、部队凝聚力更强的进攻"来做到。哈克特说得很不全面：一次协调的进攻也许确实能够突破德军的包围圈，到达弗罗斯特所在的地方，但由于缺乏通信手段，加之又频于应付德军的不断进攻，因而希克斯没有什么时间能组织起这样一种全力以赴的进攻。

两个人的话题又转到了哈克特的旅在第二天应该起的作用上。在希克斯看来，哈克特不应该试图占领阿纳姆北边的那块高地。"我感到，他若是长驱直入阿纳姆，协助坚守大桥北端的话，能更好地帮助弗罗斯特。"哈克特强烈反对，他想要得到一个明确的目标，而且他看似知道那个目标应该是什么。他宣称将首先攻占约翰娜胡弗农场东边的那块高地，然后再"看看我还能做些什么，以策应在阿纳姆的军事行动"。哈克特的话语平静，陈述并不充分，避而不答对方的问题，但又相当辛辣。他坚持应该给他一个时间表，这样他就能"把我的行动和其他所有人联系起来"。哈克特要求有"一个合理的计划"，他说，否则他将不得不"提出师的指挥权问题"。

在希克斯一直婉转地称为"我们的讨论"的过程中，师部行政官菲利普·普雷斯顿中校一直在现场。普雷斯顿记得，希克斯的"脸绷得很紧"，转向他说道："哈克特准将认为，他应该指挥这个师。"哈克特对这个措辞提出了抗议。普雷斯顿意识到谈话变得过于紧张了，于是便立即离开房间，派担任值星官的师部作训参谋查尔斯·戈登·格里夫（Charles Gordon Grieve）上尉去找参谋长麦肯齐中校。

麦肯齐此时正在楼上的一个房间里休息，却苦于无法入睡。"我在那里待了大约半个小时，这时戈登·格里夫进来了。他告诉我，我应该立即下楼,希克斯准将和哈克特准将'正在激烈争吵'。我已经穿好衣服了。下楼的时候我的大脑在急速运转,我知道争吵的原因是什么,或许我有必要采取决定性行动了。我无意进入作战室彼此逗趣闲聊。我觉得在这个时刻厄克特少将的命令正在受到质疑,我打算完全站在希克斯一边。"

麦肯齐走进房间的时候,两位准将之间的交谈突然停止了。"两个人都开始极力让自己平静下来,"麦肯齐回忆说,"而且我马上明白最糟糕的时刻已经过去了。"希克斯抬头瞥了一下麦肯齐,似乎没把事情放在心上。"哦,你好,查尔斯,"麦肯齐记得他说道,"哈克特准将和我发生了一点点争论,但现在没事了。"希克斯确信"情况又恢复正常。我对哈克特相当肯定,他离开的时候,我知道他会执行我的命令"。尽管哈克特可能看上去显得接受了希克斯的新角色,但他的观点在很大程度上有所保留。"皮普的命令如果合情合理,我就接受,"他记得,"我被告知要做的事情远不是合情合理的。所以,我倾向于坚持在两位准将中我作为资深准将的地位,并为我的旅的行动下达合情合理的命令。"[1]

在其他任何情况下,这两位准将之间的冲突都只不过是历史事件的脚注,那是两个勇敢而又富于献身精神的人,在巨大的压力下又出于相同的目的一时发了脾气。当时作战计划处于极大的危险中,要想成功夺取阿纳姆大桥,就需要每个军人的共同努力,这样一来,在"市场-花园"行动的资产负债表[2]上,指挥官之间的合作以及士

---

[1] 我认为,这场争吵要远比上面的叙述激烈,但可以理解的是希克斯和哈克特这两位好朋友,都不愿意更详尽地讨论这个问题。有关所发生的事情,起码有四种不同的说法。我的重现所根据的是对哈克特、希克斯和麦肯齐所做的采访,还有厄克特在《阿纳姆》一书第 77—90 页中的叙述,以及在希伯特的《阿纳姆之战》一书第 101—103 页中的叙述。——原注

[2] 当然这是比喻。资产负债表(balance sheet)表现的是一个公司在特定时间内的资产、负债及净值。这里比喻的是"市场-花园"行动赢得了多少,又付出了多少。

兵们的凝聚力也就至关重要了。既然盟军第1空降集团军的命运又到了一个新的转折点，情况就尤其如此。那个新的转折点就是：在"市场-花园"行动的整个地区，冯·伦德施泰特元帅许诺的德军增援部队，正从西线各处源源不断地到达。

尼古拉斯·德博德，这位技术高超的技师曾经为荷兰北方和南方的地下抵抗组织之间建立起第一个秘密电话联络线路，当天他一直待在房间里。按照地区抵抗力量负责人彼得·克鲁伊夫的指示，德博德坐在一扇小边窗的旁边，那扇窗户俯瞰着费尔珀路（Velperweg）。费尔珀路是一条宽阔的街道，从阿纳姆的东边通向北边的聚特芬。他一直没有离开自己的岗位，却接到了从西边远离市中心的地方打来的多个电话，这些电话令他深感不安。地下抵抗组织成员报告说，在沃尔夫海泽和奥斯特贝克地区遇到了麻烦；有关解放的激动交谈停止了，到现在有数小时了，他们听到的全都是形势正在恶化。德博德被要求保持观察，看看是否有德国人从北边和东边大量转移过来的迹象。到目前为止，他什么也没有看到。每个小时他都向地下抵抗组织的指挥部打一次电话，传递的消息中都包含着相同的简短情报。"公路上空无一人。"他一再这样汇报。

夜间晚些时候，距离德博德下一次打电话的时间还有大约20分钟，他听见了"装甲车的橡胶轮胎行驶的声音，以及装甲车辆发出的'哐啷哐啷'的声音"。非常疲惫的他走到窗前，注视着费尔珀路。公路上似乎像刚才一样空无一人，然而在远处，透过城市上方映照的火光可以看到，两辆体型庞大的坦克驶进了视线。它们并排在宽阔的街道上行进，直接驶向那条通向老城区的公路。德博德睁大了眼睛观察着，他看见除了这两辆坦克之外，还有用卡车"运送的军服整洁的士兵，他们笔直地坐在座位上，步枪就在他们面前竖立着，紧随其后的是更多的坦克和更多的成排坐在卡车上的士兵"。他立即给克鲁伊夫打了电话，说道："看来整整一个配备坦克和其他武器的德军集团军正在直接进入阿纳姆。"

亨利·克纳普是阿纳姆地下抵抗组织的情报负责人，他曾在9月14日提醒伦敦，比特里希的党卫军第2装甲军出现了，现在他正通过自己的网络收到有关德军增援部队源源不断抵达的报告。克纳普不再小心翼翼了，他直接给在哈尔滕施泰因旅馆的英军师部打电话，向值星官报告。克纳普开门见山，告诉他"一队坦克，其中有一些虎式坦克，正在进入阿纳姆，部分正朝奥斯特贝克开去"。那名军官客气地要克纳普先别挂断。几分钟以后他回来了，对克纳普表示感谢，但又解释说："上尉对这个报告感到怀疑。毕竟，他已经听过很多童话故事（fairy tale）[1]了。"但英军师部里面的怀疑主义很快就消失了，因为彼得·克鲁伊夫通过荷兰海军少校阿诺尔德斯·沃尔特斯证实，起码"有50辆坦克正从东北方向开进阿纳姆"。沃尔特斯作为荷兰皇家海军军官，正为英军第1空降师担任情报联络官。

战斗带来的恶臭在内城弥漫。在大桥上，车辆残骸高高地伸出水泥路肩，碎片散落在莱茵河沿岸的街道上，浓烟给楼房和院子涂上了一层薄薄的油污。在整片滨河地区，几百处大火熊熊燃烧却无人理会。人们记得，大地在猛烈爆炸的冲击下不断颤抖——德军在交战次日的最后几小时里仍在轰击北坡道上的英军据点，双方为争夺蒙哥马利计划中的这个头号目标一刻不停地激烈交火。

午夜时分，约翰·弗罗斯特中校离开了坡道西边的营部，到环

---

[1] 当然这是比喻，fairy tale 除了有童话和神话故事的意思外，还有"谎言、不实之词"的含义。

形防线上核对官兵人数。尽管自格雷布纳的装甲车队从上午发动进攻以来战斗几乎就没有停过，但英军的士气仍然高昂。弗罗斯特为麾下那些身心疲惫、灰头土脸的伞兵感到骄傲。整整一天，他们顽强地击退了一次又一次进攻。没有一个德军士兵或一部德军车辆能到达大桥北端。

下午，德军改变了战术，他们试图用白磷弹将英军从据点里烧出来。一门长身管的150毫米火炮将45千克重的炮弹直接打进了弗罗斯特的营部所在的建筑里，迫使大家躲入地下室。之后英军迫击炮对这个进入射程的麻烦制造者进行了轰击，并直接命中，击毙了那门火炮的炮手。可就在伞兵们欢呼并嘲弄地发出嘘声时，其他德军冒着炮火冲出来，把那门大炮拖了回去。环形防线各处的房屋都在猛烈燃烧，但英军在那些房屋里坚持到了最后一分钟，才转移到其他阵地。战斗造成的破坏很骇人，燃烧着的卡车和各种交通工具，残破的半履带车和成堆的冒烟的瓦砾胡乱堆在每条街道上。罗伯特·H.琼斯中士记得，这幅景象就像"一片马尾藻海[1]，上面漂浮着燃烧中的倒塌楼房、半履带车、卡车和吉普车"。这场战斗变成了一场耐力比赛，弗罗斯特知道，他的部下得不到增援就必败无疑。

地下室和地窖里满是伤员。伯纳德·马里·伊根（Bernard Mary Egan）上尉是第2伞兵营的随军神父之一，詹姆斯·瓦特·洛根（James Watt Logan）上尉是该营的军医主任，两人自北非战役以来就是朋友，现在他们正用迅速消耗的医疗用品照料着伤员。吗啡已所剩无几，野战绷带也用完了。伞兵们动身前往大桥的时候，只

---

[1] 马尾藻海（Sargasso sea），北大西洋的一部分，在西印度群岛东北，以有大量马尾藻漂浮水面而得名。这里的海（sea）是小写，用作比喻，所以才有"一个马尾藻海"一语。马尾藻是海藻的一种。

带着可供吃两天的少量口粮，现在这些口粮快吃完了，德军又切断了供水。伞兵们不得不到处寻找食物，靠着他们所占据房屋的地下室和地窖里储存的苹果及为数不多的梨来生存。G. W. 朱克斯二等兵记得，他的中士告诉士兵们："你要是大量吃苹果的话，就不需要喝水了。"朱克斯产生了一种幻觉，感到自己"最终被解救了，绑着血迹斑斑的绷带，无所畏惧地与别人背靠背地站着，四周是死去的德国人、空弹壳，还有苹果核"。

一小时又一小时过去了，弗罗斯特一直在等待着，等待多比或者菲奇的援兵突破德军包围圈来到大桥，但他们始终没有出现。尽管交火声从阿纳姆西边传来，却没有迹象说明有大部队在运动。在一整天的时间里，弗罗斯特都在期盼再次得到霍罗克斯的第 30 军的消息。自从上午收到那个唯一清晰的无线电信号以后，就再也没有从他们那里听到任何消息了。那些费尽周折终于来到弗罗斯特身边的第 3 伞兵营的掉队者并没有带来好消息，他们称霍罗克斯的坦克部队仍然在"走廊"远处；有些人甚至从荷兰地下抵抗组织那里听说，坦克纵队连奈梅亨都没有到。弗罗斯特既担心情况果真如此，又无法断定虚实，于是决定不把这个消息透露给其他人知道。但他已经开始相信，从成立起就一直由他指挥，让他引以为豪的第 2 伞兵营的官兵独自坚守下去的时间，将远远长于他的预期。

在星期一的最后数小时里，弗罗斯特的希望就仰赖于第三次空运，仰赖于预期中斯坦尼斯瓦夫·索萨博夫斯基少将的波兰第 1 独立伞兵旅的到达。"他们定于在大桥的南边空投，"弗罗斯特后来写道，"而且我对他们将要受到的'接待'感到担心……但重要的是，他们会发现有一小队朋友在迎接他们。"为了准备波兰人的到来，弗罗斯特组织了一个"机动强击队"，由弗雷迪·高夫少校的两辆装甲侦察吉普车和一辆通用运载车组成。弗罗斯特指望他们能冲过大桥,在突击造成的猝然和混乱当中打开一条通道,把波兰人带过来。带队的高夫少校"觉得糟透了,对这个主意很不乐观"。他在9月16日庆祝了自己的43岁生日,高夫非常肯定,如果要完成弗罗斯特的计划,他就看不到自己的44岁生日了。[1]

据判断,波兰人在19日上午10点以前不会着陆。现在,弗罗斯特巡视着他在堑壕、机枪巢、地下室和地窖里面的部下,提醒他们节约珍贵的弹药,只能在敌人靠近的时候才开枪,要做到弹无虚发。当中校的命令传达下来时,通信兵詹姆斯·N.海瑟姆正用步枪瞄准一个德国兵,"站着别动,你个笨蛋,"海瑟姆喊道,"这些子弹可是要花钱的。"

虽然弗罗斯特知道限制开火会帮助敌人改善其阵地,不过他也相信德军会被误导,以为英军不仅折兵损将,还丧失了勇气。弗罗斯特确信,这种态度将让德军付出高昂的代价。

在坡道对面,与埃里克·麦凯上尉在一起的那一小群人,已经证明了弗罗斯特的理论。

在坡道下面那栋弹痕累累、满目疮痍的校舍里,麦凯把手头的那点兵力收缩进了两个房间,并在门厅里布置了几名士兵,防止敌人渗入。麦凯刚把部下安置好,德军便在机枪和迫击炮的掩护下发起了一次迅猛的进攻。阿瑟·S.亨迪(Arthur S. Hendy)一等兵记得,德军火力非常猛烈,子弹"'嗖嗖'地穿过破碎的窗户,把木地板

---

[1] 战后高夫得知,霍罗克斯将军也一直在考虑一个类似的主意。他记得,曾经有一支快速侦察部队走在英军纵队的前面,并与美军第101空降师会合,因而他认为完全可以由一支类似的快速侦察队去碰碰运气,抵达阿纳姆大桥。"文森特·阿什福思·布伦德尔·邓克利(Vincent Ashforth Blundell Dunkerley)中校接到了命令,要他率领这支部队,"高夫说道,"而且和我一样,他也承认,他整整一天都因为想到这事而着慌,因而老是小便。"——原注

撕开，我们要迅速避开射来的子弹和横飞的木头碎片"。

当英军官兵躲闪着四处隐蔽时，麦凯发现德军带来了一具火焰喷射器。没过几分钟，学校附近一辆被炸毁的半履带车便着了火。麦凯回忆说，随后"德军放火烧了我们北边的那幢房子，房子猛烈燃烧，在我们的木头屋顶上下了一阵火花雨，木屋顶立即被引燃了"。混乱中大家快速跑上屋顶，在随后的3个多小时的时间里，他们使用学校的灭火器以及自己的伪装服发疯似的灭火。在亨迪一等兵看来，那种臭味"就像在烧奶酪和烤肉。整片地区都被照亮了。阁楼里酷热难当，德军又一直在朝我们打冷枪。但最终火被扑灭了"。

当精疲力竭的伞兵们再次集中到那两个房间里时，麦凯命令士兵用伪装服和衬衫把脚包住。"石头地板上面满是厚厚的碎玻璃、灰泥和碎铁片，楼梯由于有血而打滑，所有这些东西都在我们脚下咯吱作响，发出令人毛骨悚然的声音。"麦凯回忆说。正当他要下到地窖去察看伤员的情况时，"出现了一道令人目眩的闪光和一次可怕的爆炸。等我恢复意识的时候，只知道有人在扇我的脸"。在大火燃烧的过程中，德军使用"铁拳"反坦克榴弹反射器想一劳永逸地消灭这支小小的部队。麦凯发现校舍的整个西南角以及仍然闷燃着的屋顶的一部分被炸掉了，他觉得既茫然又难以置信。更糟糕的是，各个教室里现在到处都是尸体和伤员，就像一个停尸房。"几分钟后，"麦凯回忆说，"有一个士兵走过来说，他认为我们被包围了。我从其中一个窗户朝外边望去，看见下面有许多德国人，但十分滑稽的是，他们什么也没有做，只是在四周的草地上傻站着。除了西边没人，他们在我们周边站得到处都是。他们一定以为那支'铁拳'榴弹发射器把我们都干掉了，因为我们停火了。"

麦凯小心翼翼地在地板上的尸体间绕行着,命令部下取出手榴弹。"我喊'开火'的时候,就用你们手头所有的武器朝外打!"他说道。麦凯回到东南边的那扇窗户旁,下达了开火命令。"小伙子们朝下面的人头上扔出了手榴弹,我们立即用剩下的所有武器射击,那是6挺'布伦'轻机枪和14支'斯登'冲锋枪,都以最高射速射击。"嘈杂声中,伞兵们侧身站在窗户边,操着机枪紧靠着胯部射击,同时高喊着他们的战斗口号"哇哦,穆罕默德"。只打了几分钟,反击就结束了。麦凯回忆说:"当我再次朝外面看的时候,只看见一张灰色的地毯。被我们击毙的德国佬肯定有30~50个。"[1]

现在,他的士兵开始着手收拢死者和伤员。有个人胸部中了15颗子弹,奄奄一息;还有5人伤势非常严重,而且几乎所有的伞兵都在试图拯救熊熊燃烧的屋顶时被烧伤了。麦凯也再次被弹片击中,他发现自己的脚被弹片钉在靴子里,客串医护兵的工兵平基·怀特(Pinky White)和麦凯都无法把那块弹片取出来,因而麦凯只能把他的靴子系得更紧一些,以便把肿胀压下去。在原先的50名官兵之中,现在只有21人还有战斗力:阵亡4人、25人负伤。尽管他们没有食物,只有一点水,却收集到了大量吗啡,因而能够减轻伤者的痛苦。"几乎每个人都要休克了,都极其疲倦,"他记得,"但我们却为自己赢得了又一段喘息之机。我觉得事情看起来不妙,但我们听到了英国广播公司的广播,他们告诉我们一切正在按照计划进行。我用无线电与中校取得了联系,说明了我们的兵力情况,并且表示我们全都精神饱满,正在坚守。"

---

[1] 由于德国陆军身穿田野灰色的制服,"灰色的地毯"喻指德军尸体摊铺开来,就像张地毯一样。

阿瑟·亨迪一等兵试图睡上几分钟的时候，听见了远处传来的教堂钟声。起初他以为钟声是在宣告霍罗克斯坦克部队的到来，但那钟声既不平稳也不连贯，亨迪意识到一定是子弹或者炮弹弹片击中了钟。他想到在坡道另一侧的弗罗斯特中校营部周围的那些士兵，不知道他们是否安全。他又听见了钟声，感到自己在颤抖，他无法让自己摆脱掉一种恐怖的绝望的感觉。

弗罗斯特急需得到的增援正在极其痛苦地接近——就在大约 1 公里开外，有 4 个营在圣伊丽莎白医院和莱茵河之间展开，正在拼命试图到达他那里。约翰·安东尼·菲奇中校的第 3 伞兵营一直想沿着"狮子"路线强行突破——也就是弗罗斯特两天前抵达大桥时所走的那条莱茵河边的公路。黑暗中，由于缺乏通信手段，菲奇并没有意识到其他 3 个营也在推进——戴维·多比中校的第 1 伞兵营、乔治·哈里斯·利（George Harris Lea）中校的第 11 伞兵营，以及威廉·德里克·赫辛·麦卡迪（William Derek Hessing McCardie）中校的南斯塔福德郡团第 2 营。多比的部下离他只有几百米路。

9 月 19 日，星期二，凌晨 4 点，第 11 伞兵营和南斯塔福德郡团第 2 营开始从圣伊丽莎白医院和阿纳姆市博物馆之间的稠密建筑物之间穿过。在他们南边的"狮子"路线上，菲奇已经遭遇到了顽强抵抗，现在第 1 伞兵营正试图从那条路线上强行突破。起初，这 3 个营行动协调，取得了一些进展，然而随着黎明的到来，夜幕的掩护消失了，德军在夜间零零星星的抵抗突然迅速集中起来。英军的推进逐渐停止，因为这几个营发现自己处在一张紧密的罗网之中，三面被敌人困住了，敌军几乎是在一个预先准备好的阵地里等待他们的到来，正打算进行一场大屠杀。

堵在街道上的德军坦克和半履带车辆向英军先头部队开火，迫使对方停止前进。北边铁路调车场的陡坡上，埋伏在建筑物内的德军机枪组通过窗户朝外开火。架设在莱茵河南岸砖厂里的多管高射炮则对英军进行了猛烈的平射，无情的炮弹如雨点般落进了多比营的队列中；而当菲奇营的官兵试图沿下莱茵河边的那条公路前进时，平射的高射炮火力又转而猛烈轰击菲奇的部下。菲奇营自两天前着陆以来，在持续的战斗中已经遭到了重创，现在又被无休止的高射炮火切成了碎片，再也无法作为一支成建制的单位存在了。士兵们在混乱中溃散了，他们既无法前进，又不能后退，毫无遮挡的公路上也没有掩蔽物，他们被德军炮火有条不紊地扫倒了。"令人痛苦的是，"第3伞兵营营部副官欧内斯特·沃尔特·塞科姆（Ernest Walter Seccombe）上尉说，"德国佬的弹药要比我们多得多。我们试图从一个掩蔽物跑到另一个掩蔽物。我刚刚开始冲刺，就遭遇了一阵致命的交叉火力，我像一袋土豆那样倒下了，甚至连爬都爬不了。"塞科姆的两条腿都中了弹，无助地看着两名德国兵走到自己面前。这名英军上尉能说一口流利的德语，他要他们帮忙看看自己的腿。德国人随即弯下身来检查了他的伤口，然后其中的一个人站了起来。"对不起，上尉先生，"他告诉塞科姆，"对您来说，战争恐怕已经结束了。"德国人把他们的医护兵叫了过来，于是塞科姆被送到了圣伊丽莎白医院[1]。

菲奇手下的一名军官碰巧发现，多比的部队出现在南边的那条公路上，而第1伞兵营的官兵尽管自身蒙受了巨大伤亡，仍然匆匆朝菲奇营那点可怜的残存人马走去。多比中校现在一门心思要赶往

---

[1] 在阿纳姆之战的大部分时间里，这家医院都被英德双方的军医和医护兵共同用来照看各自的伤员。塞科姆由于是德军的俘虏，于是便被送到了离德国边境大约8公里远的荷兰小镇恩斯赫德（Enschede），在那里他的两条腿都被截掉了。他于1945年4月被释放。——原注

大桥，但困难重重。当多比冲入密集的炮火封锁线，越过菲奇营的官兵时，他自己也负了伤，随后被俘了（不过后来他又成功地逃脱了）。到当天结束的时候，据估计多比的第 1 伞兵营只剩下了 40 人，沃尔特·博尔多克二等兵就是其中之一。"我们一直在试图赶到大桥，但那是场灾难。我们不断遭到迫击炮的拦阻射击，德军坦克也直接朝我们疾驶而来。我试图用'布伦'轻机枪打一辆坦克，但接着我们就后退了。在经过一条被炸断的供水总管时，我看见一个穿着蓝色宽大罩衫的平民躺在排水沟里，水轻轻地冲刷着他的尸体。我们离开阿纳姆郊区的时候，不知为什么，我就觉得我们不会再回来了。"

菲奇的部下试图跟随多比营继续前进，但随后他们再次被打得落花流水。行军队列已经失去了一切意义；战后的报告表明，此时营内已经完全乱了套。"在我们到达被拆掉的浮桥地区之前，进展是令人满意的，"第 3 伞兵营的报告说，"然后来自第 1 伞兵营的伤员开始从我们当中经过。重机枪、20 毫米高炮以及迫击炮的猛烈射击又开始了……伤亡人数增长的越来越快，每分钟都有伤员小组被后送。"

由于部队有被全歼的危险，所以菲奇命令部下撤回到莱茵馆，那是河岸边的一个大型饭馆建筑群，该营的余部可以在那里重组并占据阵地。"每个军官和士兵都必须尽最大努力撤回，"菲奇告诉他的伞兵们，"整片地区似乎都被炮火覆盖，能够安全逃脱的唯一希望就是单独行动。"罗伯特·爱德华兹二等兵记得，有一名中士，"他的靴子由于伤口流血而发出'咯吱咯吱'的声音，他告诉我们要冲出去，沿原路返回，直到遇见有组织的部队"。菲奇中校没能抵达莱茵馆，在那条致命的返程路线上，他被迫击炮弹炸死了。

由于一系列奇怪的情况，有两个本来永远也不应该出现在那里的人，实际上却进入了阿纳姆。安东尼·迪恩-德拉蒙德少校是第1空降师通信科副科长，他对通信故障感到十分震惊，于是便与自己的勤务兵兼司机阿瑟·特纳一等兵一起外出，想要弄清楚到底出了什么问题。从星期一一大早开始，迪恩-德拉蒙德与特纳就一直在路上。他们首先找到了多比营的位置，在那里获悉弗罗斯特营在桥上，多比正在准备发起进攻，以便突破到弗罗斯特那里。迪恩-德拉蒙德又从河边的公路出发，赶上了第3伞兵营的一些人马，他们正奋力前往阿纳姆，于是迪恩-德拉蒙德便同他们一起上了路。猛烈的炮火把这一行人吞没了，在随后进行的战斗中，迪恩-德拉蒙德发现自己正率领着一个连长已经阵亡的伞兵连的余部。

迪恩-德拉蒙德记得，他们不断受到轻武器火力的打击，被敌人包围。德国兵朝英国兵投掷木柄手榴弹，而他则率领着一行人沿着公路朝一个小河湾附近的一些房子走去，他能够看见大桥就在前面。"只剩下不到200米就能到达我决定要去的那些房子的时候，士兵们就纷纷倒下了，"他回忆说，"我们只剩下20人左右，而且我意识到这个营的其他人现在远远落在后面，可能永远不会到达我们这里。"迪恩-德拉蒙德把士兵们分成三组，决定等天黑时到河边去，然后尝试泗水渡河，到西边再游回来寻找师里的部队归建。在一处小角落的房子里，他安顿下来等待，周围全都是德国人。前门传来了"砰砰"的开门声，于是迪恩-德拉蒙德和3名同他在一起的士兵飞快地跑到了房子后面，把自己锁在一个小小的盥洗室里。从这个小房间外面传来的喧闹声可以得知，德军显然正忙着把这幢房子改建成一处据点。迪恩-德拉蒙德落入了陷阱。在此后3天的大部分时间里，他和其他人将一直躲在这个小小的房间里。[1]

与此同时，第 11 伞兵营和南斯塔福德郡团第 2 营在经过了数小时的残酷巷战之后，也陷于停顿。反攻的德军坦克部队彻底击败了这两个营，迫使他们缓慢退却。

莫里斯·A. 福克纳二等兵记得，这两个营中的一部分人在蒙受了巨大伤亡之后来到了博物馆，却又与德军坦克部队不期而遇。"我看见一个士兵从窗户跳到一辆坦克上面，想把手榴弹扔进去，"福克纳回忆说，"但随后他就被狙击手打死了。不过我认为，无论如何他大概已经陷于困境，可能认为这是唯一的出路了。"南斯塔福德郡团第 2 营的威廉·A. 奥布赖恩（William A. O'Brien）二等兵说，形势"突然混乱了起来，谁也不知道该做什么。德军投入了六管火箭发射器（Nebelwerfer），听见火箭弹呼啸的声音，我们都被吓得精神错乱。我开始认为，似乎那些将军无权让我们陷入这样的境地。我一直纳闷，该死的第 2 集团军到底到哪里去了"。

在奥斯特贝克的教堂附近，第 1 伞兵营机枪排的安德鲁·米尔本二等兵听见有人喊机枪手。米尔本走上前，被告知带上他的机枪和一组人，到圣伊丽莎白医院附近那条公路的交叉口去，在那两个营脱离战斗的时候掩护他们。米尔本把他的"维克斯"机枪放在吉普车里，和另外 3 个人一起出发了。他把机枪架在十字路口旁一栋

---

1 9 月 22 日，星期五，迪恩-德拉蒙德在离开阿纳姆大桥附近的这幢房子后不久便被俘了。在费尔普附近一栋用来关押战俘的旧别墅里，他发现了一处可以藏身的壁橱。在这个狭窄的地方他待了 13 天，给自己实行定量供应，每天只喝几口水，吃少量面包。10 月 5 日，他逃脱了，并与荷兰地下抵抗组织取得了联系，于 10 月 22 日晚被送到了位于奈梅亨的第 1 空降师战地医院。在阿纳姆的时候同他一起的 3 个人中的一个——迪恩-德拉蒙德的勤务兵阿瑟·特纳也被俘了，也被押到了费尔普附近那座关押战俘的旧别墅里。最终他被送到了德国的一个战俘营，于 1945 年 4 月被解放。迪恩-德拉蒙德本人的故事，在他自己写的《返程车票》一书中，得到了给人留下最深刻印象的讲述。——原注

房子的花园里，几乎立即就卷入了战斗，吸引了大量敌军火力，德军的迫击炮弹和子弹似乎直接对准了他。当部队开始在他周围后撤时，米尔本在他们前面不断射击，子弹打出了弧形弹道。他记得自己听见了一种"嗖嗖"的声音，就像风一样，然后又看见一道闪光。几秒钟后他知道自己的眼睛和手都负伤了。他记得有人说："天哪，他倒霉了！"

托马斯·普里查德二等兵听见这句话便跑了过去，米尔本身边已经围着几个士兵了。"他躺在扭曲的'维克斯'机枪上面，双手吊在皮肤上，一只眼睛从眼窝里掉了出来。我们大喊让医护兵过来。"在不远处，米尔本最好的朋友、第16伞降野战医疗队的特里·"塔菲"·布雷斯（Terry "Taffy" Brace）下士听见有人在喊叫，把刚刚处理好的一名被弹片击伤的士兵留在后面，全速向前跑去。"快，"有人朝他喊道，"'维克斯'机枪手负伤了。"布雷斯记得，他在奔跑过程中听见德军机枪在不断射击，子弹和迫击炮弹似乎落得到处都是。他来到一群人面前，推搡着走了过去，令他惊恐的是，他看见米尔本躺在地上。布雷斯发疯似的工作着，把米尔本的胳膊包扎起来，在他的颧骨下面垫上一块绷带，用以支撑他的左眼。布雷斯记得，他一边包扎一边不断地说话。"只是一点儿擦伤，安迪，"他不停地说，"只是一点儿擦伤。"布雷斯抱起他的朋友，把他送到附近的一个包扎所，那里的荷兰医生立即开始医治伤员。随后布雷斯又回到了战场。[1]

布雷斯穿过似乎躺着数百人的田野和公路。"我在每个人身旁都停下来察看，"他回忆说，"对他们中的大多数人，我所能做的唯

---

[1] 米尔本后来在奥斯特贝克的特尔·霍斯特家的地下室里被俘了。他失去了左眼，在阿珀尔多伦由一位德国外科医生截掉了两只手。在这场战争的剩余时间里，他待在德国的一个战俘营里。——原注

一事情就是脱下他们的伪装服,盖住他们的脸。"布雷斯尽最大努力处理了一名受伤的中士,然后当他准备再次动身的时候,那人把手伸向了他。"我挺不过去了,"他告诉布雷斯,"请抓住我的手。"布雷斯坐了下来,用双手捧着中士的手。他想到了自己最好的朋友米尔本,想到了当天在战线上来回穿梭的许多人。几分钟以后,布雷斯感到被轻微拉了一下。他低下头,发现那名中士已经停止了呼吸。

现在,英军正处于混乱之中,他们没有反坦克炮,步兵反坦克抛射器的弹药也用完了,部队损失惨重。这场进攻变得一团糟,那两个营无法冲过圣伊丽莎白医院周围的建筑稠密区。但在迷宫般的街道中,有一场战斗既有效又成功,这次进攻夺占了兹瓦特路14号的一排房子,这正是"罗伊"·厄克特少将一直藏身的那幢房子。

"我们听见外面的自行火炮呼哧作响,履带发出'嘎嘎'声,"厄克特后来写道,"它开走了。"随后安东·德克森出现了,他"激动地宣布,英国人就在公路尽头。我们跑上街道,我为我们再次取得联系而感谢上帝"。

厄克特从南斯塔福德郡团第2营的一名军官那里得知,他的师部现在位于奥斯特贝克一家名叫哈尔滕施泰因的旅馆里,于是征用了一辆吉普车,冒着狙击手的弹雨全速驶去,终于回到了师部。

现在是清晨7点25分。在最关键的时期,他脱离了战斗,失去对战斗的控制长达近39个小时。

在哈尔滕施泰因旅馆,最先见到厄克特的是滑翔机飞行员团的随军牧师乔治·阿诺德·佩尔上尉。"消息一直不太好,"他回忆说,"据报告师长被俘了,也看不见第2集团军的影子。"佩尔在旅馆台阶上往下走的时候,"正在登上台阶的不是师长又是谁呢。我们几个人看见他,但谁都一言不发。我们只是盯着他看——完全惊呆了"。由于身上很脏,"两天没有刮胡子,我看上去一定成了别的什么样子",厄克特后来说道。这时参谋长查尔斯·麦肯齐中校冲了出来,他盯着厄克特说道:"长官,我们还以为您永远离开了呢。"

麦肯齐迅速向焦急的厄克特简要汇报了他不在的时候所发生的那些事,并介绍了眼下的形势——师部所知道的形势。情况糟透了,厄克特辛酸地看到,他引以为傲的师被打散了,被切成了一片一片。他想到了困扰着自己参加"市场"行动部队的所有挫折:从空投场到大桥的距离;通信手段几乎全部出了故障;哈克特的第4伞兵旅由于天气原因而延误,加上丧失了珍贵的第二次空投的补给品;还有霍罗克斯的坦克部队进展缓慢。厄克特震惊地获悉,据报告第30军甚至连奈梅亨都没有到。发生在哈克特和希克斯之间的指挥权之争令人心烦意乱,尤其是因为这场争论是在厄克特和拉思伯里出人意料地失踪的时候产生的,而在这个关键时刻,恰恰需要对战斗做出精确的指示。最让厄克特感到悔恨的是,在制订计划的最初阶段,由于令人难以置信的过分乐观,没有对比特里希装甲军的存在给予相应的重视。

所有这些因素,犹如连环套一样使得问题更加复杂,把第1空降师带到了灾难边缘;只是严格的纪律和令人难以置信的勇气,才把遭到重创的"红魔鬼"们凝聚在一起。厄克特决心,要以某种方式逐渐灌输新的希望,努力把部下协调起来,甚至到连一级。他知道,在这样做的时候,他必须向疲惫不堪、伤痕累累的官兵们提出比任何时候都要更高的要求,但他别无选择。这个富有献身精神、说话声音柔和的苏格兰男人看到,由于德军增援部队正源源不断地涌来,除非他立即采取行动,否则"我的师就会完全被消灭"。甚至现在,要想让他心爱的部队免于被消灭,也可能已经太晚了。

只要看一下地图，就知道战况多么令人绝望。简单地说，已经没有前线可言了。现在除了波兰旅之外，他所有的伞兵都到达了，西边的主要空投场已经被放弃，而且除了提供再次空投补给品的地区之外，在他们周围由希克斯的部下坚守的战线已经缩短，下属各部队的战斗区域更是全面收缩。他看到，哈克特正在进攻沃尔夫海泽东北方向的高地和约翰娜胡弗农场；第11伞兵营和南斯塔福德郡团第2营正在圣伊丽莎白医院附近鏖战；下莱茵河公路上的第1伞兵营和第3伞兵营的进展没有消息。然而厄克特骄傲地得知，弗罗斯特仍然在大桥上坚守着。在战场态势图的各个地方，根据新的报告，红色箭头都表明敌人的坦克和部队正在集结，有些实际上就部署在英军部队的背后。厄克特不知道是否还有足够的时间把他正在减少的兵力重新集结，协调他们的推进，并在最后孤注一掷的进攻中将他们送往大桥。眼下，厄克特对第1伞兵营和第3伞兵营遭受到的惨重损失一无所知，他认为仍然还有机会。

"我突然意识到，"他记得，"谁在指挥城里的战斗？是谁在协调？拉思伯里负伤了，并没有在那里。没有人被指定去制订计划。"他开始思考这个问题的时候，希克斯准将来了。希克斯见到厄克特，并把师指挥权交还给厄克特，他高兴极了。"我告诉他，"厄克特说道，"我们得立即派人进城，要派一名高级军官去协调利中校和麦卡迪中校的进攻。我意识到，当时他们离我只有几百米远，倘若我仍然待在城里并指挥战斗的话，情况可能会好一些。现在，我派出了第1机降旅副旅长希拉里·巴洛上校，作为希克斯的副手，他是这份工作的理想人选。我让他坐上吉普车并带好无线电台马上出发，进城去把两边的部队给联系起来。随后我向他详细说明了利中校和麦卡迪中校的位置，并命令他对攻击展开妥善协调。"

巴洛永远没有赶到那两个营的所在之处，他在途中的某个地方被打死了。"他纯粹是消失了。"厄克特回忆说，他的尸体从未被发现。

波兰人将在第三次空运中到达的事情也几乎同样紧迫。他们将在大桥南入口着陆，直接落到已经做好准备的敌人头上，这一点弗罗斯特太清楚了。厄克特推断，现在德军显然得到了装甲部队的增援，这场空投可能会成为一场大屠杀。为了阻止他们，即使通信联络没有把握——谁也不知道能否把消息发送出去，厄克特还是发出了一份警告电报，要求更换新的空投场。后方军部一直没有收到过这份电报，但这已无关紧要了。还有一个麻烦，浓雾覆盖了英格兰的许多机场，而参加关键的第三次空运的飞机和滑翔机正准备从那些机场出发。

霍罗克斯的坦克部队必经的那条"走廊"再次敞开了。在阿纳姆南边74公里处的索恩，工兵们注视着英军的第一批装甲车辆隆隆驶过他们建起来的临时性的贝利桥[1]。禁卫装甲师又一次上路了，这次推进由掷弹兵禁卫团的部队打头阵。现在是9月19日清晨6点45分，参加"花园"行动的部队比预定时间晚了36个小时。

到目前为止，在"走廊"该处地段的人谁也猜不出最后算总账的时候，时间的丧失将意味着什么——而更糟糕的事情还没有到来呢。在北边56公里处，奈梅亨的瓦尔河大桥仍然掌握在德军手中。空降部队的指挥官们担心，要是不能迅速而又完好无损地将其夺取的话，德军就会把它炸掉。

这样的担忧令装甲部队的挺进愈加紧迫，对加文准将、军长布

---

1 贝利桥（Bailey bridge），即钢制军用活动便桥，根据20世纪英国工程师唐纳德·C.贝利（Donald C. Bailey）的姓命名。

朗宁中将以及霍罗克斯来说，奈梅亨大桥现在是这项计划中最关键的所在。到目前为止，指挥官们还不知道英军第1空降师到底处于什么样的困境。德国人的宣传广播吹嘘说厄克特少将死了[1]，他的师被粉碎了，但该师自身根本就没有传递出任何消息。在坦克纵队中，官兵们认为"市场-花园"行动进展顺利，泰勒将军的"呼啸山鹰"亦是这样认为的。"对第101空降师的空降兵来说，坦克的声音和坦克上的大炮既是一个保证又是一个许诺，"战史学家塞缪尔·莱曼·阿特伍德·马歇尔（Samuel Lyman Atwood Marshall）准将后来写道，"保证有一项计划，许诺这项计划可能奏效。"

当坦克隆隆驶过的时候，泰勒少将的第101空降师的空降兵们为自己取得的成就感到自豪，而且他们也应该感到自豪。他们遭遇了敌方始料未及的顽强抵抗，但仍然夺取并守住了从艾恩德霍芬一直到费赫尔的24公里长的公路。在沿途各地，第2王室骑兵团的装甲车、掷弹兵禁卫团的坦克，以及强大的第30军主力飞速驶过的时候，士兵们挥手欢呼。没用多久这支纵队便从索恩来到了费赫尔。紧接着，装甲先遣队便以蒙哥马利所期盼的那种整个进攻应该有的冲刺，在两侧欢呼、挥舞旗帜的荷兰人群之中快速前进，于上午8点半到达了第一个目的地赫拉弗。在那里，坦克部队与加文的第82空降师会师了。"我们知道我们到了他们那里，"位于一辆先头装甲车上的威廉·切内尔（William Chennell）下士回忆说，"由于那些美国人并不心存侥幸，他们鸣枪示警，让我们停了下来。"

第一批坦克迅速继续前进，中午时分到达了奈梅亨郊外。现在，那条关键的"市场-花园"行动的"走廊"已经走过了三分之二路程。

---

[1] 按照比特里希的说法，德国人通过讯问战俘得知，厄克特不是死了就是失踪了，他还声称："我们正在监听无线电信号和电话"。——原注

这条孤零零的公路上挤满了车辆，倘若不是那些警觉而又顽强的空降兵为了让它保持畅通而奋战到底、流血牺牲，公路原本随时都会被切断。蒙哥马利大胆的战略要获得成功，那么这条"走廊"就是生命线，单是这条生命线就是成功的保障。士兵们为胜利而激动万分。按照官方公告的说法，包括艾森豪威尔的最高统帅部的公告都说，一切都在按照计划进行。甚至没有任何信号暗示，一个可怕的困境正在缓慢地吞噬阿纳姆的英军空降兵。

然而，弗雷德里克·布朗宁中将却感到不安。18日下午，他与加文准将碰了个头，但军长没有得到有关阿纳姆的任何消息。除了荷兰地下抵抗组织少得可怜的情报之外，布朗宁的通信部队没能接收到任何情况汇报的电文。尽管官方宣称，此次作战行动的进展令人满意，但从后方军部转过来的信息，以及从邓普西将军的第2集团军得到的消息，都让他的身心备受折磨，担忧不已。布朗宁无法摆脱这种感觉，即厄克特遇到的麻烦可能非常严重。

有两份报告尤其令他焦虑。德军在阿纳姆的兵力和反应毫无疑问地证明，他们的实力要比计划制订者们预期的更为强大，反应速度更为迅猛。皇家空军的空中照相侦察表明，英军只坚守着阿纳姆大桥北端。即使是现在，布朗宁也没有意识到，有两个德军装甲师就在厄克特的防区内。布朗宁为通信手段的匮乏而烦恼，又被自己的怀疑困扰着，于是便提醒加文："今天必须把奈梅亨大桥夺下来，最迟明天。"从第一次听说有"市场-花园"行动的那一刻起，布朗宁就一直为阿纳姆大桥担心。蒙哥马利自信地预料，霍罗克斯将会在48小时之内到达那里，当时布朗宁的看法是厄克特的伞兵能够坚守4天时间。现在是D日的两天以后了，比布朗宁对该师独立作战能力的估计还少了一天。此时尽管布朗宁还没有意识到英军第1空降师的形势非常严峻,但他还是嘱咐加文:"我们必须尽可能快地赶到阿纳姆。"[1]

在美军第82空降师的战区内与地面部队建立联系之后,布朗宁立即召集了一个会议。禁卫装甲师的先导装甲车被派了出去,把第30军军长霍罗克斯中将和禁卫装甲师师长艾伦·阿代尔少将都接了过来。两位将军与布朗宁一起,驱车前往奈梅亨东北方一处能俯瞰河流的地方。威廉·切内尔下士的车被选中送其中的一位将军,在那儿他与一行人站在一起观察奈梅亨大桥。"让我吃惊的是,"切内尔回忆说,"我们能够看见德军和车辆在桥上来来往往,根本对我们视而不见。敌人一枪未响,然而我们就在几百米远的地方。"

回到布朗宁的军部之后,霍罗克斯和阿代尔首次获悉第82空降师战区内德军的猛烈抵抗。"我在到达的时候惊讶地发现,奈梅亨大桥还没在我军手里。"阿代尔说道,"我想当然地认为,等我们到达的时候,大桥已经被空降部队拿下了,我们只需疾驶而过。"这位将军现在得知,加文的伞兵为了守住空投场而陷入了极大困境,结果有几个连被从奈梅亨召回保护这些空投场,防止敌军发动大规模进攻。面对坚守着大桥入口的强大的党卫军部队,第508伞兵团的一些部队已经无力取得任何进展。布朗宁认为,迅速夺取大桥的唯一方式,就是步坦协同进攻。"要把这些德军赶出去,我们将不得

---

[1] 英国人有关阿纳姆的许多报道,包括切斯特·威尔莫特(Chester Wilmot)精彩的《欧洲争夺战》(The Struggle for Europe)一书,都暗示说布朗宁对厄克特此刻的形势的了解,实际上不止这些。仔细检查发送到军部的分散而又不确定的消息便可得知,从阿纳姆战场发出的第一份电文是在19日上午8点25分送达布朗宁那里的。当天又有两份电文被送达,电文内容是大桥的情况、部队的位置,以及要求空中支援。尽管发出了许多份注明了真实情况的电报,但这些电报却没有被收到,而收到的这3份电报又恰恰没有表明厄克特的师正在被德军有步骤地围歼。某些人士批评蒙哥马利和布朗宁,说他们没有采取更迅速、更有效的步骤,但这种批评是不公正的,因为此刻他们对厄克特的严重问题实际上一无所知。——原注

不投入比空降部队更多的兵力。"布朗宁告诉阿代尔。

奈梅亨大桥是"市场-花园"行动中的最后一个关键环节，由于布朗宁让英军空降兵坚持抵抗的限期就要到了，因而这项行动必须加速。还有17.7公里长的"走廊"要强行打通。布朗宁强调，必须以空前的速度夺取奈梅亨大桥。

弗伦茨贝格师师长海因茨·哈梅尔旅队长心情烦躁，十分沮丧。尽管比特里希不断施加压力，但他仍然没能把弗罗斯特和他的部下从阿纳姆大桥赶出去。"我感到简直愚蠢透顶！"哈梅尔回忆说。

现在他知道，英军伞兵的补给品和弹药几乎用完了，而且伞兵们的伤亡情况，如果用他的部队的伤亡来做推测的话，也是非常大的。"我本来决定要让坦克和大炮对准他们，把他们坚守的每一座建筑物都夷为平地，"哈梅尔说道，"但考虑到他们作战这么顽强，我又觉得首先应该劝降他们。"哈梅尔命令他的参谋们安排一次暂时的休战，他们要挑选出一名英军战俘，带着哈梅尔的最后通牒去找弗罗斯特。被选中的人是一名刚刚被俘的工兵，25岁的斯坦利·哈利韦尔（Stanley Halliwell）中士，他是麦凯上尉手下的一名工兵。

哈利韦尔被告知，他要举着一面休战旗进入英军的环形防线；到了那儿他要告诉弗罗斯特，一名德国军官将过来与他商讨投降的条件。如果弗罗斯特同意，那么哈利韦尔将再次返回大桥，不携带武器与弗罗斯特站在一起，等那名德国军官过来。"作为一名战俘，我应该在送完口信并得到中校的回答之后，立即回到德国佬那里。我根本就不喜欢这件事的后一部分。"哈利韦尔说。德国人把哈利韦尔带到接近英军环形防线的地方，他在那儿举着休战旗进入了英军防区，来到弗罗斯特的营部。哈利韦尔忐忑不安地向弗罗斯特说明了形势，他说，德国人认为打下去毫无意义，英军已经被包围了，没有解围的希望。他们要么战死，要么投降，别无选择。弗罗斯特询问了哈利韦尔，得知"敌人似乎因为自身的损失而完全泄气了"。听到这个消息，他的精神为之一振，弗罗斯特记得，他当时想："只要能够送来更多的弹药，我们很快就能在面对党卫军对手时稳操胜券。"至于德国人进行谈判的要求，弗罗斯特给哈利韦尔的回答是直截了当的，"告诉他们见鬼去吧！"他说道。

哈利韦尔完全同意弗罗斯特的话。作为一名战俘他应该回去，但他不希望重复弗罗斯特的原话；而且他向弗罗斯特指出，穿过战线返回德军那边可能有些困难。"由你自己来做这个决定。"弗罗斯特说道。哈利韦尔已经做出决定了。"如果对你来说完全一样的话，中校，"他告诉弗罗斯特，"那么我就要留下来。德国佬迟早会得到这个消息的。"

在大桥坡道的另一侧，埃里克·麦凯上尉刚刚得到了一个类似的邀请，但他宁可误解这个邀请。"我朝外望去，看见一个德国佬站在那里，步枪上系着一块不怎么白的手帕。他喊道：'投降！'我立即想当然地认为，他们想投降，不过也许说的是要我们投降。"在那座现在几乎已经被摧毁的校舍里，他那支兵力薄弱的小部队仍在坚守着，麦凯依然以为那个德国人是想自己投降，于是认为这个主意是不切合实际的。"我们只有两个房间，"他说，"要是再加上俘虏，那就会有点拥挤了。"

麦凯朝那个德国人挥舞着手臂，喊道："从这里滚开，我们不接受俘虏。"医护兵平基·怀特走到窗口，和麦凯站到一起。"滚！"他喊道，"走开！"在一连串的嘘声和口哨声中，其他的空降兵也喊了起来。"滚开！回去决一胜负，你这个杂种。"那个德国人似乎明白了英国人的意思,麦凯回忆说,他转过身迅速回到德军占据的建筑物内,"仍然挥动着他那块脏手帕"。

大桥上的英军官兵被重重包围,但士气高昂。哈梅尔劝降的尝试宣告失败。狂暴的战斗再次开始了。

8

在英格兰格兰瑟姆附近浓雾弥漫的基地里，波兰第1独立伞兵旅正在待命起飞。空投原定于上午10点开始，却迫于天气不佳推迟了5个小时，现在该旅将在15点抵达目标区。斯坦尼斯瓦夫·索萨博夫斯基少将，这位极端独立、性情多变的波兰指挥官，在待命期间就让部下在他们的飞机旁边待着。在52岁的索萨博夫斯基看来，英国的每天清晨都会被云雾笼罩，如果天气晴朗比预期要快，命令随时可能改变，他打算一接到通知便出发。索萨博夫斯基感到现在每一个小时都是重要的，他觉得厄克特遇到了麻烦。

除了本能之外，索萨博夫斯基的感觉并没有特别的理由，但从一开始他就对"市场-花园"行动不感兴趣。他以为，阿纳姆的空投场离大桥太远了，难以起到突袭的效果。此外，在英国似乎没有人知道阿纳姆的情况，而且索萨博夫斯基在后方军部里惊恐地发现，与英军第1空降师的通信联络出了故障，人们只知道阿纳姆大桥的北端在英国人的手中。既然计划没有改变，那么将在大桥南入口附近的埃尔登村空投的索萨博夫斯基的部下，就要攻占大桥的另外一端。

但将军对缺乏情报感到担心，他无法确信厄克特的部下仍然在桥上。情报依赖于布朗宁的后方军部里的联络官们，他们似乎对实际正在发生的事情所知甚少。他本来考虑是不是应该到阿斯克特

（Ascot）的盟军第 1 空降集团军指挥部走一趟，与集团军指挥部刘易斯·布里尔顿中将直接交流，但条令规定使他不能如愿。他的部队在布朗宁将军的指挥下，而索萨博夫斯基又不愿意绕过现有的军事渠道，计划上的任何改动都应该来自布朗宁，而且他又没有接到此类指示。不过，索萨博夫斯基还是感到有什么事情出了问题。如果英军只是坚守大桥的北端，那么敌军在南端的兵力就应该很强，波军就很有可能面临殊死战斗。索萨博夫斯基的运输工具和火炮仍然定于午时起飞，它们由 46 架滑翔机里运载，从南边的唐安普尼（Down Ampney）基地和托兰特拉什顿（Torrant Rushton）基地出发。既然计划的相关部分仍然没有改变，索萨博夫斯基就试图说服自己，一切会顺利的。

波兰旅第 3 伞兵营 8 连连长阿尔贝特·T. 斯马奇内（Albert T. Smaczny）中尉也同样感到不安。他要率领连队穿过阿纳姆大桥，占领城市东部的一些建筑物；如果大桥没有被攻占，他不知道如何让他的部下渡过莱茵河。斯马奇内得到的保证是，大桥将掌握在英军手中。但自打他在 1939 年从德国人手里逃脱（他 16 岁的弟弟由此遭到报复，被盖世太保打死了）以来，斯马奇内便一直告诫自己："要考虑到出乎意料之事"。

波兰人等了一个又一个小时，与此同时，英格兰中部地区的浓雾仍然不散。旅部的瓦尔迪斯瓦夫·科罗布（Wladijslaw Korob）下士"开始紧张起来。我想出发"，他后来说，"站在机场四周并不是我观念中杀死德国人的最佳方式"。支援连的斯特凡·卡奇马雷克（Stefan Kaczmarek）中尉看着机场上集结的飞机，感到了"痛并快乐着"，同样对无所事事地站着感到厌烦。他告诉部下，这次行动"是解放华沙的第二最佳选择。如果我们成功的话，就能径直走过厨房进入德国"。

但波兰人注定要失望。中午时分,索萨博夫斯基接到了新的命令,尽管滑翔机群正在南边的机场里起飞,但在英格兰中部地区,那些基地仍然由于天气恶劣而停飞。当天的伞降行动被取消了。"这没有用,将军,"参谋联络官乔治·理查德·史蒂文斯(George Richard Stevens)中校对提出抗议的索萨博夫斯基这样说道,"我们不能让你们出发。"攻击推迟到第二天上午,也就是9月20日,星期三。"到时候我们将试着在上午10点出发。"他被告知,如果要把大量部队转运到南边的基地里去,时间是绝对不够用的。令索萨博夫斯基懊恼的是,他得知自己运输补给品的滑翔机已经出发了,正在飞往荷兰的路上。这位波兰少将由于不耐烦而怒不可遏。每过去一个小时,都意味着敌人的抵抗会更加强大,而且第二天有可能面临更加艰难的战斗——除非困扰着他的那些恐惧被证明完全是错误的。

但事实并非如此,困扰着他的那些恐惧确实是有理由的。索萨博夫斯基运输补给品的滑翔机装载着士兵、火炮和运输工具,正在飞往毁灭的边缘。第三次空运将是一场灾难。

低空飘过的云层覆盖了穿越英吉利海峡的整条南方路线。第三次空运的机群正飞向第101空降师、第82空降师以及英军的空投场,这次空运从一开始就遇到了麻烦。据估计,到下午天气就应该转晴了,但相反的是,甚至就在各个编队升空的时候,天气还在恶化。各战斗机中队都被困在云层中,无法看见地面目标,不得不返航。在能见度为零的情况下,由于无法看到它们的牵引飞机,许多滑翔机都切断缆绳在英格兰紧急降落,或者在海峡里迫降,整支整支的机群不得不放弃行动,返回基地。

在起飞的 655 架兵员运输机和 431 架滑翔机中，只有一半到达了空投场和空降场。尽管大部分兵员运输机与滑翔机的组合能够安全地返回英国着陆，或者在其他地方安全着陆，但在欧洲大陆的上空，敌军猛烈的地面火力以及德国空军的攻击，再加上恶劣的天气，造成了约 112 架滑翔机和 40 架运输机的损失。计划飞往第 101 空降师空降场的 2 310 名官兵和 68 门火炮，只有 1 341 名官兵和 40 门火炮到达了目的地。泰勒将军的部队正处于极大的困境之中，结果那 40 门火炮几乎一着陆便投入了战斗。

加文准将的第 82 空降师的情况更糟。此时，对于向关键的奈梅亨大桥发起的进攻来说，每一名空降兵都很重要，可加文的第 325 机降步兵团根本就没有到达。和波兰伞兵一样，基地同样位于格兰瑟姆地区的第 325 机降步兵团的飞机和滑翔机也无法起飞。更糟糕的是，原定送给第 82 空降师的 265 吨补给品和弹药，该师只收到了大约 40 吨。

在英军防区里，厄克特不仅期待波兰人到来，还期待能够有一次物资充足的再补给行动，但悲剧突然发生了。补给品的空投场已经落入敌军之手，尽管英军空降兵已经做出了巨大努力，希望能将承担此次空投任务的 163 架飞机引导至一个新的地区——哈尔滕施泰因旅馆的南边空投，但是他们的努力最终失败了。厄克特的部下什么东西都极其短缺，尤其是弹药。他们看见飞行编队穿过暴风雪般的防空炮火愈来愈近，接着敌军战斗机出现了，向飞行编队开火，并低空扫射新的补给品空投场。

16 点左右，滑翔机飞行员团的随军牧师乔治·佩尔上尉听见有人喊："第三次空运来了！"这名神职人员记得，突然间"可怕的声音渐渐增强，在巨大的弹幕中，连空气都颤动了。我们所能做的一切，就是眼睁睁地看着我们的朋友不可避免地走向死亡"。

佩尔注视的时候"十分痛苦，因为这些轰炸机通常是在约4 600米的高度进行夜间飞行，而现在却在光天化日之下以460米的高度飞了进来。我们注意到不止一架飞机在熊熊燃烧，却保持着航线，直到把每一个空投箱都扔下来为止。眼下我们遭遇了显而易见的可怕抵抗，并且已经发出了信号，要求把补给品空投到我们的师部附近，但真正能空投到我们这儿的几乎一件都没有。"

这些毫不动摇的飞行编队没有战斗机护航，仍顽强地飞行在航线上，把补给品投放到老的空投场里。地面上绝望的英军士兵试图吸引他们的注意，他们发射信号弹，投掷烟幕弹，挥舞降落伞，甚至在荒野的部分地区放了把火——而他们这样做的时候，遭到了俯冲下来的德军"梅塞施米特"战斗机的低空扫射。

许多士兵回忆说，一架英军"达科他"运输机的右翼着了火，飞进了现在由德军掌控的空投场上空。维克托·米勒中士是在星期日的首次空运中着陆的滑翔机飞行员，这会儿他"忧心忡忡地看到，烈火几乎包围了机身的整个下半部分"。米勒在等待机组人员跳伞的时候，不由自主地咕哝道："跳啊！跳啊！"飞机从低空掠过时，米勒看见投送员正站在舱门口把空投箱推下去。他眼睛一眨不眨地盯着飞机，只见被烈火包围的"达科他"转了个圈，再次飞了进来，透过烟雾他看见更多的空投箱从舱门口滚落。道格拉斯·阿特韦尔中士也是一名滑翔机飞行员，他记得士兵们从战壕里爬了出来，一言不发地凝视着天空。"我们累极了，没吃没喝，但在那个时刻，我只想到那架飞机，就好像它是天空中唯一的一架飞机。大家就在各自站立的地方目不转睛地注视着——而那名投送员则不断地把包裹推出去"。飞行员稳稳地驾驶着燃烧的飞机，第二次从空投场上空缓慢地飞过。第156伞兵营C连连长杰弗里·鲍威尔少校"对飞行员的英勇行为充满了敬畏之情,我无法把目光从这架飞机身上移开,突然间它不再是一架飞机了,只剩下一个橘黄色的大火球"。当这架燃烧着的飞机一头栽到地上的时候,31岁的飞行员戴维·塞缪尔·安东尼·洛德(David Samuel Anthony Lord)空军上尉仍然坐在驾驶座上。米勒朝树林的那一边望去,"只见一根油腻的烟柱升上天空,标示出了一个勇敢机组的长眠之处。他们牺牲了,为的是我们能有机会活下来"。

但米勒中士错了,这架第271中队不幸的"达科他"运输机的机组成员中,有一人幸存了下来。亨利·阿瑟·金(Henry Arthur King)空军中尉是这次飞行的领航员,他记得飞机在接近空投场那一刻,离16点只差几分钟,此时右发动机被击中起火。洛德用通话器说道:"大家都没事吧?离空投场还有多远,哈里[1]?"金回话说:"再飞3分钟。"飞机沉重地向右边倾斜,金发现他们正在迅速失去高度,火焰开始沿着右翼朝主油箱蔓延。"下面的人需要这些东西,"他听见洛德说道,"我们要进去,然后再跳伞。每个人都把自己的降落伞穿上。"

金发现了空投场,告诉了洛德。"好的,哈里,我看见了,"飞行员说道,"到后面去帮他们抬筐。"金朝后面走去,来到敞开的舱门前。高射炮火已经击中了用于移动沉重的补给品包裹的滚转机,投送员菲利普·爱德华·尼克松下士以及皇家陆军勤务部队的3名士兵正在把8个沉重的弹药筐推到门口,为了推这些篮筐,他们把降落伞都脱掉了。5个人一起把6个篮筐推了出去。这时红灯亮了,

---

[1] 哈里(Harry)是亨利的昵称。

表明飞机现在已经飞离了空投场。金走到对讲机那里。"戴夫"[1]，他对洛德喊道，"我们还剩下两个篮筐。"洛德驾机迅速向左转弯。"我们再来一次，"他回答说，"坚持住。"

金看到飞机保持在大约 150 米的高度，洛德"像驾驶战斗机一样驾驶着这架飞机。我努力帮助那几名皇家陆军勤务部队的士兵再次穿上降落伞。绿灯闪亮了，我们把包裹推了出去。我记得的下一件事情就是洛德喊道：'跳伞！跳伞！看在上帝分上，快跳伞！'随着一声巨大的爆炸，我发现自己正在空中快速下坠，我并不记得我拉了降落伞的开伞索，但我一定是本能地拉了。我平躺着重重地落在地上，我记得自己看了下手表，看到距离我们被高射炮击中仅仅只有 9 分钟。我的制服严重烧焦，鞋子已经不翼而飞了"。

差不多一个小时之后，金偶然遇见了第 10 伞兵营的一个连，有人给了他一杯茶和一块巧克力。"我们只有这些了。"那名伞兵告诉他。金盯着他："你是什么意思，你们只有这些东西？我们刚刚给你们空投了补给品。"那名伞兵摇了摇头，说道："你们是给我们空投了沙丁鱼罐头，但被德国佬拿走了。"金无话可说。他想到了空军上尉洛德，想到了机组人员和那几名陆军士兵，他们脱下降落伞，不顾一切地奋力想把珍贵的弹药和补给品包裹扔给下面焦急等待的部队。在所有这些人当中，只有金还活着，而他现在刚刚得知，他的机组人员白白地做出了牺牲。[2]

---

1 戴夫（Dave），是机长戴维·洛德的名字戴维（David）的昵称。
2 戴维·洛德空军上尉是优异飞行十字勋章（DFC）的获得者，死后又被追授维多利亚十字勋章（VC）。后来，3 名皇家空军人员和 4 名陆军投送员——理查德·爱德华·黑斯廷斯·梅德赫斯特（Richard Edward Hastings Medhurst）空军中尉、亚历山大·福布斯·巴兰坦（Alexander Forbes Ballantyne）空军中尉和投送员尼克松下士、詹姆斯·里基茨（James Ricketts）、伦纳德·悉尼·哈珀（Leonard Sidney Harper），以及阿瑟·罗博特姆（Arthur Rowbotham）——的尸体被辨认出来，安葬在阿纳姆的英军公墓。——原注

到处都有飞机在迫降，主要是在瓦赫宁恩和伦克姆附近，有些飞机最终坠落在莱茵河南岸。沃尔特·辛普森空军中士记得，他听见飞行员在通话器上喊道："上帝啊，我们被击中了！"辛普森朝外面看去，发现左发动机着火了，他听见引擎开始减速，接着飞机便俯冲了下去。吓坏了的辛普森记得："飞机尾部在飞过河北岸的时候稍微抬高了一点，然后在水面上弹了出去，在河南岸落了地。"

飞机撞到地面的时候，辛普森猛冲向前，被甩到机身的一侧，无线电报务员伦斯代尔中士猛地向他撞去，佝偻着身子躺在辛普森的身上。飞机内部变得一团糟，燃料在燃烧，辛普森听见火焰噼啪作响。当他试图从无线电报务员身下把双腿挪动出来的时候，伦斯代尔尖叫着晕了过去，他的后背折断了。辛普森摇摇晃晃地站了起来，把伦斯代尔从紧急出口抱了出去，已经在外面的4名机组人员既茫然又震惊。辛普森回到飞机里面寻找其他人，他发现投弹手失去了知觉，"他的一只鞋被炸掉了，脚后跟的一部分不见了，两条胳膊全折断了"。辛普森也把他抱到了飞机外面。尽管飞机正在熊熊燃烧，但辛普森还是再次返回机舱去寻找机械师。机械师的一条腿断了，他同样被辛普森带到了安全的地方。

在德里尔村，年轻的科拉·巴尔图森、她的妹妹里特以及她们的兄弟阿尔贝特目睹了辛普森所在的轰炸机迫降过程，3人立即跑到出事地点。"那场面太恐怖了，"科拉回忆说，"有8个人，他们中有几个伤得很可怕。我们把他们从燃烧着的飞机那里拖开，就在这时飞机爆炸了。我知道德军将会搜捕机组人员。机长杰弗里·利根斯空军上尉没有受伤，我告诉他我们要把他藏起来，同时把伤员送到村里的小诊所去。我们把他和另外两个人藏在附近的一家砖厂中，告诉他们天黑的时候我们再来。"那天晚上，科拉帮助村里唯一的一名医生做手术，桑德博布洛赫医生是一位女士，她把投弹手的脚截掉了。战争终于来到了科拉的身边，也来到了小小的德里尔村。

在100架轰炸机和63架"达科他"运输机当中，总计有97架受损、13架被击落——而且，尽管飞行员和机组成员都表现出了英雄主义，但厄克特受到重创的师并没有得到增强。空投下来的390吨补给品和弹药几乎尽数落入了德军手中，据估计英军只收到了大约21吨物资。

波兰人的车辆和火炮的空运面临的问题将更加棘手。肯尼斯·特拉维斯-戴维森（Kenneth Travis-Davison）中士是一架"霍萨"滑翔机的副驾驶，在跟随波兰人的空运编队离开英格兰之前，他就意识到有关目的地的状况信息几乎全无。航线是标在地图上了，波兰人的车辆和火炮的空降场也标出来了，但特拉维斯-戴维森说："我们被告知，形势仍然不明。"对空降场的唯一指示就是："滑翔机应该在由紫色烟雾标明的地区着陆。"在特拉维斯-戴维森看来，"这个指示简直荒唐"。

然而，尽管缺乏情报，皇家空军的飞机却正确地锁定了约翰娜胡弗农场附近的空降场，在46架滑翔机中，有31架抵达了该区域。它们到达目的地的时候，空中枪炮声大作，一个中队的"梅塞施米特"战斗机击中了多架滑翔机，将薄薄的帆布和胶合板材质的机身打出了许多窟窿，打穿了吉普车的油箱并使其中一些车辆着起火来。防空炮火击中了其他的飞机，这些滑翔机就在战场上着陆了。哈克特的第4伞兵旅所部正在奋力摆脱一支要打垮他们的敌军，无法及时到达高地以及高地另一侧的空降场，为该地区提供保护。英军与德军激烈交战时，波兰人直接就在这场灾难性的战斗当中着陆了。

在恐惧和混乱之中，波兰人遭到了火力夹击，许多滑翔机着了火，它们要么在田野上迫降，要么一头撞进附近的林子里。波兰炮兵由于遭到交叉火力打击而无法分清敌友，于是既向德军还击，也向英军开火。随后，在匆匆把所有能用的吉普车和火炮卸下来之后，这些茫然的波兰人在炮火的打击下离开了空降场。令人吃惊的是，他们在地面上受到的伤亡很轻微，但许多人由于不知所措和震惊被俘。大多数吉普车和补给品被摧毁了，在8门关键的6磅反坦克炮中，只有3门没有受损。斯坦尼斯瓦夫·索萨博夫斯基少将的担心被证明不无理由，而且情况比他所想的还要更糟——波兰第1独立伞兵旅的磨难才刚刚开始。

沿公路向南大约64公里的地方，马克斯韦尔·泰勒少将的第101空降师此刻正奋力拼杀，以便使走廊保持畅通。但德军第15集团军所部在贝斯特的顽强防御正在消耗泰勒的兵力，越来越多的官兵陷于惨烈的激战之中。一名师情报军官苦笑着把这场战斗称为"一个小小的失算"。泰勒24公里长的防区内的压力正在增大，"呼啸山鹰"刚刚把防区命名为"地狱的公路"。显而易见，现在敌人的意图就是以贝斯特为基地，切断霍罗克斯的先头坦克部队。

堵塞在公路上的车辆纵队成为炮火的活靶子，推土机和坦克不断地在公路上四处开动，把车辆残骸从车队当中推出去，保证纵队能继续行进。自星期天以来，贝斯特这个小小的次要目标变得越来越重要，以至于可能会严重影响甚至拖累泰勒的师在这段公路上的其他战斗，所以第101空降师师长现在决心要完全粉碎那里的敌人。

星期二午后，在英军坦克部队的支援下，泰勒几乎将整个第502伞兵团都投入与冯·灿根部下的战斗中。这次大规模进攻打了敌人一个措手不及。在刚刚抵达的第327机降步兵团以及公路上的英军装甲部队支援下，第502伞兵团2营和3营无情地肃清了贝斯特东边的森林地区。德军陷入了巨大的包围圈之中，不得不朝威廉敏娜运河撤退，他们的战线垮掉了。由于生力军投入战斗，这场一刻不停持续了近46个小时的战斗突然就在两个小时之内结束了。泰勒的部下取得了"市场-花园"行动中的第一个重大胜利，300多名德军被击毙，1 000多人被俘，还缴获了15门88毫米高射炮。"到下午晚些时候，"官方战史写道，"由于有数百名德军投降，因而有命令传来，要把所有可用的宪兵都派过去。"爱德华·维日博夫斯基中尉，就是在贝斯特大桥被炸掉之前差点儿把这座桥夺下来的那名排长，先前被德军俘虏了，现在又把他抓住的俘虏带了回来。由于手榴弹和弹药耗尽，而且他的周围伤亡惨重——在他勇敢的排里面，只有3个人没有受伤——所以维日博夫斯基最后投降了，他和部下被送进一家德军野战医院。现在，维日博夫斯基和他疲惫至极、浑身污垢的部下——包括伤员——缴了德军野战医院的医生和护理员的械，回到师里归建的同时还把他们的俘虏们带了回来。

尽管这次战斗获得了胜利，但泰勒将军的麻烦还远远没有结束。甚至就在贝斯特之战结束的时候，德军装甲部队就已经朝索恩刚刚建成的便桥冲了过去，再次试图把"走廊"切断。泰勒亲自率领师部人员——这是他唯一可用的增援部队——匆忙赶往现场。1辆德军第107装甲旅的豹式坦克在几乎就要到达桥头的时候，被"巴祖卡"反坦克火箭筒和1门反坦克炮击毁了，其他几辆坦克同样被迅速击毁。德军的进攻被打垮，车辆纵队继续前进，但"呼啸山鹰"还无法放松警惕。"我们的形势，"泰勒后来写道，"让我回想起早期的美国西部，当时沿着漫长的重要铁路线，小股守备部队不得不抗击印第安人随时随地发动的突然袭击。"

德国人迅速猛烈、打了就跑的战术正在给美军"放血",第101空降师有近300名官兵在地面战斗中阵亡、负伤或者失踪。在公路两侧或贝斯特四周的田野里坚守阵地的士兵们,随时有被从两翼打垮的危险,而且每一个夜晚都带来其特有的恐惧。在黑暗之中,由于德国人渗透进了第101空降师的环形防线,所以谁也不知道到第二天清晨,隔壁散兵坑里的人是否还活着。在这些混乱而又突然爆发的激烈战斗中,士兵们会突然消失;交火结束后,他们的朋友将在战场、战地救护所或野战医院里的死者和伤者当中寻找他们。

贝斯特战斗结束,俘虏排成长队被押送回后方,第502伞兵团2营F连31岁的查尔斯·多恩上士动身去寻找他的连长勒格兰德·约翰逊上尉。早先还在英格兰的时候,部队出发之前多恩就几乎"担心得麻木"了,22岁的约翰逊也是同样的感觉,他"对能否回来完全听天由命"。19日上午,约翰逊的F连投入贝斯特附近的一次进攻之中。"那次进攻更像是被屠杀。"他回忆说。约翰逊记得那是场"我曾见过或听过的最为惨烈"的战斗,战斗中他的左肩被击中了。他的连从180人减少到38人,还被德军包围在一块田野里,那里的干草垛正在燃烧。约翰逊率部抵抗着德国人,一直坚守到救援部队抵达击退敌军,把幸存者转移出去。约翰逊在人们的帮助下返回战地救护所时再次负伤,这一次他的脑袋被子弹击中了。在营救护所里,他被放在受了致命伤的人当中,医护兵们称那是"死人堆"。找了半天之后,多恩上士在那里找到了他,他跪下身来察看,确信约翰逊还有一线生机。

多恩抱起动弹不得的连长,把他和连里的其他4名伤员放进吉普车，直奔索恩的野战医院。路遇德军时，多恩把吉普车开进树林隐蔽起来，等德军巡逻队离开之后，他再次上路。抵达野战医院时，他发现等待治疗的伤员已经排成了长队。多恩担心约翰逊随时都会死去，于是走过成列的伤员来到一名外科医生那里。那名医生正在检查伤员，以确定谁需要立即救助。"少校，"多恩对医生说道，"我的连长需要立即治疗。"那名少校摇了摇头，"对不起，中士，"他告诉多恩，"我们会对他做检查的，他得排队等候。"多恩再次恳求道："少校，你如果不快点看看他，他会死的。"那名医生态度坚决。"我们这里有许多伤员，"他说道，"我们一检查到他，你的上尉就会得到治疗的。"多恩拔出自己的"柯尔特"手枪，扳开扳机。"那来不及了，"他平静地说道，"少校，如果你不马上去看他，我就在这儿一枪毙了你。"外科医生大吃一惊，盯着多恩，"把他弄进来！"他说道。

手术室里，多恩握着手枪站在一边，与此同时，那名医生正和一个医疗小组给约翰逊做手术。在中士的注视下，约翰逊接受了输血，伤口也被清洗了，医生从他的脑袋里和左肩上分别取出一颗弹头。直到手术结束，约翰逊被包扎好之后，多恩才动了动。他走到医生面前，递上自己的手枪。"好了，"他说道，"谢谢。现在您可以去告我了。"

多恩被送回第502伞兵团2营。他被带到营部，在营长面前立正站好。营长问他是否意识到自己做了什么，其违反军规的行为应受到军事法庭的审判。多恩回答说："是的，长官，我明白。"营长来回踱步，突然停了下来。"中士，"他说道，"我正让你在押"——他停了下来，看了看手表——"在押整整一分钟。"两个人沉默地等着，随后军官看着多恩。"解散，"他说道，"现在返回你的部队。"

387

多恩敏捷地行了个军礼。"是，长官！"他说道。于是离开了。[1]

现在，在走廊中部加文准将的防区，当霍罗克斯的坦克部队驶向奈梅亨的时候，迅速夺取该城的各处桥梁就有了关键性意义。17日，把守瓦尔河大桥各处入口的德军并不多，而到了19日下午，加文估计他的当面有500多名党卫军掷弹兵正在抵抗，他们占据着构筑良好的阵地，并得到了炮兵和装甲部队的支援。禁卫装甲师的主力仍然在前往该城的途中，只有英军纵队的先头部队——爱德华·亨利·古尔本（Edward Henry Goulburn）中校指挥的掷弹兵禁卫团第1摩托化营——可以用来发动进攻。而在16公里长的"走廊"里，加文的第82空降师的伞兵因为迎击不断来犯之敌而分散。加文的机降步兵团的基地设在浓雾笼罩的英格兰中部地区，未能起飞，因此他只能派出一个营与英军先头部队的坦克分队协同进攻。加文挑选了第505伞兵团2营，营长是本杰明·海斯·范德沃特（Benjamin Hayes Vandervoort）中校，由于兼具速度和突然性，这次进攻不无胜算。加文认为，如果说有人能够帮助他取得成功，那个人就是生性含蓄、语调柔和的范德沃特中校[2]。尽管如此，这次行动还是有极大风险。加文认为英国人似乎低估了德军的实力，而且确实是低估了。掷弹兵禁卫团的战后报告强调："据认为，只要坦克摆开阵型，大概就可以退敌了。"

---

1 有关这个故事，我要感激约翰逊太太。她最初是从第502伞兵团的副官休·罗伯茨上尉那里得知的。尽管罗伯茨上尉并没有提到那位营长的名字，但我却必须认定，那是第2营营长史蒂夫·阿奇·沙普伊（Steve Archie Chappuis）中校。约翰逊上尉只记得，他是"6个星期以后在英国醒来的——瞎了，聋了，哑了，体重轻了18公斤，头上有一块很大的保护性覆盖物"。后来，除了部分失明之外，他康复了。为了写这本书，我与多恩中士通信并采访了他，他没有多说他在拯救约翰逊上尉的生命中所起的作用。不过他承认，他是起了作用。他写道："直到今天我也不知道，我当时是否真的会对那名医生开枪。"——原注
2 在诺曼底，范德沃特曾拖着骨折了的脚踝，打了40天仗。见《最长的一天：1944诺曼底登陆》。——原注

15点30分，协同进攻开始。攻击部队迅速突入市中心，没有遇到激烈抵抗。约40辆英军坦克和装甲车在那儿兵分两路，美军伞兵或搭乘坦克，或紧随其后。在开道的坦克和侦察车里，有12名专门挑选出来的荷兰地下抵抗组织的情报员，他们负责带路——其中就有22岁的大学生扬·范胡夫（Jan van Hooff），他后来的行动将成为激烈争论的话题。"我不愿意使用他，"美军第82空降师的荷兰联络官阿里·迪尔克·贝斯特布鲁尔切上尉回忆说，"他似乎非常亢奋，但另一名地下抵抗组织成员为他过去的行为担保。他乘坐一辆英军侦察车进了城，这是我最后一次见到他。"突击部队分兵之后，一队前往铁路桥，另一队与古尔本和范德沃特一起，直奔瓦尔河上的主要公路桥而去。

在这两处地方，大批德军正严阵以待。2营D连的保罗·纽南上士记得，他的排在接近铁路桥附近的一条地下通道时，"就开始遭到狙击手的射击。由于有无数的地方可供狙击手隐藏，很难说射击是从哪里来的"，士兵们扑倒在地四处隐蔽，随后缓慢地开始撤退。英军装甲车辆的境况也好不到哪里去，当坦克冲向大桥时，88毫米高射炮几乎是在近距离平射，把它们击毁了。宽阔的克赖恩霍夫大街（Krayenhofflaan）通向大桥西边的一处三角形公园，在三面朝向公园的建筑群里，伞兵们重新组织起来发动了另一次进攻，但德军再次把他们击退。屋顶上的狙击手，以及从一座铁路跨线桥上射来的机枪子弹，不断地把美军士兵压制在地上。

有一些伞兵记得，D连2排副排长罗素·E. 帕克（Russell E. Parker）少尉叼着一根雪茄，冲入开阔地朝着屋顶扫射，压制住了狙击手的火力。有人大声喊坦克来了，纽南记得："就在那时，整个公园似乎布满了曳光弹，那些子弹是从我们左边射来的，由街道对面高速射击的自动武器打出来的。"纽南转向赫伯特·布法罗·博伊，印第安苏族人（Sioux）博伊也是第82空降师的一名有经验的伞兵。"我认为他们要派一辆德军坦克来。"他说道。布法罗·博伊咧开嘴笑着说："噢，要是他们再带上步兵，那就会是非常难对付的一天。"德国坦克并没有出现，一门20毫米高射炮却开火了。伞兵们用手榴弹、机枪和"巴祖卡"火箭筒继续战斗，直到接到命令要各先头排撤退，巩固所占领的阵地以便过夜。伞兵撤出时，德军放火焚烧了沿河的楼房，不让范德沃特的部下再渗透进去攻占己方炮兵阵地，肃清进行抵抗的小股德军。盟军对铁路桥的进攻也渐渐停止了。

在美军的猛烈炮火掩护下，第二路纵队向胡纳公园（Hunnerpark）发起进攻。这些观赏性植物园通向公路大桥的各个入口。通向那座桥的所有道路在一个环形交叉路口上交会，而俯瞰该地区的是一片古罗马时期的建筑废墟，废墟里有一座十六边的小教堂——法尔克霍夫（Valkhof），它曾经是查理大帝[1]的宫殿，后来又由巴巴罗萨[2]重建。德军在这座城堡里集结了起来。古尔本中校认为："德国鬼子可能多少知道我们正想做什么。"他们确实知道一些。

卡尔-海因茨·奥伊林（Karl-Heinz Euling）一级突击队中队长是弗伦茨贝格师党卫军第22装甲掷弹兵团1营营长，他的营是首先在潘讷登渡过莱茵河的部队之一。奥伊林奉哈梅尔将军的命令，要不惜一切代价保卫大桥，于是他将坦克歼击车呈环形部署在胡纳公园区域，并把步兵部署在这座古老废墟中的小教堂里。英军坦克沿

---

[1] 查理大帝（Charlemagne, 742—814），即查理曼，他是法兰克国王（768—814）和意大利国王，后成为神圣罗马帝国皇帝（800—814），称查理一世。他扩展疆土，建成庞大帝国，加强集权统治，鼓励学术，兴建文化设施，使其宫廷成为繁荣学术的中心。
[2] 巴巴罗萨（Barbarossa），即绰号为"红胡子"的腓特烈一世（Frederick I, 约1122—1190），后加冕为神圣罗马帝国皇帝（1155—1190）。

着通向公园的街道角落发起冲击时，遭到了奥伊林的炮火轰击。猛烈的弹幕射击使他们被迫后撤了回来。范德沃特中校立即走上街道，命令一个迫击炮组投入战斗提供火力掩护，同时派出 E 连前突。E 连 1 排在排长詹姆斯·约瑟夫·科伊尔（James Joseph Coyle）中尉的率领下，全速奔往一排面对着公园的毗连式住宅，他们遭到了轻武器和迫击炮的射击。E 连副连长威廉·J. 梅多（William J. Meddaugh）中尉注意到，这是"观测射击[1]，炮火和狙击手是由无线电指挥的。英军坦克在我们前方掩护，同时科伊尔中尉率部进入了能够俯瞰敌人整个阵地的一排建筑物内。其他排都受阻，无法动弹，形势显得十分险恶"。

在英军烟幕弹的掩护下，梅多成功地带着连里的其他人前进，而 E 连连长詹姆斯·J. 史密斯（James J. Smith）中尉则让部下在科伊尔周围的房屋里巩固阵地。梅多回忆说："科伊尔的排现在可以完全看清敌人，但我们让坦克向前开的时候，一些初速较高的大炮开火了，此前它们一直保持着沉默。有两辆坦克被击毁，其他坦克被迫撤了下来。"当科伊尔的部下用机枪还击时，立即将街道对面的反坦克炮火吸引了过来。天黑下来的时候，奥伊林的党卫军士兵试图渗透美军的阵地。一组党卫军来到距离科伊尔的排只有几尺的地方，被发现后双方爆发了一场激烈交火。进攻被打退了，科伊尔的部下有伤亡，3 名德军被打死。后来，奥伊林派出医护兵将伤员后送，而科伊尔的伞兵则等待着可能重新爆发的激战——德国人在把伤兵撤出后也许会卷土重来。战斗中，约翰·威廉·凯勒一等兵听见一种低沉的连续重击声，他来到窗前，吃惊地看到一个荷兰人站在活

---

[1] 观测射击（observed fire），由地面上、飞机上和军舰上的观察员观测弹着点或者炸点所进行的射击。

动梯子上,正在替换隔壁房子上的木瓦,好像什么事情都没有发生似的。

深夜,由于德军轻武器的射击仍在持续,继续推进的尝试就被推迟到了天明。英美联军的进攻在距离瓦尔河大桥不到360米的地方戛然而止——而这正是前往阿纳姆之路上的最后一道河流障碍。

在盟军指挥官们看来,德军显然完全控制着这些大桥。布朗宁担心这些桥梁随时都有可能被摧毁,于是在19日晚些时候召集了一次会议,必须找到一种方法,渡过那条365米宽的瓦尔河。加文准将提出了自己的计划——这个计划早在两军会师时就被提交给了布朗宁,但被这位军长否决了,这次会议上加文再次提了出来。"只有一种方法才能夺取这座桥梁,"他对聚集在一起的军官们说道,"我们得同时下手才能拿下它——从两岸同时发起攻击。"加文敦促说,"霍罗克斯工兵纵队中的所有船只都应该立即运上来,因为我们需要它们"。英国人大感不解地看着他,这位第82空降师师长脑子里想的是强渡过河——用伞兵。

加文继续解释,在近3天的战斗中,他的师伤亡很大——约200人阵亡、700人受伤,还有几百人失去了联系,或是分散在各处,被列为失踪人员。加文分析说,如果呆板的正面进攻还要继续的话,他的损失将会越来越严重,现在需要的是一种迅速而又代价不高的夺桥手段。加文计划投入一支部队,在大桥下游约1.6公里处乘船过河;与此同时继续发动正面进攻,以便夺取大桥南边的各个入口。在坦克炮火齐射的掩护下,在德军还没有完全意识到正在发生什么事情的时候,伞兵将突袭河北岸的敌军防御阵地。

然而,要达成完全的突然性是不可能做到的。这条河太宽了,无法让整船的士兵不被发现,而且河对岸也无法隐蔽。伞兵们一旦过了河，就得从一段约180米长的平地上穿过。在更远的地方是一座堤岸，德军枪手可以从那里居高临下向进攻的伞兵射击，那道防御阵地也得夺下来。在加文看来，尽管可以预料会出现重大伤亡，但与只继续攻击南岸的入口相比仍然要少得多。"如果'市场-花园'行动想要获得成功，"他告诉布朗宁，"就必须尝试一下。"

英军滑翔机飞行员团团长乔治·查特顿上校记得，除了布朗宁和霍罗克斯之外，出席会议的还有爱尔兰禁卫团、苏格兰禁卫团以及掷弹兵禁卫团下属各部的指挥官。嚼着雪茄的第82空降师504伞兵团团长鲁本·塔克上校也出席了会议，如果计划被批准的话，加文就挑选他的团进行强渡突袭。尽管查特顿专注地听着加文讲话，却也注意到了这些聚集在一起的人之间的差异。"一名准将穿着仿麂皮的鞋子，坐在一个折叠座手杖[1]上，"他回忆说，"3名来自禁卫团的指挥官穿着旧的灯芯绒裤子，高帮皮靴，戴着在学校里用的旧的长围巾。"查特顿认为"他们似乎心情轻松，好像是在讨论一场演习似的。我不能不把他们与在场的美国人进行比较，尤其是与塔克上校进行比较。塔克戴着一顶几乎把脸盖住的头盔，手枪放在左胳膊下面的枪套里，大腿上还用皮带扣着一把匕首"。让查特顿大为惊讶的是，"塔克偶尔咬下一节足够长的雪茄，再把它吐出来。每当他这样做的时候，隐约可见的惊讶表情就闪现在那些禁卫团[2]军官的脸上"。

---

1 折叠座手杖（shooting stick），此手杖的顶端可以打开，用作座凳。
2 原文中提到了苏格兰禁卫团，但禁卫装甲师中并无苏格兰禁卫团的部队，除了冷溪禁卫团、爱尔兰禁卫团和掷弹兵禁卫团的部队外，该师只有威尔士禁卫团的部队。前文的注释中提到过，英国陆军编制独特，步兵和装甲兵单位中一般都是师—旅—营建制结构，禁卫团只是部队番号称谓而非编制，顶着"XX禁卫团"名头的营，可能分属于不同的旅或者师。原文中查特顿上校提到了一名准将，与会的除了布朗宁的参谋长，这个军衔的英国军官在禁卫装甲师中除了3个旅长外就没有别人了，查特顿提到的3名禁卫团指挥官，有可能是几名装甲营的营长。

但真正令人感到吃惊的，却是加文计划的大胆之处。"我知道，它听起来有点另类，"加文回忆说，"但速度是关键，甚至连进行侦察的时间都没有。我继续说下去时，塔克是屋子里唯一一个看似不慌乱的人。他参加过意大利的安齐奥登陆战，知道会发生什么。对他来说，这次渡河行动就像第504伞兵团在布拉格堡[1]（Fort Bragg）进行的那种演习。"尽管如此，这对空降兵来说还是非传统的。布朗宁的参谋长戈登·沃尔克准将回忆说，军长"现在对这个主意的大胆充满了敬意"。这一次，布朗宁批准了。

当务之急就是要找到船。霍罗克斯与工兵进行了核对，得知他们携带了大约28条小型的帆布和胶合板船，这些船将在夜间尽快送到奈梅亨。如果进攻计划的制订能够及时完成，那么加文对瓦尔河进行的微型诺曼底式的水陆两栖进攻，就将在第二天，也就是20日下午1点开始。伞兵们以前从未尝试过这样打仗，但加文的计划似乎提供了完好无损地夺取奈梅亨大桥的最大希望。大家都认为，紧接着在"走廊"上进行另一次快速冲刺，将会让他们与阿纳姆的部队会师。

在绿草如茵的宽阔的欧西比尤斯外大街上，海因茨·哈梅尔旅队长亲自上阵，指挥炮兵对桥上弗罗斯特的部队进行炮击。他曾试图说服弗罗斯特投降，但是失败了。现在他明确指示集合的坦克部队和炮兵指挥官们：要把英军伞兵据守的每座建筑物都夷为平地。"既然英军不肯从他们待的洞里出来，我们就把他们炸出来。"哈梅尔说道。他告诉炮手们，"就瞄准山墙底下，一米一米地轰，一层一层地轰，一直到每幢房子都倒塌为止。"哈梅尔决心已定，围困应

---

[1] 布拉格堡是第82空降师在美国国内的基地。

该结束了,既然别的办法已经无效,那么这就是唯一的办法。"等我们收手的时候,"哈梅尔补充说,"除了一堆瓦砾之外,什么也不会留下。"哈梅尔趴在两门大炮之间的空地上,对准英军据点调整手里的双筒望远镜,引导火力。第一炮击中目标的时候,他站了起来,感到很满意,然后把望远镜交给手下的军官。"我倒是想待在这里,"他回忆说,"对我来说,这是一种新的作战经历。但由于英美联军正在进攻奈梅亨的那几座桥,我必须立即赶到那里。"哈梅尔离开之后,他的炮手以有条不紊、镰刀割草似的精确性,开始了把弗罗斯特剩余阵地化为瓦砾的工作。

在第2伞兵营起初占领的18座楼房中,弗罗斯特的部下现在还坚守着大约10座。坦克从东边和西边轰击英军阵地的同时,德军炮兵则对着面向北边的英军阵地一个劲儿地狂射。火炮齐射真是冷酷无情。"那是我所见过的最佳、最有效的炮火,"党卫军第10装甲师的掷弹兵霍斯特·韦伯(Horst Weber)回忆说,"从屋顶开始,楼房就像玩具房屋一样坍塌。我看不出还有谁能从这片火海中活着出来。真为这些英国人感到遗憾。"

韦伯看到,3辆虎式坦克缓慢驶向赫罗特市场(Groote Markt),在用车载机枪向大桥北入口处建筑群的每扇窗户扫射的同时,坦克还"向每栋房子打出一发又一发炮弹"。他记得角落里有一座楼房,"它的屋顶陷落进去,上面的两层开始倾颓,然后就像皮肉从骨骼上脱落一样,正面的整堵墙倒进了街道,把每一层都暴露了出来,英国人在那里拼命地爬"。韦伯记得,灰尘和瓦砾"很快就让人无法再看见任何东西了。嘈杂声很可怕,即便如此,我们仍能听见伤员的尖叫声"。

坦克轮番上阵,摧毁了莱茵河滨河区以及大桥下面的房屋。往往在英军冲出来时,坦克就像推土机一样猛撞废墟,把那些地方完全夷平。坡道下方被麦凯上尉用作指挥所的校舍几乎成了残垣断壁,彼得·斯坦福斯中尉估计,"高爆弹正以每10秒钟1发的速度射进校舍南墙"。墙体变得"很热",他回忆说,"每个人都多少带着伤"。然而伞兵们依然顽强地坚持着,直到"天花板塌落,墙体断裂,房间变得不堪一击的时候",才依次从房间里撤离。斯坦福斯骄傲地回忆说,瓦砾之中的"红魔鬼"们弹无虚发,"像鼹鼠一样生存下来,德国佬就是无法把我们挖出来"。但在其他地方,英军士兵发现他们的阵地几乎待不下去了。"德军决定把我们都轰成渣,"詹姆斯·西姆斯二等兵解释说,"炮击和迫击炮的轰击看似不可能再猛烈了,但实际上却更猛烈了。爆炸接连不断,炮弹一枚接一枚雨点般飞来,形成了一个持续的滚动爆炸。"随着火炮的每一次齐射,西姆斯都绝望地反复祈祷:"坚持!坚持!不会持续多久的。"在狭长的堑壕里独自蹲伏的时候,西姆斯闪过一个念头,他像是"躺在一个刚刚挖好的坟墓里,正等着被活埋"。西姆斯记得,他当时想的是"除非第30军赶快到,否则我们就完了"。

弗罗斯特中校意识到,灾难终于降临到第2伞兵营身上了。前来救援的各个营还没能突破重围,弗罗斯特确信他们再也无法来帮助他了。波兰人的空投没有实施。弹药几乎耗尽,部队伤亡之大,每个可用的地下室里都人满为患。而且官兵们已经连续作战长达50多个小时了,弗罗斯特知道他们无法再继续忍受这样的折磨了。在环形防线各处,房屋在燃烧,楼房在倒塌,阵地正在被蚕食。他不知道自己还能坚持多长时间,他所珍爱的第2伞兵营正被埋在身边的楼房废墟里。然而弗罗斯特并不准备帮敌人的忙。绝望的他决心不让德军得到阿纳姆大桥，直到最后一刻。

并非只有他一个人有这种情感，磨难对官兵们的影响基本上和弗罗斯特没什么区别。伞兵们分享着自己仅剩的弹药，并从伤员那里搜集所有能找到的弹药，为正在吞噬他们的末日做好了准备。没有什么证据能证明他们害怕了，疲劳、饥饿和疼痛让他们似乎对自己以及形势产生了一种幽默感。随着牺牲越来越明显，那种幽默感也越来越强。

随军神父伊根记得，他碰见从厕所里出来的弗罗斯特。"中校的脸——疲倦，满是污垢，满脸胡茬儿——带着微笑明亮了起来，"伊根回忆说，"'神父，'他告诉我，'厕所窗户碎了，墙上有洞，屋顶不见了。但它有一根链条，还能用。'"

后来，伊根试图穿过街道去看望地下室里的伤员。由于这片地区遭到迫击炮的猛烈轰击，神父尽可能地隐蔽前行。"外面有个人正漫不经心地在街上溜达，此人是 A 连连长迪格比·泰瑟姆-沃特少校，大桥最初就是被他率部攻占的，"他回忆说，"少校看见我畏缩不前，便走了过来。他的手里拿着一把雨伞。"伊根回忆说，泰瑟姆-沃特"打开雨伞撑到我的头上。到处都有迫击炮炮弹雨点般落下，他说道：'跟我来，牧师。'"当伊根表现出不情愿的时候，泰瑟姆-沃特开口宽他的心："不必担心，"他说道，"我有雨伞。"此后不久，第 1 伞兵旅旅部警卫排排长约翰·帕特里克·巴尼特（John Patrick Barnett）中尉碰巧遇见了这位令人敬畏的少校，当时巴尼特正在快速穿过街道，前往弗罗斯特命令他去坚守的一个新防区。泰瑟姆-沃特在护送伊根神父过街回来后，又去巡查了收缩后的环形防线里的部下，头上还撑着那把伞。大吃一惊的巴尼特在途中停了下来，他对少校说道："那把伞对你不会有多少用处的。"泰瑟姆-沃特佯装惊讶，看着中尉。"噢，天啊，帕特[1]，"他说道，"要是下雨了该怎么办呢？"

下午德军仍在继续炮击。弗雷迪·高夫少校看见泰瑟姆-沃特指挥他的连队时手里还拿着伞。此时德军坦克在街道上隆隆行驶，到处开火。"看见那些庞大的Ⅳ号坦克近距离朝我们射击的时候，我几乎昏厥过去。"高夫回忆说，随后这种紧张突然得到了缓解。"就在那里，就在街道上，泰瑟姆-沃特正率领着他的部下发起刺刀冲锋，朝一些渗透过来的德军直扑过去，"高夫回忆道，"不知道他从什么地方找到了一顶旧的圆顶礼帽，当他向前冲去时，还转动着那把破雨伞，他那个样子活像查理·卓别林。"

还有一些幽默瞬间同样令人难忘。在那个时间缓慢流逝的下午，第2伞兵营营部受到猛烈炮击，房子烧了起来。伊根神父下楼去地下室看望伤员。"嗯，神父，"营里的开心果杰克·斯普拉特（Jack Spratt）中士说道，"他们把什么东西都扔给我们，就是没有扔给我们厨灶。"他这话还没有说完，楼房再次被炮弹直接命中。"天花板塌了下来，给我们来了一场泥土和灰泥的淋浴。当我们再次站起身来的时候，我们面前正好出现了一个厨灶。"斯普拉特看着那个厨灶，摇了摇头。"我知道那些杂种就在附近，"他说道，"但我不相信他们能听见我们说话。"

将近傍晚时，天开始下雨了，德军的进攻似乎也加强了。大桥另一侧的麦凯上尉联系上了弗罗斯特。"我告诉中校，如果德军继续发动同样规模的进攻，我无法再坚持一个晚上了，"麦凯写道，"他说他爱莫能助，但要我不惜一切代价坚持。"

1　帕特（Pat）是帕特里克的昵称。

麦凯能够看出，德军正在慢慢地压缩弗罗斯特的部队。他看见英军伞兵正从河岸边燃烧着的房子里出来，朝着几乎就在他对面的两幢房子急速跑去，那两幢房子还没有倒塌。"德国人开始把我们团团包围，"他注意到，"显然，如果我们不能尽快得到支援，他们就会把我们赶出去。我爬上阁楼，把无线电调到 18 点的英国广播公司的新闻。令我大吃一惊的是，播音员说，英军装甲部队已经与空降部队会师了。"[1]

就在这时，麦凯便听到楼下有人喊道："虎式坦克正在开往大桥。"（这正好是德国时间 19 点，英国时间 18 点）。两辆 60 吨重的坦克正从北边开过来，大桥另一侧的弗罗斯特也看见了那两辆坦克。"在傍晚半明半暗的光线中，它们显得难以置信的邪恶，"他着重提道，"它们的巨炮喷吐火舌时，就像史前巨怪一样。坦克炮弹打穿了墙壁，爆炸产生的烟尘和缓慢落下的瓦砾充满了过道和房间。"

麦凯所在楼房的一侧墙壁被击中了。"有些炮弹肯定是穿甲弹，"彼得·斯坦福斯中尉说道，"因为它们从校舍的这一头打到了那一头，在每个房间里都打出了一个一米来宽的洞。"天花板掉了下来，墙体出现了裂缝，而且"整个结构都在摇晃"。麦凯盯着坡道上的两辆坦克，心想大限将至。"再来上这么两轮，我们就要报销了。"他说道。但麦凯仍然认为，以那种自从他们到达大桥以来表现出的顽强和无畏的抵抗，他仍然可能"带着一队人冲出去，把它们炸掉。但就在这个时候，两辆坦克倒车撤了回去，我们还活着"。

在弗罗斯特的营部里，伊根神父负伤了。炮弹打进来的时候他正在楼梯上，结果进退两难的他摔下两段楼梯，倒在了一楼。苏醒

---

[1] 麦凯以为这个报道指的是阿纳姆，事实上，它讲的是霍罗克斯的坦克部队与美军第 82 空降师在奈梅亨的会师。——原注

时他的身边只有一个人。伊根爬到那人面前，发现那名伞兵快不行了。此时又一轮炮火齐射击中了营部，伊根再次失去了知觉。他醒来的时候，发现房间和身上的衣服都着了火，神父绝望地在地板上滚动着，用双手把身上的火扑灭，此前他看到的那名伤员已经停止了呼吸。伊根发现自己的双腿不怎么听使唤，强忍着剧烈的疼痛，他慢慢地拖着身子朝窗户走去。有人呼喊着他的名字，昵称"布基"（Bucky）的营部情报军官克利福德·丹尼斯·布瓦特-布坎南（Clifford Denis Boiteux-Buchanan）中尉帮助他从窗户里爬了出来，让杰克·斯普拉特中士把他接住。在地下室里，军医詹姆斯·洛根正在工作。神父和其他伤员一起被放在地板上，他的右腿断了，后背和双手布满了细小的炮弹碎片。"还好我置身事外，"[1]伊根回忆说，"我现在除了趴在地上，做不了多少事情了。"不远处，就是令人难以置信的泰瑟姆-沃特，负了轻伤的他紧紧抓着那把伞，仍然试图给大家鼓劲打气。

在可怕的炮击过程中，偶尔会有一次停歇，麦凯上尉认为那是德军在补充弹药。在一次这样的暂歇中，黑暗降临了，麦凯抓紧时机给疲倦的士兵们发放安非他命[2]（苯丙胺）药片，一个人两片，它对疲惫不堪、精神不济的人会产生难以预料的剧烈效果。有些伞兵变得易怒且好争吵，还有的人视物时产生了叠影，一时间无法瞄准。在那些受惊和负伤的人当中，有些人极其兴奋，还有的人开始产生幻觉。阿瑟·亨迪一等兵记得，有个伞兵拽着他，把他推到窗前。"看，"他小声命令亨迪，"那是第2集团军！就在对面的河岸上。

---

1 这句话言外之意就是，他是神父，不是作战人员。
2 安非他命，这里用的英文是 benzedrine，即 amphetamine，是一种中枢神经兴奋剂。二战时期各交战国为了刺激官兵的潜力，提升其连续作战的能力，普遍配发了各种神经性兴奋剂，而这些药物后来被证明有很强的副作用，基本上属于毒品范畴。

看！你看见他们了吗？"亨迪悲伤地摇了摇头。那人勃然大怒。"他们就在那里，"他喊道，"一清二楚。"

麦凯不知道他这支小小的部队能否撑过今晚，疲惫和伤病正在造成减员。"我想得很清楚，"麦凯记得，"但我们没有食物，也无法睡觉，每人每天限喝一杯水，而且人人带伤。"由于弹药几乎用尽，于是麦凯让士兵用剩下的少量备用炸药来自制炸弹，他打算在德军坦克再次出现时做好一切准备。麦凯清点了一下人数，向弗罗斯特报告说，他们能够继续作战的人只剩下13个。

9月19日星期二的晚上，弗罗斯特从大桥一侧的阵地里看到，整座城市似乎都在燃烧。两座大教堂的塔尖正在剧烈燃烧，弗罗斯特凝视着它们，"挂在两座优美的塔楼间的十字架，在飘向天空的烟雾映衬下露出了轮廓"。他注意到"燃烧的木头发出的'噼啪'声，以及倒塌的建筑物发出的回声听起来很可怕"。楼上，通信兵斯坦利·科普利坐在无线电台前面，他现在已经不再用摩尔斯电码发报了，直接用明码重复发出如下电文："这是第1伞兵旅在呼叫第2集团军……第2集团军速来……第2集团军速来。"

在奥斯特贝克镇哈尔滕施泰因旅馆的师部里，厄克特将军竭尽全力，试图拯救他的剩余兵力。弗罗斯特营被包围，突破封锁到大桥与其会合的尝试都被德军冷酷无情地击退了。德军增援部队正在大量涌来，比特里希的部队正在从西边、北边和东边把勇敢的英军第1空降师切成碎片。"红魔鬼"们在潮湿的环境下饥寒交迫，但仍然毫无怨言，他们在奋力坚守——用步枪和"斯登"冲锋枪对抗坦克。对厄克特来说，形势是令人心碎的，只有迅速行动才能拯救其勇敢的部下。到9月20日星期三上午，厄克特已经形成了一个计划，可以拯救其麾下的剩余兵力，也许还能让形势朝对他有利的方向发展。

9月19日——用厄克特的话来说是"黑暗而又灾难性的一天"——成了转折点。他希望注入的凝聚力和进取心来得太晚了,一切都失败了:波兰旅没有到来;空投补给成了一场灾难;而各营在试图与弗罗斯特营会合的过程中被打垮了,这个师不断地被推向毁灭的边缘。厄克特对剩余兵力的统计反映出一个可怕的事实。19日当晚,与师部仍然有联系的各个营汇报了他们的兵力状况。尽管那些数字是非结论性的,不够精确,但它们仍然预示出一个恐怖的结局:厄克特的师正处于消失的边缘。

在拉思伯里的第1伞兵旅中,只有弗罗斯特的部队是作为一个整体协调的单位在作战,但厄克特并不知道第2伞兵营还剩下多少兵力。菲奇的第3伞兵营上报说还有大约50人,而且营长也阵亡了。多比的第1伞兵营总共剩下116人,多比本人负伤被俘。第11伞兵营的兵力减少到150人,南斯塔福德郡团第2营缩减到了100人,这两个营的营长利中校和麦卡迪中校都受伤了。哈克特的第10伞兵营现有250人,而他的第156伞兵营汇报说还有270人。尽管厄克特师的总兵力要更多一些——上述数字并没有包括其他单位,比如边民团第1营、国王属苏格兰边民团第7营的工兵,侦察和后勤部队、滑翔机飞行员,以及其他人——但他的营级战斗部队几乎不复存在了。这些单位原本骄傲的士兵现在分散成小组,茫然、震惊而且往往缺乏领导。

战斗的血腥可怕程度,甚至令久经战阵的老兵也精神崩溃了。当掉队者三五成群地从草坪上跑过,喊叫着"德国人来了"的时候,厄克特和他的参谋长意识到,一种惶恐的气氛渗透进了师部。这些恐慌者往往是年轻的士兵。"他们暂时失去了自制力,"厄克特后来写道,"麦肯齐和我不得不动手干预。"但其他官兵在面临可怕困境时仍在继续战斗。面部和双臂负伤的第 10 伞兵营 A 连副连长莱昂内尔·欧内斯特·奎里佩尔（Lionel Ernest Queripel）上尉仍然率领部下对德军的一个双人机枪掩体发起了进攻，杀死了机枪手。当其他德军投掷手榴弹，开始包围奎里佩尔一行人的时候，奎里佩尔把那些"木柄手榴弹"又掷了回去。上尉命令部下立即撤离，自己留下来掩护他们。他继续投掷手榴弹，直到最后战死[1]。

现在，厄克特受到重创的空降师残存兵力正在被挤压，被打回来。所有的道路似乎都以奥斯特贝克地区为终点，英军主力以哈尔滕施泰因旅馆为中心，分布在方圆几公里的地方，西边在海弗亚多普村与沃尔夫海泽村之间，东边在奥斯特贝克镇与约翰娜胡弗农场之间。厄克特计划在那条大致的"走廊"内采取守势，该"走廊"到位于海弗亚多普村的莱茵河段为止。他希望通过把部队撤进来，妥善调用兵力，从而坚持下去，直到霍罗克斯的坦克部队到来。

19 日整晚，厄克特都在发布命令要求部队撤进奥斯特贝克的环形防线。20 日凌晨，哈克特被告知，要他放弃用第 10 伞兵营与第 156 伞兵营向阿纳姆大桥进攻的计划，还要他们脱离战斗。"这是一个极其难以做出的决定，"厄克特后来说道，"这意味着要放弃仍在大桥上坚守的第 2 伞兵营，但我又知道，要到达那里，就像要到达柏林一样几乎没有可能。"在他看来，唯一的希望"就是固守待援，形成一个箱形防御阵地，并尽力守住河北岸的小型桥头堡，这样第 30 军就能渡河与我们联系上"。

发现海弗亚多普村与德里尔村之间仍在运行的渡口，是促使厄

---

1 奎里佩尔死后被追授维多利亚十字勋章。——原注

克特做出这项决定的一个重要因素。那个渡口对他的求生计划来说极其重要：因为从理论上讲，通过渡口援军可以从南岸进入北岸。此外，在渡口两岸的码头上有一些坡道，这将有助于工兵建起一座横跨莱茵河的贝利桥。不可否认，困难是巨大的，但如果奈梅亨大桥能够被迅速夺取，如果霍罗克斯能迅速进军，如果厄克特的部下能够在环形防线里坚持足够长的时间，让工兵在河上建起桥来——那是数量众多的"如果"——的话，那么仍然还有机会，让蒙哥马利得以在莱茵河对岸建起桥头堡，并向鲁尔区发起大规模强攻——即便弗罗斯特可能在阿纳姆被打垮。

厄克特的师部19日全天都在不停地发电报，要求给波兰人找一个新的空投场。通信手段虽然仍不稳定，但也略有改善，"幽灵"小队的内维尔·海中尉正在把一些电报送交英军第2集团军指挥部，指挥部又相应地把它们转给了布朗宁。20日凌晨3点，厄克特收到军部的一份电报，要少将就波兰人的空投场提出建议。在厄克特看来，只剩下一个地区可供选择。鉴于他的新计划，他要求拥有1 500人的空降旅在小小的德里尔村渡口的南端附近着陆。

放弃弗罗斯特和他的部下是该计划最令人痛苦的部分。星期三上午8点，厄克特有了一个可以把这个态度向在大桥上的弗罗斯特和高夫进行解释的机会。高夫使用芒福德与汤普森之间的无线电中继线给师部打电话，与厄克特通上了话。这是自17日以来高夫首次与将军取得联系。17日那天他奉命返回师部，结果发现厄克特却在行军路线上的某个地方。"天啊，"厄克特说道，"我还以为你死了呢。"高夫简述了桥上的形势。"士气仍然高涨，"他记得他当时这样说，"但我们什么都缺。尽管如此，我们将继续坚持。"厄克特记得，接着"高夫问，他们能否得到增援部队"。

做出回答是不容易的。"我告诉他,"厄克特回忆说,"究竟是我向他们靠拢,还是他们向我们靠拢,我没有把握。恐怕你只能寄希望于从南边得到救援。"接着弗罗斯特来听电话了。"听见将军说话令人感到非常欣慰,"弗罗斯特写道,"但他却无法告诉我任何真正鼓舞人心的事情……他们自己显然也有巨大的困难。"厄克特"以私人名义对他们取得的战果表示祝贺",要求"把我的个人祝贺传达给每一个相关的人,我祝他们好运",别的也没有什么可说的了。

20分钟后,厄克特接到了从内维尔·海中尉的"幽灵"小队发来的电报。电文说:

200820(发自第2集团军)。对奈梅亨的进攻被该城南部的据点所阻,5个禁卫旅正在前往该城途中。大桥完好,但被敌人占据。计划今天13点发起进攻。

厄克特立即告诉他的参谋们,通知所有部队。这是他今天得到的第一个好消息。

可叹的是,厄克特本有一支杰出的力量可以调用,倘若这支队伍的贡献能被接受的话,这原本能够大大改变英军第1空降师面临的严酷态势。在整个被德军占领的欧洲地区,荷兰抵抗力量当属最富于献身精神和最有纪律的地下组织。在美军第101空降师和第82空降师的战区,荷兰人正与美军伞兵并肩作战。泰勒将军和加文将军在着陆时最初下达的命令当中,就有把武器和炸药发放给地下抵抗小组的内容。但在阿纳姆,英国人实际上对这些生机勃勃而又勇敢不屈的平民的存在视而不见。阿纳姆的地下抵抗小组武装了起来,摆开阵势要立即给大桥上的弗罗斯特提供帮助，却在很大程度上受到了冷落，他们的帮助也遭到婉言谢绝。经过一系列奇怪的事件之后，只有一个人曾经有权进行协调，把抵抗力量融入英军的进攻之中，而这个人也死了。希拉里·巴洛上校曾接受厄克特的委派，去协调阿纳姆西郊的各营萎靡不振的进攻，但这名军官还没来得及履行使命就阵亡了。

在最初的计划中，战斗一结束，巴洛便要担任阿纳姆城防司令和军政府长官的角色，他的助手兼海尔德兰省的荷兰代表也已经被任命了，他就是荷兰海军的阿诺尔德斯·沃尔特斯少校。在"市场-花园"行动开始之前，英国与荷兰的联合情报委员会便把一叠绝密名单交给了巴洛，名单上列出的是荷兰地下抵抗组织的成员，据悉他们是完全可靠的。"根据这些名单，"沃尔特斯回忆说，"巴洛和我将要对这些小组进行筛选，根据他们各自的能力来使用他们，情报、破坏、作战诸如此类。只有巴洛知道我们真正的任务是什么。他消失了，计划也就夭折了。"在师部里，沃尔特斯被认为要么是民政事务官员，要么就是情报军官，他把那些秘密名单拿出来提建议的时候，遭到了怀疑。"巴洛完全信任我，"沃尔特斯说道，"我很遗憾，师部里的其他人并非如此。"

随着巴洛的阵亡，沃尔特斯的手脚被束缚住了。"英国人感到纳闷，一个荷兰海军的人居然和他们在一起。"他后来回忆道。渐渐地，他获得了有限的信任，尽管有些抵抗力量的成员被派去执行任务，但他们人数太少，而且他们的帮助也来得太晚了。"我们再也没有时间，把每个人的身份都核查到让师部满意的程度，"沃尔特斯说道，"而且那里的态度纯粹就是'我们能够相信谁呢？'"把阿纳姆地区的地下抵抗力量有效地组织起来，委派任务的机会就这样失去了。[1]

在英格兰，20日早晨快7点的时候，斯坦尼斯瓦夫·索萨博夫斯基少将得知，他的空投场更换了地方。波兰旅现在将在原定着陆地点几公里之外的另一片地区降落，离德里尔村不远。他的联络官乔治·史蒂文斯中校带来的消息让索萨博夫斯基瞠目结舌。全旅已经在机场上待命了，定于3个小时之后飞往荷兰。在这3个小时里，索萨博夫斯基不得不针对他以前从未研究过的地区重新设计作战方案。此前的时间都花在为阿纳姆大桥南入口埃尔登村附近的空投制订计划上了，那已经派不上用场了。他后来回忆说，现在"给我的仅是一个方案的骨架而已，只有数小时的时间来制订计划"。

有关阿纳姆的消息仍然少得可怜，不过当史蒂文斯向他简介这个新的计划——在德里尔—海弗亚多普村渡口，把他的部队摆渡过莱茵河——的时候，索萨博夫斯基明白厄克特的形势变得糟糕了。他预见到无数的问题，但他也注意到"其他人似乎并不十分担心，史蒂文斯只知道形势相当混乱"。索萨博夫斯基迅速把这个新情况告诉自己的参谋部，同时又把起飞时间从上午10点推迟到下午1点。

---

[1] 英国人长期以来对荷兰地下抵抗组织保持着警惕。1942年，纳粹在荷兰的间谍头子赫尔曼·吉斯克斯成功地渗透进了荷兰的情报网，从英国派去的特工先后被捕，被迫为他工作。在20个月的时间里，大概是第二次世界大战中最引人注目的反间谍行动中，几乎每个跳伞进入荷兰的英国特工都被德国人拦截了。作为一种安全审查手段，英国的报务员得到指示，要留意用摩尔斯电码发出的无线电文中故意出现的错误。然而由这些"双重间谍"发出的信息，都毫不怀疑地被英国情报部门接受了，直到两名英国特工逃脱，吉斯克斯的"北极行动"才告终止。由于在这么长的时间里欺骗了盟军，因而吉斯克斯忍不住对自己的漂亮之举吹嘘起来。在1943年11月23日给英国人的一封明码电报中，他说道："致伦敦亨特和宾厄姆先生的团队及其继任者。我们的理解是，你们一直在没有我们帮助的情况下，努力在荷兰做了一段时间的生意。我们对此表示遗憾……因为在这么长的时间里，我们一直是你们在荷兰的唯一代表。……倘若你们想要前来进行大规模的欧洲大陆之旅，那么我们就将给你们的密使以迄今为止我们所给予的同样关注……"结果，尽管情报网被清洗并彻底改组——而且尽管荷兰抵抗组织与这些秘密活动是互不统属的——但是在"市场-花园"行动之前，许多英国高级军官仍然得到警告，不要对地下组织过于信任。——原注

他需要这段时间让他的伞兵重新适应新的形势，并制订新的作战计划，而且这3个小时的延误也可能让史蒂文斯获得有关阿纳姆的最新消息。不管怎么说，索萨博夫斯基都怀疑他的部队能否在上午10点的时候飞出去。大雾再次覆盖了英格兰中部地区，天气预报也不让人放心。"天气状况以及我们收到的不充分的情报，让我非常焦虑，"索萨博夫斯基回忆说，"我不认为厄克特的行动进展顺利。我开始相信，我们可能被空投进入荷兰，却加速了失败。"

9

在阿纳姆大桥上,为数甚少的勇士们进行的顽强抵抗几告终结。黎明时分,德军再次进行了可怕的炮击。晨曦中,曾经是民居和办公楼的建筑物,现在成了满目疮痍的残垣断壁,又再次陷入战火的炙烤之中。在大桥的两侧,以及欧西比尤斯外大街沿街倒塌、毁损的废墟内,尚存的几个英军据点正在被依次炸掉。曾经掩护过大桥北入口的半圆形防线几乎不复存在。然而,顽强的英军伞兵虽然被烈焰包围,却分成数个小组用碎石瓦砾做掩护继续战斗,不让德国人夺回大桥。

唯有天生的勇气,才让弗罗斯特的部下们坚持到现在,顶住德军的攻击长达两天三夜,其勇猛无畏和坚韧不拔可谓极致。第2伞兵营以及零零星星加入这支队伍的其他单位的英军官兵(按照弗罗斯特的最高估计,这支队伍的总兵力从来也没有超过六七百人),他们在严峻的考验中紧密团结,自豪感和共同的目标把他们凝聚在一起。他们要独自完成本应是整个空降师完成的任务——而且这支队伍坚持的时间,超出了该师本应坚持的时间。在绝望、焦虑的分分秒秒中,在等待着根本就没能赶来的援兵时,戈登·斯派塞一等兵的想法也许是官兵们共同心绪最好的总结了。他写道:"是谁没有尽职尽责?不是我们!"

但现在,他们已经精疲力竭。这些"红魔鬼"躲避在废墟和狭长掩壕里，努力保护着他们自己以及满是伤员的地下室，几乎一刻不停的敌军炮火让他们产生休克、脑震荡等症状。他们扎着肮脏的满是血污的绷带，却又摆出无所畏惧的架势，仿佛佩戴着荣誉勋章似的。他们最终意识到，自己再也顶不住了。

察觉到此事的英军伞兵产生了一种奇特的平静，完全没有了惊恐。士兵们似乎私下里已经决定，他们将战斗到结束——只是为了更多地打击一下德军。尽管他们知道，战斗已近尾声，但士兵们仍然发明了一些新的作战方式，使战斗得以继续下去。迫击炮排的伞兵们将失去了三脚架和座钣的迫击炮炮筒抬起来，然后用绳子拴住，把最后几枚迫击炮弹打了出去。其他伞兵发现用来充当弹簧驱动力的雷管已经用完了，他们手里的步兵反坦克抛射器无法正常发射破甲弹，于是他们尝试用火柴盒做成的导火索来充当发射药。他们的战友就躺在周围——死去的或者垂死的，但他们仍然恢复了抵抗的意志，而且在恢复抵抗意志的同时，还经常彼此逗乐。人们记得，有一名爱尔兰伞兵被炮弹爆炸产生的冲击波震得失去了知觉，当他终于睁开眼睛时，说道："我死了。"随后他想了想，又说道，"我不可能死，我还在说话呢。"

那个阳光明媚的星期日本应成为他们胜利进军的开端，约翰·弗罗斯特中校的猎号曾把他们召唤到自己身边。在弗罗斯特心目中，他们永远不会被击败。然而现在，这个黑暗而悲剧性的星期三，他知道，"实际上救援已经无望了"。

仍然能够进行战斗的官兵，充其量只有150到200人，主要集中在坡道西侧被重创的营部建筑物四周。超过300名英军和德军伤员塞满了地下室。"他们拥挤得几乎可以互相叠起来，"弗罗斯特着重提道，"这就使医生和医护兵难以绕过去照料他们。"很快他就不得不为这些伤员做出决定。几乎可以肯定，营部所在的建筑物必定会被再次击中。弗罗斯特告诉弗雷迪·高夫少校，"你看不到我会如何战至最后一刻的，我们一撤出去，伤员就会被活活烧死"。所以他不得不采取措施，要在建筑物被彻底炸毁或者攻占之前，把伤员运送出去。弗罗斯特不知道还剩下多少时间，却仍然相信他能够再控制大桥入口一段时间，甚至能再坚持24小时。但他的环形防线现在非常脆弱，他知道，"敌人如果下定决心发起突袭的话，就能突入我们的防区"。

在坡道另一侧的英军阵地上，麦凯上尉觉得这座被摧毁的校舍"就像一个筛子"。正如他后来回忆时说的："我们孤零零的。东边的房屋全都烧塌了，唯有南边的一座房子还矗立着，它被德军占领了。"而在校舍里，恐惧的气氛日渐浓厚。"士兵们极其疲惫，肮脏不堪，"麦凯写道，"每当我看着他们的时候，都会觉得反胃。他们面容憔悴，红红的双眼布满血丝，几乎每个人都绑着肮脏的绷带，到处都是血。"麦凯着重提道，当伤员被从楼梯上抬进地下室的时候，"在每一级楼梯台阶上，鲜血都形成了水洼，像涓涓细流一样沿着楼梯流淌下来"。他仅剩下13个人，"三三两两挤作一团，坚守着阵地，而这块阵地实际上应该由两倍以上的兵力把守。唯一干净的东西，就是士兵们的武器"。在校舍遭到炮轰的时候，麦凯和他的部下在两个小时内击退了敌人3次进攻，四周留下了人数是他们4倍的敌军尸体。

中午渐渐临近，战斗仍在继续。中午时分，英军士兵的顽强抵抗挫伤了德军进攻部队的锐气。弗罗斯特记得，当他与B连连长道格拉斯·克劳利少校讨论要派出一支战斗巡逻队去清理该地区的时候，"一声巨大的爆炸"把他掀起后，朝下扔到几米外的地方。一枚迫击炮弹几乎就在两人中间爆炸,不可思议的是他俩都还活着,但弹片嵌进了弗罗斯特的左脚踝和右胫骨,而克劳利则是双腿和右臂被击中。弗罗斯特几乎失去了知觉,他感到耻辱,因为他未能"抵抗住似乎要强行从我身上发出的呻吟,尤其是道格[1]根本就一声不吭"。弗罗斯特的勤务兵威克斯把两名军官拖到掩蔽处,担架兵把他们和其他伤员一起抬进了地下室。

在拥挤的地下室里,伊根神父试图让自己适应环境。在这个寒冷房间的昏暗隐秘处,先前曾帮忙把伊根救出来的情报军官布基·布瓦特-布坎南中尉,看似疲惫无力地倚靠墙站立着,但实际上他已经死去了,炸弹爆炸的冲击波把他当场震死,而且没有留下痕迹。随后,有些恍惚的伊根看见弗罗斯特被抬进来时仍然非常震惊。"我记得他的脸,"伊根说道,"他显得精疲力竭,垂头丧气。"地下室里的其他伤员也看见了他们的营长。第 2 伞兵营营部连通信排排长约翰·格雷厄姆·布伦特(John Graham Blunt)中尉是已经故去的布瓦特-布坎南中尉的朋友。在布伦特眼里,中校躺在担架上面的样子是一个毁灭性打击。"我们这些下属始终认为,他精力旺盛,有着金刚之躯,"布伦特写道,"看见他那个样子被抬进来,令人伤心。他从未屈服于任何事情。"

在房间的另一面,同样被弹片打伤的詹姆斯·西姆斯二等兵记得,有人焦虑地朝着弗罗斯特喊道:"长官,我们还能坚持下去吗?"

在英格兰,索萨博夫斯基少将注视着他的旅排成长列,登上运送兵员的"达科他"运输机。自星期日以来,当他指挥的波兰伞兵

---

[1] 道格(Doug)是道格拉斯的昵称。

旅等待出发的时候，他就感到紧张不安的情绪在增强。星期二，他们从兵营来到机场，不料却被告知行动取消了。星期三上午，在得知空投场变更之后，索萨博夫斯基自己又把起飞时间推迟了3个小时，以便制定出新的作战方案。现在已临近下午1点，当背负着沉重装备的伞兵走向飞机的时候，焦躁的气氛消失了。部队终于出发了，索萨博夫斯基注意到，"他们的心态几乎是轻松愉快的"。

他的心态却截然不同。在计划改变后的数小时里，他试图尽可能了解有关厄克特部队的态势以及新空投场的所有情况。他指挥的旅下辖3个营，他尽力为部队提供相关情报，并一直传达到排级单位，然而情报是贫乏的。索萨博夫斯基感到部队准备不足，几乎是"要跳进未知的区域"。

现在，随着螺旋桨慢慢转动，各营官兵开始登机，114架"达科他"运输机将运载他们飞抵荷兰。索萨博夫斯基对登机过程感到满意，他本人登上了领航的飞机。随着引擎转速加快，这架"达科他"运输机开始滑行，在跑道上缓慢地行驶着，又转了个弯，准备起飞。然后飞机却停顿下来，让索萨博夫斯基气馁的是引擎正在减速。时间在一分一秒地过去，他的焦虑也在一点点地增加，他不知道为何起飞被推迟了。

突然，机舱门打开了，一名英国皇家空军军官登上了飞机。他沿着过道来到将军的身边，告诉索萨博夫斯基，塔台刚刚接到命令，停止起飞。情况是星期二的翻版：英国南部的各处机场已经开放，运送补给物资的轰炸机正准备再次起飞，但阴云密布的格兰瑟姆地区不适合飞机飞行。索萨博夫斯基不愿意相信。当消息传达下去时，他能听见手下的官兵在咒骂。飞行计划又被推迟了24小时——直到9月21日，星期四，13点。

加文将军的滑翔机机降步兵团也再次停飞了。当天将对奈梅亨极其重要的瓦尔河大桥发动攻击，加文急需的3 400名官兵以及他们的枪炮和装备却不能动身。德里尔—海弗亚多普渡口仍然在正常运行。在这个关键的星期三，也就是D日后的第三天，波兰旅本来可能已经渡过了莱茵河，增援陷入颓势的厄克特的空降部队，但是坏天气却再次打击了"市场-花园"行动。

瓦尔特·莫德尔元帅终于准备对荷兰境内的英军和美军发动反攻。在9月20日，这个关键的星期三，德军在整条"走廊"里发动了一轮又一轮进攻。

莫德尔的增援部队正陆续抵达，他相信自己的兵力现在已经足够强大，足以遏制蒙哥马利的进攻。他计划要掐断索恩、费赫尔和奈梅亨之间的盟军"走廊"，他知道阿纳姆大桥几乎已在他的手中了。而冯·灿根的第15集团军——蒙哥马利早在安特卫普的时候就将这支部队遗忘了——现在正慢慢地恢复元气，人员正在重新组织，每天都有弹药和补给物资送至部队。在B集团军群的作战日志附件第2342号里，莫德尔向冯·伦德施泰特汇报了48小时内冯·灿根所部的状况："第15集团军渡过斯海尔德河的兵员达到82 000人，装备共计530门火炮、4 600辆车，4 000多匹马，以及大量有价值的物资……"[1]

以冯·灿根的能力接掌这支部队，莫德尔对此充满信心，他计划在72小时之内完全重组自己的指挥体系。冯·灿根将指挥B集

---

[1] 尽管这些数字完全是从B集团军群的作战日志里引用的，但它们似乎被夸大了，尤其是火炮、车辆和马匹的数字。第15集团军渡过斯海尔德河以及在安特卫普周围的撤退，是由第344步兵师师长欧根·费利克斯·施瓦尔贝（Eugen Felix Schwalbe）中将指挥的。1946年，施瓦尔伯给出了一组估计数字：65 000人、225门火炮、750辆卡车和运货马车，以及1 000匹马（见米尔顿·舒尔曼《西线的失败》，第180页）。我无法解释这个数字方面的出入，但施瓦尔贝的数据显得更真实一些。——原注

团军群在盟军走廊以西的所有兵力；现在正得到系统性增强的斯图登特的第1伞兵集团军，将被安排在"走廊"以东。莫德尔发起进攻的时刻已经到来，此时的德军已经锋芒毕露。

20日上午，德军装甲部队突然攻入第101空降师在索恩贝利便桥的阵地，几乎成功地夺取了这座桥。好在泰勒将军的部下反应及时，英军坦克部队又迅速采取行动，才挡住了这次进攻。当霍罗克斯的坦克纵队快速突向奈梅亨的时候，泰勒的整个防区也承受着不小的压力。

上午11点，德军对着第82空降师的防区一通狂轰滥炸，地面部队随后从帝国森林里出击，向该师的东部侧翼发起进攻。仅仅数个小时，一场全面的大规模攻击就在莫克（Mook）地区形成了，威胁到了赫门村的桥梁。加文匆匆从奈梅亨赶到现场，他的部下在奈梅亨正准备对瓦尔河大桥发起攻击。加文看到"我们所拥有的唯一一座能让装甲部队通行的桥梁"正岌岌可危。"对于涌入奈梅亨的英军和美军来说，如果要继续生存下去，这座桥的重要性不言而喻。"他回忆道。加文正处于紧要关头：第82空降师每支可用的部队都已经投入了战斗。加文匆忙要求英军的冷溪禁卫团所部给予帮助，随后他亲自率领部队进行反击。于是一场持续了整整一天的激烈而又残酷无情的战斗开始了。加文把部队前后调动，就像在下国际象棋一样。他的部队最终守住了防线，击退了德军的进攻。他一直害怕德军从帝国森林发起的进攻。现在加文和军长布朗宁中将知道，一个新的且更为危险的战斗阶段开始了。在德军战俘中，有些来自欧根·迈因德尔（Eugen Meindl）伞兵上将的第2伞兵军，这个军是莫德尔的精锐部队。莫德尔的意图现在很明显：夺回关键性的桥梁，把"走廊"掐断，粉碎霍罗克斯的坦克纵队。

就当前态势而言，莫德尔确信盟军永远也无法在奈梅亨渡河，然后走完到阿纳姆的这最后18公里路。他自信地告诉比特里希，他预计战斗将在这个星期之内结束。比特里希则没那么大把握，他告诉莫德尔，要是把奈梅亨的桥梁都炸毁的话，他会更放心。莫德尔看着他，愤怒地喊道："不！"

海因茨·哈梅尔旅队长对威廉·比特里希的看法感到恼火，他认为，自己的顶头上司党卫军第2装甲军军长对战斗的考虑过于深远了。比特里希"似乎对部队在潘讷登渡河过程中出现的问题完全置若罔闻"，而这些问题从一开始就捆住了哈梅尔的手脚，在他看来，比特里希应当在渡口待上足够长的时间，"应该让他亲自看看，将20辆坦克渡过河几乎是不可能完成的任务——而且其中3辆还是'虎王'坦克"。哈梅尔的工兵用了将近3天时间才建起一个渡口，能让约40吨重的车辆渡过莱茵河。尽管哈梅尔相信现在可以加快作战行动了，但到目前为止，却只有3个排的坦克部队（12辆豹式坦克）到达了奈梅亨近郊。其余的坦克，包括他的虎式坦克仍在阿纳姆大桥作战，指挥这支部队的是经验丰富的东线指挥官汉斯-彼得·克瑙斯特（Hans-Peter Knaust）少校。

38岁的克瑙斯特在1941年莫斯科附近的战斗中失去了一条腿。哈梅尔回忆说："他重重地踩着一条木腿走来走去，尽管始终疼痛，却一次也没有抱怨过。"然而，克瑙斯特也是哈梅尔不悦的对象之一。

为了支援弗伦茨贝格师，克瑙斯特战斗群被匆匆派到荷兰，该部队配备有35辆坦克、5辆装甲运兵车和1门自行火炮。但克瑙斯特手下的老兵却水准不高。他们几乎都曾经负过重伤，在哈梅尔看来，这些人"基本上就是伤残退伍军人"，正常情况下这些士兵是不会参加战斗的。此外，克瑙斯特的补充兵员都很年轻，许多人只受过8个星期的培训。阿纳姆大桥的战斗已经进行了这么长时间，因而哈梅尔现在开始对奈梅亨的形势感到害怕，一旦英国人取得突破，他就会需要克瑙斯特的坦克部队来坚守阿纳姆大桥，以及位于奈梅亨和阿纳姆之间的防御阵地。更多的增援的装甲部队正在路上，包括15～20辆虎式坦克以及另外20辆豹式坦克，但哈梅尔不知道他们什么时候才会到达，也不知道阿纳姆大桥能否畅通，从而可以加快其南下的速度。哈梅尔认为，即使夺回了阿纳姆大桥，仍然需要一整天的时间来清理那些车辆残骸，唯有如此己方部队的车辆才能顺利通过。

为了便于督导所有的军事行动，哈梅尔已经在潘讷登西边3公里、奈梅亨东北约10公里处的多嫩堡（Doornenburg）附近建立了一个前线指挥所。他从那里驱车向西，来到奈梅亨至阿纳姆公路的中间点研究地形，以便把防御阵地确定下来。一旦盟军取得突破，这些阵地就可以派上用场。他的勘察得到了一个清晰的印象：不论是英军还是德军的坦克部队，似乎都不可能离开公路，只有轻型车辆才能在路面单薄的砖铺支路上行驶。他的坦克部队从潘讷登渡河之后前往奈梅亨的途中，就曾在这样的道路上陷于泥沼，坦克的重量压碎了路面。奈梅亨至阿纳姆的主要公路有部分路段是堤岸路，高出地面大概两三米的样子，两边是松软的圩田。在这些高高的路段上行驶的坦克将会完全暴露，在天空的映衬下露出轮廓，占据有利位置的炮兵能够轻易地把它们轰掉。眼下，哈梅尔没有能够覆盖公路的火炮。这样一来，在英军从奈梅亨取得突破之前，克瑙斯特的坦克和大炮渡过莱茵河进入阵地就刻不容缓了。

返回多嫩堡的前进指挥部之后，哈梅尔从佩奇上校那里得到了最新的报告。从阿纳姆传来了好消息：已经抓到了更多的俘虏。大桥上的战斗正步入尾声。克瑙斯特相信，到下午晚些时候他就可以成功过河了。奈梅亨的战斗仍在持续，卡尔-海因茨·奥伊林一级突击队中队长的部下尽管伤亡严重，却粉碎了对方要夺取铁路桥和公路桥的所有努力，美军和英军在两座大桥入口处都被挡住了。而在奈梅亨市中心，英军部队的进攻也停滞了，然而局势却更加危险了。

奥伊林的作战报告表现出了一种哈梅尔并不认同的乐观主义。最终仅仅凭借数量上的优势，英军装甲部队无疑也会打穿德军的防线。哈梅尔点燃一支雪茄，告诉佩奇，他估计"在48小时之内，英美联军将会对这座公路大桥发动主攻"，如果克瑙斯特的坦克部队和炮兵能够迅速夺取阿纳姆大桥，他们就可能挡住英军装甲部队的大举猛攻。哈梅尔知道，倘若装甲部队行动迟缓，未能及时将这一小股英军驱离阿纳姆大桥并清除大桥上的车辆残骸，他就必须不顾一切命令，把奈梅亨公路桥炸掉。

尽管他的考虑十分谨慎，但却并没有料到一个最为反常的计划：美军伞兵可能试图强渡过河，发动一次大规模水陆两栖攻击。

10

正在待命的伞兵们挤在距离渡河点不远的地方，此地在奈梅亨铁路桥下游约 1.6 公里处。从星期二晚上一直到星期三上午，当古尔本中校和范德沃特中校率领的英美联军继续为争夺铁路桥和公路桥战斗的同时，盟军官兵在努力扩展通向河岸的占领区域，这样禁卫装甲师的坦克和重炮就能进入阵地，支援水陆两栖攻击。"台风"战斗轰炸机群将于进攻发起前 30 分钟低空掠过北岸，用火箭弹和机枪覆盖整片登陆地区；地面上的坦克和火炮将对登陆地点再进行 15 分钟的炮火准备。随后，在坦克发出的烟幕掩护下，由 28 岁的第 504 伞兵团 3 营营长朱利安·阿龙·库克（Julian Aaron Cook）少校率领的第一攻击波将出发，进行有史以来最为大胆的一次渡河行动。

指挥官们为了制订这项计划用了整整一个晚上，计划本身也尽可能趋于完美，但是伞兵用来渡过这条近 400 米宽的河流所要乘坐的船只，却迟迟没有抵达。进攻发起时间原先定于下午 1 点，现在不得不推迟到下午 3 点。

美军分成数个小组等待着，与此同时库克来回踱着步子。"那些该死的船在哪里？"他很纳闷。加文将军以及第 504 伞兵团团长塔克上校告诉他，他的 3 营将渡过瓦尔河进行强攻。从那一刻起，库克就一直处于"震惊到目瞪口呆"的状态。在这名年轻的西点军校毕业生看来，似乎"我们正被要求，全凭我们自己的力量，进行一次奥马哈海滩式的抢滩登陆行动"，他的部下当中有许多人从未坐过小船。

焦急等待船只到达的并不只有库克一人。中午之前，弗雷德里克·布朗宁中将已经收到了第一份清晰的报告，内容中提道厄克特面临的形势严峻。这封电报经由英军第2集团军的通信系统转发，"幽灵"小队解读。电报中说：

（201105）……部队主力仍然在大桥北端附近，但未能与大桥北端的部队取得联系，也无法再次提供补给……阿纳姆完全掌握在敌人手里。要求采取所有可能的措施尽快救援我部，战斗异常激烈，德军攻势异常凶猛，我部处境非常不妙。

布朗宁深感不安，为了替厄克特所部的幸存官兵解围，拿下奈梅亨大桥的行动必须争分夺秒。而在此时，能否顺利救出阿纳姆的守卫者，几乎完全取决于库克和他的第3营——这是一个库克还没有意识到的事实。

不管怎么说，船仍未运上来，甚至连那些船是什么样子都没有一个人知道。整个夜间，霍罗克斯将军和他的参谋们都在试图加快行车速度，尽快把船运到。在遥远的战线后方，工兵车队中有3辆装载着船只的卡车，在挤得水泄不通的公路上一点一点地向前移动着。途经艾恩德霍芬时，它们就被德国空军的一次猛烈轰炸耽搁了。整个市中心毁于轰炸，几十辆运送补给物资的卡车被摧毁，一列运送弹药的车队整个被点燃了，形势更加雪上加霜。现在，距离攻击发起时刻还不到1小时，瓦尔河渡口仍然看不到卡车和那些极其重要的船只的影子。

攻击出发阵地位于庞大的 PGEM 发电厂东侧。起初大家认为可以直接从发电厂渡河，那儿有一个小河湾是德军观察的死角，可以为部队登船提供掩护。塔克上校后来放弃了，因为河湾离敌人坚守的铁路桥太近了，当伞兵从码头区出现的时候，德军能用机枪火力横扫每个人。而且在河湾出口，有一股流速为每小时 13～16 公里的水流，水流的漩涡还要更强一些。塔克计划把地点移到更西边的地方，让他的士兵跑步把船送到河边，放船下水，然后划船过河。但这也让库克少校担忧，据他所知，每条船大约有 90 公斤重，再加上士兵们的装备和弹药，这个数字可能会翻番。

部队下水后，每条船将运送 13 名伞兵和 3 名工兵，工兵负责将伞兵送过河去。渡河行动将是持续的，这些船只将在波浪中往返穿梭，一直到库克的整个营，以及威拉德·E.哈里森（Willard E. Harrison）少校指挥的 1 营的几个连全都过河为止。爱德华·泰勒少校的爱尔兰禁卫团第 2 装甲营第 2 中队的坦克部队将给予火力支援，泰勒对这整个计划感到惊愕。"简直是在拿上帝吓唬我。"泰勒回忆说。他问咬着雪茄的塔克上校，他的部下以前是否演练过这样的行动。"没有，"塔克很干脆地回答说，"他们正在接受在职培训。"

库克与爱尔兰禁卫团第 2 装甲营营长贾尔斯·范德勒中校站在发电厂的 9 楼，用望远镜观察北岸。就在他们站立点的对面，从河边到内地有一片 200～300 米长的开阔地，库克的部下登陆以后，将不得不穿过这块没有隐蔽处的地段。在更远处的河岸边，有一道 4.5～6 米高的斜堤，堤岸上面是一条东西走向 6 米宽的公路。在距离公路大约 730 米的地方，有一座被称为"荷兰花园堡垒"(Fort Hof Van Holland) 的低矮建筑。库克和范德勒能够清楚地看到敌军沿着堤岸构筑的防御阵地，而且他们确信观察所和炮兵阵地就设在堡垒里面。库克记得,他当时想的是"有人提道,这真是一场噩梦"。不过,在进攻发起时,空军和炮兵的有效支援将削弱德军的抵抗,掩护伞兵迅速控制北岸。库克的部队将在很大程度上依赖己方的火力支援。

范德勒认为,强渡可能被证明是"可怕的、会造成严重伤亡"的行动,但他打算让自己的坦克部队在最大程度上给美军提供火力支援。他计划投入大约 30 辆"谢尔曼"坦克——分属爱德华·泰勒少校的第 2 中队和德斯蒙德·菲茨杰拉德(Desmond Fitzgerald)少校的第 3 中队。14 点 30 分,坦克开向河边,并排爬上堤岸,75 毫米口径的坦克炮排列成行,向对岸开炮射击。英军的这次炮击还将得到第 82 空降师的迫击炮和炮兵配合,总共将有 100 门各类火炮对北岸进行轰击。

库克的部下还没有实地观察过攻击区域,他们是在快速行军途中接到简短命令的。当他们到达岸边时,河流的宽度震惊了每个人。"起初,我们接到命令时以为他们是在开玩笑。"第 307 空降工兵营 C 连的小约翰·奥格尔·霍拉伯德(John Augur Holabird,Jr)中尉回忆说。第 504 伞兵团 3 营 H 连的西奥多·芬克拜纳(Theodore Finkbeiner)中士确定要参加首轮渡河攻击行动,他相信"由于有烟幕掩护,我们有非常好的机会"。但 I 连连长托马斯·莫法特·伯里斯(Thomas Moffatt Burriss)上尉却认为,这无疑是一个自杀任务。

第 504 伞兵团的新教随军牧师德尔伯特·屈尔(Delbert Kuehl)上尉也有同感。通常屈尔不会与攻击部队一同出击,现在他请求允许自己与库克的部下一起行动。"这是我做出的最艰难的决定,"他回忆说,"因为我是自愿前往的。这项任务看似不可能完成,我感到士兵们如果需要我的话,那我就应当参与此次行动。"

3营的作训参谋亨利·鲍德温·基普（Henry Baldwin Keep）上尉被称为这个营的百万富翁，因为他是美国费城比德尔家族的成员。他认为："我们取得成功的可能性极小。在过去的18个月中，我们几乎一直在连续作战，我们什么都干过了，从跳伞到建立桥头堡，再到充当山地部队和正规步兵。但渡河却是另一码事！它听上去就不可能。"

按照3营情报参谋军官弗吉尔·F.卡迈克尔中尉的说法，库克试图把气氛搞得轻松一点，他宣称自己将模仿乔治·华盛顿的样子，"笔直地站立在船上，紧攥右拳向前推去，高喊：'前进，士兵们！前进！'"H连连长卡尔·W.卡普尔（Carl W. Kappel）上尉听说对阿纳姆的攻击出了麻烦，因而非常关注，他想"上那条该死的船，玩命地渡过河去"。他有一个好朋友在英军第1空降师里。他感到如果有谁会在阿纳姆大桥上，那人就是"弗罗斯蒂"——约翰·弗罗斯特中校。

到下午2点时，冲锋舟仍然踪影全无，而现在要把正在途中的"台风"战斗轰炸机中队召回，已经为时太晚。在进攻出发阵地上，库克的部下和范德勒的坦克部队隐蔽在河堤后面待命，下午2点30分，"台风"战斗轰炸机的空袭开始了。机群从攻击部队头顶上掠过，编队解散后一架接一架呼啸着俯冲下去，朝着德军阵地倾泻火箭弹和机枪子弹。10分钟后，当范德勒的坦克部队进入堤岸上的射击阵地时，3辆运送冲锋舟的卡车到了。在距离攻击发起时刻还剩下20分钟的时候，库克的部下才首次看到这些轻薄的可收放式的绿色小船。

每条船长约5.8米，船底是用加筋的胶合板做的，帆布制作的船帮用木楔子固定住，从底板到舷边高度约0.8米。每条船上本来应该有8条1.2米长的短桨，但许多船上只剩下两条，士兵们不得不用他们的步枪枪托来划船。

工兵们迅速组装船只。每组装完成一条，使用这条船的伞兵就把他们的装备放到船上，准备朝河岸冲刺。在向对岸德军阵地进行炮火准备的震耳欲聋的炮声中，26条船终于都组装完毕。"有人喊'前进'！"第307空降工兵营C连3排排长帕特里克·J.马洛伊（Patrick J. Mulloy）中尉回忆说，"于是每个人都一把抓住船舷，开始用力拖着船朝河里跑去。"炮弹呼啸着从士兵们的头上飞过，坦克在他们前面的堤岸上开炮，而白色的烟雾在马洛伊看来"相当浓厚"，飘荡在宽阔的河面上。攻击开始了。

第一拨渡河的部队大约有260人——投入了H连和I连，外加营部参谋和工兵——他们来到河边一下水，便有一部分人闹出了灾难性场面。被扔进浅水中的船陷在了淤泥里动弹不得，士兵们在浅水区挣扎扑腾，把船抬到深水区，推开船后爬了上去。有些士兵在试图爬上船的时候把船搞翻了。有几条船由于承载超重，陷在水流之中开始打转，继而失去控制。还有些船则因为严重超载而沉没。短桨丢失，士兵落水，卡尔·卡普尔上尉眼前是一番"乱作一团"的场面，他的船也开始下沉。"詹姆斯·勒加西（James H. Legacie）二等兵落水了，开始下沉。"卡普尔记得。卡普尔紧随着他跳下了水，快速的水流让他吃了一惊，他一把抓住勒加西把他拉到安全的地方，"但等我把他拉到岸边的时候，我就像一个老人般精疲力竭"。卡普尔又跳上另外一条船，再次出发。第307空降工兵营C连的汤姆·麦克劳德（Tom MacLeod）中尉的船几乎被水漫过，他以为他们正在沉没。"我们疯狂划动着短桨，"他记得，在一片喧嚣声中，他听见了库克的声音，那是从附近的一条船上发出的，库克喊道："别停！别停！"

库克少校是一名虔诚的天主教徒，他同时也在大声地祈祷着。弗吉尔·卡迈克尔中尉注意到，他已经与每一行歌词合上了节奏。"万福玛丽亚——您充满圣宠——万福玛丽亚——您充满圣宠！"库克随着短桨的每一次划动而吟唱着。[1]随后，在一片混乱中，德军开火了。

德军火力猛烈而密集，这让马洛伊中尉回想起"我们在安齐奥受到的最糟糕的炮击。他们正用重机枪和迫击炮不断射击，大部分火力来自堤岸和铁路桥，我感到自己就像一个容易被击中的浮标"。随军牧师屈尔惊恐万状，坐在他旁边的士兵被炸飞了脑袋。屈尔反复嘟囔着："主啊，愿你的旨意成全。"

在 PGEM 发电厂大楼的指挥所里，范德勒中校与布朗宁将军、霍罗克斯将军一起观察着渡河行动，他们神色严肃，一言不发。"这是一个可怕的场面，很恐怖，"范德勒记得，"船只就这么从水面上被炸飞了起来。炮弹落在水里，不断地升起巨大的水柱，而从北岸射来的轻武器子弹，让河面犹如一口沸腾的大锅。"士兵们本能地蹲伏在船里。霍拉伯德中尉盯着脆弱的帆布船帮，感到自己"完全暴露，毫无还手之力"，甚至连他的头盔也"似乎就像无檐的小便帽一样"。

弹片撕裂了这个小小的船队。运送着詹姆斯·梅加勒斯中尉所属的半个排士兵的船沉没了，没有留下一点痕迹，没有幸存者。迫击炮排排长艾伦·弗伦奇·麦克莱恩（Allen French McClain）中尉看到，有两条船被炸成了两半，伞兵们都落入水中。在 I 连连长托马斯·伯里斯上尉的那条船四周，枪弹"就像冰雹一样"倾泻下来。

---

[1] "'主与你同在'太长了，"库克说道，"所以我不断重复'万福玛丽亚'（划上一桨），'您充满圣宠'（再划上一桨）。" 3 营的基普上尉试图记住他在普林斯顿当船员的日子，却发现自己在神经质地数着"7-6-7-7-8-9"这些数字。——原注

最后掌舵的工兵说道："抓住船舵，我中弹了。"他的手腕被打断了。当伯里斯俯下身来帮忙的时候，那个工兵又再次被子弹击中，这次是头部中弹。弹片则从侧面击中了伯里斯的身体。当那个工兵翻身落入水中时，他的脚钩住了船帮上缘，这令他的身体起到了船舵的作用，让船转起圈来。伯里斯不得不把死去的工兵推进水里，此时又有两名坐在前面的伞兵被打死了。

一阵疾风刮来，烟幕被吹散了，顿时德军机枪手对着一条条船不停地扫射。克拉克·富勒（Clark Fuller）中士看到，有些士兵既忙着迅速过河，又不顾一切试图躲避弹雨，结果"船帮两侧的人划船的动作正好相反，导致他们的船一圈圈地在河面上打转"，德军轻而易举地把他们一个接一个地射杀了。富勒"吓坏了，感到自己瘫软无力，无法动弹"。船行至河中央，I连的伦纳德·G. 特林布尔（Leonard G. Trimble）二等兵突然被猛击了一下，人躺到了船底板上。他乘坐的船被火力直接命中，特林布尔的脸上、肩膀、右臂和左腿都挂了彩，他相信自己会流血而死。船进了水，在河面上疯狂地转着圈，接着又被水流推送着缓缓地漂回到了南岸。除了特林布尔之外，船上的所有人都阵亡了。

在指挥所里，范德勒看到"烟幕屏障开始出现巨大的缺口"。他的坦克手打了10多分钟的烟幕弹，但现在爱尔兰禁卫团所部的每种弹药都快要耗尽了。"德军的火力出现变化，开始使用重型武器了，我记得自己几乎是在试图恳求美军再快一些。显然这些年轻的伞兵在使用冲锋舟方面没有经验，冲锋舟并不是那么容易操纵的东西，他们正在水面上作'Z'字航行。"

第一拨士兵终于到达了北岸。士兵们挣扎着从船上爬出来，一边开枪一边穿越那片开阔地。克拉克·富勒中士几分钟前还吓得几近瘫痪,现在为自己还活着而高兴,甚至感到"兴高采烈。恐惧被一种突然出现的不顾一切所取代,我感到自己能把德军全都揍一顿"。范德勒观察着登陆的状况,"先是看见一两条船触到了河滩,随即又有三四条船靠岸了。没有一个人停下,士兵们跳下船就开始朝堤岸跑去。我的上帝啊,那是一个多么英勇的场面!他们就一个劲儿地冲过开阔地,我还没看见有人在未被击中之前倒下。我认为,最终成功渡河的人,占整个船队的一半还不到"。接下来,令范德勒吃惊的是"那些船又掉转过头,开始返航,再运送第二拨人"。布朗宁中将转向霍罗克斯,说道:"我从未见过比这更为英勇的战斗场面。"

当朱利安·库克的冲锋舟靠近河滩时,急于上岸的他跳下水拖着船向前走,突然间他看见右边的灰色河水开始翻腾,还发出了一种"噗噗"的声音。"那样子就像一个大气泡,正在稳稳地靠近河岸,"他后来回忆说,"当一顶钢盔的顶部露出水面继续向前移动时,我想我是产生幻觉了。接着钢盔下面出现了一张脸,那是小个子机枪手约瑟夫·杰德里卡(Joseph Jedlicka)二等兵,肩膀上缠着7.62毫米口径的机枪子弹带,两只手各拎着一箱子弹。"杰德里卡从船上掉入两米多深的水里,他屏住呼吸冷静在河床上走着,一直走到岸上。

医护兵已经在河滩上开始忙碌。当汤姆·麦克劳德中尉准备返回瓦尔河南岸,再运一船伞兵过来时,他看见步枪已经插在阵亡者旁边的地上了。

下午4点刚过,在位于多嫩堡的前进指挥部里,海因茨·哈梅尔得到了一个令人吃惊的消息。据报告,"一道白色的烟幕出现在荷兰花园堡垒对面的河面上"。哈梅尔带着几名参谋匆忙驱车来到瓦尔河北岸的伦特村,这里距奈梅亨大桥有3公里远。烟幕只能意味着一件事情：英美联军正在试图乘船渡过瓦尔河。不过哈梅尔仍然无法相信自己的分析：河流的宽度，守卫在北岸的兵力，奥伊林早上送来的乐观报告，以及他自己对奈梅亨的英军和美军兵力的估计——全都表明这项行动是行不通的。但哈梅尔决定还是亲自去看看。他回来回忆说："我可不想由于这些桥梁落入敌人手中而被柏林逮捕和枪毙——无论莫德尔对此事的看法如何。"

朱利安·库克少校知道部队的伤亡非常可怕，但现在他没有时间来估算损失。他的各连已经在那块暴露的河滩上登陆了，各单位都完全混在了一起，而且一时间毫无建制可言。德军正在用机枪扫射河滩，然而顽强的伞兵们可不想就这么被火力压制住，他们或单独、或三三两两，朝着堤岸奔去。"要么待在那里被打成筛子，要么前进。"库克后来说道。官兵们奋力前进，端着机枪、手榴弹和上了刺刀的步枪向堤岸发起冲锋，利落地把德军找出来。西奥多·芬克拜纳中士相信，他是最早赶到那条高高的堤坝公路上的人之一。"我把头探出坝顶，映入眼帘的居然是一挺机枪的枪口。"他回忆道。芬克拜纳瞬间缩了回去，但"枪口风还是把我的钢盔吹飞了"。芬克拜纳把一颗手榴弹扔进了德军的机枪巢，听见了手榴弹的爆炸声和人尖叫的声音。随后他迅速站起身来，上了堤岸公路，朝下一个机枪巢冲去。

I连连长莫法特·伯里斯上尉根本没有时间考虑身体侧部的弹片伤，上岸后他"因为还活着而兴奋异常，激动到呕吐起来"。他径直朝堤坝跑去，边跑边朝他的士兵喊道，让"一挺机枪朝左翼射击，另一挺机枪朝右翼射击"。士兵们立即执行了他的命令。伯里斯看见堤坝的后面有几幢房子，他踢开一幢房子的门，惊讶地发现"有几个德军士兵还在里面睡觉，显然对正在发生的事情一无所知"。伯里斯迅速掏出一颗手榴弹,拔下保险销扔进屋子,然后"砰"地关上了门。

在烟雾、喧闹和混乱当中,第一拨上岸的伞兵都记不清他们是怎么离开河滩的。杰克·博默下士是一名通信兵,他背负着沉重的通信设备向前跑,"脑海里只有一个念头,可能的话就得活下去"。他知道自己要冲到堤岸边等待进一步的指示。爬上堤岸顶端的时候,只见"尸横遍野,而德军士兵——其中有些还不到 15 岁,另一些则在 60 岁以上——他们几分钟前还在屠杀坐在船上的我们,现在却乞求饶命,试图投降"。士兵们由于亲身经历的磨难而大受刺激,同时还因为战友的阵亡而出离愤怒,故此不愿意抓太多的德军战俘。博默回忆说,有一些德国人"立即在近距离内被打死了"。

第一攻击波的伞兵用了不到 30 分钟时间便制伏了堤坝公路上守卫的德军。死去和负伤的美军躺在河滩上,强渡行动令幸存者身心俱疲。当然,并非所有的德军阵地都被攻占了,但现在伞兵们可以蹲伏在原先的德军机枪巢里,掩护后续的几拨部队登岸了。第二拨渡河过程中,美军又损失了两条船。在仍然猛烈的炮火轰击下,剩余的 11 条船上的工兵尽管疲累欲死,仍然又来回航行了 5 次,最终把所有的美军都送过了血染的瓦尔河。现在,至关重要的就是速度了。在德军部队彻底弄明白正在发生的是什么事情——在他们把那些桥梁炸掉之前,库克的部下得夺取各座桥梁的北端。

现在,堤岸防线已经被美军攻占了,德军正在撤退到第二道防线上去。库克的伞兵对敌人决不心慈手软。亨利·基普上尉评论说:"该营的剩余人员似乎变得狂热起来,而且由于狂怒而疯狂,士兵们片刻间忘记了恐惧。我从未目睹过人性的变态会展现得像今天这样激烈。这是一副令人敬畏的场面,但却不是一副令人舒心的场面。"

先前无助地坐在船上、眼睁睁地看着战友们在身边死去的美军伞兵，或单兵或成战斗小组，用手榴弹、冲锋枪和刺刀干掉了相当于他们战死同胞人数四五倍的敌人。他们残酷无情地把德军找出来予以消灭，此后既不停歇也不重组，而是继续勇往直前发起攻击。他们冒着机枪火力，冒着正前方"荷兰花园"堡垒里的高射炮组的猛烈轰击，一路杀过田野、果园以及堤岸后面的房屋。有些小组沿着内凹的堤坝公路朝正东方向跑去，直奔各座桥梁。与此同时，另一些小组对那座堡垒发动猛烈攻击，对德军火力几乎毫不在意。有些伞兵背着手榴弹，游过环绕着堡垒的河流，爬上外墙。勒罗伊·M.里士满（Leroy M. Richmond）中士潜水过河，出其不意地俘虏了守卫堤道的德军，然后挥手让自己的战友继续前进。按照弗吉尔·卡迈克尔中尉的说法，伞兵们"设法爬上了堡垒顶部，接着在下面的其他伞兵迅速朝上投掷手榴弹，手榴弹被一个接一个地甩入了小塔楼的射击孔里"。德国守军很快就投降了。

与此同时，两个连队——伯里斯上尉的 I 连和卡普尔上尉的 H 连——的部分单位正在朝数座桥梁冲刺。在铁路桥上，H 连发现德军的防御非常严密，看起来美军的进攻有可能被挡住，[1] 随后来自大桥南端以及奈梅亨的英美军队的持续压力，使得敌人突然间垮掉了。令卡普尔吃惊的是，"数量庞大"的德军开始穿过大桥撤退——直接朝着美军的枪口撤退。从 PGEM 发电厂附近的坦克上，约翰·戈尔曼中尉"能够看到，好像有数百名德军士兵稀里糊涂、慌慌张张地穿过大桥直接朝美军跑去"。在北岸，H 连 2 排排长理查德·拉

---

[1] 按照查尔斯·B.麦克唐纳在《齐格弗里德防线战役》一书第 181 页中的说法，德国人在那座桥上部署了令人望而生畏的武器，包括 34 挺机枪、两门 20 毫米高射炮、一门 88 毫米高平两用火炮。——原注

里维埃（Richard La Riviere）中尉和爱德华·J. 西姆斯（Edward J. Sims）中尉也看到德军士兵向他们迎面跑来，更令他们难以置信的是德国人把武器丢下，就这么徒手涌向北出口。"他们成群结队地过桥，"拉里维埃回忆说，"而我们就让他们走过来——来到大桥三分之二的地方。"随后美军开火了。

一阵弹雨涌向大桥的守卫者，德军士兵纷纷倒下——有些人掉进桥下面的主梁里，还有些人落入水中。260多人被当场射杀，许多人受了伤，还有几十个人在停火之前就被抓了俘虏。美军强渡瓦尔河的行动开始还不到两个小时，数座桥梁中的第一座就得手了。爱尔兰禁卫团第2装甲营第2中队中队长爱德华·泰勒少校看见"有人在挥手。我一直长时间地全神贯注于那座铁路桥，结果那座桥成了对我来说唯一存在的东西了。我拿起无线电呼叫营部，'他们上桥了！他们夺到桥了！'"下午5点，掷弹兵禁卫团的托尼·海伍德（Tony Heywood）上尉收到了泰勒的消息，看到消息"完全把人搞糊涂了"。这条消息指的是哪座桥？古尔本中校率领的掷弹兵禁卫团第1摩托化营仍然在法尔克霍夫附近，与范德沃特中校的伞兵并肩作战，奥伊林的党卫军部队仍在那里继续抵抗，让他们无法夺取这座公路桥。海伍德记得，如果消息说的是这座公路桥已经被夺取了，那么"我无法明白他们是怎么过去的"。

铁路桥完好无损、实实在在地掌握在了英美联军手中，但德军——不论是准备战斗到最后，还是吓得要逃离阵地的——却仍然在桥上。美军迅速在北端寻找准备炸桥用的炸药，尽管他们什么也没有找到，但大桥仍然还有被接上线路爆破掉的机会。卡普尔上尉通过无线电呼叫库克少校，催促他尽可能快地派英军坦克过桥。他和I连的伯里斯上尉都相信，有了这些坦克作为支援，他们就能抓住这个绝佳时机，拿下铁路桥东边约1公里远的奈梅亨公路桥。卡普尔回忆说，接着塔克上校来了，上校说这个要求"已经转达了，但德军仍可能随时把这两座桥都炸掉"。库克的伞兵没有犹豫，又出发赶往公路桥。

哈梅尔旅队长无法搞清楚现在到底发生了什么事情，他站在伦特村附近一个地堡顶上，举着望远镜向远处观察。这处阵地在瓦尔河北岸，距离最重要的奈梅亨公路大桥约有1公里，从这里他能够看见烟雾在其右边升腾而起，还能听见震耳的枪炮声。但除了知道对方曾经试图在铁路桥附近渡河之外，似乎没人确切地了解现在到底发生了什么。他能够清楚地看到公路桥，桥上什么也没有。哈梅尔回忆说，随后"后送的伤员开始出现，我接到了相互矛盾的报告"。他得知美军已经过了河，"但一切都被夸大了，我不清楚他们是坐10条船还是100条船过的河"。哈梅尔的脑海里"在紧张地思考着，试图决定下面该做什么"，他与工兵进行核实。"我被告知，两座桥都做好了爆破准备，"他记得，"守军指挥官得到了指示，要炸毁铁路桥。炸公路桥的引爆装置就藏在伦特村地堡附近的一个花园里，有一个人守在那里，正在等待起爆的命令。"接着，哈梅尔得到了第一份清楚的战报：只有几条船过了河，而且战斗仍然在进行。他再次用望远镜观察，公路桥仍然很清晰，畅通无阻。尽管他"本能地想要把这座桥炸毁，摆脱压在肩上的麻烦，但我并没有打算做任何事。我要绝对确定桥已经失守，才能这么干"。哈梅尔决定，如果他不得不炸掉公路桥的话，他也要确保"桥上挤满英军坦克，而后全部炸上天"。

在胡纳公园以及紧邻公路桥南入口的法尔克霍夫小礼拜堂里，卡尔-海因茨·奥伊林一级突击队中队长手下的党卫军掷弹兵正在为生存而战。爱德华·古尔本中校的掷弹兵禁卫团第1摩托化营，以及本·范德沃特中校的第82空降师505伞兵团2营组成的英美联军，有条不紊地发动了持续进攻。范德沃特的迫击炮和大炮轰击着德军防线，同时他的伞兵开始逐屋逐户地战斗。奥伊林的防线正在不断收缩，古尔本的坦克正在接近这道缺口，它们在狭窄错综的街道上行驶，逐退面前的德军，坦克上的17磅炮和机枪不停地开着火。

德军奋力还击。"这是我遇到过的威力最大的炮击。"第505伞兵团2营F连的斯潘塞·弗里·沃斯特（Spencer Free Wurst）中士回忆道。沃斯特当时是一名年仅19岁却拥有丰富作战经验的战士，自北非战役以来一直在第82空降师服役。"我身处枪林弹雨之中，感觉似乎伸出手去就能抓住子弹。"沃斯特趴在离法尔克霍夫小礼拜堂大约23米远的一幢房子的窗台上，从这个有利位置能够朝下看见德军的阵地。"公园里到处都是散兵坑，"他记得，"所有的战斗行动似乎都是以这些散兵坑以及一座中世纪的塔楼为中心。我看到我们的人从右边和左边发起进攻，直接朝环形交叉路口发起冲锋。我们太急于赶到那座大桥了，结果我看见有些士兵爬到散兵坑旁，简直就是把德军士兵拽出来的。"沃斯特的步枪枪管太热了，结果步枪里面的润滑油都从木头枪托里渗出来了。

当致命的激烈交火仍在进行的时候，沃斯特惊讶地看到范德沃特中校"吸着一支雪茄，蹓跶着过了街。他在我待的这幢房子前面停了下来，抬起头说道：'中士，我想你最好还是去看看，是否能让那辆坦克动起来。'"范德沃特指着公园的入口处，那里停着一辆英军坦克，坦克的炮塔关闭着。沃斯特从窗台上爬下来，跑到坦克边上，用他的钢盔敲打着坦克侧面，炮塔打开了。"中校要你们动起来，"沃斯特说道，"来，我告诉你们朝哪里开火。"沃斯特走在坦克的旁边，德军尽收眼底，他把目标指了出来。当范德沃特的士兵和古尔本的坦克增强火力的时候，敌人的防御圈便开始崩溃了。这条由反坦克炮组成的令人畏惧的防线，曾把盟军此前的每次进攻都挡了下来，现在被摧毁了。最后，只有环形交叉路口中央的4门坦克歼击车还在开火。下午4点过后，随着盟军坦克和步兵发起的一次全力突击，这些坦克歼击车也被打垮了。当范德沃特的伞兵用刺刀和手榴弹冲锋的时候，古尔本把他的坦克列成战阵，4辆并排冲进公园。一片惊恐中，德军溃散了。他们撤退时有些人试图在大桥的钢梁上隐蔽，另外一些离得更远的士兵则快速穿过英美联军的炮火，朝着那座中世纪的堡垒跑去。当德军士兵经过时，许多伞兵朝着他们扔手榴弹。攻击结束了。"他们确实让我们吃了不少苦头，"沃斯特说道，"我们看见，他们径直从我们旁边冲过，跑向那条通往大桥的公路，有些人跑了过去，直奔东边。我们感到相当欣慰。"

禁卫装甲师师长艾伦·阿代尔少将记得，他在附近的一幢大楼里指挥作战时"咬紧牙关，就害怕听见爆破的声音，因为那会告诉我，德军已经把大桥炸掉了"。他没有听见爆炸声。通往瓦尔河大桥的各处入口都畅通着，各个桥墩完好无损。

掷弹兵禁卫团第2装甲营第1中队1分队分队长彼得·托马斯·鲁宾逊（Peter Thomas Robinson）中士指挥的4辆坦克一直在待命，他们等的就是这个时刻。现在他们朝大桥驶去。[1] 这名参加过敦

---

[1] 据说有一面美国国旗在铁路桥的北端升起，在烟雾和混乱之中，英军坦克手们以为那面旗帜是飘扬在公路桥的另一头——这意味着美国人已经占领了那里。这个说法可能是真的，但在我进行的许多次采访中，却没有发现一个参与者能够证实此事。我曾在整个地区走了一遍，似乎难以想象有谁在朝公路桥对面望去的时候，会把在西边一公里以外飘扬的一面旗帜误认为是这座大桥的终点。——原注

刻尔克撤退的老兵在几小时前就接到了中队长约翰·特罗特（John Trotter）少校的通知，要求他待命出击，"随时准备夺取大桥"。德军仍然在大桥上。特罗特提醒鲁宾逊："我们不知道你过河的时候会发生什么事情，但大桥得夺下来。无论如何也不要停下来。"特罗特一边与中士握手，一边开着玩笑："不要担心，我知道你的妻子住在哪里，要是出了什么事情，我会告诉她的。"鲁宾逊觉得没有什么可乐的。"你非常快活，是吧，长官？"他问特罗特。鲁宾逊爬上坦克，率先奔向大桥。

4辆坦克组成的分队从环形交叉路口的右侧进入了胡纳公园。在鲁宾逊眼里，"整座城镇都在燃烧，我左边和右边的楼房都着火了"。由于被烟雾笼罩，这座庞大的大桥显得"特别巨大"。当鲁宾逊的坦克隆隆向前行进时，他不断用无线电向师部做汇报。"所有人都接到了命令，不得使用无线电，把频道让出来。"他回忆说。鲁宾逊记得，在坦克"哐啷哐啷"地驶上大桥引桥时，"我们遭到了猛烈的炮火攻击，随着一声爆炸，承载着一侧坦克履带的诱导轮被击中了"。坦克仍然在行驶，尽管"无线电断了，我已经与师部失去了联系"。鲁宾逊喊叫着要驾驶员倒车，把坦克倒退到道路的一侧。他迅速跳下车跑到后面的坦克跟前，让那辆坦克的车长比林厄姆（Billingham）中士下车。比林厄姆自然不愿意，双方发生了争辩。鲁宾逊喊道他是在下达"直接的命令，赶快从那辆坦克里出来，到我的坦克里面去"。后面第三辆坦克的车长查尔斯·W. 佩西（Charles W. Pacey）中士让驾驶员把坦克驶出队列，率先冲上了大桥。鲁宾逊跳上比林厄姆的坦克，命令其他坦克跟上。鲁宾逊回忆说，当4辆坦克前进的时候，他们遭到了炮击，向他们开火的是一门"88毫米高射炮，它就在河对岸几栋燃烧着的房子附近，同时远处好像还有一辆突击炮也在向他们射击"。

范德沃特中校注视着这些坦克,他看见那门88毫米高射炮开火了。"那场面相当壮观,"他回忆说,"那门88毫米高射炮在公路一侧用沙袋加固的掩体内,距离大桥北端不到100米。一辆坦克与88炮交火了大约四个回合。坦克一直在用机枪发射7.62毫米的曳光弹,在黄昏的暮色中好看极了。"随后鲁宾逊的炮手、禁卫军士兵莱斯利·约翰逊(Leslie Johnson)打出的一发炮弹击中了88毫米高射炮。鲁宾逊记得,德军用手榴弹、步枪和机枪在大桥的钢梁上负隅顽抗,坦克的车载机枪猛烈射击,"就像推倒九柱戏(保龄球的前身)中的木柱一样把他们干掉了"。而约翰逊在对敌人的猛烈炮火进行反击时,"连续将炮弹打出去,装填手的装填速度有多快,他的射速就有多快"。在冰雹般的炮火之中,鲁宾逊的分队隆隆向前突进,现在接近了公路桥正中间的标识。

薄暮时分,翻腾的烟雾覆盖了远处的瓦尔河公路桥。在伦特村附近的前沿阵地上,海因茨·哈梅尔旅队长举着望远镜一动不动地观察着。火炮在他的周围不断开火,撤退的部队穿过村子,进入新的阵地。哈梅尔最害怕的事情现在发生了。美军出人意料地大胆强渡,成功渡过了瓦尔河。在奈梅亨,卡尔-海因茨·奥伊林一级突击队中队长的乐观主义已经被证明是无稽之谈,从他那里得到的最后一个消息很简短,奥伊林说他被包围了,部队只剩下60个人。现在,哈梅尔对大桥失守确信无疑了。他不知道铁路桥是否已经被炸掉,但如果要炸掉公路桥的话,必须立即行动。

"突然间我的脑海中把所有事情都过了一遍,"他回忆道,"什么事情必须先做?要采取哪些最急迫、最重要的行动?这全都归结到那些桥梁上了。"他事先并没有与比特里希取得联系,以便"提醒他，我可能不得不炸掉那座公路桥。我原以为，本应该由比特里希下令准备炸掉大桥"。因而哈梅尔推论，尽管有莫德尔的命令，但"倘若比特里希处在我的位置，他也会把主桥炸掉。在我看来，不管怎么说，莫德尔的命令现在已经自动取消了"。此时此刻，他估计坦克一定会出现在公路桥上。

哈梅尔站在工兵身旁仔细观察着大桥，而起爆装置就在后者身边。起初哈梅尔没看见有任何动静，随后突然间他看见"一辆孤零零的坦克驶到了桥中央，接着第二辆坦克出现在它后方靠右的位置"。哈梅尔转脸对着那名工兵说道："做好准备。"又有两辆坦克出现在他的视线里，而哈梅尔还在等待着，等到那列坦克都开到大桥正中央时再下达命令。他喊道："炸掉它们！"那名工兵向下猛压起爆器撞针杆。但什么也没有发生，英军坦克仍在前进。哈梅尔喊道："再来！"工兵再次把起爆器的撞针杆猛地压下去，但哈梅尔期盼的巨大爆炸还是没有发生。"我期待着要看到大桥倒塌，坦克冲进河中，"他回忆说，"但相反，那些坦克仍在继续向前行驶，变得越来越大，越来越近。"他朝着焦虑的参谋们喊道："我的上帝啊，他们两分钟后就要到这儿了！"

哈梅尔向手下的军官厉声发出命令，告诉他们"要用每一门可用的反坦克炮和火炮，封锁埃尔斯特和伦特之间的公路，因为如果我们不这么做的话，他们就会直接开进阿纳姆"。随后更令人沮丧的消息传来——铁路桥也未被炸毁，同样落入盟军之手。他匆匆来到附近一个指挥所，那里有一个无线电通信单位。他与师前进指挥部取得了联系，和师首席参谋通了话。"施托莱（Stolley），"哈梅尔说道,"告诉比特里希,他们过了瓦尔河了。"[1]

彼得·鲁宾逊中士的4辆坦克强行通过大桥。又有一门88毫米高射炮停止了射击,鲁宾逊"认为,我们也把它打瘫了"。前方隐约出现了一道由巨大的混凝土块组成的路障,路障有大约3米宽的缺口。鲁宾逊看到佩西中士的坦克成功地穿过了缺口,在对面停了下来。随后鲁宾逊的坦克也开了过去,在佩西为后面的3辆坦克打掩护的时候,鲁宾逊的坦克又再次充当头车。鲁宾逊记得,"能见度差到可怕。我拼命喊叫,努力为炮手和驾驶员下达指令,同时向师部汇报所发生的一切。喧闹声是难以置信的,从大桥的大梁上传来了各种各样的射击声"。鲁宾逊看见右前方三四百米的地方,在车行道旁边又出现了一门88毫米高射炮。他朝炮手喊道:"炮口直接对准400米之外,开炮。"炮手约翰逊把那门大炮炸成了碎片。当大炮周围的步兵开始逃散时,约翰逊用他的机枪开火了。"那是一场屠杀,"他回忆说,"我甚至都不必费心看潜望镜。他们人数有这么多,我只需扣动扳机而已。"他能够感到,坦克在"碾压着尸体,颠簸而行"。

从炮塔上探出身子的鲁宾逊看见他的3辆坦克仍然在前进,且没有受损。他用无线电呼叫其他坦克,要他们"靠拢,继续前进"!

---

[1] 德军企图炸毁奈梅亨公路桥,这里是首次披露,在此之前哈梅尔将军从未就这个问题接受过任何人的采访。直到今天,炸桥用的炸药为何失效仍然是个谜。许多荷兰人认为,这座重要桥梁是年轻的荷兰工人扬·范胡夫救下的。19日,他被美军第82空降师的荷兰联络官阿里·贝斯特布鲁尔切上尉派进了奈梅亨,给伞兵做向导。据信,范胡夫成功地渗透进了德军战线,到达了大桥,并在那里切断了连通起爆炸药的电缆。他很有可能这样做了。1949年,令一个调查这个事件的荷兰委员会感到欣慰的是,范胡夫确实切断了一些电线,不过无法证实仅仅切断这些电线是否就能真正挽救大桥。炸药控制装置和传输电线在瓦尔河北岸的伦特村,诋毁范胡夫的人断言,他能摸到传输电线而又不被德军发现是不可能的。争论仍然在激烈进行。尽管证据对他不利,但就我本人而言,我倒愿意相信这个年轻的荷兰人,他因为在这场战役的进程中作为地下抵抗组织的一员所起的作用而被德军枪杀了,他确实挽救了这座大桥。——原注

这个分队现在靠近了大桥北端。几秒钟后，一辆突击炮向坦克分队开火射击。"在我们的面前发出了两声巨响，"鲁宾逊回忆说，"我的钢盔被炸飞了，但我并没有受伤。"约翰逊发射出了三四发炮弹，那辆突击炮和旁边的一幢房子"'呼'地燃烧起来，整个地区都被照亮了，就像白天一样"。不知不觉之间，鲁宾逊的坦克分队已经驶过了大桥。

他命令炮手停火，当尘埃落定的时候，他看见壕沟里出现了一些人影。起初他以为是德军士兵，接着"通过他们钢盔的样子，我知道他们是美国佬。突然，美军一窝蜂地涌到坦克四周，拥抱我，亲吻我，甚至亲吻坦克"。托马斯·莫法特·伯里斯上尉的衣服仍然湿漉漉的，浸透了强渡瓦尔河过程中受伤流出的鲜血，他对约翰逊咧着嘴笑。"你们这些伙计是我多年来见到过的最美的人。"他说道。奈梅亨的这座庞大的多跨连续桥梁，连同各条几乎有800米长的引桥，完好无损地被盟军拿下了，在"市场-花园"行动要攻占的各座大桥当中，倒数第二座现在已经掌握在盟军的手中了。时间是9月20日，19点15分。现在，从这里到阿纳姆只剩下18公里路程。

皇家工兵部队的托尼·琼斯（Tony Jones）中尉——霍罗克斯将军后来称他为"勇士中的勇士"——跟着鲁宾逊的分队过了大桥。琼斯仔细地寻找爆破器材，他是如此全神贯注，甚至都没有意识到德军正在朝他开枪。他回忆说，事实上"我并不记得看见任何德军士兵"。在大桥中央的路障附近，他发现"有6条或者8条电线从栏杆上落了下来，掉在人行道上"。琼斯立即把这些电线都切断了。不远处，他发现有十来个"泰勒"反坦克地雷整齐地堆放在一条狭长掩壕里。他推断"它们大概是要用来封锁路障上的3米宽的缺口，但德军还没有来得及这样做"。琼斯取下起爆用的雷管,把它们扔进河里。在大桥北端,他在其中的一个桥墩上发现大量炸药,他对"德军为了炸桥而做的准备感到震惊"。铁制的炸药盒子被漆成了绿色,与大桥的颜色一致,"这些精密加工出来的炸药盒很适合安装进大梁上。每个盒子都有一个相配的序号,它们总共装了大约230公斤的TNT(即三硝基甲苯,黄色炸药)"。这些炸药使用电力起爆,引爆装置仍然在其应在之处,与琼斯在大桥上刚刚切断的电线相连。他无法理解为什么德军没能把大桥炸掉,除非英美联军突然而又猛烈的突击迫使他们没来得及这样做。现在引爆装置被卸了下来,所有的电线都切断了,这座大桥对车辆和坦克来说是安全的了。

但美军预期的那支将立即出发前往阿纳姆的英军装甲特遣队却没有出现。

与英军第1空降师在"走廊"尽头会合这件事情,沉重地压在美军的心上。这些美军自己就是伞兵,他们对仍然在前方战斗的战士怀有一种强烈的亲切感。库克的3营在强渡瓦尔河的时候损失惨重,H连和I连均伤亡过半——共有134人阵亡、负伤或者失踪——但从南北两端攻占奈梅亨大桥并打开朝北的公路的任务,已经完成了。现在,库克手下的军官让部队迅速进入了公路桥北端的环形防线内,等待着,期望能看见坦克纵队快速通过,去解救前方的英军伞兵。但过了大桥之后,就没有进一步的作战行动了。库克无法理解发生了什么事,他本来以为在天黑前坦克会"拼命"冲向阿纳姆。

H连连长卡尔·卡普尔上尉感到惴惴不安,因为他的朋友约翰·弗罗斯特中校"就在前面某个地方"。他的部下也在北端发现了电线并将其切断,他确信大桥是安全的。当他和拉里维埃中尉继续注视这座空荡荡的大桥时,卡普尔不耐烦地说道:"也许我们应该带上一支巡逻队,牵着他们的手将他们领过去。"

3营G连的欧内斯特·P.墨菲少尉跑到已经过了桥的彼得·鲁宾逊中士面前,对他说:"我们已经清理出前方大约400米的区域,现在该由你们突向阿纳姆了。"鲁宾逊倒是想出发,但他已经得到命令,"要不惜一切代价坚守公路和大桥北端"。他没有接到出击的命令。

第504伞兵团团长塔克上校对英军的延误大为光火。塔克本以为大桥一旦被夺取并清理完爆破器材后,一支特遣部队就会在公路上攻击前进。他认为,应该"就在此刻,在德军惊魂未定尚未获得喘息机会之前"向前突击。他后来写道:"我们拼了老命才渡过瓦尔河,夺取了大桥北端。我们就站在那里干看,义愤填膺,因为英军竟然要安顿下来过夜,没有充分利用当前的形势。我们无法理解,这完全不是美军的作战风格——尤其是倘若18公里外命悬一线的是我方士兵,那就更不是我军的作战风格了。我们会一直前进,不停地向前冲。要是乔治·巴顿的话,他就会这么做的,无论是白天还是黑夜。"

3营营部连的安德鲁·D.德米特拉斯(Andrew D. Demetras)中尉无意中听到塔克在与禁卫装甲师的一名少校争吵。"我想,一个最为难以置信的决定正要当场出炉。"他回忆说。在一间被用作指挥所的小平房里,德米特拉斯听见塔克愤怒地说道:"你的小伙子们正在阿纳姆受苦,你最好还是冲过去,只有18公里路。"那名少校"告诉上校,在步兵赶上来以前,英军装甲部队不能前进",德米特拉斯回忆说。"他们是在按照军事教科书打仗,"塔克上校说道,"他们已经'入港驻泊'过夜了。如同平常一样,开始喝茶小憩。"

尽管他的兵力还不到正常的一半,而且弹药即将告罄,但塔克还是想到要派第82空降师的伞兵单独北上,向阿纳姆进军。不过他也知道，加文准将绝不会批准他的这次行动，因为第82空降师沿着"走廊"设防，战线拉得太长，已经抽不出兵力了。但加文同情并理解他的部下，英军本应该在前面大举猛攻，正如他后来所说："没有比军长布朗宁中将更好的军人了，但他只是个理论家。倘若当时是由李奇微来指挥的话，我们就会接到命令，即便我们困难重重也要上路，去救援困在阿纳姆的官兵们"[1]。

尽管他们明显漫不经心，但英国军官——布朗宁、霍罗克斯、邓普西以及阿代尔——却同样完全意识到当务之急是继续前进。然而，问题是巨大的。霍罗克斯的第30军缺乏燃料和弹药，他看到了自己的纵队有可能会在奈梅亨南边随时被切断。奈梅亨市中心的战斗仍然在进行，格威利姆·艾弗·托马斯（Gwilym Ivor Thomas）少将的第43威塞克斯步兵师，由于远远地落在纵队后面，甚至还没有到达南边约13公里处的赫拉弗大桥。托马斯既小心翼翼又按部就班，因而跟不上英军纵队的行军速度。德军在几个地点切断了公路，托马斯的部队为了再次控制公路击退德军进攻，卷入了激烈战斗。德军的进攻现在正从两侧挤压通往奈梅亨的狭窄"走廊"。尽管布朗宁中将对德军进攻的凶猛程度感到担忧，但他仍然认为托马斯的行军速度能够更快一些。霍罗克斯则不这么肯定。他对公路沿线的大规模交通阻塞保持着关注。他告诉加文准将："吉姆，永远也不要试图只通过一条公路为一个军提供补给。"

地形——蒙哥马利已经预见到而且正如莫德尔所指望的——极

---

[1] 加文将军说："我无法告诉你我那些部下的愤怒和心酸，我在黎明时分找到了塔克，他气得几乎说不出话来。在这个世界上，我最敬佩的军人就是英国军人，但英国的步兵指挥官却或多或少并不理解空降部队的袍泽情谊。对我们的部下来说，只有一个目标：拯救他们在阿纳姆的伞兵兄弟们。这是个悲剧，我知道塔克想去，但我绝不能让他去，我手头的兵力已经捉襟见肘了。除此之外，塔克和我其他战线上的军官们也没有充分意识到，英军在当时也有一些难题。"——原注

大地影响了从奈梅亨大桥继续前进的战术考虑。在禁卫装甲师师长阿代尔少将看来，很显然坦克部队到达了"市场-花园"行动"走廊"中最糟糕的路段，面前的这条奈梅亨和阿纳姆之间绝对笔直的高堤坝公路看上去就像一座"岛屿"。"当我看到这座'岛屿'的时候，心都凉了，"阿代尔后来回忆说，"你无法想象还有其他更不适合坦克行进的地势：陡峭的公路两边都是沟渠，能够轻易被德军炮火覆盖。"尽管阿代尔忧心忡忡，但他也知道他们将"不得不碰碰运气"。然而他手头上又没有步兵，而"在这条公路上前进，显然首先是步兵的任务"。霍罗克斯得出了相同的结论：坦克部队将不得不等待，直到步兵能够赶上来并超越禁卫装甲师的纵队。几乎将在18个小时之后，英军坦克部队才能够对阿纳姆发起进攻。

然而这名军长像那些美国人一样，对迅速在走廊上出击抱有希望。奈梅亨大桥一被夺取，认为阿纳姆大桥的北端仍然在英军手中的布朗宁中将便告知厄克特，坦克部队已经过河了。在距离午夜零点只差2分钟的时候，布朗宁仍然对能够早点出发持乐观态度，于是发出了下述电文：

　　202358……打算让禁卫装甲师……天一亮便全力以赴赶往阿纳姆大桥。

大约45分钟之后，布朗宁得知步兵未能及时赶上来，于是又给厄克特发了第三封电报：

　　210045……明天的进攻第1空降师将予以最优先考虑，但不要期望在中午12点之前会有其他进展。

在阿纳姆,"最优先考虑"的信息来得太晚了。约翰·弗罗斯特中校的第2伞兵营官兵已经被他们的悲剧命运所笼罩。在鲁宾逊中士的坦克分队隆隆驶过奈梅亨大桥的3个小时之前,汉斯-彼得·克瑙斯特少校率领的首批3辆德军坦克,终于杀开一条路,上了阿纳姆大桥。

11

当天下午，就在库克少校的第一拨伞兵开始强渡瓦尔河的时候，埃里克·麦凯上尉下达了从阿纳姆的校舍里撤离的命令，他的部下在那里坚守了60多个小时——从9月17日的傍晚开始。现在，60米开外的一辆虎式坦克正把一枚枚炮弹射进大楼南墙。"那幢房子正在燃烧，"麦凯后来回忆说，"而且我听见留在楼上的那点炸药也爆炸了。"在仍然能够走动的13个人之中，每个人的子弹都只剩下最后一个弹匣。麦凯在地下室里一瘸一拐地走着，做出了让部队突围、战斗到底的决定。

他无意把伤员留在后方。由B分队的丹尼斯·辛普森中尉带路，麦凯与两名士兵殿后，伞兵们把伤亡人员抬出了地下室。在辛普森为他们打掩护的时候，伤员被送进了旁边的一座花园里。"然后，就在辛普森朝隔壁的房子走去时，迫击炮又开始了新一轮炮击，我听见他喊道：'又有6个人负伤了。'我知道，"麦凯回忆说，"我们将被大规模屠杀掉——或者不管怎样，伤员将被大规模屠杀掉——如果我们试图带着他们一起突围的话。我朝辛普森喊道，那就投降吧。"

麦凯把剩下的5个人集合起来，每个人都配了一挺"布伦"式轻机枪，一起朝东边奔去——他相信，德军不会料到他会走那个方向。他的计划是"在夜里隐匿起来，再尽力回到西边与主力部队会合"。麦凯率领他的士兵越过公路,穿过公路对面已经成为废墟的房子,来到了下一条街道。在那里,他们与两辆坦克和伴随坦克行动的五六十名步兵撞了个面对面。6名伞兵迅速并排前进,端着机枪一起朝那群大吃一惊的德军士兵扫射。"我们只有各自打掉一个弹匣的时间,"麦凯回忆说,"两三秒钟后就全部结束了,德军士兵就像装得半满的谷子口袋一样倒下了。"当麦凯喊他的小组直奔紧邻的一幢房子时,一名伞兵当场阵亡,另有一人负伤。躲进临时掩蔽处后,麦凯告诉剩下的3个人:"战斗结束了。"他提议众人单独行动。"要是走运的话,"他说道,"今天晚上我们全都可能在大桥边再次相遇。"

士兵们一个接一个地离开了,麦凯躲进一座花园,趴在一片玫瑰丛下面。在那里,他取下自己的军衔标志,把它们扔掉。"我认为,我可以睡会儿觉了,"他回忆说,"我刚刚闭上眼睛昏昏欲睡,便听见了德军士兵的说话声。我尽力放慢呼吸,而且由于我的衣服焦黑、满是血污,我认为自己真的很像一具尸体。"突然,他的"肋骨被人狠狠地踢了一下",他毫无反应地接受了这一脚,"就像刚刚死去的人一样"。然后他"感到一把刺刀刺进了我的屁股,摩擦了一下卡在了我的骨盆上",麦凯回忆说,奇怪的是"那并不疼,只是在碰到骨盆的时候让我震惊。在刺刀拔出去的时候,我才感到疼痛"。这激起了麦凯的愤怒,他费力地站了起来,拔出自己的"柯尔特"手枪。"你用刺刀刺一名英国军官,见鬼,这到底是什么意思?"他叫嚷道。那些德军士兵对麦凯的爆发毫无思想准备,向后退了几步,麦凯意识到"要是还有子弹的话,我就能射中他们中的一些人,而且他们还无法还击"。他记得,"因为他们把我围在中间,要是还击的话,他们就会击中自己人。他们的样子太滑稽了,结果我笑了起来"。当德军士兵盯着他的时候,麦凯轻蔑地把自己的"柯尔特"手枪扔出了花园围墙,"这样他们就不能拿走充作纪念品了"。

德军士兵强迫麦凯靠墙站着,开始搜他的身,他的手表以及父亲留给他的一个银质的空酒瓶被拿走了,但放在胸部口袋里的一张逃跑地图却被忽略了。一名军官把酒瓶还给了他,当麦凯想要回手表的时候,他被告知"在你要去的地方不会需要它了,而我们又相当缺少手表"。他双手举过头顶,被押送到一栋关押英军俘虏的楼房里。麦凯从一群人走到另一群人那里,提醒他们逃跑就是他们的任务。作为在场的唯一一名军官,麦凯突然被带到另外一个房间里接受审问。"我决定采取攻势,"他回忆说,"有一名德军中尉能说流利的英语,我告诉他,坚定但又客气地告诉他,对德军来说一切全都结束了,我将欣然接受他们的投降。"麦凯记得,那名中尉惊讶地盯着他,但"审问就此结束"。

临近傍晚时分,战俘们被赶出去登上卡车,卡车载着他们向东前往德国。"德国人在车后面留了一名警卫,这使得试图逃跑更加困难,"麦凯说道,"但我告诉小伙子们,蹲下来挤他,这样他就无法开枪了。"当他乘坐的卡车在公路上缓慢拐弯的时候,麦凯跳下车试图逃跑。"不幸的是,我选择的可能是最糟糕的地方,"他回忆说,"我落在离一名哨兵不到 1 米远的地方。我向他发起了突然袭击,试图扭断他的脖子,就在这时,其他德军士兵赶了过来,他们把我打得失去了知觉。"麦凯醒来的时候,发现自己和其他战俘挤在一起,那是在一家荷兰小旅馆的房间里。他费了好大的劲才爬起来,靠着一面墙坐着。接着,在 90 个小时以来,这名年轻的军官首次熟睡了过去。[1]

傍晚时分,在弗罗斯特中校的营部建筑四周和坡道边,大约有100名英军官兵分成多个小组,仍然在激烈地战斗着、坚持着。营部的屋顶在燃烧,而且基本上每个人都只剩下最后几发子弹了,然而伞兵们似乎依然精神饱满。弗雷迪·高夫少校认为:"即使是现在,如果我们能够再坚持数小时的话,我们就得救了。"

下午7点前后,第2伞兵营负了伤的营长醒了过来,因为发现自己居然睡了一觉而恼火。在黑暗的地下室里,弗罗斯特听见"一些显然是患有炮弹休克症[2]的伞兵在胡言乱语"。德军仍然在轰击这座建筑物,弗罗斯特意识到,地下室里现在塞满了200多名伤员,里面酷热难当。他试图挪动时,感到疼痛的冲击穿过了他的双腿。他派人去把高夫叫来。"你将替我指挥,"弗罗斯特告诉少校,"但在做出关键性的决定之前必须先找我商量。"现在,弗罗斯特意识到他最惧怕的事情开始出现了:房子正在燃烧倒塌,伤员有"被活活烤死"的危险。在黑暗的地下室各处,人们由于吸入了刺激性的烟气而咳嗽。第2伞兵营的军医主任詹姆斯·洛根医生在弗罗斯特身旁跪了下来,他说是到了该把伤员搬出去的时候了。"我们得与德军安排一次休战,长官,"洛根坚决要求,"我们再也不能等了。"弗罗斯特转向高夫,命令他去安排。"但要把能够作战的士兵撤到其他建筑物内继续战斗。我觉得即使大桥丢了,我们仍然能够控制入口一段时间,也许能控制足够长的时间,让我们的坦克部队上来。"

---

1 第二天,麦凯和另外3个人从德国的埃默里希(Emmerich)逃跑了。和他一起逃跑的人当中,有一位就是丹尼斯·辛普森中尉,他曾经率领一个小组从那间校舍里突围。这4个人一路走过乡村,来到莱茵河畔,他们偷了一条船顺流而下,来到了奈梅亨的盟军战线。——原注
2 炮弹休克症(shell-shock),亦译"弹震症",即因战争的可怕经历而精神异常。

高夫和洛根离开去为休战作安排，洛根提议，打开房子沉重的前门，打着一面红十字会的旗帜出去。高夫对这个主意持怀疑态度，他并不信任党卫军，党卫军很有可能在对方举着红十字会旗帜的情况下开火。洛根又回到弗罗斯特那里，得到了如此安排的许可。当医生朝门口走去的时候，弗罗斯特取下了自己的军衔标志，他希望"能消失在士兵之中，也许以后能逃脱"。他的勤务兵威克斯则出去找担架。

在不远处，伤员之一的詹姆斯·西姆斯二等兵闷闷不乐地听到军官们正在制订撤退计划。从逻辑上讲，他知道别无选择。"我们的阵地显然毫无希望了，"他后来回忆说，"弹药几乎用完了，基本上所有的军官和士官都非死即伤，而且建筑物正在熊熊燃烧，烟雾几乎让每个人窒息。"他听见弗罗斯特说让体格健全的人和能行走的伤员"快速地跑出去"。西姆斯知道，那是"唯一明智的做法，但我们要被留在后面的这个消息，却不怎么能被人接受"。

在楼上，洛根医生打开了前门，他举着一面红十字会的旗帜，在两名勤务兵的陪同下走出去与德军见面。枪炮声停了下来。"我看见一些德军士兵跑到房子后面，那里停放着我们的吉普车和运兵车，"高夫回忆说，"他们需要用那些车来搬运伤员，我想，该向我们的剩余运输工具永远地挥手道别了。"

在地下室里，人们听见走廊里传来了德国人说话的声音，西姆斯注意到"德国人的军靴重重地踏到楼梯上"。地下室里突然安静了下来，西姆斯抬起头，看见一名德国军官出现在门口。令他非常恐惧的是，"一名负了重伤的伞兵举起了自己的'斯登'冲锋枪，但他迅速被制伏了"。西姆斯记得，那位军官"对形势做出了判断，于是厉声发出了一些命令。德军士兵鱼贯走进来，开始把伤员抬到楼上"。他们差一点就来晚了。当西姆斯被搬动时,"一块巨大的燃烧着的大梁几乎就落到了我们头上"。他敏锐地意识到,那些德国人"神经紧张,无疑随时都会开枪,而且他们中的许多人使用的是英制步枪[1]和'斯登'冲锋枪"。

在一名患炮弹休克症的伞兵帮助下,弗罗斯特被抬了上去,放在他曾拼命想要守住的那座大桥边的堤岸上。他看到四周的房子都在猛烈燃烧着,德军和英军士兵"以最快的速度工作着,把我们抬出来,与此同时,整个场面被火焰映照得明亮极了"。最后一名伤员被抬上来后不出几分钟,突然传来了一声轰鸣,房子倒塌了,成了一堆火红的瓦砾。B连连长道格拉斯·克劳利少校正躺在他旁边的担架上,弗罗斯特转向克劳利,疲倦地说道:"好吧,道格,这次我们没有能够逃脱,不是吗?"克劳利摇了摇头。"是的,长官,"他说道,"不过我们也让他们够受的了。"

英军伤员既小心又惊讶地注视德国人以异乎寻常的友好在他们当中走动着,分发着香烟、巧克力和白兰地。伞兵们辛酸地发现这些补给品大多是他们自己的,显然是从落入德军手中的空投补给物资中拿来的。当这些饥渴难耐的人开始进食的时候,德军士兵跪在他们身旁,为这场战斗向他们表示祝贺。西姆斯二等兵盯着一列Ⅳ号坦克,这些坦克沿着道路向后延伸。有名德军士兵看见了他的表情,便点了点头。"是的,英国佬,"他告诉西姆斯,"要是你们没有投降的话,到上午那些坦克就会对付你们了。"

但弗罗斯特麾下那些顽强且仍有战斗力的部下却并没有放弃。当最后一名伤员被抬出地下室后,战斗又再次爆发了,就像一个小

---

[1] 德军士兵用英国枪,这是盟军空投的武器弹药落入德军之手的最好证明。

时以前那样猛烈。"那是场噩梦，"高夫回忆说，"不论你转到哪个方向，到处都是德军——前面、背后，以及两侧。休战期间，他们设法把一支强大的兵力渗透进这片地区，他们现在实际上占据着每一幢房子。我们差不多被打垮了。"

高夫命令伞兵们散开，隐蔽起来过夜，他希望黎明时分能把兵力集中到河岸边部分被毁的建筑物里。甚至现在他仍然期盼着天亮后援兵就能抵达，而且"我认为，从某种程度上讲，我们能够坚持到那个时候"。当士兵们隐入黑暗之中时，高夫在无线电台旁边蹲了下来，他把话筒紧放到嘴边说道："这里是第1伞兵旅，我们坚持不了多久了。我们的阵地情况危急。请快来，请快来。"

德军知道战斗结束了，现在剩下的只是一次肃清行动。具有讽刺意味的是，尽管桥上有坦克，但坦克却无法通过。正如哈梅尔将军预料的那样，堆积起来的车辆残骸需要数小时的时间才能清理掉。直到9月21日，星期四的一大早，才最终清理出一条单行道，部队才得以开始过桥。

星期四天刚亮，高夫和仍然散开在环形防线里的伞兵从藏身处走了出来。救援并没有来到。德军有条不紊地占领了阵地，迫使现在已没有弹药的伞兵投降。未被发现的幸存者三三两两地分散开来试图突围，英军最后的抵抗缓慢地、不服气地结束了。

高夫少校向自来水厂走去，他希望能躲藏和休息一段时间，然后尝试一路向西，去找厄克特指挥的主力部队。就在自来水厂大楼的外面，他听见了德国人的说话声。高夫全速朝一堆木头跑去，试图藏进木头下面。他的靴子后跟暴露了出来，一名德军士兵一把抓住后跟把高夫拽了出来。"我累死了，我只是抬头看着他们，笑了。"高夫说道。他把双手举在头上，被押走了。

在满满一屋子俘虏当中，一名德军少校叫高夫出来，他向英国军官行了一个纳粹的举手礼。"我听说你是指挥官。"那个德国人说道。高夫警惕地看着他。"是的。"他回答道。"我想向你和你的部下表示祝贺，"那个德国人告诉他，"你们是勇敢的军人。我在斯大林格勒打过仗，显然你们英国人有许多巷战经验。"高夫盯着这名德军军官。"不，"他说道，"这是我们第一次打巷战，下次我们会好得多。"

在这最后数小时中的某个时刻，一条最后的信息由大桥附近的某个英国军人用无线电发了出去。不论是厄克特的师部，还是英军第2集团军，都没有接收到这条信息，但在党卫军第9装甲师的师部里，哈策尔一级突击队大队长的监听员们却清楚地听到了。多年以后，哈策尔已无法回忆起信息的全部内容，但最后的两句话却给他留下了深刻印象："弹药耗尽。天佑吾王。"

在北边几公里处的阿珀尔多伦附近，詹姆斯·西姆斯二等兵躺在一家德军野战医院外面的草地上，周围都是负伤的伞兵，等待处理和治疗。这些人很安静，都在沉思。"我自然想到，我们白白地打了一仗，"西姆斯写道，"但我情不自禁地想到了主力部队，主力部队是那么强大，然而却无法走上那最后的几公里路来到我们这里。最难以忍受的是那种感觉，我觉得我们是牺牲品。"

12

9月21日星期四,上午10点40分整,爱尔兰禁卫团第2装甲营第1中队副中队长罗兰·兰顿上尉得知,他所在的第1中队要从刚刚夺取的奈梅亨大桥出发,向阿纳姆攻击前进。乔·范德勒中校告诉他,进攻发起时间是上午11点。兰顿表示怀疑,他认为范德勒一定是在开玩笑,只给了他20分钟时间向他的中队简单下令,让他们准备担任主攻。兰顿是在一张缴获的地图上迅速做的任务简报。"仅有的另一张地图,是一张没有详情的路线图。"他说道。有关敌人炮兵阵地的情报,就是唯一的一张侦察照片,显示在伦特村和埃尔斯特村之间有一处防空阵地,而且"据称它可能已经不在那了"。

在兰顿看来,这项计划的一切都是错的——尤其是"他们实际上是要在20分钟之内发起进攻"。他的中队要开辟道路,第2中队将紧随其后。兰顿获悉有两辆坦克将搭载步兵,更多的部队将随后跟上。然而他却无法指望得到多少炮兵支援,而且在最初的突破过程中曾成功使用的"台风"战斗轰炸机群"出租车调度站"式的空中掩护,也无法立即得到,因为那些驻扎在比利时的"台风"战斗轰炸机由于天气不佳而停飞。尽管如此,兰顿得到的指示却是,"豁出命向前冲,直抵阿纳姆"。

尽管乔·范德勒没有向兰顿吐露自己的感受,但他对这次进攻的结果持悲观态度。早些时候，他与其他人——包括他的堂弟贾尔斯·范德勒中校——曾经穿过奈梅亨大桥，去研究那条向正北方通往阿纳姆的高出路面的"岛屿"式公路。在这些军官看来，这条公路似乎不怎么吉利，德斯蒙德·菲茨杰拉德少校首先发话了。"长官，"他说道，"在这条该死的公路上我们一米也走不出去。"贾尔斯·范德勒中校表示同意，"在这个地方试图开坦克，真是荒唐"。到目前为止，在"走廊"中的进军尽管是以车辆排成单列纵队向前开动，但也经常会在必要时驶离主干道。"这里，"贾尔斯·范德勒回忆说，"驶离公路是毫无可能的。一条堤坝，顶上是一条公路，要进行防御是极有利的，但绝不是坦克施展的地方。"贾尔斯转向其他人说道："我只能想象，当德军看见我们来的时候，他们只要坐在那里，幸灾乐祸地摩拳擦掌。"乔·范德勒在现场默默地看着，随后他说道："尽管如此，我们也得试试。我们得在那条该死的公路上冒险。"贾尔斯后来记得，"我们的进军根据的是一个时间计划，我们要以两个小时24公里的速度前进"。第5禁卫装甲旅旅长格沃特金准将已经简明扼要地告诉他们："就这么冲过去。"

上午11点整，兰顿上尉拿起侦察车上的通话器，用电台发布命令："前进！前进！前进！无论如何也不要停！"他的坦克纵队隆隆驶过伦特村邮局，上了主干道。兰顿抱着听天由命的态度，心中想的是机不可失，时不再来。15～20分钟之后，他的呼吸开始放松一些了，敌人并没有采取行动。兰顿为"早先的惴惴不安而略微有点羞愧。我开始纳闷，我到达阿纳姆大桥的时候要做什么。我以前真的没有想过"。

在先头坦克分队后面，范德勒堂兄弟俩坐着他们的侦察车跟了上来，在他们后面是唐纳德·洛夫空军上尉的皇家空军陆空通信车，同他在一起的还有既安静又焦虑的马克斯·萨瑟兰空军少校。在突破默兹河-埃斯科河运河的时候，萨瑟兰曾指挥"台风"战斗轰炸机群实施对地攻击。当他爬上这辆白色装甲侦察车时，他对洛夫说道："阿纳姆的空降部队的小伙子们有很大麻烦，急需帮助。"洛夫注视着天空，寻找"台风"战斗轰炸机群，他确信他们肯定需要这些飞机。洛夫想起了那次突破时的恐怖场面，"现在的情形与上个星期日相似，还没有找到自己的位置，德军就完全挡住了我们"。

爱尔兰禁卫团第2装甲营的坦克稳步前进，途中经过了公路左侧的奥斯特豪特（Oosterhout），以及右侧的小村庄雷森（Ressen）和贝默尔（Bemmel）。坐在侦察车上的兰顿上尉能够听见先头坦克分队分队长托尼·塞缪尔森（Tony Samuelson）中尉报告所在的位置，塞缪尔森大声叫道："第一辆坦克正在接近埃尔斯特的郊外"。此时这些爱尔兰人大致走完了通向阿纳姆的一半路程。兰顿在听的时候意识到"我们独自上路了"。但在整个纵队里，紧张气氛正在放松。洛夫空军上尉听见空中传来嗡嗡声，随后看见第一架"台风"战斗轰炸机出现了。比利时的天空放晴了，现在空军中队出现在眼前，飞机一架接着一架。当机群开始在头上盘旋时，洛夫和萨瑟兰重新坐下来，感到放心了。

兰顿上尉正在侦察车上察看地图。整个纵队已经过了贝默尔村的支干道岔路口，拐向了右边。这时，兰顿听见一声猛烈的爆炸声。他抬起头来，看见"一个'谢尔曼'坦克的链轮慢吞吞地升到空中，飞到前面的树上"。他立刻明白一辆先头坦克被击中了。塞缪尔森中尉在前面更远的地方，迅速证实了这个事实。

在远处，火炮开始发出轰鸣，黑色的烟雾翻腾着升上天空。纵队后方的鲁珀特·马哈菲中尉意识到肯定出了什么事情。纵队突然停了下来,大家对当前发生的事情感到困惑。而在战斗爆发后,无线电里传来的话语声都走了样,显得语无伦次。"似乎有大量的喊叫声,"贾尔斯·范德勒记得,"于是我告诉乔,我最好到前面去看看到底出了什么事。"这位爱尔兰禁卫团第3营的营长同意了。"尽可能快点告诉我!"他对贾尔斯说。

兰顿上尉已经赶到前面去查看情况。他从停下来的装甲车队旁边缓慢向前挪动着,来到公路上的一个拐弯处。他看见前方的4辆先头坦克全都被击毁了,包括塞缪尔森的座车,有的坦克还在燃烧。炮弹来自左侧树林里的一辆突击炮,就在埃尔斯特镇附近。兰顿命令驾驶员把侦察车开进弯道边一幢房子的院子里。几分钟以后,贾尔斯·范德勒也来到了这里,敌军的机枪火力迫使两人立即隐蔽起来。范德勒无法返回他的装甲车向堂兄乔报告情况,他大声呼喊驾驶员戈德曼下士把装甲车倒回去——那是一辆"亨伯"(Humber)轮式装甲侦察车,上面有一个舱口,边上有一扇门。他每喊一次,"戈德曼就会打开舱口的盖子,而德军就会对着他的脑袋上方猛烈射击,迫使他再次砰的一声把盖子关上"。最后,贾尔斯烦透了,他沿着一条沟向乔的指挥车爬去。

乔·范德勒已经在厉声发出命令了,他用无线电请求炮火支援;看到"台风"战斗轰炸机群在头上盘旋,于是命令洛夫呼叫飞机进行对地攻击。在皇家空军的通信车上,萨瑟兰拿起话筒开始呼叫:"我是酒杯……酒杯……"他说道,"请过来。""台风"战斗轰炸机继续在头上盘旋,萨瑟兰绝望了,又再次呼叫:"我是酒杯……酒杯……过来吧。"没有反应,萨瑟兰和洛夫面面相觑。"无线电坏了,"洛夫说,"我们什么信号也收不到。'台风'战斗轰炸机在我们的头上乱转,地面上正在进行炮击。那是我所经历过的最无望、最令人泄气的战事，我注视着那些天上的飞机，却对此无能为力。"洛夫知道，这些驾机缓慢盘旋的飞行员"已经得到指示，不得根据猜测而对任何目标发起攻击"。此时，贾尔斯·范德勒已经回到了他的堂兄那里。"乔，"他说道，"如果我们再让坦克沿着这条公路前进，那将会成为一场血腥的屠杀。"两人一起出发去找兰顿上尉。

现在，步兵已经离开了搭载他们的爱尔兰禁卫团第2装甲营的坦克，进入到公路两边的果园里。兰顿接管了其中一辆坦克，由于无法找到隐蔽处，也无法驶离公路，他便让驾驶员将坦克前后来回开，试图朝树林里的那辆突击炮射击。他每打出1发炮弹，"那辆突击炮便回敬5炮"。

一名步兵上尉率领的部队正被同一个目标压制，他们在沟里聚成一堆，那名上尉简直怒不可遏。"你以为你到底在干什么？"他冲着兰顿喊道。年轻的兰顿保持平静，"我正在试着打掉一门火炮，这样我们就能到阿纳姆了。"他说道。

当范德勒兄弟俩上来后，试图干掉那辆突击炮却未能成功的兰顿从坦克里爬了出来，迎了上去。"那里乱成一团，"乔·范德勒记得，"我们什么法子都试过了，却没有办法让坦克离开公路，从那道该死的两侧陡峭的堤坝上下去。我能够得到的唯一的炮兵火力支援，来自一个野战炮兵连，但炮兵连对准目标的速度太慢了。"他仅有的一个步兵连被压制得动弹不得，却又无法呼叫"台风"战斗轰炸机过来。"我们肯定能从什么地方得到支援。"兰顿说道。范德勒慢慢地摇了摇头："恐怕不能。"兰顿仍然坚持。"我们能够到达那里，"他恳求道，"我们如果得到支援就能出发。"范德勒再次摇了摇头。"对不起，"他说道，"你就在这里待着，直到接到新的命令。"

在范德勒看来，显然在格威利姆·托马斯少将的第43威塞克斯师的步兵到达这里与爱尔兰禁卫团第2装甲营会合之前，是不可能再次发起进攻的。在步兵上来之前，范德勒的坦克部队被孤零零地搁浅在毫无遮拦的暴露道路上。只是一辆对准这条公路的突击炮，就已经成功地把整个救援纵队挡住了。此处距离阿纳姆仅有大约9公里。

这路坦克纵队的后方，在埃尔斯特村附近有一间温室，温室窗户奇迹般地几乎完好无损。在温室对面，约翰·戈尔曼中尉愤怒地抬着头盯着公路。在这条走廊更深远后方的法尔肯斯瓦德，英军纵队就曾受阻停止前进。从那时起，戈尔曼就感到需要前进得再快一些。"我们从诺曼底一路赶来，攻占了布鲁塞尔，边打边走穿过了半个荷兰，一路过关斩将，而且过了奈梅亨大桥，"他说道，"阿纳姆和那些伞兵就在前方，几乎都能看得见那最后一座该死的大桥，但我们被挡住了。我从未感到过这种可怕的绝望。"

第 5 部

"巫婆的大锅"

Part Five

The Witches' Cauldron
(Der Hexenkessel)

1

"蒙哥马利的坦克部队正在来的路上！"在收缩后的奥斯特贝克环形防线的周边地区——从狭长的掩壕，到已经变成据点的房屋内，再到筑有工事的十字路口阵地上，以及树林和田野间——满是污垢、面无血色的士兵们欢呼着。这个消息很快就扩散开来。在英军空降兵眼中，漫长的磨难就要到尽头了，他们将不再孤立无援。厄克特少将位于莱茵河北岸的桥头堡在地图上形成了一个指尖状的点，在这片长仅 3 公里、宽为 2.5 公里的中心区域内，有 1.6 公里的防线是沿着莱茵河设置的。"红魔鬼"们被包围了，三面遭受进攻，正被慢慢消灭。水、医药用品、食品和弹药都极为短缺，所剩无几——英军第 1 空降师作为一个完整的师级作战单位实际上已经不复存在。救援曙光的再次出现让士兵们重燃斗志，此时暴风雨般的炮火在他们头顶上空咆哮着——莱茵河以南 18 公里外的英军中型和重型火炮正猛烈轰击着距离厄克特的战线只有几百米的德军部队。

布朗宁中将已通过电报向厄克特许诺，第 30 军的第 64 中型炮兵团将在星期四将阿纳姆地区的德军纳入炮击范围，该团的炮兵军官已经清楚地标定了目标的先后顺序。厄克特麾下意志坚定的老兵并没有考虑到自身的安全，迅速同意了炮兵的作战计划。通过第 64 中型炮兵团的通信网，"红魔鬼"们第一次获得了良好的无线电联系——他们召唤的炮火支援已经近到差不多要命中自己的阵地了。

炮火的精确性是令人振奋的，其可怕的杀伤覆盖效果更是吓得德国人不知所措。重型坦克部队的猛烈进攻每次都快把那些满脸胡须、蓬头垢面且衣衫褴褛的英军伞兵击溃，但随后就被英军的支援炮火给打了下去。

即使迎来了获救的曙光，但厄克特仍然知道，德军如果集中兵力进行一次协调进攻，还是能消灭他那点微不足道的兵力的。然而士兵们却认为，现在已经有了一点点希望——一个能在最后时刻夺取胜利的机会。在这个星期四，前景稍微光明了一些。厄克特拥有了有限的通信工具，并能从第64中型炮兵团那里召唤炮火支援。他知道，奈梅亨大桥是安全而且畅通的，禁卫装甲师的坦克也正在前进。如果天气保持晴好的话，索萨博夫斯基将军的波兰第1独立伞兵旅的1 500名生力军也会在下午晚些时候着陆。假如波兰军队能够在德里尔与海弗亚多普之间迅速渡过莱茵河的话，那么眼下凄凉黯淡的画面就大有可能改变。

然而，如果厄克特要继续坚持下去，那么他的部队必须获得足够的补给物资——对补给物资的急需程度就像期待索萨博夫斯基的援兵那样十万火急。英国皇家空军轰炸机前一天投下的300吨补给物资中，师部所在的哈尔滕施泰因旅馆地区只收到41吨。在反坦克炮和火炮大量到来之前，近距离的空中支援具有关键性作用，但由于缺乏地空联络手段——那种美军专用的甚高频电台在D日（即17日）开始前的几小时才被匆匆送到英国人手里，而且波段还设置错了，根本没有派上用场——师部的军官不得不告知皇家空军，空降部队的官兵们并不在乎误伤，并准备大胆地发动突袭，因为他们知道，这种行动是绝对有必要的，并且为此做好了冒险的准备。厄克特已经给布朗宁发去了一连串电报，敦促战斗机和战斗轰炸机攻击

"机会目标",而不必考虑"红魔鬼"自己的阵地。这是空降部队的作战方式,却不是皇家空军的作战方式。即使在这个关键的阶段,飞行员们仍然固执己见,认为敌人的目标应该被以"绘图式的精确"来标明位置——这对被围困的空降兵来说完全是不可能做到的,他们眼下正被敌人的炮火压制在不断缩小的空降场里,动弹不得。英国皇家空军没有进行过一次低空对地攻击。而从环形防线起一直向东延伸到阿纳姆的广袤区域内,每条道路上、每块田野中、每片树林里都有敌人的车辆和阵地。

尽管一直敦促空军部队,但"红魔鬼"仍然缺少他们所需的空中支援。被围困在环形防线内的空降兵几乎一刻不停地遭受迫击炮的轰击,甚至在一些地方还爆发了肉搏战。他们把希望寄托在禁卫装甲师的坦克纵队上,他们相信禁卫装甲师正在朝他们隆隆驶来。厄克特并不那么乐观,他知道自己的师已被打得支离破碎,敌人在兵力上起码是他们的4倍,而且他的师遭受着火炮和坦克的轰击,伤亡人数还在持续上升。在这种情况下,只有规模庞大且全力以赴的努力才能拯救他的师。这个顽强英勇的苏格兰人敏锐地意识到,德国人能够像蒸汽压路机一样压倒他少得可怜的兵力。不过在他告诉手下参谋们"我们必须不惜一切代价守住这个桥头堡"的时候,他也不想透露自己内心的想法。

环形防线现在分成了两个防区,皮普·希克斯准将坚守西部防区,沙恩·哈克特准将则负责东部防区。希克斯麾下的部队主要由滑翔机飞行员团、皇家工兵部队、边民团第1营的余部,还有一些波兰人和来其他各个单位、通晓多种语言的伞兵组成。在东部防区,主要是哈克特的第10伞兵营和第156伞兵营的幸存者,大部分滑翔机飞行员以及第1机降轻型炮兵团的官兵。在防区北部(靠近位于沃尔夫海泽的铁路线）蜿蜒曲折的工事内，承担起防御任务的是伯纳德·亚历山大·威尔逊（Bernard Alexander Wilson）少校的第 21 独立伞兵连——他们是引路的空降先导员，以及罗伯特·佩顿-里德（Robert Payton-Reid）中校的国王属苏格兰边民团第 7 营。在防御圈南部，大致从奥斯特贝克下首的那座中世纪教堂以东一直延伸到西边的韦斯特鲍温冈，哈克特指挥着国王属苏格兰边民团第 7 营的其余士兵，由数个营的余部——南斯塔福德郡团第 2 营、第 1 伞兵营、第 3 伞兵营、第 11 伞兵营——组成的一支人员杂乱的部队，以及由昵称"迪基"（Dickie）的第 11 伞兵营副营长理查德·托马斯·亨利·朗斯代尔（Richard Thomas Henry Lonsdale）少校率领的各种后勤部队——他本人曾两次负伤，其麾下的部队被称为"朗斯代尔部队"。在该地区的心脏地带，是谢里夫·汤普森中校的主力部队，他们是处于困境中的炮兵。各炮兵连一直在努力地支援着这条紧密的防线，可他们宝贵的弹药补给正在迅速减少。[1]

在战后报告中的整洁地图上，每个单位所处的位置都是先用铅笔画出，再用墨水描过。但幸存者们却在多年以后回忆说，实际上毫无环形防线可言——没有前线，各部队之间没有区分，也没有相互协调作战。有的只是受到震惊、绑着绷带、满身血污的士兵，不论何时何地，只要防线出现了缺口，他们就得冲上去。希克斯准将的部下顽强守卫着桥头堡中的所属防区。当准将视察精疲力竭的部

---

[1] 环形防线东南端的巩固，在很大程度上得益于谢里夫·汤普森中校的敏捷思维。在混乱的战斗过程中，9 月 19 日从阿纳姆撤退的英军士兵发现他们并没有指挥官，汤普森迅速把他们组织起来，保卫炮兵阵地前面的最后一块高地。这些人连同早些时候各单位被打散的兵力——大约 150 名滑翔机飞行员和他的炮兵，总兵力约 800 人——被称为"汤普森部队"。这支部队随后又得到了补充，由朗斯代尔少校指挥。他们在 9 月 20 日傍晚时候撤退，由汤普森部署在炮兵阵地四周。由于指挥官变更，再加上总体形势变化，战事上仍然存在着一些混乱。但紧接着汤普森在 9 月 21 日的战斗中负伤，炮兵阵地周边的所有步兵后来都归"朗斯代尔部队"指挥。滑翔机飞行员则仍然归属第 1 机降旅指挥。——原注

队时，他知道"这是结束的开始，我认为我们都意识到了这一点，尽管我们都试图保持若无其事的样子"。

在谢里夫·汤普森中校与丹尼斯·芒福德少校之间的炮兵无线电联络突然中断的时候，前者就猜到弗罗斯特在大桥上的英勇抵抗已经结束了。但厄克特并没有意识到这一点，他仍把唯一的希望寄托在禁卫装甲师身上，希望他们的坦克部队能够及时和第 2 伞兵营的余部会合。[1] 这座孤零零的跨越莱茵河——德意志第三帝国的最后一道自然屏障——的大桥一直就是重要目标，是蒙哥马利迅速结束战争的跳板。要是没有了这座大桥，那么第 1 空降师的困境——尤其是弗罗斯特勇敢的士兵们的苦难——就白白蒙受了。正如厄克特对弗罗斯特和高夫所说，他再也无法为他们做什么了。他们的援兵到底何时到来，只能由第 30 军的行进速度和装甲部队的实力来决定了。

对厄克特来说，当务之急就是让索萨博夫斯基麾下的波兰人在着陆后尽快过河进入环形防线。横水渡尤其适合这次行动。厄克特的工兵已经用电台与军部进行了联系，说"这种 24 型渡船能够运载 3 辆坦克"。尽管厄克特对韦斯特鲍温冈并不放心，还对德军炮兵从那里控制渡口的能力感到担忧，但到目前为止，还没有敌军部队到达该地。由于坚守环形防线的兵力数量太少，因而厄克特只抽调出了边民团第 1 营的一个排去坚守这处山冈，但事实上双方都没有真正派兵守卫高地。查尔斯·弗雷德里克·奥斯本·布里斯

---

[1] 星期四破晓后不久，当德国人开始围捕仍然试图坚守的所剩无几的英军伞兵时，芒福德把他的无线电设备毁掉了。"敌人的坦克和步兵就在桥上，"芒福德回忆说，"我帮忙把伤员抬到一处救护点，然后把电台砸了。汤普森中校再也无法为我们做什么了，无法为每一个想回到奥斯特贝克的师部的人做什么了。"芒福德在试图回到英军战线的时候，于阿纳姆的郊外被德军俘获。——原注

（Charles Frederick Osborne Breese）少校的边民团第 1 营 D 连在星期日着陆后很快领受了这项任务。但按照奥斯本·布里斯的说法，"我们从来也没有真正坚守过韦斯特鲍温冈。我派出侦察巡逻队按计划对营里的各处阵地进行巡逻，然而等到我完成了这项任务返回营部时，计划又改变了"。到星期四时，奥斯本·布里斯的部下"被零敲碎打地抽调出去，进入了哈尔滕施泰因旅馆附近的一处阵地"。而在那个极其重要的高地上，没有一兵一卒。

星期三，工兵部队已经派出了巡逻队沿着莱茵河进行侦察，要求掌握渡口水深、河岸状况以及河水流速等数据情况。第 1 伞降工兵中队 C 分队的皇家工兵托马斯·希克斯认为，进行这样的勘测是"为了当第 2 集团军试图在河上架桥时给他们提供帮助"。希克斯与另外 3 名皇家工兵以及荷兰向导一起乘渡船过了莱茵河。他看到渡船工人彼得"用一根缆绳操作着，那位老人家用手卷绕着缆绳，似乎想利用水流帮助渡船过河"。希克斯把一颗手榴弹系在降落伞的索具上，每隔一尺打上一个结，以此探测水深，估量流速。星期三晚上，波兰人的空投场改到德里尔之后，又有一支侦察队被派到了渡口。"那是一项志愿参加的任务，"南斯塔福德郡团第 2 营 D 连的罗伯特·爱德华兹二等兵回忆说，"我们要去海弗亚多普村的河边，找到渡船，然后待在那里并保卫渡船。"

黑暗之中，1 名中士、1 名下士、6 名二等兵和 4 名滑翔机飞行员动身了。"当我们一头钻进海弗亚多普村外树林浓密的乡间时，遭到了迫击炮和火炮的轰击，炮弹劈头盖脸地砸了过来。"爱德华兹说道。有几次这一行人被迫开火射击，一名滑翔机飞行员负了伤。侦察队来到了地图上标明的河岸，却发现那里没有渡船的影子——渡船消失了。一开始有人猜测渡船可能仍然停泊在河南岸，但随后侦察队却被告知，对岸也没有发现渡船的影子。士兵们立即散开，在北岸渡口浮动码头两侧400米范围内寻找，然而他们却一无所获，彼得的渡船渺无踪迹。爱德华兹回忆道，指挥这支侦察队的中士得出的结论是：那条船要么沉了，要么根本就不存在。天一亮，士兵们便放弃了寻找，踏上了危险的返程之路。

只不过几分钟，猛烈的机枪火力又打伤了侦察队中的另外3人，一行人被迫撤回到了河边。在那里，中士决定让士兵们分散突围，这样冲出去的机会可能大一些。爱德华兹与下士以及两名滑翔机飞行员一起突围。在"与德国人进行了小规模交火之后"，他所在的小队来到了奥斯特贝克下首的那座教堂。此时一颗迫击炮弹落地爆炸，爱德华兹被气浪掀翻在地，双腿嵌满"细碎的弹片，靴子里全是血"。在教堂隔壁的一幢房子里，一名护理员替他包扎了伤口，告诉负伤的二等兵要好好休息。"不过他并没有说在哪里休息，"爱德华兹回忆说，"房子里的每一寸空间都塞满了重伤号，伤员们散发着恶臭以及某种可怕的死亡气息。"他决定离开这里前往设在一处洗衣房内的连部，"为的是找个人将自己的情报传递给上级。我把渡口的情况告诉了一名军官，然后与一名滑翔机飞行员进入了一条存放武器的坑道。我不知道其他人是否回来了，也不知道和我一起来到教堂的那几个人发生了什么事情"。

过去了若干时间之后，厄克特少将仍然对弗罗斯特的命运一无所知，于是便给布朗宁发去了电报：

> 大量敌军正在进攻大桥，其从海尔瑟姆以东和阿纳姆以西向我发起进攻，形势严峻。我手头的兵力严重不足，但全师余部围绕着哈尔滕施泰因旅馆组成了严密的环形防线。从海尔瑟

姆和阿纳姆两地尽早解救我部是绝对必要的。我部仍然控制着海弗亚多普的渡口。

这份电报是经由第64中型炮兵团的通信网发出去的。师部得知渡船没有找到，厄克特的军官们认为德国人已经把它炸沉了。但实际上彼得的渡船幸存了下来，大概是炮火把系泊渡船的绳索炸断了，让渡船顺流漂到了大约1.6公里外被炸毁的铁路桥附近，最终被荷兰平民发现。船被冲到了岸上，仍然完好无损——但真相大白时已经为时太晚。"我们要是能够再靠近奥斯特贝克几百米进行寻找的话，就会找到它。"[1]爱德华兹说。

星期四上午，在视察完哈尔滕施泰因旅馆周边的防御阵地之后，刚刚返回师部的厄克特听到了这个令人难以承受的消息。距离波兰人的空投时间只剩下几个小时了，可索萨博夫斯基的部下来增援环形防线的唯一快速的方式却没有了。

当长长的飞行编队运载着波兰第1独立伞兵旅飞往德里尔的空投场时，斯坦尼斯瓦夫·索萨博夫斯基少将透过领航的"达科他"运输机窗户往下面看，于是"我得知了真相，证实了我一直怀疑的事情"。飞行编队在艾恩德霍芬转向北边，他看到"地面'走廊'完全处于堵塞状态，上百辆车挤在一起，交通状况混乱不堪"。浓烟从道路上翻腾着升入空中，敌人的炮弹在公路沿线到处爆炸，卡

---

[1] 对那条渡船的真实叙述，在这里是第一次出现，甚至连官方的史书也声明它被炸沉了。其他的说法则暗示，为了避免它被盟军使用，德军或是用炮火把它炸毁了，或是把它转移到了他们控制下的另一处地点。在德军的任何战争日记、日志或者战后报告中，都没有提及此事来支持这些猜测。我采访的德国军官——例如比特里希、哈策尔、哈梅尔和克拉夫特——之中，没有一个人能够回忆起自己曾经下令实施过任何上述行动。我认为，假定德国人想夺取这条渡船的话，那么他们要找到这条船，就会遇到和爱德华兹所报告的相同困难。无论如何，没有一名德国军官记得曾命令切断缆绳，以免让英军使用它。——原注

车和其他车辆在燃烧,"道路两旁到处可见堆积的车辆残骸"。然而,不知何故,车队却仍然在向前移动。过了奈梅亨之后,车辆的运动停止了。透过低空的云彩,从他的右手边向下望去,索萨博夫斯基能够看见那条"岛屿"式的道路,以及堵在道路上动弹不得的坦克,敌人的炮火正落在纵队的先头部队上。几分钟之后,当飞机倾斜着飞向德里尔村时,阿纳姆大桥隐约出现在了眼前,由北向南行驶的坦克正在过桥,索萨博夫斯基意识到他们是德军。被惊得目瞪口呆的他明白,这座桥英军已经失守了。

星期三晚上,由于对关于厄克特形势的情报严重匮乏而感到焦虑,同时"由于假设我有可能被自己的政府军法审判",索萨博夫斯基把"谨言慎行"这个词抛到了九霄云外,要求面见盟军第 1 空降集团军指挥官布里尔顿中将。与波兰第 1 独立伞兵旅进行沟通的联络官是乔治·史蒂文斯中校。索萨博夫斯基情绪激动地对他强调,除非"把厄克特在阿纳姆周围的确切形势告诉他,否则波兰第 1 独立伞兵旅就不起飞"。史蒂文斯大吃一惊,立即带着索萨博夫斯基的最后通牒匆匆赶往盟军第 1 空降集团军指挥部。星期四清晨 7 点,他拿着从布里尔顿那里得到的消息回来了。史蒂文斯承认,情况是有混乱,但进攻将按计划进行;在德里尔的空投场也没有变更,而且"海弗亚多普的渡口仍在英军手中"。索萨博夫斯基的怒气消失了。现在,当他俯视战斗的全景时意识到,他"知道的比布里尔顿多"。索萨博夫斯基被激怒了——在奥斯特贝克的周围明显有德军坦克,而眼前冰雹似的防空炮火正劈头盖脸地迎接着他的部下。他认为自己的旅"在一场完全由英军导致的灾难中成了牺牲品"。几分钟之后,他从飞机上跳伞,穿过防空炮火编织的帷幕降落下来。这名严谨的 50 岁的将军注意到,时间是 17 点 08 分。

正如索萨博夫斯基所惧怕的那样，这些波兰人跳进了一个屠宰场。和之前一样，敌人正"恭候"着他们：位于敦刻尔克的德军雷达站一直监视着盟军飞行编队的动向，还测定了机群到达阿纳姆的具体时间；由于得到了更多的增援部队，德国人已经在这个地区布满了高射炮；当波兰军人乘坐的运输机靠近时，25架"梅塞施米特"战斗机从云层中突然俯冲出来，并对编队进行了扫射。

当索萨博夫斯基从空中落下时，他看见一架"达科他"运输机正在朝地面坠落，这架飞机的两个引擎都在燃烧。亚历山大·科哈尔斯基 (Alexander Kochalski) 下士看见，又有一架飞机坠向地面，在其坠毁之前只有12名伞兵逃了出来。挂在降落伞下的斯特凡·卡奇马雷克中尉正不停地祈祷着，他看见了无数曳光弹在飞舞，觉得"地面上的每一门炮似乎都在对着我瞄准"。瓦尔迪斯瓦夫·科罗布下士的降落伞上全是弹洞，他最终在另一名波兰伞兵身边着陆，而那名不幸的战友已经被弹片削掉了脑袋。

波兰伞兵的空投场距离奥斯特贝克环形防线仅有4公里。这次空降行动让环形防线上的战斗短暂停止了，德军的每一门火炮似乎都集中在了波兰人的身上——他们正随风缓缓飘落，毫无还手之力。"好像敌人的所有枪炮都一起抬升起来，同时开火。"炮手罗伯特·K. 克里斯蒂（Robert K. Christie）注意到。从持续炮击中获得的短暂喘息是宝贵且不容错失的，士兵们利用这个机会迅速移动着吉普车和装备，挖掘新的火炮掩体，并把剩余的弹药搬上来，伪装网也得以重新设置，碍事的空弹药箱则从拥挤的狭长堑壕里扔出来了。

罗兰·兰顿上尉率领的坦克中队大约在6个小时之前被德军挡住了——就在前往阿纳姆的途中，现在他的部队正位于9.6公里外那条"岛屿"式的高高的公路上。兰顿痛苦地注视着这场空降行动，这是他平生所见到的最恐怖的场面：德军飞机朝毫无防御能力的运输机俯冲过去，"将它们从空中击落"；伞兵们试图从燃烧着的飞机里跳出来，"其中一些飞机机头翻转，一头栽倒地上"；士兵们的躯体"在空中翻滚，那些无生命的形体缓慢地飘落下来，在触地以前就已经死亡"。兰顿几乎要哭出来了。"那该死的空中支援在哪里？"他很纳闷，"我们下午被告知，朝阿纳姆发起进攻的时候无法得到空中支援，因为所有可用的空中支援都要给波兰空降部队。可它们现在在哪里？是因为天气吗？胡扯！德国人能飞行，我们为什么不能飞行？"兰顿从未感到如此沮丧，他真的觉着，要是有了空中支援，他的坦克部队"就能突破这些可怜的德国杂种到达阿纳姆"。在焦虑和绝望之中，他突然发觉自己对眼前的一切感到恶心。

尽管对飞机和高射炮组成的凶猛联合攻击感到震惊，但波兰伞兵旅的大部分官兵还是奇迹般落入了空投场。就在他们着陆的时候，高射炮弹和装有烈性炸药的迫击炮弹在他们当中炸开了，这些炮火是位于奈梅亨到阿纳姆公路上的坦克群和高射炮群以及德里尔北部的炮兵群发射的。索萨博夫斯基看到，甚至连机枪群也正用密集的弹雨覆盖整片地区。伞兵们在空中遭到了打击，在地面上又陷入致命的交叉火力中。他们现在不得不杀开一条血路，离开空投场。索萨博夫斯基在一条运河附近着陆，当他跑向隐蔽处时无意间碰见了一名伞兵的尸体，"他躺在草地上，就像被钉在十字架上一样伸展开身子，"索萨博夫斯基后来写道，"一颗子弹或者炮弹碎片整齐地削掉了他的头顶。我想知道，在这场战斗结束之前还有多少士兵会这样战死，更想知道，这样的牺牲是否值得。"[1]

---

[1] 斯坦尼斯瓦夫·索萨博夫斯基所著《我自由地服役》，第 124 页。——原注

德里尔的所有居民都被德国人的凶猛"接待"方式吓呆了，但随即就被铺天盖地的伞降行动所吞没。波兰伞兵落在这个小村子内外的各个地方——果园里、灌溉渠里、堤坝顶上、圩田里，还有人直接掉在了村庄里。有些不幸的士兵则落入了莱茵河，由于无法解开降落伞而被河水冲走淹死。荷兰人不顾落在他们四周的炮弹和机枪子弹，跑去帮助这些倒霉的波兰官兵。在这些人当中，就有科拉·巴尔图森(Cora Baltussen)，她是红十字会队伍的一员。

这次空投行动以德里尔南部不到 3 公里的空投场为中心，着实令村民们大吃一惊。而且空投行动没有使用空降先导员，甚至连荷兰地下抵抗组织也对这个计划一无所知。科拉·巴尔图森骑着一辆木质车轮的自行车，沿着一条狭窄的堤岸道路朝南驶去，前往一处叫蜂蜜场(Honingsveld)的地方，有不少伞兵就是在那里着陆的。她既震惊又害怕，以为不会有几个人能够穿过德国人的炮火活下来——她估计会有大量伤亡。可科拉惊讶地看见士兵们冒着炮火整好了队伍，然后分成小组跑向安全的堤岸。她几乎无法相信还有这么多人活着。此外，她认为"英国兵终于到德里尔了"。

科拉有多年没说英语了，但她是德里尔唯一一名熟悉该语言的村民。作为一位训练有素的红十字会护士，熟练掌握英语是其在护理学习中必修的项目，同时科拉还希望自己能担任翻译。她匆匆赶上前，看见士兵们在疯狂地朝她挥手，显然是"警告我，要我离开这条道路，因为炮火肆虐"。但由于她的"激动和愚蠢"，科拉并没有意识到这一切，而敌人连续齐射的炮弹就在她的四周呼啸。她朝遇见的第一群士兵喊道："哈喽，英国兵！"但他们的回答却让她不知所措。这些人说的是另外一种语言——不是英语，她听了一会儿，很快辨听出那是波兰语——因为有几个被强征入德军的波兰人几年前曾在德里尔驻扎过。这让她更加困惑了。

敌占区多年的生活让科拉的警惕性很高——此时此刻,几名英国伞兵以及一架被击落的飞机上的机组人员就躲藏在巴尔图森家的工厂里。那些波兰人似乎也同样怀疑她的来意,仔细打量着这位姑娘。他们不会说荷兰语,但有几个人用蹩脚的英语或德语试探着问了一些有保留的问题:她是从哪里来的?德里尔有多少人?村子里有德国人吗?巴尔斯坎普(Baarskamp)农场在哪里?最后这个问题让科拉用德语和英语滔滔不绝地说了起来。这个农场在村子东边不远的地方,尽管科拉并不是德里尔村里那个规模极小的地下抵抗组织的成员,但她却听自己的兄弟约瑟夫斯(Josephus)——一个活跃的地下抵抗组织成员说过,那间农场的主人是一名荷兰纳粹党成员。她知道,有一些德军就分布在巴尔斯坎普农场周围,他们驻扎在莱茵河边的堤岸道路上,还在沿河的砖瓦建筑物里布置了高射炮。"不要到那里去,"她恳求道,"那里全都是德国军队。"波兰人似乎并不相信。"究竟是否应该信任我,他们并没有把握,"科拉回忆说,"我不知道该做什么。然而我极度害怕这些人会前往巴尔斯坎普农场,害怕他们会落入某种陷阱。"她周围的那群人当中就有索萨博夫斯基少将。"由于他没有佩戴明显的标志,样子和其他士兵完全一样,"科拉回忆道,"因而直到第二天我才知道,这个精瘦结实的小个子是位将军。"她记得索萨博夫斯基正在平静地吃着苹果。他对科拉有关巴尔斯坎普农场的情报非常感兴趣——完全是出于偶然,那个地方被选作伞兵旅的主要会合地点。尽管科拉认为这群人当中没有人信她的话,但索萨博夫斯基的军官们立即派出了传令兵,向其他小组通报有关巴尔斯坎普农场的情况。这个吃苹果的精干小个子现在问道:"渡船在什么地方?"

一名军官拿出地图，科拉指出了位置。"但是，"她告诉他们，"它不运行了。"自从星期三以来，德里尔的人就没有见过那条渡船。他们从彼得那里得知缆绳被切断了，有人推测，那条渡船已经被毁掉了。

索萨博夫斯基气馁地听着。落地之后他就派出了一个侦察队去寻找渡口，现在他的担忧被证实了。"我仍然在等待侦察报告，"他回忆说，"但这个年轻女人的情报似乎是准确的，我衷心地感谢了她。"[1] 一项艰巨的任务现在摆在索萨博夫斯基面前：如果他要迅速派兵帮助在环形防线里被围困的厄克特所部，就得让麾下的部队坐船或者坐筏子渡过300多米宽的莱茵河——而且是在夜间渡河。他不知道厄克特的工兵部队是否找到了船，也不知道自己能够在哪里找到足够的船。索萨博夫斯基获悉，他的无线电报务员无法与英军第1空降师师部取得联系；对于上级是否已经制订了新的计划，他更是一无所知。

现在，当科拉和她的救护队着手帮助伤员时，索萨博夫斯基注视着士兵在烟幕弹的掩护下出发。他们随后就把这个地区内的德军零星抵抗都打垮了。到目前为止，他的伞兵旅遇到的主要抵抗都来自火炮和迫击炮，迄今为止尚无装甲车辆出现——当地柔软的圩田似乎不适合坦克作战。对眼前战况感到既困惑又生气的索萨博夫斯基在一幢农舍里设立了旅部，等待来自厄克特的消息。当他得知全旅1 500名官兵中有500名没能到达时，心情变得更坏了。恶劣的天气迫使运送几乎一个整营的飞机取消了行动，返回了英国的基地。

---

[1] 有些报道声称，科拉是地下抵抗组织成员，被派去告知索萨博夫斯基那条渡船在德国人的手里。"没有比这更离谱的事情了，"科拉说道，"我从来就不是抵抗力量成员，尽管我的兄弟们加入其中。英国人并不信任地下抵抗组织，我们德里尔村的人，自然直到波兰士兵在我们头上从天而降的时候，才知道有这次空降行动。"——原注

伤亡方面，他的剩余兵力已经付出了惨重的代价：尽管没有得到精确的数字，但到夜幕降临时，只有大约750名官兵集结起来，他们之中还有几十人负了伤。

21点，厄克特的消息到了，而且是以一种极具戏剧性的方式来到的。由于无法通过无线电台与索萨博夫斯基取得联系，所以厄克特师部里的那名波兰联络官卢德维克·茨沃兰斯基（Ludwik Zwolanski）上尉干脆直接游过了莱茵河。"我正在研究地图，"索萨博夫斯基记得，"突然这个不可思议的人物就走了进来，他浑身滴着泥水，穿着短裤，还披着伪装网。"

茨沃兰斯基告诉将军，厄克特"想要我们夜里过河，他将准备好筏子把我们摆渡过去"。索萨博夫斯基立即命令一部分官兵去河边待命。他们在那里待了大半夜，但筏子并没有过来。"在凌晨3点时，"索萨博夫斯基说道，"我知道，由于某种原因计划失败了，我把我的人撤入了一处环形阵地。"他估计到黎明的时候，"德军步兵将会发起进攻，将会伴随猛烈的炮兵火力"。"在这个夜里，在夜幕掩护下"渡过莱茵河的所有机会，"都丧失了"。

在莱茵河对岸的哈尔滕施泰因旅馆里，厄克特已经在早些时候给布朗宁发去了一封紧急电报。电文如下：

（212144）有24个小时没有得到在阿纳姆城内的我师所部消息，我师剩余部队收缩在非常小的环形防线里。敌人在迫击炮和机枪火力的猛烈支援下发起了多次局部进攻，他们的自行火炮更是一个大麻烦。我们伤亡严重，弹药即将告罄。在24个小时之内解救我部至关重要。

在位于布鲁塞尔的小型驻地里，荷兰武装部队总司令伯恩哈德亲王就在蒙哥马利的第 21 集团军群指挥部附近极度痛苦地关注着事态进展——每一个新消息都变成了一种折磨。荷兰本来可能在 9 月初便轻而易举地获得解放，但眼下却正在变成一个巨大的战场。伯恩哈德谁也不责怪，因为美军和英军的战士们正为了让荷兰摆脱压迫而献出自己的生命。尽管如此，伯恩哈德对蒙哥马利以及他的参谋部还是很快就不再抱有幻想。到 9 月 22 日，也就是星期五，伯恩哈德得知禁卫装甲师的坦克部队在埃尔斯特被挡住了，而波兰伞兵则在德里尔而不是阿纳姆大桥南部完成了空降。这一切都让 33 岁的亲王大发雷霆。"为什么？"他愤怒地质问他的参谋长彼得·多尔曼少将，"为什么英国人就是不听我们的？这究竟是为什么？"

在为"市场-花园"行动制订计划时，荷兰的高级军事顾问就被排除在外了，而他们的忠告本来可能是非常宝贵的。"比如，"伯恩哈德回忆说，"倘若我们能及时知道空投场的选择以及空投场与阿纳姆大桥之间的距离，我的军官们自然会提供相关的情报信息。"由于"蒙哥马利具有丰富的经验"，伯恩哈德和他的参谋们"对任何问题都没有提出异议，欣然接受了一切"。但在荷兰将军们得知霍罗克斯的第 30 军所提出的进攻路线后，他们便焦虑地试图说服每一个能听他们说话的人，警告他们"使用无遮蔽的堤岸道路是危险的"。"在我们的军事参谋学院里，"伯恩哈德说道，"我们曾对这个问题做过无数次研究。我们知道要是没有步兵，坦克根本无法在这些道路上作战。"荷兰军官们一再告诫蒙哥马利的参谋们，除非投入步兵紧密协同坦克部队作战，否则"市场-花园"行动的进程根本无法保证。多尔曼将军说，他"在战前就曾亲自在那个地区用装甲部队进行过试验"。

伯恩哈德说,"英国人对我们的不同意见不予理会",尽管每个人都"出奇地客气,但英国人却宁可自己制订计划——我们的意见被排斥了。普通的态度是:'不要担心,老兄,我们就要开始做这件事情了'"。伯恩哈德注意到,甚至现在"英国人还把一切都怪罪到天气上。我的参谋们得出的普遍结论是,英国人认为我们就是一群蠢材,因为我们居然敢对他们的军事战术提出质疑"。伯恩哈德知道,除了几名高级军官外,他本人"在蒙哥马利的指挥部里并不特别受人喜爱,因为我的话现在正不幸地被证实是对的——而英国人一般不喜欢被一个该死的外国人告知他错了"[1]。

从位于布鲁塞尔的指挥部里,伯恩哈德把事件的相关情报完整地告知了 64 岁的威廉明娜女王和栖身伦敦的荷兰流亡政府。"他们也无法影响英国人的军事决定,"伯恩哈德说道,"若是把这件事情直接反映给丘吉尔,那不论对女王还是对我们的政府都不会有好处。他绝不会干涉战场上的军事行动,蒙哥马利的声望太高了。我们确实是一筹莫展。"

威廉明娜女王焦虑地关注着这场战役的进程,和她的女婿一样,她本来也以为荷兰会迅速得到解放。现在王室成员们担心,如果"市场-花园"行动失败,"那么德军将会对我们的人民进行可怕的报复。女王认为德国人绝不心慈手软。她强烈地痛恨着德国人"。

伯恩哈德在"市场-花园"行动发起之初曾乐观地告知威廉明

---

[1] 爱尔兰禁卫团第 2 装甲营的鲁珀特·马哈菲中尉记得,坦克部队在埃尔斯特被挡住后不久,荷兰伊蕾妮公主旅的一名军官来到爱尔兰禁卫团所部的食堂吃饭。这名荷兰军官朝桌子四周看了看,说道:"你们都会考试不及格的。"他解释说,在荷兰参谋学院的考试中有一道题,何为从奈梅亨进攻阿纳姆的正确方式。有两种选择:一、沿着主要道路发起进攻;二、在主要道路上驱车 1.6 ~ 3 公里,然后向左拐弯,渡过莱茵河,以侧翼运动绕道回来。"凡是选择沿着道路长驱直入的人,考试都没有及格,"军官说道,"凡是选择向左拐弯,然后渡河迂回的人,都及格了。"——原注

娜女王:"不久后我们就会夺回王宫和王室庄园。"女王回答说:"把它们全都烧掉。"伯恩哈德大吃一惊,结结巴巴地问道:"您说什么?"威廉明娜说道:"因为德国人曾住进了我的房间里,还坐在了我的椅子上。我决不会再次踏进这个地方,决不!"伯恩哈德试图平息她的怒气:"妈妈,您有点夸张吧。毕竟它们都是非常有用的建筑,我们可以用蒸汽甚至是滴滴涕(DDT)为其消毒。"女王仍固执己见。"把那些宫殿烧掉,"她命令道,"我决不会踏进其中的任何一座。"亲王拒绝了。"女王生气了,因为后来我和我的参谋部占用了宫殿(没有把它毁掉),且没有先询问她的意思。她有好几个星期除了涉及公事以外不和我说一句话。"

现在伯恩哈德和他的参谋们只能"等待和希望。事态的变化令我们感到痛苦和沮丧。我们从来没有想到,那些代价高昂的错误居然是上层犯下的"。荷兰自身的命运使得伯恩哈德更加焦虑:"我知道,如果英国人在阿纳姆被击退,那么在即将到来的冬天里,荷兰人民将面对可怕的报复。"

2

奥斯特贝克,这场战争中"安静的孤岛"现在已经成了交战的核心地区。在不到 72 小时的时间里——从星期三以后——这座镇子就被炸得一塌糊涂,火炮和迫击炮把它轰成了一个巨大的垃圾堆。小镇宁静的秩序消失了,取而代之的是一幅遭到蹂躏后的光秃秃的衰景:地面上布满了大大小小的弹坑和交错纵横的战壕;木头和钢铁的碎片把小镇搞得一片狼藉;红砖粉末混杂着灰烬,仿佛给一切都罩上了一层脏兮兮的色彩。在被火烧得焦黑的树上,衣服和窗帘碎片在风中怪异地飘动着,废弃的黄铜弹壳在街道上深及脚踝的尘土中闪闪发亮。道路上建起了临时路障,用的材料是烧坏了的吉普车和其他车辆,以及树木、门、沙包、家具——甚至还有浴缸和钢琴。在被部分拆毁的房子和棚屋后面,在街道两侧以及被炸成废墟的花园里,并排躺着士兵和平民的尸体。度假旅馆现在变成了哀号遍地的医院,孤零零地伫立在草坪中,附近则到处乱放着家具、绘画和打碎了的灯具;而有着花哨条纹的顶棚本来是给宽大的阳台遮阳的,现在却变成了悬挂在支架上的肮脏的碎布片。几乎每幢房子都被击中了,有一些被烧毁了,镇子里连几扇完整的窗子都没剩下。德国人现在把这片毁灭之海称为"巫婆的大锅"[1],在这里,荷兰老百

---

1 本书第 5 部的标题即出于此。原文是德文 Der Hexenkessel,标题处所附的英译文是"The Witches' Cauldron",直译是"巫婆的大锅",引申的意思是"杂乱的一团""凶险的形势""可怕的混乱状态"等。

姓——大约 8 000～10 000 名男人、女人和孩童——要挣扎着活下去。他们拥挤在地下室里,没有煤气和水电,而且就像许多被包围在防线内的英军一样,也几乎没有食物。这些平民悉心照料着为解放荷兰而负伤的英国军人,但当德国军人负伤时,他们同样会去救护那些曾经的征服者。

斯洪奥德旅馆现在是位于前线的一个主要的伤亡人员收容站。旅馆主人的女儿亨德丽卡·范德弗利斯特(Hendrika van der Vlist)在她的日记里写道:

> 我们不再害怕了,我们已经经历了一切。我们周围躺满了伤员——他们中的一些人已经奄奄一息。若是要求我们这样做的话,我们又为什么不应该这样做呢?在这段短暂的时间里,我们已经变得超然于曾经所依恋的一切。我们的财物失去了,我们的旅馆已经千疮百孔,但我们甚至都不曾留恋它们——我们也没有时间去留恋它们。如果这场战斗既要夺去英国人的生命,又要夺去我们的生命,那么我们将义无反顾地献身。

在车道边的田野里和屋顶上,在建筑物废墟中那些被堵住充当掩体的窗子后面,在奥斯特贝克下首的那座教堂附近,在遭到严重破坏的哈尔滕施泰因旅馆四周的鹿苑里,精神紧张、眼睛凹陷的伞兵们被部署在阵地上。炮击的轰鸣声几乎没有中断过,不论是军人还是平民都被震聋了。在奥斯特贝克,英国人和荷兰人被震得进入了一种麻木状态,时间变得毫无意义,所有事情都变得模模糊糊。士兵和平民彼此安慰着,希望能得到解救,但精疲力竭的人们又对生死抉择感到释然了。国王属苏格兰边民团第 7 营营长罗伯特·佩顿-里德中校着重提及:"在一切艰苦当中,睡眠缺乏带来的浓浓困意是最让人难以抵御的。士兵们的疲惫竟达到了这样一种程度,在他们看来,生活中唯一重要的事情似乎就是睡觉。"正如第10伞兵营B连副连长本杰明·贝蒂·克莱格(Benjamin Beattie Clegg)上尉所说:"我记得,那种疲倦超出了其他任何东西——不少人认为如果能睡上一觉,哪怕被杀死也值了。"滑翔机飞行员团第2联队E中队第12小队的劳伦斯·戈德索普(Lawrence Goldthorpe)中士觉得自己太累了,以至于"有时我甚至希望自己能负伤,这样就可以躺倒休息一下"。但任何人都得不到休息。

在环形防线的各处——从指尖状的突出部北端那座白色的德赖耶尔奥特旅馆(Dreyeroord,英军将其称为"白宫"),一直延伸到奥斯特贝克下首那座建于10世纪的教堂——士兵们打着一种混乱得让人难受的仗,进攻方和防御方的装备及兵力疯狂地搅和在了一起。英军空降兵往往发现,自己使用的是缴获的德军弹药和武器,而德军坦克正在被他们自己人布下的地雷炸毁;德军驾驶着缴获来的英军吉普车——那些本来打算空投给英军空降部队的补给物资反而被德军利用。"那是我们打过的最廉价的仗,"霍亨施陶芬师师长哈策尔回忆说,"我们有免费的食品、香烟和弹药。"双方在阵地上反复展开拉锯战,次数如此之多,导致没有几个人有把握确认,在接下来的一个小时里,阵地会掌握在谁的手里。对在环形防线沿线各处地下室里躲避的荷兰人来说,这种持续不断的拉锯更为可怕。

化学工程师扬·福斯凯尔把全家——他的岳父岳母、妻子贝尔莎,以及9岁的儿子亨利——搬到了翁德瓦特(Onderwater)医生家里,因为医生家用沙包加固的地下室似乎要安全一些。激战达到高潮时,英军的一个反坦克小组就在他们楼上作战。几分钟后,地下室的门猛地被打开了，一名党卫军军官带着几名士兵出现在众人眼前，要求检查人群中是否藏了英国人。小亨利正在玩一个英军战斗机的翼炮弹壳。那名德国军官举起炮弹壳，立即警觉了起来。"这是英军机炮上的，"他喊道，"每个人都上楼去！"福斯凯尔清楚，地下室里的人将会被全部枪毙，他迅速站了出来。"瞧，"他告诉军官，"这是英军飞机上的弹壳，我儿子发现了它，纯粹是为了玩。"那个德国人出乎意料地向他的部下示意，于是德国人上了楼，没有伤害这些荷兰人。过了一些时候，地下室的门又一次被推开了，英军伞兵令人宽慰地进了屋子。福斯凯尔认为他们的样子"很奇异，穿着伪装服，头盔上仍然插着树枝。他们就像圣尼古拉[1]一样，分发了巧克力和香烟，那是他们刚刚从德军的补给卡车里缴获的"。

艾尔弗雷德·琼斯二等兵是伯纳德·威尔逊少校麾下的空降先导员，他也卷入了混乱的战斗之中。在斯洪奥德旅馆附近的一处十字路口，琼斯和一个排的人坚守着阵地，这时他们看见一辆德军军官座驾迎面驶来。不知所措的伞兵们瞪大眼睛瞧着，只见那辆车在他们隔壁的房子前停了下来。"我们看得目瞪口呆，"琼斯记得，"只见司机为军官打开车门，向他行了一个纳粹的举手礼，然后军官便朝房子走去。"琼斯回忆说，随后"我们幡然醒悟过来，排里有人开火，把司机和军官全都俘虏了"。

有一些与敌人的遭遇战却显得多少有点人情味。滑翔机飞行

---

[1] 圣尼古拉（St Nicholas, 270—350），小亚细亚米拉（Myra）城的主教，米拉位于小亚细亚西南部临地中海的古国利西亚（Lycia）境内，现在位于土耳其。圣尼古拉被认为是给人悄悄赠送礼物的圣徒（即圣诞老人的原型，也因此成为典当业的主保圣人），东正教会尤其重视对他的纪念。在东欧国家和比利时，圣尼古拉是水手、商人、弓箭手、儿童和学生的主保圣人，他也是俄罗斯的主保圣人之一，以及巴兰基亚（在哥伦比亚）、巴里、阿姆斯特丹和拜特贾拉（在巴勒斯坦）等城市的主保圣人。由于他的遗骨在1087年被迁到意大利城市巴里，所以有时他也被称作"巴里的圣尼古拉"。全世界有许多教堂是以圣尼古拉的名字命名的。

员团第2联队F中队的分队长迈克尔·威廉·朗（Michael William Long）中尉率领一支战斗巡逻队，在丹嫩坎普(Dennenkamp)十字路口附近的环形防线北突出部，穿过一片茂密的灌木丛，与一名年轻的德国兵迎面相遇。那个德国兵端着一支MP 40冲锋枪，而朗手里拿的是一把左轮手枪。中尉喊叫着让手下的士兵散开，随后双方几乎同时开火，但那个德军士兵的动作比他更快"一点儿"。朗的大腿中弹倒在地上，那个德国兵"只是右耳朵被子弹擦伤"。让朗中尉惊恐的是，德国兵扔过来一颗手榴弹，"在离我大约半米远的地方落了地"。朗发疯似的把那颗"木柄手榴弹"踢到一边，手榴弹爆炸后没有伤到朗。"他搜了我的身，"朗回忆说，"从我的口袋里取出两枚手榴弹，朝躲在林子里的我军扔去。然后他平静地坐在我的胸口上，端起冲锋枪开火。"当德军士兵向灌木丛扫射时，炽热的弹壳落下来，掉进了朗中尉敞开的作战服领子里。朗恼火了，推搡着德国兵，指着那些弹壳叫喊道："太烫了（Sehr warm）。"德军士兵一边射击一边回应道："哦，是的！"于是他挪动了一下身子，这样一来弹壳就落在了地上。过了一会儿德国兵停止了射击，再次搜了朗的身。他正要拿走中尉的急救包，这时朗指着自己的大腿，而德军士兵则指着自己被朗的子弹擦伤的耳朵。在灌木丛里，他们的四周全是枪声，两个人互相包扎了彼此的伤口。然后朗被押走了，做了俘虏。

环形防线正被缓慢地压缩着，这一切仿佛已成定局——因为英军官兵大多死于激战或者当了俘虏，幸存者往往也伤痕累累。乔治·贝利斯上士是名滑翔机飞行员，他把自己跳舞用的轻便平底鞋带到了荷兰，因为他认为荷兰人喜欢跳舞。在花园中的一条经过伪装的狭长堑壕里，德国士兵"眨着眼睛示意他出来"，贝利斯靠着墙和其他人并排站着,遭到了搜身和审问。贝利斯没有理会审问他的人,而是平静地取出了一面手镜,检查着他满是污垢、没有剃须的脸。他问那个德军士兵:"今晚镇里会有一场舞会吗?你大概也不知道答案,对吧?"随后贝利斯就被德军士兵押走了。

其他伞兵确实听到了舞会音乐。从德国人的喇叭里传来了二战时期的一首流行歌曲,那是格伦·米勒[1]的《来劲儿》。在阵地上,形容枯槁的伞兵们静静地听着。当唱片播放结束的时候,一个说英语的声音告诉他们:"第1空降师的士兵们,你们被包围了。缴枪不杀!"滑翔机飞行员团的伦纳德·M.奥弗顿(Leonard M. Overton)中士"现在充分预料到,反正不会活着离开荷兰了",他和附近的每个人都用武器做出了回答。劳伦斯·戈德索普中士也听见了喇叭里的话。几个小时以前,他曾冒着生命危险取回了一个装有补给品的空投箱,结果却发现,里面装的不是食品或者弹药,而是红色贝雷帽。现在,当他听见"投降,现在还来得及"的时候,他叫喊道:"滚开,你们这些愚蠢的杂种!"他举起了自己的步枪。树林和战壕里的其他人也怒吼起来,各式枪械凶猛地吐着火焰——那是被激怒的伞兵在对准喇叭射击。那个声音突然消失了。

在德国人看来,投降似乎是英国人唯一明智的选择——边民团第1营支援连连长理查德·亨利·斯图尔特(Richard Henry Stewart)少校就发现了这一点。斯图尔特被俘了,由于德军发现他能说一口流利的德语,于是把他带到一处大型指挥部里。他对当时

---

[1] 米勒(Glenn Miller, 1904—1944),美国爵士乐长号手、乐队领队、作曲家。他创作了多首流行金曲,最著名的是《月光小夜曲》(Moonlight Serenade)和《来劲儿》(In the Mood)。他在声名最为显赫时,曾出现在两部好莱坞影片中。二战期间入伍(1942年),担任美国陆航乐队领队。在一次从英国飞往巴黎的途中,米勒乘坐的飞机失踪了。2003年,米勒被授予格莱美终身成就奖。

面见的那名德国指挥官记忆犹新。比特里希将军"是个身材修长的人，大概40岁出头或者45岁左右，穿着黑色的长皮夹克，戴着帽子"。斯图尔特回忆说，比特里希并没有审问他，"他只是告诉我，他想要我去找我的师长，劝他投降，以便使该师免于被消灭"。斯图尔特客气地拒绝了。那位将军滔滔不绝地"说了一大套，他告诉我，我有权拯救'自己祖国那些鲜花盛开般的青年'"。斯图尔特再次拒绝道："我不能这样做。"比特里希继续敦促他。斯图尔特问道："长官，如果我们的位置调换一下的话，您的回答会是什么呢？"那名德国指挥官缓慢地摇了摇头："我的回答会是'不'。"斯图尔特说道："那也是我的回答。"

尽管比特里希"从未看到有别的士兵像在奥斯特贝克和阿纳姆的英军那样奋力作战"，但他不仅继续低估了厄克特的部下的决心，还错误地理解了波兰军队在德里尔的空降行动。比特里希虽然认为，波兰伞兵的到达对陷入包围的英军第1空降师是"一种士气上的鼓舞"，但他却判断，索萨博夫斯基的主要任务是进攻德军后方，并阻止哈梅尔的弗伦茨贝格师到达奈梅亨地区——这支部队现在正使用着阿纳姆大桥。他认为，波兰军队的威胁是非常严重的，所以他"干预了针对奥斯特贝克的战斗行动"，命令汉斯-彼得·克瑙斯特少校急调他的装甲营南下。强大的克瑙斯特战斗群目前得到了25辆近60吨重的虎式坦克和20辆豹式坦克[1]，它的任务是守卫埃尔斯特，阻止波兰军队到达阿纳姆大桥南端，同时阻止霍罗克斯的坦克部队与他们会合。哈梅尔的弗伦茨贝格师在重组之后，奉命"要把奈梅亨地区的英美联军赶回到瓦尔河"。在比特里希看来，英军从奈梅

---

[1] 这些坦克应该来自胡梅尔重装甲连和第506重装甲营，其中包括部分"虎王"坦克，豹式坦克可能来自第116装甲师。

亨发起的大举猛攻才是最大的威胁，而厄克特的师已经被牵制住并被消灭了。他根本没想到波兰军队的目标是增援厄克特的桥头堡，比特里希的策略——形成错误的原因——将决定第1空降师的命运。

9月22日，星期五一大早，当克瑙斯特的坦克抵达埃尔斯特时，厄克特少将得到了第30军军长霍罗克斯的消息。昨天夜间，厄克特通过"幽灵"小队发出了两封电报，告知英军第2集团军指挥部渡口已无法使用。然而霍罗克斯并没有得到这个消息。第30军军长的电报内容是："命令第43步兵师在今天冒一切风险把第1空降师救出来，行动目标是渡口。如果形势许可，你应该撤退到渡口或者渡河到南岸。"厄克特回答说："我们将很高兴看到您。"

在遭到严重破坏的哈尔滕施泰因旅馆的酒窖里——"这是仅存的唯一一个相对安全的地方，"厄克特回忆说——将军与他的参谋长查尔斯·麦肯齐中校进行了商谈。"最后的任务在我们看来是勉为其难了，"厄克特记得，"但我感到，我必须做一些事情来实现救援——而且是立即实现。"

伞兵们将通常在黎明时分进行的迫击炮轰击称为"清晨的仇恨"。现在，屋子外边"清晨的仇恨"已经开始了。遭到破坏的哈尔滕施泰因旅馆摇晃起来，发出了回响，那是落点很近的炮弹爆炸产生的震荡。备受折磨的厄克特不知道他们还能够坚守多久。当初在阿纳姆空降场着陆的空降部队，总共有10 005人——有8 905人是第1空降师的官兵，1 100人则是滑翔机飞行员和副驾驶——而厄克特现在估计，他手头只剩下不到3 000人了。在不到5天的时间里，他损失了三分之二以上的兵力。尽管厄克特现在与霍罗克斯和布朗宁建立了通信联系，但他却认为，那两位高官并不了解这里正在发生着什么。"我确信，"厄克特说道，"霍罗克斯并没有充分意识到我们的困境。我得想法让他知道形势的紧迫和严峻。"他决定派麦肯齐中校和昵称"埃迪"（Eddie）的埃德蒙·查尔斯·沃尔夫·迈尔斯（Edmund Charles Wolf Myers）中校前往奈梅亨，去见布朗宁和霍罗克斯。迈尔斯是师工兵主任，"他将处理渡河过程中人员和补给物资的特殊安排"。"我被告知，"麦肯齐说道，"头等大事是要向霍罗克斯和布朗宁强调，这个师事实上已经不复存在了——我们只不过是一群聚集在一起苦苦支撑的人。"厄克特认为，部队忍耐的极限已经到了。而麦肯齐更要向他们发出警告，"如果今天晚上我们还得不到兵员和补给物资的补充，一切就可能太晚了"。

当麦肯齐和迈尔斯准备动身时，厄克特站在一边。他知道，这次行动将会非常危险，甚至是不可能完成的任务，然而似乎也有理由假定——如果霍罗克斯的电报可信，而且第43威塞克斯步兵师的进攻会按预定时间发动——等到麦肯齐和迈尔斯过河的时候，某条通向奈梅亨的路线可能已经被打开了。在两人离开之时，厄克特"对查尔斯有最后一句话要说，我告诉他要努力让他们意识到，我们处于什么样的困境。查尔斯说他将竭尽全力，我知道他会的"。迈尔斯和麦肯齐带上了一条橡皮艇，然后乘坐吉普车前往奥斯特贝克南部的莱茵河边。

16公里之外，在瓦尔河北部的奈梅亨地区，26岁的男爵理查德·约翰·罗茨利（Richard John Wrottesley）上尉此时正坐在一辆装甲汽车里，准备下达出发命令——他是第2王室骑兵团C中队第5分队的分队长。他在夜间得到命令，要率领一支侦察中队的先头分队给攻击前进的第43威塞克斯步兵师开路，并与空降部队取得联系。前一天，爱尔兰禁卫团所部的坦克被敌人挡住了去路，从那时开始罗茨利就"充分意识到了德军在奈梅亨北部的实力"。他从未得到过德里尔的波兰军队的消息,也没有得到过第 1 空降师的消息,因而"得有人搞清楚正在发生什么事情"。年轻的罗茨利记得,他所在的中队的任务,就是要"在敌人的防御工事中撕开一条血路冲过去"。罗茨利认为,如果避开那条从奈梅亨延伸到阿纳姆的主干道,转而走西边那些纵横交错格子般的二级支路,就能获得一个较好的机会。他将在清晨浓雾的掩护下,从敌人的防御工事当中快速冲过,清晨的雾气"有助于我们旗开得胜"。天刚亮,罗茨利就下令出发。他的两辆装甲汽车和两辆侦察车迅速消失在了浓雾中,紧随其后的是阿瑟·文森特·扬(Arthur Vincent Young)中尉率领的另一个分队。这支部队迅速行进,在奥斯特豪特的西边转弯,沿着瓦尔河的河岸走了大约 10 公里,然后绕了一圈回来,直插正北方的德里尔。"在某个地方我们看见了几个德国人,"罗茨利记得,"但他们似乎比我们更吃惊。"两个半小时以后,即 9 月 22 日星期五上午 8 点,"市场-花园"行动中的地面部队与英军第 1 空降师实现了第一次会师——这个场面在蒙哥马利的展望中本该于战役发起后的 48 小时内就出现,但现在已经被拉长成了 4 天零 18 个小时。由于禁卫装甲师的坦克部队在星期四的大胆尝试,罗茨利和扬中尉没放一枪一炮便到达了德里尔和莱茵河畔。

跟随在他们身后的 H. S. 霍普金森中尉率领的第 3 分队则遇上了麻烦。清晨的雾突然散开了,这个单位暴露出来,并遭到了敌军装甲部队的攻击。"第一辆车的驾驶员里德立即被打死了,"霍普金森说道,"我上前去帮忙,但那辆侦察车正在熊熊燃烧。敌人的坦克继续朝我们开火,我们被迫撤退。"就那么一会儿,德国人再次关闭了通往厄克特的第 1 空降师的救援通道。

从一开始就不断干扰着"市场-花园"行动计划的奇怪而又危

害巨大的交通瘫痪，现在正开始加剧。9月22日，星期五，黎明时分，人们等待许久的托马斯将军的第43威塞克斯步兵师将要从奈梅亨向前突破，去帮助仍然在埃尔斯特受阻的禁卫装甲师的坦克纵队。计划要求一个旅——第129旅——沿着高架公路的两侧进军，穿过埃尔斯特前往阿纳姆；与此同时，第二个旅——第214旅——要在更西边的地方发起进攻，穿过奥斯特豪特镇，然后朝德里尔和渡口发起攻击。令人难以置信的是，威塞克斯师的官兵从埃斯科运河赶来竟用了差不多3天时间，而这段路程只有100公里左右。在某种程度上，这是因为敌人不断对部队行进的"走廊"发起进攻所致，但有些人后来指责说，这是办事讲究条理的托马斯过分小心造成的恶果，他的师就是步行走完这段距离也会比现在的速度更快。[1]

　　眼下灾难又再次降临在第43威塞克斯步兵师身上了。令第214步兵旅旅长埃塞姆准将极度失望的是，他的先头营——萨默塞特轻步兵团第7营——迷路了，未能在21日夜间渡过瓦尔河。"你究竟到哪里去了？"当这个营终于抵达时，埃塞姆愤怒地质问其营长。该营在奈梅亨被人群和路障耽搁了，几个连在混乱中分散开，被指引着过了错误的桥。埃塞姆利用黎明的浓雾掩护朝德里尔大举猛攻的计划流产了，这场双管齐下的进攻直到上午8点30分才开始。在明媚的阳光下，第2王室骑兵团的侦察队让敌人提高了警惕，他们对即将到来的战斗严阵以待。9点30分，奥斯特豪特的一名足智多谋的德军指挥官熟练地运用坦克和炮兵，成功地把第214步兵旅压制得动弹不得；而第129步兵旅在突向埃尔斯特，试图支援范德勒中校的爱尔兰禁卫团所部时，遭到了克瑙斯特少校集结起来的坦克

---

[1] 见切斯特·威尔莫特，《欧洲争夺战》，第516页。——原注

群的猛轰,比特里希将军曾命令这支坦克部队南下以粉碎英美联军的大举猛攻。在厄克特看来,在这个关键的星期五,英军第1空降师的命运将由第30军的解围行动决定。但第43威塞克斯步兵师直到傍晚时分才攻占奥斯特豪特——时间太晚了,在夜间无法大规模调动部队去帮助被包围在奥斯特贝克的空降兵。

其他人像埃塞姆一样,也对进攻行动的迟缓感到愤怒。乔治·泰勒(George Taylor)中校率领着康沃尔公爵轻步兵团第5营[1],他无法理解"是什么把每件事情都耽搁了"。他知道,参加"花园"行动的部队与第1空降师的接头时间已经比计划的时间表晚了3天,他不安地意识到更高级别的指挥官同样在担忧当前的困境。星期四,他遇见了军长霍罗克斯将军,将军问他:"乔治,你要做些什么?"泰勒毫不犹豫地提出,想在星期四晚上急速调派一支特遣部队,带上满载补给品的载重2.5吨的水陆两用运输车前往莱茵河。"我的主意在将军眼中完全是瞎猜,"泰勒回忆说,"霍罗克斯显得有点吃惊,就像人们在听天方夜谭时所表现的那样——他随后迅速转移了话题。"

泰勒不耐烦地等待着让他的营渡过瓦尔河的命令。直到星期五中午,才有一名少校——他是第30军的参谋——过来告诉他,他的营将得到两辆装有补给品和弹药的水陆两用运输车,需要将它们带到德里尔去。除此以外,泰勒还将得到第4/7龙骑兵禁卫团的一个

---

[1] 这些著名的英国团的番号总是给美国人带来混乱,尤其是在使用缩写的时候。盟军第1空降集团军的指挥部收到了一条关于康沃尔公爵轻步兵团第5营的电报,电文内容是"康沃尔公爵轻步兵团第5营将与第1空降师取得联系……"。大感不解的值星官最终把电报解码,他写道:"5条鸭子船登陆步兵"*,正在与厄克特会师的路上。——原注

* 这条电报的全文是5th Battalion, Duke of Cornwall's Light Infantry,电文中的番号缩写是5DCLI,结果值星官把它的缩写猜成了5条(5)、鸭子(D-duck)、船(Craft)、登陆(Landing)、步兵(Infantry)。

坦克中队的支援。"阿纳姆局势危急,"少校说道,"水陆两用运输车今天晚上必须过河。"那两辆满载的水陆两用运输车是星期五下午3点到达集结地的,泰勒有些担心它们能否带上足够的补给品。"想必,"他对他的情报参谋戴维·威尔科克斯(David Wilcox)中尉说,"我们得带上比这更多的东西过河给他们。"

就在这些步兵离开奈梅亨桥头堡的时候,麦肯齐中校和迈尔斯中校来到了德里尔,并与索萨博夫斯基的波兰军队接上了头。他们渡过莱茵河的过程顺利得令人惊讶,"敌人只朝我们开了几枪,"麦肯齐说道,"而且子弹是从我们的头顶上飞过的。"在莱茵河南岸,一场大规模战斗正在进行,波兰军队正面临着德军强大的攻势,死死抵挡着从埃尔斯特和阿纳姆方向赶来的敌人步兵发起的冲锋。麦肯齐和迈尔斯在莱茵河南岸等波兰人过来接头还花了一点儿时间。"已经用无线电通知他们了,要他们密切注意我们,"麦肯齐说道,"但战斗打得如火如荼,索萨博夫斯基忙得不可开交。"最后,他们骑着自行车被护送到索萨博夫斯基的旅部。

发现第2王室骑兵团的部队让麦肯齐很是振奋,但他试图赶到奈梅亨与布朗宁将军会面的希望却迅速破灭了。对罗茨利男爵和亚瑟·扬中尉来说,霍普金森的第3分队的装甲侦察车辆未能到达德里尔,这意味着德军已经从后面把他们包围了;第43威塞克斯步兵师的进攻也尚未获得突破。麦肯齐和迈尔斯将不得不继续等待下去,直到有一条路线被打通。

罗茨利回忆说"麦肯齐立即要求用我的无线电与军部联系"。后者经由罗茨利的中队长给霍罗克斯和布朗宁转发了一封长长的明码电报——厄克特的参谋长甚至都没有费心把电文译成密码。罗茨利站在麦肯齐的旁边,听见他"清晰地"说"我们缺乏食物、弹药和医疗用品。我们已经无法再坚持24小时。我们所能做的一切，就是等待和祈祷"。罗茨利第一次意识到"厄克特的师已经陷入了绝境"。

接下来麦肯齐和迈尔斯与索萨博夫斯基进行了交谈，强调了让波兰军队过河的紧迫性。"现在即使只有几个人过去也能改变局面！"麦肯齐告诉他。索萨博夫斯基表示同意，但又问去哪里搞船和筏子——如果顺利的话，要求送来的水陆两用运输车将会在晚上到达。迈尔斯想到，空降部队拥有的几条能装载两人的橡皮救生筏可以串联在一起使用，只要用缆绳将其连接起来，就可以把它们在河的两边来回拉动。索萨博夫斯基"听到这个主意感到很高兴"，他认为这种方式虽然会慢得让人痛苦，但"如果没有遭到抵抗，那么一个晚上也许就能有200名士兵被运送过河"。迈尔斯随后用无线电迅速与哈尔滕施泰因旅馆取得了联系，要他们为橡皮救生筏做好安排。这个可怜兮兮而又孤注一掷的军事行动已经被定了下来，并将在夜幕降临的时候开始。

在河对岸的桥头堡里，厄克特的部下继续以非同寻常的勇气和决心战斗着。然而在环形防线的一些地方，甚至连最坚定的人也对友军的解救行动表示出担心。一种孤独感正在滋长，并降临到了每个地方——就连荷兰人都被传染了。

查尔斯·道·范德克拉普（Charles Douw van der Krap），前荷兰海军军官，在早些时候被安排指挥一支由25人组成的荷兰地下抵抗组织。这支武装小队与英军并肩作战，是在厄克特师部的荷兰联络官阿诺尔德斯·沃尔特斯海军少校的建议下组织起来的。扬·艾克尔霍夫曾在星期一帮助斯洪奥德旅馆做好了收容伤亡人员的准备工作，他受命为这个小组寻找德制武器，英国人只能给每个人5发子弹——而且前提是能够找到武器的话。艾克尔霍夫把车一直开到了沃尔夫海泽,但只找到了三四支步枪。起初,这支武装刚刚被任命的指挥官,也就是范德克拉普对这个主意感到欢欣鼓舞,但他的希望很快就破灭了。他的部下在与伞兵并肩作战时,一旦被俘会被就地枪决。"英军得不到救援也没有补给,显然是无法坚持下去的,"范德克拉普回忆说,"他们不能武装我们,也不能给我们饭吃,所以我决定解散这个小队。"然而,范德克拉普却继续和伞兵待在一起。"我想战斗,"他说道,"但我认为我们并没有机会。"

年轻的安妮·范马南,原本由于英军空降兵的到来和每天对看到"蒙蒂的坦克"的期盼而激动万分,但现在持续的炮击和不断拉锯的战线却把她吓坏了。"嘈杂声和苦难在继续,"她在日记里写道,"我再也无法忍受下去了。我吓坏了,除了炮弹和死亡之外我什么都想不到了。"安妮的父亲赫里特·范马南医生,与英国医生在塔费尔贝格旅馆里一起工作,一有可能他就把消息带给家人。但在安妮看来,这场战斗已经到了不切实际的程度。"我无法理解,"她写道,"街道的一边是英国人,另一边是德国人,人们在街道两边彼此杀戮。在房子里打,在楼层上打,在屋子里还打。"星期五,安妮写道:"英国人说蒙蒂随时都会到这里,我不信。让蒙蒂见鬼去吧!他永远也不会来了。"

在斯洪奥德旅馆,英军伤员和德军伤员拥挤在宽大的阳台上,或是躺在接待室、走廊和卧室里。亨德丽卡·范德弗利斯特几乎无法相信今天是星期五。这家医院正在不断易主,星期三,旅馆被德国人攻占了;星期四又被英国人抢了回去;而到了星期五上午,德国人再次把对手赶了出去。但对于医护人员而言,他们更加关心如何让旅馆免遭炮击。一面硕大的红十字会会旗在屋顶上飘扬着,而众多的小会旗则插在庭院周围，但尘土和飞起的瓦砾却往往遮住了这些三角旗。护理员、护士和医生夜以继日地工作着，除了不断流动的伤员，他们对其他事情已经完全不在乎了。

每天晚上，亨德丽卡只和衣睡上几个小时，起床后便帮助医生和护理员照顾新抬进来的伤员。她能说一口流利的英语和德语，开始的时候她注意到，德国人的悲观情绪与英国人的乐观快活形成了鲜明对比。但现在，在受了重伤的"红魔鬼"当中，有许多人似乎准备坦然接受他们的命运。她给一名伞兵送来了一份量非常少的汤和一块饼干，这家医院所能提供的一顿饭只有这么多。此时这名伞兵指着一个刚刚送来的伤员，"给他。"他告诉亨德丽卡。她掀开那人身上的毯子，看到他穿着德军制服。"是德国人，啊？"伞兵问道。亨德丽卡点了点头。"还是把饭给他，"英国人说道，"我昨天吃过了。"亨德丽卡不解地看着他。"为什么要在这里打仗呢，你知道吗？"她问道。伞兵疲倦地摇了摇头。她在自己的日记里写下了内心的恐惧："我们的镇子是否已经变成了一处最血腥的战场？到底是什么让英军主力部队停滞不前？无论如何，不能再这样继续下去了。"

在翁德瓦特医生家的地下室里，福斯凯尔一家与另外二十来人躲在一起，其中既有荷兰人也有英国人。福斯凯尔太太第一次注意到，地板上因为有鲜血而打滑。在夜里，两名受伤的军官——第10伞兵营B连连长彼得·埃斯蒙德·沃尔（Peter Esmond Warr）少校和第10伞兵营营长肯尼思·鲍斯·英曼·史密斯（Kenneth Bowes Inman Smyth）中校——被英军伞兵抬了进来。两人都受了重伤，沃尔伤在大腿上，史密斯则伤在肚子上。伤员被放在地上后不久，德国人冲了进来，其中有人扔了一颗手榴弹。第10伞兵营的乔治·怀利（George Wyllie）一等兵记得"先是一道闪光，接着是震耳欲聋的爆炸声"。福斯凯尔太太正坐在沃尔少校的后面，她感到自己的腿"灼热疼痛"，此刻在变得黑暗的地下室里，她听见有人喊："杀了他们！杀了他们！"她感到有个男人的身体重重地跌倒在她身上，那是艾伯特·威林厄姆（Albert Willingham）二等兵，他为保护福斯凯尔太太跳到了她前面。怀利一等兵看见威林厄姆的背上有一道撕裂的伤口。他记得那个女人坐在一把椅子上，旁边是一个浑身是血的孩子，死去的伞兵则横躺在她的腿上。"我的上帝啊！"怀利在失去知觉之际想到，"我们杀死了一个孩子。"这场激烈的战斗突然结束了。有人点着了一个火把。"你还活着吗？"福斯凯尔太太朝她的丈夫喊道。然后她伸手去找儿子亨利，但孩子对她的召唤没有做出反应——她确信孩子已经死了。"我突然感到什么都无所谓了，"她说道，"无论再发生什么事情都没有关系了。"

福斯凯尔太太看到受了重伤的军人和平民都在尖声大叫，在她的前面，沃尔少校的军上衣"血淋淋地敞开着口子"。每个人不是在喊叫，就是在啜泣。"安静，"福斯凯尔太太用英语喊道，"安静！"压在她身上的沉重躯体被人拖走了，随后她看见了旁边的英国兵怀利。"那个孩子站了起来，看得出他在颤抖，他用步枪枪托拄在地上，那把刺刀几乎和我的眼睛齐平。他抽搐着前后移动，试图站稳，动物般的低沉啸声——几乎就像狗吠或者狼嚎——正从他嘴里发出来。"

怀利一等兵的头脑开始清醒了。有人在地下室里点燃一支蜡烛，一名德国军官走了过来，让他啜饮了点白兰地。怀利注意到酒瓶子上有红十字会的标记，标记下面写着"国王陛下的军队"几个字。怀利被带出去时，回头看了看那位"死了孩子的"女士，他想对她说点什么，但又"不知该说什么好"。[1]

那名德国军官要福斯凯尔太太告诉英国人，"他们英勇地战斗过了，表现得很绅士，但现在他们必须投降。告诉他们，战斗结束了。"当伞兵们被带出去的时候，一名德国医护兵替亨利做了检查。"他只是昏过去了，"他告诉福斯凯尔太太，"他的肚子受到了擦伤，眼睛充血红肿，但他不会有事的。"她一声不吭地点了点头。

躺在地上的沃尔少校的肩膀在爆炸中受到重创，骨头直接从皮肤下突出出来，他喊叫着、咒骂着，随后又昏了过去。福斯凯尔太太弯下腰，先用水弄湿自己的手帕，再擦掉少校嘴唇上的血迹。不远处，史密斯中校含糊地说了点什么。一名德军卫兵转向福斯凯尔太太，露出了询问的目光。"他要医生。"她轻声说道。那名士兵离开地下室，几分钟后又与一名德军军医一起返回。后者要检查史密斯的伤势，他对福斯凯尔太太说道："告诉这名军官，接下来会很疼，我对此表示歉意，但我必须查看他的伤口，让他咬紧牙关。"当他开始脱衣服时，史密斯昏了过去。

天亮后，平民奉命离开地下室。两个党卫军士兵把福斯凯尔太太和亨利抬出去送到了街上，一名荷兰红十字会工作人员指引着他们来到牙医菲利普·克劳斯家的地下室。不过福斯凯尔的岳父母并没有去，他们宁可待在家里碰运气。在克劳斯的家里，牙医热情地欢迎这一家人。"不要担心，"他告诉福斯凯尔，"会没事的，英国人会赢的。"福斯凯尔站在受伤的妻子和孩子身边，脑海里仍然满是昨夜的恐怖景象，他盯着面前的牙医。"不，"他轻声说道，"他们赢不了。"

---

[1] 怀利再也没有见过福斯凯尔一家，也不知道他们的名字。多年以来，他一直替地下室里的那个女人以及他以为已经死去的那个孩子担心。后来，小亨利·福斯凯尔成了一名医生。——原注

尽管许多伞兵不愿意承认自己的忍耐几乎到了极限，但也清楚地意识到部队快坚持不下去了。第10伞兵营营部连通信排的达德利·理查德·皮尔逊（Dudley Richard Pearson）上士对"被德国人摆布"感到厌倦。在环形防线的北部边缘，他和士兵们被坦克追赶着，被压制在树林里动弹不得，不得不用刺刀一次次把德国人打退。最后，在星期四晚间，皮尔逊一行人在环形防线继续收缩时奉命撤退，他被告知要用烟幕弹掩护撤退行动。这时，他听见不远处有一挺孤零零的"布伦"式轻机枪在射击，他随即从灌木丛中爬了过去，发现一名藏在树林深坑里的下士。"出来，"皮尔逊告诉他，"我来断后。"那名下士摇了摇头。"我不走，上士，"他说道，"我要待在这里，我不会让那些杂种过去的。"当皮尔逊返回时，他还能听见"布伦"式轻机枪的射击声。他认为形势没有希望了，开始怀疑是不是投降会更好一些。

在哈尔滕施泰因旅馆的网球场里，地面上满是纵横交错的堑壕和星罗棋布的散兵坑，因为德军俘虏被允许挖掘掩体以求自保。在网球场附近的一道单兵掩体里，滑翔机飞行员维克托·米勒盯着几米外的一具飞行员遗体。那具尸体四肢伸展着躺在地上，密集的弹雨让人们根本无法去搬动他。米勒看到此前的迫击炮轰击让尸体差不多被树叶和断裂的树枝掩埋了。他不住地盯着他看，不知道会不会有人来收殓。想到自己死去朋友的容貌将会慢慢干枯、腐烂，米勒吓坏了，他确信有"一种强烈的死亡气息正扑面而来"，他对此感到恶心。米勒还记得，当时自己绝望地狂想到，"如果不赶快采取措施，我们全都会变成死尸。子弹将会把我们一个一个地消灭掉，直到这里变成一座坟场"。

其他士兵感到，长官既激励他们保持勇气，却又不让他们了解现实。南斯塔福德郡团第 2 营的威廉·奥布赖恩二等兵记得,在奥斯特贝克下首的教堂附近,"每天晚上都有一名军官过来,告诉我们要坚持下去,并说第 2 集团军第二天就会到达。大家对此非常冷淡,每个人都在问地面部队究竟是在干什么,那支该死的部队现在到底在哪里——我们已经受够了"。爱德华·米切尔(Edward Mitchell)中士是一名滑翔机飞行员,他记得在教堂对面的一处阵地里,有一个士兵把自己锁在附近的一间棚屋中。"他不让任何人靠近自己。每过一会儿他就会喊:'来吧,你们这些杂种。'然后在棚屋里打一梭子子弹。"有几个小时的时间,这名孤零零的士兵一会儿大喊大叫,一会儿又疯狂扫射,接着便陷入一阵沉寂。当米切尔和其他人争论怎样才能把他弄出来的时候,又传来了猛烈的射击声,但很快就哑火了。他们赶到棚屋,发现这名伞兵已经死了。

在哈尔滕施泰因旅馆地区,极度疲倦的士兵们在炮弹爆炸的气浪中被震得失去了理智,开始到处闲逛,已经对战斗毫不在意了。医护兵塔菲·布雷斯曾在星期二为他的朋友安迪·米尔本受到重伤的身躯包扎,现在,当他处理伤员时又遇到了这些悲惨而可怜的人。布雷斯的吗啡已经用完了,正在使用纸绷带,他实在不忍心向别人透露自己手上已经没有药了。"你要吗啡干什么?"他安慰一名受了重伤的伞兵,"吗啡是给真正受了伤害的人用的,你还好着呢。"

当布雷斯给这个人包扎的时候,身后传来了一种奇怪的呜呜叫声。他转身看见一个全裸的伞兵,上下挥舞着双臂,"发出了类似火车头的声音"。这个伞兵看到布雷斯后,开始咒骂起来。"炸死这个爆破工,"伞兵说道,"他从来都干不好。"布雷斯带着一名伤员来到环形防线附近的一幢房子里,他听见有个人在柔声唱着《多佛尔的白色断崖》》[1]。布雷斯以为这个伞兵是在安慰其他伤员，于是便朝着他微笑，还点头表示鼓励。但这个士兵突然向布雷斯猛扑过去，试图掐死他。"我要宰了你！"他大叫道，"你对多佛尔了解多少？"布雷斯缓缓挪开了掐在他喉咙上的手指。"那里很不错，"他轻声说道，"我去过那儿。"那人后退了几步。"哦，"他说道，"那好吧。"几分钟后，他又唱了起来。其他人则记得，有一名得了弹震症的伞兵深夜在他们中间漫无目的地游荡，当士兵们蜷缩着身体打算入睡时，他就会弯下腰粗暴地把这些人摇醒，然后凝视着他们的眼睛问同一个问题："你有信心吗？"

尽管那些令人怜悯、被炮弹震伤和陷入绝望的人已经失去了信念，但成百上千的其他人却被另外一些行为古怪却英勇无畏的士兵激励着，那些人拒绝向伤痛和艰苦环境低头。迪基·朗斯代尔少校是"朗斯代尔部队"的指挥官，他指挥的这支部队坚守着奥斯特贝克下首教堂四周的阵地，而少校本人似乎无处不在。"他是一个能振奋人心的人物，"达德利·皮尔逊中士回忆说，"他的一条胳膊挂在血迹斑斑的吊带上，头上绑着同样血淋淋的绷带，一条腿上还绑着厚厚的绷带。"朗斯代尔一瘸一拐地走来走去，激励着他的部下，指挥了一次又一次战斗。

第3伞兵营营部连的军士长哈里·卡拉汉给他的制服增加了额外的点缀，他在一辆灵车里发现了一顶黑色的高帽子，于是不论到

---

[1] 多佛尔是英格兰东南部港口城市，从多佛尔的白色断崖可以俯瞰英吉利海峡，那里是风景名胜之地。《多佛尔的白色断崖》(The White Cliffs of Dover)是著名的二战歌曲，由纳特·伯顿(Nat Burton)作词、沃尔特·肯特(Walter Kent)作曲，1941年由著名歌星，号称"军人的心上人"的薇拉·林恩(Vera Lynn)录制成唱片。《多佛尔的白色断崖》是她演唱过的著名歌曲之一，另一首著名歌曲是《后会有期》(We'll Meet Again)。《多佛尔的白色断崖》有四段歌词，前三段是："明天／只需等待，便可看见，蓝色知更鸟／将从多佛尔的白色断崖飞过。//明天／当世界获得自由／便将永远有欢声，笑语和和平／羊倌将清点他的羊群／山谷将再次盛开鲜花／而吉米将再次／在他的小屋子里睡眠"。第四段是第一段歌词的重复。

哪里都戴着它。他对大家解释说，自己已被任命为"参加希特勒葬礼的空降部队代表"。卡拉汉记得，令人敬畏的朗斯代尔对教堂里的人们发表了一篇振聋发聩、昂扬不屈的演讲。军官和士官们把伞兵聚拢起来，把他们送到那座快要成为废墟的古老建筑中。"屋顶没有了，"卡拉汉回忆道，"而且每一次新的爆炸，都会把墙上的灰泥像瀑布似的震落下来。"士兵们无精打采地倚靠在墙上和断掉的长木椅上抽烟，懒洋洋的，几乎快睡着了。这时朗斯代尔爬上了布道坛，人们抬起头看着这个面目凶狠、血迹斑斑的人物。"我们曾在北非、西西里和意大利同德国人作战，"卡拉汉记得朗斯代尔这样说，"当时他们并不是我们的对手！现在他们也完全不是我们的对手！"滑翔机飞行员团第 1 联队 G 中队第 9 小队小队长迈克尔·坦普尔·科里（Michael Temple Corrie）上尉进入教堂时，"被眼前的破败景象弄得情绪消沉，但朗斯代尔的演讲是那么激动人心，他的话让我感到震惊，感到骄傲。士兵们在进去的时候如同一群颓废的败兵，但当他们出来时却被注入了新的必胜的信念，从他们的脸上你就可以看出来"。

  有些士兵似乎已经战胜了恐惧——这种甚至能令人失去勇气的恐惧源于敌人装甲部队的凶猛进攻。由于缺乏反坦克炮，伞兵们面对坦克和突击炮时无能为力，敌人的钢铁猛兽在环形防线里不受阻碍地横冲直撞，将一处处阵地化为齑粉。然而英军士兵却仍然以某种方式进行着还击，甚至还摧毁了近 60 吨重的虎式坦克——这个壮举居然是那些从未操纵过反坦克炮的士兵创下的。国王属苏格兰边民团第 7 营的悉尼·纳恩一等兵原先曾热切地盼着去阿纳姆，因为那会让他从英国兵营的"噩梦"中——尤其是那只入侵他褥子的鼹鼠的骚扰中——解脱出来，可现在他却以表面上的平静面对着一种更为可怕的噩梦。他和另一名伞兵诺比·克拉克二等兵一起，与隔壁堑壕内的一名滑翔机飞行员交了朋友。那名飞行员在迫击炮轰击的间隙朝纳恩喊道："你知道吗，老弟，在我们的右前方有一辆非常的坦克，不是虎式坦克就是'虎王'坦克。"克拉克看着纳恩。"你打算怎么办？"他问道，"去在上面钻孔？"

纳恩小心翼翼地从堑壕边上朝外看，那辆坦克的确堪称"巨大"。他又扫视了一下周围，发现在不远处的灌木丛里藏着一门反坦克炮，但炮组人员已经阵亡了。纳恩决定冒险去使用那门反坦克炮——尽管他们几个人都不会装填炮弹和发射。纳恩和那名滑翔机飞行员朝大炮爬了过去，但他们刚从掩体里爬出来就被发现了，于是坦克开始向他们开炮射击。"我们趴得那么低，简直都可以用鼻子在泥地上挖沟了，"纳恩回忆说，"我们藏身的小树林开始变得像一个伐木营，因为树木在我们四周纷纷倒下。"就在那辆坦克"开始用机枪关注我们"的时候，两个人来到了反坦克炮旁边，飞行员朝下看了看炮管，高兴地叫喊了起来。"我们的炮直接对准了那辆坦克，如果我们知道怎样使用，就有可能瞄得更准一些。"飞行员看了看纳恩说道，"我希望这东西还好使。"他拉了发火绳，结果这两个人在猛烈爆炸中摔了个仰面朝天。"当我们的耳朵不再耳鸣时，我听见周围的其他人开始大笑欢呼。"纳恩说道。当他狐疑地打量周围时，发现那辆坦克发生了弹药殉爆，已经被烈火吞没了。滑翔机飞行员转向纳恩，郑重其事地与他握手。"我想，我们赢了！"他说道。

许多人记得，南斯塔福德郡团第 2 营 B 连连长罗伯特·亨利·凯恩（Robert Henry Cain）少校是对付坦克和突击炮的真正专家。在凯恩看来，他和手下的士兵们从落地之后就一直被德军坦克追赶并威胁着。现在，他这个不满编的连分散在奥斯特贝克下首的教堂、道路对面的房子和花园，以及范多尔德伦家的洗衣房里。凯恩决心把他看见的每一台装甲车辆都干掉。凯恩一直在寻找作战的最佳地点，最终选中了范多尔德伦的家。洗衣房的主人不愿意离开，凯恩环视了一下后花园说道："好吧，既然如此，我就在那里挖，我要把你的地方用作我的弹药临时堆积点。"

凯恩使用的是一种类似"巴祖卡"火箭筒功能的反坦克武器——步兵反坦克抛射器，用以摧毁装甲车辆。星期五，当巷战越来越激烈时，凯恩的耳朵鼓膜被不断的射击声震破了。他在耳朵里塞进了几条绷带，然后就再次投入了战斗。

突然有人朝凯恩喊有两辆坦克开过来了。在一座建筑物的角落里，凯恩给步兵反坦克抛射器再次装上破甲弹，瞄准了目标。理查德·朗上士是一名滑翔机飞行员，他被眼前的场面惊得目瞪口呆。"他是我所见过的最勇敢的人，"朗说道，"他开始射击的时候，离坦克只有100米远。"在凯恩再次装弹之前，坦克还击了，炮弹击中了他身后的建筑。在浓重的尘埃和瓦砾漩涡中，凯恩坚持连续射击，他看见第一辆坦克里的德国兵跳了出来，并用冲锋枪在街道上扫射。凯恩周围的伞兵立刻就用"布伦"式轻机枪开火，他记得"那些德军士兵的脚好像被子弹打断了"。凯恩再次装上破甲弹开火，但朗上士看到"一道巨大的亮光突然闪现，破甲弹在发射出去之前就炸膛了。凯恩少校双手伸向天空，朝后倒了下去。当我们跑到他身边时，只见满脸漆黑的他说的第一句话是'我想我瞎掉了'"。沃尔顿·阿什沃思（Walton Ashworth）上士是"布伦"式轻机枪手之一，他们射出的猛烈弹雨无情地射杀了那些负隅顽抗的德军坦克兵。当凯恩被抬走时，阿什沃思面无表情地凝视着，"我所能够想到的就是那些可怜而该死的德国杂种"。

不到半个小时,凯恩的视力就恢复了,但他的脸上却嵌入了金属碎片。他拒绝使用吗啡,认为自己"并没有伤到足以待在医疗所里的程度",于是便重返前线参加战斗——就像第1伞兵旅旅部情报参谋威廉·安德鲁斯·泰勒上尉描述的那样,"去增加他袋子里的敌人坦克的数量"。到星期五下午,35岁的凯恩已经有了满满一袋子的战绩:自从18日着陆以来,他总共击毁或者击退了6辆坦克,还干掉了若干门突击炮。

在桥头堡里,勇猛的英军官兵进行着顽强抵抗,对自身的安危毫不在意。伦纳德·福尔莫伊(Leonard Formoy)下士是菲奇中校的第3伞兵营的幸存者之一,该营曾不顾一切地强行军,试图赶到阿纳姆大桥增援弗罗斯特。星期五黄昏,他们在离哈尔滕施泰因旅馆的师部不远的奥斯特贝克西郊占领了一处阵地。"实际上我们受到的攻击来自于四面八方。"福尔莫伊记得。从阿纳姆方向突然开来了一辆虎式坦克,隆隆驶向福尔莫伊所在的这群人。在暮色之中,福尔莫伊看见坦克上的炮塔在旋转。"凯伯"·卡洛韦中士立即拿起一支步兵反坦克抛射器向前冲去,"我到哪里你就到哪里!"福尔莫伊听见他喊道。在距离坦克不到50米的地方,卡洛韦开火了,破甲弹在履带上爆炸,坦克停了下来,但卡洛韦几乎就在同时被坦克的车载机枪打死了。"他那是不顾一切的举动,"福尔莫伊记得,"他被子弹撕成了两半,却救了我们的命。"

詹姆斯·F. 琼斯一等兵记得,有一名他不认识的少校命令自己和另外3名士兵同他一起到环形防线外面去搜寻枪支弹药。这一小组人突然撞上了一个机枪巢里的德军士兵,少校跳起来猛烈开火,同时还喊道:"这些杂种别想再活下去!"当德军人开火时,这组人被打散了，琼斯困在一辆废弃的吉普车后面。"我念了一段祷辞，等枪声再次停止后返回到了防线。"琼斯回忆说。他再也没有见过那名少校。

高级军官在士兵面前树立了令人永世难忘的榜样，而且他们自己往往没有意识到这一点。皮普·希克斯准将在整场战役中都拒绝戴钢盔。威廉·钱德勒是弗雷迪·高夫少校侦察中队的一员，星期日那天，他所在的C小队在北部的"豹子"路线上为德军所阻，之后奉命撤回到奥斯特贝克的一处十字路口。他记得希克斯的红色贝雷帽在成群的戴着钢盔的士兵当中格外显眼。"嗨，准将，"有人大声说，"把你那顶该死的钢盔戴上吧。"希克斯只是微笑着挥挥手。"我不是为了让自己看起来很文雅，"希克斯解释说，"我只是受不了在我脑袋上弹来跳去的该死玩意。"他的行为可能多少与年龄有点关系。有些士兵回忆，希克斯每天都频繁地往厄克特的师部里跑，而且他每次都是慢跑着去的，但当德军炮火落在附近时，准将就开始狂奔着躲避炮火。"当我完成那些疯狂冲刺的时候，我真是感到了岁月不饶人。"希克斯承认。

沙恩·哈克特准将曾经率领第10伞兵营和第156伞兵营进行了勇敢但徒劳的尝试，他们试图突破德国人在北边和东边的防线到达阿纳姆。现在，哈克特又率领这两个遭到重创的营返回奥斯特贝克地区。他不断地慰问手下的士兵，用温和的话语赞扬他们。第156伞兵营C连连长杰弗里·鲍威尔少校正率领着两个排坚守在环形防线北部的阵地上。"我们缺少食物、弹药和水，"鲍威尔回忆道，"而且我们的医疗用品也很少。"星期五，哈克特突然出现在鲍威尔的指挥所里。鲍威尔向准将报告称："我们的指挥所实际上已经成为伸入敌人阵地的突出部。"哈克特解释，在此之前他一直没有时间来视察鲍威尔,"但你们始终打得很好,挡住了敌人的进攻,乔治[1],因此我并不为你感到担心"。鲍威尔很是得意。"长官,到目前为止我真正犯下的唯一错误,"他说道,"就是把指挥所安置在一个养鸡场里,我们身上满是跳蚤。"达德利·皮尔逊上士是第4伞兵旅的书记官,在他看来哈克特之所以能赢得尊敬,是因为"他与我们共渡难关,根本没有一点架子。如果我们吃饭,他也吃饭;如果我们挨饿,他也挨饿。他甚至连野战餐具都没有。星期五那天,他与我们坐在一起,用手抓着吃了一小块食物"。皮尔逊出去找到了一副刀叉,在回来的路上他的脚后跟受伤了,但他说道:"我认为,准将和我们待在一起时,有些生活条件应当比我们更好一点。"

通信兵肯尼思·皮尔斯隶属于师部的炮兵指挥部门,他将永远记得那个来帮他忙的人。皮尔斯负责大蓄电量的重型蓄电池组,他称之为"笨家伙"——每个蓄电池组大约重11.3千克,装在木盒子里,盒子上有铸铁把手——这些蓄电池组要为电台提供能源。蓄电池组都储存在一道很深的壕沟里,深夜时分,皮尔斯正努力把一个新的"笨家伙"从壕沟里移出来。他听见有人在上面说:"嘿!让我来帮你。"皮尔斯示意那个人抓住铁把手,吃力地把蓄电池组拉上去,两人随后又一起把这个笨重的盒子拽到了指挥所的掩体里。"那里还有一个'笨家伙',"皮尔斯说道,"咱们去把它搬来。"于是两个人又去了一次。回到指挥所后,皮尔斯先跳进壕沟,与此同时那人搬起盒子朝下递给他。当他们离去时,皮尔斯突然注意到对方佩戴的红色军官领章,他停下脚步一动不动,结结巴巴地说道:"非常感谢您,长官。"厄克特少将点了点头,"这没什么,孩子。"他说道。

---

[1] 乔治是杰弗里的昵称。

正所谓一波未平一波又起，危机正在持续加剧。当天没有一件事情是顺心的，霍罗克斯将军后来将其称为"黑色星期五"。不论是在英国还是在荷兰，恶劣的天气都又一次迫使盟军飞机停飞，再次运送补给品的任务也严重受阻。在对厄克特要求战斗机群发动对地攻击的请求做出答复时，皇家空军方面说："……很遗憾，在进行了最仔细的核查之后，由于风暴的阻碍，我们无法接受您的请求……"然而当时，霍罗克斯需要每一个人、每一辆坦克和成吨的补给物资来保住蒙哥马利在莱茵河畔的桥头堡，突破德军封锁与"红魔鬼"会师。可就在这个时刻，莫德尔元帅的反攻终于成功地切断了"走廊"。霍罗克斯将军先是接到了麦肯齐的电报，说厄克特可能在 24 小时内被打垮，30 分钟后他又接到另一封电报：在第 101 空降师的防区，强大的德军装甲部队已经切断了费赫尔以北的"走廊"。

莫德尔恰好在生死攸关的时刻，选择在至关重要的地点发起了更为有效的进攻。英军第 12 军和第 8 军的步兵沿着公路两侧推进，现在只到达了索恩，离第 101 空降师的防区还有约 8 公里。他们遭到了敌人的顽强抵抗，所以进展速度慢得令人痛苦。第 101 空降师师长泰勒将军本来预计，英军早就应该通过这条"地狱公路"抵达他的防区了。在连续战斗了 5 天之后，没有得到任何支援的泰勒的空降部队兵力分散且防御薄弱，极易受到攻击，处境十分困难。在一些地段，公路已经没有防卫，只是在北边的道路上有一些英军的装甲车和步兵在移动。而在其他地方，"前线"实际上就在道路的两边。莫德尔元帅之所以选择在费赫尔发起反攻是出于一个特别的原因：在整个"市场-花园"行动的"走廊"中，费赫尔地区有最大的桥梁群——不少于 4 座，而其中一座又是主要的运河渡口。莫德尔希望用重击扼住盟军的生命线,他几乎做到了这一点——如果不是因为荷兰地下抵抗组织的活动,他或许会获得成功。

深夜和清晨,在费赫尔东边的各个村镇和那些没有教堂的小村子里,荷兰人发现德国人在集结,他们立即给第101空降师的联络官打了电话。这个警告送到的时候几乎为时已晚。集结起来的德军装甲部队差点压垮了泰勒的空降兵,在4个小时的时间里,德军坦克在8公里长的"走廊"地段上发动了两次疯狂进攻,试图强行突至这些桥梁。泰勒的部下在英军炮兵和装甲部队的支援下,拼死击退了这些进攻,但在北边6.5公里处的于登,德军部队成功地切断了"走廊"。现在,由于战斗仍在激烈进行,而后方的部队又被切断和孤立了起来,霍罗克斯被迫做出了一个重大决定:他不得不派出装甲部队——这是厄克特急需的增援部队,正努力前进与其会合——沿着走廊杀回南部去帮助泰勒的部队,现在泰勒的情况更为紧迫。第32禁卫旅开始匆匆南下去支援第101空降师,试图再次打通公路。英勇的第101空降师仍在继续保卫着这些桥梁,但即使有第32禁卫旅的支援,在之后的24小时内仍没有一兵一卒、一辆坦克或者运送补给的卡车能够沿着走廊向北移动。莫德尔的反攻尽管暂时没有获得成功,但仍然带来了巨大的效益。"走廊"上的战斗将最终决定阿纳姆的命运。

9月22日,星期五,16点,在奈梅亨—阿纳姆地区——六个半小时之后——起初被德军坦克和炮兵压制得动弹不得的英军步兵终于打开了一条通路,冲过了奥斯特豪特。燃烧的村庄之中,当了俘虏的党卫军士兵正被集合起来。位于"岛屿"式公路西边的救援路线,也就是勇敢的第2王室骑兵团所部在黎明时分突向德里尔的过程中走过的那些公路支线——大部分位于低洼地——现在被认为是安全的，或者充其量也只有零星的敌人把守。康沃尔公爵轻步兵团第 5 营在第 4/7 龙骑兵禁卫团的一个坦克中队支援下，带着装载着补给品的两辆水陆两用运输车，准备克服阻碍全速奔向莱茵河。康沃尔公爵轻步兵团第 5 营营长乔治·泰勒中校急于与厄克特会师，他"感到有一种强烈的渴望，想亲手把我的步兵推到坦克上去，让他们立即出发"。

装载着物资的车辆在奥斯特豪特北边的一片小树林里待命。突然，泰勒在远处发现了两辆虎式坦克，他小声提醒自己的情报参谋戴维·威尔科克斯中尉："什么也不要说，我不想让任何人知道这些坦克的存在，我们现在不能停下！"泰勒挥手，让救援纵队开上了道路。"我知道，倘若我们再等上 5 分钟，"他说道，"这条路线就会被再次关闭。"

泰勒的步兵上了坦克和卡车，然后全速驶过荷兰村庄。他们所到之处都是惊讶和欢呼的村民，但速度并没有因此慢下来。泰勒唯一关心的事情就是到达莱茵河。"我有一种急切的紧迫感，"他说道，"失去的任何时间都会给敌人创造调动兵力进行封锁的机会。"车队没有遭到抵抗。对泰勒来说，"当光线迅速变得昏暗，纵队的前锋到达德里尔的时候，那种感觉使人精神振奋"。他们只用了 30 分钟时间就走完了 16 公里路。17 点 30 分，第 4/7 龙骑兵禁卫团的几辆先头坦克到达了莱茵河，随后又沿着河岸向东北方向绕去，开进了德里尔村郊外。泰勒听见了一声爆炸声，立即猜到了所发生的事情：在小心谨慎的索萨博夫斯基的环形防线上，一辆坦克碰上了波兰军队布下的地雷。

泰勒到达索萨博夫斯基的旅部时，天已经黑了。他得到的关于厄克特师主力的信息仍然模糊不清,"我不知道他们在阿纳姆的什么地方,也不知道他们是否仍然坚守着大桥的一端"。但泰勒决定立即派步兵和坦克部队前往大桥南端。他知道,水陆两用运输车必须"尽快过河,而如果大桥仍在英军手上,那么从桥上走显然要比让车辆涉水浮渡过去要快"。在索萨博夫斯基的旅部,泰勒惊讶地发现了查尔斯·麦肯齐中校和迈尔斯中校,他们立即劝他不要走阿纳姆大桥。麦肯齐解释说,自星期三晚上以后就没有收到过弗罗斯特的任何消息,师部推测"大桥附近的一切全都完了"。

泰勒勉强放弃了这个计划,命令一个侦察小组沿河岸为水陆两用运输车寻找可以下水的地点。索萨博夫斯基的工兵对此不抱乐观态度:这些笨拙的水陆两用运输车在通过沟渠和河岸下到河边的时候已被证明操作起来很不方便,在夜间尤其如此。很快,泰勒的侦察小组证实了波兰军人的看法,他们认为只能通过两边都是沟渠的狭窄道路才能开到河边,不过泰勒的部下相信,他们能够让水陆两用运输车下到莱茵河去。麦肯齐中校由于仍然无法前往奈梅亨,于是去监督车辆下水,水陆两用运输车将在星期六——也就是23日凌晨2点开始渡河行动。不过,更为紧迫的是要让波兰士兵进入桥头堡:索萨博夫斯基的波兰军人将用一批橡皮艇摆渡过河。

行动在星期五夜间9点开始。波兰士兵静悄悄地蹲伏在河岸上等待着,迈尔斯中校指挥两岸的工兵做好准备,他们接下来将来回拉动绑着橡皮艇的缆绳。只有4条船——两条可载2人的橡皮艇和两条可载1人的橡皮艇——每次只能让6个人渡过365米宽的莱茵河。跟着这些船一起渡河的是波兰工兵制作的几个木筏子,它们将被用来运送体积不大的补给品和必需品。索萨博夫斯基下达命令之后，首批6名士兵上了船，离开南岸后没几分钟士兵们便过了河，在他们后面还有一串木筏子。这些人一到达北岸，船和筏子便被拉了回来。"这是一个缓慢、费力的过程，"索萨博夫斯基特别提到，"不过到目前为止，德军似乎并没有起疑心。"

但很快，一道光亮就从河对岸——登陆地点的西边——升上了天空，整个地区立即就被那颗伞降照明弹照得如同白昼。德军机枪手立即开始朝河里扫射，"子弹激起了道道波纹，炽热的弹头让河水仿佛沸腾了起来。"索萨博夫斯基回忆说。同时，迫击炮弹开始落在等候着的波兰军人之中。没过几分钟，两条橡皮艇便被打出好多窟窿，艇上的人摇晃着落入水中。南岸的波军士兵纷纷散开，朝着那颗伞降照明弹射击。在无遮无拦的混乱中，索萨博夫斯基暂时停止了渡河行动，波兰人退入了新的阵地，试图避开正在爆炸的迫击炮弹。等那颗伞降照明弹昏暗下去后，他们再次跑向橡皮艇和筏子，然后爬进去重新开始渡河，可这时又有一颗照明弹在空中亮起……整个夜晚，在这个残酷的捉迷藏游戏中，波兰军人一边蒙受着可怕的伤亡，一边坚持乘坐剩余的船只继续过河。德里尔的那幢校舍已经暂时变成了伤亡人员收容站，科拉·巴尔图森在这里照料着送进来的伤员。"我们没法过去，"一名波兰士兵告诉她，"那里简直是一场屠杀——我们甚至无法还击。"

凌晨2点，泰勒的水陆两用运输车开始朝河边开去。由于白天下了大雨，所以这条狭窄、低洼而且两边都是沟渠的道路上出现了几寸厚的烂泥，而当水陆两用运输车在60名士兵的围绕下缓缓驶向河边时，一片浓雾又在地表形成了。士兵们既看不见道路，也看不见莱茵河，当车辆从道路上滑下去后，他们又挣扎着将这些大家伙一次次重新拖上来。水陆两用运输车上的补给品被卸下以减轻载重，但这么做也难以让它们前进。最后，尽管士兵们做出了艰难努力，但这两辆笨拙的水陆两用运输车还是在距离莱茵河只有几米远的地方彻底滑进了沟里。"没用的，"绝望的麦肯齐告诉泰勒，"一点希望都没有。"凌晨3点，整个行动停止了，只有50名士兵在缺乏补给品的情况下渡过莱茵河，进入了厄克特的桥头堡。

3

9月23日，星期六，查尔斯·麦肯齐中校终于在上午抵达了布朗宁中将在奈梅亨的军部。军参谋长戈登·沃尔克准将记得，麦肯齐"累坏了，也冻僵了，他的牙齿咯咯作响"。尽管麦肯齐决心要立即见布朗宁，但他还是首先"被放进浴缸里，以便让身体暖和起来"。

此前，麦肯齐一行人从德里尔前往奈梅亨的过程也是历经波折，险象环生。英国军队使用的那条救援路线在"岛屿"式公路的西边并与之平行，现在其主力部队正沿着这些远离敌军的道路向德里尔稳步前进。尽管如此，已经冒险到达德里尔的罗茨利男爵还是决定把麦肯齐和迈尔斯中校送到奈梅亨去。这是个短暂的行程。一个由侦察车辆组成的小型护送队很快出发了，但随后的行程却惊心动魄。当一行人来到一处十字路口的时候，他们发现有一辆被打坏的德军半履带车侧翻在路口。罗茨利下车指挥他的车辆继续行进，就在这时，一辆虎式坦克突然出现在道路远处。为了避免发生遭遇战，麦肯齐搭乘的那辆装甲车开始后退，可就在这个关键时刻，下方的路面突然坍塌了，车辆也翻倒在一边。麦肯齐和车上的人员不得不下车在田地里躲避德军步兵，与此同时，罗茨利一边朝他的侦察车司机叫喊要他"玩儿命地开"，一边朝通往奈梅亨的道路奔去以寻找英军部队。罗茨利随后组织起一支救援队伍沿道路快速返回，试图寻找麦肯齐。当这支小部队到达的时候,那辆德军坦克已经离去了,麦肯齐和装甲车车组人员从藏身的田里走出来,与这些姗姗来迟的救兵会合。混乱之中,原本乘坐第二辆装甲车跟在后面的迈尔斯与部队失散了。

焦虑不安的布朗宁将军欢迎麦肯齐到来。按照军参谋部的说法,"这一周我们遭受了接二连三的挫折,着实令人痛苦,布朗宁最为担心的就是与厄克特缺乏充分联系。即使是现在,尽管英军第1空降师和军部已经互通了电报,但布朗宁对厄克特所部态势的认识仍然模糊不清。在最初的"市场-花园"行动计划中,一旦厄克特的部下找到合适的着陆地点,第52苏格兰低地步兵师就要飞进阿纳姆地区——最好是在9月21日星期四以前进入。当厄克特的危急形势为大家所知时,第52苏格兰低地步兵师师长埃德蒙·黑克威尔-史密斯(Edmund Hakewill-Smith)少将便立即提出要冒险出击,他试图率领部分部队乘坐滑翔机,在距被困的第1空降师尽可能近的地方着陆。昨天,也就是星期五上午,布朗宁拒绝了这项提议,并用无线电回复道:"谢谢你的电报,但不要再提此事,这并不需要,因为形势比你认为的要好一些……第2集团军绝对会……一旦形势许可,将把你们空运到德伦(Deeleno)机场。"盟军第1空降集团军指挥官布里尔顿中将后来在日记里提到了这份电报,他评论说:"布朗宁将军过于乐观了,他显然没有充分意识到'红魔鬼'们所处的困境。"不过在当时,布里尔顿的消息似乎并不比布朗宁更为灵通。星期五晚上,布里尔顿通过华盛顿的马歇尔将军转发给艾森豪威尔一份报告,报告在谈到奈梅亨—阿纳姆的形势时说道:"该防区的态势正有很大改善。"

没过几个小时，布里尔顿和布朗宁的乐观情绪就消失了，星期五为了与厄克特会师而做出的徒劳努力对布朗宁来说似乎成了转折点。按照其参谋的说法，"他对托马斯将军以及第43威塞克斯步兵师感到厌恶"。他认为他们的移动速度还不够快。他告诉参谋们，托马斯"在前进的时候，把太多的时间和精力用于清理道路附近的敌人了"。除此之外，布朗宁的权力也大为受限：英军地面部队一进入奈梅亨地区，管理控制权就被移交给第30军军长霍罗克斯中将，决定将由霍罗克斯做出，或者由他的上司、英军第2集团军指挥官迈尔斯·邓普西中将做出，布朗宁能做的事情微乎其微。

布朗宁与稍微缓过来的麦肯齐坐在一起，他第一次得知了厄克特所部的艰难处境，其细节令人震惊，麦肯齐事无巨细地讲述了所发生的每一件事情。沃尔克准将记得麦肯齐告诉布朗宁："我师的环形防线周边被敌人围得水泄不通，什么东西都缺——食品、弹药和医疗用品。"虽然形势严峻，但麦肯齐说道，"如果第2集团军有机会到达那里，我们是能够坚持的——但无法撑得太久。"沃尔克记得麦肯齐令人害怕的总结："即将弹尽粮绝。"布朗宁默默地听着，然后向麦肯齐保证，他并没有放弃希望，计划正在酝酿中，他打算在星期六晚上派部队将补给物资运入桥头堡。但沃尔克准将后来却回忆道："我确实记得布朗宁曾告诉查尔斯，他自己似乎并没有太大把握能让大量部队过河。"

当麦肯齐动身返回德里尔时，军部里的矛盾想法让他备受打击并陷入两难境地。显然，英军第1空降师的命运仍然悬而未决，到目前为止，谁也没有做出任何确切的决定。但他应该告诉厄克特什么呢？"看到了河两岸的形势后，"他说道，"我确信从南边渡河是不会成功的,我可以告诉他这一点。或者我把自己知道的情况一五一十地汇报上去,每个人都在尽力,将会有一次渡河行动,我们应该坚持下去。说哪个能好点儿呢?告诉他在我看来援军根本就来不了了?或者援军正在路上?"麦肯齐决定选择后者,因为他感到"如果我这样说的话",将会帮助厄克特"让大家继续坚持下去"。

像布朗宁一样,盟军最高统帅现在才了解到第1空降师艰难处境的真相。在艾森豪威尔、布里尔顿以及蒙哥马利各自的指挥部里举行的非正式情况通报会上,战地记者得到的消息是"形势严峻,但正在采取一切措施去救援厄克特的师"。这简短的会议标志着态度上的一种根本改变。自作战行动实施以来,"市场-花园"行动在面向公众的报道中就一直被描述为一场势不可当的成功。就在9月21日星期四,一家英国报纸的头版新闻以《坦克天堂就在前方》的大字标题宣布:"希特勒的北部侧翼正在崩溃。蒙哥马利元帅在第1空降集团军的出色帮助下,已经为进入鲁尔地区并夺取战争的最终胜利铺平了道路。"甚至就连严谨的伦敦《泰晤士报》也在星期五刊登了这样的大字标题:"在通往阿纳姆的路上,坦克部队渡过莱茵河",只是副标题才暗示未来可能有麻烦——"阿纳姆争夺战,空降部队的艰难时光"。这不能责怪记者们,通信手段的欠缺、盟军指挥官们表现出的好大喜功,以及严格的新闻审查制度,都成了精确报道的绊脚石。可一夜之间,媒体报道的腔调就发生了巨变。23日星期六,《泰晤士报》的大字标题是:"第2集团军遭遇顽强抵抗,空降部队正进行残酷战斗"。而伦敦的《每日快报》则把阿纳姆称作"地狱碎片"。[1]

当然，希望还是有的。在这个星期六，也就是"市场-花园"行动的第七天，英国上空的天气放晴了，盟军的飞机又再次起飞升空。[2] 庞大的滑翔机机群的最后一批——自星期二以来就在格兰瑟姆地区停驻着——现在终于动身了，运载着加文第82空降师的3 385名官兵，这是加文期待已久的第325滑翔机机降步兵团。而泰勒少将处于强大压力下的第101空降师也由于近3 000名官兵的到达而恢复了元气。但仍在德里尔遭受猛攻的索萨博夫斯基却无法得到剩余部队的支援——布朗宁在敌军压力下被迫指示其余的波兰军队前往第82空降师的空降场。按照布里尔顿原本的计划，这场有史以来最庞大的空降行动将会在3天的时间里空运大约35 000名官兵，但由于天气原因，实际用了两倍多的时间。

尽管再次运送补给品的任务在其他地方得以成功完成，但厄克特的部下——位于奥斯特贝克周边迅速缩小的包围圈里——只能眼巴巴地看着物资落入敌人之手。由于无法确定哈尔滕施泰因旅馆空降场的位置，同时还由于敌军猛烈防空炮火的干扰，空投补给物资

---

1 有关这场战斗的一些优秀报道来自派驻阿纳姆、隶属于第1空降师的记者团，记者团由10人组成，其中包括：公共信息官罗伊·奥利弗（Roy Oliver）少校；审查员比利·威廉斯（Billy Williams）空军中尉和彼得·布雷特（Peter Brett）上尉，陆军摄影师刘易斯中士和沃克中士；伦敦《每日快报》的记者艾伦·伍德（Alan Wood），英国广播公司的记者斯坦利·马克斯特德（Stanley Maxted）和盖伊·拜厄姆（Guy Byam），路透社的记者杰克·斯迈思（Jsck Smythe），和隶属于索萨博夫斯基伞兵旅的波兰记者马雷克·斯维齐茨基（Marek Swiecicki）。这些人尽管受到匮乏的通信手段的限制，每天只能得到几百个字的公报消息，但他们仍然以战地报道的最优秀传统，描绘了厄克特部下遭遇的极大痛苦。我一直以来都没能找到这个团队中的任何一个人，大概他们已全部逝去了。——原注

2 令人不解的是，英国的一些官方和半官方报道声称，在9月23日星期六，恶劣的天气使得飞行活动受阻。气象报告、军部报告以及盟军空军的战后报告全都记载，星期六的天气是晴朗的，与19日即星期二以来的任何一天相比，飞行任务都执行得更多。在半官方的《欧洲争夺战》一书中，作者切斯特·威尔莫特出了差错，他说："再次空运补给品的行动因为恶劣的天气而受挫。"这个说法改变了他对随后的战役时间顺序的排列。至于其他作品，由于使用了威尔莫特的著作作为参考，也就愈加不精确了。——原注

的过程十分艰难且损失严重:123架飞机中有6架被击落,63架受损。在给布朗宁的一封电报中,厄克特报告说:

> 231605……再次空运补给品,我们获得的数量非常少。德军狙击手现在严重妨碍了我们的行动,因而减少了我方收到的补给品数量。而且道路被倒下的树木、掉下的树枝和坍塌的房屋严重阻碍,吉普车实际上无法开动。不管怎么说,吉普车已经失去战斗力了。

战斗机的近距离支援也是差强人意。整个上午阿纳姆地区天气恶劣,直到中午才放晴,结果皇家空军的"喷火"战斗机和"台风"战斗轰炸机只飞行了几个波次,攻击了环形防线周边的一些目标。厄克特感到困惑。"鉴于我们具有完全的空中优势,"他后来回忆说,"我对缺少战斗机支援感到既心酸又失望。"但对士兵们来说,这些对地攻击是令人振奋的,因为自从进攻开始——也就是上个星期日以来,他们连一架己方的战斗机都没有看见过。现在,他们中的大多数人也已经得知,英军部队终于到达了莱茵河南岸的德里尔。他们相信援军即将到来。

尽管受到了挫折,但既然托马斯将军的部队正沿着小路开赴德里尔,霍罗克斯也就相信厄克特正在恶化的形势能够得到缓和。霍罗克斯有才能、有想象力,而且有决心,他反对把已经获得的东西都丢掉。然而他也必须找到某种方式把部队和补给品送进桥头堡。"我确信,"他后来说,"这几乎是我一生中最黑暗的时刻。""空降部队在河的另外一边进行着绝望的战斗",这个场面让他非常痛苦,以至于无法入眠;而费赫尔北部的"走廊"自星期五下午就被切断了，整场军事行动命悬一线。

现在的每一分钟都极其珍贵。像霍罗克斯一样，托马斯将军也决心让他的士兵过河。他指挥的第43威塞克斯步兵师要在双管齐下的行动中全力以赴：一路进攻并占领埃尔斯特，另一路朝德里尔大举猛攻。尽管现在没有人对重占阿纳姆大桥抱有幻想——从空中侦察拍摄的照片中可以看出，敌人针对这个重要目标已派出重兵把守——但如果要从德里尔渡过莱茵河实施行动，那么其右翼的终点肯定就在埃尔斯特，托马斯的右翼必须得到掩护。而且霍罗克斯还希望，除了那些波兰军人之外，部分英军步兵也能在星期六晚上过河进入桥头堡。

他高兴得太早了，一个巨大的瓶颈已经在奈梅亨至阿纳姆主要公路的西侧产生了。托马斯的两个旅都试图挤过同一个十字路口——每个旅大约有3 000人，一个旅向东北朝埃尔斯特发起进攻，另一个旅则朝正北的德里尔大举猛攻。数量庞大的部队在地势低洼的公路支线上不可避免地陷入了拥堵和混乱，而敌人的炮击更是加剧了混乱的局面。这样一来，等到托马斯的第130步兵旅主力部队抵达德里尔的时候，天已经黑了——他们随后与波兰军队一起试图有组织地渡河，但为时已晚。

午夜后不久，索萨博夫斯基的士兵在强大的炮兵火力支援下开始渡河。这一次他们已经有了16条船，这些船是第82空降师渡过瓦尔河之后留下来的。行动刚开始，盟军就遭到了德军密集炮火的拦截，损失惨重，只有250名波兰人成功到达北岸，而在这250个人当中，只有200人进入了以哈尔滕施泰因旅馆为中心的环形防线。

在形势如此严峻的一天里，霍罗克斯和托马斯只收到了一条好消息：16点，费赫尔北部的"走廊"重新被打通，交通再次恢复。

工兵的车辆纵队里运载着更多的冲锋舟，不服输的霍罗克斯希望能够把这些冲锋舟及时快速地送到前线去，这样一来就能在星期日晚上把步兵送过河。

但厄克特的师还能再坚持 24 小时吗？厄克特的困境正在迅速恶化。在星期六晚上给布朗宁发去的形势报告中，厄克特说：

232015：我们在白天遭受了多次进攻。敌人的小股步兵，在突击炮和坦克——甚至包括喷火坦克——的支援下朝我们扑来。每一次进攻都伴随着迫击炮和火炮的支援，敌军炮火向我师环形防线进行了异常猛烈的轰击。在经历了多次险情之后，环形防线基本上仍由我部控制，只是防御兵力十分弱，且尚未与南岸的友军达成实际接触。再次得到补给的计划宣告破产，我们仅仅搜集到少量弹药，仍然没有食品，而且由于缺水，士兵们全都弄得非常脏。我部仍然能保持足够的士气，但敌军迫击炮和火炮的持续轰击正在动摇我部。我们将坚持，但同时希望在未来的 24 小时内，前景能够更加明朗化。

盟军在当天下午进行的规模巨大的滑翔机空运让瓦尔特·莫德尔元帅大吃一惊。在这场战役的末期，他并没有预料到还会有盟军的空降部队着陆。对手的援兵正在增强其进攻势头，这一切正与莫德尔发起的反攻针锋相对，战役态势可能因此发生改变，而未来更多的盟军增援部队还可能纷至沓来。自从盟军的进攻开始以来，这位元帅第一次对战役的结果产生了怀疑。

莫德尔驱车前往杜廷赫姆找比特里希将军商谈。党卫军第 2 装甲军军长记得，莫德尔要求"迅速解决奥斯特贝克的英军"。莫德尔需要每一个士兵和每一辆坦克，太多的兵力被束缚在一场"本该在几天以前就结束的战斗上了"。比特里希说，莫德尔"非常激动，不断地重复询问'这里的战事什么时候能结束？'"。

比特里希坚持认为："目前作战的激烈程度已经不同以往。"在埃尔斯特，汉斯-彼得·克瑙斯特少校正在阻击英军坦克和步兵纵队，英军部队正在试图沿着那条主干道前往阿纳姆。但克瑙斯特无法一边在埃尔斯特坚守，同时又向西对德里尔的波兰军队和英军发起进攻，他麾下笨重的虎式坦克一进入圩田便会陷入泥泞中。比特里希解释说，对德里尔的攻击是步兵和轻型车辆的任务。"莫德尔从来就对理由不感兴趣，"比特里希说，"但他理解我。不过，他仍然只给了我 24 小时的时间把那些英军解决掉。"

比特里希随后驱车前往埃尔斯特去见克瑙斯特。少校现在对战况感到忧心忡忡。整整一天，进攻他的英军兵力似乎越来越强大，虽然他知道英军坦克不可能离开那条主干道，但让他担心的是进攻可能会来自西边。"必须不惜一切代价阻止英军的突破，"比特里希提醒道，"在我们清理奥斯特贝克的时候，你能再坚持 24 小时吗？"克瑙斯特向比特里希保证自己能做到。在离开克瑙斯特之后，第 2 装甲军军长立即给霍亨施陶芬师的哈策尔一级突击队大队长下了命令："明天对英军空降部队的所有进攻都必须加强，我要结束整场战斗！"

哈策尔面临许多困难。尽管奥斯特贝克已经被完全包围，但狭窄的街道却证明调动坦克几乎是不可能的，尤其是近 60 吨重的虎式坦克，"这些坦克破坏着路基，使得道路就像犁过的地一般，而在转弯的时候又会把人行道撕裂"。除此之外，哈策尔还告诉比特里希："每当我们进一步压缩英国空降兵坚守的阵地时，他们的作战似乎就会更加凶猛。"比特里希指出："强大的攻势应该从东边和西边发动，进攻环形防线的根部，将英军与莱茵河隔离开来。"

弗伦茨贝格师师长哈梅尔旅队长的任务是在奈梅亨—阿纳姆地区坚守并击退盟军部队，他也得到了比特里希的消息。他的整个师的集结都被阿纳姆大桥上的车辆残骸耽误了，哈梅尔没能在那条"岛屿"式公路的两侧形成一条封锁性防线，当初英军在奥斯特贝克的进攻更是把他的兵力分割开来。当英军进攻时，他的师只有部分兵力处于西边的阵地上，而其余部队和装备则在公路东边。哈梅尔向比特里希保证，埃尔斯特肯定会守住，英军将无法在那条主干道上进军；但是他却没有力量挡住敌人对德里尔的大举猛攻，"我无法阻止他们前进或者后退"。党卫军第2装甲军军长的态度是坚定的，他提醒哈梅尔，接下来的24小时将会极其重要。"英军将会尽一切努力支援他们的桥头堡，同时还要向阿纳姆大举猛攻"，只要哈梅尔能够坚守住，哈策尔对奥斯特贝克环形防线的进攻就能成功。正如比特里希所说："要想得到指甲，必须切断手指。"

第43威塞克斯步兵师的大炮在隆隆发射。位于奥斯特贝克环形防线西南角的一个大型储气罐正熊熊燃烧着，把一道怪异且摇曳不定的淡黄色光影投在了莱茵河上。在河北岸，当查尔斯·麦肯齐中校从一条船上爬出来的时候，他终于明白了无线电里为何会传来提醒自己应等到向导到位后再动身的话语。岸边的地形已经变得无法辨认，船只残骸、倒落的树木以及炮弹爆炸后留下来的弹坑遮掩了通向桥头堡的道路，倘若他尝试自己单独走的话肯定会迷路的。不久后，他在一名工兵的引导下回到了哈尔滕施泰因旅馆。

至于要向厄克特做的汇报，麦肯齐并没有改变主意。在等船把自己送回环形防线的时候，他再次考虑了自己面临的种种选择。尽管在德里尔以及南岸看到了那些准备工作，但对于援军能否及时到达与该师会合他仍心存疑虑。他对自己做出的决定——向厄克特报告称援军即将到达——感到内疚。尽管如此，也许当前的情况下还是存在一线生机的，他有时也认为自己内心的想法可能太过悲观了。

厄克特正在被破坏的哈尔滕施泰因旅馆地下室里等待着。麦肯齐把上级的意见向师长做了汇报："援军正在路上，我们应该坚持。"麦肯齐记得，厄克特"神情木然地听着，这个消息既没有让他沮丧，也没有让他高兴"。对这两个人来说，那个没有说出口的问题仍然是相同的：他们还要坚持多久？截至此刻——9月24日星期日的凌晨——在经过8天的血战之后，厄克特手头的兵力估计已经减员到不足2 500人。对他们所有人来说只有一个问题：蒙哥马利的部队什么时候能够到达？在孤独的战壕、火炮掩体和前哨阵地里，在残破不堪的房屋和商店里，在医院和救护所里，焦急而又毫无怨言的人们把伤员放在草席上、床垫上和光秃秃的地板上。在所有这些地方，他们都在思考着这个问题。

由于英军步兵就在河南岸，所以空降兵们坚信第2集团军终将成功渡河，他们唯一感到担心的是，他们中能否有人活着看到这期待已久的救援。在这最后的悲剧性时刻，他们很害怕死去。士兵们试图用所有能用上的方式来提高彼此的士气，一边开玩笑一边辗转相告，伤员们也不顾伤情仍坚守在岗位上，而非同寻常的勇敢行为更是随处可见。毋庸置疑，士兵们将骄傲地面对接下来的战斗。他们后来说，在那些日子里，他们共同拥有一种比他们所知的一切都要强大的精神。

炮兵部队的詹姆斯·琼斯一等兵从行装里取出了随身带来的唯一的非军用品——他的一支从孩童时期使用至今的长笛。"我只是想再吹吹它,"他记得,"有三四天的时间,迫击炮弹一直像下雨般飞来,我吓得要死,便拿出长笛吹了起来。"在不远处的炮兵阵地上,第2机降轻型炮兵连D分队射击阵地指挥官詹姆斯·亨利·伍兹(James Henry Woods)中尉有了一个主意。由琼斯领头,伍兹中尉和另外两名炮手从掩体里爬了出来,开始绕着炮兵阵地齐步走。当他们排成单纵列时,伍兹中尉唱了起来,他身后的两名伞兵则摘下头盔,用棍子在上面当鼓敲。遭到重创的士兵们听见《英国掷弹兵》和《勇敢的苏格兰之歌》那柔和的旋律传遍四方,其他人也跟着一起唱起来。一开始歌声很微弱,但随着伍兹喊道"放声高歌",炮兵阵地上瞬间爆发出了一片嘹亮的歌声。

斯洪奥德旅馆位于乌得勒支—阿纳姆公路旁,大致在环形防线东部边缘的中间位置。在这座旅馆里,荷兰志愿者和英军医护兵在德军卫兵警惕的目光下照料着几百名伤员。亨德丽卡·范德弗利斯特在日记里写道:

> 9月24日,星期日。这是主的日子。战争在外面激烈地进行,这座楼房在晃动,因此医生无法做手术,也无法打石膏。我们无法为伤员洗伤口,因为在这种情况下,谁也不敢冒险出去找水。随军牧师在他的笔记本里潦草地书写着,我问他,什么时候做礼拜。

滑翔机飞行员团的随军牧师乔治·阿诺德·佩尔上尉记完了笔记,与亨德丽卡一起,把旅馆里的所有房间逐个走了一遍。炮击的声音似乎"特别喧闹",他回忆说,"外面的战斗声让我几乎听不见自己说话"。然而,"看到士兵们都从地板上抬起头来",随军牧师佩尔"感受到了激励,要用内心中上帝的平和与外面的枪炮声战斗"。佩尔引用了圣徒马太的话,说道:"不要为明天忧虑,说吃什么?喝什么?穿什么?"[1]然后,就像炮兵阵地里的人一样,他也唱了起来。当他唱《求主同住》的时候,刚开始人们只是默默地听着,到后来大家都低声哼唱起来。在斯洪奥德旅馆外面雷鸣般的炮声中,几百名伤员和奄奄一息的人唱起了下面的歌词:"求助无门,安慰也无觅处,恳求助人之神,与我同住。"[2]

在奥斯特贝克教堂的街道对面,凯特·特尔霍斯特(Kate ter Horst)把她的5个孩子和11个平民都留在家里那个3米长、1.8米宽的地下室里躲避。她来到地上一层,走在受伤的人们当中。这幢拥有14个房间和200年历史的房子原先是一位教区牧师的住宅,现在却变得面目全非,窗不见了,而且"大厅、餐厅、书房、花园里的凉亭、卧室、走廊、厨房、开水房以及阁楼里的每一寸空间都挤满了伤员"。特尔霍斯特太太回忆说,伤员还躺在车库里,甚至躺在楼梯的下面。总共有超过300名伤员挤在房子和庭院里,而且每时每刻还会有其他伤员被抬进来。在外面,在这个星期日的上午,凯特·特尔霍斯特看见烟雾笼罩着战场。"天空是黄色的,"她写道,"黑色的云悬垂下来,就像潮湿的抹布一样。大地被撕裂了。"在庭院里,她看见"死去的人在雨中淋得湿透,而且身体僵硬。他们脸朝下躺着,就像昨天和前天那样——那个有着蓬乱胡子的人,以及那个长着黑脸庞的人,以及许许多多其他人,他们都是这样"。最终,有57个人被埋葬在花园里,"其中一个还只是个孩子,"特尔

---

[1] 语见《新约·马太福音》,第6章第31节。
[2] 《求主同住》(Abide With Me)是最流行的基督教圣歌之一,1847年由亨利·莱特(Henry Lyte)作词,1861年由威廉·蒙克(William Monk)作曲。这里唱的是歌曲的第一段。

霍斯特太太写道，"由于房间里缺少足够的空间，他最终失去了生命。"这幢房子里的医疗队中的唯一一名医生，第 1 机降轻型炮兵团的军医主任维克多·戴维·兰德尔·马丁（Victor David Randall Martin）上尉告诉特尔霍斯特太太，那个孩子"砰的一声把头撞在暖气片上，最终伤重不治"。

凯特·特尔霍斯特在各个房间里轻手轻脚地走动着，心里思念着她的丈夫扬。扬是在星期二晚上骑着自行车出去的，他在该地区执行侦察任务，把德军阵地的相关情报带回来送给一名炮兵军官。环形防线是他不在的时候形成的，这样一来他在激战中就回不了家了。他们再次相聚是两周之后的事情。自从星期三以来，特尔霍斯特太太就一直与马丁医生和护理员们一起工作，几乎没有睡过囫囵觉。她从一个房间走到另外一个房间，与伤员们一起祈祷，给他们读《诗篇第九十一》："你必不怕黑夜的惊骇，或是白日飞的箭。"

整个上午，那些在夜间渗入环形防线的德军狙击手正"无耻地向一幢房子射击，而那幢房子从未向外射出过一发子弹"，她写道，"子弹嗖嗖地穿过挤满了无助平民的房间和走廊"。有两名护理员抬着担架路过一扇窗户时被击中了。接着每个人最害怕的事情发生了：马丁医生受伤了。"只是伤着了脚踝，"他告诉特尔霍斯特太太，"到了下午，我就又能活蹦乱跳了。"

而在房屋之外，肆虐的炮击则取代了狙击手。迫击炮弹震耳的轰鸣声"难以言表"，特尔霍斯特太太这样记录道。在迈克尔·G.格罗（Michael G Growe）二等兵眼里，"这位女士似乎显得极度平静，一点儿也不紧张"。格罗先前就被弹片伤到了大腿，现在又被迫击炮弹炸伤了左脚，医护兵们匆匆把格罗和其他刚受伤的人从一排落地窗前移走。

丹尼尔·摩根斯下士在坚守奥斯特贝克教堂附近的一处阵地时头部和膝部中弹，就在一辆德军坦克从道路上驶来时，他被抬进了特尔霍斯特的家。一位护理员向摩根斯解释说，"他们用光了绷带，也没有麻醉剂或者食品了，只有一点水"。正在这时，那辆坦克发射的炮弹命中了这座房子。在楼上的一个房间里，第1伞兵营的沃尔特·博尔多克二等兵的肋部和背部受了枪伤，他惊恐地注视着那辆坦克"嘎嘎响着开动，调整方向。我能听见机枪急促射击的嗒嗒声，接着一颗炮弹打穿了我背后的墙壁，灰泥和瓦砾开始到处落下，许多伤员都被打死了"。楼下的炮兵军士E. C. 博尔登是一名护理员，他怒不可遏地抓起一面红十字会会旗冲出房子，直接跑向那辆坦克。摩根斯下士清楚地听见了他的话。"你们究竟是在干什么？"博尔登朝着德军坦克车长尖声大叫，"这幢房子上的红十字会旗帜那么清楚，快从这滚开！"焦急的伤员们听见了坦克后退的声音。博尔登回到了房子里，摩根斯记得，他"几乎就像离开的时候一样气愤，我们纷纷问他出了什么事"。博尔登简短地回答说："那个德国人道歉了，不过他倒真滚蛋了。"

尽管这幢房子没有再次受到炮击，但周围的交火却没有停止过。凯特·特尔霍斯特写道："到处都有人在死去，难道他们必须在这样的风暴中断气吗？啊，上帝啊！给我们片刻的安宁吧。当他们前往永恒的时候，给他们一刻神圣的宁静吧。"

在环形防线各处，当疲惫、虚弱的伞兵到了他们的体能极限时，坦克冲入了防御阵地。到处都是恐怖——尤其是火焰喷射器带来的恐怖。在党卫军士兵的一个野蛮暴行中，一辆挂着红十字会旗、运送伤员的吉普车被4个德国人拦了下来，其中一名医护兵试图解释他要把伤员送到救护站去，那些党卫军士兵却突然用火焰喷射器攻击了他，随后一走了之。不过，这场战役从始至终——不论是在阿纳姆大桥还是在环形防线——都有许多表现出双方骑士精神的突出例子。

在环形防线东边哈克特准将负责的防御阵地上，一名德军军官打着白旗，开车来到了英军阵地，要求面见指挥官。哈克特见了他，得知德国人"即将发起进攻，并已经将迫击炮和火炮对准了我们的前沿阵地"，可那名德军军官了解到一个救护站就在进攻路线上，于是他要求哈克特把他的前沿阵地后撤550米。"我们不想让炮火准备伤及伤员！"德军军官解释说。哈克特知道，他无法遵从。"如果战线按照那个德军军官的要求后退那么多距离的话，"厄克特将军后来写道，"就会让师部处于德军战线后方180米的地方了。"尽管他无法后撤，但哈克特却注意到，当进攻终于开始时，德军火力网小心地对准了救护站的南边。

在塔费尔贝格旅馆，第181机降野战医疗队的外科医生盖伊·里格比-琼斯（Guy Rigby-Jones）少校，一直在旅馆的娱乐室里用一张台球桌做手术，但一发命中大楼房顶的88毫米炮弹令他失去了自己的全部设备。自星期三以来，他就无法给伤员做手术了，尽管一个野战医疗队已经在彼得堡旅馆里设置了一个手术室。"我们有1 200~1 300名伤员，然而既没有护理设施，也没有医务人员来妥善地医治他们，"他记得，"我们只有用来止痛的吗啡。我们的主要问题是食品和水。我们已经用光了中央供热系统中的水，由于现在无法再做手术，我在某种程度上成了一个军需官，努力给伤员们提供食物。"第156伞兵营B连连长约翰·沃迪少校也是一名伤员，他在星期二那天被狙击手射出的子弹击中了腹股沟，后来又再次负伤。一发迫击炮弹落在大飘窗的窗台上爆炸了，弹片嵌进沃迪的左脚，接着这个房间又被炮弹直接命中，沃迪的右肩、脸部和下巴都被落下来的砖头及碎木片划破。师军医主任格雷姆·马修·沃拉克（Graeme Matthew Warrack）上校冲到了外边。沃迪挣扎着站了起来，看见沃拉克站在街道上，朝着德军士兵喊道："你们这些该死的杂种！难道认不出红十字会旗吗？"

范马南一家——安妮、她的哥哥保罗以及她的姑姑——正在塔费尔贝格旅馆，在范马南医生的指导下，他们忙得24小时连轴转。保罗是医学院的学生，他记得那个"星期日非常可怕，我们所在的建筑物似乎一直在被炮弹命中。我记得，我们虽然不可以在伤员面前表现出害怕的样子，但我几乎就要从屋子里跳出来大声喊叫了。可我没有这样做，是因为伤员们非常安静地躺在那里"。保罗记得，当伤员从一个被毁坏的房间转移到另外一个房间时，"我们开始唱歌了。我们为英国人唱，为德国人唱，为我们自己唱。随后似乎每个人都在唱，由于情绪激动，人们会停下来，因为他们在哭泣，但他们仍会再次唱起来"。

年轻的安妮·范马南曾怀有一个浪漫的梦想，那就是被从天而降的聪明强壮的年轻人解放，对她来说，这个浪漫的梦想正在绝望中结束。许多被送到塔费尔贝格旅馆的荷兰平民伤重而死。安妮在日记里特别提道，有两个荷兰平民是"可爱的姑娘和优秀的滑冰者，和我一样大，只有17岁。现在我再也看不到她们了"。在安妮看来，这座旅馆似乎不断地被炮弹击中，在地下室里她开始哭泣。"我怕死，"她写道，"爆炸声音很大，每发炮弹都能杀人。上帝怎么能让这座地狱存在下去？"

星期日上午9点30分，沃拉克医生决定要为这座地狱做点什么。这片地区的9座救护站和医院挤满了双方的伤员，因而他开始觉得"战斗再也不能这样继续下去了"。医疗队"是在不可能的条件下工作着,有些医疗队连外科手术工具都没有",而在德军的猛烈进攻下,伤亡人员一直在增加——其中就有勇敢的沙恩·哈克特准将。就在上午快到8点的时候,一发迫击炮弹让他的腿和腹部受了重伤。

沃拉克决定实施一项计划,而实施这项计划又需要得到厄克特少将的批准,于是他便前往哈尔滕施泰因旅馆。"我告诉将军,"沃拉克说道,"尽管挂上了红十字会的旗帜,但所有的医院仍然遭到了炮击。有一座医院被击中6次,还着火了,这迫使我们把150名伤员迅速撤离出去。"他说,伤员正"受到虐待,因而到了该与德军做出某种安排的时候了"。既然完全不可能把伤员撤离到莱茵河对岸去,沃拉克认为"如果把伤员移交给德军,到他们设在阿纳姆的医院里去治疗的话",那么许多生命就会得到拯救。

沃拉克回忆说,厄克特"似乎听进去了,他批准了这项计划,但又提醒沃拉克,无论如何都不能'让敌人以为,这是我方部队崩溃的前兆'"。沃拉克要向德军说清楚,之所以采取这一步骤完全是出于人道主义的理由。厄克特称可以进行谈判,但"条件是德军应该明白,你是一个代表着病人的医生,而不是这个师的一个官方特使"。沃拉克获准在下午要求停火一段时间,这样一来在"双方继续开打"以前,可以清理战场上的伤员。

沃拉克匆匆离开,前去寻找那名荷兰联络官阿诺尔德斯·沃尔特斯海军少校,此外还有赫里特·范马南医生,请他们两位协助谈判。沃尔特斯将担任翻译,他是荷兰军方,因而"前往德国指挥部可能会冒极大风险",于是沃拉克给他起了个"约翰逊"的假名字。三个人迅速前往斯洪奥德旅馆,与德军的师首席军医官进行联系。

说来也巧，29岁的党卫军第9装甲师首席军医官埃贡·斯卡尔卡二级突击队大队长声称自己与沃拉克的观点如出一辙。斯卡尔卡回忆说，在那个星期天的上午，他感到"必须做点事情，这不仅是为了我们的伤员，也是为了身陷'巫婆的大锅'里的英军"。在斯洪奥德旅馆，"到处躺的都是伤员——他们甚至躺在地板上"，按照斯卡尔卡的说法，在沃拉克到达之前他就过来了，为了见"英军的首席医官，提议清理战场"。不管是谁首先提出这个主意，但他们最终确实见面了。沃拉克对这位年轻的德国军医的印象是，"他长得很女人气，但富有同情心，显然非常急于讨好英国人——这可能是为了在战局日下的时候为自己留条后路"。这位身材瘦高、风度翩翩的军官穿着剪裁合身的制服，显看起来很英俊。沃拉克向他提出了自己的建议，由"约翰逊"充当翻译。当他们交谈的时候，斯卡尔卡打量着沃拉克："一个又高又瘦的黑头发家伙，就像所有的英国人那样冷静。他似乎疲倦极了，除此之外，从其他方面来看并不差。"斯卡尔卡准备同意这项撤离计划，但他又告诉沃拉克，"首先我们必须得去我的师部，以确保我的将军不会反对"。斯卡尔卡拒绝带范马南医生同去。坐上一辆缴获的英军吉普车，斯卡尔卡、沃拉克和"约翰逊"动身前往阿纳姆，由斯卡尔卡来开车。斯卡尔卡回忆称自己"开得非常快，一路呈'之'字形移动。我不想让沃拉克确定自己的位置，而我的开车方式也一定让他吃了不少苦头。我们走得很快，有一段时间车辆在炮火中穿行，随后我们绕着弯进了城"。

对沃尔特斯来说，进入阿纳姆的短途车程真是"既悲伤又痛苦"。到处都是车辆残骸，房屋要么仍在冒烟，要么已经成了废墟。他们所走的一些道路，由于被坦克履带压坏或是被炮火炸出了坑，因而"就像犁过的地一样"。损坏的枪炮、翻倒的吉普车、烧焦的装甲车,以及"死者扭曲的尸体",就像一条小径一样通向阿纳姆。斯卡尔卡并没有蒙住这两个人的眼睛。沃尔特斯认为眼前的德国人并没有试图隐瞒他所走的这条路线,这使他突然感到,这名温文尔雅的党卫军军医官似乎"急于让我们看到德军的实力"。穿过阿纳姆仍然冒着烟、瓦砾遍地的街道,斯卡尔卡又朝东北方向开,最后在哈策尔一级突击队大队长的师部外面停了下来——师部就设在黑苏贝尔赫路(Heselbergherweg)的中学里。

尽管沃拉克和沃尔特斯的到来让德军参谋军官们感到惊讶,但哈策尔已经接到了电话通知,说正在等待他们。斯卡尔卡把两名英军军官留在外屋,进去向师长报告。哈策尔生气了。"我感到吃惊,"他说道,"斯卡尔卡竟没有蒙住他们的眼睛。现在他们知道我师部的确切位置了。"斯卡尔卡笑了:"要是他们能够找到通往师部的准确路线,那么我也会对自己开车的方式大吃一惊了。"他向哈策尔保证。

两个德国人与英国特使一起坐了下来。"那名医官提议,应该把他的伤员从环形防线内撤出来,因为英军已经没有地方或者补给品来照料他们了,"哈策尔说道,"这就意味着要求休战几个小时。我告诉他,我对我们两国交战感到遗憾。我们究竟是因何而战呢?我同意他的建议。"

沃尔特斯——沃拉克介绍他为"一位名叫约翰逊的加拿大军人"——记得,这次会谈是在一种完全不同的环境下进行的。"起初,那名党卫军中校甚至拒绝考虑休战,"他说道,"房间里还有其他几名参谋军官,包括代理参谋长施瓦茨党卫军上尉。施瓦茨最终转向哈策尔,说这件事情还得由将军拿主意。"那个德国人离开了房间。

"当我们等待的时候，"沃尔特斯说道，"他们给我们送来了三明治和白兰地。沃拉克提醒我，不要空着肚子喝酒。三明治里不管夹的是什么馅，上面都有切成薄片的洋葱。"

当德国人再次进入房间时，"每个人都'啪'的一声立正，然后高喊'希特勒万岁'"。比特里希将军走了进来，他没有戴军帽，穿着一件长长的黑色皮外套。"他只待了一会儿。"沃尔特斯记得。比特里希打量着眼前的这两个人，说道："我对我们两国之间的这场战争感到遗憾。"将军静静地听着沃拉克的撤离计划，并对此表示同意。"我赞成，"比特里希说道，"因为一个人不能失去所有的人性，即使在最激烈的交战期间也同样如此——当然，在一开始我就有同感。"然后比特里希递给沃拉克一瓶白兰地。"这是送给你们将军的。"他告诉沃拉克，然后离去了。

星期日上午 10 点 30 分，部分休战协议达成了，尽管沃尔特斯回忆说："我们对德军接下来的表现有些担心，不论是塔费尔贝格旅馆还是斯洪奥德旅馆都位于前线，而德军又无法保证停止迫击炮和火炮的轰击。"哈策尔主要担心的则是英军在莱茵河南边的远程炮击能否在伤员撤离时被控制住。斯卡尔卡说，这一点能够得到保证，他收到了英军第 2 集团军指挥部的无线电报。"那份电报纯粹是发给党卫军第 9 装甲师首席军医官的，他们对我表示了感谢，还进一步询问停火能否持续足够长的时间，好让英军把医疗用品、药品和绷带从莱茵河对面送过来。"斯卡尔卡回复称："我们不需要你们的帮助，但你们的空军不能继续轰炸我们的红十字会卡车。"他立即得到了答复："不幸的是，这样的攻击双方都在进行。"斯卡尔卡认为，这段电文"十分可笑"，他生气地回答道："对不起，我有两年的时间没有看见我们的空军了。"英军的电报又发回来了："那就按协议办。"斯卡尔卡声称他当时勃然大怒,以致发回了这样的电报:"舔我的……"[1]

最终的协议达成了:从 15 点开始,休战两个小时。届时,伤员将沿塔费尔贝格旅馆附近一条指定的路线离开环形防线。要尽一切努力"少开火,或者完全停火",坚守一线阵地的双方部队都得到了禁止开火的命令。斯卡尔卡发出命令,"每辆可用的救护车和吉普车都要在战线后方集结",与此同时,沃拉克和沃尔特斯将要返回自己的战线,他们获准在自己的衣服口袋里装满吗啡和医疗用品。沃尔特斯"为能够离开那里而感到高兴,尤其是因为施瓦茨对他说过,'你说起德语来可不像英国人'"。

沃拉克和沃尔特斯的吉普车上飘扬着一面红十字会旗帜,并由另外一名德军军医护送。在返回环形防线的途中,他们被允许在圣伊丽莎白医院停留,查看那里的状况——英军伤员中就有拉思伯里准将,现在他撕掉军衔标志成了拉思伯里"一等兵"。迎接他们的是英军第 16 伞降野战医疗队的军医亚历山大·李普曼-凯塞尔(Alexander Lipmann-Kessel)上尉,外科手术小组组长锡德里克·詹姆斯·朗兰(Cedric James Longland)少校,以及荷兰资深外科医生范亨厄(van Hengel)——沃拉克记得,他们全都"非常急于知道结果"。医院周围曾进行过激烈战斗,李普曼-凯塞尔报告说,有一次双方甚至还在大楼里面进行了一场酣战,德军的子弹就从躺在病房里的伤员头上飞过。但自从星期四以来,这个地区安静了下来。沃拉克发现,与环形防线里的伤员遭受的痛苦磨难形成对照的是,

---

[1] 斯卡尔卡的叙述大概是真实的,即双方进行了一些电文上的沟通。然而这些电文的用词是可疑的,尤其是他有关德国空军的回答,那周德国空军就在空中,正骚扰着英军的空投。不仅如此,这还是对他自己国家的军队的贬低。在敌人面前对自己一方做出如此轻蔑的评价,这种做法在党卫军当中是罕见的。——原注

在圣伊丽莎白医院里，"英军伤员可以躺在铺着床单的病床上，还盖着毯子，受到荷兰修女和医生的悉心照料"。两名军官提醒李普曼-凯塞尔，要为接收大量涌来的伤员做好准备，然后返回了奥斯特贝克。沃拉克回忆说，他们正好"赶上了塔费尔贝格旅馆附近的一轮迫击炮炮击"。

15点，部分休战开始。射击突然减少了，随后完全停止。对炮手珀西·帕克斯一等兵来说，那种"铺天盖地的枪炮声已经成为生活的全部，突然寂静下来显得那么不真实，刹那间我还以为自己死了呢"。在英军和德军的军医及医护兵的监督下，来自双方的救护车和吉普车开始装运伤员。达德利·皮尔逊中士是第4伞兵旅的书记官，他的担架被抬上一辆吉普车，担架旁摆放着该旅旅长的担架。"这么说你也受伤了，皮尔逊？"哈克特问道。皮尔逊只穿着靴子和裤子，右肩绑着厚厚的绷带，"弹片在那里撕开了一个大口子"。哈克特面色苍白，显然腹部的伤口令其非常痛苦。当他们前往阿纳姆的时候，哈克特说道："皮尔逊，我希望你不会认为我在以权压人，不过我认为我的情况要比你糟糕。到了医院，要是他们先给我治，你不会在意吧？"[1]

---

[1] 在医院里，拉思伯里和哈克特都成了"一等兵"。戴夫·莫里斯中士在哈克特做手术前为他输了血，他被告知不得透露准将的身份。拉思伯里从19日起就一直在医院里，当奥斯特贝克的伤员们到达时，才第一次获悉师里的消息——包括厄克特终于回到了师部，以及弗罗斯特率部坚守阿纳姆大桥几乎有4天之久。后来，这两位准将都在荷兰人的帮助下从医院里逃脱，躲藏起来。拉思伯里最终碰到了开朗乐观的第2伞兵营A连连长艾利森·迪格比·泰瑟姆-沃特少校，泰瑟姆-沃特穿着平民衣服，与荷兰地下抵抗组织一起工作，"大摇大摆四处活动，有一次还帮忙把德军的军官座车从沟里推出来"。拉思伯里与被荷兰人藏起来的大约120名伞兵、医护兵和飞行员一起，在荷兰向导的带领下，于10月22日傍晚到达了莱茵河南边的美军战线。那位令人匪夷所思的泰瑟姆-沃特帮助了大约150名英军士兵逃跑。顺便说一句，我们花了7年时间，才找到他的下落——是偶然发现的。我的英国出版商在肯尼亚遇见了他，二战结束以后他一直住在那里。泰瑟姆-沃特说，他"在战斗中带着雨伞，主要是为了识别身份，这是最重要的目的，因为我老是忘记口令"。——原注

第10伞兵营那名和"伞兵鸡"默特尔一起跳伞的帕特·格洛弗中尉在极大的痛苦中被送到了圣伊丽莎白医院。一颗子弹切断了他右手的两根血管，而在被送往斯洪奥德旅馆救护的途中，弹片又击中了他的右腿小腿肚。由于英军手上的吗啡已经所剩无几，因而他被告知，除非绝对有必要，否则是不会给他打上一针的。格洛弗并没有要吗啡，这会儿他睡睡醒醒，不知不觉想到了默特尔，他记不得它是在哪一天被打死的。战斗期间，他和勤务兵乔·斯科特二等兵轮流拿着装着默特尔的小背包往返在战场上，然而某刻，在漫天炮火中躲在一条堑壕里的格洛弗突然意识到，装着默特尔的小背包不见了。"默特尔在哪里？"他朝斯科特喊道。"它在那里，长官。"斯科特指着格洛弗的掩体顶部。在它的包里，默特尔仰面躺着，脚伸向空中。那天晚上，格洛弗和斯科特把这只小鸡埋葬在树篱附近一个小小的坟墓里。当斯科特扫土将墓穴盖上的时候，他看着格洛弗说道："嗯，默特尔一直到最后都很勇敢，长官。"格洛弗记得，他并没有摘下默特尔的伞兵徽章。这会儿，在一阵疼痛之中，他对自己能让"伞兵鸡"带着荣誉得到体面的安葬感到高兴——默特尔是带着它的伞兵徽章入土的——这对战斗中的阵亡者来说死得其所。

在斯洪奥德旅馆，亨德丽卡·范弗利斯特注视着眼前发生的一切，德国护理员开始把伤员一个个抬出去。突然间，射击又开始了。一个德军士兵叫喊："如果英国人还不停手，我们就把伤员、医生和护士统统打死！"亨德丽卡并没有在意。"最年轻的士兵总是叫得最响，"她记录道，"到现在我们已经习惯德军的威胁了。"射击停止了，装车继续进行。

当伤员长长的步行队列以及吉普车、救护车和卡车组成的车队开赴阿纳姆的时候，双方爆发了好几次对射。"这是不可避免的，"

厄克特将军回忆说，"双方都有误会，让一场战斗暂时安静下来是不容易的。"塔费尔贝格旅馆的医生们"有那么一会儿感到有些不安，当时他们刚让好斗的德军士兵从旅馆里走人"。几乎每个人都记得，那些刚刚到达的波兰士兵无法理解这样的局部停火有何必要。"他们有许多旧账要清算，"厄克特说道，"而且看起来没有理由让他们停火。"但最终他们被"说服了，波兰人抑制住他们的战斗欲望，答应等到撤离完成之后再说"。

斯卡尔卡少校与沃拉克医生一起，让车队运转了整整一个下午。大约200名能自己行走的伤员被带了出来，还有超过250名伤员被抬上医疗车队。"我从未见过像奥斯特贝克那样的状况，"斯卡尔卡说道，"那里只有死亡和残骸。"

在圣伊丽莎白医院，第1伞降工兵中队B分队的彼得·斯坦福斯中尉恢复了知觉——他在阿纳姆的战斗中胸部受伤——随后便听见第一批能够行走的伤员进来了。"我感到一阵激动，颤抖的电流沿着我的脊椎窜了上来，"他说道，"我从未这样骄傲过。他们走了进来，而我们每个人都被他们的样子吓坏了。许多战士都有一个星期没刮过胡子了，他们的作战服被撕破，上面满是污渍，身上的绷带既肮脏不堪，又浸透了血液。最动人心弦的是他们的眼睛——红红的眼圈，双目深陷，在沾满了泥土的冷峻脸庞上向外凝视着，脸色则由于缺乏睡眠而憔悴。然而他们走进来时并无败象，依然令人望而生畏，完全能当场接管此地。"

当最后一支车队离开奥斯特贝克时，沃拉克对那名党卫军军官的帮助表示了感谢。"斯卡尔卡看着我的眼睛，对我说'你能把这些都记录下来吗？'"，沃拉克没有理会这句话。17点，战斗再次爆发，好像从来没有停过一样。

炮手珀西·帕克斯一等兵所在的炮兵阵地就设在多尔德伦家的洗衣房附近,阵地上"再次乱成了一团,德国佬把所有东西都朝我们扔过来"。撤离伤员期间相对比较安静,而此后重新爆发的激战让帕克斯有了一种被解救感,"一切都回归正常,这才是我能够适应的环境,我又再次准备就绪了"。德军乘着短暂的休战期渗透进许多地区,人们听见了从四面八方传来的尖叫声和射击声,那是德军和英军在街道和花园中彼此追击。帕克斯从战壕里看见一辆坦克穿过一块白菜地朝炮兵指挥所驶来,两个炮兵立即朝马路上的一门6磅反坦克炮飞奔过去。当炮兵开始射击时,帕克斯抬头惊奇地发现白菜正从战壕上方飞过。"大炮的冲击波直接把白菜拽出地面,并把它们掷向空中。一声巨响后,我们看见炮弹击中了坦克。"

南斯塔福德郡团第2营B连连长罗伯特·凯恩少校听见有人叫喊"虎式坦克来了",于是便全速冲向建筑边上的一门轻型反坦克炮,一名炮手也从街道上赶来帮忙,两人协力把火炮推入了阵地。"开炮!"凯恩喊道。他看见炮弹击中了坦克,并让这头怪物出了故障。"保险起见,咱们再给它来一炮!"他叫喊道。炮手看着凯恩,摇了摇头。"用不着,长官,"他说道,"它完了。这辆坦克的驻退机坏了。"

在特尔霍斯特的家里,每个人都对轰鸣的枪炮声彻底麻木了,仿佛失聪一般。突然,凯特·特尔霍斯特感到"一股巨大的震动,砖块发出轰响,栋梁裂开了,沉闷的呼喊声从四面八方传来"。爆炸把地下室的门堵住了,屋内翻滚着令人窒息的尘埃,她听见"人们在用铁锹和工具挖掘着……把梁木锯开……在砖瓦和灰浆中,人们的脚步声嘎吱作响……随后是沉重的物品被前后拖拽的声音"。地下室的门终于被重新打开了,清新的空气涌了进去。在楼上,凯特看见部分走廊和花园房都朝外暴露着,一段墙已经被炸开。被爆炸气浪抛出去的人躺了一地,再次被击中的马丁医生彻底走不了路了。有一名几天前因为患上炮弹休克症而被送进来的士兵,正在被炮弹炸翻躺了一地的人中间徘徊。他盯着凯特·特尔霍斯特说道:"我想我以前在什么地方见过你。"她温柔地领着他去了地下室,在石头地板上为他找了个容身之地,这名士兵几乎立即就睡着了。醒来后,他便移动到特尔霍斯特太太的身边。"现在这里随时都会被敌军攻占。"他平静地说道,然后又睡着了。凯特也疲倦地靠在墙上,她的5个孩子现在就在身边,她等待着,与此同时"这令人恐惧的时间在缓慢地延续着"。

在距离凯恩少校阵地不远处的一道战壕里,阿尔夫·鲁利耶中士发现街道上又出现了一辆坦克。他与一名炮手快速冲向反坦克炮——这似乎是他所在炮兵分队里仅存的一门火炮了。就在坦克转向他们的时候,两人已经来到了火炮旁边。他们立即开火,只见一道闪光击中了坦克。此时,德国人的机枪开始猛烈射击,与鲁利耶一起操炮的那名炮手被子弹击中,喘息着靠向他倒了下来。鲁利耶转过身来,想扶着战友躺下以减轻他的痛苦,这时一颗子弹却射进了他的左手,鲁利耶的左手开始颤抖着失去控制,他猜想子弹一定是击中了自己的神经。他把靠在身上的炮手慢慢放下来,然后朝自己原先待过的战壕走去。"我去找人帮忙。"他对血迹斑斑的战友说道。在特尔霍斯特家的门口,鲁利耶停了下来,不愿意进去。他听见里面的人或是在尖声大叫,或是在胡言乱语,有人在讨水喝,还有人喊着亲人的名字。"啊,上帝啊!"鲁利耶说道,"我到这里来是要干什么呢?"就在这时,炮兵军士 E.C. 博尔登出现了。"天哪,老兄,"博尔登看着鲁利耶颤抖的手说道,"你是去打字了吗?"鲁利耶解释说，他来为那名受伤的炮手找人帮忙。"好的，"博尔登说道，同时把鲁利耶的手包扎好，"我会去那儿的。"在返回阵地的途中，鲁利耶经过了特尔霍斯特家的花园，眼前的一幕让他呆住了，浑身汗毛都炸了起来。他凝视着眼前成堆的尸体——此前他从未在一个地方见过这么多死人，有些尸体脸上遮盖着士兵穿的伪装服，但其他尸体却毫无遮拦，"他们的眼睛看向四面八方"。尸体数量之多，令人根本无法在其间落脚。

鲁利耶在战壕里等着，最后博尔登带着两名担架手过来了。"别担心，"博尔登告诉鲁利耶，他伸出了大拇指，"一切都会好起来的。"可鲁利耶并不这样认为。在英国时，这名31岁的伞兵恳求上级允许他执行战斗任务，但他的年龄令其未能如愿，尽管他是一名炮兵，却成为被派去代理食堂的军士。不过，鲁利耶还是成功了，最终被允许参加这次空降行动。他后来回忆说，当他注视着身边那群又累又脏、饥饿难耐的空降兵时，"突然明白了，我把眼前的战斗丢在一旁，一门心思要给战友们搞点吃的"。鲁利耶不知道自己在这片被摧毁的花园和房屋废墟里爬了多长时间，他在架子上搜寻，在地下室里翻找，试图得到块状或是片状的食物。他发现了个完好的镀锌盆，把所有找到的东西都扔了进去——几根干枯的胡萝卜、一些洋葱、一小袋土豆、盐，以及制作肉汤的一些块状浓缩汤料。在房子附近，鲁利耶还发现了一只关在笼子里的活鸡，他立即把它抓住带走了。

在建筑物废墟的石头地板上，鲁利耶用几块砖垒了个灶头，然后把锅架了上去。他从墙上扯下一条条墙纸，又找来一些木头生了火，他记不清当他再次出去找水的时候，街道上是否仍在激战——等他蹒跚着回来时，盆子里的水几乎是满的。他把那只鸡杀了，拔了毛之后扔进盆子里。薄暮时分,鲁利耶觉得鸡汤已经炖好了,他从窗框上扯下两条窗帘,包住锅的热把手,在另一名伞兵的帮助下抬着锅朝战壕走去。在最近的几个小时里,这还是他首次意识到迫击炮弹正在满天飞。两人每隔一段时间往前移动一段路程,每次在炮弹即将落地爆炸的时候停下来,然后再前进。在炮兵阵地上,鲁利耶大声喊道:"都过来吃呀!"眼睛发红、视力模糊的伞兵们对此大为吃惊,他们小心翼翼地排成小队,拿着破破烂烂的口粮罐头盒和野战餐具过来打汤喝。他们恍惚地咕哝着表示感谢,把餐具伸进热锅里盛汤,然后消失在逐渐浓郁的夜色之中。不到10分钟炖汤就光了,阿尔夫·鲁利耶看着锅底,只能找到几小块土豆,他把土豆捡起来扔进嘴里,这是他在那天第一次吃东西。他从来没有这样高兴过。

在哈尔滕施泰因旅馆庭院的一道能容纳5个人的战壕里,滑翔机飞行员伦纳德·奥弗顿中士朝越来越浓的夜色望去。与他共用战壕的其他4人都还没回来。突然间,奥弗顿看见几条黑色的人影越走越近。"是我们!"有人小声说道。当4个士兵跳进战壕的时候,奥弗顿看见他们抬着一个扎起来的斗篷,斗篷随后被小心翼翼地打开了——里面是收集到的雨水,大约半升雨水被倒入边上一个马口铁罐头盒子里。有人又拿出一块茶叶扔入其中,然后开始搅动雨水。旁观的奥弗顿对这一切感到十分恍惚。"当天我们既没有吃的,也没有喝的,仅剩的两片硬饼干已经被我们在星期六分享掉了。"他后来回忆道。伞兵们把那个马口铁罐头盒子递给了他,他啜饮一小口便往下传了过去。然后,令奥弗顿惊讶的一幕出现了,"生日快乐!"每个人都小声向他表示祝贺。奥弗顿自己都忘了,那个星期日,9月24日,是他23岁的生日。

在斯洪奥德旅馆，伤情危急和能够行走的伤员都离开了，但患了炮弹休克症的士兵仍然留在这座大旅馆里。当随军牧师佩尔路过一间几乎没什么人的房间时，他听见大楼的某个地方传出了回声，有一个微弱而颤抖的嗓音在唱着《暮色之歌》[1]。佩尔上了楼，走进楼上的一个房间，在一个患有严重的炮弹休克症的年轻伞兵身边单膝跪下。"牧师，"那个孩子说道，"你能给我掖好毯子吗？声音这么吵，我好害怕。"佩尔没有毯子，但他假装做了个盖好毯子的动作。"感觉好多了，牧师，我现在感觉很不错。你能再帮我一个忙吗？"佩尔点了点头。"和我一起念主祷文吧。"佩尔这样做了。他把那个年轻人的头发抚了回去。"现在闭上眼睛吧，"佩尔对他说，"睡个好觉。上帝保佑你！"伞兵露出微笑："晚安，牧师。上帝保佑你。"两个小时以后，一个医护兵来找佩尔："你知道那个和你一起念主祷文的孩子吗？"佩尔问道："出了什么事？"医护兵摇了摇头："他刚才死了。他说要告诉你，他无法忍受外面的枪炮声。"

傍晚时分，环形防线上的国王属苏格兰边民团第 7 营营长罗伯特·佩顿-里德中校难过地看到，"24 日令人伤感地结束了。地面部队的援军早日到来是大家的最大希望，现在不约而同成了一个忌讳的话题"。

星期日的后半夜，"幽灵"小队队长内维尔·海中尉奉命来到厄克特在哈尔滕施泰因旅馆地下室里的房间。"他递给我一份较长的电文，"海说道，"并且告诉我，让我把它译成电码之后再还给他。我记得他说，也许到那个时候，他已经不会把这份电报发出去了。"海读电文的时候，惊得目瞪口呆。"这实际上意味着，要么地面部

---

[1]《暮色之歌》(Just a Song at Twilight)，是一首 19 世纪的英国情歌。

队得过来救我们，要么我们将被消灭。"海把电文译成电码，又交还给厄克特。"我也不希望他把它发出去。"海说道。但电报最终还是发出去了，原文内容是：

> 厄克特致布朗宁。必须提醒你，除非在9月25日上午与我们直接接触，否则我们认为自己已经无法坚持足够长的时间了。全体官兵现在都精疲力竭，缺乏口粮、水、弹药和武器，同时军官伤亡率很高，敌人只要再发动一次攻势就可能完全击溃我部。在这样的情况下，如果不投降，我就将命令所有人从桥头堡突围。但在敌人的眼皮底下，任何调动目前都不可能完成了。我部已尽最大努力，只要可能，未来我部仍将尽最大努力。[1]

连续两个晚上，要把士兵和补给品送进厄克特的桥头堡的尝试都失败了，然而固执的第30军军长霍罗克斯将军拒绝放弃努力。如果要拯救这个桥头堡，实现对厄克特及其部下的解救，那行动就必须在这个星期日的晚上进行。天气状况依然不利，不能指望基地在英国、执行运送补给品和提供空地支援的飞机前来助阵。而在德里尔—奈梅亨地区，霍罗克斯麾下兵强马壮的部队已经完成了那个几乎不可能完成的任务——整个军沿着那条只有一辆坦克宽度的狭窄走廊进攻，其先头部队已经到达了莱茵河南岸，现在他面前的唯一障碍就是眼前将他与空降部队隔开的365米宽的河水。他命令托马斯的第43威塞克斯步兵师发动最后一次进攻：杰拉尔德·蒂利

---

[1] 在有关这场战役的其他报道中，这封电报的内容出现了数种版本，上文是最早的版本。内维尔·海中尉保存了他记录了时间的幽灵小队的日志，并供我使用。对他的合作我深表感谢。——原注

（Gerald Tilly）中校的多塞特郡团第 4 营将从上午 10 点开始，与剩余的波兰部队一起发起攻击，渡河进入桥头堡。

蒂利的行动将是这项宏大计划的第一步。"如果战事进展顺利，"霍罗克斯后来写道，"我希望能在侧翼投入第 43 步兵师发起进攻，在更西边的地方渡过莱茵河，给进攻空降部队环形防线的德国军队一记左勾拳。"另一个选择则是撤退，在"市场-花园"行动的第八天，霍罗克斯固执地拒绝了这个可能。然而，其他人现在却在认真地计划着撤退。

按照他的参谋长戈登·沃尔克准将的说法，第 1 空降军军长布朗宁将军现在"非常公开地谈论撤退"。在第 43 威塞克斯步兵师向德里尔挺进的时候，是否撤退尚悬而未决，但"布朗宁确信，一旦他们被卡住了，就必须把厄克特的部队都撤出来"。英军第 2 集团军指挥官迈尔斯·邓普西中将也得出了同样的结论。自进攻开始以来，他便未曾与霍罗克斯会晤过，眼下由于时间所剩无几，邓普西便命令霍罗克斯到位于圣乌登罗德的走廊地带开会。按照指挥序列，得到蒙哥马利授权的邓普西拥有最终决定权。这个令人痛苦的决定将由一个人迫使他们做出，那就是德国陆军元帅莫德尔。

当霍罗克斯驱车向南前往圣乌登罗德时，蒂利中校的多塞特郡团第 4 营正匆匆赶往德里尔的集结地，准备在夜间渡河。得益于走廊的重新打通，必不可少的冲锋舟正在运往河边的路上。第 130 步兵旅旅长本迪什·布罗姆·沃尔顿（Bendyshe Brome Walton）准将亲自给蒂利下达了简短而明确的命令——要"拓宽环形防线的底部"。渡河行动将在奥斯特贝克西边大约 1.5 公里处的旧渡口进行。而部队一旦过了河，多塞特郡团第 4 营便要"坚持下去，直到获得增援为止"。他们将轻装前进，只带着能维持三四天的食物和弹药。

按照时年35岁的蒂利中校的看法，他的部下"是一支特遣队，将为邓普西的整个第2集团军开路"。他敏锐地意识到迅速与厄克特所部会师的急迫性。从他所知道的所有情况来看，第1空降师的消亡正在以小时计算。

星期日，蒂利曾三次爬上德里尔村教堂被毁坏的塔尖，观察莱茵河北岸他的营即将登陆的地区，他的营部就设在德里尔南边的一座果园里。下午的时间沉闷地过去了，蒂利在营部里不耐烦地等着他的队伍从德里尔西南几公里外的霍默特（Homoet）村全部赶来。与此同时，运送冲锋舟的车辆也正在"走廊"上飞驰着。

18点刚过，本迪什·沃尔顿准将便派人叫蒂利过去。沃尔顿的旅部在德里尔南边的一幢房子里。蒂利本以为旅长会再次检查这次夜间行动的细节，相反，沃尔顿却告诉他计划有变。沃尔顿称，他已经接到命令："整个行动——大规模的渡河——取消了"，然而蒂利的营还是要渡河，不过目的不同了。蒂利听着旅长的话，内心越来越焦虑——他的部下将在厄克特的第1空降师撤退时坚守环形防线的底部！他被要求派出尽可能少的部队——"够完成任务就可以"，大约400名步兵和20名军官就够了。蒂利不必亲自上阵，他可以让自己的副营长——詹姆斯·格拉夫顿（James Grafton）少校担任这支渡河部队的指挥官。尽管蒂利回答说他会"考虑一下"，但他已经决定要亲率这些部下过河去。当蒂利离开沃尔顿的旅部时，他觉得自己的部下正被牺牲掉。至于如何把他们带回来的问题，沃尔顿什么也没有说，他知道沃尔顿对此也无能为力。令他困惑的是已经发生的事情：计划为什么会改变？

撤出厄克特所部的决定，是星期日下午邓普西与霍罗克斯及布朗宁将军在圣乌登罗德举行的会议上做出的，这个决定当然还要报请蒙哥马利批准,而后者是在 9 月 25 日星期一上午 9 点 30 分才最终批准撤退的。在考虑了霍罗克斯提出的大规模强渡莱茵河的设想之后,邓普西推翻了这个计划。他与霍罗克斯的想法不同,认为这次攻击不可能成功。"不,"他对霍罗克斯说,"让他们撤出来!"邓普西又转向布朗宁,问道:"你看这样行吗?"布朗宁缄默不语,只是闷闷不乐地点了点头。邓普西立即通知了身在德里尔的托马斯将军。而就在圣乌登罗德会议正在举行的时候,德军发起的进攻再次切断了费赫尔北部的走廊。面对已被封锁的归途,霍罗克斯干脆登上一辆装甲车直接冲过德军的战线,最终顺利返回了设在奈梅亨的军部。莫德尔元帅的最新攻势将封闭走廊长达四十多个小时。

在德里尔,蒂利中校营主力现在已经抵达了。他行走在部下之中,挑选着要跟他一起渡河的人。蒂利边走边拍着士兵的肩膀,嘴里念叨着:"你去……你不去。"这次进攻的真实目的是保密的,他无法告诉那些提出抗议的士兵为何把他们留在后方。蒂利"挑选的都是有经验的老兵,他们绝对有把握——绝对不可或缺——而把其余的人留在了后面"。

做出这个决定是令人痛苦的,他看着那些军官和士兵,认为他们"壮士一去兮,不复还"。蒂利把格拉夫顿少校叫了过来。"吉米,"[1]格拉夫顿记得蒂利说,"我得告诉你点儿事情,因为除了我之外,还得有人知道这次渡河的真正目的。"蒂利概述了计划的改变,又小声补充说,"恐怕我们要被牺牲掉了。"

格拉夫顿大吃一惊,盯着蒂利。蒂利补充说,最重要的是不能让任何其他人知道这个消息。"那样太冒险了。"他解释说。

---

[1] 吉米是格拉夫顿的名字詹姆斯的昵称。

格拉夫顿知道蒂利是什么意思,如果真相被人所知,那对部队的士气将是一次可怕打击。当格拉夫顿准备离开时,蒂利说道:"吉米,我希望你会游泳。"格拉夫顿笑了起来。"我也这样希望。"他说道。

21点30分,蒂利的部下来到河边,但冲锋舟依然无影无踪。"没有船,他们到底要我怎样过河?"蒂利问师工兵主任查尔斯·A.亨尼克(Charles A. Henniker)中校。计划分发给官兵们的口粮也没有送到。蒂利心情烦躁,同时也因为知道这次任务的真正目的而承受着极大的精神压力,于是他便与多塞特郡团第5营营长巴兹尔·奥布里·科德(Basil Aubrey Coad)中校聊了起来。"没有一件事情是顺利的,"蒂利告诉他,"船没有来,口粮也没有给我们发下来。如果不赶快采取措施的话,我就不打算出发了。"科德随即命令他的营把口粮都交给蒂利的部下。

在漫长的3个小时里,蒂利的部队在冷冷细雨中等待着冲锋舟。到午夜时有消息传来,那些船现在就在德里尔,但只剩下9条了。黑暗之中,有些卡车拐错了弯,结果开进了敌人的战线,还有两辆卡车由于从一条泥泞的堤岸道路上滑了下去而宣告损失。在集结地,步兵用肩膀扛着船,要穿过500多米宽的松软泥地才能到达下水地点。士兵们跌跌绊绊、摇摇晃晃,在圩田的泥地里走了一个多小时才把船送到河里。直到9月25日,星期一凌晨2点之后,部队集结才告完成。

当士兵们准备下水的时候,蒂利把带给厄克特少将的两封信递给了格拉夫顿:一封是布朗宁中将给他的,另外一封是托马斯少将用密码写的电文,上面概述了撤退计划。这两封信各有两套,厄克特的工兵主任埃迪·迈尔斯中校已经在奈梅亨与布朗宁见了面,现在又回到了德里尔,他身上带着另一套内容相同的信正等着过河。"你的任务,"蒂利告诉格拉夫顿,"就是在那名工兵军官没能把信送过去的情况下,带着这些信到厄克特那里去。"写有撤退计划的信是"绝对重要"的,蒂利强调说。

在河边,德军显然对英军的又一次渡河行动做好了准备。英国人手头现在只剩下大约15条冲锋舟——包括3辆水陆两用运输车,以及头一天晚上那支小船队使用过的剩余船只。面对如此窘境,波兰军队在多塞特郡团第4营下水地点的东边进行牵制性渡河行动的原定计划,在最后时刻被取消了。蒂利的部下将分成5波,每波用3条船过河。当准备工作仍在进行时,迫击炮弹在南岸炸响了,而德军的重机枪——显然现在被周密部署在英军环形防线根部的两侧边缘——开始向水面上扫射起来。蒂利中校跳上一条船,首轮队伍的渡河行动就这样开始了。

尽管英军架设在南岸的每门火炮都在快速射击,密集的炮弹从多塞特郡团第4营官兵的头顶上飞过射向敌军,但渡河行动还是遭到了密集火力的无情攻击。帆布和胶合板做成的船在弹雨中被打出很多破洞,随后沉入水中,有些船——比如格拉夫顿少校乘坐的冲锋舟——在离开南岸之前就着火了。格拉夫顿迅速坐上另一条船出发,在半途他发现自己的这条船是这一轮攻击中唯一幸存的。15分钟后,格拉夫顿过了河,他"为自己还活着而庆幸"。

在雨水和黑暗之中,渡河的英军被占据有利地形的德军机枪火力网所笼罩,分五拨渡河的部队都蒙受了惨重损失。但到目前为止,最糟糕的敌人却是大自然。河水在午夜之后出人意料地变得湍急起来,无助的多塞特郡团的英军步兵既不习惯操纵船只,又对这可怕的激流无可奈何,结果有不少人被水冲过了环形防线的所在区域，不幸落入了敌军手中。那些幸存下来的人分散在几公里宽的地方，也被德军迅速挡住去路陷入重围之中。在登船出发的 420 名官兵当中，只有 239 人抵达了北岸。蒂利中校在登陆时遇到了敌人密集投掷的手榴弹，那些手榴弹就像保龄球一样滚下坡来。人们听见他大声呼喊着"跟他们拼刺刀！"[1]，随后率领部下从地狱之火中冲了出来。

多塞特郡团第 4 营无法作为一支整建制的部队与厄克特的空降兵会合，只有一些人抵达了以哈尔滕施泰因旅馆为中心的环形防线，其中就有带着完整撤退计划的格拉夫顿少校，他经由奥斯特贝克南部教堂附近的迪基·朗斯代尔少校的阵地进入了防线。此前，迈尔斯中校已经携带相关文件回到了厄克特的师部。这两个人都不知道托马斯的那份密码电文的内容，也不知道电文中那个讽刺到近乎残忍的行动代号。当蒙哥马利最初迫切要求艾森豪威尔发动"一次强有力的挺进直捣柏林……从而结束战争"时，他的单向挺进计划被否决了。"市场-花园"行动只不过是妥协的产物。现在，为厄克特麾下那群血流成河的官兵制订的撤退计划已被正式命名，英军第 1 空降师的余部将以"柏林行动"为代号进行撤退。

1　其中一颗滚落的手榴弹打到了蒂利的头，而且爆炸了，令人难以置信的是他只是受了轻伤，并作为战俘活了下来，直到战争结束。——原注

4

现在,蒙哥马利本来希望能迅速结束战争的"市场-花园"行动正在绝望地走向末日。在约 97 公里长的可怕路线上,盟军士兵坚守着各座桥梁,为这条仅有的道路,为了这条"走廊"而战斗。在位于艾恩德霍芬以北的马克斯韦尔·泰勒将军的防区,伞兵们在英军装甲部队和步兵支援下击退了德军一次又一次凶猛进攻,同时还试图再次打通于登地区,那里的公路已经被德军切断了;在加文将军的第 82 空降师防区,瓦尔河大桥不断遭到炮击,兵力越来越强大的敌人继续从帝国森林扑过来。一个星期以前的态势已经消失了,当时德军部队认为战争几乎就要结束了,而现在盟军遭遇到的敌军部队很多都是老早就已被注销的重建部队。纳粹的战争机器在 9 月的第一周里被认为是惊魂未定、正处于崩溃边缘,现在却又神奇地生产出了 60 辆虎式坦克,这些装备在 9 月 24 日上午交付给莫德尔[1]。"市场-花园"行动被扼杀了,该计划的主要目标——在莱茵河对岸夺取立足点,并获得通往鲁尔地区的跳板——现在即将被放弃。9 月 25 日,星期一,清晨 6 点 05 分,厄克特少将接到了撤退的命令。

当初在为夺取阿纳姆的行动制订计划的过程中,厄克特得到的

---

[1] "这批坦克是在凌晨的时候到达的,"哈梅尔旅队长在 9 月 24 日的作战日志附件 6 中特别提道,他又补充说,"党卫军第 2 装甲军军部把这支部队的大半兵力——也就是 45 辆虎式坦克——分配给了党卫军第 10 弗伦茨贝格装甲师"。——原注

许诺是在 48 小时之内获得增援。布朗宁中将原先预计，第 1 空降师需要独自坚持的时间最多也不会超过 4 天。厄克特的部下无论在兵力还是武器装备方面都不如敌人，但他们坚持的时间却比预估最长时间的两倍还多。对一个空降师来说，这是史无前例的战绩。撤退对于这位首次指挥一个空降师的勇敢的苏格兰人来说是痛苦的，然而厄克特却知道，撤退是唯一的途径。现在，他的兵力只有不到 2 500 人，而且他再也无法向这些不愿妥协的空降兵提出更多的要求了。实际上，前来救援的英军部队就驻扎在 1.6 公里之外，与他的师只隔着一条宽阔的莱茵河，这一点很令人恼火。尽管如此，厄克特还是勉强同意了上级的决定——到了把这些在阿纳姆奋战的勇士们撤出去的时候了。

在哈尔滕施泰因旅馆里，筋疲力尽的埃迪·迈尔斯中校把那两封信——布朗宁的信，以及托马斯将军的撤退命令——交给了厄克特。布朗宁表示祝贺的鼓励信是在 24 小时以前写的，现在已经过时了。其中写道，"……部队正在开上来帮助你，但……是在当天夜里"，而且，"我虽不像你那样疲倦和沮丧，但关于整个战役，我大概比你的感觉还要糟糕……"。

更令人沮丧的是撤退命令——尤其是因为它来自托马斯，就像布朗宁一样，厄克特永远也无法原谅托马斯的迟缓。托马斯的信中写道，第 43 威塞克斯步兵师现在感到德军带来的压力越来越大，要在莱茵河对岸建立一个重要桥头堡的所有希望都必须放弃；而第 1 空降师的撤退在经厄克特和托马斯协商一致后，必须在指定的日期和时间进行。

厄克特仔细衡量着自己的决定。当他听着外面的迫击炮和火炮持续炮击的时候，撤退的日期和时间已经毫无疑问了，如果他还希望手下的官兵能有人活下去的话,那么就必须趁着夜幕迅速撤退。上午8点08分,厄克特通过无线电与托马斯取得了联系。"柏林行动,"他告诉他,"必须在今天晚上实施。"

大约20分钟以后,厄克特把给布朗宁准备的电文发了出去——头天晚上他就已经让内维尔·海中尉把这封电文译成了电码。电文内容仍然与形势直接关联,尤其是那句提出警告的话:"敌人只要再发动一次攻势就可能完全击溃我部。"厄克特眼下的形势是如此之绝望,以至于他都无法确认自己的部队能否坚持到天黑。然后,这位痛苦的将军开始为撤退——这项最困难的部队调动——制订计划,只有一条出路——渡过那条365米宽的可怕的莱茵河,然后到达德里尔。

厄克特的计划是根据英军另一次经典的撤退行动——1916年的加里波利战役[1]而制订的。在加里波利,经过了数月苦战之后的英联邦军队最后在欺骗性的掩护下脱身了,当主力部队安全撤离时,在战线上掩护主力撤退的部队仍然继续射击。厄克特计划了类似的部队调动:以小组为单位的士兵将沿着环形防线,通过持续齐射来欺骗敌人,与此同时,大部队将悄悄溜走。随后环形防线北面的各支部队沿着防线边缘逐渐机动到河边撤离,最后,距离莱茵河最近的部队再紧跟着渡河。"实际上,"厄克特后来说道,"我计划的撤退就像一个倒下的纸袋子。我想让小股部队驻扎在战略要点上,给人的印象是我们还在那里,与此同时其他部队又朝底部前进,沿着两翼撤退。"

---

1 加里波利(Gallipoli),土耳其西北的狭长半岛,今土耳其盖利博卢(Gelibolu)半岛,构成达达尼尔海峡的北岸,属于土耳其的欧洲部分。第一次世界大战时期,协约国与土耳其曾在此爆发激烈战斗。当时协约国试图用海军强行通过达达尼尔海峡,失败后便决定进攻加里波利半岛,希望能迫使土耳其退出战争,并为俄国在黑海的各个港口打开运送补给物资的航线。尽管土耳其人的局势很不利,但协约国也未能抓住这个机会,结果整场战役陷入了痛苦的阵地战。双方在各自蒙受了25万人的伤亡之后,协约国于1916年1月成功地从半岛撤离。

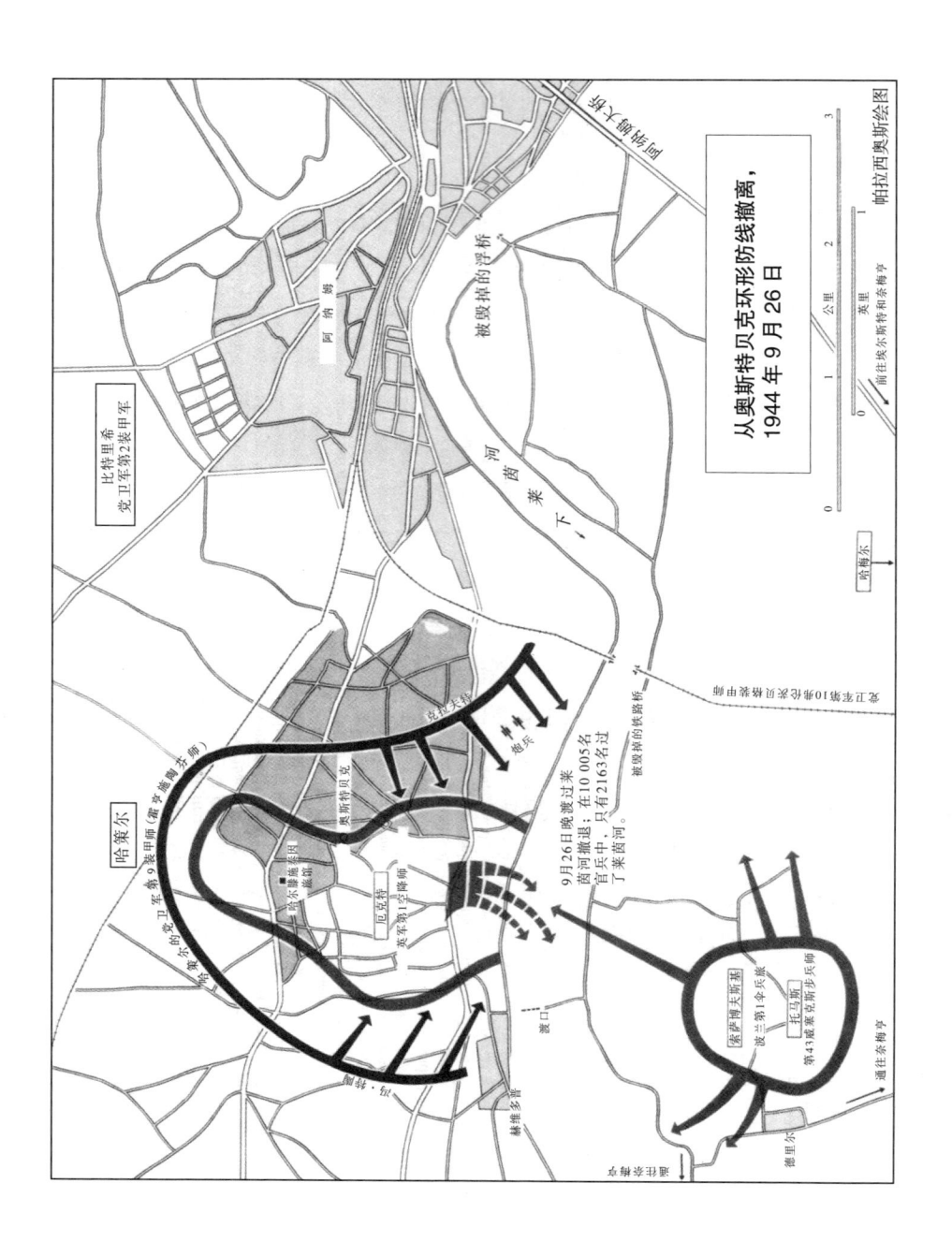

从奥斯特贝克环形防线撤离，1944年9月26日

厄克特希望能够按照昔日的撤退行动如法炮制出一切"正常"的迹象——无线电通信继续按照此前的模式进行；谢里夫·汤普森的炮兵将一直打到最后；而在哈尔滕施泰因旅馆的网球场上，管理德军战俘的宪兵队将继续巡逻，他们将是最后一批离开的人。显然，除了后卫部队之外，还有人将待在后方——医生、护理员以及重伤号，那些无法行走但还能占据防御阵地的伤员将被留下来继续射击。

为了到达河边，厄克特的部下将沿着环形防线两侧的路线撤离。滑翔机飞行员将作为向导走在部队前方，在一些地方，撤离路线将用白色的带子做标记。在向河边行军的过程中，空降兵的军靴要绑上布条以便隔音。到了河岸边，由滩头勤务队队长指挥的小型船队将会运载这些士兵撤离：这支船队由14艘装有动力装置且能搭载14人的突击艇组成，并由两个连的加拿大工兵负责管理。此外还有各种各样的小船，它们的数量模糊不清，包括滩头勤务队队长在内的所有人都不记得有多少船了，但它们当中有几辆水陆两用运输车，以及在前几次渡河行动中遗存下来的帆布和胶合板制作的冲锋舟。

厄克特决定孤注一掷，希望那些观察到船只往来的德军会以为英军正在向环形防线增兵，而不是从环形防线里撤出来。除了部队会被发现这个糟透了的可能性之外，在2 000多人试图逃命的时候还会产生其他的危险。厄克特能够预见，如果不能严格遵照时间安排，那么一个可怕的瓶颈就会在环形防线的狭窄底部中形成，环形防线最窄的地方现在还不到600米宽，如果士兵们拥堵在上船的地方，就很可能被无情地消灭掉。波兰军人和多塞特郡团第4营的官兵都曾经试图进入环形防线，但结局却是无功而返，厄克特因此预料撤退行动将会迎来挑战。尽管第30军每门能用的大炮都会投入战斗以掩护他的部下，但厄克特仍然认为德军会给撤退中的部队造成严重伤亡。时间是一个敌人，因为要完成撤退得花上几个小时的时间。为计划保密也是个问题，由于士兵们在一整天时间里都有可能被俘并受到审讯，所以除了高级军官以及那些领受了特殊任务的人之外，一直到最后一分钟厄克特都不会把撤退计划告诉任何人。

厄克特通过无线电与托马斯将军进行商谈，撤退计划的几个关键节点都获得了对方的首肯。然后他又召集剩下的几名高级军官开会，与会者是：皮普·希克斯准将；滑翔机飞行员团第1联队联队长伊恩·阿瑟·默里（Iain Arthur Murray）中校，他现在代替负伤的哈克特指挥部队；师炮兵指挥官罗伯特·盖伊·洛德-西蒙兹中校；参谋长麦肯齐中校；埃迪·迈尔斯中校，作为师工兵主任，他将直接负责撤退行动。就在会议开始前，师军医主任格雷姆·沃拉克上校过来见厄克特，因而他成了第一个得知这个计划的人。沃拉克"情绪低落，郁闷不欢。这并不是因为我得留下来——我对伤员负有责任，而是因为直到这个时候我都期望，我们师会在非常短的时间内被救出去"。

在哈尔滕施泰因旅馆的地下室里，厄克特对围绕在他身边的军官们透露了这个消息。"我们今天晚上要突围。"他告诉他们，然后一步一步地概述了自己的计划。撤退成功与否将取决于分秒不差的时间安排，部队过于集中或是交通堵塞都可能造成灾难。士兵们要不断地机动，而不是停下来作战。"在遭到射击的时候，他们应该采取回避行动，只有在事关生死的时候才还击。"当沮丧的军官们准备离开时，厄克特提醒他们，撤退应该尽可能长时间保密，只有那些需要知道的人才可以被告知。

撤退的消息并没有让厄克特的高级军官们感到多么惊讶。好几个小时了,很明显这个桥头堡已然没有希望了。尽管如此,他们还是像沃拉克一样感到心酸,因为救援从未到来,他们还担心在撤退过程中,部队可能会遭受比在环形防线里更大的磨难。师部的通信兵詹姆斯·D.科克里尔(James D. Cockrill)意外地听到了这个简短的消息:"柏林行动于今晚进行。"他苦思冥想这个代号的意思,但从未想到这竟然意味着撤退。科克里尔坚信本师"将战斗到最后一个人,最后一颗子弹",他认为"柏林行动"可能意味着"将以《轻骑兵旅的冲锋》[1]的那种英勇精神,或是什么精神"全力以赴地突向阿纳姆大桥。不过另外一个人太清楚它的意思了。在第1机降旅旅部里,国王属苏格兰边民团第7营营长佩顿-里德中校在帮助安排环形防线西部边缘的撤退细节时,听见皮普·希克斯准将嘟囔了什么,好像说的是"又一个敦刻尔克"。

当天,激烈的战斗从白天打到了晚上,德军试图攻占英军阵地,但"红魔鬼"们仍然坚守不退。士兵们后来回忆说,20点刚过,有关撤退的消息开始向外走漏出来。在位于环形防线顶端的第156伞兵营C连连长杰弗里·斯图尔特·鲍威尔少校看来,这个消息是"一个可怕的打击,我想到了所有那些死去的人,然后我又想到我们的努力白费了"。由于他的部下要走的路最远,鲍威尔在20点15分就让他们以单列纵队撤出阵地。

第10伞兵营的罗伯特·唐宁二等兵接到通知,要他离开自己的掩体,前往哈尔滕施泰因旅馆。在那里他见到了一名中士。"那里

---

[1] 《轻骑兵旅的冲锋》(Charge of the Light Brigade),是英国桂冠诗人艾尔弗雷德·丁尼生(Alfred Tennyson, 1809—1892)的一首名诗,是为了纪念克里米亚战争中,英军轻骑兵旅于1854年9月26日发起的一次著名冲锋。英勇的冲锋最终完成了任务,但参战的673名官兵中有247人阵亡或者负伤。当时轻骑兵旅向一个三面有俄军重兵把守的山谷发起进攻,这次冲锋实际上只是为了非常小的战术目标,但却使当时世界上最优秀的轻骑兵部队蒙受了惨重伤亡。

有一把旧的塑料剃刀，"中士告诉他，"你干刮一下胡须。"唐宁愣愣地盯着他，有些摸不着头脑。"赶快，"中士催促道，"我们要过河，老天作证，我们要以英国士兵应有的样子回去。"

在阵地附近的一间地下室里，南斯塔福德郡团第2营B连连长罗伯特·凯恩少校借到了另一把剃刀，有人找了点水，凯恩刮掉了长了一个多星期的胡子，然后用被硝烟熏得漆黑、沾染了鲜血的伪装服的里衬仔细擦干脸。他走了出去，在倾盆大雨中看着奥斯特贝克下首的那座教堂。教堂的风向标上有一个金制的风信鸡，凯恩曾经在战斗间歇用它核对过风向。对他来说，那是好运的象征，只要金制风信鸡在，这个师就会在。他感到一种无法抗拒的悲伤，不知道明天风向标还会不会在那里。

和其他人一样，滑翔机飞行员团第1联队B中队中队长托马斯·伊恩·乔德雷尔·托勒（Thomas Ian Jodrell Toler）少校也得到了伊恩·默里中校的消息，要他稍微收拾一下。但疲倦的托勒认为"收拾是件费劲的事"，对此不以为意。可默里仍把他的剃刀递了过去，说道："我们要撤出去了，别让其他部队的人认为我们是一群流浪汉。"托勒这才涂上一点默里留下来的肥皂泡沫，刮掉了脸上的胡子。"让我吃惊的是，我感觉好多了，不论是精神上还是身体上都好多了。"他回忆说。默里的指挥所里放着那面双翼飞马旗，哈克特的部下原本计划要在第2集团军的部队抵达时把它升起来。托勒盯着它看了一会儿，然后仔细地把它卷起来收好。

在炮兵阵地上，士兵们开始用炮击掩护友军撤离，炮手罗伯特·克里斯蒂听见通信兵威利·斯皮迪在呼叫炮兵连。斯皮迪给了对方一个新的电台频率作为参照，然后说道："现在我关机了，通话结束。"

托马斯·斯坦利·沙利文（Thomas Stanley Sullivan）中士是9天前为大部队开路的空降先导员之一，在听到撤退的消息时大发雷霆，"我已经想过了，反正已经这样了，我们还不如继续战斗下去"。沙利文的前哨站设在一所学校里，"孩子们一直在那里努力学习，如果我们撤出去，我就替所有这些孩子犯愁。我得让他们知道我们的感受是什么，也得让德国人知道我们的感受是什么"。在他一直坚守的那间教室的黑板上面，沙利文写下了硕大的印刷体字母，并在下面划上几道底线。他写的是："我们会回来的！！！"[1]

21点整，第30军的炮兵集火射击时，火炮喷出的炮口焰刺破了夜空，炮弹雨点般倾泻在环形防线周边的德军阵地上，到处都是炮弹爆炸迸发出的火焰。45分钟后，厄克特的部下开始撤退。在过去的一个星期中，恶劣的天气曾经使得英军空降部队和补给物资无法迅速到达，现在，这恶劣的天气却又帮了"红魔鬼"的忙：撤退是在近乎达到7级的大风中开始的，再加上隆隆的炮火声，很好地掩护了英军的行动。

狂风暴雨中，第1空降师的幸存者们——他们把脸弄得漆黑，将装备捆扎起来，还用种种办法为沙沙作响的军靴隔音——艰难地爬出阵地整队，然后开始了前往河边的危险跋涉。黑暗和恶劣天气使得士兵们只能看见前方几尺的地方。空降兵们形成了一个移动的人链，互相拉着手，或者紧紧抓住前面战友的伪装服。

威廉·汤普森中士是一名滑翔机飞行员，他在倾盆大雨中弓着身子，负责指引伞兵们到达河岸边。当他注视着士兵们排成纵队从

---

[1] 那些孩子永远也看不到这些字了。9月27日，在一次针对荷兰人的野蛮报复行动中，德军命令阿纳姆地区的居民全部撤离。阿纳姆和周围的村庄将无人居住，一直到加拿大军队在战争即将结束的1945年4月14日解放该地为止。——原注

身边经过时，突然想到了这样一个事实："除了我们之外，没有几个人会知道生活在一个千米见方的角斗场里是什么滋味。"

对通信兵詹姆斯·科克里尔来说，现在"柏林行动"的意义已经清楚了。他被派去执行撤退时的殿后任务，负责操作电台。他收到的指示是："一直拍发电讯，让无线电台保持运行，以便让德军以为我方一切照常。"在哈尔滕施泰因旅馆的阳台下面，科克里尔独自坐在黑暗之中，"在按键上按个不停。我能够听见周围许多人在走动，但我除了让电台一直发送电波之外，没有得到任何其他指示"。科克里尔确信在天亮以前自己就会沦为俘虏，他的冲锋枪架在旁边，但毫无用处。他剩下的唯一一颗子弹还是假子弹，里面装的是同第2集团军联系的密码。

莱茵河南岸的军医、医护兵以及荷兰红十字会的护理人员，在接待地区和集结点做好了准备。在德里尔，救护车和其他车辆组成的车队等待着，要把厄克特的幸存者们送回奈梅亨。尽管为空降部队抵达所做的准备工作正在科拉·巴尔图森的周围进行，但她在照料伤员长达三天三夜之后已是疲惫至极，结果她把眼前的炮击以及南岸的活动误认为是又一次渡河行动的前奏。在德军对德里尔进行猛烈炮击时，科拉的头部、左肩和肋部都被弹片打伤。尽管伤口很疼，但科拉认为那只是皮肉伤，她更关心的是身上血迹斑斑的衣服。她骑车回家，打算换身衣服后再回来照料即将蜂拥而来的伤员，她确信他们很快就会被送来。途中，科拉骑进了敌人的弹幕之中，她从自行车上摔了下来，但并没有受伤，惊魂未定地躺在一条泥泞的沟渠里待了一会儿。当她再次动身赶回家里后，袭来的阵阵困意让她在地下室里躺了下来，本来是想小睡片刻的她却睡了整整一个晚上——而这时，"柏林行动"已经开始实施了。

撤离船队正在环形防线底部的河岸边等待着，加拿大和英国的工兵操纵着这些船只。到目前为止，行动还没有引起敌人的怀疑，德军对河边发生的一切一无所知。他们的火炮正朝着留下来殿后的多塞特郡团第4营的官兵开火——他们已经开始在环形防线的西侧发起牵制性进攻。更西边的德军也在射击，因为英军炮兵进行了一阵掩护性炮击，制造出一幅要在当地向莱茵河北岸发起进攻的假象。厄克特的欺骗计划似乎正在奏效。

倾盆大雨中，一列列士兵沿着环形防线的两翼向河边蜿蜒前进。有些过于疲倦的士兵在迷路后不幸落入敌人的手中；还有些伤病员无法靠自己的力量撤退，只得在他人的搀扶下踽踽而行。在漆黑的夜色之中，没有一个人停下，停止前进就会产生噪声、混乱——以及死亡。

在炮火和燃烧着的房屋发出的红光之中，罗纳德·肯特中士——他是伯纳德·威尔逊少校的第21独立伞兵连的空降先导员——率领着他的排来到一块白菜地，这里被指定为该连的会合点。他们在那里等待着，一直到连里的其他人全部集结起来方才一同向河边开拔。"尽管我们知道莱茵河是在正南边，"肯特说道，"但我们却不知道他们将会在什么地方把我们撤过河去。"士兵们突然发现从南边飞来一条条红色的曳光弹道，他们便将这些曳光弹当成向导继续前进。不久后他们来到白色带子标识的地区，遇见了滑翔机飞行员，这些飞行员继续指引着他们前往预定渡河点。肯特这组人听见机枪开火声和手榴弹爆炸声在自己的左侧不绝于耳——威尔逊少校和另一组人在那边撞上了德军，两名士兵在激烈的交火中阵亡，而安全地带就在1.6公里以外的地方。

士兵们将通过各种细节来铭记这次撤退——有些是令人心碎

的、可怕的，有些却是幽默的。当第 1 伞兵营的亨利·布莱顿二等兵朝河边走去时，听见有人在哭。队伍的前端停止了移动，朝路边走去的伞兵们看见一名受伤的战友躺在浸满水的泥地上，他无助地哭着，不停地呼唤着自己的母亲。士兵们被命令继续前进，谁也不能为伤员停下脚步，然而许多人还是停下来设法帮助伤员。迪基·朗斯代尔少校部队的空降兵们离开阵地前来到特尔霍斯特的家，把能带上的可以行走的伤员都带走了。

国王属苏格兰边民团第 7 营的悉尼·纳恩一等兵，在这个星期早些时候，曾与一名滑翔机飞行员一起击毁一辆虎式坦克，此刻他以为自己永远也到不了河边了。白天时，德军对教堂旁边的炮兵阵地发起了进攻，现在纳恩和一队营里的战友正在那里与德军进行激战。大部分人都在雨水和黑暗之中成功脱身，但纳恩却躺在地上——在战斗了 9 天之后，他第一次负伤了。弹片击中了石头，纳恩的一颗门牙被弹起来的小圆石打掉了。

第 10 伞兵营支援连迫击炮排的分队长托马斯·西里尔·本特利（Thomas Cyril Bentley）中士走在"幽灵"小队队长内维尔·海中尉的后面。"我们不断遭到狙击手的射击，"他记得，"我看见两个滑翔机飞行员从阴暗处走了出来，故意吸引德国人的射击，显然是为了能让我们看到子弹是从哪里打来的。"这两名向导最终都牺牲了。

在哈尔滕施泰因旅馆，厄克特少将和他的参谋们在做撤离的准备工作。作战日志被收起来，文件被烧掉，将军的勤务兵汉考克用一片窗帘把厄克特的靴子包了起来。当随军神父念主祷文的时候，每个人都单膝下跪。厄克特想起来，他的勤务兵在 D 日时往背包里放了一瓶威士忌。"我把它传给每一个人，"厄克特说道，"每个人都喝了一点儿。"最后，厄克特去地下室看望伤员，"他们扎着染满血的绷带,裹着简陋的夹板"。他向那些已经意识到正在发生什么事情的人道别。有的人由于吗啡的作用昏昏欲睡,他们并没有意识到战友就要撤退了,这或许是一种不幸中的万幸。一个面容憔悴的士兵倚靠着地下室的墙站了起来,对厄克特说道:"我希望您能成功,长官。"

师部的荷兰联络官阿诺尔德斯·沃尔特斯海军少校在将军一行人的后面走着,一声都不敢吭。"由于我的口音,倘若我开口的话,肯定会被当作德军。"他说。沃尔特斯在途中没能跟上前面的人,"我不知道怎么办好,只能不停地往前走,祈祷着,希望走在正确的方向上"。沃尔特斯感到特别沮丧,他老是想着自己的妻子以及从未谋面的女儿,他一直没能给她们打电话,尽管家人就住在距离哈尔滕施泰因旅馆只有几公里的地方。他在英国为妻子买的那块手表还在口袋里,而打算送给女儿的泰迪熊则丢失在失事的滑翔机上的某个角落里。如果自己能幸运地回到河边,那么沃尔特斯将会再次离开荷兰,下一站大概是返回英格兰了。

在河边,渡河行动已经开始。士兵们刚到岸边,迈尔斯中校和他的滩头勤务队队员便把他们赶上了船。现在,德军虽然还没有意识到英军正在撤退,但通过照明弹的光亮却能发现不远处的渡河行动。迫击炮和火炮开始瞄准射击,一些船被打出窟窿,另外一些则干脆倾覆了。在水里挣扎的士兵大喊救命,已经死去的人被河水无情地卷走,受伤的士兵则抓住船只残骸试图游到南岸。不到一个小时,撤离船队已经被毁掉一半,但行动仍在继续进行着。

杰弗里·鲍威尔少校的部下沿着环形防线的东侧长途跋涉而来,但这时他却误认为撤退已经结束。有一条船正在水里上下起伏,在波浪的拍打下渐渐下沉。鲍威尔涉水过去一瞧,发现船身上满是窟窿，船上的工兵也全都阵亡了。当他的一些部下游过去的时候，有条船突然从黑暗中出现了。鲍威尔匆匆把他的士兵组织起来，让一些人上了船，自己却和剩余的伞兵待在一起，直到那条船返回。在莱茵河南边的高堤上，鲍威尔站了一会儿，回首望着北岸。"我突然意识到，我过来了。我简直无法相信，我活着出来了！"鲍威尔转向15个蓬头垢面、浑身湿透的部下说道："三人成行。"他让部下齐步走到接待中心，在那栋建筑的外面，鲍威尔喊道："第156伞兵营，立定！向右转！解散！"他站在雨水之中，注视着他们走向掩蔽所。"全都结束了，但老天作证，就像我们骄傲地进入战场一样，现在我们又骄傲地离开了。"

当厄克特将军搭乘的那条挤了一堆人的船准备离开时，船在烂泥里搁浅了，他的勤务兵汉考克跳下船把船推了出去。"他让我们从烂泥里摆脱出来了，"厄克特说道，"但当他挣扎着再次上船的时候，有人喊道'咱们走吧！船上已经太挤了'。"这种忘恩负义的言行让他感到气愤，"汉考克对此毫不理会，用尽最后一点力气爬上了船"。

冒着机枪的扫射，厄克特搭乘的那条船已经驶到河中央，这时引擎突然发出了突突突的噪声，随后干脆彻底停摆了。船开始随着水流漂浮，厄克特感觉"等到引擎再次开动起来的时候，就如同过了一个时代"。若干分钟后，他们到达了南岸。回过头来，厄克特看到德军正在朝河面扫射，火光摇曳。"我认为，"他说道，"他们并不知道自己在朝什么目标射击。"

在莱茵河岸边，以及河岸后面的草地和树林里，上百名官兵等待着。但现在，船队只剩下一半可以航行，敌人猛烈的机枪火力更是让局面雪上加霜——厄克特惧怕的瓶颈不可避免地出现了。等待的人群中开始出现混乱,尽管还没有陷入歇斯底里的恐慌之中,但许多士兵却开始试图向前挤,而军官和士官们则试图控制局面。第1伞兵营的托马斯·H. 哈里斯一等兵记得,"成百上千的人等着过河,想上船的人太多了,结果严重超载的船只彻底浸没到了水里"。此时,迫击炮弹落到了登船区,因为德军已经校准了目标。就像许多人一样,哈里斯也决定游泳过河,他脱下作战服和靴子,一头扎入河中。令他吃惊的是,他居然游过去了。

其他人则没这么幸运。等到炮手查尔斯·佩维(Charles Pavey)来到河边时,登船区域也遭到了机枪的扫射。士兵们在岸上挤作一团,一名士兵正朝佩维趴下的地方游去,他不顾河边横飞的子弹,用力从水里钻了出来,上气不接下气地感叹道:"感谢上帝,我过来了。"这时佩维听见有人说:"该死的傻瓜,你又游回来了"

阿尔夫·鲁利耶中士曾在星期日设法煮了一锅汤给大家喝,现在他试图游泳过河。当他在水里艰难地游动时,一条船来到了他身旁,有个人抓住了他的领子。他听见有个人在喊:"没事,伙计,继续游,继续游。"鲁利耶实在有些茫然失措,他认为自己就要淹死了。随后他听见那个人又说道:"好极了,老兄。"接着一名加拿大工兵把他拉到了船上。"我究竟在哪里?"晕头转向的鲁利耶咕哝道,那个加拿大人咧着嘴笑了。"你快到家了!"他说道。

通信兵詹姆斯·科克里尔仍然在哈尔滕施泰因旅馆的阳台底下,和他的无线电设备待在一起。天快亮的时候,他听见一声急促的耳语。"来吧,孩子,"一个声音说道,"咱们走。"当士兵们朝河边跑去时,附近突然传来一阵猛烈的爆炸声,科克里尔感到自己的脖子和肩膀被猛地拉了一下,原来挂在背上的"斯登"冲锋枪被弹片撕开了。靠近河岸时,科克里尔一行人遇见了几名站在树丛里的

563

滑翔机飞行员。"等让你们走的时候再走,"其中一名飞行员警告道,"有挺德军机枪对准了这个地方,是一挺 MG 42,朝腰这么高的地方射击。"在飞行员的指导下,士兵们一个接一个向前冲。轮到科克里尔的时候,他蹲下身来开始快跑,几秒钟以后,他倒在了一堆尸体上面。"肯定有 20 或者 30 具尸体,"他记得,"我听见伤员呼喊着妈妈,还有人乞求我们不要把他们留在那里,但我们无法停下来。"在河边,一颗照明弹升空了,机枪开始连续扫射。科克里尔听见有人喊叫,让会游泳的人游泳。他跳进了寒冷的水中,从那些似乎在他身边挣扎的人旁边奋力游了过去。

突然间,科克里尔听见一个声音在呼唤自己:"好了,伙计,不要担心。我们找到你了。"一个加拿大人把他拽进船里,几秒钟以后,科克里尔感到船在岸边慢慢停了下来。"当我发现自己又回到了出发的地方时,我都要哭了。"他回忆道。原来,那条船是在河里打捞伤员。在周围的士兵帮助下,满载的船只再次出发了,科克里尔记得士兵们是从四面八方蜂拥着爬上船的。尽管他们的船负荷沉重,又是在敌人的火力威胁下航行,但那些加拿大人还是把船划到了对岸。在阳台底下待了几个小时以及经历噩梦般的渡河行程之后,科克里尔已经晕头转向。"我只记得接下来自己到了一座谷仓里,有人给了我一根香烟。"随后科克里尔记起了一件事情,他在口袋里发狂似的寻找,把身上唯一一颗子弹取了出来:那颗里面装着密码的口径为 7.7 毫米的仿真子弹。

将近凌晨 2 点的时候,第 1 空降师剩下的那点炮弹已经消耗殆尽。谢里夫·汤普森的炮手打光剩余的炮弹之后,便将炮栓卸了下来,珀西·帕克斯一等兵以及炮组剩下的人接到了撤退命令。帕克斯感到很惊讶,他压根就没想过要撤退,他原以为自己要死守阵地,直到德国人攻上来。当他来到河边时,眼前的景象更是让他目瞪口呆,数百人挤在那里,有人说所有的船只都被击沉了。帕克斯身边的一个人深深喘了一口气。"看来我们是要游泳了。"他说道。帕克斯注视着河面,"河非常宽,当河水上涨时,流速似乎有9节(约16.7公里/时),我认为自己游不过去。我看见有人穿着衣服跳下水,但随后就被河水冲走了,其他人游过去了,结果从水里爬出来的时候却被子弹击中。我看见有个家伙抱着一块木板游了过去,还背着背包,如果他能做到,我也能做到。"

帕克斯浑身脱得只剩下短裤,还把身上的东西都扔掉了,包括他的金怀表。在急速的水流中,他的短裤滑落下来,于是帕克斯干脆把它蹬掉了。他游到了对岸,在树丛中和沟渠里躲避着,最终来到一个没有人的小农舍。帕克斯走进去找了些衣服,几分钟后他从农舍里出来,遇见了多塞特郡团的一个二等兵。那个二等兵指引他去了一处集结点,在那里他得到一缸子热茶和一些香烟。精疲力竭的帕克斯费了好长时间才弄明白,为什么每个人都在盯着他看——他穿着一件男人的彩色运动衫和一条长及膝部的女式亚麻布灯笼内裤。

第10伞兵营的艾尔弗雷德·J. 达尔福斯(Alfred J. Dullforce)二等兵也赤身裸体地游到了南岸,但仍然带着一支0.38英寸口径的手枪。令他尴尬的是,有两个妇女和士兵们一起站在岸上。达尔福斯"想要直接钻进水中",其中一个妇女朝他喊着,把一条裙子举在前面。"看见我光着身子,她连眼睫毛都没有眨一下,"他回忆说,"她告诉我不要担心,因为她们就是帮助士兵过河的。"达尔福斯穿着一条长及膝盖的彩色裙子,一双木底鞋,坐上了一辆英军卡车。卡车载着幸存者们返回了奈梅亨。

此时，德军开始猛烈炮击上船地区，迫击炮弹尖叫着呼啸而来。当阿诺尔德斯·沃尔特斯海军少校跟在一队士兵后面跑向一条船时，炮弹在人群之中爆炸了。"我毫发无损，"沃尔特斯回忆说，"但在我的周围躺着8具尸体，还有一个人受了重伤。"他给伤员打了一针吗啡，抱着他上了船。在那条已经超载的船上，没有沃尔特斯的立足之处，于是他下了水，挂在船舷边上被拖着过了河。摇摇晃晃地上了南岸后，他当即瘫倒在地。

黎明时分，撤离船队几乎被摧毁了，然而那些加拿大和英国的工兵仍冒着迫击炮、火炮和重机枪的火力，继续用幸存下来的船只运送官兵过河。第11伞兵营的阿瑟·希尔伍德（Arthur Shearwood）二等兵发现，加拿大工兵正在把一些伤员抬进一条小船，其中一个加拿大人向希尔伍德示意，要他也上船。小船的尾挂发动机无法再次启动，加拿大人便要求所有仍然带着步枪的人用枪托划水，希尔伍德随手拍了拍他前面的那个人。"出发了，"他说道，"开始划。"那个人面无表情地看着希尔伍德。"我没法划，"他说道，同时指着绑满绷带的肩膀，"我丢了一条胳膊。"

临近拂晓时刻，罗伯特·凯恩少校已经把他的部下全都送过了河。他与"罗博"·罗宾逊军士长一起在岸上等候着船只前来解救自己，却似乎再也没有船驶过来。在另外一群人当中，有人指着一条在水里上下起伏、被子弹打出一些窟窿的冲锋舟，于是有伞兵游过去把它拉了回来。上船后，凯恩和鲁宾逊用枪托划起水来，而那些仍然戴着钢盔的伞兵则从船里向外舀水。来到南岸之后，宪兵指引他们去了一座谷仓。在谷仓里，凯恩最先认出来的人是希克斯准将。准将立即走了过来。"噢，"他说道，"这儿有一名军官，起码他刮过脸了。"凯恩疲倦地咧开嘴笑了。"我受过良好的教育，长官！"他说。

在德军的炮火轰击下，位于环形防线边缘的几十名士兵仍然在雨水中挤作一团。尽管有一两条船试图在烟幕的掩护下过河，但撤离行动已经不可能在光天化日下继续展开了。有的人试图游泳过河，但要么被湍急的水流吞没，要么被敌人的机枪火力打死。有些人幸运地过了河，有些伤员只能无助地坐在滂沱大雨中，或者向往走回到环形防线里的医院去。许多人决定先躲藏起来，一直等到天黑后再设法回到南岸，最终，有几十个人用这种方式成功地逃脱了。

在南岸边和德里尔村内，精疲力竭、满是污垢的官兵正在寻找他们的部队——或者说是寻找他们所在单位的剩余人员。空降先导员中的斯坦利·沙利文中士——就是曾在学校的黑板上写下豪言壮语的那位——记得，有人问道："第1伞兵营在哪里？"一名下士立即站起来说道："在这里，长官！"在他的身旁，几名又湿又脏的士兵忍着剧痛，笔直地站了起来。炮手罗伯特·克里斯蒂在人群中寻找着自己连里的其他人，但他没有发现一张熟悉的面孔。克里斯蒂突然感到泪水刺痛了他的双眼，他不知道第2机降轻型炮兵连中除了他之外还有谁幸存下来。

在前往德里尔的路上，厄克特将军来到了托马斯将军的师部。他拒绝进去，而是站在雨中等候，同时让他的副官罗伯茨上尉去安排车辆。这并无必要，当厄克特在外面站着的时候，布朗宁中将派来的吉普车已经到了，一名军官将护送厄克特返回军部。少将一行人来到了奈梅亨南郊的一幢房子里。"布朗宁的副官哈里·凯特少校把我们领入了一个房间，提议我们把湿衣服都换下来。"厄克特说道。这名骄傲的苏格兰人拒绝了，"我任性地要求就穿成这样会见布朗宁——这就是我们一直以来的样子，他要见我们也只能看到这

567

副样子。"经过了长时间等待之后,布朗宁出现了,"还是一如既往衣着整洁",厄克特认为他的样子就像"刚刚接受检阅归来,而不是在战斗之中从床上惊醒"。面对军长,厄克特只是说道:"对不起,事情的结局并不像我本来希望的那样好。"布朗宁给他倒了杯喝的,回答说:"你已经尽力了。"后来,厄克特在进入安排给他的卧室后发现,在很长时间里都渴望能睡上一觉的自己现在却难以入眠。"在我的脑海里和我的良心之中,"他说道,"有太多的事情了。"

要考虑的事情确实很多。第1空降师被牺牲掉了,陷入一场近乎自杀的战斗中。厄克特麾下最初拥有的10 005名官兵中,只有2 163名空降兵得以渡过莱茵河回来,外加160名波兰人和75名多塞特郡团第4营的人。在经历了9天的激烈战斗之后,这个师将近1 200人阵亡,6 642人失踪、负伤或者被俘。后来证实,战斗中德军也蒙受了惨重损失:伤亡了3 300人,其中阵亡1 100人。

在阿纳姆的冒险结束了,"市场-花园"行动也随之落下帷幕,现在除了撤退和巩固地盘之外没有什么可做的了。战争还将继续打下去,直到1945年的5月。"这场战争中最伟大的空降行动就这样以失败告终了,"一位美国历史学家后来写道,"尽管蒙哥马利断言行动的成功概率达到百分之九十,但他的豪言壮语只不过是一种安慰性的修辞手法。除了阿纳姆之外,所有的目标都拿下了,但没有攻占阿纳姆,其他一切就毫无价值。作为对付出如此多的勇气和牺牲的回报,盟军赢得了一个80公里长的突出部——但从这个突出部哪里也去不了。"[1]

也许是估计到能从阿纳姆撤出来的人屈指可数,所以后方根本

---

[1] 见约翰·C.沃伦博士,《第二次世界大战欧洲战区中的空降行动》,第146页。——原注

没有准备足够多的交通工具来运送这些精疲力竭的幸存者。许多人已经吃尽了苦头，但现在又不得不徒步返回奈梅亨。在道路上，爱尔兰禁卫团第2装甲营第1中队副中队长罗兰·兰顿上尉站在冰冷的雨水中注视着第1空降师的战友归来。当又脏又累的战友们踉跄走来时，兰顿后退了。他知道，自己的中队在从奈梅亨冲向阿纳姆的过程中已经尽了最大努力，然而他仍然感到不安，"几乎不好意思同他们打招呼"。爱尔兰禁卫团的另一名士兵默默地站在道路边，一名伞兵走到与他并排的时候问道："老兄，你们到底去哪儿了？"禁卫团的那名士兵平静地回答道："我们已经不停地打了5个月的仗。"爱尔兰禁卫团第2装甲营的威廉·切内尔下士听见其中一名空降兵说道："哦？你们一路行驶得顺利吗？"

当士兵们陆续返回时，有一位在雨中站了几个小时的军官正查看着每一张脸。第1伞降工兵中队A分队分队长埃里克·麦凯上尉的那一小群掉队者曾英勇地坚守在阿纳姆大桥边上的校舍里，麦凯上尉后来逃了出来，并成功到达了奈梅亨。现在他在寻找着中队里的其他成员，他们中的大部分人都没能抵达阿纳姆大桥，但麦凯信念坚定，在从奥斯特贝克突围而出的空降兵行列里寻找他们。"最糟糕的事情就是他们的脸，"在谈到那些空降兵的时候他说，"那些疲倦的脸都拉得老长，令人难以置信。不论在哪里，你都可以挑出一个老兵来——一张带有'我根本就不在乎'的表情的脸，好像他永远也不会被打败。"麦凯在道路边待了整整一个晚上，"我没有看见一张我认识的脸，当我继续注视着士兵们的时候，我恨每一个人。不论对这件事负责的人是谁，我都恨他，我恨这支军队，因为它犹豫不决。我想到了生命的逝去，想到了一个优秀的师就这样被白白地葬送掉，而这又是为了什么呢？"当麦凯回到奈梅亨的时候，天已经大亮。在那里，他开始在集合点和士兵的临时营房里继续查找，决心一定要找到他的部下。在第1伞降工兵中队的200名工兵中，包括麦凯本人在内只回来了5个人。[1]

在莱茵河北岸，一些士兵和平民由于工作需要或者伤势而被留了下来。因为撤离时间太晚而无法成行的小股士兵也留下了，他们就蹲在空荡荡的战壕和机枪巢里。对这些幸存者来说，希望已经彻底破灭了。在支离破碎的环形防线里，他们等待着自己的命运。

第16伞降野战医疗队的医护兵塔菲·布雷斯下士把最后能够行走的伤员送到了河边，结果发现此刻岸边空无一人。就在伤员们挤作一团的时候，布雷斯看见一名上尉走了过来。"我们该怎么办？"那名军官问布雷斯，"再也不会有船来了。"布雷斯看了看那些伤员。"我想我们得待在这里，"他说道，"我不能离开他们。"那名上尉摇了摇头。"祝你们好运，"他对所有人说道，"我要试着游过去了。"布雷斯最后看见那名军官涉水下了河。"也祝你好运，"布雷斯喊道，"再见！"

第181机降野战医疗队的外科医生盖伊·里格比-琼斯少校仍在塔费尔贝格旅馆里坚持着，履行自己作为一名医生的职责。对他来说，"师部的撤离是一粒要吞掉的苦药丸"，但他仍然继续完成手上的工作。里格比-琼斯与医疗小组中的医护兵们一起，在旅馆内外的每一幢房子里搜寻，把受了伤的人带回来。这些医护兵经常抱着伤员来到集结地点，把他们抬上德军的卡车、救护车和吉普车，然后自己也爬了上去，前往战俘营。

在斯洪奥德旅馆，滑翔机飞行员团的随军牧师佩尔上尉睡了整

---

[1] 根据现有资料，第1伞降工兵中队的3个分队共有143人参战，其中阵亡20人，突围13人，失踪和被俘110人。

整一个晚上，惊醒后他确信有什么地方出了问题，接着他意识到眼前的安静很不寻常。他匆匆走了出去，进入一个房间，看见一个医护兵站在窗前，窗外的一切都可以看得一清二楚。当佩尔走过来时，医护兵转过身来。"全师都撤走了！"他说道。佩尔并没有被告知撤离的事情，他盯着医护兵说道："你疯了，伙计。"医护兵摇了摇头："你自己看看吧，长官。我们现在确实成了俘虏。我们这伙人得撤退了。"佩尔无法相信。"长官，"医护兵说道，"你得向伤员们公布这个消息，我没有勇气告诉他们。"佩尔走遍了这座旅馆。"每个人都试图情绪高昂地接受它，"他回忆说，"但实际上我们全都极度沮丧。"然后，在那间仍然收容着大多数伤员的大房间里，一位士兵坐在钢琴面前开始弹奏流行歌曲。士兵们放声高歌，佩尔也不由自主地与他们一起唱起来。"在经历了最后几天地狱般的日子之后，这样做是奇特的，"佩尔说道，"德军无法理解这些人的怪异举动，但要解释起来也很容易。那种提心吊胆，那种被丢在后方的感觉，让人们的心理产生了极大反转。除了唱歌之外，我们没有事情可做。"后来，当亨德丽卡·范德弗利斯特和其他荷兰平民准备离开，到德军医院去照顾伤员的时候，佩尔遗憾地向他们挥手道别。"他们和我们一起受苦，忍饥挨饿，然而他们一点也不为自己考虑。"当最后一辆救护车消失时，佩尔和医护兵们把他们少得可怜的个人物品装上了一辆德国卡车。"德军过来帮我们忙，"他回忆说，"敌意奇怪地消失了。我们谁都没有什么可说的。"当卡车驶离时，佩尔闷闷不乐地凝视着已成为黑色废墟的斯洪奥德旅馆，"那里曾经创造出绝对的奇迹"。他"坚信，第2集团军渡过莱茵河，再次夺取这个地区只不过是一两天之内的事情，也许就是在今天晚上"。

在教堂的街道对面，凯特·特尔霍斯特向已经成了俘虏的伤员们道别。她拉着一辆手推车，在5个孩子的陪伴下步行前往阿珀尔多伦。没走多远，她停了下来，回望着曾经是她家的那座古老的教区牧师住宅。"一缕阳光照射着一张挂在房顶上的鲜艳的黄色降落伞，"她写道，"鲜亮的黄色……那是空降兵在打招呼……再见了，朋友们……上帝保佑你们。"

年轻的安妮·范马南也在前往阿珀尔多伦的路上，当红十字会的汽车和救护车载着来自塔费尔贝格旅馆的伤员经过时，她不停地寻找着自己的父亲。安妮与她的姨妈和兄弟一起，凝视着她在过去整整一个星期里逐渐认识的熟悉面孔。当一辆卡车经过时，安妮终于看见了父亲——她的爸爸就坐在车上。她朝他尖叫着，跑了过去。卡车停下了，范马南医生从车上爬下来迎接他的家人。他热烈地拥抱她们所有人。他说道："我们从未这么贫穷，也从未这么富有。我们失去了我们的村子，我们的家，我们的财产，但我们拥有彼此，而且我们还活着。"当范马南医生又回到车上照料伤员的时候，他安排家人到阿珀尔多伦见面。当他们走在上百个难民中间的时候，安妮回过头望着来路。"天空是鲜红的颜色，"她写道，"就像为我们牺牲了生命的空降兵的鲜血一样。我们四个人全都活着，但在这个毫无希望的星期结束时，战斗在我的灵魂之中留下了烙印。光荣属于我们所有亲爱的、勇敢的英国兵，属于所有为了帮助和拯救他人而献出自己生命的人。"

在德里尔，科拉·巴尔图森一觉醒来后发现寂静得有些奇怪，那是9月26日，星期二上午10点左右。科拉由于受伤而躯体僵硬、疼痛，又为这寂静感到困惑，于是一瘸一拐地走到了外面。烟雾从村子中心以及河对面的奥斯特贝克滚滚升起，但枪炮声消失了。科拉跨上自行车缓慢地朝村里蹬去。街上空无一人，部队撤离了，在远处,她看见一支朝南开往奈梅亨的车队中的最后一辆车。德里尔村中变成废墟的教堂附近,只有一些士兵在几辆吉普车旁边逗留。科拉突然意识到,英军和波兰军队正在撤退,战斗已经结束了,德军很快就会回来。当她走向那一小队士兵的时候,损毁的教堂尖塔上的钟响了起来。科拉抬起头,看见坐在钟楼上的是一名空降部队的伞兵,头上包着绷带。"出了什么事?"科拉喊道。"全都结束了,"伞兵喊道,"全都结束了。部队已经全部撤离。我们是最后一批。"科拉抬头凝视着他:"你为什么敲钟?"伞兵再次踢了一下钟。钟声在德里尔这座有着千年历史的荷兰村庄上空回响,然后逐渐消失。伞兵低头看着科拉。"看起来这就是此时应该做的正事。"他说道。

> "我的看法——也许是偏见——是,如果这次战役从一开始就得到适当的支持,并给予作战行动所必需的飞机、地面部队和后勤给养的话,那么,尽管有我的过错、不利的天气和出现在阿纳姆地区的党卫军第2装甲军,这次战役仍然会获得成功。我仍然是'市场-花园'行动顽固的倡导者。"
>
> ——陆军元帅、伯纳德·蒙哥马利爵士,
> 《蒙哥马利回忆录:阿拉曼的蒙哥马利》,第267页。

> "我的国家再也消受不起蒙哥马利另外一次奢侈的胜利了。"
>
> ——荷兰亲王伯恩哈德致本书作者

伤亡小记

盟军在"市场-花园"行动中的伤亡数字，超过了规模庞大的诺曼底登陆。大多数历史学家一致认为，在登陆日，也就是1944年6月6日的24个小时里，盟军损失的兵员总数为10 000～12 000人。而在"市场-花园"行动中的9天里，合计损失——也就是空降部队和地面部队的阵亡、负伤和失踪人员，达到17 000人以上。

英军的伤亡是最高的，达到13 226人。厄克特的师几乎完全被消灭了，在阿纳姆的10 005名官兵中，包括波兰军队和滑翔机飞行员，伤亡总数为7 578人。除了这个数字之外，英国皇家空军的飞行员和机组人员的损失是294人，这使得负伤、阵亡和失踪人员的总数到达7 872人。霍罗克斯的第30军损失了1 480人。英军第8军和英军第12军损失了3 874人。

美军的损失，包括滑翔机飞行员和美军第9部队运输机司令部，据估计为3 974人。加文准将的第82空降师损失了1 432人，泰勒少将的第101空降师损失了2 118人，空勤人员损失424人。

德军的完整伤亡数字仍然不为人知，不过在阿纳姆和奥斯特贝克，公认的伤亡数字达到3 300人，其中1 300人[1]阵亡。然而，在"市场-花园"行动战役的整个战区，莫德尔的部队损失要大得多。

---

1 不知为何，正文中德军阵亡数字写的是1 100人。

从内佩尔特的出击开始，然后沿着"市场-花园"行动的走廊，在奈梅亨、赫拉弗、费赫尔、贝斯特以及艾恩德霍芬进行的战斗中，有关德军阵亡、负伤或者失踪的数量目前尚找不到确切统计。尽管如此，在采访了德军指挥官以后，我还是愿意保守地估计，B集团军群的损失起码达到了7 500 ~ 10 000人，其中大约有四分之一的人阵亡。

荷兰平民的伤亡又怎样呢？谁也说不清楚。阿纳姆和奥斯特贝克的死亡人数据说是较低的——不到500人，但并没有确切资料能证明这一点。我听说，如果将整个"市场-花园"行动战役，从阿纳姆防区组织的强行撤离与之后那个可怕的、饥寒交迫的冬天造成的全部平民伤亡人数相加，死亡、负伤和失踪的总数将高达10 000人。

作者致谢

在写作本书的时候,第二次世界大战已经结束快 30 年了。尽管盟国和德国的记载卷帙浩繁,但对寻找幸存者的当代历史学家来说,踪迹正在变得逐渐模糊。许多重要的人物已经离世,许多令人困惑的问题的答案也随之消失。在诺曼底登陆之后的所有重大计划和战役当中,最重要的莫过于"市场-花园"行动了。然而,除了一些个人回忆以及在官方和半官方史书中的几个章节之外,这个悲惨的故事在美国实际上无人知晓。美军第 82 空降师和第 101 空降师在这场战役中所起的卓有成效的作用——尤其是加文的部队强渡瓦尔河——在英国人的叙述中鲜有超过一两个段落的篇幅。

英军第 1 空降师在阿纳姆的奋战事迹仍是二战军事史上最伟大的壮举之一,但它也是一次重大的失败——是英国的"第二个敦刻尔克"。由于官僚们总是会掩盖自己的失败,所以无论是在美国还是在英国的档案中,用于证实这段历史的文件都是十分缺乏且难以获得的。为了解读一些费解之事,同时为了从所有的参与者——盟军、德国人、荷兰地下抵抗组织以及荷兰平民——的立场出发,我用了 7 年中的大部分时间,对这次由空降部队和地面部队联合进行的攻击行动提交出我所认为的第一个完整的描述。在那个阶段,尤其是我身患重病的时候,我对这本书能否出版都不抱希望了。

正如我先前有关二战的著作——《最长的一天：1944诺曼底登陆》（1959）以及《最后一役：1945柏林战役》（1966）——一样，资料的基础来自战争的参与者：盟军官兵，与他们作战的德国人，勇敢的荷兰平民。总共约有1 200人为《遥远的桥：1944市场-花园》的写作提供了资料。这些现役军人、退役军人以及平民，毫无保留且毫不吝啬地无偿付出他们的时间，接受采访或带领我参观战场，从日记、信件、军事专著、电话记录、仔细保存下来的战后报告、地图及照片中提供证据和细节。如果没有这些提供资料的人的帮助，这本书是不可能写出来的。

由于各种各样的原因，比如内容雷同、缺少确证或者数量太大，并非每个人的故事或者经历都能被包括进来。在这大约1 200位提供了资料的人中，有一半以上接受了采访，大约有400份访谈被采用。但过了30年以后，记忆并非绝对可靠，某些严格的指导方针——与我以前的书所使用的研究过程类似——也就不得不予以遵循。这本书中的每一个陈述或者引语都得到了文件证据的支持，或者得到那些听说过或者目睹过所描述事件的人的确证。传闻、谣言或者第三方的叙述，都不能被包括进来。我的卷宗包含了几百个故事，它们可能是完全准确的，但又无法得到其他参与者的旁证。出于历史真实的原因，它们并没有被采用，我希望众多的资料提供者能够理解。

在重现"市场-花园"行动那可怕的9个昼夜的过程中，有这么多的人帮助了我，以至于我竟不知道该从哪里开始报出他们的名字。首先，我尤其想感谢伯恩哈德亲王，他花费了时间，提供了帮助，找到并提出应该采访的人，并让我得以接触荷兰和英国的档案。我也真诚感谢《读者文摘》的莉拉（Lila）和德威特·华莱士

（DeWitt Wallace），他们不仅承担了撰写这本史书的大量费用，而且还让他们在美国和欧洲的办事处记者及研究人员接待我。在这些人当中，我尤其想感谢以下各位：纽约的希瑟·查普曼（Heather Chapman）；华盛顿的朱莉亚·摩根（Julia Morgan）；伦敦的迈克尔·伦道夫（Michael Randolph）；巴黎的约翰·D. 帕尼察（John D. Panitza）、约翰·弗林特（John Flint）、于尔叙拉·纳卡什（Ursula Naccache）、吉塞尔·凯泽（Giselle Kayser）；斯图加特已故的阿尔诺·亚历克西（Arno Alexi）；阿姆斯特丹的阿德·范莱文（Aad van Leeuwen）、扬·海恩（Jan Heijin）、莉丝贝特·斯德曼（Liesbeth Stheeman），以及扬·范奥斯（Jan van Os）。

一个特别的段落，必须献给弗雷德里克·凯利（Frederic Kelly）孜孜不倦、勤恳精心的工作，他给我当了两年的助手。他在英国、荷兰和美国所做的研究、采访及优秀的新闻写作，被证明是极具价值的。他为参与者拍摄的照片，不论是在当时还是在今天，同样都被证明极具价值。

必须向美国国防部陆军军事历史研究所军事历史科主任办公室表达谢意。在我进行研究的时候，办公室主任是哈尔·C. 帕蒂森（Hal C. Pattison）准将。同时还必须感谢帮我制定出军事框架的帕蒂森准将的助手们——尤其是迪特马·M. 芬克（Detma M. Fincke）和汉娜·蔡德里克（Hannah Zeidlik）。军事历史科主任办公室的查尔斯·B. 麦克唐纳的帮助和鼓励也必须提及，他的内容详尽的《齐格弗里德防线战役》一书，涉及"市场-花园"行动的内容不但质量高而且很准确。我还在很大程度上依赖于马丁·布吕芒松的《突围与追击》，他的这本书是军事历史研究所军事历史科主任办公室的官方系列战史之一。而且我要再次表达对福里斯特·C.波格博士的谢意，感谢他在《最高统帅部》一书中详尽介绍的指挥结构。

我必须对美国国防部书刊科的官员表示感谢，因为他们帮助我在美国和欧洲各地找到老兵并安排了采访。这些官员是：科主任小格罗弗·G.海曼（Grover G. Heiman, Jr.）空军上校（已退役）、副主任小查尔斯·W.伯蒂克（Charles W. Burtyk, Jr.）中校、罗伯特·A.韦布（Robert A. Webb）空军中校、安娜·C.厄班德（Anna C. Urband）小姐，以及陆军副官长办公室里的西摩·J.波姆伦茨（Seymour J. Pomrenze）。

在对德国进行研究方面，我感谢美国国防部二战录音科的以下各位：科主任罗伯特·W.克劳斯科普夫（Robert W. Krauskopf）博士、赫尔曼·G.戈德贝克（Herman G. Goldbeck）、托马斯·E.霍曼（Thomas E. Hohmann）、洛伊丝·C.奥尔德里奇（Lois C. Aldridge）、约瑟夫·A.埃弗里（Joseph A. Avery）、黑兹尔·E.沃德（Hazel E. Ward）、卡罗琳·V.穆尔（Caroline V. Moore），以及希尔德雷德·F.利文斯顿（Hildred F. Livingston）。如果没有对所提供的德军作战日志和专著的完全理解，我就几乎不可能准确地采访德国的参与者，尤其是党卫军部队的指挥官们——威廉·比特里希党卫队副总指挥兼武装党卫军上将、海因茨·哈梅尔旅队长以及瓦尔特·哈策尔一级突击队大队长——他们是首次对一个美国人讲述自己所知道的"市场-花园"行动。

在荷兰，我与我的助手们得到了荷兰档案局最亲密的合作。我十分感激国家战争文献资料研究所所长、教授、路易斯·德容（Louis de Jong）博士，档案保管员雅各布·兹瓦恩（Jacob Zwaan），阿纳姆空降兵博物馆馆长B. G. J.德弗里斯（B. G. J. de Vries）先生，以及爱德华博士和埃米·格勒内费尔德（Emmie Groeneveld）夫人。在荷兰皇家陆军的军事历史科，许多人让我的助手们使用了相关研究，其中包括赫里特·范·厄延（Gerrit van Oyen）中校、奥古斯特·克内普肯斯（August Kneepkens）中校、吉尔伯特·弗赖克斯（Gilbert Frackers）上尉、亨德里克·希尔克马（Hendrik Hielkema）上尉。荷兰人的帮助非常详尽，我甚至得到了"市场-花园"行动中所涉及的各座桥梁的比例图、绘图和照片。提供了特别帮助的还有路易斯·艾因特霍芬（Louis Einthoven），他是战后荷兰的安全和情报局局长，他帮忙弄清楚了荷兰间谍"金刚"林德曼斯的故事。

阿纳姆、奈梅亨、费赫尔和艾恩德霍芬各市的市档案馆是极其重要的，我在那些档案馆里找到了大量背景材料的发生地点。我十分感谢在这些档案馆里工作的下述各位：阿纳姆档案馆的克拉斯·斯哈普（Klaas Schaap）、安东·施坦弗（Anton Stempher）、彼得·范伊德金厄（Pieter van Iddekinge）博士；奈梅亨档案馆的阿尔贝图斯·厄延（Albertus Uijen）和彼得鲁斯·施利彭贝克（Petrus Sliepenbeek）；费赫尔档案馆的扬·容格尼尔（Jan Jongeneel）；艾恩德霍芬档案馆的弗兰斯·科尔蒂。

在荷兰，有许多人提供了资料，其中特别应该感谢的是奥斯特贝克的扬和凯特·特尔霍斯特夫妇，以及扬和贝尔莎·福斯凯尔夫妇，他们花费了几个小时的时间同我在一起，回顾了英军第1空降师在他们镇上最后几天遭受磨难的每一个细节。扬·福斯凯尔带我去了战场，特尔霍斯特夫妇则第一次解释清楚了德里尔渡口的神秘环境。在德里尔，巴尔图森一家同意我进行了几个小时的详尽采访，采访内容被证明是非常有价值的。在核对和阐释来自荷兰的采访记录方面，我也必须向一位杰出的记者表达我的感谢，他就是阿姆斯特丹《电讯报》的 A. 胡格诺·范德林登（A. Hugenot van der Linden），如果没有他的留意，我可能会出现许多错误。我还要感谢阿诺尔德斯·沃尔特斯海军少校，他后来成了鹿特丹的警察局长，他几乎是逐分逐秒地给我讲述了在厄克特将军的师部里发生的事情。在奥斯特贝克，范马南一家提供了非同寻常的日记和采访，亨德丽卡·范德弗利斯特同样如此，她一丝不苟地记录，就像范马南家的日记一样，展现了救护站中人物和事情的清晰画面。他们生动的记载和非同寻常的帮助，使我能够再现当时那种氛围，我对他们所有人深表谢意。

许多军方人士提供了资料。在他们当中，必须特别提出感谢的是詹姆斯·加文将军、马克斯韦尔·泰勒将军、"罗伊"·厄克特将军和查尔斯·麦肯齐上校，他们全都耐心地接受了数不清次数的采访。还有一些人帮助极大，他们是约翰·弗罗斯特少将、埃里克·麦凯上校、飞利浦·希克斯少将、约翰·哈克特上将、乔治·S. 查特顿准将、戈登·沃尔克准将、布赖恩·厄克特先生，已故的斯坦尼斯瓦夫·索萨博夫斯基少将，以及随军牧师乔治·阿诺德·佩尔，他的笔记是一份难忘的、令人伤心的文件。布朗宁夫人（达夫妮·杜穆里埃）以她的机智和常识，证明她是一位令人愉快的通讯记者，并搞清楚了一些有关阿纳姆的谜团的真相。

在德国，我在追踪幸存者和寻找背景材料、专著及作战日志方面，得到了下述各位朋友的巨大帮助，他们是波恩新闻信息局的布利泽纳（Bliesener）博士、国防部的西格尔（Siegel）中校、军事历史研究所的沃尔夫冈·冯·格罗特（Wolfgang von Groote）博士和福维克（Forwick）少校，以及联邦档案局的中校施塔尔（Stahl）博士。

还有许许多多的人，他们的支持和帮助使得这本书的出版成为可能。我必须再次感谢我的妻子凯瑟琳，她本人就是一位作家，她对我的研究工作进行了组织和整理，对文字进行了编辑，并留意我笔下的悬垂分词。而且，我衷心感谢我的好朋友帕特里克·尼利根医生与威利特·惠特莫尔医生，当我病情最为严重的时候，他们一起对我进行了医治，让我神奇地康复起来，能继续工作下去。我还要感谢杰里·科恩（Jerry Korn），他是我主要的"吹毛求疵者"；苏珊娜·格利夫斯（Suzanne Cleaves）和约翰·托尔（John Tower），他们非常仔细地阅读了手稿；安妮·巴登哈根（Anne Bardenhagen），她是令我尊重的朋友和助手；朱迪·缪斯（Judi Muse）和波莉·杰克逊（Polly Jackson），她们在不同的时期担任过秘书。我还要感谢我的代理人保罗·吉特林（Paul Gitlin）；感谢西蒙与舒斯特出版公司的彼得·施韦德（Peter Schwed）和迈克尔·科达（Michael Korda），感谢他们提出的建议；感谢《读者文摘》的总裁霍巴特·刘易斯（Hobart Lewis），在我漫长且艰辛的写作过程中，他始终都在耐心地等待着。